U0456212

文/白/对/照

資治通鑑

第五册

〔宋〕司马光 编撰
〔清〕康熙 乾隆 御批
〔清〕申涵煜 点评
萧祥剑 主编
中华文化讲堂 译

团结出版社

目录

资治通鉴卷第五十二　汉纪四十四

起阏逢阉茂，尽旃蒙作噩，凡十二年。

【译文】 起甲戌（公元134年），止乙酉（公元145年），共十二年。

【题解】 本卷记录了汉顺帝阳嘉三年至汉冲帝永嘉元年间的历史，这一时期朝权落在梁后外戚之手。皇后之父梁商与儿子梁翼勾结宦官，兴大狱，朝政一片混乱。大臣纷纷谏言：太史令张建等建言皇帝勤俭为事，减少开支，亲贤远佞，总揽大政；李固建言选贤才任岭南郡守，兵不血刃便令岭南安定。梁商死后，昏庸的顺帝竟用梁冀为大将军，御史弹劾梁冀，被其怀恨在心。冲帝即位后，梁太后起用李固，时政有了一些好转。

孝顺皇帝下

阳嘉三年（甲戌，公元一三四年）夏，四月，车师后部司马率后王加特奴等，掩击北匈奴于阊吾陆谷，大破之；获单于母。

五月，戊戌，诏以春夏连旱，赦天下。上亲自露坐德阳殿东厢请雨。以尚书周举才学优深，特加策问。举对曰："臣闻阴阳闭隔，则二气否塞。陛下废文帝、光武之法，而循亡秦奢侈之欲，内积怨女，外有旷夫。自枯旱以来，弥历年岁，未闻陛下改过之效，徒劳至尊暴露风尘，诚无益也。陛下但务其华，不寻其实，犹缘木希鱼，却行求前。诚宜推信革政，崇道变惑，出后宫不御

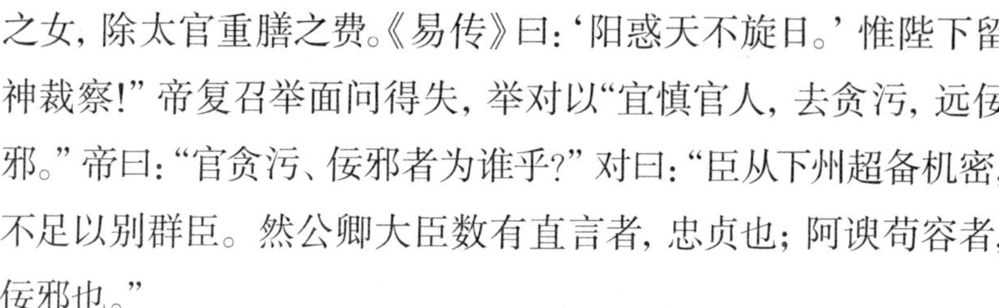

之女，除太官重膳之费。《易传》曰：‘阳感天不旋日。’惟陛下留神裁察！”帝复召举面问得失，举对以“宜慎官人，去贪污，远佞邪。”帝曰：“官贪污、佞邪者为谁乎？”对曰：“臣从下州超备机密，不足以别群臣。然公卿大臣数有直言者，忠贞也；阿谀苟容者，佞邪也。”

【译文】 阳嘉三年（甲戌，公元134年）夏季，四月，车师后部司马带领后王加特奴到阊吾陆山谷袭击北匈奴，大获全胜并俘虏了单于的母亲。

五月，戊戌日（初四），由于春夏接连的旱灾，汉顺帝于是就大赦天下。顺帝坐在德阳殿的东厢，祈求降雨。由于尚书周举的学识渊博，于是就要他上奏回答。周举回答说：“微臣听说如果阴阳隔绝，那么天地二气就会阻塞不通。陛下废弃了文帝和光武帝的典制，却尊崇了秦国的奢侈欲望，在皇宫里增加了许多幽怨的美女，这样在宫外就会有无妻的男子。从旱灾发生以来，就没有听到陛下改过的表现，只是盲目地劳烦至尊之体暴露在风霜中，这确实是没有益处啊。陛下只追求虚荣，而不追寻实际的效果，就好像爬到树木上寻找鱼，倒退行走却要求前行一般。确实是应该推行改革，推崇大道，并改变混乱的局面，将后宫中没有奉侍过君王的宫女都送出宫去，减免太官膳食的花费。《易传》记载：‘阳气能感动上天，过不了多久就会有反应。’希望陛下能留意观察！”后来，顺帝再次召来周举，并当面询问他政治的得失，周举回答说：“应该仔细地选择官吏，除去贪官，并且远离谄邪的小人。”顺帝说：“那贪官和谄邪的小人是谁呢？”周举回答说：“微臣从下面的州郡中了解到，如果超越等级来参加机密大事，是不能辨别大臣的。但是在公卿大臣中有正直言辞的人，就是忠诚坚贞的大臣；阿谀奉承、苟且处世的人，就是谄邪的小人！”

太史令张衡亦上疏言：“前年京师地震土裂。裂者，威分；震者，民扰也。窃惧圣思厌倦，制不专己，恩不忍割，与众共威。威不可分，德不可共。愿陛下思惟所以稽古率旧，勿使刑德八柄不由天子，然后神望允塞，灾消不至矣！”

衡又以中兴之后，儒者争学《图纬》，上疏言：“《春秋元命包》有公输班与墨翟，事见战国；又言别有益州，益州之置在于汉世。又刘向父子领校祕书，阅定九流，亦无《谶录》。则知《图谶》成于哀、平之际，皆虚伪之徒以要世取资，欺罔较然，莫之纠禁。且律历、卦候、九宫、风角，数有徵效，世莫肯学，而竞称不占之书，譬犹画工恶图犬马而好作鬼魅，诚以实事难形而虚伪不穷也！宜收藏《图谶》，一禁绝之，则朱紫无所眩，典籍无瑕玷矣！”

【译文】太史令张衡也呈上奏折说：“前年京城发生地震、地裂。地裂了，威望也就分散了；地震了，人民也就困扰不安了。我私下里害怕圣上厌倦处理政务，制度由自己作出，恩爱不舍得割舍，和众人一同享受威权。但是威望不能分散，恩德不能共享。希望陛下能考察古时候的制度，尊崇旧时的典章，不能使刑德的八种大权不经过天子手中就作出，然后神明的意志就会充满天下，一旦灾祸消失了，就不会再来了！”

由于中兴以后儒生都争相学习图谶和纬书，张衡呈上奏折说：“《春秋元命包》有关于公输班和墨翟的记载，是战国时期的事；又记载说有益州，益州是在我汉朝的时代被设置的。刘向父子主持校正中秘阁的书籍中，评定的九家学术之中，也没有谶录的学术。由此就可以知道图谶和纬书的完成是在哀帝、平帝的时候，都是虚伪的人威胁世人，以此取得倚仗，欺骗百姓的，然而朝廷却没有人纠正并明察。并且律历、卦候、九宫和风角，多次被验证，世人却不肯去学，而是争相称赞不灵验的书籍，就好像画匠讨厌画狗、画马，却喜欢画鬼，这是因为实体形象不容易被描摹而虚无缥缈的东西可以信笔乱画的原因。所以图谶和纬书，应该一概被禁止，因此朱、紫就不会炫人眼目了，典籍也就没有瑕疵了！”

秋，七月，锺羌良封等复寇陇西、汉阳。诏拜前校尉马贤为谒者，镇抚诸种。冬，十月，护羌校尉马续遣兵击良封，破之。

十一月，壬寅，司徒刘崎、司空孔扶免，用国举之言也。乙巳，以大司农黄尚为司徒，光禄勋河东王卓为司空。

耿贵人数为耿氏请，帝乃绍封耿宝子箕为牟平侯。

【译文】 秋季，七月，钟羌良封等人再次入侵陇西、汉阳。顺帝下诏书命令前校尉马贤担任谒者一职，安抚各部落。冬季，十月，护羌校尉马续带领军队攻打良封，并打败了他们。

十一月，壬寅日（十一日），因为周举进言的关系，司徒刘崎、司空孔扶被免除了官职。同月乙巳日（十四日），顺帝任命大司农黄尚为司徒，光禄勋河东王刘卓担任司空。

耿贵人多次替耿氏求情，顺帝这才继续封耿宝的儿子耿箕为牟平侯。

四年（乙亥，公元一三五年）春，北匈奴呼衍王侵车师后部。帝令墩煌太守发兵救之，不利。

二月，丙子，初听中官得以养子袭爵。初，帝之复位，宦官之力也，由是有宠，参与政事。御史张纲上书曰：“窃寻文、明二帝，德化尤盛，中官常侍，不过两人，近幸赏赐，裁满数金，惜费重民，故家给人足。而顷者以来，无功小人，皆有官爵，非爱民重器、承天顺道者也。”书奏，不省。纲，皓之子也。

旱。

谒者马贤击锺羌，大破之。

【译文】四年（乙亥，公元135年）春季，北匈奴呼衍王侵入车师后部。于是顺帝就命令敦煌太守派兵去救援他，但是出师不利。

二月，丙子日（十六日），第一次听说宦官可以让养子继承爵位。起初，顺帝的皇位恢复，都是宦官的功劳，因此就获得了宠信，并参与管理政事。御史张纲上奏书说：“私自追寻到文、明二位皇帝的时候，道德教育很是隆重。中官常侍，只有两个人，所以赏赐宠幸的人也只不过几金而已，因此就能珍惜耗费，重视百姓，于是家家丰足，人人富裕。但是近年以来，没有成绩的小人都有了官职和爵位，这并不是爱护人民、重视人才、顺应天道的做法。”奏书呈上，顺帝并不理会。张纲，就是张皓的儿子。

同月发生了旱灾。

谒者马贤攻打钟羌，并打败了他们。

夏，四月，甲子，太尉施延免。戊寅，以执金吾梁商为大将军，故太尉宠参为太尉。

商称疾不起且一年，帝使太常桓焉奉策就第即拜，商乃诣阙受命。商少通经传，谦恭好士，辟汉阳巨览、上党陈龟为掾属，李固为从事中郎，杨伦为长史。

李固以商柔和自守，不能有所整裁，乃奏记于商曰：“数年以来，灾怪屡见。孔子曰：‘智者见变思形，愚者睹怪讳名。’天道无亲，可为祇畏。诚令王纲一整，道行忠立，明公踵伯成之高，全不朽之誉，岂与此外戚凡辈耽荣好位者同日而论哉！”商不能用。

秋，闰八月，丁亥朔，日有食之。

冬，十月，乌桓寇云中，度辽将军耿晔追击，不利。十一月，乌桓围晔于兰池城；发兵数千人救之，乌桓乃退。

十二月，甲寅，京师地震。

【译文】 夏季，四月，甲子日（初五），太尉施延被免除了官职。同月戊寅日（十九日），朝廷任命执金吾梁商为大将军，任命前太尉庞参为太尉。

梁商称病不起有一年的时间，顺帝命令太常桓焉带着策文前去宅第，并立刻任命梁商，梁商这才前去宫廷接受任命。梁商年轻的时候通晓经传，恭敬谦顺，喜欢贤士，所以征集汉阳人巨览、上党人陈龟担任掾属一职，并让李固担任从事中郎，杨伦担任长史。

由于梁商柔弱和顺，很守分寸，不能有所整顿裁断，于是李固向梁商呈上书文说：“近几年来，灾难和怪异的现象经常出现。孔子说过：‘明智的人看到灾害就会想到它形成的原因，愚蠢的人看到怪异的现象就避免谈论。’天道没有亲疏，是值得敬畏的。如果能使得王纲一旦被整顿起来，运行大道，建立忠信，您就可以继承伯成的高名，并保全自己不朽的名声，这哪里是一般的外戚和沉溺于荣耀、喜好地位的人能够相比的呢！”梁商觉得不能采用。

秋季，闰八月，丁亥朔日（初一），发生日食。

冬季，十月，乌桓入侵云中，度辽将军耿晔追击，但是战事不利。十一月，乌桓在兰池城包围了耿晔，朝廷就派几千人前去救援，乌桓这才退兵。

十二月，甲寅日（三十日），京城发生地震。

永和元年（丙子，公元一三六年）春，正月，己巳，改元，赦天下。

冬，十月，丁亥，承福殿火。

十一月，丙子，太尉宠参罢。

十二月，象林蛮夷反。

乙巳，以前司空王龚为太尉。

龚疾宦官专权，上书极言其状。诸黄门使客诬奏龚罪；上命龚亟自实。李固奏记于梁商曰："王公以坚贞之操，横为谗佞所构，众人闻知，莫不叹栗。夫三公尊重，无诣理诉冤之义，纤微感慨，辄引分决，是以旧典不有大罪，不至重问。王公卒有它变，则朝廷获害贤之名，群臣无救护之节矣！语曰：'善人在患，饥不及餐。'斯其时也！"商即言之于帝，事乃得释。

【译文】 永和元年（丙子，公元136年）春季，正月，己巳日（十五日），皇帝更改年号，并且大赦天下。

冬季，十月，丁亥日（初七），承福殿发生火灾。

十一月，丙子日（二十七日），太尉庞参被免职。

十二月，象林蛮夷造反叛变。

同月乙巳日（二十六日），朝廷任命前司空王龚为太尉。

王龚憎恶宦官专制政权，于是就极力上书来陈述这种情形。各个黄门宦官派遣门客向顺帝诬告王龚的过错，于是顺帝就命令王龚赶快证实自己的清白。李固向梁商呈上书文说："王公有坚贞的操守，反倒被小人所陷害，众人听到后，没有不感到害怕的。三公有尊贵的地位，就没有前去辩白诉冤的说法，一有细小的感慨，就会召来决断。按照以前的法典，如果没有大罪，

就不能设立大狱来审问。如果王龚在仓促中有了其他的变化，那么朝廷就有伤害贤士的恶名，臣子们也就没有救助的气节了。古话说：‘有善行的人在灾祸中，需要被救的时候，就算饥饿了我们也顾不上进餐。’说的就是这个时候了！”于是梁商马上向顺帝进言，事情这才被解决了。

是岁，以执金吾梁冀为河南尹。冀性嗜酒，逸游自恣，居职多纵暴非法。父商所亲客雒阳令吕放以告商，商以让冀。冀遣人于道刺杀放，而恐商知之，乃推疑放之怨仇，请以放弟禹为雒阳令，使捕之；尽灭其宗、亲、宾客百馀人。

武陵太守上书，以蛮夷率服，可比汉人，增其租赋。议者皆以为可。尚书令虞诩曰：“自古圣王，不臣异俗。先帝旧典，贡税多少，所由来久矣；今猥增之，必有怨叛。计其所得，不偿所费，必有后悔。”帝不从。澧中、溇中蛮果争贡布非旧约，遂杀乡吏，举种反。

【译文】 在这年中，顺帝任命执金吾梁冀为河南尹。梁冀天生喜爱喝酒，放任游乐，任职的时候常常放纵、残暴，不符合法度。与他的父亲梁商亲近的门客洛阳令吕放向梁商说了这些事，因此梁商就责备了梁冀。梁冀于是就派人在路上刺杀吕放，由于害怕被梁商知道，就说是吕放的仇人所做的，并请求任命吕放的弟弟吕禹为洛阳令，让他逮捕仇家；他还杀掉了吕放所有的家人、亲人和宾客一共有一百多人。

武陵太守上奏折说，由于蛮夷归服了，就可以像对汉人一样，来增加他们的赋税。参加议事的人都觉得是可以的。尚书令虞诩说：“自古以来的圣王，不把不同风俗的国家看作是臣子。先帝的制度，贡献赋税的多少，已经由来很久了。如果现在增加了，就一定会有怨恨背叛的事发生。估计得到的赋税，还不能补偿所耗费的，这样就一定会让人后悔的。”顺帝没有听从他的话。澧中、溇中的蛮人都各自争着说贡献布匹不是旧日约定，于是就杀死了乡里的官员，因此全族都造反叛变。

二年（丁丑，公元一三七年）春，武陵蛮二万人围充城，八千人寇夷道。

二月，广汉属国都尉击破白马羌。

帝遣武陵太守李进击叛蛮，破平之。进乃简选良吏，抚循蛮夷，郡境遂安。

【译文】 二年（丁丑，公元137年）春季，两万武陵蛮人围攻充城，八千人入侵夷道。

二月，广汉属国都尉攻破了白马羌。

顺帝派武陵太守李进攻打背叛的蛮族，之后就把他们平定了。于是李进就选择贤良的官吏来安抚蛮族，郡县的边境这才安定下来。

三月，乙卯，司空王卓薨。丁丑，以光禄勋郭虔为司空。

夏，四月，丙申，京师地震。

五月，癸丑，山阳君宋娥坐构奸诬罔，收印绶，归里舍，黄龙、杨佗、孟叔、李建、张贤、史汎、王道、李元、李刚等九侯坐与宋娥更相赂遗，求高官增邑，并遣就国，减租四分之一。

象林蛮区怜等攻县寺，杀长吏。交趾刺史樊演发交趾、九真兵万馀人救之；兵士惮远役，秋，七月，二郡兵反，攻其府。府虽击破反者，而蛮势转盛。

冬，十月，甲申，上行幸长安。扶风田弱荐同郡法真博通内外学，隐居不仕，宜就加衮职。帝虚心欲致之，前后四徵，终不屈。友人郭正称之曰："法真名可得闻，身难得而见。逃名而名我随，避名而名我追，可谓百世之师者矣！"真，雄之子也。

丁卯，京师地震。

太尉王龚以中常侍张昉等专弄国权，欲奏诛之。宗亲有以杨震行事谏之者，龚乃止。

十二月，乙亥，上还自长安。

【译文】 三月，司空王卓去世。同月丁丑日（三十日），朝廷任命光禄勋郭虔为司空。

夏季，四月丙申日（十九日），京城发生地震。

五月癸丑日（初六），山阳君宋娥被判了奸邪欺罔的罪，于是没收印绶，并将她送回乡里。黄龙、杨佗、孟叔、李建、张贤、史汎、王道、李元和李刚九位侯爵，被判和宋娥互相贿赂，谋求高官和增加食邑，被一同遣送回国，并减少了四分之一的郡国赋税。

象林蛮区怜等攻击县府，杀死了长官。交趾刺史樊演派交趾、九真一万多人的军队前去救援，但是士兵们都害怕出征远方，所以秋季七月，两个郡县的军队都造反叛变，并攻击他们各自的郡府。虽然郡府平定了造反叛乱的士兵，蛮夷的势力却变得更加强大了。

冬季，十月，甲申日（初十），顺帝驾车来到长安。扶风人田弱就向顺帝推荐了同郡人法真，说他学识渊博，通晓内、外的学问，但是他隐居民间，却不出仕做官，所以应该进加三公的职务。顺帝很谦虚，想要把他招来，前后征召了四次，但他始终不肯出仕。他的朋友郭正称赞他说："法真的名声是很容易听得到的，但是不容易看到他本人。虽然逃避名声，但是名声却越是跟着来，这可以说是千秋万代的师表了！”法真，就是法雄的儿子。

在丁卯日（十月无此日），京城发生地震。

由于中常侍张昉等人专擅国政、卖弄大权，太尉王龚就想进奏杀了他们。同宗的亲属中有人用杨震的事情向他进谏，王龚这才停下来了。

十二月，乙亥日（初二），顺帝从长安回到洛阳。

【乾隆御批】“百世师”，非圣人不足当之。即大儒通内外学，亦难语此，况未既其实乎。可闻不可见，是仍虚誉相高耳。上以名求，下以名应，时政可知已。

【译文】“百世之师”这一称呼，不是圣人，便受之有愧。即使大儒精通内、外经学，也难以这样去称呼，更何况他不具备真才实学。可闻而不可见，这仍然是用虚假的声誉相互吹捧。在上凭借虚名求取官位，在下就以虚名投其所好，当时的朝政由此便可知一二。

三年（戊寅，公元一三八年）春，二月，乙亥，京师及金城、陇西地震，二郡山崩。

夏，闰四月，己酉，京师地震。

五月，吴郡丞羊珍反，攻郡府；太守王衡破斩之。

【译文】 三年（戊寅，公元138年）春季，二月，乙亥日（初三），京城和金城、陇西发生地震，有两个郡发生了山崩。

夏季，闰四月己酉日（初八），京城又发生地震。

五月，吴郡丞羊珍造反叛变，攻打了郡府，太守王衡将他攻破并斩了他。

侍御史贾昌与州郡并力讨区怜等，不克，为所攻围；岁馀，兵谷不继。帝召公卿百官及四府掾属问以方略；皆议遣大将，发荆、扬、兖、豫四万人赴之。李固驳曰："若荆、扬无事，发之可也。今二州盗贼磐结不散，武陵、南郡蛮夷未辑，长沙、桂阳数被徵发，如复扰动，必更生患，其不可一也。又，兖、豫之人卒被徵发，远赴万里，无有还期，诏书迫促，必致叛亡，其不可二也。南州水土温暑，加有瘴气，致死亡者十必四五，其不可三也。远涉万里，士卒疲劳，比至岭南，不复堪斗，其不可四也。军行三十里为程，而去日南九千馀里，三百日乃到，计人禀五升，用米六十万斛，不计将吏驴马之食，但负甲自致，费便若此，其不可五也。设军所在，死亡必众，既不足御敌，当复更发，此为刻割心腹以补四支，其不可六也。九真、日南相去千里，发其吏民犹尚不堪，何况乃苦四州之卒以赴万里之艰哉！其不可七也。前中郎将尹就讨益州叛羌，益州谚曰：'虏来尚可，尹来杀我。'后就徵还，以兵付刺史张乔；乔因其将吏，旬月之间破殄寇虏。此发将无益之效，州郡可任之验也。宜更选有勇略仁惠任将帅者，以为刺史、太守，悉使共住交趾。今日南兵单无谷，守既不足，战又不能，可一切徙其吏民，北依交趾，事静之后，乃命归本；还募蛮夷使自相攻，转输金帛以为其资；有能反间致头首者，许以封侯裂土之赏。故并州刺史长沙祝良，性多勇决，又南阳张乔，前在益州有破虏之功，皆可任用。昔太宗就加魏尚为云中守，哀帝即拜龚舍为泰山守；宜即拜良等，便道之官。"四府悉从固议，即拜祝良为九真太守，张乔为交趾刺史。乔至，开示慰诱，并皆降散。良到九真，单车入贼中，设方略，招以威信，降者数万人，皆为良筑起府寺。由是岭外复平。

【译文】 侍御史贾昌和州郡联合军队征讨区怜，没有将他打败，却反被他们包围了，一年多的时间，兵力和粮食不能供应。于是顺帝就召集公卿百官和四府掾属，来讨论有没有什么好的计略。议论之后，大家都说应该派大将带领荆、扬、兖、豫四州共四万人前去拯救。但是李固反驳他们说："如果荆州、扬州没有战乱的话，发动他们还是可以的。但是现在二州的盗贼占据不散，再者，武陵、南郡的蛮夷还没有被平服，长沙和桂阳又多次被征调，如果再去打扰他们，就一定会有新的祸乱发生，这是第一点。兖州和豫州的人民，被征调到万里之外遥远的地方，还不知道什么时候能回来，诏书又催促得很急迫，这样就一定会招来叛乱的，这是第二点。南方水土温热，再加上有瘴气，那么十人中一定有四五人会死亡，这是第三点。跋涉万里长途后，士兵们都很疲劳，到了岭南之后，就不能再战斗了，这是第四点。军队走三十里算是一程，现在距离日南有九千多里，估计得三百天才能到达，如果每人供给五升米，那么就要用六十万斛米，这还没算将士和官吏们的驴、马的粮食，如果只是自己背着盔甲，就要花费这么多，这是第五点。有军队在的地方，死亡人数就一定会多，如果不能够抵御敌人，就要再派人去援助，这可是割舍心腹来补足四肢，这是第六点。九真和日南相距一千里路，如果发动他们的吏民都还不能忍受，更何况是要发动四州的士兵，让他们经历万里路途的艰辛呢？这是第七点。前中郎将尹就征讨益州叛变的羌族，益州有一句俗语说：'虏来尚可，尹来杀我。'（如果敌人来了，还可以过；如果尹就来了，那我们就活不了了）于是后来就征召尹就回来，让他把军队交付给了刺史张乔。张乔凭借原有将士的力量，用了十天半个月的时间就消灭了敌人。这是派遣大将没有效果，而州郡却可以被信任的

经验。所以应该再选择有勇气、有谋略，充满仁爱品德的、能担当将帅的人做刺史、太守，并派他们一同前往交趾郡。如今日南的军力孤单也没有粮食，既不能驻守，也不能征战，现在可以将所有的官吏、人民向北迁移靠近交趾的地方，等事情平定之后，再命令他们回到本土；还可以招集蛮夷人，让他们自己互相攻击，朝廷提供金钱和布帛充当他们的财资。如果有能离间敌人内部、斩杀蛮夷首领的人，就给他封赠侯爵、分封土地的奖赏。前并州刺史祝良（长沙人），天生勇敢有决断；张乔（南阳人）在益州的时候，就有战胜敌虏的功劳，这两个人都可以被重用。先前的时候，太宗就在原地任命魏尚做了云中太守，哀帝就在原地任命龚舍为泰山太守，现在应该就在原地任命祝良等人，并让他们立马上任。”四府全都听从了李固的建议，马上任命祝良为九真太守，任命张乔为交趾刺史。张乔上任后，就发布告示，安慰诱导反叛的蛮人，于是他们就一起投降或解散了。祝良到达九真（即单车进入贼人的地方）之后，就设置策略，用威信使得他们投降，投降的有几万人，都替祝良建造官府。从此之后，岭外就再次获得了平定。

秋，八月，己未，司徒黄尚免。九月，己酉，以光禄勋长沙刘寿为司徒。

丙戌，令大将军、三公举刚毅、武猛、谋谟任将帅者各二人，特进、卿、校尉各一人。

初，尚书令左雄荐冀州刺史周举为尚书。既而雄为司隶校尉，举故冀州刺史冯直任将帅。直尝坐臧受罪，举以此劾奏雄。雄曰：“诏书使我选武猛，不使我选清高。”举曰：“诏书使君选武猛，不使君选贪污也！”雄曰：“进君，适所以自伐也。”举曰：“昔

赵宣子任韩厥为司马，厥以军法戮宣子仆，宣子谓诸大夫曰：‘可贺我矣！吾选厥也任其事。’今君不以举之不才误升诸朝，不敢阿君以为君羞；不寤君之意与宣子殊也。”雄悦，谢曰：“吾尝事冯直之父，又与直善；今宣光以此奏吾，是吾之过也！”天下益以此贤之。

是时，宦官竞卖恩势，唯大长秋良贺清俭退厚。及诏举武猛，贺独无所荐。帝问其故，对曰：“臣生自草茅，长于宫掖，既无知人之明，又未尝交加士类。昔卫鞅因景监以见，有识知其不终。今得臣举者，匪荣伊辱，是以不敢！”帝由是赏之。

【译文】秋季，八月，己未日（二十日），司徒黄尚被免职。九月，己酉日（九月无此日），朝廷任命光禄勋长沙人刘寿为司徒。

丙戌日（十七日），命令大将军和三公举拔刚毅、勇猛，有计谋、能担当将领的贤士各二人，特进、卿以及校尉各举荐一人。

起初，尚书令左雄推荐冀州刺史周举担任尚书。之后，左雄担任了司隶校尉，又推举前冀州刺史冯直担任将帅。由于冯直曾经犯了接受赃物的罪过，受了罪刑，周举就因此弹劾左雄。左雄说：“诏书命令我选拔勇猛的人，又不是命令我选拔清高的人。”周举说：“诏书命令先生选拔勇猛的人，而不是命令先生选拔贪污的人！”左雄说：“推举先生，正是能让我自夸的事。”周举对答：“先前赵宣子任命韩厥为司马，韩厥就凭借军法杀掉了韩宣子的仆从，宣子对各个大夫说：‘你们可以恭贺我！我推荐的韩厥能担当起政事。’现在先生不觉得推举的人没有才能，还将他提拔到朝廷中来，我不敢奉承先生，而成为先生的耻辱。我没有了解到先生的心思和宣子的不同！”左雄高兴了，就道歉道：“我曾经侍奉冯直的父亲，和冯直的关系又很好，现在你因此进谏弹劾我，可以说是我的过错了！”百姓因此也就更尊重左雄了。

这时候，宦官都争相借着权势广施恩德，只有大长秋良贺清正廉洁、谦逊老实。等到诏书要求选拔勇猛的人的时候，只有良贺没有举荐，顺帝问他原因，他回答说：“微臣生在乡下，而长在宫廷里，不仅没有知人的明智，也没有结交过士子。先前卫鞅是因为景监才能被进见，有才能的人知道他不会有好结局的。现在获得微臣举荐的人，没有荣誉，只是羞耻，因此我不敢推荐人才。”顺帝从此开始赏识良贺。

冬，十月，烧当羌那离等三千馀骑寇金城，校尉马贤击破之。

十二月，戊戌朔，日有食之。

大将军商以小黄门南阳曹节等用事于中，遣子冀、不疑与为交友；而宦言忌其宠，反欲陷之。中常侍张逵、蘧政、杨定等与左右连谋，共谮商及中常侍曹腾、孟贲，云“欲徵诸王子，图议废立，请收商等案罪。”帝曰：“大将军父子，我所亲，腾、贲，我所爱，必无是，但汝曹共妒之耳。”逵等知言不用，惧迫，遂出，矫诏收缚腾、贲于省中。帝闻，震怒，敕宦者李歙急呼腾、贲释之；收逵等下狱。

【译文】 冬季，十月，烧当羌那离带领三千多骑兵进犯金城，校尉马贤将他们打败了。

十二月，戊戌朔日（初一），发生日食。

大将军梁商因为小黄门曹节（南阳人）等人在朝廷中当官，于是就派遣儿子梁冀、梁不疑和他们成为朋友。但是宦官都嫉妒曹节被宠信，想陷害他。中常侍张逵、蘧政、杨定等人和他们的助手一起制订计划，一同诽谤梁商和中常侍曹腾、孟贲，并说："梁商等人想要召集各位王子，计划废除君主，请求逮捕梁商等人，询问他的罪过。"顺帝说："大将军父子俩人，是跟我亲近的人；曹腾和孟贲，是我心爱的人，所以一定是没有这种事情的，只是你们这些人忌妒他们而已！"张逵等人知道自己的言辞没有被采用，害怕皇上追究，于是出宫之后，就假造了诏书，在宫中逮捕了曹腾、孟贲等人。顺帝听到之后，非常愤怒，于是就命令宦官李歙急速将曹腾、孟贲放了，逮捕张逵等人，将他们送进监狱。

四年（己卯，公元一三九年）春，正月，庚辰，逵等伏诛。事连弘农太守张凤、安平相杨皓，皆坐死。辞所连染，延及在位大臣。商惧多侵枉，乃上疏曰："《春秋》之义，功在元帅，罪止首恶。大狱一起，无辜者众，死囚久系，纤微成大，非所以顺迎和气，平政成化也。宜早讫章，以止逮捕之烦。"帝纳之，罪止坐者。

【译文】四年（己卯，公元139年）春季，正月，庚辰日（十三日），张逵等人伏法被诛。这件事牵连了弘农太守张凤、安平相杨皓，他们都被判了死刑。由于讼词而牵连、涉及了在位的大臣。梁商害怕会侵扰、冤枉更多的人，于是呈上奏折说："按照《春秋》的义理，功绩都在元帅身上，罪过只是为了刑罚首恶的人。大的案件一兴起，无辜的人就更多了，死囚会被长时间地拘禁，小事也能成为大罪，这不是迎接和气、统一政事、完成教化的方法。所以应该尽早地终止，并停止繁杂的逮捕行为。"顺帝采纳了他的建议，罪行只涉及连坐的人。

【乾隆御批】梁商请免连染无识者，或予之。不知商素令其子与曹节辈交好，深究中官，必有及己之患，故欲速竟其狱。不得谓之保全善类也。

【译文】梁商请求宽免受牵连的无辜者，一些不了解实情的人对此表示赞扬。他们不知道梁商向来让自己的儿子和曹节之亲近交好，如果深入追究宦官，必然会引火烧身，所以梁商希望快速了结此案。这可不能说是保全好人的行为。

二月，帝以商少子虎贲中郎将不疑为步兵校尉。商上书辞曰："不疑童孺，猥处成人之位。昔晏平仲辞鄁殿以守其富，公仪休不受鱼飧以定其位。臣虽不才，亦愿固福禄于圣世！"上乃以不疑为侍中、奉车都尉。

三月，乙亥，京师地震。

烧当羌那离等复反；夏，四月，癸卯，护羌校尉马贤讨斩之，获首虏千二百馀级。

戊午，赦天下。

五月，戊辰，封故济北惠王寿子安为济北王。

秋，八月，太原旱。

【译文】二月，顺帝任命梁商的小儿子虎贲中郎将梁不疑为步兵校尉。梁商上奏书推辞说："不疑幼稚得像孩童一样，难以处在成人的位置。先前晏平仲推辞了鄁殿以此来保全他的富贵，公仪休没有接受赠送的鱼鲜，以此来稳固他的位置。微臣虽然才能不高，但也希望能在开明的时代中巩固自己的福禄！"顺帝这才任命梁不疑为侍中和奉车都尉。

三月，乙亥日（初九），京城发生地震。

烧当羌那离等人再次造反叛变。夏季，四月，癸卯日（初八），护羌校尉马贤前去征讨他，并且杀了他，获得了一千二百多颗敌人首级。

戊午日（二十三日），顺帝大赦天下。

五月，戊辰日（初三），顺帝任命前济北惠王刘寿的儿子刘安为济北王。

秋季，八月，太原发生旱灾。

五年（庚辰，公元一四〇年）春，二月，戊申，京师地震。

南匈奴句龙王吾斯、车纽等反，寇西河；招诱右贤王合兵围美稷，杀朔方、代郡长吏。夏，五月，度辽将军马续与中郎将梁并等发边兵及羌、胡合二万馀人掩击，破之。吾斯等复更屯聚，攻没城邑。天子遣使责让单于；单于本不预谋，乃脱帽避帐，诣并谢罪。并以病徵，五原太守陈龟代为中郎将。龟以单于不能制下，逼迫单于及其弟左贤王皆令自杀。龟又欲徙单于近亲于内郡，而降者遂更狐疑。龟坐下狱，免。

大将军商上表曰："匈奴寇畔，自知罪极。穷鸟困兽，皆知救死，况种类繁炽，不可单尽。今转运日增，三军疲苦，虚内给外，非中国之利。度辽将军马续，素有谋谟，且典边日久，深晓兵要；每得续书，与臣策合。宜令续深沟高壁，以恩信招降，宣示购赏，明为期约。如此，则丑类可服，国家无事矣！"帝从之，乃诏续招降畔虏。

【译文】 五年（庚辰，公元140年）春季，二月，戊申日（十七日），京城发生地震。

南匈奴句龙王吾斯、车纽等人造反叛变，入侵西河郡，诱惑右贤王并联合他的军队围攻美稷，并杀死了朔方和代郡的长官。夏季，五月，度辽将军马续和中郎将梁并等人带领边境的军队和羌人、胡人一起联合了两万多人前去袭击，并打败了他们。

吾斯等人再次聚集起来，攻占城池。顺帝派使者斥责单于，本来单于没有参加叛变计划，所以就脱下帽子离开帐篷，前去梁并的军营道歉。梁并由于生病被召回京城，就任命五原太守陈龟代替担任中郎将。陈龟由于单于不能制伏部下，就逼迫单于和他的弟弟左贤王一起自杀。陈龟还想把单于的近亲迁到关内的郡县，这就使投降的南匈奴人更加狐疑不安了。结果陈龟被判进监狱，还免除了他的官职。

大将军梁商上奏折说："匈奴人侵背叛，知道自己罪大恶极。即使是穷困的鸟兽，也知道要挽救死亡，更何况是种族繁盛、没有竭尽的夷人呢！如今粮草辗转运输，需要人数天天增加，三军疲惫困苦，用尽了国内的财力，供给边疆之后，就对汉朝不利了。度辽将军马续，一直都是有智谋的，再者，他主持边境政事也很长时间了，能很深刻地了解军事的要妙。每次收到马续的书信，都发现和微臣的策略一致。所以应该命令马续将沟渠挖深、将壁垒增高，凭借恩德、信义来招降，并宣布悬赏，弄清订立的期限和约定，这样的话，敌人就能被降服了，国家就没有战争了！"顺帝听从了他的建议，于是就下诏命马续招降叛变的敌人。

商又移书续等曰："中国安宁，忘战日久。良骑野合，交锋接矢，决胜当时，戎狄之所长而中国之所短也；强弩乘城，坚营固守，以待其衰，中国之所长而戎狄之所短也。宜务先所长以观其变，设购开赏，宣示反悔，勿贪小功以乱大谋。"于是，右贤王部抑鞮等万三千口皆诣续降。

己丑晦，日有食之。

初，那离等既平，朝廷以来机为并州刺史，刘秉为凉州刺史。机等天性虐刻，多所扰发；且冻、傅难种羌遂反，攻金城，与杂种羌、胡大寇三辅，杀害长吏。机、秉并坐徵。于是，拜马贤为征西将军，以骑都尉耿叔为副，将左右羽林五校士及诸州郡兵十万人屯汉阳。

【译文】 梁商再次写信给马续等人说："现在国家安定，很久没有战争了。精良的骑兵大都晚上偷袭，选择交兵时迅速放箭，当时区分胜负，是戎狄所擅长的，但是这是我军的短处。运用强弩，进入城池来守卫，利用深沟、坚壁来固守军营，并且等待敌人气势衰竭的时候，这正是我军的长处，匈奴的短处。所以应该先做自己擅长的事，以此来观察他们的变化，并且设立悬赏，宣布朝廷招降的想法，激发匈奴的反悔之心，不能因为贪求小小的功劳，就扰乱了大的计划。"就这样，右贤王部抑鞮等一万三千人都前去马续的军营投降。

己丑晦日（三十日），发生日食。

起初，那离等人被平定之后，朝廷就任命来机为并州刺史，任命刘秉为凉州刺史。来机等人天生残酷苛刻，经常扰乱百姓，大量发动劳役。于是且冻、傅难种羌族因此造反叛变，进攻金城，和杂种羌人、胡人一起，肆意入侵三辅，并杀害当地的长官。于是来机等人被一起征调回京。之后就任命马贤为征西将军，任命骑都尉耿叔为副手，命令他们带领左右羽林五校士和各州郡军队共十万人，驻守在汉阳。

九月，令扶风、汉阳筑陇道坞三百所，置屯兵。

辛未，太尉王龚以老病罢。

且冻羌寇武都，烧陇关。

壬午，以太常桓焉为太尉。

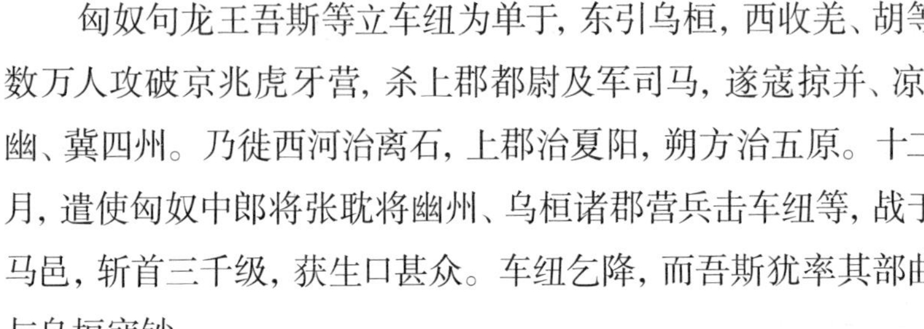

匈奴句龙王吾斯等立车纽为单于，东引乌桓，西收羌、胡等数万人攻破京兆虎牙营，杀上郡都尉及军司马，遂寇掠并、凉、幽、冀四州。乃徙西河治离石，上郡治夏阳，朔方治五原。十二月，遣使匈奴中郎将张耽将幽州、乌桓诸郡营兵击车纽等，战于马邑，斩首三千级，获生口甚众。车纽乞降，而吾斯犹率其部曲与乌桓寇钞。

【译文】九月，朝廷命令扶风、汉阳建造三百所陇道堡坞，设立屯垦军队。

同月辛未日（十四日），太尉王龚由于年老多病就罢官了。

且冻羌入侵武都，烧毁了陇关。

壬午日（二十五日），朝廷任命太常桓焉为太尉。

匈奴句龙王吾斯等人拥立车纽为单于，往东诱使乌桓，往西收服羌人和胡人等几万人攻破了京兆虎牙营，杀死了上郡都尉和军司马，接着又入侵抢劫了并、凉、幽、冀四州。于是朝廷就将西河的治所迁徙到离石，上郡的治所迁到夏阳，朔方的治所迁到五原。十二月，派遣匈奴中郎将张耽带领幽州、乌桓各个郡的营兵在马邑攻打车纽等人，斩下三千人的头颅，并捕获众多俘虏。于是车纽请求投降，但是吾斯依然带领他的部队和乌桓一起进犯、抢劫。

初，上命马贤讨西羌，大将军商以为贤老，不如太中大夫宋汉；帝不从。汉，由之子也。贤到军，稽留不进。武都太守马融上疏曰：“今杂种诸羌转相钞盗，宜及其未并，亟遣深入，破其支党；而马贤等处处留滞。羌、胡百里望尘，千里听声，今逃匿避回，漏出其后，则必侵寇三辅，为民大害。臣愿请贤所不可，用关东兵五千，裁假部队之号，尽力率厉，埋根、行首以先吏士；三旬之中，必克破之。臣又闻吴起为将，暑不张盖，寒不披裘；今贤野次垂幕，珍肴杂遝，儿子侍妾，事与古反。臣惧贤等专守一城，言攻于西而羌出于东，且其将士将不堪命，必有高克溃叛之变也。”安定人皇甫规亦见贤不恤军事，审其必败，上书言状。朝廷皆不从。

【译文】 起初，顺帝命令马贤征讨西羌，但是大将军梁商觉得马贤年纪大了，不如让太中大夫宋汉征讨西羌，顺帝没有听从。宋汉，就是宋由的儿子。马贤到军中之后，就停留不前进了。武都太守马融呈上奏折说："现在各个部落的羌族人，四处抢劫，所以应该趁着他们没有联合在一起，赶快派军队深入他们内部，攻破他们的各个分支，但是马贤等人却处处停留。羌人、胡人在一百里之外都可以看到他们的尘土飞扬，在一千里外都可以听到他们的声音，现在他们到处躲藏，等他们逃出以后，一定会入侵三辅，成为人民的大灾难。微臣希望能得到马贤没有用的五千关东士兵，只要能假借军队的名号，就尽力带领、激励，坚决不退，一直前进，作为官吏和士兵的前锋，在三十天之内，一定能攻破敌兵。微臣又听说吴起做将领的时候，天热的时候不撑伞，天冷的时候不穿皮裘；如今马贤驻扎在野外，设立帐篷，稀奇的菜肴从未间断，儿子侍妾侍奉左右，每件事都和古人相反。微臣担心马贤专心坚守一座城池，说是羌人攻打西面，却从东方攻打，他的将士就将不能听信他的命令，那么就一定会有像高克叛变、溃败那样的战乱。"安定人皇甫规也看到了马贤对军事不关心，就想到他一定会失败，于是呈上奏书，表述情形。朝廷没有采纳他们的意见。

六年（辛巳，公元一四一年）春，正月，丙子，征西将军马贤与且冻羌战于射姑山，贤军败；贤及二子皆没，东、西羌遂大合。闰月，巩唐羌寇陇西，遂及三辅，烧园陵，杀掠吏民。

二月，丁巳，有星孛于营室。

三月，上巳，大将军商大会宾客，宴于雒水；酒阑，继以《薤露之歌》。从事中郎周举闻之，叹曰：“此所谓哀乐失时，非其所也，殃将及乎！”

武都太守赵冲追击巩唐羌，斩首四百馀级，降二千馀人。诏冲督河西四郡兵为节度。

【译文】 六年（辛巳，公元141年）春季，正月，丙子日（二十一日），征西将军马贤和且冻羌部落在射姑山交战，马贤战败，马贤和他的两个儿子都阵亡了，于是东、西羌族就会合了。正月，巩唐羌入侵陇西，于是到达三辅之后，就烧毁了西汉历代皇帝的陵园，杀死、抢劫了官吏和人民。

二月，丁巳日（初三），有彗星出现在营室星座。

三月，上巳日（上巳为癸巳，初九），大将军梁商在雒水设宴大会宾客，酒会过半之后，紧接着就演唱了《薤露之歌》。从事中郎周举听到之后，叹息着说：“这就是所谓的哀乐失去了适宜的时机，这是不应该的事，估计灾祸就要来临了吧！”

武都太守赵冲追击巩唐羌，斩下四百多个首级，并且降伏了两千多人。朝廷下诏书命令赵冲率领河西四郡的军队，作为节度。

安定上计掾皇甫规上疏曰：“臣比年以来，数陈便宜：羌戎未动，策其将反；马贤始出，知其必败。误中之言，在可考校。臣每惟贤等拥众四年，未有成功，县师之费，且百亿计，出于平民，回入奸吏，故江湖之人，群为盗贼，青、徐荒饥，襁负流散。

夫羌戎溃叛，不由承平，皆因边将失于绥御，乘常守安则加侵暴，苟竞小利则致大害，微胜则虚张首级，军败则隐匿不言。军士劳怨，困于猾吏，进不得快战以徼功，退不得温饱以全命，饿死沟渠，暴骨中原；徒见王师之出，不闻振旅之声。酋豪泣血，惊惧生变，是以安不能久，叛则经年，臣所以搏手扣心而增叹者也！愿假臣两营、二郡屯列坐食之兵五千，出其不意，与赵冲共相首尾。土地山谷，臣所晓习；兵势巧便，臣已更之；可不烦方寸之印，尺帛之赐，高可以涤患，下可以纳降。若谓臣年少、官轻，不足用者，凡诸败将，非官爵之不高，年齿之不迈。臣不胜至诚，没死自陈！”帝不能用。

【译文】安定上计掾皇甫规呈上奏折说：“微臣近年来，多次陈述有益的奏事：羌人没有行动之前，就料到他们会造反；马贤刚一出兵，我就知道他一定会失败的。不幸猜中的话语，确实可以考查得到。微臣每次一想到马贤等人，就想到他拥有军队四年，却没有成功的业绩，远征军队耗费的财物需要用百亿来计算，这都是由人民付出的，这些都被收进奸邪官吏的腰包，所以江湖之人成群结队地成了盗贼，青州、徐州闹饥荒，人民扶老携幼地行走在四方。羌戎的背叛，天下的不太平，都是由于边疆将帅安抚、统御的不恰当引起的，平常安定的日子经常被侵犯迫害，如果仅仅为了争夺小利，就会造成大的灾害；争取小的胜利，就虚伪地夸张斩得的首级；如果军事失败了，就隐藏不说。军士劳苦、怨恨，受制于奸猾的官吏。前行不能尽力作战以求得功业，后退不能得到温暖和饱足来保全性命，饿死在沟渠中，并且把尸骨暴露在原野中；只是看到王师出兵，却没有听到整个军队凯旋的鼓声。夷狄酋长悲伤哭泣，非常担心发生变故，因此安定的日子就不能长久，叛变的事情就会连年不断，这

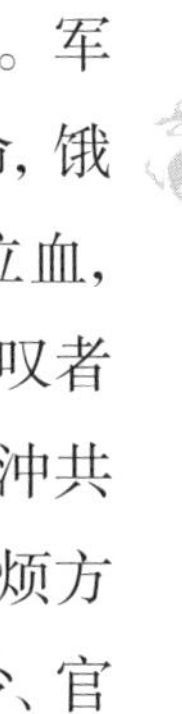

就是微臣顿足捶胸，并且不停悲叹的原因了。希望能借给微臣两个营的军队和两个郡县五千名驻守的士兵，出乎羌人意料之外，和赵冲首尾相接。土地和山谷的地理形势，是微臣所熟悉的；如何巧妙用兵，微臣已经有了经验；可以不必多费方寸的丝带和一尺布帛，最好的结果是可以去除灾患，最低限度也可以招纳降兵。如果觉得微臣年轻、官职卑微，就不值得信任，可是各位战败的将军，并不是官位不高、年龄不大。微臣忍不住表达最高的诚心，冒着死的危险向陛下陈述！”顺帝没有采用。

庚子，司空郭虔免。丙午，以太仆赵戒为司空。

夏，使匈奴中郎将张耽、度辽将军马续率鲜卑到谷城，击乌桓于通天山，大破之。

巩唐羌寇北地。北地太守贾福与赵冲击之，不利。

秋，八月，乘氏忠侯梁商病笃，敕子冀等曰：“吾生无以辅益朝廷，死何可耗费帑藏！衣衾、饭含、玉匣、珠贝之属，何益朽骨！百僚劳扰，纷华道路，只增尘垢耳。宜皆辞之。”丙辰，薨；帝亲临丧。诸子欲从其诲，朝廷不听，赐以东园秘器、银镂、黄肠、玉匣。及葬，赐轻车、介士，中宫亲送。帝至宣阳亭，瞻望车骑。壬戌，以河南尹、乘氏侯梁冀为大将军，冀弟侍中不疑为河南伊。

【译文】 庚子日（十六日），司空郭虔被免职。丙午日（二十二日），顺帝任命太仆赵戒为司空。

夏季，派匈奴中郎将张耽和度辽将军马续带领鲜卑部众到谷城，前往通天山攻打乌桓，大获全胜。

巩唐羌部落入侵北地。北地太守贾福和赵冲迎击他们，但是不太顺利。

秋季，八月，乘氏忠侯梁商得了重病，对他的儿子梁冀等人说："我活着的时候没有办法对朝廷有益，死后怎么能耗费国库的财物呢！衣被、饭含、玉匣、珠贝一类的东西，对枯朽的尸骨有什么益处呢？百官辛劳烦扰，奔波在道路上，只是增加了尘土而已。所以应该都推辞了。"丙辰日（初四），梁商去世，顺帝亲自前来吊丧。他每个儿子都想要听从他的教导，可是朝廷却不允许，赐给他东园棺木、银镂、黄肠和玉匣等。等到下葬的时候，还赏赐给他兵车、甲士，由皇后亲自送别。顺帝到达宣阳亭之后，就远望丧葬的车骑。壬戌日（初十），顺帝任命河南尹、乘氏侯梁冀为大将军，任命梁冀的弟弟侍中梁不疑为河南尹。

【乾隆御批】梁商甫殁，翼与不疑代起，此即王凤覆辙。东汉之不为梁氏窃者几希，即藉宦者诛冀，实救火抱薪之为，非曲突徙薪之计也。

【译文】梁商刚一去世，梁翼和梁不疑便承袭官位，这是在重蹈王凤的旧辙。东汉朝政不被梁氏窃取的可能性微乎其微，即使凭借宦官的力量诛杀了梁冀，实际上也是抱薪救火，不是防患于未然的长久之计。

◆臣光曰：成帝不能选任贤俊，委政舅家，可谓暗矣；犹知王立之不材，弃而不用。顺帝援大柄，授之后族，梁冀顽嚚凶暴，著于平昔，而使之继父之位，终于悖逆，荡覆汉室；校于成帝，暗又甚焉！◆

初，梁商病笃，帝亲临幸，问以遗言。对曰："臣从事中郎周举，清高忠正，可重任也。"由是拜举谏议大夫。

九月，诸羌寇武威。

辛亥晦，日有食之。

冬，十月，癸丑，以羌寇充斥，凉部震恐，复徙安定居扶风，北地居冯翊。十一月，庚子，以执金吾张乔行车骑将军事，将兵万五千人屯三辅。

【译文】◆司马光说：成帝不能选派有贤能的人，就把政治交付给舅父，可以说是太昏庸了；但是他总还知道王立没有才能，摒弃他不加重用。顺帝把国家的大权交给了皇后的家族，梁冀顽固不忠，凶恶残暴，平常已经看得很明白了，却要他继承父亲的官位，最终造成叛逆的事情发生，颠覆了汉室；跟成帝比起来，顺帝又更加昏庸了！◆

起初，梁商病重的时候，顺帝亲自前去，问他有没有什么遗言。梁商回答说："微臣的从事中郎周举，清正廉洁，忠心耿耿，是可以托付重任的。"顺帝因此任命周举为谏议大夫。

九月，各羌族入侵武威郡。

辛亥晦日（三十日），发生日食。

冬季，十月，癸丑日（初二），由于羌人盗匪到处横行，连凉部都震动恐惧，于是再次把安定的治所迁徙到扶风，将北地的治所迁到冯翊。十一月，庚子日（二十日），朝廷命令执金吾张乔代理车骑将军事务，带领一万五千士兵驻守在三辅。

荆州盗贼起，弥年不定；以大将军从事中郎李固为荆州刺史。固到，遣吏劳问境内，赦寇盗前衅，与之更始。于是贼帅夏密等率其魁党六百馀人自缚归首，固皆原之，遣还，使自相招集，开示威法；半岁间，馀类悉降，州内清平。奏南阳太守高赐等臧秽；赐等重赂大将军梁冀，冀为之千里移檄，而固持之愈急，冀遂徙固为泰山太守。时泰山盗贼屯聚历年，郡兵常千人追讨，不能制；固到，悉罢遣归农，但选留任战者百馀人，以恩信招诱之。

未满岁，贼皆弭散。

【译文】 荆州由于盗贼兴起，所以多年也不能平定。朝廷任命大将军从事中郎李固为荆州刺史。李固到任之后，派官员安抚境内人民，并赦免盗匪以前的罪行，给他们从头开始的机会。盗贼的首领夏密等人带领他的头目、党徒共六百多人将自己捆绑住，前去自首，李固都谅解了他们，并将他们遣送回乡，让自行互相招集，宣扬朝廷的威信法令。在半年的时间里，剩余的贼徒也都投降了，使州中太平了。李固上奏书弹劾南阳太守高赐等人收赃贪污，高赐等人多次贿赂大将军梁冀，梁冀为他们转下了一日千里的快速文书，但是李固坚持得更加紧急，于是梁冀就把李固调迁为泰山太守。当时泰山的盗贼已经聚集很多年了，郡中军队经常一千人一起前往追击，也不能制伏他们，李固到任之后，就将郡兵全部遣送回家种地，只留下一百多个能担任作战任务的人，依靠恩德、威信来招抚、诱降盗匪。还不到一年的时间，盗贼就全部都被消散了。

汉安元年（壬午，公元一四二年）春，正月，癸巳，赦天下，改元。

秋，八月，南匈奴句龙吾斯与薁鞬、台耆等复反，寇掠并部。

丁卯，遣侍中河内杜乔、周举、守光禄大夫周栩、冯羡、魏郡栾巴、张纲、郭遵、刘班分行州郡，表贤良，显忠勤；其贪污有罪者，刺史、二千石驿马上之，墨绶以下便辄收举。乔等受命之部，张纲独埋其车轮于雒阳都亭，曰："豺狼当路，安问狐狸！"遂劾奏："大将军冀、河南尹不疑，以外戚蒙恩，居阿衡之任，而专肆贪叨，纵恣无极，多树谄谀以害忠良，诚天威所不赦，大辟所宜加也。谨条其无君之心十五事，斯皆臣子所切齿者也。"书御，

京师震竦。时皇后宠方盛，诸梁姻族满朝，帝虽知纲言直，不能用也。杜乔至兖州，表奏泰山太守李固政为天下第一，上徵固为将作大匠。八使所劾奏，多梁冀及宦者亲党；互为请救，事皆寝遏。侍御史河南种暠疾之，复行案举。廷尉吴雄、将作大匠李固亦上言："八使所纠，宜急诛罚。"帝乃更下八使奏章，令考正其罪。

【译文】 汉安元年（壬午，公元142年）春季，正月，癸巳日（十四日），大赦天下，更改年号。

秋季，八月，南匈奴句龙吾斯和薁鞬、台耆等人再次叛变，入侵、抢劫并州。

丁卯日（二十一日），朝廷派遣侍中杜乔（河内人）、周举、守光禄大夫周栩、冯羡、魏郡人栾巴、张纲、郭遵和刘班分别到各个州郡去，表扬贤良的人，显耀忠诚和勤劳，对于犯贪污罪的，刺史、二千石以上的官吏用驿站开始传达他们的罪行，进谏弹劾。墨色绶带以下的官吏，被立刻逮捕举发。杜乔等人接受命令之后就前往各部，只有张纲把车轮埋在了洛阳的都亭，说："如今豺狼当权，怎么能只追问狐狸呢？"于是就进谏弹劾说："大将军梁冀和河南尹梁不疑，凭借外戚的关系蒙受皇帝的恩德，占据了阿衡的位置，却贪得无厌，为所欲为，没有节制，任用谄媚小人而陷害忠良之士，实在是天理难容，罪在不赦。我恭谨地列举了他们目无国君的十五件事，这些都是大臣们痛恨的。"上书进奏后，京城震动恐惧。当时皇后的宠幸正盛，每个梁姓亲戚都充满朝廷，虽然顺帝知道张纲的言语正直，却没有采用。杜乔到兖州之后，就立刻上表进奏说泰山太守李固的政治是天下第一的，于是顺帝就征召李固做将作大匠。八位使者所进奏弹劾的，大多是梁冀宦官的亲戚们及其党羽，互相请求救援，事情都停下来了。侍御史种暠（河南人）心怀痛恨，于是再次进行举发考察。廷尉吴雄和将作大匠李固也进谏说："八位使者所列举的，应该赶紧责罚。"顺帝这才颁下八位使者的奏折，命令官员考查，判定他们的刑罪。

梁冀恨张纲，思有以中伤之。时广陵贼张婴寇乱扬、徐间积十馀年，二千石不能制，冀乃以纲为广陵太守。前太守率多求兵马，纲独请单车之职。既到，径诣婴垒门；婴大惊，遽走闭垒。纲于门外罢遣吏兵，独留所亲者十馀人，以书喻婴，请与相见。婴见纲至诚，乃出拜谒。纲延置上坐，譬之曰："前后二千石多肆贪暴，故致公等怀愤相聚；二千石信有罪矣，然为之者又非义也。今主上仁圣，欲以文德服叛，故遣太守来，思以爵禄相荣，不愿以刑罚相加，今诚转祸为福之时也。若闻义不服，天子赫然震怒，荆、扬、兖、豫大兵云合，身首横分，血嗣俱绝。二者利害，公其深计之！"婴闻，泣下曰："荒裔愚民，不能自通朝廷，不堪侵枉，遂复相聚偷生，若鱼游釜中，知其不可久，且以喘息须臾间耳！今闻明府之言，乃婴等更生之辰也！"乃辞还营。明日，将所部万馀人与妻子面缚归降。纲单车入婴垒，大会，置酒为乐，散遣部众，任从所之；亲为卜居宅、相田畴；子弟欲为吏者，皆引召之。人情悦服，南州晏然。朝廷论功当封，梁冀遏之。在郡一岁，卒；张婴等五百馀人为之制服行丧，送到犍为，负土成坟。诏拜其子续为郎中，赐钱百万。

【译文】 梁冀怨恨张纲，想要陷害他。当时广陵的盗贼张婴在扬州和徐州地区作乱，已经有十多年了，二千石的官员都不能制止他。于是梁冀任命张纲为广陵太守。先前的太守大多要求兵马，只有张纲单枪匹马前去任职。到任以后，张纲直接前去了张婴营垒的大门。张婴很惊慌，急忙下令关闭了军门。张纲在军门外遣散了官吏和人民，只留下十多个亲近的人，用书信通知张婴，请求与他见面。张婴看到了张纲的至高诚意，才出来拜见他。张纲请他坐上座，向他解释说："二千石的官员，大多都贪污暴虐，所以就让你们心中怀有愤怒，互相聚集；二千石的官员确实是有罪的，但是你们这样做是不合义理的。现在君主仁爱开明，想要用恩德降服叛变的人，因此派太守来，想给你们爵位、俸禄的荣耀，不希望施加刑罚，现在真是祸害转变为福祥的机会啊。如果听到义理还不投降，天子就会愤怒，集合荆、扬、兖、豫的大军让你们身首分离，连后代都断绝了。这两种利害关系，你要仔细考虑一下！"张婴听后，流着泪说："边外愚蠢的人民，不能自求通晓朝廷，只是不能忍受被冤枉迫害，于是就互相聚集，苟且偷生，就好像鱼在釜中游，知道时日是不会长久的，只是获得暂时喘息的时间而已！现在听到您的话，才知道确实是婴等重生的时候了！"于是张婴辞别张纲，回到了军营。第二天，他带领一万多人的部众及妻子和孩子，反绑着自己前来投降。张纲单独进入张婴的军营，大摆宴席，饮酒作乐，张纲让张婴解散部属，让他们各自选择去向，并亲自替张婴建造了住宅，看好了田地；子孙中凡是有想做官的，都把他们召来并任命。人们都很开心，南方的州郡也都平安无事。朝廷评定功绩，应该封赠张纲侯爵，但是梁冀却阻止了。在郡中一年，张纲去世，张婴等五百多人，为他穿上了孝服，并办理了丧事，将他送到犍为，背负泥土，为他建造坟墓。顺帝下诏令任命张纲的儿子张续为郎中，并赐给他一百万钱。

【乾隆御批】婴乱民，非敌国比。虽面缚归降，亦不可遽贷也。

从来反侧不常，多为受款之言所误。故纲殊未几，婴众复叛。明季于张献忠诸贼辄以受抚为名，自贻伊戚，非炯鉴与？

【译文】张婴等乱民，不能和敌国相比。他们虽然反绑自己表示归降，也不能立即给予宽免。盗贼历来反复无常，即使降服，大多数也是被官府的好言劝诱所迷惑。所以张纲去世后不久，张婴等便重新聚众谋反。明末之际，张献忠等奸贼就是以接受朝廷安抚为名，为朝廷留下了后患。这不是很清楚的借鉴吗？

【乾隆御批】掾私赋民钱，市衣进父，因父言而自首。其事即寔，原其情，宥其罪可耳。仍以衣遗之。民则何辜？事出好名，不可为训。

【译文】佐吏私自赋敛百姓钱财，买衣服孝敬父亲，又因为父亲的一番话到官府自首。这件事实际上就是依据犯罪的实际情况，可以宽恕罪行，所以吴祐又将衣服送给孙性。但是，老百姓有什么错呢？这件事可以成就声誉，但不足以效仿。

【申涵煜评】纲劾梁冀降张婴，于豺狼、狐狸之言，施无不当，天性鲠直，兼汲黯、龚遂之长，非如严延年、王温舒辈，专以击断树威者。惜卒于广陵，未得竟其言责。

【译文】张纲弹劾权贵梁冀，劝喻张婴并降服了他，说出了“豺狼当道，安问狐狸”之类的话，所做之事没有不恰当的，他天性耿直，兼备汲黯、龚遂的长处，不像严延年、王温舒这类酷吏，专门打击豪强。可惜最终在广陵去世了，没有尽到进言劝谏的责任。

是时，二千石长吏有能政者，有雒阳令渤海任峻、冀州刺史京兆苏章、胶东相陈留吴祐。雒阳令自王涣之后，皆不称职。峻能选用文武吏，各尽其用，发奸不旋踵，民间不畏吏，其威禁猛于涣，而文理政教不如也。章为冀州刺史，有故人为清河太守，

章行部，欲案其奸臧，乃主太守为设酒肴，陈平生之好甚欢。太守喜曰："人皆有一天，我独有二天！"章曰："今夕苏孺文与故人饮者，私恩也；明日冀州刺史案事者，公法也。"遂举正其罪，州境肃然。后以摧折权豪忤旨，坐免。时天下日敝，民多愁苦，论者日夜称章，朝廷遂不能复用也。祐为胶东相，政崇仁简，民不忍欺。啬夫孙性，私赋民钱，市衣以进其父，父得而怒曰："有君如是，何忍欺之！"促归伏罪。性惭惧诣阁，持衣自首。祐屏左右问其故，性具谈父言。祐曰："掾以亲故受污秽之名，所谓'观过斯知仁矣。'"使归谢其父，还以衣遗之。

冬，十月，辛未，太尉桓焉、司徒刘寿免。

罕羌邑落五千馀户诣赵冲降，唯烧何种据参緣未下。甲戌，罢张乔军屯。

十一月，壬午，以司隶校尉下邳赵峻为太尉，大司农胡广为司徒。

【译文】这时，二千石的官吏擅长治理政事的，有洛阳令任峻、冀州刺史苏章（京兆人）、胶东相吴祐（陈留人）。洛阳令自从王涣之后，都不称职。任峻能选派文、武官员，发挥他们各自的才能，很快就举发了奸邪的事，百姓也就不再畏惧官吏了，他的威严禁令比王涣还凶猛，但是文理政教却比不上王涣。苏章担任冀州刺史，有位老朋友在清河郡做太守，苏章到了郡部之后，想要询问他奸邪贪赃的事，于是就请来太守，为他设立酒席，表述生平快乐的事。太守高兴地说："别人只有一个天，但是我有两个天！"苏章说："今天晚上和老朋友喝酒，是私人之间的事，明天冀州刺史来查问事情，就是公家的法制了！"终于检举判理了他的罪过，因此全州一片肃然。后来由于侮辱权贵豪门，违背了旨意，就被免除了官职。当时天下败坏，人民大多愁苦，参与这件事的人都日夜称赞苏章，但是朝廷却不再任用他。吴祐担任胶东相，在政治上清高、仁爱简洁，百姓都不忍心欺骗他。有位啬夫，名叫孙性，私自收了人民的税钱，并用这些钱买了衣服进献给他的父亲，父亲拿到之后，愤怒地说："如果有这样的长官，你怎么能忍心欺骗他呢？"于是催促他快点回去认罪。孙性很是惭愧并且恐惧地前去府衙，拿着衣服自首。吴祐清退了左右的人，问他原因，孙性把父亲的话详尽地讲出来了。吴祐说："掾属的官员因为亲人的关系，蒙受了贪污的名声，正所谓'观看所犯过错的情形，就可以知道有没有仁德了'。"于是命令他回去，并他向父亲道谢，还把衣服送给了孙性的父亲。

冬季，十月，辛未日（二十六日），太尉桓焉、司徒刘寿被免官。

罕羌部落五千多户人前去赵冲所在的地方投降，只有烧何种羌人占据参䜌，攻不下来。甲戌日（二十九日），朝廷撤销了张乔的驻守军队。

十一月，壬午日（初七），朝廷任命司隶校尉下邳人赵峻为太尉，命令大司农胡广为司徒。

二年（癸未，公元一四三年）夏，四月，庚戌，护羌校尉赵冲与汉阳太守张贡击烧当羌于参䜌，破之。

六月，丙寅，立南匈奴守义王兜楼储为呼兰若尸逐就单于。时兜楼储在京师，上亲临轩授玺绶，引上殿，赐车马、器服、金帛甚厚。诏太常、大鸿胪与诸国侍子于广阳城门外祖会，飨赐、作乐、角抵、百戏。

冬，闰十月，赵冲击烧当羌于阿阳，破之。

十一月，使匈奴中郎将扶风马寔遣人刺杀句龙吾斯。

凉州自九月以来，地百八十震，山谷坼裂，坏败城寺，民压死者甚众。

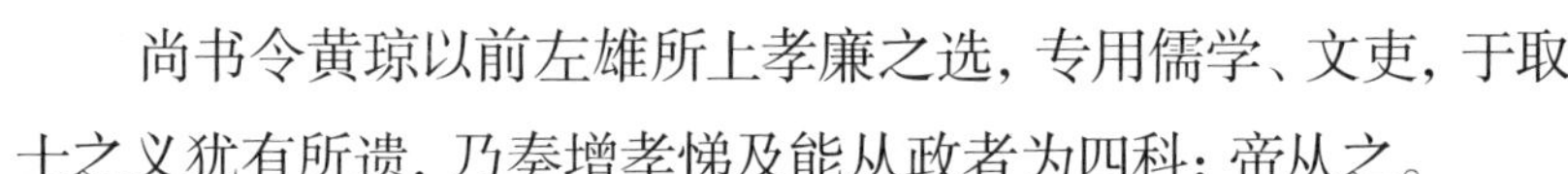
尚书令黄琼以前左雄所上孝廉之选，专用儒学、文吏，于取士之义犹有所遗，乃奏增孝悌及能从政者为四科；帝从之。

【译文】 二年（癸未，公元143年）夏季，四月，庚戌日（初八），护羌校尉赵冲和汉阳太守张贡到参䜌攻打烧当羌，并且打败了他们。

六月，丙寅日（二十五日），顺帝任命南匈奴守义王兜楼储为呼兰若尸逐就单于。当时兜楼储在京城，顺帝亲自驾车到馆阁授给他玺印和绶带，并将他请上殿，赐给他车马、器物、金钱、布帛。下诏命令太常、大鸿胪和各国的侍子一并在广阳门外设立宴席饯行，有音乐、角力等各种游戏。

冬季，闰十月，赵冲在阿阳攻打烧当羌，并将他们打败了。

十一月，派遣匈奴中郎将马寔（扶风人）带领人刺杀句龙吾斯。

自从九月以来，凉州发生了一百八十次地震，山谷崩裂，城池和府衙毁坏，压死的百姓也很多。

尚书令黄琼认为从前左雄所奏上的孝廉选举办法，专门选出儒学和文吏，对于推举士子的意义仍有缺失，于是呈上奏折，要求增加孝悌和能从政成为四科，顺帝采纳了他的建议。

建康元年（甲申，公元一四四年）春，护羌从事马玄为诸羌所诱，将羌众亡出塞，领护羌校尉卫琚追击玄等，斩首八百馀级。赵冲复追叛羌到建威鹯阴河；军度竟，所将降胡六百馀人叛走；冲将数百人追之，遇羌伏后，与战而殁。冲虽死，而前后多所斩获，羌由是衰耗。诏封沖子为义阳亭侯。

【译文】 建康元年（甲申，公元144年）春季，护羌从事马玄受到了各个羌族的引诱，带领羌族民众逃亡出塞，兼领护羌校尉卫琚追击马玄等人，斩下八百多人的首级。赵沖再次到建威鹯阴河追击叛变的羌人，军队渡过河之后，他所带领着的六百多名投降的胡人都叛变逃走了，于是赵沖带领几百人前去追赶，在途中遇到了羌人的伏兵，作战阵亡了。虽然赵沖战死了，但是前后多有斩获，从此羌人的势力就衰微了。顺帝下诏任命赵沖的儿子为义阳亭侯。

夏，四月，使匈奴中郎将马寔击南匈奴左部，破之。于是胡、羌、乌桓悉诣寔降。

辛巳，立皇子炳为太子，改元，赦天下。太子居承光宫，帝使侍御史种暠监其家。中常侍高梵从中单驾出迎太子，时太傅杜乔等疑不欲从而未决，暠乃手剑当车曰："太子，国之储副，人命所系。今常侍来，无诏信，何以知非奸邪？今日有死而已！"梵辞屈，不敢对，驰还奏之。诏报，太子乃得去。乔退而叹息，愧暠临事不惑；帝亦嘉其持重，称善者良久。

【译文】 夏季，四月，命令匈奴中郎将马寔攻打南匈奴左部，并打败了他们。于是胡人、羌人和乌桓人都向马寔投降了。

辛巳日（十五日），立皇子刘炳为太子，更改年号，大赦天下。太子在承光宫居住，汉顺帝让侍御史种暠做太子宫的总管。中常侍高梵单车从宫中乘车出来迎接太子，当时太傅杜乔等人不愿意听从，但是也不能决定，于是种暠手握着剑，对着车子说："太子，是国家的储君，是人命所依靠的。现在没有诏书为信但是常侍来了，怎么能知道没有阴谋呢？今天只有一死了之！"

高梵没有说话，也不敢回答，于是奔驰而去，呈上奏书。诏书拿回以后，太子才去。退朝之后，杜乔叹气，愧对种暠面对事情时的不慌乱；顺帝也称赞他的稳重，并称赞了他很久。

【乾隆御批】中常侍承帝命召太子，恒事也。种暠即有所疑，随去可也。而乃手剑当车。是俨然以父子为敌国，无诺不俟之谓，何史家方誉，以为临事不惑？可谓无识矣。

【译文】中常侍接受皇帝的命令，召太子入宫，是很常见的事情。种暠既然犯疑，可以随之而去，他却手中持剑挡在车前。这就是俨然以父子为敌国，所谓的凡事必待同意后再执行，写史书的人为什么还要去称颂，认为他遇事有主见呢？这实在可以说是毫无见识。

扬、徐盗贼群起，盘互连岁。秋，八月，九江范容、周生等寇掠城邑，屯据历阳，为江、淮巨患；遣御史中丞冯绲督州兵讨之。

庚午，帝崩于玉堂前殿。太子即皇帝位，年二岁。尊皇后曰皇太后。太后临朝。丁丑，以太尉赵峻为太傅，大司农李固为太尉，参录尚书事。

【译文】扬州、徐州盗贼成群结队地起来造反，并且接连不断地盘结不散。秋季，八月，九江人范容、周生等入侵、抢劫了城邑，占据了历阳，成了江、淮的大祸害，朝廷于是派御史中丞冯绲督率州中军队讨伐他们。

庚午日（初六），顺帝在玉堂前殿驾崩。太子登临皇帝位时（即汉冲帝），只有两岁。尊崇皇后为皇太后，由太后亲自治理朝廷，管理政事。丁丑日（十三日），朝廷任命太尉赵峻为太傅，大司农李固为太尉，参与主持尚书事务。

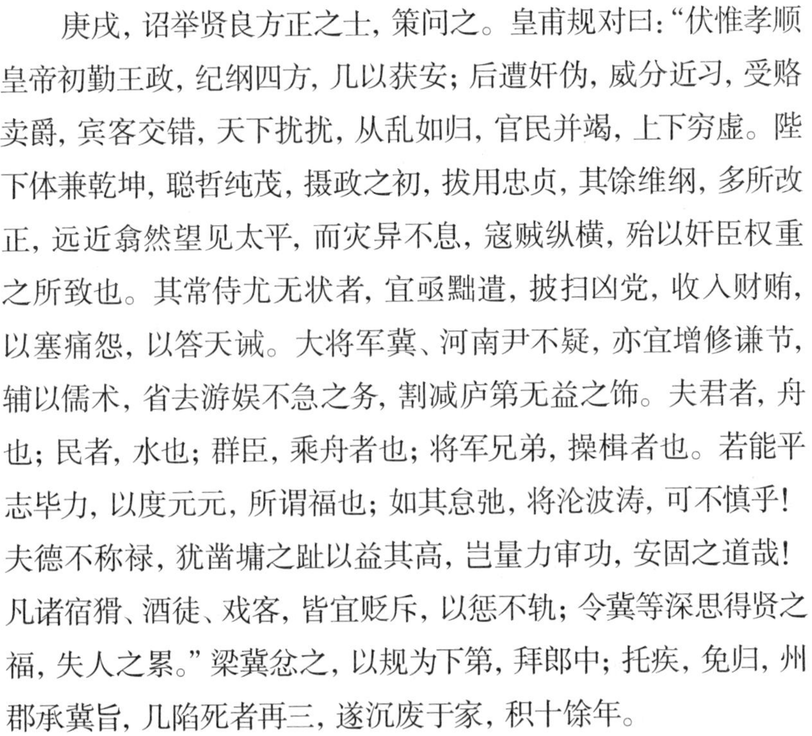

九月，丙午，葬孝顺皇帝于宪陵，庙曰敬宗。

是日，京师及太原、雁门地震。

庚戌，诏举贤良方正之士，策问之。皇甫规对曰："伏惟孝顺皇帝初勤王政，纪纲四方，几以获安；后遭奸伪，威分近习，受赂卖爵，宾客交错，天下扰扰，从乱如归，官民并竭，上下穷虚。陛下体兼乾坤，聪哲纯茂，摄政之初，拔用忠贞，其馀维纲，多所改正，远近翕然望见太平，而灾异不息，寇贼纵横，殆以奸臣权重之所致也。其常侍尤无状者，宜亟黜遣，披扫凶党，收入财贿，以塞痛怨，以答天诫。大将军冀、河南尹不疑，亦宜增修谦节，辅以儒术，省去游娱不急之务，割减庐第无益之饰。夫君者，舟也；民者，水也；群臣，乘舟者也；将军兄弟，操楫者也。若能平志毕力，以度元元，所谓福也；如其怠弛，将沦波涛，可不慎乎！夫德不称禄，犹凿墉之趾以益其高，岂量力审功，安固之道哉！凡诸宿猾、酒徒、戏客，皆宜贬斥，以惩不轨；令冀等深思得贤之福，失人之累。"梁冀忿之，以规为下第，拜郎中；托疾，免归，州郡承冀旨，几陷死者再三，遂沉废于家，积十馀年。

【译文】 九月丙午日（十二日），将孝顺皇帝安葬在宪陵，庙号为敬宗。

这一天，京城和太原、雁门发生了地震。

庚戌日（十六日），朝廷诏命推举贤良方正的人士，策问政事。皇甫规回答说："我一想到孝顺皇帝刚刚即位时勤勉地施行圣王政治，统领四方，希望能使天下获得太平。后来遇到奸恶虚伪的人，威望就分散到与之亲近的小人手上，于是他们接受贿赂，出卖官位，宾客相互往来，天下扰乱不安，随从也到处惹

事，官员和人民同时困乏，朝廷上下都空虚贫穷。陛下兼具了乾坤的美德，聪明才智，忠厚盛美，刚摄政事的时候选用忠诚坚贞的人士，其他纲要，大部分有所纠正，远近的人民都一同盼望能重见太平的日子，然而灾害并没有停止，而且盗贼还到处横行，大概是奸邪的臣子权势太重而造成的。其中最没有德行的常侍，就应该赶快将他们遣送出去，去除凶党，没收他们的财物，以此来抚平人民的怨恨，并且来回应上天的惩戒。大将军梁冀、河南尹梁不疑，也应该多多修习谦和的品德，并学习儒学，减去游乐等不急需的事务，削减对房屋无益的装饰。如果国君是舟船，那百姓就是河水，而臣子们就是乘坐舟船的人，梁将军兄弟就是掌握船桨的人。如果能够心平气和，并尽力使百姓度过艰难，就是所谓的祥福了；如果他们懈怠松弛了，就会被淹没到波浪中，能不谨慎吗？如果品德不符合爵禄，就好像挖开墙的墙脚，以此来增加墙的高度，这哪里是揣度力量、审度业绩、安定坚固的大道呢？各种奸猾小人、酒徒及戏客，都应该将其贬斥出去，以此来惩罚不守法的人，所以需要梁冀等人仔细思考获得贤士的祥福，以及失去人才的牵累。”梁冀感到很愤怒，于是就把皇甫规列为劣等，并任命他为郎中。皇甫规假装有病，就被免官回乡去了。州郡的官员承奉梁冀的旨意，一而再，再而三地想置皇甫规于死地，因此他十多年荒废在家。

扬州刺史尹耀、九江太守邓显讨范容等于历阳，败殁。

冬，十月，日南蛮夷复反，攻烧县邑。交趾刺史九江夏方招诱降之。

十一月，九江盗贼徐凤、马勉等攻烧城邑；凤称无上将军，勉称皇帝，筑营于当涂山中，建年号，置百官。

十二月，九江贼黄虎等攻合肥。

是岁，群盗发宪陵。

【译文】 扬州刺史尹耀和九江太守邓显在历阳征讨范容等人，在战斗中阵亡。

冬季，十月，日南蛮夷再次叛变，攻占、烧毁县城，交趾刺史夏方（九江人）诱导他们投降。

十一月，九江盗贼徐凤和马勉攻占并烧毁了城池，徐凤自称无上将军，马勉自称皇帝，在当涂山中建造军营，建立年号并设置百官。

十二月，九江盗贼黄虎等人攻占合肥。

这一年，盗贼们盗掘宪陵。

汉孝冲皇帝

永嘉元年（乙酉，公元一四五年）春，正月，戊戌，帝崩于玉堂前殿。梁太后以扬、徐盗贼方盛，欲须所徵诸王侯到乃发丧。太尉李固曰："帝虽幼少，犹天下之父。今日崩亡，人神感动，岂有人子反共掩匿乎！昔秦皇沙丘之谋及近日北乡之事，皆秘不发丧，此天下大忌，不可之甚者也！"太后从之，即暮发丧。

徵清河王蒜及渤海孝王鸿之子缵皆至京师。蒜父曰清河恭王延平；延平及鸿皆乐安夷王宠之子，千乘贞王伉之孙也。清河王为人严重，动止有法度，公卿皆归心焉。李固谓大将军冀曰："今当立帝，宜择长年，高明有德，任亲政事者，愿将军审详大计，察周、霍之立文、宣，戒邓、阎之利幼弱！"冀不从，与太后定策禁中。丙辰，冀持节以王青盖车迎缵入南宫。丁巳，封为建平侯。

其日，即皇帝位，年八岁。蒜罢归国。

【译文】 永嘉元年（乙酉，公元145年）春季，正月，戊戌日（初六），汉冲帝在玉堂前殿崩殂了。扬州、徐州盗贼正是兴盛的时候，梁太后想等到所征召的各王侯到了之后，再发布丧事。太尉李固说："虽然皇帝年纪幼小，但仍然是天下百姓的君父。今天先帝崩殂了，人神感动，哪里有做人子女的要一同来隐瞒消息的呢？先前秦皇沙丘的谋略，和近日北乡侯的事，都是秘密不公布丧事的，这可是天下最大的忌讳，最不能做的事情！"太后听从了李固的话，于是当天傍晚就发布了丧事。

召集清河王刘蒜和渤海孝王刘鸿的儿子刘缵到京城来。刘蒜的父亲就是清河恭王刘延平，其中刘延平和刘鸿都是乐安夷王刘宠的儿子，千乘贞王刘伉的孙子。清河王为人严肃稳重，他的一举一动都合乎法度，公卿们都心悦诚服。李固对梁冀说："现在立皇帝，就应该选择年纪大、高明、有德行，并能亲自担负起治理政事责任的人，希望将军能仔细揣量，学习周勃、霍光立文帝、宣帝的故事，禁止邓氏、阎氏推立幼小的计划，这样对自己有利！"梁冀没有听从，还是和太后在宫中制定策略。丙辰日（二十四日），梁冀拿着符节用王侯青盖车将刘缵迎接进入南宫。丁巳日（二十五日），刘缵被封为建平侯，同一天登临皇位，当时年仅八岁。事后刘蒜回到了郡国。

将卜山陵，李固曰："今处处寇贼，军兴费广，新创宪陵，赋发非一。帝尚幼小，可起陵于宪陵茔内，依康陵制度。"太后从之。己未，葬孝冲皇帝于怀陵。

太后委政宰辅，李固所言，太后多从之，黄门宦官为恶者一皆斥遣，天下咸望治平。而梁冀深忌疾之。

初，顺帝时所除官多不以次；及固在事，奏免百馀人。此等既怨，又希望冀旨，遂共作飞章诬奏固曰："太尉李固，因公假私，依正行邪，离间近戚，自隆支党。大行在殡，路人掩涕，固独胡粉饰貌，搔头弄姿，槃旋偃仰，从容冶步，曾无惨怛伤悴之心。山陵未成，违矫旧政，善则称己，过则归君；斥逐近臣，不得侍送。作威作福，莫固之甚矣！夫子罪莫大于累父，臣恶莫深于毁君，固之过衅，事合诛辟。"书奏，冀以白太后，使下其书；太后不听。

广陵贼张婴复聚众数千人反，据广陵。

【译文】将要建造陵墓的时候，李固说："现在到处都是盗贼，仅仅是军事行动就耗费很多了，又刚刚建造了宪陵，征收的赋税就不止一种了。皇帝年龄还很小，可以依照康陵的制度，在建陵墓地中建造陵墓。"太后听从了他的建议。己未日（二十七日），孝冲皇帝被葬在怀陵。

太后把政事交给宰臣，李固的建议，太后大部分都听从了，作恶的宦官一概应该被驱除出去，天下百姓都盼望整修太平，但是梁冀对他很痛恨。

起初，在顺帝的时候，所任命的官员大多不按照年次。等到李固主持政事的时候，进谏免除了一百多人的官职。这些人虽然心存怨恨，但又希望能符合梁冀的心意，于是一同写紧急奏折，共同诬告李固说："太尉李固，假借公事，而徇私情；依据正理，却行邪恶之事；挑拨皇室和近亲的关系，壮大自己的党羽。在皇帝举行丧礼的时候，路人都掩面哭泣，但是只有李固在扑胡粉修饰妆容，搔头舞姿，生活安定和乐，举动很是悠闲，从容淡定，行走规矩，却没有一点悲伤的心意。山陵没有建成，违背了以前的体制，如果好的话就说是自己的功劳，如果有过错的

话就将过错归向君主，他斥退亲近的臣子，使他们不能奉侍送葬。凭借职位，滥用权力，这样说来没有比李固更厉害的了。儿子的过错，没有比连累父亲更大的了；臣子的罪行，没有比毁坏君主更重的了，李固的过错，在刑事上应该给予诛死的刑罚。”奏书呈上之后，梁冀将此事禀告太后，希望领到诏书并办理。太后没有听从。

广陵盗贼张婴再次招集几千人造反，并占据了广陵。

二月，乙酉，赦天下。

西羌叛乱积年，费用八十馀亿。诸将多断盗牢禀，私自润入，皆以珍宝货赂左右。上下放纵，不恤军事，士卒不得其死者，白骨相望于野。左冯翊梁并以恩信招诱叛羌；离湳、狐奴等五万馀户皆诣并降，陇右复平。

太后以徐、扬盗贼益炽，博求将帅。三公举涿令北海滕抚有文武才；诏拜抚九江都尉，与中郎将赵序助冯绲，合州郡兵数万人共讨之。又广开赏募，钱、邑各有差。又议遣太尉李固，未及行。三月，抚等进击众贼，大破之，斩马勉、范容、周生等千五百级。徐凤以馀众烧东城县。夏，五月，下邳人谢安应募，率其宗亲设伏击凤，斩之。封安为平乡侯。拜滕抚中郎将，督扬、徐二州事。

丙辰，诏曰：“孝殇皇帝即位逾年，君臣礼成。孝安皇帝承袭统业，而前世遂令恭陵在康陵之上，先后相逾，失其次序。今其正之！”

【译文】二月，乙酉日（二十四日），大赦天下。

西羌战乱了好多年，军费用了八十多亿钱财。各将领大都减少了士兵配给，并私自盗用，来增加自己的收入，他们都用珍宝财物贿赂左右的近臣。上下都很放纵，却不关心军事，军士不该死的都死了，白骨堆满了原野。左冯翊梁并用恩德和诚信诱导引起叛乱的羌人，离湳、狐奴等五万多户人都向梁并投降了，陇右再次平定了。

由于徐州、扬州的盗贼更加昌盛，于是太后就广泛地寻求将帅之才。三公推举涿令滕抚（北海人），他有文武才能。于是朝廷任命滕抚为九江都尉，和中郎将赵序一同帮助冯绲，联合州郡几万人的军队共同征讨他们。又公开地悬出赏格，按照剿灭盗贼的功劳高下来赏赐金钱或食邑。又商讨派遣太尉李固出征，还没有前去。三月，滕抚等人进攻贼众，大败敌军，斩下马勉、范容、周生等一千五百人的头颅。徐凤带领残余的贼人烧毁东城县。夏季，五月，下邳人谢安接受朝廷的招募，带领他的宗亲设下埋伏，攻击并杀死了徐凤。于是封谢安为平乡侯。任命滕抚为中郎将，督理扬、徐两个州的军事。

三月，丙辰日（二十六日），朝廷下诏书说："孝殇皇帝在位已经一年多了，君臣的礼节也都已经具备了。孝安皇帝沿袭着天下统一的王业，而前世的人却让恭陵在康陵之上，先后超越了本位，失去了该有的次序。所以现在就更正！"

六月，鲜卑寇代郡。

秋，庐江盗贼攻寻阳，又攻盱台。滕抚遣司马王章击破之。

九月，庚戌，太傅赵峻薨。

滕抚进击张婴；冬，十一月，丙午，破婴，斩获千馀人。丁未，中郎将赵序坐畏懦、诈增首级，弃市。

历阳贼华孟自称黑帝，攻杀九江太守杨岑。滕抚进击，破之，斩孟等三千八百级，虏获七百馀人。于是东南悉平，振旅而还。以抚为左冯翊。

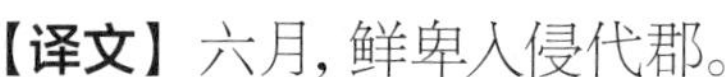

【译文】六月，鲜卑入侵代郡。

秋季，庐江盗贼进攻寻阳，又攻打了盱台。滕抚派司马王章攻击并打败了他们。

九月，庚戌日（二十二日），太傅赵峻去世。

滕抚进攻张婴。冬季，十一月丙午日（十九日），打败了张婴，并斩获了一千多人。丁未日（二十日），中郎将赵序因为畏惧懦弱、虚报杀敌的数量，于是被判了死罪、暴尸街头。

自称为黑帝的历阳盗贼华孟，杀死了九江太守杨岑。滕抚进攻并打败了他们，斩下了华孟等三千八百人的头颅并俘虏了七百多人。于是东南地区全部平定，凯旋之后，朝廷就任命滕抚为左冯翊。

永昌太守刘君世，铸黄金为文蛇，以献大将军冀；益州刺史种暠纠发逮捕，驰传上言。冀由是恨暠。会巴郡人服直聚党数百人，自称天王，暠与太守应承讨捕，不克，吏民多被伤害；冀因此陷之，传逮暠、承。李固上疏曰："臣伏闻讨捕所伤，本非暠、承之意，实由县吏惧法畏罪，迫逐深苦，致此不详。比盗贼群起，处处未绝。暠、承以首举大奸而相随受罪，臣恐沮伤州县纠发之意，更共饰匿，莫复尽心！"太后省奏，乃赦暠、承罪，免官而已。金蛇输司农，冀从大司农杜乔借观之，乔不肯与；冀小女死，令公卿会丧，乔独不往；冀由是衔之。

【译文】永昌太守刘君世，锻造黄金，将其做成有花纹的蛇，进献给大将军梁冀。益州刺史种暠将他纠举出来并逮捕了他，很快就通过驿站上奏朝廷。因此梁冀就怨恨种暠。刚好巴郡人服直聚集了几百人的党徒，自称为天王，种暠和太守应承前去讨伐、逮捕他，但没有成功，官吏和人民许多受到伤害。梁冀就因此陷害他，下令逮捕种暠和应承。李固呈上奏折说："微臣听说征讨逮捕所遭受的伤害，原本不是种暠、应承的意思，实际上由于县中官员害怕法令、罪过，不清楚贼匪的形势，于是就逼迫、驱使百姓，由于他们太过劳苦，才造成了这种不幸的事发生。等到盗贼成群结队起来之后，就到处作乱，种暠、应承首先举发了盗贼的奸恶，却跟着接受了惩罚，微臣恐怕沮丧损伤了州县检举的心思，他们以后就会一起掩饰，不再尽心了！"太后看了奏折，于是就赦免了种暠、应承的过错，只是免除了他们的官职而已。金蛇被送到司农府之后，梁冀从大司农杜乔那里借看，杜乔不肯借给他看。梁冀的小女儿死之后，要求公卿都去参加丧礼，只有杜乔没有去，梁冀因此就恨他了。

资治通鉴卷第五十三　汉纪四十五

起柔兆阉茂，尽柔兆涒滩，凡十一年。

【译文】 起丙戌（公元146年），止丙申（公元156年），共十一年。

【题解】 本卷记录了汉质帝本初元年至汉桓帝永寿二年间的历史。桓帝受制于梁氏外戚，心有不甘而与宦官联合，大权又落于宦官之手。就这样，大权在宦官及外戚之手轮转，于是，皇帝、朝臣、外戚、宦官的权力之争陷入恶性循环之中。桓帝初期，梁冀外戚专权达到极盛，害名臣，起宅第，扩张势力。满朝乱象，桓帝依然不听谏言。鲜卑檀石槐侵扰北疆。

孝质皇帝

本初元年（丙戌，公元一四六年）夏，四月，庚辰，令郡、国举明经诣太学，自大将军以下皆遣子受业；岁满课试，拜官有差。又千石、六百石、四府掾属、三署郎、四姓小侯先能通经者，各令随家法，其高第者上名牒，当以次赏进。自是游学增盛，至三万馀生。

五月，庚寅，徙乐安王鸿为渤海王。

海水溢，漂没民居。

六月，丁巳，赦天下。

【译文】本初元年（丙戌，公元146年）夏季，四月，庚辰日（二十五日），命令郡、国推荐通晓经学的鸿儒到太学，并命令大将军以下的职务都要将子弟送去接受教育。一年之后考试，按照成绩的高低授予官职。另外，俸禄上至千石，下至六百石、四府属官和三署郎，以及四姓中年幼受封却早已通晓经书的小侯，命令他们各自承袭一脉相传的家学，经过考试，成绩高等的在牒列名呈到朝廷，并依次进行封赏。从此治学的风气大为兴盛，太学生多达三万人。

五月，庚寅日（初六），册封乐安王刘鸿为渤海王。

海水泛滥，民宅被淹没。

六月，丁巳日（初三），朝廷大赦天下。

【申涵煜评】质帝时，太学增至三万人，此在太平为盛事，在衰季为多事。聚四方轻薄之徒于辇毂胶庠之地，议论横生，标榜互胜，即是党援门户之渐幸，而出一刘陶，尤为不负此举。

【译文】孝质帝时，太学生增到三万人，这在太平的年代算得上盛事，在衰微的年代则是祸事，将天下的一些菲薄卑贱的人都聚集在京城的学校，各种言论层出不穷，互相夸耀吹捧，逐渐地成为接援相助的党羽。幸而出现一个刘陶，才没有辜负太学的存在。

帝少而聪慧，尝因朝会，目梁冀曰："此跋扈将军也！"冀闻，深恶之。闰月，甲申，冀使左右置毒于煮饼以进之。帝若烦甚，使促召太尉李固。固入前，问帝得患所由；帝尚能言，曰："食煮饼。今腹中闷，得水尚可活。"时冀亦在侧，曰："恐吐，不可饮水。"语未绝而崩。固伏尸号哭，推举侍医。冀虑其事泄，大恶之。

【译文】孝质帝虽然年龄小但聪明绝顶，曾在朝会的时候，

眨着眼睛注视梁冀说："这是位专横的将军啊！"梁冀听到之后，对他深恶痛绝。闰月甲申日（初一），梁冀让质帝的左右侍从在汤饼中下毒后给质帝吃，质帝吃了之后，就感到气闷，痛苦至极，于是速召太尉李固。李固进入宫中后见状急忙走上前去，问质帝生病的原因。那时质帝还能说话，便说："我吃了煮饼，现在肚里感到闷气，多喝些水，或许还可以活命。"当时梁冀也在边上，说："喝了水恐怕会吐的，所以不能喝水。"还没等话说完，质帝就断气了。李固抱着质帝的尸体号啕大哭，事后追究检举侍医的罪过。梁冀害怕他的阴谋会泄露，因此就非常痛恨李固。

【康熙御批】孝质帝冲龄临御，能识杨冀之奸，固为聪颖。第遽目之，曰"此跋扈将军也"。遂为所毒。聪颖而不善韬晦，适足以为害矣。

【译文】孝质帝幼年登基，就能识别杨冀的奸乱，当然是聪明。只是突然用眼睛瞪着他说"这是位专横的将军啊"！于是就被下毒害死。可见，聪明而不善于韬光养晦，足以给自己带来危害。

将议立嗣，固与司徒胡广、司空赵戒先与冀书曰："天下不幸，频年之间，国祚三绝。今当立帝，天下重器，诚知太后垂心，将军劳虑，详择其人，务存圣明。然愚情眷眷，窃独有怀。远寻先世废立旧仪，近见国家践祚前事，未尝不询访公卿，广求群议，令上应天心，下合众望。《传》曰：'以天下与人易，为天下得人难。'昔昌邑之立，昏乱日滋；霍光忧愧发愤，悔之折骨。自非博陆忠勇，延年奋发，大汉之祀，几将倾矣。至忧至重，可不熟虑！悠悠万事，唯此为大；国之兴衰，在此一举。"冀得书，乃召三公、中二千石、列侯，大议所立。固、广、戒及大鸿胪杜乔皆以为清河王蒜明德著闻，又属最尊亲，宜立为嗣，朝臣莫不归心。而中常侍曹腾尝谒蒜，蒜不为礼，宦者由此恶之。初，平原王冀既贬归河间，其父请分蠡吾县以侯之；顺帝许之。翼卒，子志嗣；梁太后欲以女弟妻志，徵到夏门亭。会帝崩，梁冀欲立志。众论既异，愤愤不得意，而未有以相夺。曹腾等闻之，夜往说冀曰："将军累世有椒房之亲，(东)〔秉〕摄万机，宾客纵横，多有过差。清河王严明，若果立，则将军受祸不久矣！不如立蠡吾侯，富贵可长保也。"冀然其言，明日，重会公卿，冀意气凶凶，言辞激切，自胡广、赵戒以下莫不慑惮，皆曰："惟大将军令！"独李固、杜乔坚守本议。冀厉声曰："罢会！"固犹望众心可立，复以书劝冀，冀愈激怒。丁亥，冀说太后，先策免固。戊子，以司徒胡广为太尉；司空赵戒为司徒，与大将军冀参录尚书事；太仆袁汤为司空。汤，安之孙也。庚寅，使大将军冀持节以王青盖车迎蠡吾侯志入南宫；其日，即皇帝位，时年十五。太后犹临朝政。

【译文】在商议立嗣人选之前，李固与司徒胡广、司空赵戒联名上书给梁冀说："现在天下很是不幸，在数年之间，接连死了三个皇帝。如今又要立皇帝了，为天下立帝这件大事，我们深知太后很是关注，将军更是费神思虑，所以应当慎择人选，一定要考察其人是否圣明。可是愚臣等念念于此，在私下却独有所感。向远推及先世废帝立嗣的旧法，向近里说国家立君践位的前事，没有不询问公卿、广泛征求众人意见的，一定要使拥立的天子上能顺应上天的心意，下能符合大众的期望。经传上说：'把天下交给一个人是件很容易的事，然而天下求得圣明的君王却是件很困难的事。'先前昌邑王被立为帝后，一天比一天昏暗荒淫。于是霍光忧愧发奋，深感痛悔，椎心泣血。如果不是

博陆侯霍光忠贞勇猛，田延年奋发图强，汉朝的祭祀，差点就断绝了。立君嗣位，确实是件极其堪忧、极其重大的事，怎么能不深思熟虑？在天下万事中，唯有这件事对国家的关系最为重大。国家的兴盛衰败，就全靠这一举了。”梁冀看到奏书以后，召集三公和俸禄二千石以上的朝臣，以及位列侯王的权贵，共同商议立嗣大事。李固、胡广、赵戒及大鸿胪杜乔等，都觉得清河王刘蒜因为明德著闻，又是质帝的同父兄长，是尊亲，所以应该立他为嗣，朝廷群臣也没有不归心于他的。但中常侍曹腾曾晋见过清河王蒜，因为刘蒜对他不礼貌，所以宦官们都憎恶刘蒜。起初，平原王刘翼被贬到河间之后，他父亲河间孝王刘开祈求把蠡吾县分划给刘翼，任命刘翼为蠡吾侯，顺帝就答应了他。刘翼死后，让他的儿子刘志嗣位。梁太后想把妹妹嫁给刘志，因此就征召刘志来到了夏门亭，正好遇到质帝崩逝，梁冀想立刘志为皇帝。而现在众臣的议论与他的心意不合，不能如愿，因此就愤愤不乐，但又没有充分的理由排除众议。曹腾等人知道这件事之后，就在深夜前去游说梁冀说：“将军世代都是皇后的近亲，主持国政，门下的众多宾客，经常会有超越礼法的行为。清河王廉洁公正，如果真立他为嗣，那么将军你在不久之后就一定会招祸上身了。所以不如立蠡吾侯为皇帝，这样将军的富贵才能长久啊！”梁冀觉得这番话说得很对，于是在第二天的时候，再次集会公卿，梁冀意气残暴，言语激切，从胡广、赵戒以下，没有不害怕他的威势的，都说：“只听从大将军的命令！”然而只有李固、杜乔坚持原来的结论。梁冀大声地说了句：“散会！”李固觉得众心所归，一直认为清河王一定会被立的，因此又奉书劝导梁冀，梁冀更加愤怒了。丁亥日（初四），梁冀劝动了太后，就先用策令撤免了李固的职位。第二天，戊子日（初五），

改任命司徒胡广为太尉，司空赵戒担任司徒，与大将军梁冀一起参录尚书事。又任命太仆袁汤为司空。袁汤，就是袁安的孙子。庚寅日（初七），命令大将军梁冀持节用帝王的青盖车恭迎蠡吾侯刘志进入南宫，在当天，就登基了（即汉桓帝）。那时桓帝只有十五岁，所以就仍由太后主持朝政。

秋，七月，乙卯，葬孝质皇帝于静陵。

大将军掾朱穆奏记劝戒梁冀曰："明年丁亥之岁，刑德合于乾位，《易经》龙战之会，阳道将胜，阴道将负。愿将军专心公朝，割除私欲，广求贤能，斥远佞恶，为皇帝置师傅，得小心忠笃敦礼之士，将军与之俱入，参劝讲援，师贤法古，此犹倚南山、坐平原也，谁能倾之！议郎大夫之位，本以式序儒术高行之士，今多非其人，九卿之中亦有乖其任者，惟将军察焉！"又荐种暠、栾巴等，冀不能用。穆，晖之孙也。

九月，戊戌，追尊河间孝王为孝穆皇，夫人赵氏曰孝穆后，庙曰清庙，陵曰乐成陵；蠡吾先侯曰孝崇皇，庙曰烈庙，陵曰博陵；皆置令、丞、使司徒持节奉策书玺绶，祠以太牢。

【译文】秋季，七月，乙卯日（初二），将孝质皇帝安葬在静陵。

大将军属官朱穆呈书进谏，劝诫梁冀说："明年岁次丁亥，刑罚和恩德都在北方的乾位，按照《易经》龙战之会来说，阳道将取胜，阴道将失败。希望将军能专心于国事，除去私欲，广泛地召集贤能才士，摒弃邪佞的小人，替皇帝选择师傅，一定得是忠诚小心、笃厚崇礼的贤士，将军应该和他一起入宫，参考、劝导、讲授，老师崇尚贤哲，效法古代圣贤。这样一来，将军就有了像倚南山、坐平原一样的安稳，还有谁能颠覆你的权位呢？

议郎大夫的职位，本来应该用深通儒术、德行高尚的人士担任，而现在在职的却多半都不是适当的人选，九卿之中也有些不该任用的，希望将军能明察这件事！”又推举种暠、栾巴等人，梁冀却没有采用他的建议。朱穆，就是朱晖的孙子。

九月，戊戌日（九月无此日），桓帝追尊河间孝王刘开为孝穆皇，追尊他的夫人赵氏为孝穆后，庙称为清庙，陵园被称为乐成陵。蠡吾先侯被称为孝崇皇，庙园被称为烈庙，陵被称为博陵。陵庙都设置了令、丞，并让司徒拿着节、奉策书玺绶，用三牲来进祭祀。

冬，十月，甲午，尊帝母匽氏为博园贵人。

滕抚性方直，不交权势，为宦官所恶；论讨贼功当封，太尉胡广承旨奏黜之；卒于家。

【译文】冬季，十月，甲午日（十二日），尊桓帝的生母匽氏为博园贵人。

滕抚天生方正刚直，不愿与权势往来，而被宦官憎恶。就他讨伐盗贼的功劳而言，本应该加以封赏，但太尉胡广却奉承权贵的旨意上奏罢免了他，后来他就死在了家中。

孝桓皇帝上之上

建和元年（丁亥，公元一四七年）**春，正月，辛亥朔，日有食之。**

戊午，赦天下。

三月，龙见谯。

夏，四月，庚寅，京师地震。

立阜陵王代兄勃遒亭侯便为阜陵王。

六月，太尉胡广罢。光禄勋杜乔为太尉。自李固之废，内外丧气，群臣侧足而立，唯乔正色无所回桡，由是朝野皆倚望焉。

秋，七月，渤海孝王鸿薨，无子；太后立帝弟蠡吾侯悝为渤海王，以奉鸿祀。

诏以定策功，益封梁冀万三千户，封冀弟不疑为颍阳侯，蒙为西平侯，冀子胤为襄邑侯，胡广为安乐侯，赵戒为厨亭侯，袁汤为安国侯。又封中常侍刘广等皆为列侯。

【译文】建和元年（丁亥，公元147年）春季，正月，辛亥朔日（初一），发生日食。

戊午日（初八），大赦天下。

三月，有龙出现在谯县。

夏季，四月，庚寅日（十一日），京城发生地震。

任命阜陵王刘代的哥哥勃遒亭侯刘便为阜陵王。

六月，太尉胡广被罢官，而让光禄勋杜乔担任太尉。自从李固被免职之后，朝廷上下为之消沉，群臣侧身站在朝堂，每个人都很害怕，只有杜乔正颜厉色，坚决不逢迎曲附，因此朝野都依赖仰望于他。

秋季，七月，渤海孝王刘鸿逝世了，他没有儿子。太后便任命桓帝的弟弟蠡吾侯刘悝为渤海王，以祭祀刘鸿做他的继承人。

由于立帝大功，桓帝诏令加封梁冀一万三千户采邑，封梁冀的弟弟不疑为颍阳侯，梁蒙为西平侯，任命梁冀的儿子梁胤为襄邑侯，又任命胡广为安乐侯，赵戒为厨亭侯，袁汤为安国侯。中常侍刘广等人也都被封了列侯。

杜乔谏曰："古之明君，皆以用贤、赏罚为务。失国之主，其朝岂无贞干之臣，典诰之篇哉？患得贤不用其谋，韬书不施其教，闻善不信其义，听谗不审其理也。陛下自藩臣即位，天人属心，不急忠贤之礼而先左右之封，梁氏一门，宦者微孽，并带无功之绂，裂劳臣之土，其为乖滥，胡可胜言！夫有功不赏，为善失其望；奸回不诘，为恶肆其凶。故陈资斧而人靡畏，班爵位而物无劝。苟遂斯道，岂伊伤政为乱而已，丧身亡国，可不慎哉！"书奏，不省。

八月，乙未，立皇后梁氏。梁冀欲以厚礼迎之，杜乔据执旧典，不听。冀属乔举（汜）〔氾〕宫为尚书，乔以宫为臧罪，不用。由是日忤于冀。九月，丁卯，京师地震。乔以灾异策免。冬，十月，以司徒赵戒为太尉，司空袁汤为司徒，前太尉胡广为司空。

宦者唐衡、左悺共谮杜乔于帝曰："陛下前当即位，乔与李固抗议，以为不堪奉汉宗祀。"帝亦怨之。

【译文】杜乔进谏说："古代的圣明君主，都以重用贤才、奖赏公正为要务。亡国的君主，在他的朝廷中难道就没有坚贞贤臣、典策诏诰等奏议的篇章了吗？弊病在于得到贤才但没有采用他的计谋，压藏着奏书而不按照其中的建议实施政教，听到善言却不相信内含的道理，听到谗言后又不明察真伪是非。陛下从藩臣登基为天子，上天和百姓都归心，没有急于嘉奖礼贤，反倒先行对左右亲近封赏，梁氏一门和卑贱的宦官都得到了无功的封赐，让他们分享功臣的采邑确实是很不妥当的滥行恩典，其中的道理哪里又能说得完呢？这样说起来，如果有功不赏，会使行善的人灰心失望；如果不对奸邪加以究办，那么作恶的人就会肆无忌惮地行凶。所以即使摆放着利斧也没人害怕，即使颁赐爵位也不能诱使人因为劝勉而砥砺。如果照这样下去，就不仅仅是败坏政令、造成混乱了，丧生亡国，恐怕都在所难免，能不小心行事吗！”奏书呈上，桓帝却没有理会。

八月，乙未日（十八日），立梁氏为皇后（梁冀的妹妹）。梁冀想要用厚礼迎亲，杜乔根据古代的制度，坚决反对。梁冀又嘱咐杜乔举荐汜宫为尚书，杜乔觉得汜宫有贪赃罪行，就不举荐。因此一再违背了梁冀的意愿。九月，丁卯日（初九），京城发生地震。杜乔因为这次灾变而被策免。冬季，十月，任命司徒赵戒为太尉，任命司空袁汤为司徒，前太尉胡广担任司空。

宦官唐衡、左悺一起在桓帝面前诬陷杜乔说："在陛下应当登位以前，杜乔和李固都提出了异议，觉得陛下不够格供奉汉室宗祀。"因此桓帝对杜乔也怀有了怨恨。

十一月，清河刘文与南郡妖贼刘鲔交通，妄言：清河王当统天下，欲共立蒜。事觉，文等遂劫清河相谢暠曰："当立王为天子，以暠为公。"暠骂之，文刺杀暠。于是，捕文、鲔，诛之。有司劾奏蒜；坐贬爵为尉氏侯，徙桂阳，自杀。

梁冀因诬李固、杜乔，云与文、鲔等交通，请逮按罪；太后素知乔忠，不许。冀遂收固下狱；门生渤海王调贯械上书，证固之枉，河内赵承等数十人亦要𫓧锧诣阙通诉；太后诏赦之。及出狱，京师市里皆称万岁。冀闻之，大惊，畏固名德终为己害，乃更据奏前事。大将军长史吴祐伤固之枉，与冀争之；冀怒，不从。从事中郎马融主为冀作章表，融时在坐，祐谓融曰："李公之罪，成于卿手。李公若诛，卿何面目视天下人！"冀怒，起，入室；祐亦径去。固遂死于狱中；临命，与胡广、赵戒书曰："固受国厚恩，是以竭其股肱，不顾死亡，志欲扶持王室，比隆文、宣。何图一朝梁氏迷谬，公等曲从，以吉为凶，成事为败乎！汉家衰微，从

此始矣。公等受主厚禄，颠而不扶，倾覆大事，后之良史岂有所私！固身已矣，于义得矣，夫复何言！”广、戒得书悲惭，皆长叹流涕而已。

【译文】 十一月，清河人刘文与南郡妖贼刘鲔互相勾结，妄言“应当由清河王统治天下”，想要共同拥立刘蒜。事情失败之后，刘文等就劫持了清河相谢暠，对他说：“你应该与我们共拥清河王为天子，如果你答应了，便立你谢暠为三公。”谢暠破口大骂，刘文就将谢暠杀死了。后来，刘文、刘鲔被捕处死。有司奏劾清河王刘蒜，刘蒜由于犯罪而被贬爵为尉氏侯，放逐到桂阳，刘蒜因此而自杀了。

梁冀便趁机诬告李固、杜乔，说他们与刘文和刘鲔有往来，请求下令逮捕他们并治罪。太后知道杜乔平日忠贞不贰，就不允许梁冀对付杜乔。梁冀便将李固关在狱中；李固的门生王调（渤海人）自戴刑具上书，来证命李固蒙冤，河内人赵承等数十人也腰系铁锁来到宫廷上诉。太后这才下诏赦免了李固。等到李固被释出狱，京城街市里巷中的民众都高呼万岁。梁冀听到之后，大为震惊，害怕李固的名声德望将危害到他，于是就反借李固纠合民众为凭据，再次呈上奏折告发李固与刘文、刘鲔相勾结的旧案。大将军长史吴祐因为李固蒙冤，就悲愤不平，于是与梁冀争辩。梁冀很是愤怒，根本就不听吴祐的忠告。告发李固的奏折，是由从事中郎马融主笔的，当时马融也在场，吴祐对马融说：“李公的罪行，是由你一手造成的。李公如果被杀死了，我看你还有什么脸面去见天下百姓！”听过之后梁冀怒不可抑，于是起身入室，吴祐随即也走了。就这样李固屈死在狱中。他临死的时候，给胡广、赵戒写了封信说：“我李固蒙受国家的厚爱，所以就竭尽人臣的心力，不顾个人的生死，一心只想帮助王室，希望能和文帝、宣帝时的隆盛相比。岂能料想梁氏一时执迷妄行，公等阿谀奉承，竟把吉当成凶，把成事当作败事呢？汉家的衰败，就是从现在开始的。公等承蒙主上赐予的高官厚禄，社稷危困却不去扶助，颠覆国家的大事，后世的良史怎么愿意歪曲事实来偏袒你们呢？我李固虽然死了，但在道德上却有所得，还有什么要求呢？”胡广、赵戒看了信以后，虽然悲痛羞惭，但也不过是长叹流泪。

【申涵煜评】融为梁冀主章表，陷李固于死，真牛马而襟裾者。乃犹以儒术自文，讲学聚徒，盗名欺世，后人至欲列于学宫。呜乎！宣圣有灵，必阴受两观之诛矣！未几，为冀髡笞，岂非枉作小人。

【译文】马融为梁冀起草奏章，陷太尉李固于死地，实在是一个衣冠禽兽啊！他还自诩儒术大师，聚众讲学，做一些欺世盗名的事情，后人还要把他请到天子创办的学校中！唉！孔子如地下有知，一定会说为了国家安定对乱臣贼子要实施必要的杀戮了！没过多久，他又因为梁冀被剃去须发，受到鞭刑，岂不是枉作了小人。

冀使人胁杜乔曰：“早从宜，妻子可得全。”乔不肯。明日，冀遣骑至其门，不闻哭者，遂白太后收系之；亦死狱中。

冀暴固、乔尸于城北四衢，令：“有敢临者加其罪。”固弟子汝南郭亮尚未冠，左提章、钺，右秉铁锧，诣厥上书，乞收固尸，不报；与南阳董班俱往临哭，守丧不去。夏门亭长呵之曰：“卿曹何等腐生！公犯诏书，欲干试有司乎！”亮曰：“义之所动，岂知性命，何为以死相惧邪！”太后闻之，皆赦不诛。杜乔故掾陈留杨匡，号泣星行，到雒阳，著故赤帻，托为夏门亭吏，守护尸丧，积十二日；都官从事执之以闻，太后赦之。匡因诣厥上书，并乞李、

杜二公骸骨，使得归葬，太后许之。匡送乔丧还家，葬讫，行服，遂与郭亮、董班皆隐匿，终身不仕。

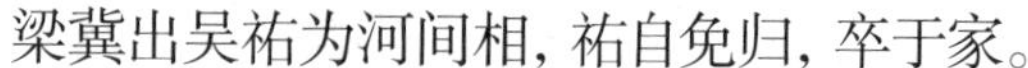

梁冀出吴祐为河间相，祐自免归，卒于家。

冀以刘鲔之乱，思朱穆之言，于是请种暠为从事中郎，荐栾巴为议郎，举穆高第，为侍御史。

是岁，南单于兜楼储死，伊陵尸逐就单于车兒立。

【译文】梁冀又派人要挟杜乔说：“如果你们识时务的话就应该趁早自杀，这样至少还能保全你妻子和儿子的性命。”杜乔没有理会他。第二天，梁冀派骑士到了杜家门口之后，没听到哭声，于是就在太后面前告了他一状，并将他拘囚了起来。后来杜乔也在狱中屈死了。

梁冀将李固和杜乔的尸体暴露在城北四通八达的大道上，并下令“如果有谁敢前去哭丧，就重罪惩罚”。李固的弟子郭亮（汝南人），还没有成年，但他左手拿着奏折和斧钺，右手握着铁锁，到宫廷上书，请求为李固收尸，但是奏折被压下并没有上报。郭亮与董班（南阳人）一同前去哭丧，并守在李固的尸首旁不肯离去。夏门亭长大声呵斥他们说：“你们这两个书生是有多迂腐啊？竟然公开冒犯诏令，难道是想以身试法吗？”郭亮说：“道义所存，为所当为罢了，哪还能顾忌到性命？又何必用死来恐吓我们呢？”太后听到之后，并未加罪而是赦免了他们。杜乔以前的下属杨匡（陈留人），痛哭流涕，日夜兼程，来到洛阳之后，就戴上以前作为官吏时的赤色头巾，假装夏门亭吏，守护在尸体旁边，有十二天之久，都官从事逮捕了他并上报了朝廷，但是太后也赦免了他。杨匡因此到宫阙上书，请求为李、杜二公收尸，将他们葬在乡里，获得了太后的恩准。杨匡护送杜乔灵柩回乡，在安葬、守丧之后，就和郭亮、董班一起匿名隐逸了起来，终身不出来当官。

梁冀将吴祐贬为河间相，但是吴祐自动辞官回乡了，后来就死在了故里。

梁冀看到刘鲔作乱，就想到了当初朱穆的一番谏言，于是就任命种暠为从事中郎，推荐栾巴为议郎，因为朱穆考核成绩优秀而保举他，任命朱穆为侍御史。

在这一年，南单于兜楼储逝世，伊陵尸逐就单于车儿即位。

二年（戊子，公元一四八年）春，正月，甲子，帝加元服。庚午，赦天下。

三月，戊辰，帝从皇太后幸大将军冀府。

白马羌寇广汉属国，杀长吏。益州刺史率板楯蛮讨破之。

夏，四月，丙子，封帝弟顾为平原王，奉孝崇皇祀；尊孝崇皇夫人马氏为孝崇园贵人。

五月，癸丑，北宫掖廷中德阳殿及左掖门火，车驾移幸南宫。

六月，改清河为甘陵。立安平孝王得子经侯理为甘陵王，奉孝德皇祀。

秋，七月，京师大水。

【译文】 二年（戊子，公元148年）春季，正月，甲子日（十九日），皇帝加冠。在庚午日（二十五日），大赦天下。

三月，戊辰日（二十四日），桓帝跟随皇太后来到大将军梁冀府。

白马羌人入侵广汉属国，杀死了地方官吏。益州刺史带领板楯蛮人将他们打败了。

夏季，四月，丙子日（初三），封皇弟刘顾为平原王，来奉祀孝崇帝皇，并尊崇孝崇皇夫人为孝崇园贵人。

五月，癸丑日（初十），北宫旁舍德阳殿和左掖门发生大火，桓帝迁到南宫。

六月，清河被改名为甘陵。封安平孝王刘得的儿子经侯刘理为甘陵王，来奉祀孝德皇帝。

秋季，七月，京城发生水灾。

【乾隆御批】当时乱政，自是以召天变。然雨肉之事，则失于奇怪。观《续汉志》引羊祸，由于枉诛李固、杜乔云云可知。

【译文】当时朝政混乱，足以招致灾祸。肉从天降一事，则未免过于奇怪。看《续汉志》称招致羊祸的原因，是因为无故诛杀李固和杜乔，等等，从此便可得知缘由。

三年（己丑，公元一四九年）夏，四月，丁卯晦，日有食之。

秋，八月，乙丑，有星孛于天市。

京师大水。

九月，己卯，地震。庚寅，地又震。

郡、国五山崩。

冬，十月，太尉赵戒免；以司徒袁汤为太尉，大司农河内张歆为司徒。

是岁，前朗陵侯相荀淑卒。淑少博学有高行，当世名贤李固、李膺皆师宗之。在朗陵，莅事明治，称为神君。有子八人：俭、绲、靖、焘、汪、爽、肃、专，并有名称，时人谓之八龙。所居里旧名西豪，颍阴令渤海苑康以为昔高阳氏有才子八人，更命其里曰高阳里。

膺性简亢，无所交接，唯以淑为师，以同郡陈寔为友。荀爽尝就谒膺，因为其御；既还，喜曰："今日乃得御李君矣！"其见慕如此。

【译文】 三年（己丑，公元149年）夏季，四月，丁卯晦日（三十日），发生日食。

秋季，八月，乙丑日（三十日这天），有彗星出现在天市星旁。

京城发生水灾。

九月，己卯日（十四日），发生地震。庚寅日（二十五日），再次发生地震。

郡国中有五座山发生了崩塌。

冬季，十月，太尉赵戒被罢职，并任命司徒袁汤为太尉，又任命大司农河内人张歆为司徒。

在这一年里，前朗陵侯相荀淑去世。荀淑少年的时候就博通诗书，德行高尚，当时有名的贤人李固、李膺等都尊他为师。在朗陵的时候，荀淑做事严谨公正，被人称为神君。他有八个儿子：俭、绲、靖、焘、汪、爽、肃、专，都很有声誉，闻名于当世，当时的人称他们为"八龙"。他们所居住的乡本名是西豪，颍阴县令苑康（渤海人）觉得往昔高阳氏有才子八人，因此将他们所居的西蒙里改为高阳里。

李膺天生朴实亢直，不攀附权贵，只把荀淑当作老师，与同郡的陈寔相结交。荀爽曾经拜访过李膺，因此就有机会为李膺驾车。回来之后，很高兴地说："今天有幸能为李先生驾车了！"由此可见李膺是如何的受人仰慕。

【乾隆御批】 荀陈偶聚，何至上应象纬？史家阿好失诬，类此者

不少。

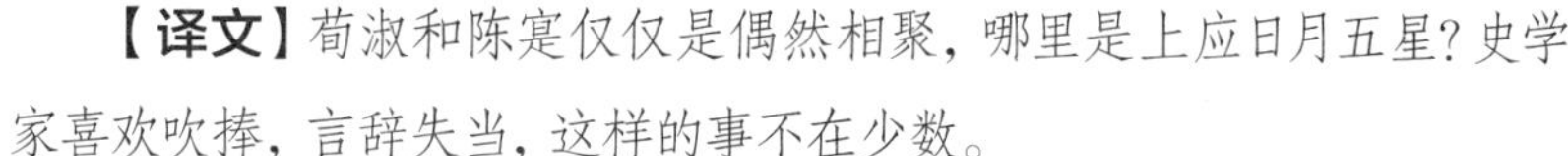

【译文】荀淑和陈寔仅仅是偶然相聚，哪里是上应日月五星？史学家喜欢吹捧，言辞失当，这样的事不在少数。

陈寔出于单微，为郡西门亭长。同郡钟皓以笃行称，前后九辟公府，年辈远在寔前，引与为友。皓为郡功曹，辟司徒府；临辞，太守问："谁可代卿者？"皓曰："明府欲必得其人，西门亭长陈寔可。"寔闻之曰："钟君似不察人，不知何独识我！"太守遂以寔为功曹。时中常侍山阳侯览托太守高伦用吏，伦教署为文学掾，寔知非其人，怀檄请见，言曰："此人不宜用，而侯常侍不可违，寔乞从外署，不足以尘明德。"伦从之。于是，乡论怪其非举，寔终无所言。伦后被徵为尚书，郡中士大夫送至纶氏，伦谓众人曰："吾前为侯常侍用吏，陈君密持教还而于外白署，比闻议者以此少之，此咎由故人畏惮强御，陈君可谓'善则称君，过则称己'者也。"寔固自引愆，闻者方叹息，由是天下服其德。后为太丘长，修德清静，百姓以安。邻县民归附者，寔辄训导譬解发遣，各令还本。司官行部，吏虑民有讼者，白欲禁之。寔曰："讼以求直，禁之，理将何申！其勿有所拘。"司官闻而叹息曰："陈君所言若是，岂有冤于人乎！"亦竟无讼者。以沛相赋敛违法，解印绶去；吏民追思之。

【译文】陈寔出身卑微，担任郡城西门亭长一职。在同郡有个叫钟皓的人以笃行著称，前后共九次被公府征召，虽然辈分远在陈寔之上，却把陈寔视为同辈的朋友。钟皓担任郡功曹时，被司徒府征诏。临行辞别的时候，太守问他："你觉得谁可以代替你的职务呢？"钟皓说："如果您一定要我推荐一个适当

的人选的话，就是西门亭长陈寔了。”陈寔听到后说：“钟先生好像并不推荐人，不知道为什么单单会推荐我？”太守因此任陈寔为功曹。当时中常侍侯览拜托太守高伦安插一个官吏，高伦便委任这个人为文学掾。陈寔知道这个人并非善类，于是就拿着高伦的命令请求晋见，而对高伦说：“这个人本来就不可以任用，但是又不能违背侯常侍的托付，请允许我自行签署委派，太守实在是不值得为了这个人而玷污了大德。”高伦顺从了他。因此众人都责怪陈寔举用不当，但是陈寔始终没为自己辩解过一句话。高伦后来被任命为尚书，郡中的士大夫们都为他送行，到了纶氏县的时候，高伦才对众人说：“我前一段时为了受侯常侍的委托而用人，陈君偷偷拿着我的命令退还给我，并且由他自行签署委任，最近听说大家因为陈君用了这个人而轻视他，然而他被人这样呵责全是因为我害怕侯览的势力太大啊，陈君真可谓是一位‘把所有善行都归之于君，而将所有的过错都归于自己’的人啊！”实际上陈寔是代人受过，自取其咎，大家知道这件事以后，都对他赞不绝口，从此人人都钦佩他的德行。后来他做太丘县长的时候，用德行教化人民，政治宽松法令简单，百姓因此得以安居乐业。邻县有人来归附，陈寔总是先对他们加以劝导，然后令他们各自返回本县。有一次上级主管前来巡视，县吏害怕会有罪民上诉申冤，因此就呈请陈寔想要他下禁令。陈寔说：“诉讼为的就是求个公道，如果禁止他们上诉，那还能让他们到哪里去申冤讲理呢？实在是不应该阻止他们啊。”上级主管听到这话之后，赞叹着说：“陈君能说出这样的话来，难道还会让人蒙冤受屈吗？”事实上的确没有一个人上诉。后来由于沛相赋税违法，陈寔不肯附着，就因此辞职离开了。吏民都对他追念不已。

钟皓素与荀淑齐名，李膺常叹曰："荀君清识难尚，钟君至德可师。"皓兄子瑾母，膺之姑也。瑾好学慕古，有退让风，与膺同年，俱有声名。膺祖太尉修常言："瑾似我家性，'邦有道，不废；邦无道，免于刑戮。'"复以膺妹妻之。膺谓瑾曰："孟子以为'人无是非之心，非人也'，弟于是何太无皂白邪！"瑾尝以膺言白皓。皓曰："元礼祖、父在位，诸宗并盛，故得然乎！昔国武子好招人过，以致怨恶，今岂其时邪！必欲保身全家，尔道为贵。"

【译文】 钟皓一直与荀淑齐名，李膺经常感叹道："荀君有高明的见识，这是很难有人能超过他的。钟君有至高的道德，也足以成为人的楷模。"钟瑾的母亲，就是钟皓的嫂嫂，也是李膺的姑妈。钟瑾好学又向慕古圣先贤，有谦逊忍让的风度，与李膺一样大，都很有声望。李膺的祖父太尉李修经常说："钟瑾真像是我们李家的后代，像他这样的人，正是孔子所说的'在国家有道的时候，不会被废弃不用；而在国家无道的时候，也可免于刑罚'的人啊！"因此就将李膺的妹妹嫁了给他。李膺曾对钟瑾说："孟子说过'如果一个人没有是非之心的话，就不能算是个人了'。你对于黑白，为何分不清楚呢？"钟瑾曾将李膺的这番话告诉给了钟皓。钟皓说："元礼（李膺字元礼）的祖父和父亲都居于高位，他们整个家族都很兴盛，所以他才这样的吧！昔日的齐国大夫国武子喜欢直率地揭发别人的过失，因此被人怨恨憎恶，现在怎么是可以一味直道而行的时候呢？如果想要保全全家的话，还是你的办法明智。"

和平元年（庚寅，公元一五〇年）春，正月，甲子，赦天下。改元。

乙丑，太后诏归政于帝，始罢称制。二月，甲寅，太后梁氏崩。

三月，车驾徙幸北宫。

甲午，葬顺烈皇后。增封大将军冀万户，并前合三万户；封冀妻孙寿为襄城君，兼食阳翟租，岁入五千万，加赐赤绂，比长公主。寿善为妖态以蛊惑冀，冀甚宠惮之。冀爱监奴秦宫，官至太仓令，得出入寿所，威权大震，刺史、二千石皆谒辞之。冀与寿对街为宅，殚极土木，互相夸竞，金玉珍怪，充积藏室；又广开园圃，采土筑山，十里九阪，深林绝涧，有若自然，奇禽驯兽飞走其间。冀、寿共乘辇车，游观第内，多从倡伎，酣讴竟路。或连日继夜以骋娱恣。客到门不得通，皆请谢门者，门者累千金。又多拓林苑，周遍近县，起兔苑于河南城西，经亘数十里，移檄所在调发生兔，刻其毛以为识，人有犯者，罪至死刑。尝有西域贾胡不知禁忌，误杀一兔，转相告言，坐死者十馀人。又起别第于城西，以纳奸亡；或取良人悉为奴婢，至数千口，名曰自卖人。冀用寿言，多斥夺诸梁在位者，外以示谦让，而实崇孙氏。孙氏宗亲冒名为侍中、卿、校、郡守、长吏者十馀人，皆贪饕凶淫，各遣私客籍属县富人，被以它罪，闭狱掠拷，使出钱自赎，赀物少者至于死、徙。扶风人士孙奋，居富而性吝，冀以马乘遗之，从贷钱五千万，奋以三千万与之。冀大怒，乃告郡县，认奋母为其守藏婢，云盗白珠十斛、紫金千斤以叛，遂收考奋兄弟死于狱中，悉没赀财亿七千馀万。冀又遣客周流四方，远至塞外，广求异物，而使人复乘势横暴，妻略妇女，驱击吏卒；所在怨毒。

【译文】 和平元年（庚寅，公元150年）春季，正月甲子日（初一），桓帝大赦天下，并更改年号。

乙丑日（初二），太后下诏将政事归于桓帝，她不再临朝。二月甲寅日（二十二日），太后梁氏逝世。

三月，桓帝迁往北宫居住。

甲午日（三月无此日），安葬顺烈皇后，并增封大将军梁冀一万户食邑，与之前合并一共三万户，并册封梁冀的妻子孙寿为襄城君，兼任食阳翟县的租税，每年收入五千万钱，加赐红绂，比同长公主的衣服。孙寿善于用忸怩的姿态蛊惑梁冀，因此梁冀对她又怜又怕。梁冀宠爱监管家务的一个奴仆秦宫，因此让他的官位升到了太仓令，可以随便出入孙寿的宅子，秦宫势力因此大震，刺史和俸禄二千石的官员都经常地踵门请谒。梁冀与孙寿对街成宅，大兴土木，极其奢华，争相夸耀，奇珍稀石，堆满了一屋。又开垦园圃，堆砌土山，十里大道有九里紧傍池塘，林木深远，山涧流水好像天然生成的一样，还喂养了一些奇禽驯兽，在其间飞走。梁冀、孙寿经常一起坐着人拉的车子，在府院中游玩，还有许多歌妓跟随，一路饮酒唱歌，经常夜以继日地纵情淫乐。客人到门没有被通报的，都必须先贿赂门房才可以；一个门房竟然都有千金的家财。他们还开拓了很多林苑，遍及邻近的各个县，在河南城西建造兔苑，绵亘了数十里，下令各地征选活兔，以烙毛作为记号，如果有人侵害，可能被判处死刑。曾经有个西域的胡商不知道禁忌，误杀了一只兔子，经过转相指告，竟有十几个人被处死刑。另外，又在城西筑了栋房子，来收容奸民和亡命的人，强行掳掠善良的百姓并全都用作奴婢，一共聚集了数千口人，却称他们为自卖人。梁冀听了孙寿的话，罢黜了许多梁家人的官职，对外借此表示谦让，然而实际上是为了提高孙家亲人的地位。在孙氏宗亲中假冒虚名任职侍中、卿、校、郡守、长吏的就有十几个，都是些贪得无厌、凶狠淫乱的人，他们都各自私下派人调查并登记属县中的富人，给他们加上莫须有的罪名，将他们拘捕入狱，用鞭笞打，并让他们出钱自赎，财富不够、出钱少的人，甚至会被打死。有个扶风人士叫孙奋，虽然家产富厚但是生性吝啬，梁冀赠给他马乘，向他借五千万钱，但是士孙奋只给他了三千万。于是梁冀大怒，并因此一状告到郡县，一口咬定士孙奋的母亲就是他家看守府藏的婢女，说她盗窃了十斛白珠、千斤紫金，背叛主人，于是就把士孙奋拘禁了起来，并加以拷问，士孙奋兄弟就这样死在狱中，之后又没收他们一亿七千多万的家产。梁冀曾经派人周游各地，远到边塞地区，到处去搜寻奇珍异物，由于被派的人仗势横行逞凶，强夺民妇，殴打官吏，因此所到之处，没有人不深感怨愤痛恨。

侍御史朱穆自以冀故吏，奏记谏曰："明将军地有申伯之尊，位为群公之首，一日行善，天下归仁；终朝为恶，四海倾覆。顷者官民俱匮，加以水虫为害，京师诸官费用增多，诏书发调，或至十倍，各言官无见财，皆当出民，搒掠割剥，强令充足。公赋既重，私敛又深，牧守长吏多非德选，贪聚无厌，遇民如虏，或绝命于箠楚之下，或自贼于迫切之求。又掠夺百姓，皆托之尊府，遂令将军结怨天下，吏民酸毒，道路叹嗟。昔永和之末，纲纪少弛，颇失人望，四五岁耳，而财空户散，下有离心，马勉之徒乘敝而起，荆、扬之间几成大患；幸赖顺烈皇后初政清静，内外同力，仅乃讨定。今百姓戚戚，困于永和，内非仁爱之心可得容忍，外非守国之计所宜久安也。夫将相大臣，均体元首，共舆而驰，同舟而济，舆倾舟覆，患实共之。岂可以去明即昧，履危自安，主孤时困而莫之恤乎！宜时易宰守非其人者，减省第宅园池之费，拒绝郡国诸所奉送，内以自明，外解人惑；使挟奸之吏无

所依托，司察之臣得尽耳目。宪度既张，远迩清壹，则将军身尊事显，德耀无穷矣！”冀不纳。冀虽专朝纵横，而犹交结左右宦官，任其子弟、宾客以为州郡要职，欲以自固恩宠。穆又奏记极谏，冀终不悟，报书云：“如此，仆亦无一可邪！”然素重穆，亦不甚罪也。

【译文】侍御史朱穆觉得自己是梁冀的旧属，就上奏记劝谏他说：“大将军你尊为国舅，好像申伯一样在众公之上，就好像一日行善，天下都会称赞你是位仁人，然而一天为恶，天下就会随之覆灭。最近官府和民间都感到匮乏，再加上虫害水灾，京城中官府费用增多，朝廷下令调用，有时候竟超出以前的十倍以上，大家竟然都说地方官府没有现金，这些费用都应该由百姓负担，于是鞭打剥削，逼迫百姓缴足所需的数目。公家的赋税已经够重的了，地方官吏又私下强行压榨，大部分牧守长吏并不是因他具有德行而被选任的，所以一个个贪得无厌，对待百姓就像是对付敌人一样，以致有的百姓因被鞭笞而死，有的迫于横征暴敛，忍受不了而自杀。在掠夺百姓财物的时候，他们又都说是奉大将军的命令行事，使得天下百姓对大将军恨之入骨，官民满怀酸痛苦楚，怨声载道。永和末年，朝纲稍微有废弛，百姓便大失所望，只不过短短的四五年，就使得国家财库空虚，居民流离失所，官员因此萌生离叛之心，才导致马勉等人乘乱造反，在荆州、扬州一带几乎造成了大灾害。幸赖顺烈皇后主持政事之初，就使政事节俭并减轻罪行，朝野齐心协力，才讨平叛徒，平定了天下。而如今百姓的困苦，比永和年间的还重，对内来说除非满怀仁爱的心意才能安民，对外来说除非有安邦定国的长远计划才能久安。这样说起来将相大臣，与国家君主同为体，就好像同车而驰，同舟共济，一旦车覆船翻，就患难与共了。怎么能弃明投暗，居危思安，天子孤幼而不给予帮助，时局窘困而不知忧虑呢？如今真的应该更换人选不当的县宰和郡守，节俭宅第园池的浪费，拒绝接受郡国各地进献的财物，既可对内借以彰显明德，也可对外借以消除人心的疑惑，更能让那些奸猾狡诈的官吏没有什么可依附的，可以让负责考察民情的官吏能恪尽职守。国法规章重申以后，天下统一，四海太平，而将军也一定会身尊事显，功德永垂，光耀千古了！”梁冀没有接受他的劝说。梁冀虽然专揽朝政，为所欲为，但是还极力地交结桓帝的近侍宦官，另一方面则让他的子弟、宾客担任州郡要职，想借此稳固自己的地位和桓帝对他的恩宠。朱穆曾经因为这件事而上奏并极力劝谏，但梁冀始终不知悔悟，并回书说：“按照你这样的说法，我简直可以说是一无是处了！”但是由于他一向器重朱穆，所以也没太怪罪他。

冀遣书诣乐安太守陈蕃，有所请托，不得通。使者诈称它客求谒蕃；蕃怒，笞杀之。坐左转修武令。

时皇子有疾，下郡县市珍药，而冀遣客赍书诣京兆，并货牛黄。京兆尹南阳延笃发书收客，曰：“大将军椒房外家，而皇子有疾，必应陈进医方，岂当使客千里求利乎！”遂杀之。冀惭而不得言。有司承旨求其事，笃以病免。

夏，五月，庚辰，尊博园匽贵人曰孝崇后，宫曰永乐；置太仆、少府以下，皆如长乐宫故事。分巨鹿九县为后汤沐邑。

秋，七月，梓潼山崩。

【译文】梁冀派人给乐安太守陈蕃送信，对他有所请求，但是陈蕃不见那人。被派去的人就假装是他的客人求见陈蕃，于是陈蕃大怒，就用鞭子把这个人打死了。陈蕃因此被贬为修武县令。

当时皇子生病了，下令让郡县收购珍贵药材，然而梁冀却派了个人带着信去见京兆尹，借机要他一并收购牛黄。京兆尹延笃（南阳人）下令逮捕来使，并说："大将军是太后娘家的人，因此皇子生病，理应推荐医生，进献药物，怎么会派人借机到处去图利呢？"于是就把来人杀死了。梁冀恼怒万分，但又不敢说话。后来主管官吏奉旨调查这件事，因为延笃有病，就将他免职。

夏季，五月，庚辰日（十九日），尊崇博园匽贵人为孝崇后，所住宫室称永乐宫，设置了太仆、少府及僚属佐吏等官职，完全可以同长乐宫旧制相比，把巨鹿九县作为孝崇后的汤沐邑。

秋季，七月，梓潼县发生山崩。

元嘉元年（辛卯，公元一五一年）春，正月朔，群臣朝贺，大将军冀带剑入省。尚书蜀郡张陵呵叱令出，敕羽林、虎贲夺剑。冀跪谢，陵不应，即劾奏冀，请廷尉论罪。有诏，以一岁俸赎；百僚肃然。河南尹不疑尝举陵孝廉，乃谓陵曰："昔举君，适所以自罚也！"陵曰："明府不以陵不肖，误见擢序，今申公宪以报私恩！"不疑有愧色。

癸酉，赦天下，改元。

梁不疑好经书，喜待士，梁冀疾之，转不疑为光禄勋；以其子胤为河南尹。胤年十六，容貌甚陋，不胜冠带，道路见者莫不蚩笑。不疑自耻兄弟有隙，遂让位归第，与弟蒙闭门自守。冀不欲令与宾客交通，阴使人变服至门，记往来者。南郡太守马融、江夏太守田明初除，守谒不疑；冀讽有司奏融在郡贪浊，及以它事陷明，皆髡笞徙朔方。融自刺不殊，明遂死于路。

【译文】 元嘉元年（辛卯，公元151年）春季，正月朔日（初一），众臣朝会，大将军梁冀带剑进入宫中。尚书张陵（蜀郡人）大声呵斥着赶他出去，并命令虎贲、羽林把他的佩剑夺下。于是梁翼就下跪赔罪，张陵没有理他，而是立即上奏弹劾梁冀，请求廷尉论罪并惩治。桓帝下诏，罚他用一年的俸禄来赎罪，百官对张陵肃然起敬。河南尹梁不疑曾推荐张陵为孝廉，因此对张陵说："我先前举荐过你，今天你却正好罚到我头上来了！"张陵说："大人不因为我张陵不孝，因此被误加拔擢序用，今天我伸张正义，正是借此来报答你对我的恩惠啊！"梁不疑面色有愧。

癸酉日（十六日），桓帝大赦天下，并更改了年号。

梁不疑喜欢读经书，喜欢结交士人，梁冀因此就憎恶他，将他调为光禄勋，让自己的儿子梁胤做河南尹。当年梁胤才十六岁，长得很丑，穿上官服以后不堪入目，路人看到他没有不嗤笑的。梁不疑耻于兄弟之间的怨隙，于是让位归第，与弟弟梁蒙闭门深居，只求自保。梁冀不想让他与宾客们往来，便暗中让人改换服装混到梁不疑家去，并随时记下日常和他往来的客人。南郡太守马融、江夏太守田明刚上任的时候，就来拜访梁不疑。于是梁冀便指使有司奏劾马融说他在郡中贪污，另外还捏造事实陷害田明，结果两人都受了髡笞的刑罚，并因此被放逐到朔方去。马融自杀未遂，田明则死在路上。

【乾隆御批】 不疑本与冀为兄弟，曾斥张陵之劾冀。而史家又谓其好经书，不与冀和，是自相矛盾矣。且李固下狱，乃马融所草，其倚冀为自固之计者巧矣。岂有小忤冀意，即不免窜谪者？当时记载实不得谓之皆信也。

【译文】梁不疑与梁冀原本是兄弟，曾责怪张陵弹劾梁冀。而史学家又说梁不疑喜好儒家经典，与梁冀不和，这是自相矛盾！而且李固被捕入狱，乃是马融起草弹劾的奏章，可见他倚仗梁冀保全自己的办法确实很巧妙。怎么会稍微违背梁冀的意愿，就被贬官放逐了呢？当时史书的记载，实在是不可全信啊！

夏，四月，己丑，上微行，幸河南尹梁胤府舍。是日，大风拔树，昼昏。尚书杨秉上疏曰："臣闻天下言语，以灾异谴告。王者至尊，出入有常，警跸而行，静室而止，自非郊庙之事，则銮旗不驾。故诸侯入诸臣之家，《春秋》尚列其诫；况于以先王法服而私出槃游，降乱尊卑，等威无序，侍卫守空宫，玺绂委女妾！设有非常之变，任章之谋，上负先帝，下悔靡及！"帝不纳。秉，震之子也。

京师旱，任城、梁国饥，民相食。

司徒张歆罢，以光禄勋吴雄为司徒。

北匈奴呼衍王寇伊吾，败伊吾司马毛恺，攻伊吾屯城。诏燉煌太守马达将兵救之；至蒲类海，呼衍王引去。

【译文】夏季，四月，己丑日（初三），桓帝微服出访，来到河南尹梁胤的家中。当天，突然起了大风，树都被连根拔起了，白昼像晚上一样昏暗。尚书杨秉上书说："微臣听说上天不会开口说话，而是借灾害异象来谴责并告诫天子。君王至为尊贵，天子出入要有一定的规矩，清扫道路之后再出行，清扫卧室之后再宿止，如果不是郊祀祭庙的大事，皇上不出去。所以诸侯进入众臣家中，《春秋》都记载下来作为君主的借鉴，更何况是穿着先王所规定的朝服私自外出游玩，这就使尊卑的地位混乱了，使贵贱的等级不容易区分，而让侍卫守在空宫之中，将国家大事交给女妾呢！万一有意外的变故发生，就比如说宣帝时任章叛乱一类的事件，难道不是对上有负于先帝，而对下将自悔莫及了吗？”桓帝并没接纳他的劝谏。杨秉，就是杨震的儿子。

京城发生旱灾，任城、梁国则大闹饥荒，到了人吃人的地步。

司徒张歆被免职，任命光禄勋吴雄为司徒。

北匈奴呼衍王入侵伊吾，将伊吾司马毛恺打败了，并攻入伊吾屯城。桓帝下诏命令敦煌太守马达带兵前去援救，救兵到达蒲类海，呼衍王就带兵离开了。

秋，七月，武陵蛮反。

冬，十月，司空胡广致仕。

十一月，辛巳，京师地震。诏百官举独行之士。涿郡举崔寔，诣公车，称病，不对策；退而论世事，名曰《政论》。其辞曰：“凡天下所以不治者，常由人主承平日久，俗渐敝而不悟，政浸衰而不改，习乱安危，怢不自睹。或荒耽耆欲，不恤万机；或耳蔽箴诲，厌伪忽真；或犹豫歧路，莫适所以；或见信之佐，括囊守禄；或疏远之臣，言以贱废。是以王纲纵弛于上，智士郁伊于下。悲夫！

【译文】秋季，七月，武陵蛮人叛变。

冬季，十月，司空胡广辞官隐居。

十一月，辛巳日（二十八日），京城发生地震。桓帝诏令百官推荐志行高节的贤士。涿郡推荐崔寔，崔寔虽然到了公车署待命，却因为生病推辞了，没有应对策。回去以后写了篇文章来议论世事，名称为《政论》。文章写道：“但凡天下之所以不能治平，经常是由于人主继承太平的时日太久，因此风俗逐渐颓敝而

没能察觉，政治日渐衰败而不加改革，习惯了危乱，疏忽怠惰而自己却不知道。有时候荒淫耽乐，纵情肆意，却不治理国政；有时是厌恶逆耳的良言，而喜欢听花言巧语，还忽略了至理善道；有时候是犹豫不决，在歧路之间徘徊，而不知从何所当；有时连亲信和近臣都闭口不说话，为的就是避免招怨麻烦，只求能长保爵禄；有时候对于平日疏远的大臣，由于他的地位卑贱，就不听从他的忠告；因此导致朝纲废弛于上，而智士被抑郁于下。说起来真是可悲啊！

"自汉兴以来，三百五十馀岁矣，政令垢玩，上下怠懈，百姓嚣然，咸复思中兴之救矣！且济时拯世之术，在于补绽决坏，枝拄邪倾，随形裁割，要措斯世于安宁之域而已。故圣人执权，遭时定制，步骤之差，各有云设，不强人以不能，背急切而慕所闻也。盖孔子对叶公以来远，哀公以临人，景公以节礼，非其不同，所急异务也。俗人拘文牵占，不达权制，奇伟所闻，简忽所见，乌可与论国家之大事哉！故言事者虽合圣德，辄见掎夺。何者？其顽士暗于时权，安习所见，不知乐成，况可虑始，苟云率由旧章而已。其达者或矜名妒能，耻策非己，舞笔奋辞以破其义。寡不胜众，遂见摈弃，虽稷、契复存，犹将困焉。斯贤智之论所以常愤郁而不伸者也。

【译文】"自从大汉兴起以来，至今已经有三百五十多年了，政令混乱，恶习不改，从上到下玩忽职守，使得百姓怨声载道，已经到了没有不殷切盼望中兴的气象再现来达到救国救民的地步了！拯救时艰、救济世人的方法，就在于弥补缺漏，去除弊端，支撑即将颓败的国家，因此必须因时制宜，主要是制定的一切方法都要针对怎么使天下臻于太平安乐的境界而已。所以圣人应该权宜行事，能按照当时的需要而定制法制，能按照治事步骤先后的次序而有不同的言论和设施，不能强人所难，放弃当前急切的事务而倾向于听闻的不急之务。所以孔子对叶公问政回答说使远处的人归服，对哀公问政回答说选用贤才，而对景公问政则回答要节省财用，这并不是在主张的根本上有什么不同，而是由于目前的急务有所差别啊。但低俗的人却拘于典章条文，被先王旧制牵制，而不能因时定制，只知一味地尊崇远古的条例，而轻忽了时势，又怎么能跟他们谈论国家大事呢？所以一些有关国事的言论，虽然符合圣上的心意，也很能听进去，却受到牵制阻碍，而不被君主接纳，那又是为什么呢？只是因为那些顽愚的人，不明白随时权变的事理，并且安于现状，因循成习，在一件事快要成功的时候，还不知道欢乐，更何况是未雨绸缪的预作谋划呢？一旦遇到事情，都只会说按照先王的典章法制处理而已。然而一些通达的人士，又或许是为了顾惜自己的声誉而嫉妒别人的才能，凡是有和自己意见不同的策谋议论时，便认为是耻辱的，于是就舞文弄墨地大放厥辞，颠倒别人所说的道理来反对。寡不敌众，导致忠言善策被摈弃不用，在这种情况之下，即使稷、契圣贤复生，有志之人也难伸展啊。这就是贤才智士的建议不被采纳，而常使他们感到怨愤抑郁、空怀大志而不能伸展的原因啊。

“凡为天下者，自非上德，严之则治，宽之则乱。何以明其然也？近孝宣皇帝明于君人之道，审于为政之理，故严刑峻法，破奸轨之胆，海内清肃，天下密如，算计见效，优于孝文。及元帝即位，多行宽政，卒以堕损，威权始夺，遂为汉室基祸之主。政道得失，于斯可鉴。昔孔子作《春秋》，褒齐桓，懿晋文，叹管仲

之功，夫岂不美文、武之道哉？诚达权救敝之理也。故圣人能与世推移，而俗士苦不知变，以为结绳之约，可复治乱秦之绪，干戚之舞，足以解平城之围。夫熊经鸟伸，虽延历之术，非伤寒之理；呼吸吐纳，虽度纪之道，非续骨之膏。盖为国之法，有似治身，平则致养，疾则攻焉。夫刑罚者，治乱之药石也；德教者，兴平之粱肉也。夫以德教除残，是以粱肉治疾也；以刑罚治平，是以药石供养也。方今承百王之敝，值厄运之会，自数世以来，政多恩贷，驭委其辔。马骀其衔，四牡横奔，皇路险倾，方将拑勒鞬辀以救之，岂暇鸣和銮，(请)〔调〕节奏哉！昔文帝虽除肉刑，当斩右趾者弃市，笞者往往至死。是文帝以严致平，非以宽致平也。”寔，瑗之子也。山阳仲长统尝见其书，叹曰：“凡为人主，宜写一通，置之坐侧。”

【译文】“治理天下的方式，无非是用至高无上的德行教化百姓，一般来说，如果政令严明就能治平了，政令宽缓就将混乱。怎么知道会是这样的呢？近来孝宣皇帝深明治国的大道，洞悉执政的至理，所以就采用严刑的峻法，从而使奸凶犯法的邪恶小人为之心惊胆战，使得海内清平，天下百姓宴安，按照实际的效果来说，确实在孝文皇帝之上。等到元帝即位的时候，多行宽容的政策，最终导致衰颓，威力大减，政权失落，成了一个为汉室植下祸乱根苗的君主。治理政治方式的得失，由此就可以明见了。先前孔子作《春秋》，表扬齐桓公，称赞晋文公，并赞叹管仲的功勋，难道说就不赞扬周廷、周武王的治道吗？是由于齐桓公他们能明白权变行事，拯救时弊的道理啊。圣人能随着时代的转变而不拘泥，低俗的人却苦于不知变通，竟然认为以上古结绳的法约，可以再次用来整治乱秦时代的政事，用周武王及夏禹时代舞干戚的方式，就足够解除高帝被匈奴围在平城

的困厄了！再说古代的方士蓄气练功，就能使体态像大熊攀枝自悬一样，像飞鸟临空伸足一样，这虽是延年的方法，但并不是医治伤寒的良方。吸气呼气，吐故纳新，这虽然是延长寿命的方法，却不能当作是接骨的良药。实际上，治理国家的道理，就像养生一样，在平常就要善加调养，生病的时候就得服药医治了。刑罚其实就是治理混乱的医药；而道德教化，就是治平时期的粱肉美食。如果用德教来治除残暴，就相当于是给病人吃粱肉美食一样；而在太平盛世时用刑罚治国，就等于是用药石来养生一样啊。如今承上历代帝王的积弊，刚好是厄运聚合的时期，自前代几世以来，主上大多是申恩屈法，政令松弛，这就好像驾驭车辆而丢弃马缰，除去衔勒，任凭四马横冲直撞，即使在宽广的大路上行驶，也不免会遇险倾覆，正等待着握紧缰绳、扣紧车辕来及时救难，哪还顾得上鸾铃响声的节奏调不调和呢！先前虽然文帝废除了肉刑，却对原来当处斩断右趾的刑犯处以死刑，原本应该受鞭笞的人犯也常常被判死罪。由此可见文帝还是凭借严刑而使得天下太平的，并不是用宽政而让天下太平的啊。”崔寔，就是崔瑗的儿子。山阳仲长统，曾经看过他的这篇文章，于是叹息着说：“所有做君主的人，都应该抄写一篇，作为自己的座右铭。”

◆臣光曰：汉家之法已严矣，而崔寔犹病其宽，何哉？盖衰世之君，率多柔懦，凡愚之佐，唯知姑息，是以权幸之臣有罪不坐，豪猾之民犯法不诛；仁恩所施，止于目前；奸宄得志，纪纲不立。故崔寔之论，以矫一时之枉，非百世之通义也。孔子曰：“政宽则民慢，慢则纠之以猛；猛则民残，残则施之以宽。宽以济猛，猛以济宽，政是以和。”斯不易之常道矣。◆

闰月，庚午，任城节王崇薨；无子，国绝。

以太常黄琼为司空。

【译文】 ◆司马光说：汉朝的法令已经够严了，然而崔寔还认为太宽大了，这又是为什么呢？确实是因为衰世的君主，大多优柔软弱，并且庸碌愚昧的大臣只知苟且偷生，因此专权受宠的大臣，即使犯了罪也不被惩治，强硬狡诈的百姓，即使犯了法也不被诛杀；仁恩的实施，只限于现在；致使奸凶邪恶的小人为所欲为，王朝的纲纪也废弛了。所以我觉得崔寔的这番言论，实在是为了矫正一时的偏失而发的，并不能视为百世治国通用的道理啊。孔子说过："如果政令宽贷，那么百姓就会怠慢法令，怠慢就应该用威令猛政加以纠正；如果政令猛苛，百姓就会感到暴虐，一旦感到暴虐就应该施恩宽贷。以宽济猛，以猛济宽，才能使政事和顺。"这才是千古不变的治国常道。◆

闰月，庚午日（十八日），任城节王刘崇去世，他没有儿子继承，因此就撤销了他的封国。

任命太常黄琼为司空。

帝欲褒崇梁冀，使中朝二千石以上会议其礼。特进胡广、太常羊浦、司隶校尉祝恬、太中大夫边韶等咸称冀之勋德宜比周公，锡之山川、土田、附庸。黄琼独曰："冀前以亲迎之劳，增邑成三千户；又其子胤亦加封赏。今诸侯以户邑为制，不以里数为限，冀可比邓禹，合食四县。"朝廷从之。于是有司奏："冀入朝不趋，剑履上殿，谒赞不名，礼仪比萧何；悉以定陶、阳成馀户增封为四县，比邓禹；赏赐金钱、奴婢、彩帛、车马、衣服、甲第，比霍光；以殊元勋。每朝会，与三会绝席。十日一入，平尚书事。宣布天下，为万世法。"冀犹以所奏礼簿，意不悦。

【译文】 桓帝想要嘉奖梁冀，就命令全朝俸禄二千石以上的官员共议礼制。特进胡广、太常羊浦、司隶校尉祝恬和太中大夫边韶等都说梁冀的功业可以和周公相比，应当赐给他山川、土地及附属于他的小封国。只有黄琼一人说：“以前梁冀因为迎立今上的功业，已经增赐他一万三千户食邑了；另外，对他的儿子梁胤也增加封赏。如今诸侯封田，是以户邑为限制的，而不是以里数为限的，对梁冀的赏赐，可以仿照邓禹，赏赐给他一共四个县的食邑。”朝廷便听从了他的说法。于是主管的官员根据这个拟订礼制上奏：“梁冀入朝不用趋行，并允许他佩剑着履上殿，晋见皇上不用自称姓名，一切礼仪和萧何一样；将定陶、阳成两县的余户也都全部增封给他，合并为四县，和邓禹一样；另外赏赐给他金钱、奴婢、彩帛、车马、衣服、甲第等，和霍光一样；以有别于其他元勋功臣。每次参与朝会的时候，梁冀与三公分开坐，以示尊位。每十天进宫一次，处理评议尚书上奏的事务。向天下宣告，让他成为万世的楷模。”但是梁冀还觉得所奏的礼仪太轻，心里很不高兴。

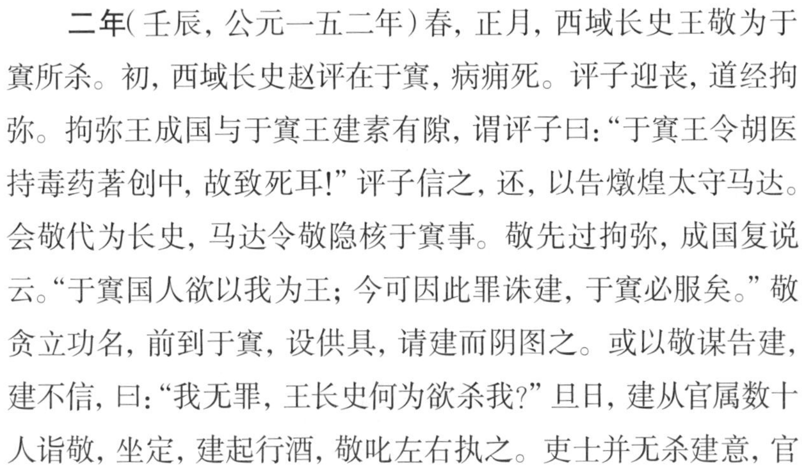

二年（壬辰，公元一五二年）春，正月，西域长史王敬为于窴所杀。初，西域长史赵评在于窴，病痈死。评子迎丧，道经拘弥。拘弥王成国与于窴王建素有隙，谓评子曰：“于窴王令胡医持毒药著创中，故致死耳！”评子信之，还，以告燉煌太守马达。会敬代为长史，马达令敬隐核于窴事。敬先过拘弥，成国复说云：“于窴国人欲以我为王；今可因此罪诛建，于窴必服矣。”敬贪立功名，前到于窴，设供具，请建而阴图之。或以敬谋告建，建不信，曰：“我无罪，王长史何为欲杀我？”旦日，建从官属数十人诣敬，坐定，建起行酒，敬叱左右执之。吏士并无杀建意，官

属悉得突走。时成国主簿秦牧随敬在会，持刀出，曰："大事已定，何为复疑!"即前斩建。于窴侯、将输僰等遂会兵攻敬，敬持建头上楼宣告曰："天子使我诛建耳!"输僰不听，上楼斩敬，悬首于市。输僰自立为王；国人杀之，而立建子安国。马达闻王敬死，欲将诸郡兵出塞击于窴；帝不听，徵达还，而以宋亮代为燉煌太守。亮到，开募于窴，令自斩输僰；时输僰死已经月，乃断死人头送燉煌而不言其状，亮后知其诈，而竟不能讨也。

【译文】二年（壬辰，公元152年）春季，正月，西域长史王敬在于窴被杀死了。当时，西域长史赵评在于窴的时候，生毒疮由于不治而死了。赵评的儿子前去迎丧，途经拘弥。拘弥王成国与于窴王建一向互为仇敌，因此对赵评的儿子说："于窴王命令胡医把毒药放在你父亲的疮口中，这才送了你父亲的一条命的！"赵评的儿子相信了，回国之后，就把这件事告诉了敦煌太守马达。刚好王敬奉命前去代理长史，马达便命令王敬暗中调查于窴毒死赵评这件事的真假。王敬先到了拘弥，成国对他说："于窴国人想要推我成为王；现在正好借毒杀赵评的罪行将建处死，于窴一定会降服的。"王敬贪爱功名，到了于窴之后，就设席备宴，邀请于窴王建并想暗中谋杀他。有人将王敬的阴谋告诉了建，但是建不相信，说："我又没什么罪过，王长史为什么要杀我呢？"第二天，建带领数十名属官去拜见王敬，坐定之后，建就站起来敬酒，王敬命令左右侍从将他拘捕。但是官吏们没一个想杀于窴王建的，所以左右的官属都夺门逃逸了。当时成国的主簿秦牧跟随王敬在座，拿着刀站了起来，说："大事已经定了，还有什么好犹疑的呢？"随即快步冲向前去杀了于窴王建。于窴的侯、将输僰等人就聚集了士兵去攻击王敬，王敬拿着于窴王建的首级上楼宣告说："是皇上命令我来杀建的！"输僰

不听，跑上楼去杀死了王敬，而后将他的头悬挂在市。输僰自立为王，但是又被于寘的国人杀死了，并拥立建的儿子安国为王。马达听到王敬被杀死的消息之后，就想带领诸郡的部队出塞去攻打于寘，但是皇帝不许，并将马达召回，派宋亮去接替敦煌太守的职位。宋亮到任之后，就为于寘国人开了条全新的道路，让他们自己把输僰杀掉。当时输僰死了已经一个月了，于寘国的人就把输僰的人头从尸体上砍了下来，送到了敦煌，而不告诉他们实情，后来宋亮才知道是他们使诈，但是直到最后也没能出兵征讨于寘。

丙辰，京师地震。

夏，四月，甲辰，孝崇皇后匽氏崩；以帝弟平原王石为丧主，敛送制度比恭怀皇后。五月，辛卯，葬于博陵。

秋，七月，庚辰，日有食之。

冬，十月，乙亥，京师地震。

十一月，司空黄琼免。十二月，以特进赵戒为司空。

【译文】丙辰日（正月无此日），京城发生地震。

夏季，四月，甲辰日（四月无此日），孝崇皇后匽氏去世，桓帝任命皇弟平原王刘石主持丧事，葬礼跟恭怀皇后一样。五月，辛卯日（十二日），安葬孝崇皇后于博陵。

秋季，七月，庚辰日（初二），发生日食。

冬季，十月，乙亥日（二十八日），京城发生地震。

十一月，司空黄琼被免职。十二月，任命特进赵戒为司空。

永兴元年（癸巳，公元一五三年）春，三月，丁亥，帝幸鸿池。

夏，四月，丙申，赦天下，改元。

丁酉，济南悼王广薨；无子，国除。

秋，七月，郡、国三十二蝗，河水溢。百姓饥穷流冗者数十万户，冀州尤甚。诏以侍御史朱穆为冀州刺史。冀部令长闻穆济河，解印绶去者四十馀人。及到，奏劾诸郡贪污者，有至自杀，或死狱中。宦者赵忠丧父，归葬安平，僭为玉匣；穆下郡案验，吏畏其严，遂发墓剖棺，陈尸出之。帝闻，大怒，徵穆诣廷尉，输作左校。太学书生颍川刘陶等数千人诣阙上书讼穆曰："伏见弛刑徒朱穆，处公忧国，拜州之日，志清奸恶。诚以常侍贵宠，父兄子弟布在州郡，竞为虎狼，噬食小民，故穆张理天纲，补缀漏目，罗取残祸，以塞天意。由是内官咸共恚疾，谤讟烦兴，谗隙仍作，极其刑谪，输作左校。天下有识，皆以穆同勤禹、稷而被共、鲧之戾，若死者有知，则唐帝怒于崇山，重华忿于苍墓矣！当今中官近习，窃持国柄，手握王爵，口衔天宪，运赏则使饿隶富于季孙，呼噏则令伊、颜化为桀、跖；而穆独亢然不顾身害，非恶荣而好辱，恶生而好死也，徒感王纲之不摄，惧天网之久失，故竭心怀忧，为上深计。臣愿黥首系趾，代穆校作。"帝览其奏，乃赦之。

【译文】 永兴元年（癸巳，公元153年）春季，三月，丁亥日（十二日），桓帝驾车来到鸿池。

夏季，四月（案：《汉书》四月作五月，当从）丙申日（二十二日），皇帝大赦天下，并更改年号。

丁酉日（二十三日），济南悼王刘广去世。他没有子嗣，因此撤消了封国。

秋季，七月，郡国有三十二地发生蝗灾，并且河水泛滥。有数十万户百姓因饥饿穷困而流离失所，其中冀州的灾情最为惨重。桓帝诏令任命侍御史朱穆为冀州刺史。冀州的官吏听说朱穆渡河前来任职，立刻自动辞官而去的有四十多人。朱穆到任之后，就立刻上奏弹劾诸郡的贪官污吏，其中有的人畏罪自杀，有的死在了狱中。宦官赵忠的父亲死亡之后，就归葬在故里安平，僭越礼法用玉匣陪葬，朱穆下令郡守暗查，吏佐害怕朱穆的严厉，于是就掘墓剖棺，暴尸并取出玉匣。桓帝闻知后，很是愤怒，召令朱穆到廷尉受审论罪，并被谪供役于左校。太学书生刘陶（颍川人）等数千人赴朝堂上书替朱穆申诉说："我们认为被处罪行供役的朱穆，公正处事，为国担忧，在被任命为冀州刺史的时候，就立志要清除奸邪恶小。虽然常侍的地位尊贵，深受恩宠，但是他们的父子兄弟分散在州郡各地，竞相为虎作伥，虐待小民，所以朱穆是为了整治王纲，补好漏隙，并想要一网打尽残民祸国的奸臣，以顺应民心。因此内官贵宠都对他憎恨至极，并诽谤他，谗言频起，并给他最严厉的惩治，让他供役于左校。天下凡是识理明事的人士没有不认为朱穆功比禹、稷的，却受共、鲧的罪罚，如果死而有知的话，那么葬在崇山的唐尧一定会大为震怒，埋在苍梧的虞舜也一定会难耐愤恨！如今内官近臣，偷偷把持国政大权，对王侯爵位的封赐已经完全掌握在他们的手中了，王法刑罚，全靠他们开口而定，如果他们想赏赐某人，就可以让一个连饭都没得吃的贱役富于季孙，在仰俯呼吸之间就能让伊尹、颜回变成夏桀、盗跖。只有朱穆愤然不顾自身的利害，他并不是因为厌恶尊荣而甘受羞辱，也不是因为活得不耐烦了就乐于死亡啊，只因为感到王法不整，怕朝纲长久混乱，所以竭尽全力，满怀担忧，为陛下作深远的打算。微臣等甘愿接受黥刑，并戴上脚镣，替朱穆服刑、受苦役。"桓帝看了他们的奏折之后，就赦免了朱穆。

冬，十月，太尉袁汤免，以太常胡广为太尉。司徒吴雄、司空赵戒免。以太仆黄琼为司徒，光禄勋房植为司空。

武陵蛮詹山等反，武陵太守汝南应奉招降之。

车师后部王阿罗多与戊部候严皓不相得，忿戾而反，攻围屯田，杀伤吏士。后部侯炭遮领馀民畔阿罗多，诣汉吏降。阿罗多迫急，从百馀骑亡入北匈奴。燉煌太守宋亮上立后〔部〕故王军就质子卑君为王。后阿罗多复从匈奴中还，与卑君争国，颇收其国人。戊校尉阎详虑其招引北虏，将乱西域，乃开信告示，许复为王；阿罗多及诣详降。于是更立阿罗多为王，将卑君还燉煌，以后部人三百帐与之。

【译文】 冬季，十月，太尉袁汤被罢职，并委任太常胡广为太尉。司徒吴雄和赵戒被免职，就委任太仆黄琼为司徒，任命光禄勋房植为司空。

武陵蛮詹山等人叛变，武陵太守应奉（汝南人）予以招降安抚。

车师后部王阿罗多与戊部候严皓大多时候意见不合，愤恨难抑，于是就起来反叛，围攻屯田，杀死了许多官兵。后部侯炭遮却带领残余的人叛离了阿罗多，向汉朝的官吏投降。阿罗多看到情势急迫，就带领着一百多骑兵逃到北匈奴去了。敦煌太守宋亮上奏请求桓帝，并立后部前国王军就留在敦煌当人质的儿子卑君为王。后来阿罗多又从匈奴返回来了与卑君一起争夺国家，反倒聚集了不少的国人。戊校尉严详害怕他会招引北虏，扰乱西域，因此开诚布公地告示他，答应让他再做王，阿罗多这才向严详投降。于是就立阿罗多为王，而将卑君护送回敦煌，后部人三百余户让他统治。

二年（甲午，公元一五四年）春，正月，甲午，赦天下。

二月，辛丑，复听刺史、二千石行三年丧。

癸卯，京师地震。

夏，蝗。

东海朐山崩。

乙卯，封乳母马惠子初为列侯。

秋，九月，丁卯朔，日有食之。

太尉胡广免；以司徒黄琼为太尉。闰月，以光禄勋尹颂为司徒。

冬，十一月，甲辰，帝校猎上林苑，遂至函谷关。

泰山、琅邪贼公孙举、东郭窦等反，杀长吏。

【译文】 二年（甲午，公元154年）春季，正月，甲午日（二十四日），桓帝大赦天下。

二月辛丑日（初二），又恢复了刺史、俸禄二千石以上官员依法守丧三年的制度。

癸卯日（初四），京城发生地震。

夏季，发生蝗灾。

东海朐山发生山崩。

乙卯日（十六日），任命乳母马惠的儿子马初为列侯。

秋季，九月，丁卯朔日（初一），发生日食。

太尉胡广被罢职，于是委任司徒黄琼为太尉。闰九月，又任命光禄勋尹颂为司徒。

冬季，十一月，甲辰日（初九），桓帝在上林苑用木栏围兽的方式打猎，随后到函谷关去了一趟。

泰山、琅邪一带的盗贼公孙举和东郭窦等人叛变，并杀死了当地的官吏。

永寿元年（乙未，公元一五五年）春，正月，戊申，赦天下，改元。

二月，司隶、冀州饥，人相食。

太学生刘陶上疏陈事曰："夫天之与帝，帝之与民，犹头之与足，相须而行也。陛下目不视鸣条之事，耳不闻檀车之声，天灾不有痛于肌肤，震食不即损于圣体，故蔑三光之谬，轻上天之怒。伏念高祖之起，始自布衣，合散扶伤，克成帝业，勤亦至矣；流福遗祚，至于陛下。陛下既不能增明烈考之轨，而忽高祖之勤，妄假利器，委授国柄，使群丑刑隶，芟刈小民，虎豹窟于麑场，豺狼乳于春囿，货殖者为穷冤之魂，贫馁者作饥寒之鬼，死者悲于窀穸，生者戚于朝野，是愚臣所为咨嗟长怀叹息者也！且秦之将亡，正谏者诛，谀进者赏，嘉言结于忠舌，国命出于谗口，擅阎乐于咸阳，授赵高以车府，权去己而不知，威离身而不顾。古今一揆，成败同势，愿陛下远览强秦之倾，近察哀、平之变，得失昭然，祸福可见。臣又闻危非仁不扶，乱非智不救。窃见故冀州刺史南阳朱穆、前乌桓校尉臣同郡李膺，皆履正清平，贞高绝俗，斯实中兴之良佐，国家之柱臣也，宜还本朝，挟辅王室。臣敢吐不时之义于讳言之朝，犹冰霜见日，必至消灭。臣始悲天下之可悲，今天下亦悲臣之愚惑也。"书奏，不省。

【译文】 永寿元年（乙未，公元155年）春季，正月，戊申日（十四日），桓帝大赦了天下，并更改年号。

二月，司隶和冀州闹饥荒，到了人吃人的地步。

太学生刘陶上书陈事说："上天和皇帝，皇帝和百姓，都好

像是头和脚一样，必须相互配合才能行动。陛下看不见像商汤在鸣条征伐夏桀的战事，也没有听见过兵车隆隆的响声，天灾伤害不到陛下的肌肤，地震和日食也损害不到陛下的龙体，所以就从不在意日食、月食以及星辰陨落或者运行越轨的危险，也就轻视了上天因震怒而垂示的征兆。我想到高祖当年起事时，是一介平民的出身，聚集散亡的民众，帮助伤残的士卒，因此他能成就帝业，也可以说是辛劳到了极点。他的德业福泽流传在后世，一直流传到陛下这里。而陛下既没能发扬光大列祖列宗治国的大道，也忘记了高祖创业的辛苦，却任由下属胡乱颁赏行罚，甚至将国政大权也一并委托给他们，导致群小阉竖视民如草芥而任意伤害，就好像是放纵虎豹在小鹿围场中营窟，任凭豺狼在幼兽苑囿中产子一般，使得富商大贾变成了穷苦的冤魂，使得贫困饥民成了饥寒的穷鬼，已经死去的含悲于墓穴，还活着的怀忧于朝野，这就是微臣之所以嗟伤而长怀叹息的原因啊！再说当暴秦将要灭亡的时候，直言进谏的都被处以死罪，而谄佞谀媚的反倒受了赏赐，并封住了忠臣的口不允许他们进善言，朝令王法却是全凭谗佞奸小开口乱定的，于是就让阎乐在咸阳专权横行，授给赵高中车府令的高位。大权已经旁落了，可是他自己还没知没觉，势力已去，也不顾虑。古今的道理都是一样的，成败的形势也是一样的。只希望陛下能远观强秦的灭亡，近察哀帝、平帝的战乱，那么，得失福祸就昭然可见了。微臣又曾听国家遇到危困，除非是施行仁政德教，否则就无法扶持；国家遇到混乱的时候，除非圣上明智，否则便无法拯救。愚臣私下得知从前的冀州刺史朱穆（南阳人），曾担任乌桓校尉、与臣同郡的李膺，都是直道而行、清廉公正、忠贞高超、出类拔萃的贤士，这两位真的是中兴的良佐，国家的柱石啊，按道理就应被召返朝廷，来帮助王室。微臣敢大胆地向忌讳直言的朝廷说出这番不合时宜的话，就像是明知冰霜暴晒在烈阳之下，一定会被消灭一般；先前臣因天下的可悲而感到悲伤，而今天天下也即将为微臣的愚昧而悲伤了。”奏书呈上，桓帝没有理会。

夏，南阳大水。

司空房植免；以太常韩縯为司空。

巴郡、益州郡山崩。

秋，南匈奴左薁鞬台耆、且渠伯德等反，寇美稷；东羌复举种应之。安定属国都尉燉煌张奂初到职，壁中唯有二百许人，闻之，即勒兵而出；军吏以为力不敌，叩头争止之。奂不听，遂进屯长城，收集兵士，遣将王卫招诱东羌，因据龟兹县，使南匈奴不得交通。东羌诸豪遂相率与奂共击薁鞬等，破之。伯德惶恐，将其众降，郡界以宁。羌豪遗奂马二十匹，金鐻八枚。奂于诸羌前以酒酹地曰：“使马如羊，不以入厩；使金如粟，不以入怀。”悉以还之。前此八都尉率好财货，为羌所患苦；及奂正身洁己，无不悦服，威化大行。

【译文】夏季，南阳发生水灾。

司空房植被免职，于是任命太常韩縯为司空。

巴郡、益州郡发生山崩。

秋季，南匈奴左薁鞬台耆、且渠伯德等人叛变，入侵美稷。东羌也带领族人站起来响应。当时安定属国都尉张奂（敦煌人）刚到职，营中只有两百来人，听到这消息之后，就立即全兵出战。军吏们觉得自己兵寡力弱，是很难敌对的，于是就争相叩头劝阻。但是张奂不听，进兵驻守长城，召集兵士，派遣将领王卫引诱东羌投降，因此占领了龟兹县，使南匈奴无法与内外交往。东羌酋长们于是相率归降，和张奂共同攻击薁鞬等人，将他们打败了。伯德很是惶恐，便率领着剩下的将领投降了，郡境的边界就因此而安宁无事了。东羌酋长送给张奂二十匹马和八枚金耳环。张奂在东羌众人前洒酒于地并发誓说："即使马匹比羊群还多，我也不取一匹养在私宅的马厩中；即使黄金像米粟一样多，我也不取一粒据为私有。"并将赠品如数归还了东羌。在张奂之前，先后的八任都尉都是贪财好货的官吏，都让羌人深以为患，苦不堪言。等到张奂端正自身，清廉克己，所以没有人对他不是心悦诚服的，因此威名教化大行。

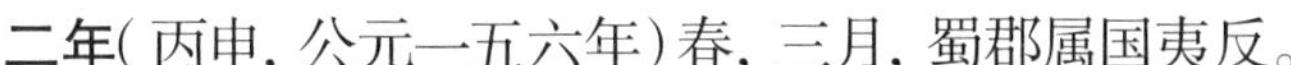

二年（丙申，公元一五六年）春，三月，蜀郡属国夷反。

初，鲜卑檀石槐，勇健有智略，部落畏服，乃施法禁，平曲直，无敢犯者，遂推以为大人。檀石槐立庭于弹汙山、歠仇水上，去高柳北三百馀里，兵马甚盛；东、西部大人皆归焉。因南抄缘边，北拒丁零，东却夫馀，西击乌孙，尽据匈奴故地，东西万四千馀里。

秋，七月，檀石槐寇云中。以故乌桓校尉李膺为度辽将军。膺到边，羌、胡皆望风畏服，先所掠男女，悉诣塞下送还之。

【译文】 二年（丙申，公元156年）春季，三月，蜀郡属国夷人叛乱。

起初，鲜卑的檀石槐，勇猛有智谋，部落的人都敬畏信服他，檀石槐立法施禁，没一个人敢犯令作乱的，于是他就被推荐为部落酋长。檀石槐将朝廷立在弹汙山、歠仇水之上，离高柳有三百多里，兵马很多，东、西部酋长都主动归附于他。因此他出兵向南侵犯大汉边境，向北防御丁零狄人，往东边打退了夫馀，向西边进攻乌孙，完全占据了匈奴一万四千余里的土地。

秋季，七月，檀石槐侵入云中。朝廷任命前乌桓校尉李膺为度辽将军。李膺刚到达边境，就让羌、胡都闻风丧胆，将以前所抢掠的男女百姓，全都遣送回了塞下。

公孙举、东郭窦等聚众至三万人，寇青、兖、徐三州，破坏郡县。连年讨之，不能克。尚书选能治剧者，以司徒掾颍川韩韶为嬴长。贼闻其贤，相戒不入嬴境。馀县流民万馀户入县界，韶开仓赈之，主者争谓不可。韶曰："长活沟壑之人，而以此伏罪，含笑入地矣。"太守素知韶名德，竟无所坐。韶与同郡荀淑、钟皓、陈寔皆尝为县长，所至以德政称，时人谓之"颍川四长"。

初，鲜卑寇辽东，属国都尉武威段熲率所领驰赴之。既而恐贼惊去，乃使驿骑诈赍玺书召熲，熲于道伪退，潜于还路设伏；虏以为信然，乃入追熲，熲因大纵兵，悉斩获之。坐诈为玺书，当伏重刑；以有功，论司寇；刑竟，拜议郎。至是，诏以东方盗贼昌炽，令公卿选将帅有文武材者。司徒尹颂荐熲，拜中郎将，击举、窦等，大破斩之，获首万馀级，馀党降散。封熲为列侯。

冬，十二月，京师地震。

封梁不疑子马为颍阴侯，梁胤子桃为城父侯。

【译文】公孙举、东郭窦等聚集了三万多人，一起入侵青、兖、徐三州，破坏郡县。经过多年讨伐，也没能将他们讨平。尚书推举具有治乱平暴才能的人，司徒掾颍川人韩韶因此被派出任嬴县县长。贼寇向来听说韩韶贤能，就互相告诫不进入嬴县县境。其他各个县流亡的百姓，有一万多户进入了嬴县境界。于是韩韶下令开仓救济，负责守仓库的主管都认为不可以。韩韶说："如果能够救活这些难民，就算是被杀头，也可以含笑而死

了。”太守向来知道韩韶很有德望，也没对他加以任何惩罚。韩韶和同郡的荀淑、钟皓、陈寔都做过县长，他们所到的地方都以德政著称，当时的百姓称他们为“颍川四长”。

当初，鲜卑入侵辽东，属国都尉威武人段颎带领着他的部队奔驰往征。后来顾虑到贼人会因为害怕而逃跑，就伪造了一通玺书，令驿站的骑兵持送前来召回自己，段颎假装在半路接到诏书回京，而实际上暗中埋伏在归途路边。敌人信以为真，就派兵追击段颎，段颎因此而大发伏兵，将敌人全部斩杀俘获了，却犯了伪造圣旨的大罪，应当被判死刑；但是由于他又立下了大功，所以只判了二年徒刑，刑满释放以后，被任用为议郎。直到现在，由于东方的盗贼昌炽，桓帝诏令公卿举荐文武兼备的才士为将帅。司徒尹颂便推荐了段颎，于是段颎被任命为中郎将，去讨伐公孙举、东郭窦等，结果打败了他们，并且还杀了公孙举与东郭窦，杀死一万多敌人，其余的贼党有的投降，有的逃跑，段颎因此被封为列侯。

冬季，十二月，京师发生地震。

桓帝封梁不疑的儿子梁马为颍阴侯，梁胤的儿子梁桃为城父侯。

资治通鉴卷第五十四　汉纪四十六

起强圉作噩，尽昭阳单阏，凡七年。

【译文】 起丁酉（公元157年），止癸卯（公元163年），共七年。

【题解】 本卷记录了汉桓帝永寿三年至延熹七年间的历史。桓帝诛梁冀，终结外戚梁氏，单超等五宦官作为功臣被封侯，宦官势力大盛，清官凤毛麟角。太学生刘陶上奏，阻止了重币制造。边境遭侵扰，警报四起，桓帝被迫起用皇甫规、张奂等三大名将，惩治了一批在州郡任职的宦官子弟。

孝桓皇帝上之下

永寿三年（丁酉，公元一五七年）春，正月，己未，赦天下。

居风令贪暴无度，县人朱达等与蛮夷同反，攻杀令，聚众至四五千人。夏，四月，进攻九真，九真太守兒式战死。诏九真都尉魏朗讨破之。

闰月，庚辰晦，日有食之。

【译文】 永寿三年（丁酉，公元157年）春季，正月，己未日（正月无此日），桓帝大赦天下。

居风县令贪得无厌，县民朱达等人与蛮夷一同造反，攻城并杀了县令，聚集了四五千人。夏季，四月，又入侵九真郡，九真太守兒式战死。桓帝诏令九真都尉魏朗讨伐他们，才将他们打败。

闰六月，庚辰晦日（三十日），发生日食。

京师蝗。

或上言："民之贫困以货轻钱薄，宜改铸大钱。"事下四府群僚及太学能言之士议之。太学生刘陶上议曰："当今之忧，不在于货，在乎民饥。窃见比年已来，良苗尽于蝗螟之口，杼轴空于公私之求。民所患者，岂谓钱货之厚薄，铢两之轻重哉！就使当今沙砾化为南金，瓦石变为和玉，使百姓渴无所饮，饥无所食，虽皇、羲之纯德，唐、虞之文明，犹不能以保萧墙之内也。盖民可百年无货，不可一朝有饥，故食为至急也。议者不达农殖之本，多言铸冶之便。盖万人铸之，一人夺之，犹不能给；况今一人铸之，则万人夺之乎！虽以阴阳为炭，万物为铜，役不食之民，使不饥之士，犹不能足无厌之求也。夫欲民殷财阜，要在止役禁夺，则百姓不劳而足。陛下愍海内之忧戚，欲铸钱齐货以救其弊，犹养鱼沸鼎之中，栖鸟烈火之上；水、木，本鱼鸟之所生也，用之不时，必至焦烂。愿陛下宽锲薄之禁，后冶铸之议，听民庶之谣吟，问路叟之所忧，瞰三光之文耀，视山河之分流，天下之心，国家大事，粲然皆见，无有遗惑者矣。伏念当今地广而不得耕，民众而无所食，群小竞进，秉国之位，鹰扬天下，鸟钞求饱，吞肌及骨，并噬无厌。诚恐卒有役夫、穷匠起于板筑之间，投斤攘臂，登高远呼，使愁怨之民响应云合，虽方尺之钱，何有能救其危也！"遂不改钱。

【译文】京城发生蝗灾。

有人进谏说："人民贫困，是因为钱币又轻又薄，所以应当

铸造厚重的大钱。”桓帝就将此事交给三公府及大将军府群僚和太学中能言的学士共同商讨。太学生刘陶上奏说：“现在的忧患，不是因为钱币的轻重厚薄，而在于人民饥馑挨饿。近年来，好的禾苗全都进入了蝗虫的口中，杼轴织出的布帛都被公家和官吏私人索取一空。百姓的担忧，哪里是钱币的厚薄和铢两的轻重呢？即使现在沙砾都变成了金子，瓦石都变成了和氏宝玉，但是如果百姓渴了没有水喝，饿了没有饭吃，就算是用天皇氏、伏羲氏纯美的德教，用唐尧、虞舜昌明的典章来治国，恐怕都不能使朝廷相安无事啊。小民百姓可以在百年里家无积财，但不能一天挨饿没有饭吃，所以如何解决百姓的吃饭问题，才是最急切的事。但商讨国事的人，根本就不谈农耕的问题，而只顾说铸钱的诸多好处。实际上万人铸钱，就算一个人夺用，都不会满足；更何况现在是一个人铸钱，而上万人夺用呢？即使草木都变为炭薪，万物都变成赤铜，然而劳动的是不吃饭的百姓，下令的是肚子不会饿的官吏，还是不能满足无厌的索求啊。如果真想要民富财足的话，首先应该立即停止百姓的劳役，严禁抢夺民财，才能使百姓免于劳役的穷苦而日渐富足。陛下为了怜悯天下百姓的忧伤痛苦，而想要用铸造货币的方式来救济弊端，那简直就像是在盛满沸水的鼎中养鱼，就像让鸟栖息在燃烧着的木柴上一样。水和树，本来就是鱼鸟栖息生存的场所，但在这种不适合的情况下，一定会使鱼烂鸟焦。只希望陛下能放宽苛刻的政令，将铸钱的事置后再说，多听听民间歌谣的反映，问问百姓内心的隐忧，仰观日月星辰的变化，俯察山崩水竭的预兆，那么民心的向背、政治的得失，便全都粲然明见，也不至于有遗漏不知道的了。我想到土地广阔也没有开垦种植，人口众多但是粮食不足，一群小人佞幸只顾争相钻营求进，篡位夺权，贪官污吏天下横行，就好像凶猛的鸟禽，只顾偷食求饱，连皮带肉，一起吞下也不满足。一旦有筑墙的役夫、穷匠扔下斧斤，登高振臂一呼，挺身起而革命，坐困愁城、满怀怨恨的民众云集响应，即使有一尺见方的钱币，又怎么能挽救这种危乱呢？”这才没铸造货币。

冬，十一月，司徒尹颂薨。

长沙蛮反，寇益阳。

以司空韩縯为司徒，以太常北海孙朗为司空。

【译文】冬季，十一月，司徒尹颂去世。

长沙郡的蛮人造反，入侵益阳。

桓帝任命司空韩縯为司徒，任命太常北海人孙朗为司空。

延熹元年（戊戌，公元一五八年）夏，五月，甲戌晦，日有食之。太史令陈授因小黄门徐璜陈“日食之变咎在大将军冀”。冀闻之，讽雒阳收考授，死于狱。帝由是怒冀。

京师蝗。

六月，戊寅，赦天下，改元。

大雩。

秋，七月，甲子，太尉黄琼免；以太常胡广为太尉。

冬，十月，帝校猎广成，遂幸上林苑。

【译文】延熹元年（戊戌，公元158年）夏季，五月，甲戌晦日（二十九日），发生日食。太史令陈授借助小黄门徐璜上奏陈述“有日食变异的凶兆出现，都是由于大将军梁冀的罪行”。梁冀听说以后，就暗中命令洛阳县令拘捕考讯陈授，以至于陈授死在狱中。桓帝因此对梁冀心怀怨怒。

京城蝗虫成灾。

六月，戊寅日（初四），桓帝大赦天下，改元延熹。

举行大雩来祭求下雨。

秋季，七月甲子日（二十日），太尉黄琼被免职，并委任太常胡广为太尉。

冬季，十月，桓帝到广成苑打猎，后来又去了上林苑。

十二月，南匈奴诸部并叛，并乌桓、鲜卑寇缘边九郡。帝以京兆尹陈龟为度辽将军。龟临行，上疏曰："臣闻三辰不轨，擢士为相；蛮夷不恭，拔卒为将。臣无文武之才而忝鹰扬之任，虽殁躯体，无所云补。今西州边鄙，土地脊角，民数更寇虏，室家残破，虽含生气，实同枯朽。往岁并州水雨，灾螟互生，稼穑荒耗，租更空阙。陛下以百姓为子，焉可不垂抚循之恩哉！古公、西伯天下归仁，岂复舆金辇宝以为民惠乎！陛下继中兴之统，承光武之业，临朝听政而未留圣意。且牧守不良，或出中官，惧逆上旨，取过目前。呼嗟之声，招致灾害，胡虏凶悍，因衰缘隙；而令仓库单于豺狼之口，功业无铢两之效，皆由将帅不忠，聚奸所致。前凉州刺史祝良，初除到州，多所纠罚，太守令长，贬黜将半，政未逾时，功效卓然，实应赏异，以劝功能；改任牧守，去斥奸残；又宜更选匈奴、乌桓护羌中郎将、校尉，简练文武，授之法令；除并、凉二州今年租、更，宽赦罪隶，扫除更始。则善吏知奉公之祐，恶者觉营私之祸，胡马可不窥长城，塞下无候望之患矣。"帝乃更选幽、并刺史，自营、郡太守、都尉以下，多所革易。下诏为陈将军除并、凉一年租赋，以赐吏民。龟到职，州郡重足震栗，省息经用，岁以亿计。

【译文】十二月，南匈奴各部落群起叛变，联合乌桓、鲜卑入侵旁边的九郡。桓帝任命京兆尹陈龟为度辽将军。陈龟临走前，呈上奏折说："微臣听说日、月、星三辰如果没有按轨道运行，就要提拔贤士做丞相；如果蛮夷民族不恭顺，就要提升士兵做将领。微臣并没有文、武的才能，却愧辱地担任了鹰扬武将的职位，即使是捐献躯体，也没有什么可以补益。现在西州的边远地带，土地贫瘠，人民经常遭到盗匪侵入，使得家庭残破，即使还有一口气，也实在是像枯骨朽尸一样。往年并州雨水过多，虫灾交替发生，使得农作物荒芜不生，赋税更是空缺。陛下把百姓当作是子女，怎么能不多加安抚照顾呢？古公亶父、西伯侯姬昌，天下人民都因为他们的仁义归向他们，哪里是用车子带着金银宝物、施行恩惠给人们的呢？陛下顺承了中兴的大统，继承了光武帝的德业，亲临朝廷，整治政事，却不能多多注意。并且州郡长官都不贤良，有的是由宦官推荐的，害怕违背君主的旨意，只希望能渡过眼前的难关。但如果人民呼喊和嗟叹的声音不断，就会招来灾害，胡夷敌虏天生凶悍，他们会抓住这个机会；因此就使得仓库完全吞没进豺狼的口中，功业没有一点的功效，这些都是由于将帅的不忠诚，以及奸人聚集造成的。前凉州刺史祝良，刚接受了任命，到了州中以后，纠举并惩罚了很多人，太守和长官被罢黜的有一半，还没有一季，政令显然就有了功效，确实是应该特别地奖赏，以此来劝勉功勋和有才能的将士；改派州牧和郡太守，拒绝奸邪害人的官吏；还应该再次选择匈奴、乌桓护羌中郎将、校尉，精心选举文武官员，授予他们法令；免除并、凉二州今年的赋税、劳役，赦免囚犯和奴隶，清除恶习，从头开始；那么善良的官吏就会知道奉公守法的好处，邪恶的官员就会发觉营私舞弊的祸端，胡人骑兵就不敢窥伺长

城，边塞地区也就没有候望敌兵的祸患了。”于是桓帝另外选择幽州、并州刺史，从营、郡太守、都尉以下的，大多都被更换了，并颁下诏书，为陈将军免除并州、凉州一年的赋税，并将其赏赐给官吏、人民。陈龟到职以后，州郡官员非常害怕，节省下来的经费，每年可以以亿计。

诏拜安定属国都尉张奂为北中郎将，以讨匈奴、乌桓等。匈奴、乌桓烧度辽将军门，引屯赤阬，烟火相望，兵众大恐，各欲亡去。奂安坐帷中，与弟子讲诵自若，军士稍安。乃潜诱乌桓，阴与和通，遂使斩匈奴、屠各渠帅，袭破其众，诸胡悉降。奂以南单于车兒不能统理国事，乃拘之，奏立左谷蠡王为单于。诏曰：“《春秋》大居正；车兒一心向化，何罪而黜！其遣还庭！”

大将军冀与陈龟素有隙，谮其沮毁国威，挑取功誉，不为胡虏所畏，坐徵还，以种暠为度辽将军。龟遂乞骸骨归田里，复徵为尚书。冀暴虐日甚，龟上疏言其罪状，请诛之，帝不省。龟自知必为冀所害，不食七日而死。种暠到营所，先宣恩信，诱降诸胡，其有不服，然后加讨；羌虏先时有生见获质于郡县者，悉遣还之；诚心怀抚，信赏分明，由是羌、胡皆来顺服。暠乃去烽燧，除候望，边方晏然无警；入为大司农。

【译文】桓帝诏令任命安定属国都尉张奂为北中郎将，来讨伐匈奴、乌桓等。匈奴、乌桓烧毁了度辽将军的军门，带领军队驻扎在赤阬，烟火相互照望，官兵大为恐惧，都想要逃走。然而张奂却安详地坐在军帐中，像平日一样和弟子讲诵事理，军士这才稍微安静下来。张奂暗中引诱乌桓人，和他们私下里讲和往来，要他们杀死匈奴和屠各的主帅，并且还攻破了匈奴的军众，使得各胡族全部都投降了。因为南单于车儿不能治理国

家政事，于是张奂就拘捕了他，并上奏朝廷任命左谷蠡王为单于。诏书上说："按照《春秋》的道理，皇帝刚登上皇位的时候，要顺从常理。车儿全心全意倾向教化，有什么罪过要罢黜他呢！应该被遣送回王庭！"

大将军梁冀和陈龟向来有仇，于是诽谤他毁坏国家的威望，独自求取功业名誉，不能受到胡人的敬畏，就被判罪征召回到朝廷，任命种暠为度辽将军。于是陈龟请求全身回到乡里，后来被再次征召为尚书。梁冀的残暴一天天加深，陈龟呈上奏折，表述他的罪状，请求杀了他，桓帝却不理会。陈龟知道，自己一定会受到梁冀的残害，所以七天不吃东西而去世了。种暠到军营之后，先宣布了朝廷的恩德，诱使各胡族投降，其中有不投降的就加以讨伐。敌对的羌人以前因为被捕留在郡县中做人质的，全部都被种暠遣送回国了。种暠心意诚恳地抚慰他们，由于奖赏分明，因此羌人和胡人都归顺了。种暠才撤除烽火台以及斥候瞭望措施。从此边境相安无事，不再有警报；种暠入朝之后，就做了大司农。

二年（己亥，公元一五九年）春，二月，鲜卑寇雁门。

蜀郡夷寇蚕陵。

三月，复断刺史、二千石行三年丧。

夏，京师大水。

六月，鲜卑寇辽东。

梁皇后恃姊、兄荫势，恣极奢靡，兼倍前世，专宠妒忌，六宫莫得进见。及太后崩，恩宠寖衰。后既无嗣，每宫人孕育，鲜得全者。帝虽迫畏梁冀，不敢谴怒，然进御转希，后益忧恚。秋，七月，丙午，皇后梁氏崩。乙丑，葬懿献皇后于懿陵。

【译文】二年（己亥，公元159年）春季，二月，鲜卑入侵雁门。

蜀郡夷人侵犯蚕陵。

三月，再次取消任刺史、二千石官员奉行三年的丧礼。

夏季，京城发生水灾。

六月，鲜卑入侵辽东。

梁皇后凭借着姐妹、兄长势力的庇护，十分放纵，奢侈华贵，超过了前代好几倍，只能自己被宠幸，妒忌成性，六宫的嫔妃都不能进见桓帝。等到太后崩殂的时候，桓帝对她的宠幸突然减少了。皇后没有后嗣，每当有宫人怀孕，都很少有能保全的。桓帝虽然害怕梁冀的逼迫，不敢发怒斥责，但是让皇后侍奉的时候变少了，皇后更加担忧。秋季，七月，丙午日（初八），皇后梁氏去世。乙丑日（二十七日），将懿献皇后葬在懿陵。

梁冀一门，前后七侯，三皇后，六贵人，二大将军，夫人、女食邑称君者七人，尚公主者三人，其馀卿、将、尹、校五十七人。冀专擅威柄，凶恣日积，宫卫近侍，并树所亲，禁省起居，纤微必知。其四方调发，岁时贡献，皆先输上第于冀，乘舆乃其次焉。吏民赍货求官、请罪者，道路相望。百官迁召，皆先到冀门笺檄谢恩，然后敢诣尚书。下邳吴树为宛令，之官辞冀，冀宾客布在县界，以情托树，树曰："小人奸蠹，比屋可诛。明将军处上将之位，宜崇贤善以补朝阙。自侍坐以来，未闻称一长者，而多托非人，诚非敢闻！"冀嘿然不悦。树到县，遂诛杀冀客为人害者数十人。树后为荆州刺史，辞冀，冀鸩之，出，死车上。辽东太守侯猛初拜，不谒冀，冀托以它事腰斩之。郎中汝南袁著，年十九，诣阙上书曰："夫四时之运，功成则退，高爵厚宠，鲜不致灾。今大将军位极功成，可为至戒，宜遵县车之礼，高枕颐神。传曰：‘木实繁者披枝害心。’若不抑损盛权，将无以全其身矣！”冀闻而密遣掩捕，著乃变易姓名，托病伪死，结蒲为人，市棺殡送。冀知其诈，求得，笞杀之。太原郝絜、胡武，好危言高论，与著友善，絜、武尝连名奏记三府，荐海内高士，而不诣冀。冀追怒之，敕中都官称檄禽捕，遂诛武家，死者六十馀人。絜初逃亡，知不得免，因舆榇奏书冀门，书入，仰药而死，家乃得全。安帝嫡母耿贵人薨，冀从贵人从子林虑侯承求贵人珍玩，不能得，冀怒，并族其家十馀人。涿郡崔琦以文章为冀所善，琦作《外戚箴》、《白鹄赋》以风，冀怒。琦曰：“昔管仲相齐，乐闻讥谏之言；萧何佐汉，乃设书过之吏。今将军屡世台辅，任齐伊、周，而德政未闻，黎元涂炭，不能结纳贞良以救祸败，反欲钳塞士口，杜蔽主听，将使玄黄改色、马鹿易形乎！”冀无以对，因遣琦归。琦惧而亡匿，冀捕得，杀之。

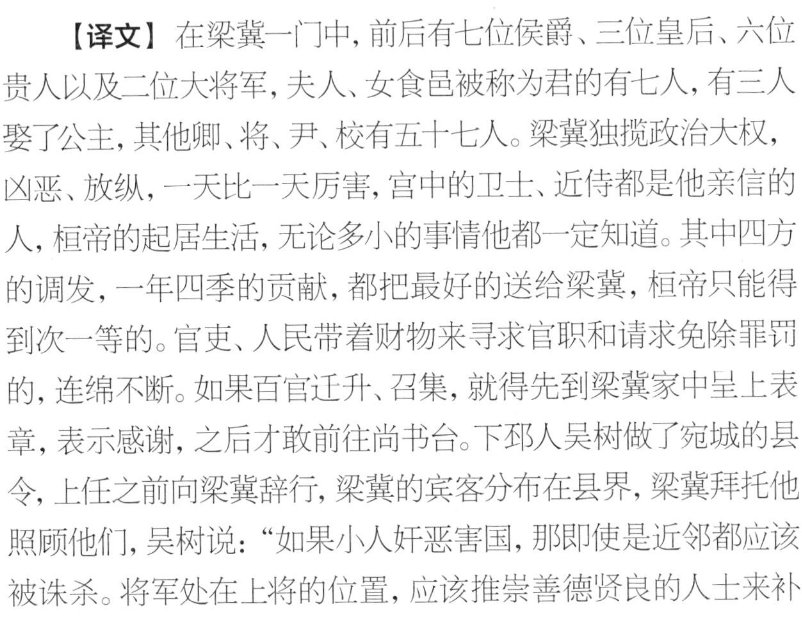

【译文】在梁冀一门中，前后有七位侯爵、三位皇后、六位贵人以及二位大将军，夫人、女食邑被称为君的有七人，有三人娶了公主，其他卿、将、尹、校有五十七人。梁冀独揽政治大权，凶恶、放纵，一天比一天厉害，宫中的卫士、近侍都是他亲信的人，桓帝的起居生活，无论多小的事情他都一定知道。其中四方的调发，一年四季的贡献，都把最好的送给梁冀，桓帝只能得到次一等的。官吏、人民带着财物来寻求官职和请求免除罪罚的，连绵不断。如果百官迁升、召集，就得先到梁冀家中呈上表章，表示感谢，之后才敢前往尚书台。下邳人吴树做了宛城的县令，上任之前向梁冀辞行，梁冀的宾客分布在县界，梁冀拜托他照顾他们，吴树说：“如果小人奸恶害国，那即使是近邻都应该被诛杀。将军处在上将的位置，应该推崇善德贤良的人士来补

助朝廷的缺失。自从我陪伴天子以来，没有听到您称赞过任何一位长者，而且您所托付的大多都不是人才，实在是我不想听到的！”梁冀默默地不说话，心里很不高兴。吴树到了县城之后，就杀死了几十个伤害人民的梁冀的宾客。后来吴树担任荆州刺史的时候，再向梁冀辞行时，梁冀让他喝下毒酒，出门后，就死在了车上。辽东太守侯猛刚接到任命的时候，没有进见梁冀，于是梁冀假借别的事情把他杀死了。郎中袁著（汝南人），十九岁的时候，前去宫门呈上奏折说：“四季的运转，每个季节都在达到极盛时就会选择退出，高贵的爵位、深厚的宠幸，很少有不会造成灾祸的。现在大将军的地位已经达到最高峰，在功业上也有了成就，应该看作是最需要警戒的，因此应该遵行关门悬车、不闻政事的礼节，高枕无忧，颐养精神。经传上说：‘果实丰盛的树木，就会使树枝裂断，并伤害树心。’如果不削减大权，将来就很难保全自己了！”梁冀听到后，就秘密地派人逮捕袁著，于是袁著更名改姓，假装生病死了，把蒲草编结成人形，还买了棺材，殡葬送出去了。梁冀知道他是骗人的，于是就找到他，将他鞭死了。太原人郝絜和胡武，喜爱发表正直的言论，他们和袁著交情很好，郝絜、胡武曾联名向三府陈上奏书，推荐国内的高明人士，却没有将推荐书送去梁冀府中。梁冀记起旧恨，下令给京师有关官员，发布檄令擒捕，杀死了胡武全家，死了有六十多人。最初郝絜逃亡，知道事不能避免，因此就抬着棺木到梁冀门中进陈奏书，奏书送进去之后，就吃下毒药死了，才保全了家里的人。安帝的嫡母耿贵人去世，梁冀向耿贵人的侄儿林虑侯耿承询要贵人的珍奇玩物，没有得到，于是梁冀就恼羞成怒了，杀了他全家十多人。涿郡人崔琦由于文章受到梁冀的赞美，就写了《外戚箴》《白鹄赋》来讽刺他，梁冀很是愤怒。崔琦说：“以前管仲做齐国的宰相，就喜欢听到讽刺的言辞；萧何辅佐汉朝的时候，就设立记述过错的官吏。现在将军已经做到了国家的丞相，责任和伊尹、周公相当，但是从来没有听说有德政出现，百姓生活困苦，不仅没有结交忠贞善良的人士来拯救灾害，反而想要堵住士子的口舌，蒙蔽君主的听闻，难道要使得天地玄黄改变颜色，使鹿马改变形体吗？”梁冀无法回答，就让崔琦回去了。崔琦很害怕，于是就躲藏起来，但是梁冀抓到他后，还是杀了他。

冀秉政几二十年，威行内外，天子拱手，不得有所亲与，帝既不平之；及陈授死，帝愈怒。和熹皇后从兄子郎中邓香妻宣，生女猛，香卒，宣更适梁纪；纪，孙寿之舅也。寿以猛色美，引入掖庭，为贵人，冀欲认猛为其女，易猛姓为梁。冀恐猛姊婿议郎邴尊沮败宣意，遣客刺杀之。又欲杀宣，宣家与中常侍袁赦相比，冀客登赦屋，欲入宣家，赦觉之，鸣鼓会众以告宣。宣驰入白帝，帝大怒，因如厕，独呼小黄门史唐衡，问：“左右与外舍不相得者，谁乎？”衡对：“中常侍单超、小黄门史左悺与梁不疑有隙；中常侍徐璜、黄门令具瑗常私忿疾外舍放横，口不敢道。”于是，帝呼超、悺入室，谓曰：“梁将军兄弟专朝，迫胁内外，公卿以下，从其风旨，今欲诛之，于常侍意如何？”超等对曰：“诚国奸贼，当诛日久；臣等弱劣，未知圣意如何耳。”帝曰：“审然者，常侍密图之。”对曰：“图之不难，但恐陛下腹中狐疑。”帝曰：“奸臣胁国，当伏其罪，何疑乎！”于是，更召璜、瑗等，五人共定其议，帝啮超臂出血为盟。超等曰：“陛下今计已决，勿复更言，恐为人所疑。”

【译文】梁冀主持政事将近二十年，威望在朝廷内外盛行，天子已经拱手，不能亲自参与，桓帝已经心中不平了，尤其是陈授死后，桓帝更加愤怒了。和熹皇后堂哥的儿子、郎中邓香的妻子宣，生下了女儿邓猛，邓香去世后，宣又嫁给了梁纪。梁纪就是孙寿的舅舅。孙寿看到邓猛姿色美丽，就将她引进宫中，封为贵人；梁冀想认她做女儿，就把邓猛的姓改为梁。但是梁冀害怕邓猛的姐夫、议郎邴尊会坏了宣的心意，就派遣刺客杀死了他；他又想要杀宣，由于宣家和中常侍袁赦家相邻，于是梁冀的刺客就登上了袁赦的屋顶，想要进入宣家的时候，袁赦发现了，敲起鼓来，集合众人，通知了宣。于是宣奔驰进宫报告给桓帝，桓帝大怒，因此进入厕所，独自呼叫小黄门史唐衡，问他："左右的近臣和外舍的大臣不能和睦相处的，都有谁呢？"唐衡回答说："中常侍单超、小黄门史左悺和梁不疑有仇恨；中常侍徐璜、黄门令具瑗经常私下怨恨外舍大臣的放肆霸道，口中却不敢讲出来。"于是桓帝就把单超、左悺叫进内室，对他们说："梁将军兄弟专制朝廷政事，并威胁内外大臣，公卿以下的官员，都必须听从他的旨意，现在我想要杀了他，你们心中是怎么想的呢？"单超等人回答说："他们真的是国家十恶不赦的贼人，早就应该杀掉了；微臣等人软弱低劣，只是不知道皇上的意思怎么样。"桓帝说："经过仔细考虑必须这样做，所以你们要秘密地计划一下。"单超等人回答说："计划是不难的，只害怕陛下心中犹豫不定！"桓帝说："邪恶的臣子威胁国家，就应该受到应得的罪过，有什么好犹豫的呢？"于是就召来徐璜和具瑗，五个人一起制订了计划，桓帝将单超的手臂咬破，使其流出血来，作为盟誓。单超等人说："陛下，现在计划已经决定了，不要再多说了，以免被人怀疑。"

冀心疑超等，八月，丁丑，使中黄门张恽入省宿，以防其变。具瑗敕吏收恽，以“辄从外入，欲图不轨。”帝御前殿，召诸尚书入，发其事，使尚书令尹勋持节勒丞、郎以下皆操兵守省閤，敛诸符节送省中，使具瑗将左右厩驺、虎贲、羽林、都候剑戟士合千馀人，与司隶校尉张彪共围冀第，使光禄勋袁盱持节收冀大将军印绶，徙封比景都乡侯。冀及妻寿即日皆自杀；不疑、蒙先卒。悉收梁氏、孙氏中外宗亲送诏狱，无长少皆弃市；它所连及公卿、列校、刺史、二千石，死者数十人。太尉胡广、司徒韩縯、司空孙朗皆坐阿附梁冀，不卫宫，止长寿亭，减死一等，免为庶人。故吏、宾客免黜者三百馀人，朝廷为空。是时，事猝从中发，使者交驰，公卿失其度，官府市里鼎沸，数日乃定；百姓莫不称庆。收冀财货，县官斥卖，合三十馀万万，以充王府用，减天下税租之半，散其苑囿，以业穷民。

【译文】梁冀怀疑单超等人，八月，丁丑日（初十），命令中黄门张恽进入宫中值班，以防范意外的变故。具瑗命令官吏，以“突然从外面进宫，想要做出违法的事”为理由收捕了张恽。桓帝亲自来到前殿，召各尚书进宫，揭发这件事，并命令尚书令尹勋拿着符节安排丞、郎以下的官员，都带着兵器守在省阁，收取各种符节以后，送到宫中；命令具瑗带领左右厩的骑兵、虎贲、羽林、都候剑戟士，一共一千多人，与司隶校尉张彪一起包围梁冀的住宅；命令光禄勋袁盱拿着符节收回了梁冀的大将军印绶，并将他改封为比景都乡侯。当天梁冀和妻子孙寿都自杀了，梁不疑和梁蒙先死了。收捕了所有的梁氏、孙氏内外的宗亲送到监狱，不论老少全部被判死刑；其他被牵连的公卿、列校、刺史、二千石的官员，也死了几十人。太尉胡广、司徒韩縯和司空

孙朗都被判攀附梁冀，不保卫宫廷，停留在长寿亭，减免了他们的死刑，罢黜官职，被贬为平民。梁冀的旧属官吏、宾客有三百多人被罢黜，整个朝廷都空了。当时，事情突然在宫中发生，使者争相奔驰，公卿失去了常态，官府和街里一连几天都动荡不安，几天以后才安定下来；人民没有不称赞，互相恭贺的。于是没收了梁冀的财物，让县官折价出卖，一共卖了三十余亿，以此来充当官府的用度，减免百姓一半的赋税，解散了他的庭园，分给穷人耕种。

壬午，立梁贵人为皇后，追废懿陵为贵人冢。帝恶梁氏，改皇后姓为薄氏，久之，知为邓香女，乃复姓邓氏。

诏赏诛梁冀之功，封单超、徐璜、具瑗、左悺、唐衡皆为县侯，超食二万户，璜等各万馀户，世谓之五侯。仍以悺、衡为中常侍。又封尚书令尹勋等七人皆为亭侯。

以大司农黄琼为太尉，光禄大夫中山祝恬为司徒，大鸿胪梁国盛允为司空。

是时，新诛梁冀，天下想望异政，黄琼首居公位，乃举奏州郡素行贪污，至死徙者十馀人，海内翕然称之。

【译文】 壬午日（十五日），封梁贵人为皇后，废除懿陵，改为贵人冢。由于桓帝厌恶梁氏，就把皇后的姓氏改为薄氏，时间长了，才知道是邓香的女儿，这才恢复姓邓。

桓帝下令奖赏诛杀梁冀的功臣，单超、徐璜、具瑗、左悺、唐衡，都被封为县侯，又奖给单超食邑二万户，徐璜等人各一万多户，世人称之为“五侯”。仍然让左悺、唐衡做中常侍。又封尚书令尹勋等七人为亭侯。

桓帝任命大司农黄琼为太尉，光禄大夫祝恬（中山人）做

司徒，大鸿胪梁国人盛允做司空。

当时，刚刚诛杀了梁冀，百姓都盼望政治改革，这时黄琼的地位是公卿第一，于是就进谏举发州郡中行为一向残暴和贪污的，受到死刑和流放的有十多人，朝野一同称赞。

【乾隆御批】和帝诛窦宪而封郑众，顺帝诛阎显而讨孙程，桓帝诛梁冀而封单超等，其事自相倚伏。至窦武、何进被杀，则外戚直在宦官掌握之中矣。太阿倒持，势虽孤立，故西汉亡于外戚，而东汉亡於宦官，可不戒哉？

【译文】和帝诛杀窦宪而封郑众，顺帝处死阎显而封孙程，桓帝诛杀梁冀而为单超等人封侯，这些事情之间都有必然联系。到了窦武、何进被杀，外戚就一直受到宦官们的控制。大权旁落后，便很难孤立宦官，所以西汉因为外戚执政而灭亡，东汉因为宦官专权而衰没。这难道不应值得警戒吗？

琼辟汝南范滂。滂少厉清节，为州里所服。尝为清诏使，案察冀州，滂登车揽辔，慨然有澄清天下之志。守令臧污者，皆望风解印绶去；其所举奏，莫不厌塞众议。会诏三府掾属举谣言，滂奏刺史、二千石权豪之党二十馀人。尚书责滂所劾猥多，疑有私故。滂对曰："臣之所举，自非叨秽奸暴，深为民害，岂以污简札哉！间以会日迫促，故先举所急，其未审者，方更参实。臣闻农夫去草，嘉谷必茂；忠臣除奸，王道以清。若臣言有贰，甘受显戮！"尚书不能诘。

尚书令陈蕃上疏荐五处士，豫章徐稚、彭城姜肱、汝南袁闳、京兆韦著，颍川李昙。帝悉以安车、玄纁备礼徵之，皆不至。

【译文】 黄琼召集推举汝南人范滂。范滂年轻的时候便鞭

策自己，修炼清明的节操，州郡和乡里的人们都佩服他。范滂曾做清诏使，考察冀州政事的时候，范滂登上车子，握着缰绳，意气风发，有澄清天下的志向。郡守、县令中有贪污的，都远闻风声，解下印绶，辞去官职；他所进奏推荐的人，没有不压住众人议论的。刚好诏命三府掾属举发谣言，范滂进谏刺史、二千石的官员，权贵豪门党羽的就有二十多人。尚书斥责范滂所弹劾的人太多，于是就怀疑是有私人恩怨，范滂回答说："微臣所举发的人，如果不是贪赃枉法、残暴奸恶、成为人民灾害的，怎么会让他们来玷污我的奏章呢？因为近日在朝廷会见的时间急匆，所以就先举发紧急的，其中没有查证清楚的，要继续查实。微臣听说一旦农夫除草，庄稼就一定会茂盛；那么忠臣锄奸，王道就会因此而清明。如果微臣的话有差错，那么甘愿受到刑法的诛杀。"尚书不再责备他。

尚书令陈蕃呈上奏折，推荐了五位隐士，有豫章人徐稚、彭城人姜肱、汝南人袁闳、京兆人韦著、颍川人李昙。桓帝用安车、衣服，备齐礼仪，来征召他们，但他们都不愿来。

稚家贫，常自耕稼，非其力不食，恭俭义让，所居服其德；屡辟公府，不起。陈蕃为豫章太守，以礼请署功曹；稚不之免，既谒而退。蕃性方峻，不接宾客，唯稚来，特设一榻，去则县之。后举有道，家拜太原太守，皆不就。稚虽不应诸公之辟，然闻其死丧，辄负笈赴吊。常于家豫炙鸡一只，以一两绵絮渍酒中暴干，以裹鸡，径到所赴冢隧外，以水渍绵，使有酒气，斗米饭，白茅为藉。以鸡置前，醊酒毕，留谒则去，不见丧主。

【译文】 徐稚家中贫困，经常自己耕种，如果不是靠自己力量生产的食物就不食用，节俭恭敬，谦逊合群，邻近的人都佩服他的品德；公府多次征召他，但他不愿出来做官。陈蕃做豫章太守的时候，按照礼仪请他担当功曹，徐稚不好推辞，拜见以后就退避了。陈蕃性格方正峻急，从不接待宾客，只有在徐稚来的时候，特别设立一张坐榻，徐稚离开之后就悬挂起来。后来徐稚被举荐为有道之士，在家中被任命为太原太守，他都不肯接受。虽然徐稚不接受各个公侯的征召，但是一旦听到他们丧亡的消息，就背着箱子前去吊丧。经常在家中预先烧好一只鸡，用一两棉花浸在酒中之后再晒干，并用它来包着鸡，一直走到所要去的墓道外面，才用水打湿棉花，就有了酒气，再准备米饭一斗，用白茅托着，把鸡放在前面，把酒洒在地上，祭奠完以后，留下名片就离开了，并不见丧祭的主人。

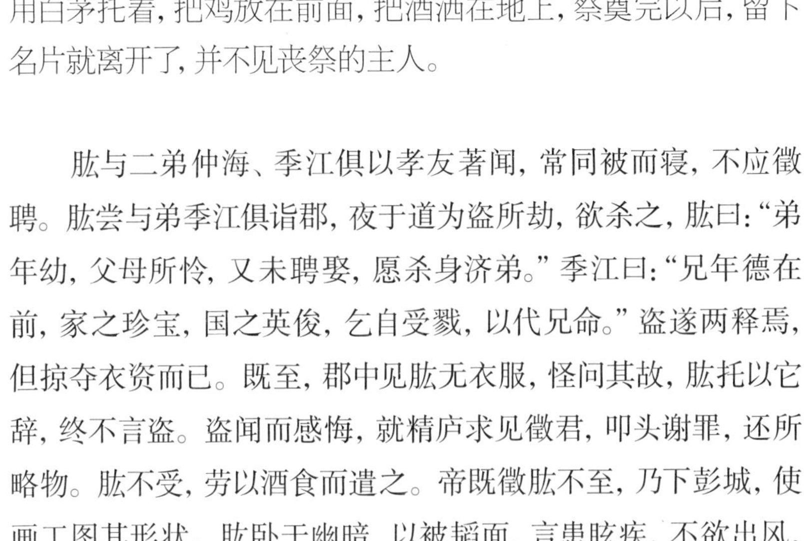

肱与二弟仲海、季江俱以孝友著闻，常同被而寝，不应徵聘。肱尝与弟季江俱诣郡，夜于道为盗所劫，欲杀之，肱曰："弟年幼，父母所怜，又未聘娶，愿杀身济弟。"季江曰："兄年德在前，家之珍宝，国之英俊，乞自受戮，以代兄命。"盗遂两释焉，但掠夺衣资而已。既至，郡中见肱无衣服，怪问其故，肱托以它辞，终不言盗。盗闻而感悔，就精庐求见徵君，叩头谢罪，还所略物。肱不受，劳以酒食而遣之。帝既徵肱不至，乃下彭城，使画工图其形状。肱卧于幽暗，以被韬面，言患眩疾，不欲出风，工竟不得见之。

【译文】姜肱和他的两位弟弟姜仲海、姜季江都因为孝顺友爱而出名，经常是在同一个被子里睡觉，也都不接受征召。姜肱曾经和弟弟姜季江一起前往郡中，晚上在道路口遇到了强盗抢劫，强盗就想要杀掉他们，姜肱说："弟弟年纪小，是受父母疼爱的，又没有娶妻生子，所以我愿意牺牲自己的生命来帮助

弟弟脱离危险。”季江说：“哥哥的年纪和品德都在我前面，是家中的珍宝，国家的人才，我请求自己被杀戮，来保全哥哥的生命。”于是强盗就把他们两个都释放了，只是抢走了他们的衣服路费。后来，郡中的官员看到姜肱没有衣服，就奇怪地问他原因，姜肱就用别的话推托过去了，始终不说是强盗的关系。强盗听到后，很后悔，于是就到精舍中求见姜肱，并叩头道歉，送还了所抢的东西。姜肱不但不肯接受，还摆酒设宴安慰他，然后将他送出去。桓帝没有征召到姜肱，于是就下令彭城县，要画工画出他的画像。但是姜肱睡在光线昏暗的地方，用被子蒙着脸，说是得了怕吹风的病，不敢外出吹风，画工竟然看不到他。

闳，安之玄孙也，苦身修节，不应辟召。

著隐居讲授，不修世务。

昙继母酷烈，昙奉之逾谨，得四时珍玩，未尝不先拜而后进，乡里以为法。

帝又徵安阳魏桓，其乡人劝之行，桓曰：“夫干禄求进，所以行其志也。今后宫千数，其可损乎？厩马万匹，其可减乎？左右权豪，其可去乎？”皆对曰：“不可。”桓乃慨然叹曰：“使桓生行死归，于诸子何有哉！”遂隐身不出。

【译文】 袁闳，就是袁安的玄孙，因为刻苦地修治品节，也不肯接受征召。

韦著选择隐居讲授学业，不管政事。

李昙的继母凶猛残暴，李昙对她更加恭谨，获得了四时珍奇的玩物，从来没有不先拜候就进献的，乡里都以他为榜样。

桓帝又召集安阳人魏桓，他的同乡劝他前去，但是魏桓说：“得仕进官禄，是要实现自己的心志。现在后宫的人数要以千为计算单位，可以减损吗？马厩中有一万匹马，可以减少吗？左右权贵豪门，可以除去吗？”同乡都回答说：“不可以！” 于是魏桓很感慨地叹息说：“让桓活着出门，死了回来，对各位先生有什么好处呢？”终于终身不仕。

【乾隆御批】独行为法，乡间不失佳士。至被盗几於杀身。犹隐情若此，则实矫枉，失好恶之正。使出膺民社，亦姑息养奸，可乎？

【译文】以道德高尚、不同流世俗作为准则，乡里之间确实有这样的人才。但是路遇强盗以致几乎丧命，还隐情不报，这便是矫枉过正，丧失了是非标准。这样的人一旦出任地方官吏，便会姑息养奸，怎么可以呢？

【申涵煜评】观桓后宫权贵数言，尤天悯人之志未尝不切，但以时不可为，故隐身不出耳，出则必为李云，非石隐无用者流。

【译文】纵观桓帝后宫权贵说的话，感到上天悲悯人的志向未尝不是真切的，但因为时机不可为，因此韬光养晦，出山时必定是像李云这样的人才，而不是像石隐这样的无用之辈。

帝既除梁冀，故旧恩敌，多受封爵：追赠皇后父邓香为车骑将军，封安阳侯；更封后母宣为昆阳君，兄子康、秉皆为列侯，宗族皆列校、郎将，赏赐以巨万计。中常侍侯览上缣五千匹，帝赐爵关内侯，又托以与议诛冀，进封高乡侯；又封小黄门刘普、赵忠等八人为乡侯。自是权势专归宦官矣。五侯尤贪纵，倾动内外。时灾异数见，白马令甘陵李云露布上书，移副三府曰：“梁冀虽持权专擅，虐流天下，今以罪行诛，犹召家臣扼杀之耳，而猥封谋臣万户以上；高祖闻之，得无见非！西北列将，得无解体！孔

子曰：'帝者，谛也。'今官位错乱，小人谄进，财货公行，政化日损；尺一拜用，不经御省，是帝欲不谛乎！"帝得奏震怒，下有司逮云，诏尚书都护剑戟送黄门北寺狱，使中常侍管霸与御史、廷尉杂考之。时弘农五官掾杜众伤云以忠谏获罪，上书"愿与云同日死"，帝愈怒，遂并下廷尉。大鸿胪陈蕃上疏曰："李云所言，虽不识禁忌，干上逆旨，其意归于忠国而已。昔高祖忍周昌不讳之谏，成帝赦朱云腰领之诛，今日杀云，臣恐剖心之讥，复议于世矣！"太常杨秉、雒阳市长沐茂、郎中上官资并上疏请云。帝恚甚，有司奏以为大不敬。诏切责蕃、秉，免归田里，茂、资贬秩二等。时帝在濯龙池，管霸奏云等事，霸跪言曰："李云野泽愚儒，杜众郡中小吏，出于狂戆，不足加罪。"帝谓霸曰："'帝欲不谛'，是何等语，而常侍欲原之邪！"顾使小黄门可其奏，云、众皆死狱中，于是嬖宠益横。太尉琼自度力不能制，乃称疾不起，上疏曰："陛下即位以来，未有胜政，诸梁秉权，竖宦充朝，李固、杜乔既以忠言横见残灭，而李云、杜众复以直道继踵受诛，海内伤惧，益以怨结，朝野之人，以忠为讳。尚书周永，素事梁冀，假其威势，见冀将衰，乃阳毁示忠，遂因奸计，亦取封侯。又，黄门挟邪，群辈相党，自冀兴盛，腹背相亲，朝夕图谋，共构奸轨；临冀当诛，无可设巧，复记其恶以要爵赏。陛下不加清徵，审别真伪，复与忠臣并时显封，使朱紫共色，粉墨杂糅，所谓抵金玉于沙砾，碎珪璧于泥涂，四方闻之，莫不愤叹。臣世荷国恩，身轻位重，敢以垂绝之日，陈不讳之言。"书奏，不纳。

【译文】 桓帝杀了梁冀之后，以前的臣子，跟梁冀有恩怨的人，大多接受了封赏。追封皇后的父亲邓香为车骑将军，封他为安阳侯；又任命皇后的母亲宣为昆阳君，皇后哥哥的儿子邓康和邓秉都做了列侯，他的宗族都做了列校、郎将，赏赐都以巨万计。中常侍侯览奉上五千匹缣，桓帝就赐给他关内侯的爵位，又假装借着参加商讨诛杀梁冀的功劳，封他为高乡侯；又册封小黄门刘普、赵忠等八人为乡侯。从此政权大势就全集中在宦官手中了。自此五侯更加贪财放肆，震动了朝廷内外。当时灾害常常出现，白马县县令甘陵人李云呈上不封缄的奏书公开上奏桓帝，并将副本送给三府，说：“虽然梁冀倚仗着独揽大权，祸害了天下，现在由于罪过受到诛杀，就好像召来家臣加以扼杀罢了，却更多地封赠商讨事情的臣子，都在一万户以上；高祖听到

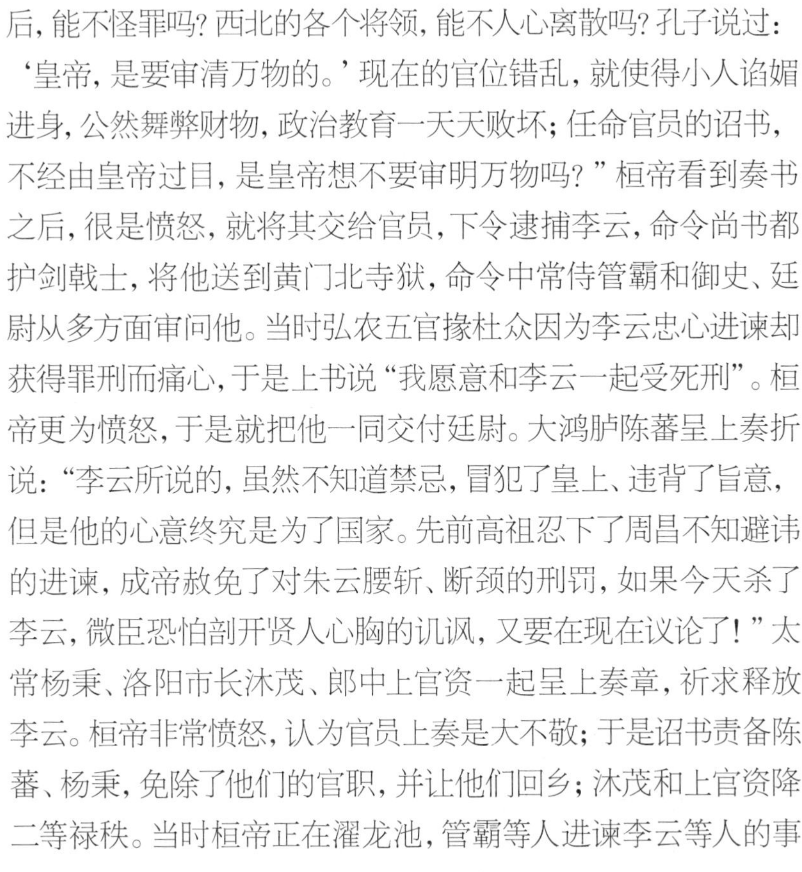

后，能不怪罪吗？西北的各个将领，能不人心离散吗？孔子说过：‘皇帝，是要审清万物的。’现在的官位错乱，就使得小人谄媚进身，公然舞弊财物，政治教育一天天败坏；任命官员的诏书，不经由皇帝过目，是皇帝想不要审明万物吗？”桓帝看到奏书之后，很是愤怒，就将其交给官员，下令逮捕李云，命令尚书都护剑戟士，将他送到黄门北寺狱，命令中常侍管霸和御史、廷尉从多方面审问他。当时弘农五官掾杜众因为李云忠心进谏却获得罪刑而痛心，于是上书说“我愿意和李云一起受死刑”。桓帝更为愤怒，于是就把他一同交付廷尉。大鸿胪陈蕃呈上奏折说：“李云所说的，虽然不知道禁忌，冒犯了皇上、违背了旨意，但是他的心意终究是为了国家。先前高祖忍下了周昌不知避讳的进谏，成帝赦免了对朱云腰斩、断颈的刑罚，如果今天杀了李云，微臣恐怕剖开贤人心胸的讥讽，又要在现在议论了！”太常杨秉、洛阳市长沐茂、郎中上官资一起呈上奏章，祈求释放李云。桓帝非常愤怒，认为官员上奏是大不敬；于是诏书责备陈蕃、杨秉，免除了他们的官职，并让他们回乡；沐茂和上官资降二等禄秩。当时桓帝正在濯龙池，管霸等人进谏李云等人的事

情，管霸跪下来说："李云是乡野间愚蠢的儒生，杜众是郡中很小的官吏，他们出于狂放愚直，是不能施加他们罪罚的。"桓帝对管霸说："'皇帝想要不审明万物'，是什么样的话？常侍是想要原谅他吗？"转头命令小黄门批准他的进奏，李云、杜众都死在了狱中，就使得宠幸的近臣更加横行。太尉黄琼度量自己的能力，由于不能制止宦官作乱，就托病不起，呈上奏折说："从陛下登上皇位以来，没有能胜过前代的政事，梁氏掌握大权，宦官占满朝廷，李固、杜乔由于忠诚的进言已经遭到残杀的横祸，并且李云、杜众又因为正道而受到诛杀，百姓悲伤恐惧，加上心中积攒的怨恨凝固不散，而朝野的人士把忠心作为忌讳的事。尚书周永，一向侍奉梁冀，假借他的威势，看到梁冀快要衰败了，才在表面上装着诋毁梁冀，来表示他的忠诚，最终奸计得逞，还取得了封侯的地位。还有，黄门宦官很邪恶，众人相互勾结，梁冀兴盛以后，就腹背相近，早晚都在计划，共同造成奸恶不守法的事发生；等到梁冀受到诛杀的时候，就没有方法设立巧诈，再次假托梁冀的罪恶来求得爵位赏赐。陛下没有经过清明的考查、仔细辨别真假，再次和忠臣同时受到显耀的封号，就使得粉墨合在一起，就是所谓的把金玉投进沙砾中，把珠玉摔在泥土中了，四方百姓听到后，没有不愤恨叹息的！微臣世代蒙受国家的恩德，身轻名微，地位重大，敢在快死的时候表述不知避讳的言辞。"奏书呈上，桓帝没有接纳。

冬，十月，壬申，上行幸长安。

中常侍单超疾病；壬寅，以超为车骑将军。

十二月，己巳，上还自长安。

烧当、烧何、当煎、勒姐等八种羌寇陇西金城塞，护羌校尉段颎击破之，追至罗亭，斩其酋豪以下二千级，获生口万馀人。

诏复以陈蕃为光禄勋，杨秉为河南尹。单超兄子匡为济阴太守，负势贪放。兖州刺史第五种使从事卫羽案之，得臧五六千万，种即奏匡，并以劾超。匡窘迫，赂客任方刺羽。羽觉其奸，捕方，囚系雒阳。匡虑杨秉穷竟其事，密令方等突狱亡走。尚书召秉诘责，秉对曰："方等无状，衅由单匡，乞槛车徵匡，考核其事，则奸慝踪绪，必可立得。"秉竟坐论作左校。时泰山贼叔孙无忌寇暴徐、兖，州郡不能讨，单超以是陷第五种，坐徙朔方；超外孙董援为朔方太守，稸怒以待之。种故吏孙斌知种必死，结客追种，及于太原，劫之以归，亡命数年，会赦得免。种，伦之曾孙也。

【译文】 冬季，十月，壬申日（初五），桓帝巡访，驾车来到长安。

中常侍单超生病了；壬寅日（十月无此日），任命单超为车骑将军。

十二月，己巳日（初三），桓帝从长安回到京城。

烧当、烧何、当煎、勒姐等八个羌族入侵陇西金城塞，护羌校尉段颎把他们打败了，并追到罗亭，斩下了他们酋长豪帅以下共二千人的头颅，捕获了一万多俘虏。

桓帝下诏再次派陈蕃做光禄勋，派杨秉做河南尹。单超兄长的儿子单匡担任济阴太守，倚仗着势力贪财放纵。兖州刺史第五种派遣从事卫羽审问单匡，得到了五六千万赃款，第五种立刻就上奏弹劾单匡，还一并弹劾单超。单匡困窘急迫，于是就贿赂朋友任方刺杀卫羽。卫羽发现了他们的奸谋，就逮捕了任方，把他囚禁在洛阳。单匡担心杨秉会穷究这件事，要任方等人秘密冲破监狱逃走。尚书召来杨秉质问，杨秉回答说："任方

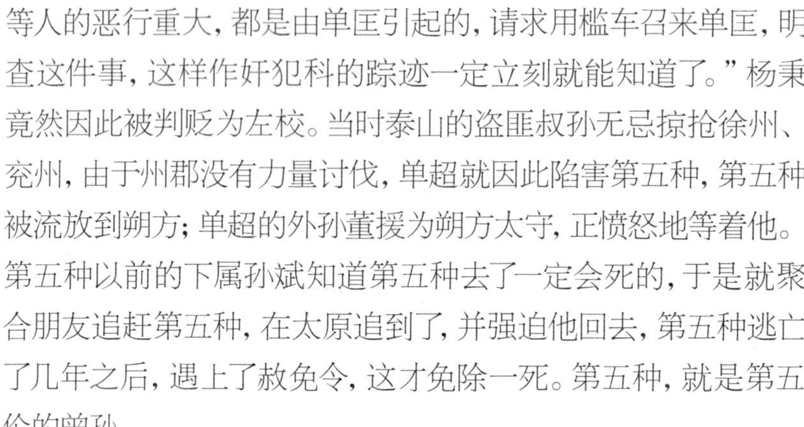

等人的恶行重大，都是由单匡引起的，请求用槛车召来单匡，明查这件事，这样作奸犯科的踪迹一定立刻就能知道了。”杨秉竟然因此被判贬为左校。当时泰山的盗匪叔孙无忌掠抢徐州、兖州，由于州郡没有力量讨伐，单超就因此陷害第五种，第五种被流放到朔方；单超的外孙董援为朔方太守，正愤怒地等着他。第五种以前的下属孙斌知道第五种去了一定会死的，于是就聚合朋友追赶第五种，在太原追到了，并强迫他回去，第五种逃亡了几年之后，遇上了赦免令，这才免除一死。第五种，就是第五伦的曾孙。

是时，封赏逾制，内宠猥盛。陈蕃上疏曰：“夫诸侯上象四七，藩屏上国；高祖之约，非功臣不侯。而闻追录河南尹邓万世父遵之微功，更爵尚书令黄俊先人之绝封。近习以非义授邑，左右以无功传赏，至乃一门之内，侯者数人，故纬象失度，阴阳谬序。臣知封事已行，言之无及，诚欲陛下从是而止。又，采女数千，食肉衣绮，脂油粉黛，不可赀计。鄙谚言‘盗不过五女门’，以女贫家也；今后宫之女，岂不贫国乎！”帝颇采其言，为出宫女五百馀人，但赐俊爵关内侯，而封万世南乡侯。

【译文】这时，封爵的奖赏超越了法制，致使宫内受宠幸的人数过多。陈蕃呈上奏折说：“在天上诸侯是二十八宿的象征，是要来拱卫帝王的；高祖的规定，不是功臣的就不能封侯。听说皇上要追封河南尹邓万世的父亲邓遵很小的功绩，又赐给尚书令黄俊先人将要被人遗忘的爵位，亲近的臣子用不合常理的做法给予封邑，左右的臣子因为没有功绩获得奖赏，甚至一家中会有几个人封侯，所以天象就失去了常态，天地就失去了次序。微臣知道封赠的事情已经做出来了，再说也来不及，实在是希望陛下能从此停止。再者，后宫中选取了几千个美女，吃着肉食、穿着罗绮，水粉胭脂，费用数不胜数。俗语说：‘盗匪的出现，不过是在有五个女儿的家中产生。’因为女儿让家庭贫穷；然而现在后宫的美女，就不会使国家贫穷吗？”桓帝采用了他的进言，因此遣出五百多宫女；赐给黄俊关内侯的爵位，任命邓万世为南乡侯。

【乾隆御批】采女数千，所出仅止五百左右，无功降封侯为乡侯，如此调停，所调“月攘一鸡”之类。观水旱十伤五、六，不闻一议赈贷，其义自见。

【译文】后宫有美女数千人，被释放出宫的仅有五百左右，又将无功的封侯降为乡侯。如此协调，这就是明知故犯的做法。水旱灾害造成农作物的收成只有五六成，却没有一点儿有关赈灾救荒的措施，其用意显而易见。

帝从容问侍中陈留爰延：“朕何如主也？”对曰：“陛下为汉中主。”帝曰：“何以言之？”对曰：“尚书令陈蕃任事则治，中常侍黄门与政则乱。是以知陛下可与为善，可与为非。”帝曰：“昔朱云廷折栏槛，今侍中面称朕违，敬闻阙矣。”拜五官中郎将，累迁大鸿胪。会客星经帝坐，帝密以问延，延上封事曰：“陛下以河南尹邓万世有龙潜之旧，封为通侯，恩重公卿，惠丰宗室；加顷引见，与之对博，上下媟黩，有亏尊严。臣闻之，帝左右者，所以咨政德也。善人同处，则日闻嘉训；恶人从游，则日生邪情。惟陛下远谗谀之人，纳謇謇之士，则灾变可除。”帝不能用。延称病，免归。

【译文】 桓帝悠闲地问侍中爰延（陈留人）：“我是什么样的君主呢？”爰延回答说：“皇上是汉朝中等的国君。”桓帝说：

“为什么这样说呢？”爰延回答说：“如果尚书令陈蕃能担当政事天下就能大治，中常侍黄门参与政事天下就大乱；因此陛下可以为善，也可以为不善。”桓帝说：“先前朱云在朝廷中折断了栏杆强谏，现在侍中当面讲出我的过错，我听到我的过失了。”爰延被任命为五官中郎将，后来官至为大鸿胪。刚好遇上客星经过帝坐星，桓帝悄悄问爰延，爰延呈上密封的奏折说：“陛下因为在登基以前与河南尹邓万世有旧交情，于是封他为通侯，受到的恩德在公卿中最厚重，受到的恩惠在宗室中最丰富；加上经常召见，和他一起对弈，上下亲密，有损于尊严。微臣听说：皇帝旁边的人，是用来咨询政治美德的。和良善的人在一起生活，每天就能听到美好的话语；和邪恶的人一起游玩，每天就会产生一些邪恶的想法。陛下只有远离谗邪的小人，接近忠言的人士，那么灾难就能消除了。”桓帝没有采用。爰延假装生病，罢职回乡去了。

【申涵煜评】爰延中主之对，不止深切桓帝，从古桀、纣而外，皆可作中主，观其立言在法巽之间。然桓帝不绎不改，则又中主以下才也。称病免归，得进退之正矣。

【译文】爰延曾回答汉桓帝的问题（汉桓帝曾问：我是一个怎么样的皇帝？爰延称其是汉中主刘备），不只是深刻而切实地形容了汉桓帝，从古至今，除了夏桀和商纣王以外，其他都可以称为刘备，只要其政见符合情法与天地伦理。然而桓帝不能冷静分析事物，也不改正错误，只能说才能在刘备之下。后来爰延借病请求辞职回家，是知道进退的正确做法。

三年（庚子，公元一六〇年）春，正月，丙申，赦天下，诏求李固后嗣。初，固既策罢，知不免祸，乃遣三子基、兹、燮皆归乡里，时燮年十三，姊文姬为同郡赵伯英妻，见二兄归，具知事本，默然独悲曰：“李氏灭矣！自太公已来，积德累仁，何以遇此！”密与二兄谋，豫藏匿燮，托言还京师，人咸信之。有顷，难作，州郡收基、兹，皆死狱中。文姬乃告父门生王成曰：“君执义先公，有古人之节；今委君以六尺之孤，李氏存灭，其在君矣！”成乃将燮乘江东下，入徐州界，变姓名为酒家佣，而成卖卜于市，各为异人，阴相往来。积十馀年，梁冀既诛，燮乃以本末告酒家，酒家具车重厚遣之，燮皆不受，遂还乡里，追行丧服，姊弟相见，悲感傍人。姊戒燮曰：“吾家血食将绝，弟幸而得济，岂非天邪！宜杜绝众人，勿妄往来，慎无一言加于梁氏！加梁氏则连主上，祸重至矣，唯引咎而已。”燮谨从其诲。后王成卒，燮以礼葬之，每四节为设上宾之位而祠焉。

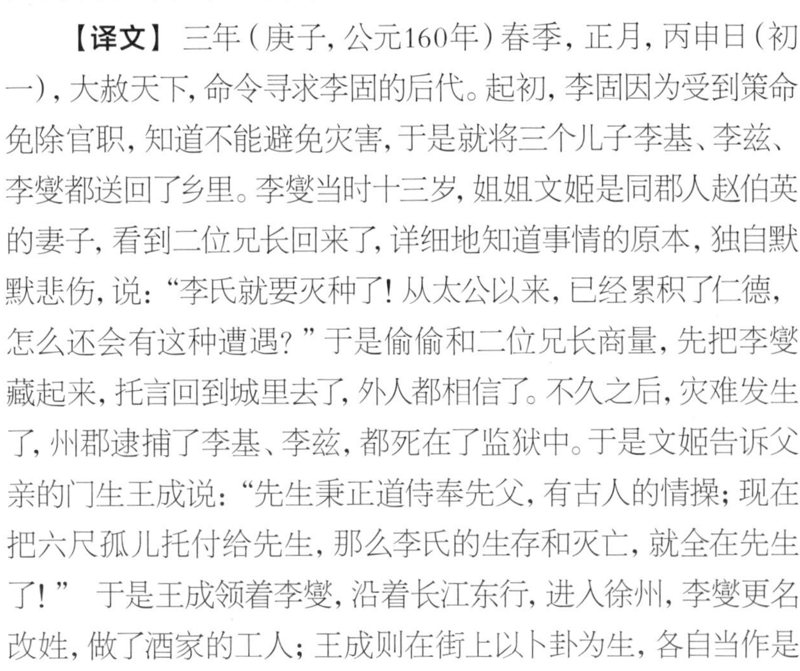

【译文】 三年（庚子，公元160年）春季，正月，丙申日（初一），大赦天下，命令寻求李固的后代。起初，李固因为受到策命免除官职，知道不能避免灾害，于是就将三个儿子李基、李兹、李燮都送回了乡里。李燮当时十三岁，姐姐文姬是同郡人赵伯英的妻子，看到二位兄长回来了，详细地知道事情的原本，独自默默悲伤，说：“李氏就要灭种了！从太公以来，已经累积了仁德，怎么还会有这种遭遇？”于是偷偷和二位兄长商量，先把李燮藏起来，托言回到城里去了，外人都相信了。不久之后，灾难发生了，州郡逮捕了李基、李兹，都死在了监狱中。于是文姬告诉父亲的门生王成说：“先生秉正道侍奉先父，有古人的情操；现在把六尺孤儿托付给先生，那么李氏的生存和灭亡，就全在先生了！” 于是王成领着李燮，沿着长江东行，进入徐州，李燮更名改姓，做了酒家的工人；王成则在街上以卜卦为生，各自当作是陌生人，但在暗中相互来往。十多年之后，梁冀被诛杀，李燮才把事情的缘由告诉了酒家，酒家备好车辆，还送了重礼，送他回去，李燮不接受。于是回到乡里以后，追服丧服，姐弟相见的时候，悲伤得足以感动他人。姐姐告诫李燮说：“我们家中血脉几乎都断绝了，弟弟很幸运能够保全，难道这不是天意吗？所以应该和众人断绝关系，不要再来往了，要谨慎小心，不能对梁氏有一句批评的话！批评梁氏就牵扯君主了，灾祸会重新降临的，只是招来罪过而已！”李燮恭敬地听从她的教诲。后来王成去世后，李燮按照礼仪埋葬他，每年四个祭祀的节日，都设立上宾的牌位来祭祀他。

【申涵煜评】李固孤儿燮，赖姊文姬、门生王成得免，其功不减婴、臼，至姬戒燮以隐忍全身，虽明哲男子，何以过是？觉聂政姊杀身殉弟，未免决裂。

【译文】李固死后留下的儿子李燮，靠着他的姐姐李文姬和他的门生王成得以幸免，二人的功劳不次于春秋时保全赵氏孤儿的程婴和公孙杵臼，李文姬告诉李燮要隐忍保全自身，虽然这样是明哲保身，又有什么错呢？只觉得的聂政姐姐自杀为其陪葬，未免太过于贞烈了。

丙午，新丰侯单超卒，赐东园秘器，棺中玉具；及葬，发五营骑士、将作大匠起冢茔。其后四侯转横，天下为之语曰：“左回天，具独坐，徐卧虎，唐雨堕。”皆竞起第宅，以华侈相尚，其仆从皆乘牛车而从列骑，兄弟姻戚，宰州临郡，辜较百姓，与盗无异，虐遍天下；民不堪命，故多为盗贼焉。

中常侍侯览，小黄门段珪，皆有田业近济北界，仆从宾客，劫掠行旅。济北相滕延，一切收捕，杀数十人，陈尸路衢。览、珪以事诉帝，延坐徵诣廷尉，免。

【译文】 丙午日（十一日），新丰侯单超去世了，桓帝赐给他东园棺木，棺木中有玉匣。等到出葬的时候，发动五个营的骑兵和将作大匠建造坟墓。后来四位侯爵就变得蛮横，天下百姓为他们造的语辞说："左回天，具独坐，徐卧虎，唐雨堕。"（左悺可以挽回上天的旨意，具瑗唯我独尊，徐璜好像猛虎睡着，唐衡流毒于天下）都争相建造住房，相互比较奢侈，连他们的仆从都坐牛车，跟在骑兵的队伍后面，他们的兄弟亲戚，做了州郡的大臣，在百姓中制造的罪恶，和盗匪没有什么差别，危害遍及天下；人民忍受不了，因此大多都成了盗贼。

中常侍侯览和小黄门段珪，在接近济州的地方都拥有田产，他们的仆从和宾客掠抢行人。济北相滕延全部把他们收捕了，并且杀了几十个人，把尸体陈列在街道上。侯览和段珪把这事告诉了桓帝，滕延被判征调到廷尉，接受惩罚，免除了官职。

左悺兄胜为河东太守，皮氏长京兆赵岐耻之，即日弃官西归。唐衡兄玹为京兆尹，素与岐有隙，收岐家属宗亲，陷以重法，尽杀之。岐逃难四方，靡所不历，自匿姓名，卖饼北海市中；安丘孙嵩见而异之，载与俱归，藏于复壁中。及诸唐死，遇赦，乃敢出。

闰月，西羌馀众复与烧何大豪寇张掖，晨，薄校尉段熲军。熲下马大战，至日中，刀折矢尽，虏亦引退。熲追之，且斗且行，昼夜相攻，割肉食雪，四十馀日，遂至积石山，出塞二千馀里，斩烧何大帅，降其馀众而还。

【译文】 左悺的兄长左胜做河东太守的时候，皮氏长赵岐（京兆人）感到羞耻，于是当天就辞掉官职回到了西方。唐衡的

兄长唐玹担任京兆尹，一直和赵岐有仇，于是收捕了赵岐的家属宗亲，用重罪来陷害他们，把他们全部杀掉了。赵岐逃往各地，躲避灾祸，什么地方都去过，自己隐藏了姓名，在北海集市中卖饼；安丘人孙嵩看到后觉得他和众人不同，带着他一同回去，把他藏在夹墙中。等到唐氏兄弟死了以后，遇到赦命，才能出来。

闰月，西羌剩余的部众再次和烧何大酋长侵犯张掖。早晨逼近校尉段颎的军队。段颎下马大战，到了中午的时候，刀折断了，箭也射尽了，敌人也退兵了。段颎前去追赶，一边战斗一边前进，日夜攻击，割食生肉，饮食积雪，四十多天后，终于到达积石山，出了塞门两千多里，并杀了烧何羌的大帅，还让他们残余的部众降服了，这才回来了。

夏，五月，甲戌，汉中山崩。

六月，辛丑，司徒祝恬薨。

秋，七月，以司空盛允为司徒，太常虞放为司空。

长沙蛮反，屯益阳，零陵蛮寇长沙。

九真馀贼屯据日南，众转强盛；诏复拜桂阳太守夏方为交趾刺史。方威惠素著，冬，十一月，日南贼二万馀人相率诣方降。

勒姐、零吾种羌围允街；段熲击破之。

泰山贼叔孙无忌攻杀都尉侯章；遣中郎将宗资讨破之。诏徵皇甫规，拜泰山太守。规到官，广设方略，寇虏悉平。

【译文】夏季，五月，甲戌日（十一日），汉中郡发生山崩。

六月，辛丑日（初九），司徒祝恬去世。

秋季，七月，任命司空盛允做司徒，任命太常虞放做司空。

长沙蛮人叛变，驻扎在益阳，零陵蛮人入侵长沙。

九真残余的贼人占据了日南，势力变得强盛起来了；桓帝下诏令再次任命桂阳太守夏方做交趾刺史。夏方一向凭借威信、恩惠出名，冬季，十一月，日南两万多贼人，相继向夏方投降。

勒姐、零吾种羌人包围允街，段颎攻击并打败了他们。

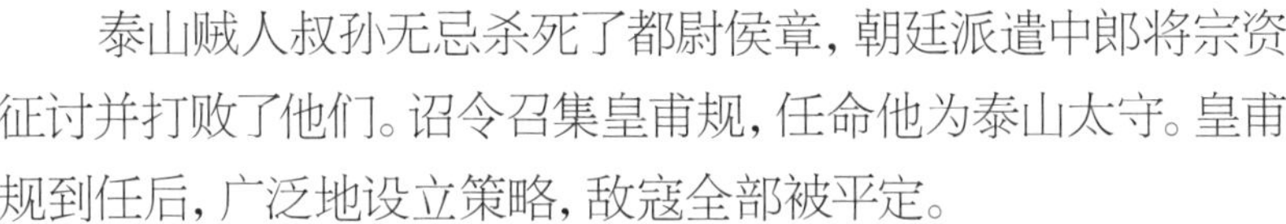

泰山贼人叔孙无忌杀死了都尉侯章，朝廷派遣中郎将宗资征讨并打败了他们。诏令召集皇甫规，任命他为泰山太守。皇甫规到任后，广泛地设立策略，敌寇全部被平定。

四年（辛丑，公元一六一年）春，正月，辛酉，南宫嘉德殿火；戊子，丙署火。

大疫。

二月，壬辰，武库火。

司徒盛允免，以大司农种暠为司徒。

三月，太尉黄琼免；夏，四月，以太常沛国刘矩为太尉。

初，矩为雍丘令，以礼让化民；有讼者，常引之于前，提耳训告，以为忿恚可忍，县官不可入，使归更思。讼者感之，辄各罢去。

甲寅，封河间孝王子参户亭侯博为任城王，奉孝王后。

五月，辛酉，有星孛于心。

丁卯，原陵长寿门火。

己卯，京师雨雹。

【译文】 四年（辛丑，公元161年）春季，正月，辛酉日（初二），南宫嘉德殿发生火灾；在戊子日（二十九日），丙署发生火灾。

同月发生大瘟疫。

二月，壬辰日（初三），武库发生火灾。

司徒盛允被免除官职，任命大司农种暠做司徒。

三月，太尉黄琼被免去官职；夏季，四月，任命太常沛国人刘矩做太尉。

起初，刘矩担任雍丘令，用礼仪谦让来教化人民。有诉讼的人到县府，经常被召到他面前来，耳提面命，让诉讼的人觉得愤怒是可以忍耐的，县官官府是不能进来的，让他们回去再想想。争讼的人常被他感动，总是各自作罢离去。

甲寅日（二十六日），任命河间孝王的儿子参户亭侯刘博为任城王，继承孝王的后嗣。

五月，辛酉日（初四），有彗星经过心宿星座。

丁卯日（初十），光武帝陵园原陵长寿门发生火灾。

己卯日（二十二日），京城下冰雹。

六月，京兆、扶风及凉州地震。

庚子，岱山及博尤来山并颓裂。

己酉，赦天下。

司空虞放免，以前太尉黄琼为司空。

犍为属国夷寇钞百姓。益州刺史山昱击破之。

零吾羌与先零诸种反，寇三辅。

秋，七月，京师雩。

减公卿已下奉，貣王侯半租，占卖关内侯、虎贲、羽林缇骑、营士、五大夫钱各有差。

【译文】六月，京兆、扶风和凉州发生地震。

庚子日（十三日），岱山和博尤来山一起崩裂。

己酉日（二十二日），桓帝大赦天下。

司空虞放被免职，桓帝任命前太尉黄琼为司空。

犍为属国夷人入侵抢劫百姓，益州刺史山昱攻打并打败了他们。

零吾羌人和先零各个部落造反，入侵三辅。

秋季，七月，京城举行雩祭求雨。

朝廷减少公卿以下大臣的薪俸，借贷王侯一半的赋税，预计出卖关内侯、虎贲、羽林缇骑、营士、五大夫等官爵，价钱各有不同。

九月，司空黄琼免，以大鸿胪东莱刘宠为司空。

宠常为会稽太守，简除烦苛，禁察非法，郡中大治；徵为将作大匠。山阴县有五六老叟，自若邪山谷间出，人赍百钱以送宠曰："山谷鄙生，未尝识郡朝，它守时，吏发求民间，至夜不绝，或狗吠竟夕，民不得安。自明府下车以来，狗不夜吠，民不见吏；年老遭值圣明，今闻当见弃去，故自扶奉送。"宠曰："吾政何能及公言邪！勤苦父老！"为人选一大钱受之。

【译文】 九月，司空黄琼被免除了官职，桓帝任命大鸿胪东莱人刘宠为司空。

刘宠曾经担任会稽太守，简化并免除了繁杂苛刻的政令，禁止不合法的事，郡中重新修治；朝廷征召他担任将作大匠。山阴县有五六位从若邪山谷中出来的老人，每人都拿着一百钱送给刘宠说："生活在山谷中俭朴的乡人，从来也不知道郡府中的事，在别的郡守，派官吏到民间求取财物，到晚上还不停，有时整个晚上狗都在叫，百姓也不能安居乐业。自从大人你到任之后，晚上狗从来不叫，人民也看不到官吏；年纪大的时候才遇到圣明的政治，现在听说您要离开我们了，所以相互搀扶来给您送行。"刘宠说："我的政治哪里能赶得上各位老先生所讲的呢？实在是太麻烦各位父老了！"于是就在每一个人手中拿了一个大钱，接受了。

冬，先零、沈氐羌与诸种羌寇并、凉二州，校尉段颎将湟中义从讨之。凉州刺史郭闳贪共其功，稽固熲军，使不得进；义从役久恋乡旧，皆悉叛归。郭閎归罪于熲，熲坐徵下狱，输作左校，以济南相胡閎代为校尉。胡閎无威略，羌遂陆梁，覆没营坞，转相招结，唐突诸郡，寇患转盛。泰山太守皇甫规上疏曰："今猾贼就灭，泰山略平，复闻群羌并皆反逆。臣生长邠岐，年五十有九，昔为郡吏，再更叛羌，豫筹其事，有误中之言。臣素有痼疾，恐犬马齿穷，不报大恩，愿乞冗官，备单车一介之使，劳来三辅，宣国威泽，以所习地形兵势佐助诸军。臣穷居孤危之中，坐观郡将已数十年，自鸟鼠至于东岱，其病一也。力求猛敌，不如清平；勤明孙、吴，未若奉法。前变未远，臣诚戚之，是以越职尽其区区。"诏以规为中郎将，持节监关西兵讨零吾等。十一月，规击羌，破之，斩首八百级。先零诸种羌慕规威信，相劝降者十馀万。

【译文】 冬季，先零、沈氐羌和各部落的羌人入侵并、凉二州，校尉段颎带领湟中自动随从的胡人讨伐他们。凉州刺史郭闳希望能共享功劳，于是就留下段颎的军队，让他不能前进；主动随从的胡人在军中太久，想念家乡，全部都背叛而逃回去了。郭闳把罪过全都归于段颎，于是朝廷就降罪征调段颎回京，并将他关在狱中，把他送往左校罚做苦役；任命济南相胡闳代为校尉。胡闳没有威信、谋略，于是羌人就猖狂起来，攻破了营垒，辗转互相联合，入侵各郡，灾祸更大。泰山太守皇甫规呈上奏折说："现在狡猾的贼人已经被消灭了，泰山稍稍平定，又听说各羌族都一同叛变了。微臣生长在邠、岐地区，已经五十九岁了，先前做过郡中官吏，一再经历羌族的叛变，预先策划，曾经有误中的言语。微臣一直有久治不好的疾病，怕是等到贱命穷尽的时候也不能报答皇帝的大恩了，只希望能得到一个闲散的官职，准备好军车，独自出使，到三辅召集人民，倡导国家的威望、德泽，凭借熟悉的地形、兵势，来帮助各个军队。微臣居处穷困孤独的生活中，静观郡中将领的做法已经数十年了，从鸟鼠到东岱，过失是一样的。努力追求克服凶猛的敌人，还不如求得政治的太平；勤劳地研究孙、吴兵法，还不如奉守法令。以前的灾害并不遥远，微臣实在担忧，所以超越自己的职守，来表达自己小小的心意。”桓帝诏命任命皇甫规为中郎将，拿着符节，监督关西军队，征讨零吾等族。十一月，皇甫规攻打羌族，并打败了他们，斩下了八百人的首级。先零各部落的羌族仰慕皇甫规的威望信誉，相互劝勉投降的共有十多万人。

五年（壬寅，公元一六二年）春，正月，壬午，南宫丙署火。

三月，沈氐羌寇张掖、酒泉。皇甫规发先零诸种羌，共讨陇右，而道路隔绝，军中大疫，死者十三四。规亲入庵庐，巡视将士，三军感悦。东羌遂遣使乞降，凉州复通。

先是安定太守孙俊受取狼藉，属国都尉李翕、督军御史张禀多杀降羌，凉州刺史郭闳、汉阳太守赵熹并老弱不任职，而皆倚恃权贵，不遵法度。规到，悉条奏其罪，或免或诛；羌人闻之，翕然反善，沈氐大豪滇昌、饥恬等十馀万口复诣规降。

【译文】 五年（壬寅，公元162年）春季，正月，壬午日（二十九日），南宫丙署发生火灾。

三月，沈氐羌入侵张掖、酒泉。于是皇甫规发动先零各部落的羌族，一同到陇右讨伐，但是由于道路不畅通，军中又发生了大瘟疫，死了十分之三四的人。皇甫规亲自进入帐篷，慰问将士，三军心中都感到高兴。于是东羌派遣使者请求投降，凉州再次恢复了交通。

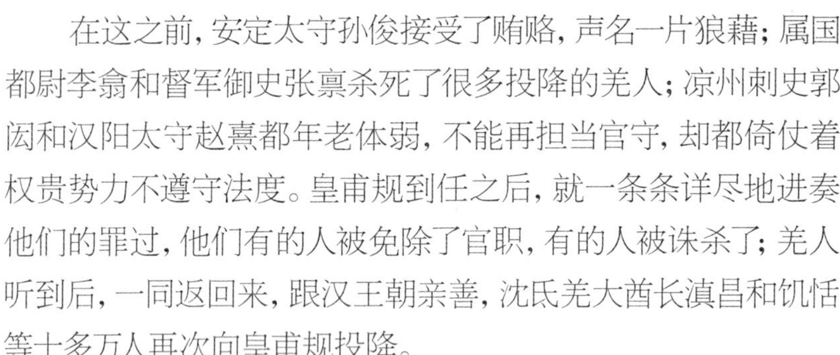

在这之前，安定太守孙俊接受了贿赂，声名一片狼藉；属国都尉李翕和督军御史张禀杀死了很多投降的羌人；凉州刺史郭闳和汉阳太守赵熹都年老体弱，不能再担当官守，却都倚仗着权贵势力不遵守法度。皇甫规到任之后，就一条条详尽地进奏他们的罪过，他们有的人被免除了官职，有的人被诛杀了；羌人听到后，一同返回来，跟汉王朝亲善，沈氐羌大酋长滇昌和饥恬等十多万人再次向皇甫规投降。

夏，四月，长沙贼起，寇桂阳、苍梧。

乙丑，恭陵东阙火。戊辰，虎贲掖门火。五月，康陵园寝火。

长沙、零陵贼入桂阳、苍梧、南海，交趾刺史及苍梧太守望风逃奔，遣御史中丞盛修督州郡募兵讨之，不能克。

乙亥，京师地震。

甲申，中藏府丞禄署火。秋，七月，己未，南宫承善闼火。

乌吾羌寇汉阳，陇西、金城诸郡兵讨破之。

【译文】 夏季，四月，长沙出现盗贼，入侵桂阳、苍梧。

乙丑日（四月无此日），恭陵东阙发生火灾。戊辰日（四月无此日），虎贲掖门发生火灾。五月，康陵园寝发生火灾。

长沙、零陵的盗贼进入桂阳、苍梧和南海，交趾刺史和苍梧太守听到风声后逃走了，朝廷派御史中丞盛修督率州郡招募军队征讨他们，没有战胜。

乙亥日（二十三日），京城发生地震。

甲申日（五月无此日），中藏府丞掌管的俸禄署发生火灾。

秋季，七月，己未日（初八），南宫承善闼发生火灾。

乌吾羌人入侵汉阳，陇西、金城各郡军队征讨他们，并打败了他们。

艾县贼攻长沙郡县，杀益阳令，众至万馀人；谒者马睦督荆州刺史刘度击之，军败，睦、度奔走。零陵蛮亦反。冬，十月，武陵蛮反，寇江陵，南郡太守李肃奔走，主簿胡爽扣马首谏曰："蛮夷见郡无儆备，故敢乘间而进。明府为国大臣，连城千里，举旗鸣鼓，应声十万，奈何委符守之重，而为逋逃之人乎！"肃拔刃向爽曰："掾促去！太守今急，何暇此计！"爽抱马固谏，肃遂杀爽而走。帝闻之，徵肃，弃市；度、睦减死一等；复爽门闾，拜家一人为郎。

尚书朱穆举右校令山阳度尚为荆州刺史。辛丑，以太常冯绲为车骑将军，将兵十馀万讨武陵蛮。先是，所遣将帅，宦官多陷以折耗军资，往往抵罪，绲愿请中常侍一人监军财费。尚书朱穆奏"绲以财自嫌，失大臣之节；"有诏勿劾。绲请前武陵太守应奉与俱，拜从事中郎。十一月，绲军至长沙，贼闻之，悉诣营乞降。进击武陵蛮夷，斩首四千馀级，受降十馀万人，荆州平定。诏书赐钱一亿，固让不受，振旅还京师，推功于应奉，荐以为司隶校尉；而上书乞骸骨，朝廷不许。

【译文】艾县盗贼进攻长沙的郡县，杀死了益阳县的县令，部众聚集了一万多人；谒者马睦带领荆州刺史刘度攻击他们，失败了，马睦和刘度都逃走了。零陵蛮人也叛乱了。冬季，十月，武陵蛮人叛变了，入侵江陵，南郡太守李肃想要逃走，主簿胡爽拽住马头进谏说："蛮夷看到郡中没有警戒，所以就趁此时机进

兵。大人是国家的大臣，掌管的城池连绵千里，您举起旗帜，敲响战鼓，回应的就有十万人，为什么要抛弃职责而成为逃亡的人呢？”李肃拔出刀对着胡爽说：“掾官赶紧走开！太守现在很急了，哪里会有闲暇顾及这种计划？”胡爽抱着马坚定地进谏，于是李肃杀了胡爽后逃走了。桓帝听到后，召回李肃，在刑场上把他杀了；刘度和马睦减免死刑；胡爽的全家被免除赋税，并任命家中的一人为郎。

尚书朱穆举荐右校令山阳人度尚做荆州刺史。辛丑日（二十二日），朝廷任命太常冯绲做车骑将军，带领十多万军队讨伐武陵蛮人。在这之前，派遣出的将帅，宦官大多以折损军资来陷害他们，往往要补偿罪过，冯绲希望派遣一位中常侍来监督军中财物、费用。尚书朱穆进谏：“冯绲因为财物自求谦抑，有失大臣的品行。”桓帝下诏命不要弹劾。冯绲请求前武陵太守应奉一起前往，应奉被任命为从事中郎。十一月，冯绲的军队到达长沙，盗贼听到后，都前去军营祈求投降。冯绲进兵攻打武陵蛮夷，斩下了四千多人的首级，十多万人投降，荆州被平定。桓帝下诏书赏赐给他一亿钱，冯绲坚决推托没有接受。凯旋到京城后，冯绲就把功劳推给了应奉，举荐他为司隶校尉；但是他上书请求还乡，朝廷没有答应。

滇那羌寇武威、张掖、酒泉。

太尉刘矩免，以太常杨秉为太尉。

皇甫规持节为将，还督乡里，既无它私惠，而多所举奏，又恶绝宦官，不与交通。于是，中外并怨，遂共诬规货赂群羌，令其文降，帝玺书诮让相属。

规上书自讼曰：“四年之秋，戎丑蠢戾，旧都惧骇，朝廷西顾。臣振国威灵，羌戎稽首，所省之费一亿以上。以为忠臣之义不敢告劳，故耻以片言自及微效，然比方先事，庶免罪悔。前践州界，先奏孙俊、李翕、张禀；旋师南征，又上郭闳、赵熹，陈其过恶，执据大辟。凡此五臣，支党半国，其馀墨绶下至小吏，所连及者复有百馀。吏托报将之怨，子思复父之耻，载贽驰车，怀粮步走，交构豪门，竞流谤讟，云臣私报诸羌，雠以钱货。若臣以私财，则家无担石；如物出于官，则文簿易考。就臣愚惑，信如言者，前世尚遗匈奴以宫姬，镇乌孙以公主；今臣但费千万以怀叛羌，则良臣之才略，兵家之所贵，将有何罪负义违理乎！自永初以来，将出不少，覆军有五，动资巨亿，有旋车完封，写之权门，而名成功立，厚加爵封。今臣还督本土，纠举诸郡，绝交离亲，戮辱旧故，众谤阴害，固其宜也！”

【译文】滇那羌入侵武威、张掖、酒泉。

太尉刘矩被免除了官职，任命太常杨秉为太尉。

皇甫规拿着符节做将帅，并回乡督导，不仅没有个人的私爱，还多有进奏举发，又十分讨厌宦官，于是就不和他们往来。因此朝廷内外都怨恨他，一同诬告皇甫规买通了各羌族，让他们假装投降，于是桓帝责备的玺书接连不断地下来。

皇甫规上书为自己辩解说：“去年秋天，戎狄蠢蠢欲动，长安百姓都震惊恐惧，朝廷考虑西方政事。微臣振兴国家的威望，羌戎也叩头投降了，节省经费一亿以上。我觉得忠臣的义理，不能自己诉说劳苦，所以不愿意用只言片语来禀报自己小小的功劳，但是和以前那些败军之将比起来，我就无罪无悔。前些天登上州界以后，首先进奏孙俊、李翕、张禀；调动军队，征讨南方，又上奏郭闳和赵熹，表述他们的过错，并执行死刑。这五个臣子的党羽，遍布了半个国家，从墨绶以下的其他人到小官

吏，牵扯的又有一百多人。官吏借口替官长报仇，儿子想要洗雪父亲的耻辱，于是载着礼品，奔驰四方，带着粮食到处奔走，结交豪贵大臣，争相散布诽谤我的谣言，说是微臣答应各羌族，补给金钱财物。如果微臣是用私人财物，那么家中就会没有一石以上的余粮；如果是用官家的财物，那么就有文籍账簿记载，容易查证。也就是微臣愚蠢，不明常理，正如传言所说的，前代都把宫中姬妃赠送给匈奴，依靠公主镇伏乌孙；现在微臣只费了一千万来安抚叛乱的羌族，这正是良臣的谋略，是军事家所重视的事，有什么地方违背常理呢？从永初以来，将帅出关的人也不少，全军覆没的有五位，一次行动就耗费上亿财物，也有的封好财物整车送到自己家中，再运送给权贵大臣，因此建立功业，名声大振，大多被加封奖赏。现在微臣回到乡里，纠举各郡的官员，与之断绝交情，远离亲人，折辱旧日朋友，大家的诽谤，暗地的伤害，本来就是应该的！”

帝乃徵规还，拜议郎，论功当封；而中常侍徐璜、左悺欲从求货，数遣宾客就问功状，规终不答。璜等忿怒，陷以前事，下之于吏。官属欲赋敛请谢，规誓而不听，遂以馀寇不绝，坐系廷尉，论输左校。诸公及太学生张凤等三百馀人诣阙讼之，会赦，归家。

【译文】 于是桓帝征召皇甫规回来，并任命他为议郎，评价他的功绩后，觉得应当封赏；可是中常侍徐璜、左悺想向他求取财物，多次派宾客去询问功劳的情形，皇甫规始终不肯出财物酬答。徐璜等人十分愤怒，于是拿前面诬告的事情陷害他，并把他交给官吏查问。他的部属想要聚集财物去道歉，但是皇甫规立誓不听。最终因为残余的敌寇没有断绝，被拘禁在廷尉，被论罪判处到左校服苦役。各公侯和太学生张凤等共三百多人，前去宫中辩解，遇到朝廷的赦免令，皇甫规才被释放回家。

六年（癸卯，公元一六三年）春，二月，戊午，司徒种暠薨。

三月，戊戌，赦天下。

以卫尉颍川许栩为司徒。

夏，四月，辛亥，康陵东署火。

五月，鲜卑寇辽东属国。

秋，七月，甲申，平陵园寝火。

桂阳贼李研等寇郡界，武陵蛮复反。太守陈举讨平之。宦官素恶冯绲，八月，绲坐军还盗贼复发，免。

【译文】 六年（癸卯，公元163年）春季，二月，戊午日（十一日），司徒种暠去世。

三月，戊戌日（二十二日），桓帝大赦天下。

任命卫尉颍川人许栩做司徒。

夏季，四月，辛亥日（初五），康陵东署发生火灾。

五月，鲜卑入侵辽东属国。

秋季，七月，甲申日（初十），平陵园寝发生火灾。

桂阳盗贼李研等人入侵州郡边界，武陵蛮人再次反叛，太守陈举征讨平定了他们。宦官向来厌恶冯绲，八月，冯绲因为带领军队回来以后盗贼再次作乱，被朝廷免官。

冬，十月，丙辰，上校猎广成，遂幸函谷关、上林苑。光禄勋陈蕃上疏谏曰："安平之时，游畋宜有节，况今有三空之厄哉！田野空，朝廷空，仓库空。加之兵戎未戢，四方离散，是陛下焦心毁颜，坐以待旦之时也，岂宜扬旗曜武，骋心舆马之观乎！又前秋多雨，民始种麦，今失其劝种之时，而令给驱禽除路之役，非贤圣恤民之意也。”书奏，不纳。

十一月，司空刘宠免。十二月，以卫尉周景为司空。景，荣之孙也。

【译文】 冬季，十月，丙辰日（十三日），桓帝在广成苑狩猎，随后驾临到函谷关、上林苑。光禄勋陈蕃呈上奏折进谏说：“在太平的年代里，狩猎应该有节度，更何况现在有‘三空’的灾难呢？田野空了，朝廷空了，仓库也空了。再加上军事战争没有停止过，四方百姓离散逃亡，正是陛下要焦虑担忧，坐等天亮的时候，哪里能显扬旗帜，炫耀武功，驾马奔驰，赏心悦目地观赏呢？再者，去年秋天雨多，百姓开始种植麦子，而现在耽误了耕种的时机却要他们供给驱赶禽兽、打扫道路的劳役，这不是圣贤担忧人民的心意。”奏书呈上，桓帝没有采纳。

十一月，司空刘宠被免官。十二月，任命卫尉周景做司空。周景，就是周荣的孙子。

时宦官方炽，景与太尉杨秉上言：“内外吏职，多非其人。旧典，中臣子弟，不得居位秉势；而今枝叶宾客，布列职署，或年少庸人，典据守宰；上下忿患，四方愁毒。可遵用旧章，退贪残，塞灾谤。请下司隶校尉、中二千石、城门、五营校尉、北军中候，各实核所部；应当斥罢，自以状言三府，兼察有遗漏，续上。”帝从之。于是秉条奏牧、守、青州刺史羊亮等五十馀人，或死或免，天下莫不肃然。

诏徵皇甫规为度辽将军。初，张奂坐梁冀故吏，免官禁锢，凡诸交旧，莫敢为言；唯规荐举，前后七上，由是拜武威太守。及规为度辽，到营数月，上书荐奂，“才略兼优，宜正元帅，以从众望。若犹谓愚臣宜充举事者，愿乞冗官，以为奂副。”朝廷从之。以奂代规为度辽将军，以规为使匈奴中郎将。

【译文】当时宦官势力兴盛，周景和太尉杨秉进谏说：“朝廷内外的官职，大多都不是合适的人选。按照旧日的典制来说，宦官的子弟，不能占有职位，掌管政权；但是现在宦官的族亲和宾客都被列在官署职位上，有很多年纪轻而才能平庸的人掌管郡守、县宰的政事；上下愤怒担忧，四方百姓愁苦。朝廷可以按照旧日的典章，辞退贪财凶恶的人，堵塞灾祸、谣言。我们请求下令让司隶校尉、中二千石、城门、五营校尉、北军中候，各自考查部属；应当被罢退的，主动把情形报告三府；如果考察有遗漏的，可以继续上呈。”桓帝听从了他的话。于是杨秉就分条进奏，弹劾牧、守、青州刺史羊亮等五十多人，有的被判死刑，有的被免官，天下呈现出一片整肃的景象。

桓帝下诏命令皇甫规做度辽将军。当初，张奂被认为是梁冀的官吏，被免官，并且终身不能录用，凡是各种以前有交情的朋友都不敢替他说话；只有皇甫规举荐他，前后七次上书，因此张奂被任命为武威太守。皇甫规做度辽将军的时候，刚到营中几个月，就上书推荐张奂：“他的才能谋略都很优秀，应该处在元帅的地位，以来顺应大众的期望。如果仍然觉得微臣能够承担军职的话，愿意请求给予闲散的职位，做张奂的附属官员。”朝廷听从了黄甫规建议。于是派张奂做度辽将军，派皇甫规担任使匈奴中郎将。

西州吏民守阙为前护羌校尉段颎讼冤者甚众；会滇那等诸种羌益炽，凉州几亡，乃复以颎为护羌校尉。

尚书朱穆疾宦官恣横，上疏曰：“按汉故事，中常侍参选士人，建武以后，乃悉用宦者。自延平以来，浸益贵盛，假貂珰之饰，处常伯之任，天朝政事，一更其手。权倾海内，宠贵无极，子弟亲戚，并荷荣任。放滥骄溢，莫能禁御，穷破天下，空竭小民。愚臣以为可悉罢省，遵复往初，更选海内清淳之士明达国体者，以补其处，即兆庶黎萌，蒙被圣化矣!”帝不纳。后穆因进见，复口陈曰:“臣闻汉家旧典，置侍中、中常侍各一人，省尚书事；黄门侍郎一人，传发书奏；皆用姓族。自和熹太后以女主称制，不接公卿，乃以阉人为常侍，小黄门通命两宫。自此以来，权倾人主，穷困天下，宜皆罢遣，博选耆儒宿德，与参政事。”帝怒，不应。穆伏不肯起，左右传“出!”良久，乃趋而去。自此中官数因事称诏诋毁之。穆素刚，不得意，居无几，愤懑发疽卒。

【译文】 西州的官吏、百姓有很多人守在宫门口替前护羌校尉段颎申冤，正好遇到滇那等各部落的羌族势力更加兴盛，凉州几乎要灭亡了。于是朝廷再次派段颎做护羌校尉。

尚书朱穆憎恨宦官强横放肆，于是呈上奏折说：“按照汉朝以前的体制，由中常侍参与挑选士子，建武之后才被全部任用。自从延平以来，逐渐尊贵起来，凭借宦官貂珰的衣锦处在侍中的地位，朝廷的政事全部要经过他们的手。他们的权势震动海内，有说不尽的宠幸尊贵，他们的子弟、亲人一起担负荣耀的职位，放肆骄横，不能禁止，使得天下穷困破败，百姓空乏困穷。微臣以为可以全部制止，并遵循以前的制度，另外再选择海内清廉淳朴、通晓国家体制的人，来弥补他们的职位，那么亿兆百姓，就能蒙受圣明的教化了！”桓帝没有采纳他的意见。后来朱穆利用进见的机会，再次口头陈述说：“微臣听说汉家旧制，设立侍中、中常侍各一人，观阅尚书政事；设置黄门侍郎一人，传达并发布奏书，这些都要任用有名望的士子。自从和熹太后用女君主持政事以后，不接见公卿，才让阉人做常侍，小黄门连通两宫的政令。自此以后，宦官的权力胜过君主，使天下穷困，他们都应该被遣送出去，并广泛选拔年高德劭的儒者、有品德的人士，参与主持政事。”桓帝愤怒，没有答应。朱穆趴在地上不肯起来，左右传令：“出去！”很久之后，朱穆才快速地离开。从此宦官多次借着事情诏命诽谤他。朱穆向来刚正，由于不得意，过了没多久，就得疽病去世了。

资治通鉴卷第五十五　汉纪四十七

起阏逢执徐，尽柔兆敦牂，凡三年。

【译文】 起甲辰（公元164年），止丙午（公元166年），共三年。

【题解】 本卷记录了汉桓帝延熹七年至永康元年间的历史。大司农刘祐等惩治贪残，反被下狱。刘瑜上奏不应分封，子弟不得任职。京师太学生与清忠之臣议朝政成风气。张俭等不受宦官请托，引发党锢之祸。窦贵人被立为皇后，其父亲近清忠之臣。李膺出狱后严厉惩治为恶宦官，又杀掉蛊惑桓帝的张成父子。宦官借机中伤，扰乱风俗。桓帝大怒，第一次党锢之祸酿成。

孝桓皇帝中

延熹七年（甲辰，公元一六四年）春，二月，丙戌，邟乡忠侯黄琼薨。将葬，四方远近名士会者六七千人。

初，琼之教授于家，徐稚从之咨访大义，及琼贵，稚绝不复交。至是，稚往吊之，进酹，哀哭而去，人莫知者。诸名士推问丧宰，宰曰："先时有一书生来，衣粗薄而哭之哀，不记姓字。"众曰："必徐孺子也。"于是，选能言者陈留茅容轻骑追之，及于涂。容为沽酒市肉，稚为饮食。容问国家之事，稚不答。更问稼穑之事，稚乃答之。容还，以语诸人，或曰："孔子云：'可与言而不与言，失人。’然则孺子其失人乎?”太原郭泰曰:“不然。孺子之为人，清洁高廉，饥不可得食，寒不可得衣，而为季伟饮酒食肉，此为已知季伟之贤故也！所以不答国事者，是其智可及，其愚不可及也!”

【译文】 延熹七年（甲辰，公元164年）春季，二月，丙戌日（二月无此日），邟乡忠侯黄琼去世。下葬时，四方远近的名士有六七千人聚集。

起初，黄琼在家设教的时候，徐稚就曾问道于他，等到黄琼尊显以后，徐稚就不再与他交往了。直到这个时候，徐稚前去吊祭，献酒礼拜，哀哭之后就离开了，没有一个人认识他。于是那些名士便问掌管丧礼的人，掌管丧礼的人说：“早些时候有位书生来过，穿的是粗布衣，哭得非常悲痛，但并没留下姓名。”大家都说：“那一定是徐孺子（徐稚字孺子）啊！”于是就派遣善于论道的陈留人茅容骑快马去追赶他，在路上追到他以后，茅容买了些酒肉，徐稚就跟他一块儿吃喝了一阵。当茅容问到国家大事时，徐稚一律不回答。换个话题问到有关庄稼的事时，徐稚才回答。茅容回来以后，把经过告诉了大家，于是就有人说：“孔子说过：‘可以与他深谈论道，却不能与他深谈，便失去了一个可以谈的人。’照这么说的话，徐孺子岂不是失去了一个可以谈道的人了吗？”太原人郭泰说：“其实不是这样的。孺子这个人，清正廉洁，他饥饿的时候，如果有人给他饭吃，他未必会吃；在他受冻的时候，如果有人给他衣服，他也未必会穿；但是他却愿意与季伟（茅容字季伟）一块儿喝酒食肉，这表示他早就已经知道季伟是位贤士，所以才愿意的啊！至于他不愿回答有关国事问题，正因为他的智慧是一般人能赶得上的，但是他那份大智若愚的造诣，却是别人不能赶得上的啊！”

泰博学，善谈论。初游雒阳，时人莫识，陈留符融一见嗟异，因以介于河南尹李膺。膺与相见，曰："吾见士多矣，未有如郭林宗者也。其聪识通朗，高雅密博，今之华夏，鲜见其俦。"遂与为友，于是名震京师。后归乡里，衣冠诸儒送至河上，车数千两，膺唯与泰同舟而济，众宾望之，以为神仙焉。

泰性明知人，好奖训士类，周游郡国。茅容，年四十馀，耕于野，与等辈避雨树下，众皆夷踞相对，容独危坐愈恭；泰见而异之，因请寓宿。旦日，容杀鸡为馔，泰谓为己设；容分半食母，馀半庋置，自以草蔬与客同饭。泰曰："卿贤哉远矣！郭林宗犹减三牲之具以供宾旅，而卿如此，乃我友也。"起，对之揖，劝令从学，卒为盛德。巨鹿孟敏，客居太原，荷甑堕地，不顾而去。泰见而问其意，对曰："甑已破矣，视之何益！"泰以为有分决，与之言，知其德性，因劝令游学，遂知名当世。陈留申屠蟠，家贫，佣为漆工；鄢陵庾乘，少给事县廷为门士；泰见而奇之，其后皆为名士。自馀或出于屠沽、卒伍，因泰奖进成名者甚众。

【译文】 郭泰学识渊博，善于讨论事情的权理。刚到洛阳时，人们都不认识他，但是陈留人符融一看到他就大为惊异，因此把他推介给河南尹李膺。李膺与他见面后，说："我见过的贤士也够多了，但是还没有一个能比得上郭林宗（郭泰字林宗）的。他那深知远见的明智和高超渊博的学识，在全国中，很难找到一个可以与他匹敌的。"于是就和郭泰交为朋友，郭泰也因此而名震京城。后来郭泰回乡的时候，送他到黄河岸边的达官贤士就有好几千辆车子之多，李膺单独和郭泰同舟渡河，众宾客看着他们，就觉得像是两位神仙。

郭泰颇会识人，喜欢奖励劝导贤士，在郡国各地周游。茅容四十多岁时，有一天在田地里劳作，与农友们一块在大树下避雨的时候，大伙都随便地对坐着，只有茅容正襟危坐。郭泰看到后，很是惊异，因此就向茅容请求在他家借宿一晚。第二天的时候，茅容宰鸡做菜，郭泰觉得是用来招待自己的；结果茅容将半只鸡侍奉给他母亲吃，把剩下的半只收在橱柜里，自己又另外做了点蔬菜和客人一块儿吃。郭泰说：“你的贤德实在是在一般人之上！郭林宗还会分些奉养双亲的馔肴来招待宾客呢，而你竟然这样，你这个朋友我可是交定了。”说着就站起来，向茅容作揖以表示敬意，并劝导他要学习，最终将他培植成了一位道德高超的人。巨鹿人孟敏，居住在太原，肩上扛着的瓦甑不小心掉到地上摔破了，结果他看都没看一眼就走了。郭泰看到后就问他为什么连一点惋惜的意思都没有，孟敏说：“既然瓦甑已经摔破了，再多看一眼又会有什么好处？”郭泰觉得他处事有分寸，有决断，与他交谈之后，就知道他是个有德行的人，因此就劝导他游学，最终孟敏闻名于当世。还有个陈留人申屠蟠，家境贫寒，做油漆工；还有个鄢陵人庾乘，年轻的时候在县廷里做守门卒；郭泰见到他们后，对他们另眼相待，后来都被他举荐成为知名之士。其他一些出身于杀猪宰羊、卖酒或行伍之间的人，由于郭泰的栽培而成名的还有很多。

【乾隆御批】黄琼郭泰虽为贤者，然相尚声气，啖虚名者因而争附，即欲不及于祸，能乎？

【译文】黄琼和郭泰都可谓是重视贤才，然而只是相互效仿营谈举止，贪图虚名的人却竞相依附，想要党人之祸不降临到自己头上，那是不可能的。

陈国童子魏昭请于泰曰：“经师易遇，人师难遭，愿在左右，

供给洒扫。”泰许之。泰尝不佳，命昭作粥，粥成，进泰，泰呵之曰：“为长者作粥，不加意敬，使不可食!”以杯掷地。昭更为粥重进，泰复呵之。如此者三，昭姿容无变。泰乃曰：“吾始见子之面，而今而后，知卿心耳!”遂友而善之。

陈留左原，为郡学生，犯法见斥，泰遇诸路，为设酒肴以慰之。谓曰：“昔颜涿聚，梁甫之巨盗，段干木，晋国之大驵，卒为齐之忠臣，魏之名贤；蘧瑗、颜回尚不能无过，况其馀乎！慎勿恚恨，责躬而已!”原纳其言而去。或有讥泰不绝恶人者，泰曰：“人而不仁，疾之已甚，乱也。”原后忽更怀忿结客，欲报诸生，其日，泰在学，原愧负前言，因遂罢去。后事露，众人咸谢服焉。

【译文】陈国有个叫魏昭的小孩请求郭泰说：“经师容易得到，但是人师却难遇到，我愿意跟随在您的身旁，替您做些打扫的活。”郭泰同意了。有一天郭泰身体微感不舒服，就命令魏昭替他煮点稀饭吃，魏昭煮好之后，就恭恭敬敬地端给郭泰吃，郭泰大声斥责他说：“给长辈煮粥，怎么能敷衍了事，煮出这样的饭，让我怎么吃呢？”于是就把碗往地下一摔。魏昭一声不响地又去煮粥，又一次恭敬地端来送上，又被郭泰大骂了一顿。他一共被骂了三次，魏昭的态度一点也没改变。郭泰才说：“最初我看到的只是你的外表，从今往后，我了解你的内心了！”于是就将魏昭当作朋友一样并且对他非常的好。

左原（陈留人），是郡学的学生，由于犯法被斥退，郭泰在路上看到他，为他准备了酒菜，还安慰他。郭泰对他说：“颜涿聚先前是梁甫山上的一个大盗，段干木原本是晋国的一个市侩，最后却做了齐国的大臣、魏国的名贤；蘧瑗、颜回也不能没有过错，更何况是一般人呢？你千万不能怀恨在心，而应该反躬自责才是啊！”左原听了他的劝告后就离去了。因此就有人讥评

郭泰连坏人都不拒绝，郭泰说："一个没有仁德的人，如果再对他表示痛恶的话，会让他越来越坏并做出暴乱的事来。"后来左原突然又燃起恨意，约了一帮朋友，想去报复郡学。那天，郭泰正好在郡学中，左原羞愧自己辜负了郭泰先前的劝导，因此没闹事就离开了。后来这件事被人发现，大家都很感激郭泰，对他就更加敬佩了。

或问范滂曰："郭林宗何如人？"滂曰："隐不违亲，贞不绝俗，天子不得臣，诸侯不得友，吾不知其它。"

泰尝举有道，不就，同郡宋冲素服其德，以为自汉元以来，未见其匹，尝劝之仕。泰曰："吾夜观乾象，昼察人事，天之所废，不可支也，吾将优游卒岁而已。"然犹周旋京师，诲诱不息。徐稚以书戒之曰："夫大木将颠，非一绳所维，何为栖栖不遑宁处！"泰感寤曰："谨拜斯言，以为师表。"

【译文】 有人问范滂说："郭林宗是个什么样的人？"范滂说："虽然他隐居不仕，但并没有抛弃双亲不顾，品性高洁但是也并不和俗人隔绝，皇上未必能召他为臣，诸侯也不一定能与他交友，其他的我就不太清楚了。"

郭泰曾被举荐为有道，他却不愿意接受，同乡宋冲向来敬佩他的德行，他觉得从汉初以来，还没见过能与他相比的人，并劝告他当官。郭泰说："我夜观天象，昼察人事，上天要废除这个朝代，不是人力所能挽回的，我现在只想优游自在过完这一辈子。"于是他仍然在京城广为交游，不停地劝导别人。徐稚写了封信劝诫他说："大树如果要倒，不是靠一根绳子就能维系住的，既然这样为什么还要这样栖栖惶惶地不暇安居呢？"郭泰顿时有所感悟地说："我以万分的敬意接受你这番劝诲，并把你作为我的表率。”

济阴黄允，以俊才知名，泰见而谓曰：“卿高才绝人，足成伟器，年过四十，声名著矣。然至于此际，当深自匡持，不然，将失之矣！”后司徒袁隗欲为从女求姻，见允，叹曰：“得婿如是，足矣。”允闻而黜遣其妻。妻请大会宗亲为别，因于众中攘袂数允隐慝十五事而去，允以此废于时。

初，允与汉中晋文经并恃其才智，曜名远近，徵辟不就。托言疗病京师，不通宾客，公卿大夫遣门生旦暮问疾，郎吏杂坐其门，犹不得见；三公所辟召者，辄以询访之，随所臧否，以为与夺。符融谓李膺曰：“二子行业无闻，以豪桀自置，遂使公卿问疾，王臣坐门，融恐其小道破义，空誉违实，特宜察焉。”膺然之。二人自是名论渐衰，宾徒稍省，旬日之间，惭叹逃去，后并以罪废弃。

【译文】 黄允（济阴人），因为俊才而知名于当世，郭泰见到他后就对他说：“你的才华远在众人之上，定能成大器，到四十岁以后，名声就会更加显著了。但要到了那个时候，你就应该深自戒惕，匡正己身。否则，美誉就将毁于一旦了！”后来司徒袁隗想替他侄女物色个丈夫，见到黄允后，便赞叹着说：“如果能有个像黄允这样的女婿的话，就能心满意足了。”黄允听到后，就要把他的妻子休回娘家去。于是他妻子便邀请了所有的宗亲，跟大家辞别，在这个时候，她当众激怒地数出了黄允的十五桩隐恶败行，然后才离开，黄允因此被人唾弃不齿。

那时，黄允与汉中人晋文经都倚仗着自己的才智扬名于远近，不应官府的征辟。托言住在京城治病，而不跟宾客往来，公卿大夫们让门生早晚都前去探望问候，一群郎吏们坐在门房中，却看不到他们一面；三公府征召官吏，都经常询问他们的意见，因此就顺着他们的好恶来定取舍。符融就对李膺说："这两个人的德行和事业一点也没有听说，就以豪杰自居，竟然能让公卿派人探病问安，朝官列坐在他的门房中，我担心他们会伤害大义，让人只注重虚名，不顾实际的功德，所以应该特别注意这一点才对。"李膺觉得他说得很对。自此这两个人的名望与评价因此而渐渐衰减，进门访问的宾客也越来越少了，十天左右之后，他们自感羞愧，喟叹而逃了，后来他俩都因有罪被废弃。

陈留仇香，至行纯嘿，乡党无知者。年四十，为蒲亭长。民有陈元，独与母居，母诣香告元不孝，香惊曰："吾近日过元舍，庐落整顿，耕耘以时，此非恶人，当是教化未至耳。母守寡养孤，苦身投老，奈何以一旦之忿，弃历年之勤乎！且母养人遗孤，不能成济，若死者有知，百岁之后，当何以见亡者！"母涕泣而起，香乃亲到元家，为陈人伦孝行，譬以祸福之言，元感悟，卒为孝子。考城令河内王奂署香主簿，谓之曰："闻在蒲亭，陈元不罚而化之，得无少鹰鹯之志邪？"香曰："以为鹰鹯不若鸾凤，故不为也。"奂曰："枳棘之林非鸾凤所集，百里非大贤之路。"乃以一月奉资香，使入太学。郭泰、符融赍刺谒之，因留宿。明旦，泰起，下床拜之曰："君，泰之师，非泰之友也。"香学毕归乡里，虽在宴居，必正衣服，妻子事之若严君；妻子有过，免冠自责，妻子庭谢思过，香冠，妻子乃敢升堂，终不见其喜怒声色之异。不应徵辟，卒于家。

【译文】 仇香（陈留人），他道德美好，缄默自持，甚至是他的同乡都不大了解他。仇香四十岁的时候，担任了蒲亭长。有个叫陈元的乡民，只有他和母亲两个人住在一起，有一天他母亲跑

到仇香那儿去告他儿子陈元不孝，仇香很吃惊地说："最近我曾路过陈元家，看到他家的房屋院落收拾得干干净净，还能规规矩矩地按时耕耘，像这种人绝对不可能是坏人，怎么可能不孝呢，那一定是没有好好教导他，才这样吧。做母亲的守寡养育儿子，一辈子饱受苦难，怎么可以因为一时的气愤，就忘记了这么多年来苦心的养育呢？再说做为人母，养育儿子，却不能教子成器，如果他父亲死而有知的话，那么百年之后，你用什么面目去见你死去的丈夫呢？"于是陈元的母亲就流着泪站起身来离去了。随后仇香就亲自到陈元家去，给他解说伦理孝道，还讲了些福祸报应的事作比喻，陈元这才明白了，最终变成了个孝子。考城县令王奂（河内人）调任仇香为主簿，并对他说："听说在蒲亭的时候，你没有对陈元惩罚，反倒去感化他，对没有礼貌的人本当加以严斥，就好像鹰鹯追逐鸟雀一般，在这方面你少了点威猛吧？"仇香说："我觉得与其威猛像鹰鹯，还不如像鸾凤会集百鸟那样，是我不想用惩罚的方式来治理人民。"王奂说："枳棘的树林不是鸾凤栖息的地方，百里的行程也不是贤士选作奔马的道路。"所以就拿了一个月的薪俸资助仇香，让他去太学。郭泰和符融都曾经投递名帖去拜见仇香，因此就在他那儿住了一夜。第二天早上，郭泰下床后，就向仇香拜揖说："您应该是我的老师，而不能当作是我同辈的朋友啊。"仇香学成回乡后，就算是在平日闲暇无事的时候，衣服也都穿得整整齐齐的，他的妻子对他像侍奉严君似的；妻子如果犯了过错，他就摘下帽子来以示自责，他的妻子就在庭院中谢罪思过，一直等到看见仇香戴上帽子，她才敢登上正堂，不管他是喜是怒，始终就没见过他有不同声色的表现。他不接受官府的征辟，最终老死在家里。

三月，癸亥，陨石于鄠。

夏，五月，己丑，京师雨雹。

荆州刺史度尚募诸蛮夷击艾县城，大破之，降者数万人。桂阳宿贼卜阳、潘鸿等逃入深山。尚穷追数百里，破其三屯，多获珍宝。阳、鸿党众犹盛，尚欲击之，而士卒骄富，莫有斗志。尚计缓之则不战，逼之必逃亡，乃宣言："卜阳、潘鸿作贼十年，习于攻守，今兵寡少，未易可进，当须诸郡所发悉至，乃并力攻之。"申令军中恣听射猎，兵士喜悦，大小皆出。尚乃密使所亲客潜焚其营，珍积皆尽；猎者来还，莫不泣涕。尚人人慰劳，深自咎责，因曰："卜阳等财宝足富数世，诸卿但不并力耳，所亡少少，何足介意！"众咸愤踊。尚敕令秣马蓐食，明旦，径赴贼屯，阳、鸿等自以深固，不复设备，吏士乘锐，遂破平之。尚出兵三年，群寇悉定，封右乡侯。

【译文】三月，癸亥日（三月无此日），有陨石落在鄠县。

夏季，五月，己丑日（十九日），京城下冰雹。

荆州刺史度尚召集了一些蛮夷去征讨艾县的盗贼，打败了贼人，投降的敌人有数万人。在桂阳长年为盗贼的卜阳和潘鸿等贼逃进了深山，度尚就紧追不舍，一直追了他们数百里路，攻破了三处贼窝，还俘获了大批的珍宝财物。但是卜阳和潘鸿的残余党羽气势依然很盛，度尚想要再次击杀，可是官兵骄怠，再说由于已经获得了许多财宝，所以就都没有了斗志。度尚想着只要略缓用兵，这些蛮夷一定不想再作战，如果强迫他们出战的话，一个个一定都会逃跑，于是就扬言道："卜阳、潘鸿做了十年盗贼，深知攻守的战术，如今我们兵寡力弱，不能轻易攻击，而应该等各郡所派发的士卒都到之后，再一起进攻贼人。"度尚下令军中听任他们出营狩猎，兵士们很高兴，上下都一呼而出。度尚暗自派他的亲信偷偷地到他们的营寨去放了把火，把所俘获的财宝全都烧光了，等兵士们打猎回来看到之后，没有不痛惜落泪的。度尚一一慰劳他们，并深表自责，于是趁机对他们说："卜阳等盗贼所有的财宝，多得可以用几辈子，只怕各位不能同心合力而已，被这场大火所烧掉的那一点点，怎么值得放在心上？"众人听他这么一说之后，就都振奋起来了。度尚因此命令他们喂饱马匹，提前做好了早餐，第二天天刚亮，就直进贼窝，卜阳、潘鸿等盗贼觉得营深垒固，就没有再设防，度尚趁着蛮夷吏士的一股锐气，最终攻破了贼营，并讨平了群贼。度尚出兵征讨贼人，在三年之内，就平定了群贼，并因此被封为右乡侯。

【乾隆御批】度尚焚营，虽以术御士，出于无可如何。然较项羽窘迫沉船，颇为胜之。

【译文】度尚焚烧自己的军营，虽然以谋略激发士气，实在也是被逼无奈。然而和项羽破釜沉舟的困境比起来，却又好很多。

【申涵煜评】尚焚所获珍宝，必其平日有以服士心，不然归营可以立溃？安能始而泣涕，既而愤踊，卒以一战成功哉！此等事可一不可再，唯严禁于先，勿使卤掠可耳。

【译文】度尚将所获得的珍宝都焚毁了，想必他是有让将士收心的意图，不然为什么将士们回到营中看到珍宝被烧都流泪哭泣？怎么刚开始哭泣，后来又变得愤慨踊跃，最后以一战取得胜利了。这样的计策只能使用一次不能使用多次，唯有开始就严令禁止，不让将士们掠夺珠宝才行。

冬，十月，壬寅，帝南巡；庚申，幸章陵；戊辰，幸云梦，临汉水，还，幸新野。时公卿、贵戚车骑万计，徵求费役，不可胜极。

护驾从事桂阳胡腾上言:“天子无外，乘舆所幸，即为京师。臣请以荆州刺史比司隶校尉，臣自同都官从事。”帝从之。自是肃然，莫敢妄干扰郡县。帝在南阳，左右并通奸利，诏书多除人为郎，太尉杨秉上疏曰:“太微积星，名为郎位，入奉宿卫，出牧百姓，宜割不忍之恩，以断求欲之路。”于是，诏除乃止。

护羌校尉段熲击当煎羌，破之。

十二月，辛丑，车驾还宫。

中常侍汝阳侯唐衡、武原侯徐璜皆卒。

【译文】 冬季，十月，壬寅日（十一月无此日），桓帝南下巡防；庚申日（十一月无此日），驾车来到章陵；戊辰日（初一），驾车来到云梦，到了汉水之后，就返回新野。一时跟随的公卿、贵戚，乘坐上万的车骑，沿途索求货物、召集劳役，简直就没有办法用数目来计算。护驾从事胡腾（桂阳人）上言说：“天子所到的地方，就是行宫，皇上到哪里，哪里就是京城。微臣请求命令荆州刺史比同司隶校尉，并且请求命令臣比同都官从事。”桓帝批准了他。从此之后那些随从的公卿、贵戚这才分别警惕收敛，不敢再任意地扰乱郡县了。在南阳时，桓帝的左右侍从狼狈为奸，相互图利，致使桓帝一再下诏拜人为郎，太尉杨秉因此而上书谏阻说：“太微宫五帝座后，蔚然有二十五星，被称为郎位，对于进奉宿卫，出牧百姓这种官职的授予实在应当割断不忍之恩，以此断绝人人欲求的奢望。”桓帝这才停止下诏拜官。

护羌校尉段颎讨伐当煎羌人，并将他们打败了。

十二月，辛丑日（初四），桓帝回宫。

中常侍汝阳侯唐衡和武原侯徐璜全都去世了。

初，侍中寇荣，恂之曾孙也，性矜洁，少所与，以此为权宠

所疾。荣从兄子尚帝妹益阳长公主，帝又纳其从孙女于后宫。左右益忌之，遂共陷以罪，与宗族免归故郡，吏承望风旨，持之浸急。荣恐不免，诣阙自讼。未至，刺史张敬追劾荣以擅去边，有诏捕之。荣逃窜数年，会赦，不得除，积穷困，乃自亡命中上书曰："陛下统天理物，作民父母，自生齿以上，咸蒙德泽；而臣兄弟独以无辜，为专权之臣所见批抵，青蝇之人所共构会，令陛下忽慈母之仁，发投杼之怒。残谄之吏，张设机网，并驱争先，若赴仇敌，罚及死没，髡剔坟墓，欲使严朝必加滥罚；是以不敢触突天威而自窜山林，以俟陛下发神圣之听，启独睹之明，救可济之人，援没溺之命。不意滞怒不为春夏息，淹恚不为岁时怠，遂驰使邮驿，布告远近，严文克剥，痛于霜雪，逐臣者穷人途，追臣者极车轨，虽楚购伍员，汉求季布，无以过也。臣遇罚以来，三赦再赎，无验之罪，足以蠲除；而陛下疾臣愈深，有司咎臣甫力，止则见扫灭，行则为亡虏，苟生则为穷人，极死则为冤鬼，天广而无以自覆，地厚而无以自载，蹈陆土而有沉沦之忧，远岩墙而有镇压之患。如臣犯元恶大憝，足以陈原野，备刀锯，陛下当班布臣之所坐，以解众论之疑。臣思入国门，坐于肺石之上，使三槐九棘平臣之罪，而阊阖九重，陷阱步设，举趾触罘罝，动行絓罗网，无缘至万乘之前，永无见信之期。悲夫，久生亦复何聊！盖忠臣杀身以解君怒，孝子殒命以宁亲怨，故大舜不避涂廪、浚井之难，申生不辞姬氏谗邪之谤；臣敢忘斯义，不自毙以解明朝之忿哉！乞以身塞责，愿陛下匄亡兄弟死命，使臣一门颇有遗类，以崇陛下宽饶之惠。先死陈情，临章泣血！"帝省章愈怒，遂诛荣，寇氏由是衰废。

【译文】起初，寇恂的曾孙侍中寇荣，本性矜持，洁身自爱，很少跟人交往，因此深受权贵们的厌恶。后来寇荣堂兄的儿子娶了皇妹益阳长公主，桓帝又把他的堂孙女纳入了后宫。左右的侍从对他更是嫉妒，终于被这批邪佞的小人共同诬陷入罪，让他与所有的宗族都一起受到革职免官、放回故里的惩罚，地方官吏们秉承权贵们的意愿，更是极力地迫害寇荣。在这种情况下，寇荣知道恐怕难免要受到杀身大祸，于是就进京当面向桓帝申诉。他还没到京城的时候，刺史张敬随后便诬告他擅离边境，并派人飞驰上奏，桓帝因此下诏逮捕了他。寇荣只能逃窜，几年以后，其间虽然遇到大赦，他却并没有被赦免，很长时间都很穷困，于是在亡命的生涯中上书说："陛下统治天下，管理万物，是百姓的父母，天下百姓没有不蒙恩受泽的；然而只有微臣兄弟，平白无故地竟被那些专权奸臣排斥暗算，还受到一群颠倒黑白、混淆善恶的小人的阴谋陷害，导致陛下好像曾母投杼下机般的误信谗言，并大发雷霆。于是那些残虐谄媚的官吏，设下机关陷阱，布下天罗地网，并争先恐后地陷害微臣，就像是奔赴前线歼敌邀功一样，甚至已经惩罚到微臣已逝的先人，连微臣祖坟上的松柏都被随意砍伐了，因此更是非得加罪于臣而使朝廷滥施重刑不可了；微臣不敢冒犯天威，所以只好藏在深山丛林，来等待陛下开张圣听，独具慧眼地明辨是非，挽救微臣这个可以信任的人，援救微臣沉溺于深水中的一命。万万没想到陛下的愤怒并未因春去夏来而平息，宿恨也没因岁时的变化而消减，竟然让邮驿急驰传令，公告远近各地，追捕微臣，严文苛令，对臣恨之入骨！导致追捕微臣的差衙，凡是人能到的地方，车辆可以过的地方，没有什么地方不能到达，即使以前楚王悬赏捉拿伍员，前汉追捕季布，都没有超过对我这样严厉的追捕。微臣自蒙冤受罚以来，曾经遇到过三次大赦除罪

的机会，本没有任何犯罪实情可验，原本足以摆脱罪名；但由于陛下对微臣的疾恨越来越深，官吏对微臣的责罚也就更加积极，如果不逃就要被捕被杀，如果逃走就成了通缉要犯，就这样苟且地活下去，将永远是个穷独无告的人，如果立即死去，就变成了个不清不白的冤魂，上天无边，却没有微臣的藏身之处，土地广阔却没有臣的立足之地，在平地就有被诛杀的担忧，远离岩墙也躲不了被压倒的危险。如果觉得微臣是犯有滔天大罪的元恶，而被世人所不容，罪当斩首示众，暴尸在原野，陛下也应发布微臣犯罪的事实，借以消除世人内心的疑惑。微臣更想进京城，坐在外朝门外的肺石之上（《周礼·秋官·大司寇》记载：'以肺石达穷民。'注：'肺石，赤石也。'书上记载：'必使之坐赤石者，使之赤心不妄告也。'），让公卿朝士来替微臣平反冤情，但是却苦于九重宫门，而且每步都设有陷阱，一抬脚就会碰着法网，动一动就会受到罗网的阻碍，根本没有办法走到陛下的面前，永远也不会再有被信任的一天。真是可悲啊！这样活下去又有什么意义呢？自古以来就有忠臣为了使君王息怒而杀身、孝子为了使长辈消怨而舍命的事，因此大舜不避涂廪、掘井的危难，申生不否认俪姬谗邪的诽谤，微臣怎能忘了这种道理，不自求一死来消除圣上的心头之恨呢？只是微臣请求用一死承担罪过，请陛下饶了微臣兄弟的性命，使微臣一门之中留下个传宗接代的人，来报答陛下宽容饶命的大恩。微臣临死陈情，流着眼泪写下这篇章表！"桓帝看了这篇章表后更加愤怒，于是就杀了寇荣。从此寇氏衰落。

八年（乙巳，公元一六五年）春，正月，帝遣中常侍左悺之苦县祠老子。

勃海王悝，素行险僻，多僭傲不法。北军中候陈留史弼上封事曰："臣闻帝王之于亲戚，爱虽隆必示之以威，体虽贵必禁之以度，如是，和睦之道兴，骨肉之恩遂矣。窃闻勃海王悝，外聚剽轻不逞之徒，内荒酒乐，出入无常，所与群居，皆家之弃子，朝之斥臣，必有羊胜、伍被之变。州司不敢弹纠，傅相不能匡辅，陛下隆于友于，不忍遏绝，恐遂滋蔓，为害弥大。乞露臣奏，宣示百僚，平处其法。法决罪定，乃下不忍之诏；臣下固执，然后少有所许。如是，则圣朝无伤亲之讥，勃海有享国之庆。不然，惧大狱将兴矣。"上不听。悝果谋为不道；有司请废之，诏贬为瘿陶王，食一县。

丙申晦，日有食之。诏公、卿、校尉举贤良方正。

【译文】八年（乙巳，公元165年）春季，正月，桓帝派遣中常侍左悺到苦县去祭祀老子。

渤海王刘悝，平日向来不顾一切地为非作歹，僭位越礼，骄傲自大，有许多不法行径。北军中候史弼（陈留人）上呈秘密奏折说："微臣曾听说帝王对于亲人，虽然厚爱但必须示以威严，皇亲国戚的身份虽然尊贵但也必须要受法令的限制，这样一来，自然就能和睦相处，并且不亏于骨肉之情了。微臣私底下听说渤海王刘悝，在外聚合了一批剽悍轻狂、包藏祸心而不得志的人，成天在家饮酒作乐，荒淫没有限度，进出无常，和他在一起的都是别人家抛弃而不教的浪子，又或者是被朝廷斥逐的邪佞奸小，将来一定会发生类似羊胜、伍被那样的变乱。州司不敢对他弹劾纠察，傅相对他也不能帮助，陛下对他情逾手足，也不忍心阻遏他，只怕他的祸心会因此而滋生蔓延，终将酿成大患。请求公开臣的奏书，昭示百官，并依法处置他。等待按法律定罪之后，陛下再颁下不忍心严惩的诏令；微臣再表示坚请按律行事，然后陛下再稍稍退让，稍微加重处罚来表示惩戒。这样一来，圣上既不用受到残害亲戚的讽讥，渤海王也能安享封国的尊荣；否则的话，就只怕一定会有重大刑狱的事件发生了。”桓帝没有听从。后来刘悝果然造反，有司上奏请求废立，桓帝下诏令将他贬为廮陶王，又给他食邑一县。

丙申晦日（三十日），发生日食。桓公诏令公、卿、校尉推荐贤良方正的人才。

千秋万岁殿火。

中常侍侯览(兄)(弟)参为益州刺史，残暴贪婪，累臧亿计。太尉杨秉奏槛车徵参，参于道自杀，阅其车重三百馀两，皆金银锦帛。秉因奏曰：“臣案旧典，宦官本在给使省闼，司昏守夜；而今猥受过宠，执政操权，附会者因公褒举，违忤者求事中伤，居法王公，富拟国家，饮食极肴膳，仆妾盈纨素。中常侍侯览弟参，贪残元恶，自取祸灭。览顾知衅重，必有自疑之意，臣愚以为不宜复见亲近。昔懿公刑邴歜之父，夺阎职之妻，而使二人参乘，卒有竹中之难。览宜急屏斥，投畀有虎，若斯之人，非恩所宥，请免官送归本郡。”书奏，尚书召对秉掾属，诘之曰：“设官分职，各有司存。三公统外，御史察内。今越奏近官，经典、汉制，何所依据？其开公具对！”秉使对曰：“《春秋传》曰：‘除君之恶，唯力是视。’邓通懈慢，申屠嘉召通诘责，文帝从而请之。汉世故事，三公之职，无所不统。尚书不能诘，帝不得已，竟免览官。司隶校尉韩縯因奏左悺罪恶，及其兄太仆南乡侯称请托州郡，聚敛为奸，宾客放纵，侵犯吏民。悺、称皆自杀。縯又奏中常侍具瑗兄沛相恭臧罪，徵诣廷尉。瑗诣狱谢，上还东武侯印绶，诏贬为都乡侯。超及璜、衡袭封者，并降为乡侯，子弟分封者，悉夺爵土。刘普等贬为关内侯，尹勋等亦皆夺爵。

【译文】 千秋万岁殿发生火灾。

中常侍侯览的弟弟（弟误作兄）侯参任职益州刺史，残忍贪婪，每年都贪赃数以亿计。太尉杨秉奏请用囚车征召侯参，但是侯参在途中畏罪自杀，搜查出了三百多辆重车，都装满了金银锦缎。杨秉因此上奏说："微臣按照国家旧典法制来说，宦官本该在内宫供使令，负责司昏守夜；如今多半都受到了过分的宠幸，而秉执政权，对附和他们的人就假公济私地加以褒举，而对违判他们的人就找借口生事恶意中伤，他们的房屋像王宫一般华丽，财富可与诸侯相比，食物罗列百味，妻妾成群。中常侍侯览的弟弟侯参，贪婪残暴，罪大恶极，自取灭亡；侯览当然知道事态的严重，并且一定会心生疑惧，按臣愚见认为不宜再让他有亲近陛下的机会。以前齐懿公将邴歜的父亲从坟墓里挖出来施以刖刑，又强夺阎职的妻子，仍使他们二人陪同乘车，最终发生了竹中之难。对侯览实在应该立即加以斥逐，把他投给饿虎，像这种人，绝对不能再施恩赦免，请求您立即罢免他的官职并将他送归本郡。"奏书呈上后，尚书征召杨秉的属吏，于是质问他说："设立官职，每个人都有所掌管。三公率领外朝百官，御史巡查宫廷内官；如今太尉越职劾奏内侍，是根据什么经典与本朝制度呢？希望您公开答复！"杨秉让他回复说："《春秋传》上记载说：'为君王除恶，各自尽力就行。'邓通傲慢无礼，申屠嘉便把他召到府中严加责罪，文帝随后派人去为邓通讲情，并向申屠嘉谢罪。汉朝的旧制度，三公的职权，没有管辖不到的范围。"尚书无言以对，桓帝没有办法，终于下诏令撤免了侯览的官职。随后司隶校尉韩縯劾奏左悺的恶状罪行，和他的哥哥太

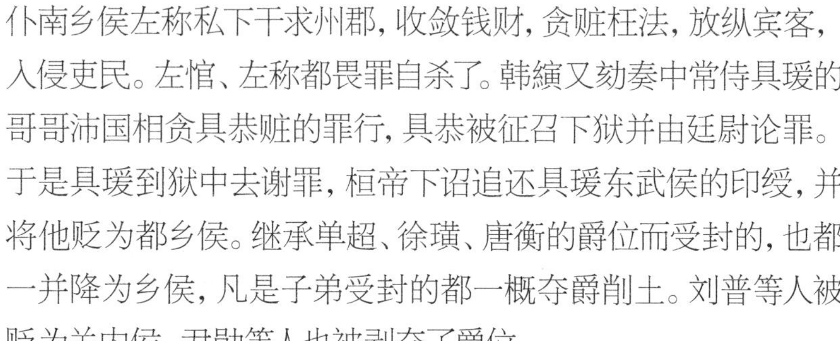
仆南乡侯左称私下干求州郡，收敛钱财，贪赃枉法，放纵宾客，入侵吏民。左悺、左称都畏罪自杀了。韩縯又劾奏中常侍具瑗的哥哥沛国相贪具恭赃的罪行，具恭被征召下狱并由廷尉论罪。于是具瑗到狱中去谢罪，桓帝下诏追还具瑗东武侯的印绶，并将他贬为都乡侯。继承单超、徐璜、唐衡的爵位而受封的，也都一并降为乡侯，凡是子弟受封的都一概夺爵削土。刘普等人被贬为关内侯，尹勋等人也被剥夺了爵位。

帝多内宠，宫女至五六千人，及驱役从使复兼倍于此，而邓后恃尊骄忌，与帝所幸郭贵人更相谮诉。癸亥，废皇后邓氏，送暴室，以忧死。河南尹邓万世、虎贲中郎将邓会皆下狱诛。

护羌校尉段颎击罕姐羌，破之。

三月，辛巳，赦天下。

宛陵大姓羊元群罢北海郡，臧污狼籍；郡舍溷轩有奇巧，亦载之以归。河南尹李膺表按其罪；元群行赂宦官，膺竟反坐。单超弟迁为山阳太守，以罪系狱，廷尉冯绲考致其死；中官相党，共飞章诬绲以罪。中常侍苏康、管霸，固天下良田美业，州郡不敢诘，大司农刘祐移书所在，依科品没入之；帝大怒，与膺、绲俱输作左校。

【译文】桓帝的内宠很多，宫女有五六千人，而其他的随从和办事的超过这数目的一倍以上，邓后借着自己的地位尊崇，高傲嫉妒，和桓帝所宠幸的郭贵人彼此争相说对方的坏话。癸亥日（正月无此日），桓帝废立皇后邓氏，并将她打入冷宫，导致她忧愤而死。河南尹邓万世和虎贲中郎将邓会都被治罪下狱并被杀了。

护羌校尉段颎攻击罕姐羌人，并将他们打败。

三月，辛巳日（十六日），桓帝大赦天下。

宛陵豪族羊元群辞退了北海太守的职务，贪污的财物无以计数，连衙门厕所里比较新奇巧妙的东西他都装到车上带回家去。河南尹李膺上奏告发他的罪行，羊元群知道了这件事，于是就去贿赂宦官，结果李膺反倒被判了诬告罪。单超的弟弟单迁担任山阳太守，因为犯了罪就被关进监牢里，廷尉冯绲把他拷问致死；宦官们相互勾结，狼狈为奸，纷纷上奏折诬陷冯绲，结果冯绲被判了罪。中常侍苏康和管霸，垄断了天下的良田沃地，连州郡里的官员都不敢过问，大司农刘祐将奏书发送到有关州郡，并依法将这些田产没收入官；于是桓帝大怒，就将刘祐与李膺、冯绲一起谪入左校去做苦工。

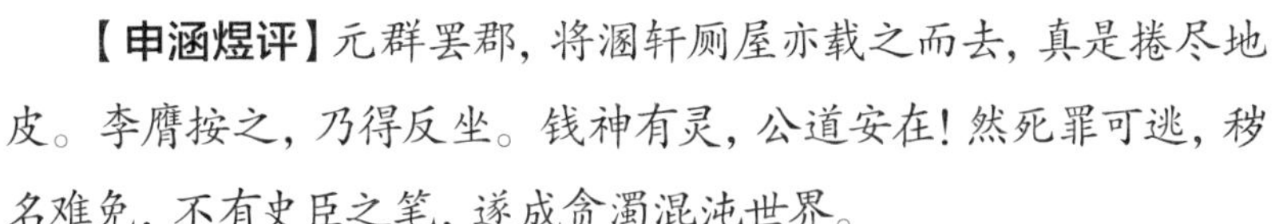
【申涵煜评】元群罢郡，将溷轩厕屋亦载之而去，真是捲尽地皮。李膺按之，乃得反坐。钱神有灵，公道安在！然死罪可逃，秽名难免，不有史臣之笔，遂成贪濁混沌世界。

【译文】羊元群从北海郡罢官回家，将郡府厕所中的奇巧物品都用车装载带回了家，就差把地皮也卷走了。李膺上表想要治他的罪，然而却被诬告发配。金钱之力，如同神物，哪里还有什么天道公理！虽然羊元群最终逃脱了死罪，却难免遗臭万年，要不是有文史官吏执笔记录，真是成了贪浊混沌的世界。

夏，四月，甲寅，安陵园寝火。

丁巳，诏坏郡国诸淫祀，特留雒阳王涣、密县卓茂二祠。

五月，丙戌，太尉杨秉薨。秉为人，清白寡欲，尝称“我有三不惑：酒、色、财也。”

秉既没，所举贤良广陵刘瑜乃至京师上书言：“中官不当比

肩裂土，竞立胤嗣，继体传爵。又，嬖女充积，冗食空宫，伤生费国。又，第舍增多，穷极奇巧，掘山攻石，促以严刑。州郡官府，各自考事，奸情赇赂，皆为吏饵。民愁郁结，起入贼党，官辄兴兵诛讨其罪。贫困之民，或有卖其首级以要酬赏，父兄相代残身，妻孥相视分裂。又，陛下好微行近习之家，私幸宦者之舍，宾客市买，熏灼道路，因此暴纵，无所不容。惟陛下开广谏道，博观前古，远佞邪之人，放郑、卫之声，则政致和平，德感祥风矣。"诏特召瑜问灾咎之徵。执政者欲令瑜依违其辞，乃更策以它事，瑜复悉心对八千馀言，有切于前，拜为议郎。

【译文】 夏季，四月，甲寅日（十九日），安陵园寝庙发生火灾。

丁巳日（二十二日），诏令拆了郡国中滥设的祀庙，只留下洛阳王涣、密县卓茂的两座祠庙。

五月，丙戌日（二十二日），太尉杨秉去世。杨秉一生，清正寡欲，曾经说："我不受酒、色、财这三样东西诱惑。"

杨秉死后，受他推荐的贤良广陵人刘瑜到京师上书说："宫中的宦官不应该一个个地分封土地，让他们领养子嗣，继承爵位。再者，婢妾宫女充满后宫，空吃闲饭，残害百姓，白白花费国帑。再者，凡是扩增住宅，穷极奇巧，挖山凿石，大兴土木的，都应下令用严刑惩治。然而州郡官府，各自执行政事，最容易诱使官吏作奸受贿。百姓都怨气郁结，群起而加入贼党，官府便兴兵征讨杀戮。贫穷的平民，甚至有的靠出卖家人的首级报功邀赏，导致父兄相继丧身，妻儿反目为仇。再者，陛下经常微服私幸亲狎近臣或宦官家中，导致这些人家中的宾客及采买人员气焰高涨，在道路街市横行，因此就暴虐纵恣，竟然没有不容他们为所欲为的了。只希望陛下能广开言路，接纳诤言，多多向古圣先王学习，远离邪佞小人，放弃纵情在郑、卫之声中的糜烂生活，那么一定能使朝廷臻于政通人和，恩德广散四方，天下自然就呈现出一片祥瑞的气象了。”诏令特召刘瑜询问灾咎的征兆。掌握朝政的官员想借此使刘瑜含糊其辞，于是再以其他的事策问，刘瑜又竭尽心思地作了一篇八千多字的对策，比先前的论述更加重要，因此被委任为议郎。

荆州兵朱盖等叛，与桂阳贼胡兰等复攻桂阳，太守任胤弃城走，贼众遂至数万。转攻零陵，太守下邳陈球固守拒之。零陵下湿，编木为城，郡中惶恐。掾史白球遣家避难，球怒曰：“太守分国虎符，受任一邦，岂顾妻孥而沮国威乎！复言者斩！”乃弦大木为弓，羽矛为矢，引机发之，多所杀伤。贼激流灌城，球辄于内因地势，反决水淹贼，相拒十馀日不能下。时度尚徵还京师，诏以尚为中郎将，率步骑二万馀人救球，发诸郡兵并势讨击，大破之，斩兰等首三千馀级，复以尚为荆州刺史。苍梧太守张叙为贼所执，及任胤皆徵弃市。胡兰馀党南走苍梧，交趾刺史张磐击破之，贼复还入荆州界。度尚惧为己负，乃伪上言苍梧贼入荆州界，于是徵磐下廷尉。辞状未正，会赦见原，磐不肯出狱，方更牢持械节。狱吏谓磐曰：“天恩旷然，而君不出，何乎？”磐曰：“磐备位方伯，为尚所枉，受罪牢狱。夫事有虚实，法有是非，磐实不辜，赦无所除；如忍以苟免，永受侵辱之耻，生为恶吏，死为敝鬼。乞传尚诣廷尉，面对曲直，足明真伪。尚不徵者，磐埋骨牢槛，终不虚出，望尘受枉！”廷尉以其状上，诏书徵尚，到廷尉，辞穷，受罪，以先有功得原。

【译文】 荆州士兵朱盖等叛变，与桂阳贼胡兰等联合再次

进攻桂阳，太守任胤弃城逃走了，于是贼众就增加到了数万之多。他们随后又转攻零陵，太守陈球（下邳人）坚决拒抗。零陵地势低潮，城墙是用编木围成的，郡中人士都惶恐万分。属吏请陈球先把家人送出城去避难，陈球大怒说："作为太守，握有国家虎符，担负郡国重任，怎么能为了顾全妻室子女而丧失国威呢？谁如果再说这话，就立即斩死！"于是就下令用大木制弓，用羽矛当箭，扳动机关发射，杀伤了许多贼兵。贼人就引水淹城，陈球在城内每次都利用地势引水倒流淹没贼人，彼此相持了十多天，贼兵也没能攻下零陵。当时度尚已经被召回到京师，诏令重新任命度尚为中郎将，带领两万多步兵和骑兵前去救援陈球，同时派发郡兵两面夹击进攻，终于打败了贼兵，并砍杀了胡兰和贼兵三千多人，桓帝又下诏令委任度尚为荆州刺史。苍梧太守张叙被贼人俘虏，他和桂阳郡太守任胤被一同召回了洛阳，在街市上将他们处死。胡兰的党羽向南逃到苍梧，被交趾刺史张磐打垮，剩余的叛贼又逃回了荆州境界。度尚害怕由于没能将贼兵全部歼灭而被降罪，因此就上言谎称苍梧贼人侵入荆州境界，张磐因此被召回下狱问罪。在审讯查实还没有定刑的时候，遇到大赦被宽免了，但是张磐不肯出狱，紧紧拿着刑械而不愿被除下。狱官对张磐说："如今皇恩浩荡，国法严明，然而你却不肯出狱，怎么能这样呢？"张磐说："我作为刺史，职位跟方伯一样，因为被度尚歪曲事实陷害而背上罪名，系身监牢。说起来事情有真假，法律有是非，事实上我张磐并没有犯罪，大赦又赦的我是什么罪行。如果我就这样不明不白地接受了赦免，那就将永远蒙受着被侵辱的羞耻了，活着是个恶官，死了也是个恶魔。祈求传召度尚来见廷尉，让他跟我当面对质，辨明真假，这才能够区分是非真伪。如果不召度尚的话，我张磐就宁愿老死在牢狱中，也不愿一辈子就这样白受一场冤屈地出去，更不愿意活在世上终身含冤受屈！”廷尉把这个情形奏明了桓帝，桓帝下诏书征召度尚来到廷尉，度尚辞穷认罪，由于他以前立了大功，所以就特别宽容了他。

【乾隆御批】陈球力守危城。卓然可观。至弦大木为弓，羽矛为矢，乃傅会荒唐语。弓矢非炮车擂石之比。古称“五石百步”，专以劲利为用。徒取庞然长大，即巧于引发。不知何以用之。文士谰言。真不思之甚者。

【译文】陈球竭力坚守危城。功绩卓然可见。但是用大木做弓，用羽毛做箭，却未免牵强附会，实在荒唐。弓箭不是炮车礌石能比得上的。古时候称“五石百步”，就是因为弓箭力量较为强劲，便于利用。如果只图它形状长大，即使善于引发，又有什么用呢？文人胡说八道，真是一点都没有认真地思考。

闰月，甲午，南宫朔平署火。

段熲击破西羌，进兵穷追，展转山谷间，自春及秋，无日不战，虏遂败散，凡斩首二万三千级，获生口数万人，降者万馀落。封熲都乡侯。

秋，七月，以太史大夫陈蕃为太尉。蕃让于太常胡广、议郎王畅、弛刑徒李膺，帝不许。

畅，龚之子也，尝为南阳太守，疾其多贵戚豪族，下车，奋厉威猛，大姓有犯，或使吏发屋伐树，堙井夷灶。功曹张敞奏记谏曰：“文翁、召父、卓茂之徒，皆以温厚为政，流闻后世。发屋伐树，将为严烈，虽欲惩恶，难以闻远。郡为旧都，侯甸之国，园庙出于章陵，三后生自新野，自中兴以来，功臣将相，继世而隆。愚

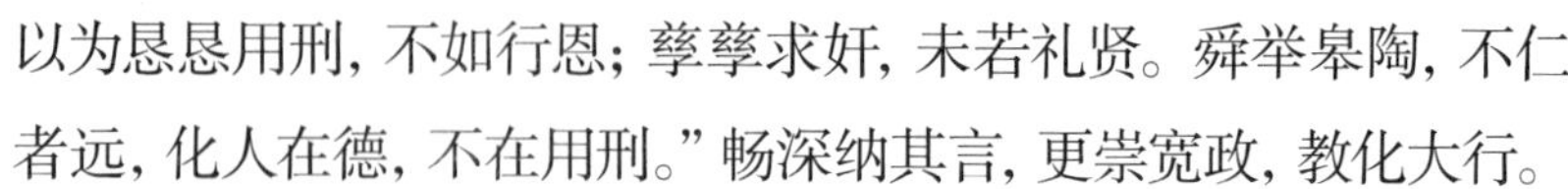

以为悬悬用刑，不如行恩；孳孳求奸，未若礼贤。舜举皋陶，不仁者远，化人在德，不在用刑。”畅深纳其言，更崇宽政，教化大行。

【译文】闰七月，甲午日（初一），南宫朔平署发生火灾。

段颎打败西羌，随后又进兵穷追，辗转在山谷之间，从春到秋，没一天不发动进攻的，终于将西羌打败了，共斩杀了敌人二万三千首级，还俘虏了数万人，有一万多户投降，朝廷因此封段颎为都乡侯。

秋季，七月，任命太中大夫陈蕃为太尉。陈蕃要把太尉之职推让给太常胡广、议郎王畅和正在服刑供役的李膺，桓帝都没有答应。

王畅，就是王龚的儿子，曾担任南阳太守，因为南阳当地有太多的贵戚豪族为忧患，刚到任的时候，就严刑峻法地大肆整顿，豪门贵族中如果有犯法的，就让属吏拆屋砍树，并填井平灶地毁坏他们的家业。功曹张敞奏记劝告他说：“文翁、召父、卓茂等前辈，都用温厚的德教为政，并流传于后世。用毁屋砍树这种严厉威猛的方式，虽然是为了惩治罪恶，但最终难使令名远播。南阳原本是旧都，在王畿附近的侯甸区内，皇帝先人的四座庙都在章陵，光烈皇后、和帝阴后和邓后都是新野人，从中兴以来，功臣将相，世代传承，府昌第隆。微臣认为：秉公用法，还不如广施恩德；如果急于揭发奸情，还不如礼贤下士。虞舜任用皋陶，那些不仁的人就远离了，如果想感化人，主要还是在于德教，而不是严刑重罚。”王畅从内心深处采纳了他的意见，于是就改变作风，用宽政治民，从而使得教化大行。

八月，戊辰，初令郡国有田者亩敛税钱。

九月，丁未，京师地震。

冬，十月，司空周景免；以太常刘茂为司空，茂，恺之子也。

郎中窦武，融之玄孙也，有女为贵人。采女田圣有宠于帝，帝将立之为后。司隶校尉应奉上书曰："母后之重，兴废所因；汉立飞燕，胤嗣泯绝。宜思《关雎》之所求，远五禁之所忌。"太尉陈蕃亦以田氏卑微，窦族良家，争之甚固。帝不得已，辛巳，立窦贵人为皇后，拜武为特进、城门校尉，封槐里侯。

十一月，壬子，黄门北寺火。

【译文】 八月，戊辰日（初六日），朝廷首次命令郡国按亩征收田税。

九月，丁未日（十五日），京城发生地震。

冬季，十月，司空周景被免职；任命太常刘茂为司空，刘茂是刘恺的儿子。

郎中窦武，就是窦融的玄孙，他有个女儿被立为贵人。采女田圣深受桓帝的恩宠，桓帝想立田圣为皇后。司隶校尉应奉上奏书说："皇后的地位非常重要，关系重大到足以影响国家的兴亡；先前汉成帝立赵飞燕为后，导致断绝了后嗣。实在应该读《关雎》中得淑女为乐的诗句，并力避五禁的忌讳。"（《韩诗外传》曰："妇人有五种人不能娶：丧妇之长女不能娶，为的不受命；家有恶疾的不能娶，弃于天也；家中有罪人的不能娶，弃于人也；乱家女不能娶，人不正；逆家女不能娶，废人伦也。"）太尉陈蕃也觉得田氏出身微贱，窦氏原本是良家闺秀，因而固执力争。桓帝没有办法，就在辛巳日（二十日）册封窦贵人为皇后，并任命窦武为特进、城门校尉，并封他为槐里侯。

十一月，壬子日（二十一日），黄门北寺发生了火灾。

陈蕃数言李膺、冯绲、刘祐之枉，请加原宥，升之爵任，言及反覆，诚辞恳切，以至流涕；帝不听。应奉上疏曰："夫忠贤武将，国之心膂。窃见左校弛刑徒冯绲、刘祐、李膺等，诛举邪臣，肆之以法；陛下既不听察，而猥受谮诉，遂令忠臣同愆元恶，自春迄冬，不蒙降恕，遐迩观听，为之叹息。夫立政之要，记功忘失；是以武帝(舍)〔拔〕安国于徒中，宣帝征张敞于亡命。绲前讨蛮荆，均吉甫之功；祐数临督司，有不吐茹之节；膺著威幽、并，遗爱度辽。今三垂蠢动，王旅未振，乞原膺等，以备不虞。"书奏，乃悉免其刑。久之，李膺复拜司隶校尉。时小黄门张让弟朔为野王令，贪残无道，畏膺威严，逃还京师，匿于兄家合柱中。膺知其状，率吏卒破柱取朔，付雒阳狱，受辞毕，即杀之。让诉冤于帝，帝召膺，诘以不先请便加诛之意。对曰："昔仲尼为鲁司寇，七日而诛少正卯。今臣到官已积一旬，私惧以稽留为愆，不意获速疾之罪。诚自知衅责，死不旋踵，特乞留五日，克殄元恶，退就鼎镬，始生之愿也。"帝无复言，顾谓让曰："此汝弟之罪，司隶何愆!"乃遣出。自此诸黄门、常侍皆鞠躬屏气，休沐不敢出宫省。帝怪问其故，并叩头泣曰："畏李校尉。"时朝廷日乱，纲纪颓弛，而膺独持风裁，以声名自高，士有被其容接者，名为登龙门云。

【译文】陈蕃多次替李膺、冯绲、刘祐申冤，请求宽赦他们，恢复他们原来的官职，陈蕃多次请求，辞恳意诚，以至于涕泗横流，但桓帝就是不理睬。应奉也上书说："忠臣良将，就好像国家的心腹和脊梁。据臣所知，现在被罚在左校服刑供役的冯绲、刘祐和李膺等人，举发奸臣的罪行，是想将他们绳之以法；陛下不但没有听从他们的告发，查明事实，反倒相信那些奸小诬陷忠良的谗言，以至于使忠臣蒙受冤屈，并把他和元恶大

凶一样加罪惩办，从春到冬，都没有得到陛下宽恕，朝野之人，耳闻目睹，没有人不为他们叹息。说到治国立政，最重要的事就在于永远想着他人的功劳，宽恕别人小小的过失；所以武帝（当作景帝）就任用正在服刑的韩安国为梁国的内史，而宣帝则任命畏罪亡命的张敞为冀州刺史。冯绲曾经平定过荆州的叛蛮，可以和吉甫征伐猃狁同功；刘祐多次担任司隶校尉，不后悔矜寡，不害怕豪强，颇有不欺软怕硬的亮节；李膺的声威震动幽州、并州，当地的人们直到现在还对他怀念不已，而今边疆的夷蛮蠢蠢欲动，而王朝的军队又不够精壮，祈求宽赦李膺等人，以防止发生意外的忧患。”奏折呈上以后，桓帝这才赦免了他们三人的罪刑。又过了很久，李膺才又被任命为司隶校尉。当时小黄门张让的弟弟张朔正担任野王县令，贪婪残暴，作恶多端，因为害怕李膺的威严，就径自逃回京城，躲在他哥哥张让家空心合柱的暗室里。李膺知道了这事之后，就带着官兵去张让家，砸坏了柱子将张朔抓了出来，并将他押送到洛阳的牢狱中，审讯结束以后，立即就将张朔斩首正法。张让就到桓帝那儿去诉冤，桓帝下旨召见李膺，责问他为什么事先没奏报请示就把张朔杀了。李膺回答说：“先前孔子在鲁国做司寇，到任七天就杀死了少正卯。现在微臣到职已经十天了，私下里只害怕因积延案件而获罪，没想到反倒因为办案太快而获罪。微臣既然因此而获罪，明知死期就要到了，但是请求能宽缓五天，等到臣惩灭那些元恶大凶之后，就立即回来接受鼎镬酷刑，这才能了却微臣这一生的心愿啊。”这一番话让桓帝无话可说，他回过头来对张让说：“这明明就是你弟弟的不是，司隶有什么不对的呢？”于是就命令李膺退下了事了。从此以后，黄门和常侍们都一个个小心谨慎，连大气都不敢出，休息沐浴的日子也没有敢出宫门一步的。

桓帝觉得很诧异，就问是什么原因，大家都跪在地上叩头流着泪说："我们害怕李校尉啊。"那时候朝廷一天比一天混乱，纲纪颓废，只有李膺坚持要严肃法纪，惩除暴恶，端正风气，因此就以清高正直的名声显称于时，士人一旦被他容纳接待，都认为好像跃登龙门一般。

徵东海相刘宽为尚书令。宽，崎之子也，历典三郡，温仁多恕，虽在仓卒，未尝疾言遽色。吏民有过，但用蒲鞭罚之，示辱而已，终不加苦。每见父老，慰以农里之言，少年，勉以孝悌之训，人皆悦而化之。

【译文】 东海相刘宽被任命为尚书令。刘宽，就是刘崎的儿子，他先后共担任过三个郡的太守，为人温柔仁厚，很能体谅别人，即使在仓促急迫的时候，也从来都没有过疾言厉色。下属和百姓如果犯有过失，就只用蒲草编的鞭子责打他，以示羞辱而已，始终都没对他们用过苦刑。见到父老的时候，就和他们谈些乡里和庄稼的事，而见到少年的时候，就用孝悌的道理来训勉他们，每个人都心悦诚服地接受他的教化。

九年（丙午，公元一六六年）春，正月，辛卯朔，日有食之。诏公卿、郡国举至孝。太常赵典所举荀爽对策曰："昔者圣人建天地之中而谓之礼，众礼之中，昏礼为首。阳性纯而能施，阴体顺而能化，以礼济乐，节宣其气，故能丰子孙之祥，致老寿之福。及三代之季，淫而无节，阳竭于上，阴隔于下，故周公之戒曰：'时亦罔或克寿。'《传》曰：'截趾适屦，孰云其愚，何与斯人，追欲丧躯。'诚可痛也。臣窃闻后宫采女五六千人，从官、侍使复在其外，空赋不辜之民，以供无用之女，百姓穷困于外，阴阳隔塞于内，故感动和气，灾异屡臻。臣愚以为诸未幸御者，一皆遣出，使成妃合，此诚国家之大福也。”诏拜郎中。

【译文】 九年（丙午，公元166年）春季，正月，辛卯朔日（初一），发生日食。诏令公卿和郡国推荐至孝的人才。太常赵典所推荐的荀爽说：“以往圣人立教于天地之间名之为礼，在所有的礼法当中，又以婚礼为首位。阳性纯刚但能施行，阴性柔顺但能消化，用礼来节制安乐，固本养元，才会享有多子多孙以及养身长寿的大福。到了三代后期，君主荒淫无度，阳气衰竭在上，阴气闭隔在下，所以周公在《无逸篇》的戒条中就说过：‘一时不慎，就会减短寿命。’而经传上也曾记载：‘削足适履，怎么能说是至愚的行为？为了放纵情欲去丧身的人，跟削足的人比起来，难道不是更加愚昧吗？’这种人真让人深感痛惜啊。微臣私下听说后宫的采女有五六千人，从官和侍使还没有在内，朝廷向无辜的百姓征收赋税，用来供养这些没有用的女子，百姓贫穷于外，而阴阳阻隔于内，所以有伤于天地之间的和气，因此就一再有灾变事故发生。按愚臣所见凡是未蒙宠幸的采女，都应该把她们全都送出宫去，让她们各自择偶结婚，如果能这样做的话，那可真是国家的大福啊。”桓帝因此诏令委任荀爽为郎中。

【康熙御批】 宫闱之中，可供使令足矣。何须若是之多耶？每见史册所载后宫之繁，辄为之恻然。人情不甚相远，顾忍出于此，诚不所解。本朝家法，务崇俭约，至于掖庭，用人最简，较历代仅百分之一耳。

【译文】 后宫之中的人，可供使令就可以了。为什么需要这么多呢？每次看到史册所记载后宫人数的繁多，总是为此感到悲伤。人情相差不会太远，竟然忍心做出这样的事情，真的让人难以理解。本朝家法，务必要崇尚节俭，至于后宫，用人最简，比较历代只有百分之一而已。

司隶、豫州饥，死者什四五，至有灭户者。

诏徵张奂为大司农，复以皇甫规代为度辽将军。规自以连在大位，欲求退避，数上病，不见听。会友人丧至，规越界迎之，因令客密告并州刺史胡芳，言规擅远军营，当急举奏。芳曰："威明欲避第仕涂，故激发我耳。吾当为朝廷爱才，何能申此子计邪!" 遂无所问。

夏，四月，济阴、东郡、济北、平原河水清。

司徒许栩免；五月，以太常胡广为司徒。

庚午，上亲祠老子于濯龙宫，以文罽为坛饰，淳金铝器，设华盖之坐，用郊天乐。

【译文】 司隶和豫州闹饥荒，有十分之四五的人都被活活饿死了，甚至还有因为全家饿死而绝后的。

桓帝任命张奂为大司农，再次委派皇甫规去接任度辽将军。皇甫规自己觉得连任高官，居处上位，因此就想隐退避祸，多次上奏称病辞官，都没被准许。刚好遇到一位友人去世，要出殡送葬，灵柩经过邻境，皇甫规就越界前去迎丧，并趁机让人去密告并州刺史胡芳，说皇甫规擅自离开军营，应当立即上奏废除。胡芳说："威明（皇甫规字威明）想要辞官归乡，远离仕途，所以借故来激我罢了。我应当替朝廷惜才，怎么能中计而让他如愿呢？" 因此对这件事根本不加追问。

夏季，四月，济阴、东郡、济北、平原一带黄河水清澈。

司徒许栩被免去职务；五月，任命太常胡广为司徒。

庚午日（五月无此日），桓帝亲自前往濯龙宫祭祀老子，用织花毛布作为坛饰，容器口上饰金，设立华盖座位，来祭天娱神。

鲜卑闻张奂去，招结南匈奴及乌桓同叛。六月，南匈奴、乌桓、鲜卑数道入塞，寇掠缘边九郡。秋，七月，鲜卑复入塞，诱引东羌与共盟诅。于是，上郡沈氏、安定先零诸种共寇武威、张掖，缘边大被其毒。诏复以张奂为护匈奴中郎将，以九卿秩督幽、并、凉三州及度辽、乌桓二营，兼察刺史、二千石能否。

初，帝为蠡吾侯，受学于甘陵周福，及即位，擢福为尚书。时同郡河南尹房植有名当朝，乡人为之谣曰："天下规矩，房伯武；因师获印，周仲进。"二家宾客，互相讥揣，遂各树朋徒，渐成尤隙。由是甘陵有南北部，党人之议自此始矣。

【译文】 鲜卑听说张奂离开，就联合了南匈奴与乌桓共同反叛。六月，南匈奴、乌桓、鲜卑分别由多条路线进兵入塞，入侵缘边九郡。秋季，七月，鲜卑再次发兵入塞，诱导东羌与他们订立盟誓。上郡沈氏和安定先零等异族也都联合起来，出兵进攻武威、张掖，边疆地区深受其害。桓帝下诏令又任命张奂为护匈奴中郎将，薪俸等同九卿，监督率领幽、并、凉三州及度辽、乌桓两个军营，并且督察刺史及俸禄二千石等级官员的能力高下，称职是否。

桓帝位处蠡吾侯时，曾经受学于甘陵人周福，等到即位以后，就将周福提升为尚书。那时候与周福同郡的河南尹房植已经在当朝很有名，甘陵人就编了歌谣："天下规矩，房伯武（房植字伯武）；因师获印，周仲进（周福字仲进）。"因此房、周两家的宾客，就常常彼此相讥评，各树党派，逐渐形成了怨隙。从此甘陵就分成了南、北两派，评论时人的风气，也是由这个时候

兴起的。

汝南太守宗资以范滂为功曹，南阳太守成瑨以岑晊为功曹，皆委心听任，使之褒善纠违，肃清朝府。滂尤刚劲，疾恶如仇。滂甥李颂，素无行，中常侍唐衡以属资，资用为吏；滂寝而不召。资迁怒，捶书佐朱零，零仰曰："范滂清裁，今日宁受笞而死，滂不可违。"资乃止。郡中中人以下，莫不怨之。于是二郡为谣曰："汝南太守范孟博，南阳宗资主画诺；南阳太守岑公孝，弘农成瑨但坐啸。"

太学诸生三万馀人，郭泰及颍川贾彪为其冠，与李膺、陈蕃、王畅更相褒重。学中语曰："天下模楷，李元礼；不畏强御，陈仲举；天下俊秀，王叔茂。"于是中外承风，竞以臧否相尚，自公卿以下，莫不畏其贬议，屣履到门。

【译文】 汝南太守宗资任命范滂为功曹，南阳太守成瑨任命岑晊为功曹，他们对这两个人都全心全意地信任，委托二人表扬善良，检举邪恶，整治郡府中的法纪。范滂待人尤其刚正，疾恶如仇。范滂的外甥李颂，向来行为不端，中常侍唐衡把他托付给宗资，宗资便让他在郡府里做一名小吏；但是范滂却把公文压下，不召见他。宗资误以为是被书佐朱零耽搁了，就很生气，于是把朱零找来加以拷打，朱零昂然地说："范滂的决定是公正的，我宁愿今天被打死，也不能违背范滂的意思。"宗资这才停止拷问他。郡中不了解范滂的人，没有不怪他的。因此两个郡的人为他们编了首歌谣："汝南的太守是范孟博（范滂字孟博），南阳宗资只负责在文书上签字；南阳的太守是岑公孝（岑晊字公孝），弘农成瑨只是闲坐着吟咏。"

太学里有三万多学生，郭泰与颍川的贾彪是他们的领袖，就和李膺、陈蕃、王畅等人互相推重。太学生们就编了歌说："天下的楷模，李元礼；不惧强御，陈仲举；天下俊秀，王叔茂。"因此在京城内外形成了一种风气，大家都争着褒扬善良，抨击邪恶，从公卿大员以下，没有人不怕被他们贬损的，因此就争先恐后地结交他们。

宛有富贾张汎者，与后宫有亲，又善雕镂玩好之物，颇以赂遗中宫，以此得显位，用势纵横。岑晊与贼曹史张牧劝成瑨收捕汎等；既而遇赦，瑨竟诛之，并收其宗族宾客，杀二百馀人，后乃奏闻。小黄门晋阳赵津，贪横放恣，为一县巨患。太原太守平原刘瓆使郡吏王允讨捕，亦于赦后杀之。于是中常侍侯览使张汎妻上书讼冤，宦官因缘谮诉瑨、瓆。帝大怒，徵瑨、瓆，皆下狱。有司承旨，奏瑨、瓆罪当弃市。

山阳太守翟超以郡人张俭为东部督邮。侯览家在防东，残暴百姓；览丧母还家，大起茔冢。俭举奏览罪，而览伺候遮截，章竟不上。俭遂破览冢宅，藉没资财，具奏其状，复不得御。徐璜兄子宣为下邳令，暴虐尤甚。尝求故汝南太守李暠女不能得，遂将吏卒至暠家，载其女归，戏射杀之。东海相汝南黄浮闻之，收宣家属，无少长，悉考之。掾史以下固争，浮曰："徐宣国贼，今日杀之，明日坐死，足以瞑目矣！"即案宣罪弃市，暴其尸，于是宦官诉冤于帝，帝大怒，超、浮并坐髡钳，输作左校。

【译文】 宛县富商张汎，和一个后宫妃子有亲戚关系，又擅长雕刻些小玩意，就经常拿来送给宦官们，并因此而得到高位，仗势横行。岑晊和贼曹史张牧劝郎中成瑨逮捕张汎等人；后来虽然遇到了大赦，但成瑨还是把张汎杀了，并且还诛灭了他的

宗族和宾客，一共杀了二百多人，之后才上奏朝廷。小黄门赵津（晋阳人），贪暴放肆，是县中的危害。太原太守刘瓆（平原人）派郡吏王允去收捕他，也是在大赦令颁下后将赵津处死的。因此中常侍侯览教唆张汎的妻子上书讼冤，宦官们就趁机告发成瑨和刘瓆。皇帝大怒，就把成瑨、刘瓆二人收进监狱。有司承颜希旨，因此奏成瑨、刘瓆罪该处死示众。

山阳太守翟超任命当地人张俭为东部督邮。侯览家住防东，虐待百姓；侯览因为母亲去世，就回家奔丧，大肆修建坟墓。张俭上奏告发侯览，但是被侯览从中拦截了下来，奏表就没能被送上去。张俭又拆毁了侯览家的住宅，没收了他的财产，上奏状告他的罪，但是奏表还是没能送上去。徐璜哥哥的儿子徐宣担任下邳县令时，暴虐到了极致。他曾经想娶前汝南太守李暠的女儿但是没有被允婚，因此就带着吏卒到李暠家中，把他女儿抢回来了，百般戏辱后将她杀死了。东海相黄浮（汝南人）听了这事之后，就把徐宣一家老小都抓了起来，并一个个地拷问。掾史以下都反对他这种做法，并极力争执，黄浮说："徐宣这个国贼，我今天就要把他杀了，就算明天就判我死罪，也可以让我瞑目了！"黄浮当场就定了徐宣的死刑，杀了他并将尸体暴露在原野。于是宦官们向桓帝诉冤，桓帝很愤怒，因此翟超、黄浮都被判了髡钳重刑，并贬到左校做苦工。

太尉陈蕃、司空刘茂共谏，请瑨、瓆、超、浮等罪；帝不悦。有司劾奏之，茂不敢复言。蕃乃独上疏曰："今寇贼在外，四支之疾；内政不理，心腹之患。臣寝不能寐，食不能饱，实忧左右日亲，忠言日疏，内患渐积，外难方深。陛下超从列侯，继承天位，小家畜产百万之资，子孙尚耻愧失其先业，况乃产兼天下，受之先帝，而欲懈怠以自轻忽乎！诚不爱己，不当念先帝得之勤苦邪！前梁氏五侯，毒遍海内，天启圣意，收而戮之。天下之议，冀当小平；明鉴未远，覆车如昨，而近习之权，复相扇结。小黄门赵津、大猾张汎等，肆行贪虐，奸媚左右。前太原太守刘瓆、南阳太守成瑨纠而戮之，虽言赦后不当诛杀，原其诚心，在乎去恶，至于陛下，有何悁悁！而小人道长，(营)〔荧〕惑圣听，遂使天威为之发怒，必加刑谪，已为过甚，况乃重罚令伏欧刀乎！又，前山阳太守翟超、东海相黄浮，奉公不桡，疾恶如仇，超没侯览财物，浮诛徐宣之罪，并蒙刑坐，不逢赦恕。览之从横，没财已幸；宣犯衅过，死有馀辜。昔丞相申屠嘉召责邓通，雒阳令董宣折辱公主，而文帝从而请之，光武加以重赏，未闻二臣有专命之诛。而今左右群竖，恶伤党类，妄相交构，致此刑谴，闻臣是言，当复啼诉。陛下深宜割塞近习与政之源，引纳尚书朝省之士，简练清高，斥黜佞邪。如是天和于上，地洽于下，休祯符瑞，岂远乎哉！”帝不纳。宦官由此疾蕃弥甚，选举奏议，辄以中诏谴却，长史以下多至抵罪，犹以蕃名臣，不敢加害。

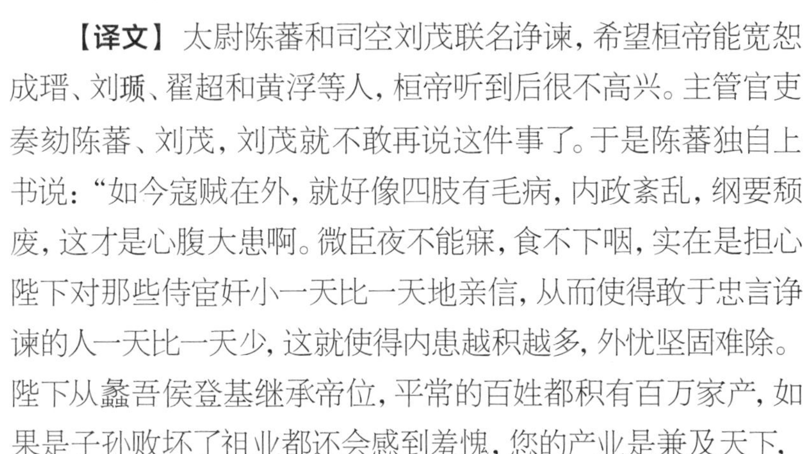

【译文】太尉陈蕃和司空刘茂联名诤谏，希望桓帝能宽恕成瑨、刘瓆、翟超和黄浮等人，桓帝听到后很不高兴。主管官吏奏劾陈蕃、刘茂，刘茂就不敢再说这件事了。于是陈蕃独自上书说：“如今寇贼在外，就好像四肢有毛病，内政紊乱，纲要颓废，这才是心腹大患啊。微臣夜不能寐，食不下咽，实在是担心陛下对那些侍宦奸小一天比一天地亲信，从而使得敢于忠言诤谏的人一天比一天少，这就使得内患越积越多，外忧坚固难除。陛下从蠡吾侯登基继承帝位，平常的百姓都积有百万家产，如果是子孙败坏了祖业都还会感到羞愧，您的产业是兼及天下，

更何况是从先帝那儿继承得来的，怎么能轻忽懈怠呢？即使不爱惜自己的名声，也该念及先帝得天下时的勤劳辛苦啊！从前梁氏一门的五位侯王害尽了天下百姓，于是上天就启发了陛下，把他们都诛灭了。天下的非议，才慢慢地平息下来；这件足以用来作为借鉴的事刚过去不久，陛下就重蹈覆辙，以至于让那批亲狎的权幸又继续起来作乱，相互勾结、狼狈为奸来蛊惑陛下。小黄门赵津和大奸臣张汎等人，贪婪残暴，肆意横行，奸诈狡猾，取媚阉宦。前太原太守刘瓆和南阳太守成瑨检举他们的罪行，并把他们都杀了，虽然说在大赦令颁布以后就不该再诛杀他们，但是想到这两位太守的用心，也是为国除恶的一片忠诚，杀了两个这样的元恶大凶，陛下又有什么好愤怒的呢？只因为小人道长，就让陛下受了他们的荧惑，陛下这才怒不可遏地大发雷霆，并且一定要惩办刘瓆、成瑨，这已经很过分了，更何况是严刑重罚，斩首处决呢？再者，前山阳太守翟超和东海相黄浮，秉公执法，不屈不挠，嫉恶如仇，因此翟超没收了侯览的财物，黄浮因徐宣罪大恶极就把他杀了，竟然都被降罪受刑，还毫不宽待。像侯览那样横暴放肆的人，只是没收他了的财物，这已经算是大幸了；而徐宣罪大恶极，死不足惜。以前丞相申屠嘉召责邓通，洛阳县令董宣令公主耻辱，但是文帝却为他请罪说情，光武帝也重加赏赐，从来没有听说这两位臣子被判擅自行权的罪名。如今陛下左右的小人，陷害忠良，党同伐异，朋比为奸，最终造成了这样的刑狱，听到微臣这样的想法，想必又要到陛下面前号哭谮诉了。陛下应该杜绝近侍、奸邪小人参与政事，并任用尚书朝士中有经验有才能的清高人士，斥黜谗佞奸邪的小人。只有这样才能参天地，使百姓祥和，那么四海升平的日子还会远吗？”桓帝没有理他。从此宦官就对陈蕃更加痛恨，但凡是陈蕃所举荐的贤才、所上的奏折，都常常是由宫中下诏斥回，长官以下的官员有许多因替陈蕃抵罪而降罪受惩，但毕竟陈蕃是朝廷有名的大臣，所以宦官们不敢直接加害于他。

平原襄楷诣阙上疏曰："臣闻皇天不言，以文象设教。臣窃见太微、天廷五帝之坐，而金、火罚星扬光其中，于占，天子凶；又俱入房、心，法无继嗣。前年冬大寒，杀鸟兽，害鱼鳖，城傍竹柏之叶有伤枯者。臣闻于师曰：'柏伤竹枯，不出二年，天子当之。'今自春夏以来，连有霜雹及大雨雷电，臣作威作福，刑罚急刻之所感也。太原太守刘瓆，南阳太守成瑨，志除奸邪，其所诛翦，皆合人望。而陛下受阉竖之谮，乃远加考逮。三公上书乞哀瓆等，不见采察而严被谴让，忧国之任，将遂杜口矣。臣闻杀无罪，诛贤者，祸及三世。自陛下即位以来，频行诛罚，梁、寇、孙、邓并见族灭，其从坐者又非其数。李云上书，明主所不当讳；杜众乞死，谅以感悟圣朝；曾无赦宥而并被残戮，天下之人咸知其冤，汉兴以来，未有拒谏诛贤，用刑太深如今者也。昔文王一妻，诞致十子；今宫女数千，未闻庆育，宜修德省刑以广《螽斯》之祚。案春秋以来，及古帝王，未有河清。臣以为河者，诸侯位也。清者，属阳；浊者，属阴。河当浊而反清者，阴欲为阳，诸侯欲为帝也。京房《易传》曰：'河水清，天下平。'今天垂异，地吐妖，人疠疫，三者并时而有河清，犹春秋麟不当见而见，孔子书之以为异也。愿赐清闲，极尽所言。"书奏，不省。

【译文】平原人襄楷到京上书说："微臣认为上天虽然不会开口说话，但是可以借天文现象垂教世人。微臣看到太微天庭五帝的星座间，竟然有金、火星出现，寒光闪闪，从占卜上来

说，天子会有大凶；并且金、火星还入侵了房、心星座，这又是上天惩罚天子没有继嗣的凶兆。前年冬天气候非常寒冷，冻死了不少鸟兽和鱼鳖，洛阳京城旁近的松柏树叶都有了凋伤枯萎的现象。微臣曾听老师说：‘如果柏凋竹枯，那么不出两年，天子一定会有灾祸临头。’从今年春、夏两季以来，就接连不断地降霜下雹，大雨倾盆，雷电交加，这是因为臣下作威作福，刑罚苛刻而触怒上天的征兆啊。太原太守刘瓆和南阳太守成瑨，一心除暴安良，他们所诛灭的小人没一个不符合众望并且大快人心的。然而陛下竟听信阉宦奸小的谗言，下诏将他们逮捕治罪，三公上书请求宽免刘瓆等人，没有采纳明鉴，反而对他严加斥责，于是忠贞忧国的臣子都一个个三缄其口再也不想多说什么了。微臣也曾听过滥杀无辜，枉诛贤才，并将灾祸牵连三世。从陛下登位以来，就不断地诛杀，梁冀、寇荣、孙寿、邓万世等先后都被满门抄斩，被牵连的人还不知道有多少。李云上书，开明的君主本来不当忌讳他出言不逊；杜众继续用死谏，原本觉得一定能感悟圣君；然而竟毫不犹豫地都被处死，天下百姓人人都知道他们是被冤死的。从汉朝兴盛以来，还没有因为拒绝纳谏而诛杀贤士的，用刑苛刻还没有像现在这样的事。古时候周文王只有一个妻子，然而生的孩子多达十人，如今宫女有数千人之多，竟然没有听说有孕育的喜庆大事，实在是应该修德减刑，借求《螽斯》多子多孙的福祉了啊。再按照历史事实来说，从春秋以来，古代任何一位帝王执政的时期内，都没有河水自清的现象出现。微臣觉得黄河属于侯位，清属阳，而浊属阴。河水本来应该是浊的，竟然能自清，这是阴气即将取代阳气，诸侯想要夺位称帝的征兆啊。京房《易传》上虽然记载道：‘河水清了，天下就太平了。’但现在天垂异象，地生灾害，人间瘟疫横行，在这三种现象一同发生的时候，河水竟然自清，这就像春秋末季麒麟不应该出现却出现了一样，孔子感到很惊异，所以才记载下来了。我希望陛下在清闲的时候，能细加深思微臣所说的这番话。”奏折呈上，桓帝没有理会。

十馀日，复上书曰：“臣闻殷纣好色，妲己是出；叶公好龙，真龙游廷。今黄门、常侍，天刑之人，陛下爱待，兼倍常宠，系嗣未兆，岂不为此！又闻宫中立黄、老、浮屠之祠，此道清虚，贵尚无为，好生恶杀，省欲去奢。今陛下耆欲不去，杀罚过理，既乖其道，岂获其祚哉！浮屠不三宿桑下，不欲久生恩爱，精之至也；其守一如此，乃能成道。今陛下淫女艳妇，极天下之丽，甘肥饮美，单天下之味，奈何欲如黄、老乎！”书上，即召入，诏尚书问状。楷言：“古者本无宦臣，武帝末数游后宫，始置之耳。”尚书承旨，奏：“楷不正辞理，而违背经艺，假借星宿，造合私意，诬上罔事，请下司隶正楷罪法，收送雒阳狱。”帝以楷言虽激切，然皆天文恒象之数，故不诛；犹司寇论刑。自永平以来，臣民虽有习浮屠术者，而天子未之好；至帝，始笃好之，常躬自祷祠，由是其法侵盛，故楷言及之。

【译文】 十几天之后，襄楷又上书说：“微臣听说因为殷纣好色，所以才有妲己的出现；由于叶公好龙，才有真龙游于门廷。如今黄门、常侍，本来是得罪上天而受腐刑的人，但是陛下对他们的关爱，竟然超过了对一般人的宠幸，如今后宫没有一个怀孕生子的，难道不是这个原因吗？又听说宫中有供奉黄、老、浮屠的祠堂，他们都主张清心寡欲，清静无为，好生恶杀，戒欲去奢。然而现在陛下嗜欲无度，赏罚过度，已经违反了他的道义，又怎么能获得福祉呢？浮屠在一个地方住宿，绝对不超

过三晚上，为的是避免时间长了萌发爱恋的情意，而一心一意地修道，诚意专一到这种地步，所以才可以修成正道。如今陛下身边有成群的美女艳妇，极尽了天下的美色，美味佳肴、琼浆玉液极尽了天下的美味，又怎么能像黄、老一样清虚寡欲呢？”奏书呈上之后，就被立即召入宫中，桓帝诏令尚书详加审问。襄楷说：“古代本来并没有宦官，因为武帝晚年数游后宫，才设立了这种官职。”尚书为了迎合宦官，竟然上奏折说：“襄楷所说的，道理都不合正道，而且违反经艺，借着星象方位的说法，借以牵附他自己的意思，诬蔑皇帝，歪曲事实，请求下令司隶依法治罪，并将其收押在洛阳的狱中。”皇帝认为襄楷的言语虽然过于激切，但都是些天文常象的术语，所以就没有杀他，只是把他发配到边地去防敌人并服刑两年。从永平年以来，在臣民中虽然有信奉浮屠、研究法术的，但是还从来没有一个天子喜欢法术的；一直到了桓帝以后，才特别好此道，经常亲自祷告，因此信教的风气越来越盛，所以襄楷就提到了这点。

符节令汝南蔡衍、议郎刘瑜表救成瑨、刘瓆，言甚切厉，亦坐免官。瑨、瓆竟死狱中。瑨、瓆素刚直，有经术，知名当时，故天下惜之。岑晊、张牧逃窜获免。

晊之亡也，亲友竞匿之；贾彪独闭门不纳，时人望之。彪曰：“《传》言‘相时而动，无累后人。’公孝以要君致衅，自遗其咎，至已不能奋戈相待，反可容隐之乎！”于是咸服其裁正。彪尝为新息长，小民困贫，多不养子；彪严为其制，与杀人同罪。城南有盗劫害人者，北有妇人杀子者。彪出案验，掾吏欲引南，彪怒曰：“贼寇害人，此则常理；母子相残，逆天违道！”遂驱车北行，案致其罪。城南贼闻之，亦面缚自首。数年间，人养子者以千数。

曰："此贾父所生也。"皆名之为贾。

【译文】符节令汝南人蔡衍、议郎刘瑜由于上表救成瑨、刘瓆，言语过于激烈，也都因为这件事被免官。后来成瑨、刘瓆都死在了狱中。然而这两个人，向来刚毅正直，通达经术，并因此而闻名于世，因此天下人都为他们的冤死而深为痛惜。岑晊、张牧事先已经逃走了，才免了一死。

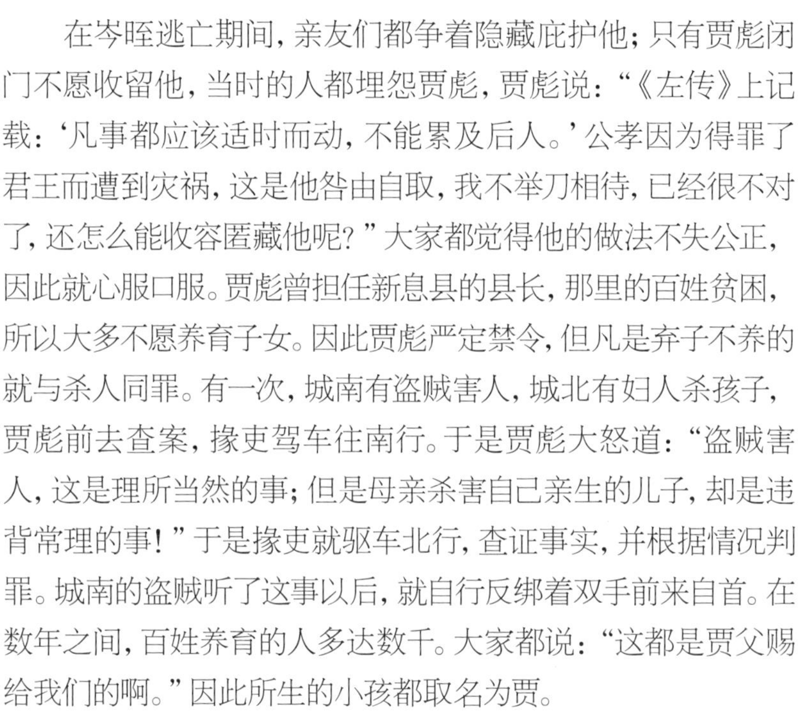

在岑晊逃亡期间，亲友们都争着隐藏庇护他；只有贾彪闭门不愿收留他，当时的人都埋怨贾彪，贾彪说："《左传》上记载：'凡事都应该适时而动，不能累及后人。'公孝因为得罪了君王而遭到灾祸，这是他咎由自取，我不举刀相待，已经很不对了，还怎么能收容匿藏他呢？"大家都觉得他的做法不失公正，因此就心服口服。贾彪曾担任新息县的县长，那里的百姓贫困，所以大多不愿养育子女。因此贾彪严定禁令，但凡是弃子不养的就与杀人同罪。有一次，城南有盗贼害人，城北有妇人杀孩子，贾彪前去查案，掾吏驾车往南行。于是贾彪大怒道："盗贼害人，这是理所当然的事；但是母亲杀害自己亲生的儿子，却是违背常理的事！"于是掾吏就驱车北行，查证事实，并根据情况判罪。城南的盗贼听了这事以后，就自行反绑着双手前来自首。在数年之间，百姓养育的人多达数千。大家都说："这都是贾父赐给我们的啊。"因此所生的小孩都取名为贾。

河内张成，善风角，推占当赦，教子杀人。司隶李膺督促收捕，既而逢宥获免；膺愈怀愤疾，竟案杀之。成素以方伎交通宦官，帝亦颇讯其占；宦官教成弟子牢修上书，告"膺等养太学游士，交结诸郡生徒，更相驱驰，共为部党，诽讪朝廷，疑乱风俗。"于是天子震怒，班下郡国，逮捕党人，布告天下，使同忿疾。

案经三府，太尉陈蕃却之曰："今所案者，皆海内人誉，忧国忠公之臣，此等犹将十世宥也，岂有罪名不章而致收掠者乎！"不肯平署。帝愈怒，遂下膺等于黄门北寺狱，其辞所连及，太仆颍川杜密、御史中丞陈翔及陈寔、范滂之徒二百馀人。或逃遁不获，皆悬金购募，使者四出相望。陈寔曰："吾不就狱，众无所恃。"乃自往请囚。范滂至狱，狱吏谓曰："凡坐系者，皆祭皋陶。"滂曰："皋陶，古之直臣，知滂无罪，将理之于帝，如其有罪，祭之何益！"众人由此亦止。陈蕃复上书极谏，帝讳其言切，托以蕃辟召非其人，策免之。

【译文】河内人张成，擅长看风水，卜测吉凶，他预测出朝廷要颁令大赦，于是就让他儿子去杀人。司隶校尉李膺命令手下逮捕了张成父子，果然不久之后就遇赦获免了；李膺愤怒到极点，最终还是判了他们死刑并将他们杀了。张成平时就靠着风水法术勾结宦官，桓帝也经常找他卜卦问疑；宦官就怂恿张成的徒弟牢修上书告状："李膺等人聚拢太学生和游士们，结交各郡的生员，彼此互相通声气，结成党羽，毁谤朝廷，扰乱民心。"桓帝因此大为震怒，于是就下令郡国，逮捕同党的人，并且公告天下，想要使天下百姓一同愤恨他们。诏书经过太尉、司徒、司空三府会稿，太尉陈蕃拒绝说："今天要收捕审问的这些人，都是海内人人称赞的忧国忧民、大公无私的忠臣，即使他们的子孙犯罪，也应该宽赦十代，哪里能查无实据就把他们逮捕起来并严加拷打呢？"于是桓帝更加生气，便把李膺等人关进了黄门北寺监狱，这件案子所牵扯的人，有太仆杜密（颍川人）、御史中丞陈翔及陈寔、范滂等二百多人。有逃跑而没捕获到的，都列出姓名悬赏捉拿，并派出使者四处搜寻。陈寔说："如果我不投案入狱，大家就会感到无所依恃。"于是就去自首坐牢。范

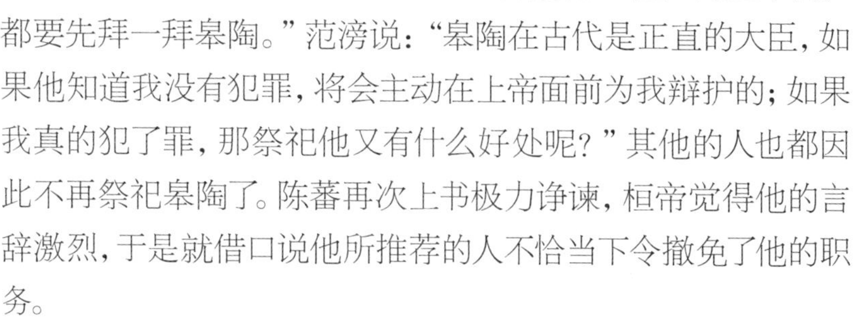
滂被关到监狱的时候，牢卒头子就告诉他说：“但凡是坐牢的，都要先拜一拜皋陶。”范滂说：“皋陶在古代是正直的大臣，如果他知道我没有犯罪，将会主动在上帝面前为我辩护的；如果我真的犯了罪，那祭祀他又有什么好处呢？”其他的人也都因此不再祭祀皋陶了。陈蕃再次上书极力诤谏，桓帝觉得他的言辞激烈，于是就借口说他所推荐的人不恰当下令撤免了他的职务。

【乾隆御批】荐善纠恶。在朝官为举职。若缙绅居乡。定当以刘胜为正。否则，大者横议，小者武断，其害尚可言哉?”寒蝉之诮，拟不于伦。其时清流恶留害人至此，无怪党锢之祸，至死不悟也。

【译文】举荐贤良，纠察邪恶，是朝廷命官的职责所在。如果士大夫辞官归乡，都应当以刘胜为榜样。否则，对待大事妄加议论，对待小事主观臆断，这样做的危害难道还用说吗？把刘胜比作寒蝉，很不合适。当时清谈的陋习能把人害死，难怪结党营私所导致终身禁锢的祸患，到死还不知悔悟。

时党人狱所染逮者，皆天下名贤，度辽将军皇甫规，自以西州豪桀，耻不得与，乃自上言：“臣前荐故大司农张奂，是附党也。又，臣昔论输左校时，太学生张凤等上书讼臣，是为党人所附也，臣宜坐之。”朝廷知而不问。

杜密素与李膺名行相次，时人谓之李、杜，故同时被系。密尝为北海相，行春，到高密，见郑玄为乡啬夫，知其异器，即召署郡职，遂遣就学，卒成大儒。后密去官还家，每谒守令，多所陈托。同郡刘胜，亦自蜀郡告归乡里，闭门扫轨，无所干及。太守

王昱谓密曰:“刘季陵清高士,公卿多举之者。密知昱以激己,对曰:“刘胜位为大夫,见礼上宾,而知善不荐,闻恶无言,隐情惜己,自同寒蝉,此罪人也。今志义力行之贤而密达之,违道失节之士而密纠之,使明府赏刑得中,令问休扬,不亦万分之一乎!”昱惭服,待之弥厚。

【译文】 当时,由于党人案件牵连被捕的都是天下有名望的贤士,度辽将军皇甫规,觉得自己是西州的豪杰,自己没被牵扯进去简直就是耻辱,因此上书言道:“微臣先前举荐前任大司农张奂,这是微臣附和党羽的事实;再者,当微臣被罚在左校做劳役时,太学生张凤等人曾上书替臣申诉,这又是党人附和微臣的事实,所以微臣也应该受到牵连入狱治罪。”朝廷看到这份奏书后,却并没有追问。

杜密向来与李膺齐名,当时的人并称他们为“李杜”,所以被同时逮捕入狱。杜密曾经担任北海相,有一年春天,巡行所属各县去劝农赈济时来到高密,看到郑玄担任乡啬夫的官吏,知道他是个奇才以后,就把他召入郡中任职,不久之后就把他送去就学,使郑玄最终成了一代鸿儒。后来杜密辞官归乡,每次去拜见太守和县令的时候,常在他们面前贬谪恶人推荐善良的人。跟他同郡的刘胜,当时也从蜀郡辞官回乡,闭门辞客,不问世事。太守王昱就对杜密说:“刘季陵(刘胜,字季陵)可真是位清高的人啊,公卿们对他都大大称赞。”杜密知道王昱是借此来暗示他少管闲事,就回答王昱说:“刘胜是大夫,郡守以上的都用宾客之礼对待他,但是他知道某人善良正直却不举荐他,听说有人为非作歹也不相告,于是就隐善瞒恶只顾爱惜个人的名声,就好像寒蝉一样的缄默不语,这就相当于是朝廷的罪人。如今,凡是有志气的忠义贤士,我都向你举荐,让他也能有伸展抱负的机会；但凡是违离正道、有失操守的小人，我在你面前检举他的罪过，从而让太守你能赏罚得当，这对发扬你的令名美誉，不也能帮助一点吗？”王昱听了这番话之后，惭愧不已，并对他钦佩万分，从此就对他更加礼遇。

【申涵煜评】规功业炳著，自足不朽。当党议纷纭，何妨中立？乃上书欲自附党人，未免好名多事。吕大防秦人无党，人岂以此少之哉！语曰："群而不党。"又何称焉！

【译文】皇甫规功业显著，彪炳千秋，自立不朽。党锢之祸发生时，两派争论不休，（皇甫规认为自己）怎么能中立呢？因此上书说自己曾经攀附党人，未免太想出名，又太多事了。只有吕大防、秦人不结党派，难道是因为人少的原因吗！有句话说："一群人聚在一起却不结党"。皇甫规的做法又有什么值得称道的！

九月，以光禄勋周景为太尉。

司空刘茂免；冬，十二月，以光禄勋汝南宣酆为司空。

以越骑校尉窦武为城门校尉。武在位，多辟名士，清身疾恶，礼赂不通。妻子衣食裁充足而已。得两宫赏赐，悉散与太学诸生及匄施贫民。由是众誉归之。

匈奴乌桓闻张奂至，皆相率还降，凡二十万口；奂但诛其首恶，馀皆慰纳之。唯鲜卑出塞去。朝廷患檀石槐不能制，遣使持印绶封为王，欲与和亲。檀石槐不肯受，而寇抄滋甚；自分其地为三部：从右北平以东至辽东，接夫馀、濊貊二十馀邑，为东部；从右北平以西，至上谷十馀邑，为中部；从上谷以西至燉煌、乌孙二十馀邑，为西部。各置大人领之。

【译文】九月，朝廷任命光禄勋周景为太尉。

司空刘茂被免职；冬季，十二月，委任光禄勋宣酆（汝南人）为司空。

朝廷任命越骑校尉窦武为城门校尉。窦武在位时，任用了许多有名望的贤士，洁身自好，嫉恶如仇，从来都不接受贿赂；妻室子女仅仅只是不用考虑衣食而已，每次受到天子和皇后的赏赐，就全部都拿来分给太学生或救济贫民，因此大家都对他称赞不已。

匈奴乌桓听说张奂到了，就都前来归降，总共有二十万人之多；张奂只杀死了带头造反的几个头目，而对其他的人都善加抚慰收容。只有鲜卑出塞离开。朝廷因为不能制服檀石槐感到忧虑，因此就派使者拿着印绶去封他为王，并想要跟他和亲。檀石槐不肯接受，反倒大举入侵，大肆抄掠，并把他的领区分为三部：从右北平往东到辽东，连着夫馀、濊貊二十多邑，称为东部；从右北平往西到上谷之间的十多个食邑，称为中部；从上谷以西到敦煌、乌孙一带的二十多个食邑，称为西部，各部设立大人统领。

资治通鉴卷第五十六　汉纪四十八

起强圉协洽，尽重光大渊献，凡五年。

【译文】 起丁未（公元167年），止辛亥（公元171年），共五年。

【题解】 本卷记录了汉桓帝永康元年至汉灵帝建宁四年间的历史，这一时期东汉政治处于黑暗时期。第一次党锢之祸结束后，第二次党锢之祸由京师波及全国，被诬为党人的达数十万人。颍川名士贾彪入京劝说皇后父亲窦武与朝官联手抵抗宦官为党人申诉，于是桓帝释放了李膺等二百余人，但仍禁锢终身。灵帝继位后不满窦太后临朝，与宦官结盟，窦武等被诛，窦太后迁居南宫。全国范围清理党人，第二次党锢之祸开始，祸及万家。汉灵帝加冠，大赦天下，但唯独党人不赦。

孝桓皇帝下

永康元年（丁未，公元一六七年）春，正月，东羌先零围祋祤，掠云阳，当煎诸种复反。段颎击之于鸾鸟，大破之，西羌遂定。

夫馀王夫台寇玄菟；玄菟太守公孙域击破之。

夏，四月，先零羌寇三辅，攻没两营，杀千馀人。

五月，壬子晦，日有食之。

【译文】 永康元年（丁未，公元167年）这一年六月才更改年

号。春季，正月，东羌先零攻打袪祤，掠夺云阳，煎当各族再次叛乱。段颎在鸾鸟加以攻击，把他们打得溃不成军，于是就平定了西羌。

夫馀王夫台进攻玄菟，玄菟太守公孙域把他们打败了。

夏季，四月，先零羌入侵三辅，攻占了京兆虎牙营与扶风雍营，并杀了一千多人。

五月壬子晦日（三十日），发生日食。

陈蕃既免，朝臣震栗，莫敢复为党人言者。贾彪曰："吾不西行，大祸不解。"乃入雒阳，说城门校尉窦武、尚书魏郡霍谞等，使讼之。武上疏曰："陛下即位以来，未闻善政，常侍、黄门，竞行谲诈，妄爵非人。伏寻西京，佞臣执政，终丧天下。今不虑前事之失，复循覆车之轨，臣恐二世之难，必将复及，赵高之变，不朝则夕。近者奸臣牢修造设党议，遂收前司隶校尉李膺等逮考，连及数百人，旷年拘录，事无效验。臣惟膺等建忠抗节，志经王室，此诚陛下稷契、伊吕之佐；而虚为奸臣贼子之所诬枉，天下寒心，海内失望。惟陛下留神澄省，时见理出，以厌人鬼喁喁之心。今台阁近臣，尚书朱寓、荀绲、刘祐、魏朗、刘矩、尹勋等，皆国之贞士，朝之良佐；尚书郎张陵、妫皓、苑康、杨乔、边韶、戴恢等，文质彬彬，明达国典，内外之职，群才并列。而陛下委任近习，专树饕餮，外典州郡，内干心膂，宜以次贬黜，案罪纠罚；信任忠良，平决臧否，使邪正毁誉，各得其所，宝爱天官，唯善是授，如此，咎徵可消，天应可待。间者有嘉禾、芝草、黄龙之见。夫瑞生必于嘉士，福至实由善人，在德为瑞，无德为灾。陛下所行不合天意，不宜称庆。"书奏，因以病上还城门校尉、槐里侯印绶。霍諝亦为表请。帝意稍解，因中常侍王甫就狱讯党人范滂等，皆三木囊头，暴于阶下，甫以次辨诘曰：“卿等更相拔举，迭为唇齿，其意如何？”滂曰：“仲尼之言：‘见善如不及，见恶如探汤。’滂欲使善善同其清，恶恶同其污，谓王政之所愿闻，不悟更以为党。古之修善，自求多福。今之修善，身陷大戮。身死之日，愿埋滂于首阳山侧，上不负皇天，下不愧夷、齐。”甫愍然为之改容，乃得并解桎梏。李膺等又多引宦官子弟，宦官惧，请帝以天时宜赦。六月，庚申，赦天下，改元；党人二百馀人皆归田里，书名三府，禁锢终身。

【译文】陈蕃被罢职后，满朝文武大为震惊，再也没人敢替同党的人说话了。贾彪说：“如果我不到洛阳去一趟的话，一场大祸就将在所难免了。”于是就去了洛阳，劝说城门校尉窦武、尚书霍谞（魏郡人）等人，请他们替党羽诉冤申讼。窦武便上奏折说：“从陛下登位以来，没有听说推行过什么善教德政，只是一些常侍、黄门大小的宦官，争相施展诡计骗术，胡乱地任命一些不称职的人员。伏念西京时期（指西汉），由于小臣执政，最终失去了天下。现在不以前人的失败作为借鉴，反倒重蹈覆辙，微臣真担心秦二世亡国的大悲剧，一定会再次重演，并且赵高主使行刺二世的事变，早晚也会发生。最近奸臣牢修假造事实，诬告忠良，结党聚徒，诽谤朝廷，于是就把前司隶校尉李膺等人逮捕拷问，牵连了好几百人，经过接近一年的拘囚审讯，并没有确实的罪状可验。微臣觉得李膺等人都是些忠贞高节、一心一意报效王室的贤臣，这些人都是陛下的良佐，就像古代的后稷、契、伊尹、吕尚一样；却平白无故地被奸臣贼子诬枉陷害，天下的百姓都为这事深感寒心，并且对朝廷大失所望。伏希望陛下能留神澄清是非，明辨忠奸，并立即把这批枉受陷害的

忠良释放出狱，来顺应朝野上下人士的心愿。如今陛下身旁的近臣，比如尚书朱寓、荀绲、刘祐、魏朗、刘矩、尹勋等人，都是忠贞的贤士，是朝廷的良佐；尚书郎张陵、妫皓、苑康、杨乔、边韶、戴恢等人，都是些文雅朴实、熟悉朝廷国典的贤士，无论在朝内朝外任职，都是一样优选的贤才。但是陛下却偏偏委任那些内宠狎邪奸小，并且专门重用一些贪官污吏，担任州郡的主管，而在城内的则被视为朝廷的骨干心膂，对这群奸小，实在应该贬斥黜退，按法惩办；另外就应该信任忠臣良将，公正无私地评定善恶，让正直的良臣受到称誉表扬，让邪恶的小人受到诋毁批评，各得所宜，并且要重视对官职的授予，选用有德行的贤才，这样才能够消祸根，才有望得到上天降福。最近有嘉禾、灵芝、黄龙等瑞兆出现，要知道瑞兆只应验在善人的身上，而上天赐的大福，一定是由于那人具有善德善行。所以这些征兆对有德的人来说是福兆，而对无德的人来说，则会带来灾祸。陛下的所作所为全都不合天意，实在不应当因而大肆庆祝。”奏折呈上以后，窦武便因缠病在身而托词缴还了城门校尉与槐里侯的授印。霍谞也同样上了奏折。这时，桓帝的怒气早就慢慢地消了一些，就派中常侍王甫到狱中去审问范滂等人，提审他们时，每个人都是颈上加了枷锁，戴着手镣脚铐，并且都把他们的头给蒙起来了，让他们站在阶下。王甫对他们依次详加审问说：“你们相互标榜，彼此庇护，究竟是有什么用意啊？”范滂说：“孔子曾说：‘看到别人有德行，就要像是来不及一样地去效法；看到别人有恶败的德行，就要像是伸手去试探沸水一般避之不及。’我范滂赞扬那些好人好事，为的是想让大家一同认清节操的可贵，鄙弃那些恶败德行的人，也只不过是想让大家都了解污浊恶行的可怕。本来以为这是推行王道仁政的圣君喜欢听的事，

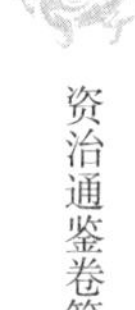

没想到反倒认为我们是在结党营私！古代的人修德行善，就能让自己得到更多的幸福，而现在的人修德行善，却招来了杀身大祸。我死以后，只希望能把我埋在首阳山侧，对上我没有辜负皇天，对下我也没有愧对伯夷、叔齐。”王甫听了他这番话后，被感动得悯然变色，这才把这一干人身上的刑械解除了。李膺等人应讯的时候，又把更多宦官的子弟牵扯了进来，宦官们因此感到恐惧，就把天时作为借口，说是应该大赦天下，请求桓帝下诏。六月，庚申日（初八），桓帝就诏令大赦天下，并改元“永康”；　二百多名党人都被释放出狱，放回乡里，但在三公府中登记了姓名，终身永不被录用。

范滂往候霍谞而不谢。或让之，滂曰：“昔叔向不见祁奚，吾何谢焉！”滂南归汝南，南阳士大夫迎之者，车数千两，乡人殷陶、黄穆侍卫于旁，应对宾客。滂谓陶等曰：“今子相随，是重吾祸也！”遂遁还乡里。

初，诏书下举钩党，郡国所奏相连及者，多至百数，唯平原相史弼独无所上。诏书前后迫切州郡，髡笞掾史，从事坐传舍责曰：“诏书疾恶党人，旨意恳恻。青州六郡，其五有党，平原何治而得独无？”弼曰：“先王疆理天下，画界分境，水土异齐，风俗不同。它郡自有，平原自无，胡可相比！若承望上司，诬陷良善，淫刑滥罚，以逞非理，则平原之人，户可为党。相有死而已，所不能也！”从事大怒，即收郡僚职送狱，遂举奏弼。会党禁中解，弼以俸赎罪。所脱者甚众。

【译文】范滂出狱后就去拜候霍谞，但是连一个“谢”字也没说。因此就有人责怪他，范滂说：“从前晋国的范宣子拘留叔向，祁奚替他申辩而获免，叔向出狱以后，都没有去看祁奚一次就独自归乡了，我要谢什么呢？”范滂向南回到汝南，在南阳有数千车辆之多的士大夫出城来迎接他，与范滂同乡的殷陶、黄穆二人在旁侍卫，迎接宾客。范滂就对他们二人说：“你们两个人跟着我，会加重我的罪过啊！”所以就独自一人偷偷地归隐乡里。

当时，桓帝诏令天下检举党人连带的关系人，各郡国奏报牵连有关的人士，多达近百，但是只有平原相史弼一个人也没有举报上奏。诏书一直督迫州郡，甚至对掾史施行髡刑鞭笞。州府里派来的从事史坐在驿舍中责问史弼说：“皇帝憎恶党人，下诏收捕，旨意明确。青州附属的六郡，其中五郡都有他们的同伙，平原郡是怎么处理这件事的呢？为什么没有一个人举报？”史弼说：“先王治理天下，分别划出界线，各地的水土不一，风俗也不同。其他郡也都有他们的党羽，平原没有，这怎么能相提并论呢？如果是为了仰承上司的心意，诬陷善良的人，滥施刑罚，来满足不合理的要求，那么平原郡的百姓，家家户户都可诬告他们是党羽。我宁愿一死，也不能做出这种事！”从事史很是愤怒，当时就拘捕了平原郡的一些曹掾史，并上奏检举了史弼。这时，刚好遇到党禁中途撤销，史弼被扣薪赎罪，很多人都因为他的解脱而免于这场灾难。

窦武所荐：朱寓，沛人；苑康，勃海人；杨乔，会稽人；边韶，陈留人。乔容仪伟丽，数上言政事，帝爱其才貌，欲妻以公主，乔固辞，不听，遂闭口不食，七日而死。

秋，八月，巴(部)〔郡〕言黄龙见。初，郡人欲就池浴，见池水浊，因戏相恐，“此中有黄龙，”语遂行民间，太守欲以为美，故上之。郡吏傅坚谏曰：“此走卒戏语耳。”太守不听。

六(月)，〔州〕大水，勃海〔海〕溢。

冬，十月，先零羌寇三辅，张奂遣司马尹端、董卓拒击，大破之，斩其酋豪，首虏万馀人，三州清定。奂论功当封，以不事宦官故不果封，唯赐钱二十万，除家一人为郎。奂辞不受，请徙属弘农。旧制，边人不得内徙，诏以奂有功，特许之。拜董卓为郎中。卓，陇西人，性粗猛有谋，羌胡畏之。

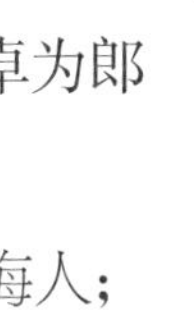

【译文】窦武所推荐的人有：朱寓，沛郡人；苑康，渤海人；杨乔，会稽人；边韶，陈留人。杨乔的外貌奇伟秀丽，曾多次上奏章纵论国事，桓帝看上了他的容貌才德，就想将公主嫁给他，杨乔坚决拒绝，不愿意接受，于是就绝食七天而死。

秋季，八月，巴郡传言有黄龙出现过。刚开始，郡中有些人准备到水池中洗澡，看到池水很混浊，就彼此戏言恐吓着说："水池里有黄龙啊！"于是这话就散播流传在民间，太守想把这个当为美事，所以才上书奏禀。郡吏傅坚劝告他说："这不过是百姓闹着玩的一句话而已。"太守没有听从。

六月，发生大水，渤海海水倒灌。

冬季，十月，先零羌入侵三辅，张奂派司马尹端、董卓来抵拒，大败了先零羌，并且斩了他们的酋长，还俘虏了一万多人，最终平定了幽、并、凉三州。张奂按功劳来说应当受封赏，但由于他平日不攀附宦官就没受封，因此只赏赐给他二十万钱，并任命他家中的一人为郎。张奂谢辞没有接受，并请求调迁到弘农。以前的制度规定，边疆的人不能只是任职，因为张奂对朝廷有功，特下诏批准请求。并任命董卓为郎中。董卓，陇西人，性情粗犷，却很有计谋，羌胡都很害怕他。

十二月，壬申，复廮陶王悝为勃海王。

丁丑，帝崩于德阳前殿。戊寅，尊皇后曰皇太后。太后临

朝。初，窦后既立，御见甚稀，唯采女田圣等有宠。后素忌忍，帝梓宫尚在前殿，遂杀田圣。城门校尉窦武议立嗣，召侍御史河间刘儵，问以国中宗室之贤者，儵称解渎亭侯宏。宏者，河间孝王之曾孙也，祖淑，父苌，世封解渎亭侯。武乃入白太后，定策禁中，以儵守光禄大夫，与中常侍曹节并持节将中黄门、虎贲、羽林千人，奉迎宏，时年十二。

【译文】 十二月，壬申日（二十三日），恢复瘿陶王刘悝为渤海王。

同月丁丑日（二十八日），桓帝在德阳前殿驾崩。戊寅日（二十九日），尊崇皇后为皇太后，并由皇太后垂帘听政。那时，虽然是册封了窦后，桓帝却很少亲近她，但是对采女田圣等恩宠有加。窦后本性忌妒残忍，桓帝的灵柩还放在前殿的时候，窦后就把田圣给杀了。城门校尉窦武商议立嗣的事，召侍御史刘儵（河间人）前来，询问他皇亲国戚中谁最贤德，刘儵推举解渎亭侯刘宏。他就是河间孝王的曾孙，从他祖父淑、父亲苌以来，世代都被封为解渎亭侯。窦武便进宫去向太后禀报，而在宫禁定策，委任刘儵担任光禄大夫的职务，并和中常侍曹节一同持节率中黄门、虎贲及千人羽林军，去迎接刘宏进京，当时刘宏十二岁。

孝灵皇帝上之上

建宁元年（戊申，公元一六八年）春，正月，壬午，以城门校尉窦武为大将军。前太尉陈蕃为太傅，与武及司徒胡广参录尚书事。

时新遭大丧，国嗣未立，诸尚书畏惧，多托病不朝。陈蕃移书责之曰："古人立节，事亡如存。今帝祚未立，政事日蹙，诸君奈何委荼蓼之苦，息偃在床，于义安乎！"诸尚书惶怖，皆起视事。

己亥，解渎亭侯至夏门亭，使窦武持节，以王青盖车迎入殿中；庚子，即皇帝位，改元。

二月，辛酉，葬孝桓皇帝于宣陵，庙曰威宗。

辛未，赦天下。

【译文】 建宁元年（戊申，公元168年）春季，正月壬午日（初三），任命城门校尉窦武为大将军。任命前太尉陈蕃为太傅，让他和窦武及司徒胡广三人一起处理尚书所奏报的事务。

当时刚遭大丧，国嗣还没有立定以前，尚书们因为畏惧权臣，大多都假装病而不上朝。陈蕃移书斥责他们说："古人立节，视死若生。如今嗣位的帝王还没有立定，国家的政事日渐急迫，等待处理，诸位怎么能逃避荼蓼般艰苦的重任，苟且偷生，装病卧床，从道义上说，你们心安吗？"尚书们惶恐万分，这才都进朝视事。

己亥日（二十日），解渎亭侯来到夏门亭，派窦武拿着符节，用王青盖车把他迎进宫殿；庚子日（二十一日），登基称帝（即汉灵帝），改名为"建宁"。

二月，辛酉日（十三日），安葬孝桓皇帝安于宣陵，庙号为威宗。

辛未日（二十三日），大赦天下。

初，护羌校尉段颎既定西羌，而东羌先零等种犹未服，度辽将军皇甫规、中郎将张奂招之连年，既降又叛。桓帝诏问颎曰："先零东羌造恶反逆，而皇甫规、张奂各拥强众，不时辑定，欲令颎移兵东讨，未识其宜，可参思术略。"颎上言曰："臣伏见先

零东羌虽数叛逆，而降于皇甫规者，已二万许落；善恶既分，馀寇无几。今张奂踌躇久不进者，当虑外离内合，兵往必惊。且自冬践春，屯结不散，人畜疲羸，有自亡之势，欲更招降，坐制强敌耳。臣以为狼子野心，难以恩纳，势穷虽服，兵去复动；唯当长矛挟胁，白刃加颈耳！计东种所馀三万馀落，近居塞内，路无险所，非有燕、齐、秦、赵从横之势，而久乱并、凉，累侵三辅，西河、上郡，已各内徙，安定、北地，复至单危。自云中、五原，西至汉阳二千馀里，匈奴、诸羌，并擅其地，是为痈疽伏疾，留滞胁下，如不加诛，转就滋大。若以骑五千、步万人、车三千两，三冬二夏，足以破定，无虑用费为钱五十四亿，如此，则可令群羌破尽，匈奴长服，内徙郡县，得反本土。伏计永初中，诸羌反叛，十有四年，用二百四十亿；永和之末，复经七年，用八十馀亿。费耗若此，犹不诛尽，馀孽复起，于兹作害。今不暂疲民，则永宁无期。臣庶竭驽劣，伏待节度。”帝许之，悉听如所上，熲于是将兵万馀人，赍十五日粮，从彭阳直指高平，与先零诸种战于逢义山。虏兵盛，熲众皆恐。熲乃令军中长镞利刃，长矛三重，挟以强弩，列轻骑为左右翼，谓将士曰：“今去家数千里，进则事成，走必尽死，努力共功名！”因大呼，众皆应声腾赴，驰骑于傍，突而击之，虏众大溃，斩首八千馀级。太后赐诏书褒美曰：“须东羌尽定，当并录功勤；今且赐熲钱二十万，以家一人为郎中。”敕中藏府调金钱、彩物增助军费，拜熲破羌将军。

【译文】起初，虽然护羌校尉段颎平定了西羌，但是东羌和先零等族还没有归顺，度辽将军皇甫规和中郎将张奂连年征讨，这些羌贼降服之后又叛变。桓帝诏问段颎说：“先零和东羌作恶多端，叛变，而皇甫规和张奂各自拥强兵，却不能及时出兵平定，如今想命令你移兵东讨，不知是不是合适，希望你拟定一个对策。”段颎进谏说：“微臣伏见先零、东羌即使是一再叛服无常，但是已经有两万多户降服于皇甫规；羌人也善恶明辨。其余的盗贼也所剩无几。如今张奂之所以踌躇不发兵进攻，一定是考虑到羌虏表面上看来是彼此携离，但遇到缓急事故的时候，一定会复合为一，出兵征讨，他们联合拒抗，士卒定会惊溃。况且从去年冬天到今年夏天，士兵一直在严密防御的备战状态中，从来没有一日松懈，以至于人畜都疲困不堪，如果进军征讨，确实是居于自取败亡的劣势，所以仍旧想用招降的方式，抵制强敌罢了。但微臣觉得豺狼野性难改，绝对不能用恩德感化，虽然他们在势薄力弱的时候投降了，但是一旦撤兵离开，他们便又会叛变；对付他们唯一的办法就是用长矛挟胁，用白刃架在脖子上而已！东羌余寇总共不过三万户，都聚集在塞内附近地区，敌我之间并没有曲折险要的道路，他们之间更没有燕、齐、秦、赵那样纵横交错的情形，但是却长期扰乱并、凉二州，多次入侵三辅，西河和上郡都已经因此内徙，从而使得安定、北地又因此陷于危弱无援；从云中、五原，往西到汉阳两千多里，匈奴和诸羌占据了这一带所有的地区，这就等于是脓疮暗疾，隐藏在臂腋下一样，如果不尽早歼灭，一定会造成大患。如果用五千精骑、一万步卒和三千辆战车的兵力，就足够在三年两载之内将他们击溃，并平定灾祸，而总共的费用也不会超过五十四亿钱。这样，就可以把群羌全部破灭，就能让匈奴永久顺服，原本内徙的郡县，也可以迁回到本地去了。永初年间，各部羌族造反，总计有十四年之久，费用高达二百十四亿之多；永和末年，又过了七年的时间，花费了八十多亿。花费了这么长的时间与偌大的财力，还没能把贼寇全部破灭，反而使得其余孽复起，

到今天为止仍在祸害中国。如今如果不让百姓受一时短暂的困苦，那就会永无安宁的一天。微臣希望能用尽低劣的才能，伏待下诏令，带兵出讨。”灵帝准奏，完全按照他上述的建议行事。于是段颎带领一万多士卒，携带着十五天的军粮，从彭阳直下高平，和先零等诸羌在逢义山作战。敌人兵力强大，段颎手下的士兵都惶恐畏缩。于是段颎就命令士兵们拿着长镞利刃，执长矛的士兵被列为三排，带着弓弩，而把轻骑分列在左右两边，就对士兵们说：“现在离家有数千里的路程，如果奋勇猛进就一定能打胜仗，如果退缩逃走了大家就必死无疑，所以就努力向前冲啊，让我们一起建立功名吧！”因此就大声一呼，众人应声一齐冲向敌人，骑兵飞驰在两旁，冲出夹攻，敌军战败散逃，共斩杀了八千多敌人首级。太后赐诏表扬说：“等待东羌全部平定之后，一定要论功行赏；现在暂且赐二十万钱给段颎，任命他家中的一人为郎中。”并下令中藏府调拨金钱、彩缎等物增加军需费用，并任命段颎为破羌将军。

闰月，甲午，追尊皇祖为孝元皇，夫人夏氏为孝元后，考为孝仁皇，尊帝母董氏为慎园贵人。

夏，四月，戊辰，太尉周景薨，司空宣酆免；以长乐卫尉王畅为司空。

五月，丁未朔，日有食之。

以太中大夫刘矩为太尉。

六月，京师大水。

癸巳，录定策功，封窦武为闻喜侯，武子机为渭阳侯，兄子绍为鄠侯，靖为西乡侯，中常侍曹节为长安乡侯，侯者凡十一人。

【译文】 闰三月，甲午日（闰三月无此日），追封皇祖为孝元皇，任命夫人夏氏为孝元后，封皇父为孝仁皇，并尊皇帝生母董氏为慎园贵人。

夏季，四月，戊辰日（初一），太尉周景去世，司空宣酆被免职；任命长乐卫尉王畅为司空。

五月，丁未朔日（初一），发生日食。

任命太中大夫刘矩为太尉。

六月，京城发生水灾。

癸巳日（十七日），编写论功策勋的名单，任命窦武为闻喜侯，任命窦武的儿子窦机为渭阳侯，并任命他哥哥的儿子窦绍为鄠侯，窦靖担任西乡侯，另外又任命中常侍曹节为长安乡侯，一共有十一人被封侯。

涿郡卢植上书说武曰："足下之于汉朝，犹旦、奭之在周室，建立圣主，四海有系，论者以为吾子之功，于斯为重。今同宗相后，披图案牒，以次建之，何勋之有！岂可横叨天功以为己力乎！宜辞大赏，以全身名。"武不能用。植身长八尺二寸，音声如钟，性刚毅，有大节。少事马融，融性豪侈，多列女倡歌舞于前，植侍讲积年，未尝转眄，融以是敬之。

太后以陈蕃旧德，特封高阳乡侯。蕃上疏让曰："臣闻割地之封，功德是为。臣虽无素洁之行，窃慕君子'不以其道得之，不居也'。若受爵不让，掩面就之，使皇天振怒，灾流下民，于臣之身，亦何所寄！"太后不许。蕃固让，章前后十上，竟不受封。

段颎将轻兵追羌，出桥门，晨夜兼行，与战于奢延泽、落川、令鲜水上，连破之；又战于灵武谷，羌遂大败。秋，七月，颎至泾阳，馀寇四千落，悉散入汉阳山谷间。

【译文】 涿郡卢植上书劝告窦武说："足下对汉朝来说，就

好像周公旦、召公奭在周室，帮助立圣主，来维系天下，大家都觉得在足下的功劳中，这一项最为重要。实际上同宗相继，按照家谱名牒，凭借宗亲关系的远近立嗣为帝，又有什么功勋可说？怎么能横夺天功据为己有，贪功受禄呢？确实应该坚辞重赏，来保全你的名声。”窦武没有接受他的劝告。卢植身高八尺二寸，声音像洪钟，性情刚强，有高风亮节。年轻时曾经跟随过马融，马融本性豪暴奢侈，经常让一些倡女在庭前歌舞取乐，卢植在他那做了好几年的侍卫，从来就没有歪着头看她们一眼，马融因此对他非常尊敬。

由于陈蕃往日有功，太后特封他为高阳乡侯。陈蕃上书辞让说：“据微臣所知，割地封侯，就是对有功德的人所加的优厚赏赐。微臣虽没有淳洁的操行，但私底下却非常仰慕孔子所说的‘如果不用合于正道的方式，即使获得财富，也不能安享’这句话。如果我接受封爵而不辞让，厚颜前去封邑就食，就让皇天震怒，普遍降灾给百姓，那么微臣本人又能到哪里去安身呢？”太后没有听，陈蕃坚持，前后上了十次奏折，最终还是没接受封爵。

段颎带领轻兵追击羌虏，一直追到桥门，并日夜兼程追杀，一再与东羌在奢延泽、落川、令鲜水岸作战，连连告捷；又在灵武谷战斗，这才使羌虏大败崩溃。秋季，七月，段颎到达泾阳的时候，四千多户余寇，全都逃散到汉阳的山谷中了。

护匈奴中郎将张奂上言：“东羌虽破，馀种难尽，段熲性轻果，虑负败难常，宜且以恩降，可无后悔。”诏书下熲，熲复上言：“臣本知东羌虽众，而软弱易制，所以比陈愚虑，思为永宁之算，而中郎将张奂说虏强难破，宜用招降。圣朝明监，信纳瞽言，故臣谋得行，奂计不用。事势相反，遂怀猜恨，信叛羌之诉，饰润辞意，云臣兵‘累见折衄，又言‘羌一气所生，不可诛尽，山谷广大，不可空静，血流污野，伤和致灾。’臣伏念周、秦之际，戎狄为害，中兴以来，羌寇最盛，诛之不尽，虽降复叛。今先零杂种，累以反覆，攻没县邑，剽略人物，发冢露尸，祸及生死，上天震怒，假手行诛。昔邢为无道，卫国伐之，师兴而雨；臣动兵涉夏，连获甘澍，岁时丰稔，人无疵疫。上占天心，不为灾伤；下察人事，众和师克。自桥门以西、落川以东，故宫县邑，更相通属，非为深险绝域之地，车骑安行，无应折衄。案奂为汉吏，身当武职，驻军二年，不能平寇，虚欲修文戢戈，招降犷敌，诞辞空说，僭而无徵。何以言之？昔先零作寇，赵充国徙令居内，煎当乱边，马援迁之三辅，始服终叛，至今为鲠，故远识之士，以为深忧。今傍郡户口单少，数为羌所创毒，而欲令降徒与之杂居，是犹种枳棘于良田，养虺蛇于室内也。故臣奉大汉之威，建长久之策，欲绝其本根，不使能殖。本规三岁之费，用五十四亿；今适期年，所耗未半，而馀寇残烬，将向殄灭。臣每奉诏书，军不内御，愿卒斯言，一以任臣，临时量宜，不失权便。”

【译文】护匈奴中郎将张奂进谏：“东羌虽然被击破了，但是余众却难以消灭，段颎轻谋刚毅，应当考虑到胜败无常，应该施恩招降，才不至于追悔莫及啊。”朝廷下诏召见段颎，段颎又进谏说：“微臣也知道东羌人口众多，但其软弱并且易于制服，所以之前曾陈述愚见，是想为永远的安定做打算；而中郎将张奂却认为敌人势力强盛，难以攻击，适宜用恩德招降。多亏圣朝明鉴，听了微臣的愚计，因此臣的谋略才行，而张奂的计谋没被采纳。事情与他的愿望相违背，而事实的结果又跟他

的想象完全相反，于是就心怀猜忌和怨恨，竟然听信叛羌的谣言，精巧饰词意，说微臣的军队是‘累受破损创伤’，又说：‘羌族也是受上天的气所生的，而不能把他们赶尽杀绝，山谷宽广，但是也不能空静无人，血流原野，有伤天地之间的和气，一定会招致灾祸。’微臣伏念周、秦时代，戎狄的祸害最大，从大汉兴盛以来，羌贼更为猖獗，无论如何也杀不完，投降后又叛乱。如今先零杂种，多次反复无常，攻破县邑，抢夺良民，劫取财物，掘冢盗墓，使尸骨暴露，殃及生死，上天大怒，只不过是借我的手诛罚他们而已。往日邢国的所作所为不合正道，卫国便出兵去征讨他们，原本卫国久旱不下雨，但在举兵攻伐的时候，大雨倾盆而下；自臣兴兵以来，已经一年，然而在夏天甘霖普降，谷物丰收，百姓没有疵疫。上卜天心，也没有因此动用干戈而降灾害；下观人事，师旅合作并屡战屡胜。况且从桥门以西、落川以东，各个郡的县城，道路相互连通，这一带并不是深山峻岭，道路崎岖，人迹罕至的地方，车辆坐骑能安然行驶，根本就没有所谓折损创伤那回事。实际上，张奂作为汉朝官吏，而且是一名武将，驻守边境两年之久，也没有平定敌寇，然而只是空喊着要用修文息武的方法来招降凶猛的敌人，这简直就是信口开河，毫无根据的说法。为什么要这么说呢？以前先零作乱，赵充国命令降贼内徙居到金城，煎当冒犯边疆，马援把降贼迁置到三辅，这些羌贼开始投降最终叛乱，至今还是祸患，所以但凡是有远见的人士，没有不深以为忧的。如今边郡人口稀少，一再受到羌贼的祸害，竟然想让归降的羌人与他们杂居一处，这相当于是在良田里种枳棘，在屋里养蛇虫啊。所以臣为发扬我大汉的雄威，而制定长久之计，只有把凶贼一举歼灭，阻断根本，而不能让他们的种族再延续下去。原先预计三年的军费，大概需要五十四亿；现在刚刚一年，还没有用到一半，然而残余的贼寇，就即将消灭。微臣一再接奉诏书，其实军队在外出征，根本不能由内朝控制，对于这件事，只希望言尽于此，完全交给微臣处理，微臣才能因时制宜，并不失权衡变通的方便。”

八月，司空王畅免，宗正刘宠为司空。

初，窦太后之立也，陈蕃有力焉。及临朝，政无大小，皆委于蕃。蕃与窦武同心戮力，以奖王室，徵天下名贤李膺、杜密、尹勋、刘瑜等，皆列于朝廷，与共参政事。于是天下之士，莫不延颈想望太平。而帝乳母赵娆及诸女尚书，旦夕在太后侧，中常侍曹节、王甫等共相朋结，谄事太后，太后信之，数出诏命，有所封拜。蕃、武疾之，尝共会朝堂，蕃私谓武曰：“曹节、王甫等，自先帝时操弄国权，浊乱海内，今不诛之，后必难图。”武深然之。蕃大喜，以手椎席而起。武于是引同志尚书令尹勋等共定计策。

【译文】 八月，司空王畅被免职，任命宗正（官名，以皇族担任，掌管序录皇戚国族亲属嫡庶远近等事）刘宠为司空。

等到太后临朝听政的时候，无论政务大小，都交给陈蕃处理。陈蕃与窦武齐心合力地帮助王室，征集名满天下的贤才李膺、杜密、尹勋、刘瑜等人，让他们在朝廷任官，一同参与政事。因此全天下的人没有不期盼着太平盛世来临的。可是皇帝的乳母赵娆和一些女尚书，整天包围在太后身边，而中常侍曹节、王甫等人又相互勾结，朋比营私，只知道谄媚奉承太后，太后竟因此而宠信他们，多次下诏封他们爵位，提升他们的官位。陈蕃和窦武对这些人很是憎恶。有一天在朝堂聚合议事的时候，陈蕃私下对窦武说：“曹节、王甫这些人从先帝（指桓帝）时就掌控

国家大权，使得天下大乱，如果今天不把他们除掉，将来就更拿他们没办法了。”窦武也觉得是这样。陈蕃很高兴，一手推开椅子猛地跳了起来。于是窦武约了跟他们志同道合的尚书令尹勋等人共同商讨大计，决定计策。

会有日食之变，蕃谓武曰：“昔萧望之困一石显，况今石显数十辈乎！蕃以八十之年，欲为将军除害，今可因日食斥罢宦官，以塞天变。”武乃白太后曰：“故事，黄门、常侍但当给事省内〔典〕门户，主近署财物耳；今乃使与政事，任重权，子弟布列，专为贪暴。天下匈匈，正以此故，宜悉诛废以清朝廷。”太后曰：“汉元以来故事，世有宦官，但当诛其有罪者，岂可尽废邪！”时中常侍管霸，颇有才略，专制省内，武先白收霸及中常侍苏康等，皆坐死。武复数白诛曹节等，太后冘豫未忍，故事久不发。蕃上疏曰：“今京师嚣嚣，道路喧哗，言侯览、曹节、公乘昕、王甫、郑飒等，与赵夫人、诸尚书并乱天下，附从者升进，忤逆者中伤，一朝群臣如河中木耳，泛泛东西，耽禄畏害。陛下今不急诛此曹，必生变乱，倾危社稷，其祸难量。愿出臣章宣示左右，并令天下诸奸知臣疾之。”太后不纳。

【译文】刚好遇到有日食变异的现象，陈蕃就对窦武说：“元帝的时候，一个宦官石显，就让御史大夫萧望之受害被杀了，更何况今天像石显那样的人就有好几十个呢！我陈蕃今年八十岁了，只是想替将军你除害而已，现在正好可以凭借日食的现象罢黜宦官，就说是为了顺应上天的旨意。”于是窦武便对太后说：“按照先例，黄门、常侍只管负责供役给宫禁，严防宫廷的门户，主要管理中藏府、尚方、内省诸署的事；如今却让他们参与朝廷政事，掌控大权，家人子弟，充满天下，专门贪赃残暴。天下议论纷纷，正是为了这事的原因，确实该论罪诛杀或撤职查办，以清除朝廷中的妖孽。”太后说：“汉初以来的旧制，历代都设有宦官，只是应该对有罪的加以诛罚，怎么能全部都罢黜他们的官职呢？”中常侍管霸，很有才略，在宫中独断专权，窦武便请求太后收押了管霸及中常侍苏康等人，都按罪判了他们死刑。窦武多次要求太后杀了曹节等人，太后一直犹犹豫豫、于心不忍，因此这事耽搁了很久也没下文。陈蕃便上书说：“如今京城舆论哗然，民间喧哗，都说侯览、曹节、公乘昕、王甫和郑飒等人，跟赵夫人（指赵娆）及一些尚书相互勾结，计谋混乱了天下，附和他们的人，就给升官晋爵，违判他们的人，就会被诬陷中伤，满朝的大臣就像是泡在河水中的木头一样，随波逐流，只知道贪恋官位，只害怕遭祸受害。如果今天陛下不赶紧铲除这群小人，将来一定会发生变乱，危及社会，并因此造成难以预测的后果。请把臣的这份奏章宣告给左右的近侍，并让天下所有的奸邪都知道微臣对他们的痛恨。”但是太后并没听从他的说法。

是月，太白犯房之上将，入太微。侍中刘瑜素善天官，恶之，上书皇太后曰：“案《占书》：宫门当闭，将相不利，奸人在主傍，愿急防之。”又与武、蕃书，以星辰错缪，不利大臣，宜速断大计。于是，武、蕃以朱寓为司隶校尉，刘祐为河南尹、虞祁为雒阳令。武奏免黄门令魏彪，以所亲小黄门山冰代之，使冰奏收长乐尚书郑飒，送北寺狱。蕃谓武曰：“此曹子便当收杀，何复考为！”武不从，令冰与尹勋、侍御史祝瑨杂考飒，辞连及曹节、王甫。勋、冰即奏收节等，使刘瑜内奏。

【译文】 这个月，太白星进犯房宿中的上将星，并且侵入太微星座。侍中刘瑜对天文向来很有研究，觉得这种征象很不吉利，并深以为忧，于是就给皇太后上书说："按《占书》记载来看：在这种情况下，就应该紧闭宫门，这种现象，表示对将相都有不利；而奸臣就围绕在君主的身旁，所以应立刻紧急的严加防范。"又上书给窦武和陈蕃，觉得星辰错缪，对大臣很不利，应该立刻商定大计，并制定措施。于是窦武、陈蕃就任命朱寓为司隶校尉，任命刘祐为河南尹，又任命虞祁为洛阳县的县令。窦武又上奏请求撤销黄门令魏彪的职务，并派他亲信的小黄门山冰替代这个职位，并且让山冰奏请收留长乐宫尚书郑飒，押送到北寺狱。陈蕃对窦武说："这群小人应当抓来了就杀，还有什么好审问的呢？"窦武不赞同这种做法，就派山冰和尹勋，以及侍御史祝瑨审问郑飒，郑飒的供词牵扯到曹节、王甫。尹勋、山冰便上奏请求收押曹节、王甫等人，并托刘瑜呈递奏折。

九月，辛亥，武出宿归府。典中书者先以告长乐五官史朱瑀，瑀盗发武奏，骂曰："中官放纵者，自可诛耳，我曹何罪，而当尽见族灭！"因大呼曰："陈蕃、窦武奏白太后废帝，为大逆！"乃夜召素所亲壮健者长乐从官史共普、张亮等十七人，歃血共盟，谋诛武等。曹节白帝曰："外间切切，请出御德阳前殿。"令帝拔剑踊跃，使乳母赵娆等拥卫左右，取棨信，闭诸禁门，召尚书官属，胁以白刃，使作诏板，拜王甫为黄门令，持节至北寺狱，收尹勋、山冰。冰疑，不受诏，甫格杀之，并杀勋；出郑飒，还兵劫太后，夺玺绶。令中谒者守南宫，闭门绝复道。使郑飒等持节及侍御史谒者捕收武等。武不受诏，驰入步兵营，与其兄子步兵校尉绍共射杀使者。召会北军五校士数千人屯都亭，下令军士曰："黄门、常侍反，尽力者封侯重赏。"陈蕃闻难，将官属诸生八十馀人，并拔刃突入承明门，到尚书门，攘臂呼曰："大将军忠以卫国，黄门反逆，何云窦氏不道邪！"王甫时出与蕃相遇，适闻其言，而让蕃曰："先帝新弃天下，山陵未成，武有何功，兄弟父子并封三侯！又设乐饮宴，多取掖廷宫人，旬日之间，赀财巨万，大臣若此，为是道邪！公为宰辅，苟相阿党，复何求贼！"使剑士收蕃，蕃拔剑叱甫，辞色逾厉。遂执蕃，送北寺狱。黄门从官驺蹋踧蕃曰："死老魅！复能损我曹员数、夺我曹禀假不！"即日，杀之。时护匈奴中郎将张奂徵还京师，曹节等以奂新至，不知本谋，矫制以少府周靖行车骑将军、加节，与奂率五营士讨武。夜漏尽，王甫将虎贲、羽林等合千馀人，出屯朱雀掖门，与奂等合，已而悉军阙下，与武对陈。甫兵渐盛，使其士大呼武军曰："窦武反，汝皆禁兵，当宿卫宫省，何故随反者乎！先降有赏！"营府〔兵〕素畏服中官，于是武军稍稍归甫，自旦至食时，兵降略尽。武、绍走，诸军追围之，皆自杀，枭首雒阳都亭；收捕宗亲宾客姻属，悉诛之，及侍中刘瑜、屯骑校尉冯述，皆夷其族。宦官又谮虎贲中郎将河间刘淑、故尚书会稽魏朗，云与武等通谋，皆自杀。迁皇太后于南宫，徙武家属于日南；自公卿以下尝为蕃、武所举者及门生故吏，皆免官禁锢。议郎勃海巴肃，始与武等同谋，曹节等不知，但坐禁锢，后乃知而收之。肃自载诣县，县令见肃，入阁，解印绶，欲与俱去。肃曰："为人臣者，有谋不敢隐，有罪不逃刑，既不隐其谋矣，又敢逃其刑乎！"遂被诛。

【译文】九月，辛亥日（初七），窦武出宫来到大将军府。掌中书的人早就已经把窦武上奏折的事告诉了长乐宫五官史朱瑀，朱瑀就趁窦武出宫的机会，偷偷看了他呈上的奏折，骂着说："宫里的宦官有为非作歹的，自然是应该被治罪法办，可是

到底我们是犯了什么罪，竟然要把我们满门抄斩？”因此大声喊叫着说：“陈蕃、窦武上奏折给太后要废除皇上，可真是大逆不道啊！”还连夜召集了他平常亲信的长乐宫侍从官史共普、张亮等共十七人，对天盟誓，预谋要杀害窦武等人。曹节报告灵帝说：“外边的情况十分危急，请求皇上出宫在德阳前殿坐镇。”并让灵帝拔出剑来装作刺杀的样子，而命令乳母赵娆等人跟在身边护驾，佩戴虎符腰牌，把所有的宫门都关闭起来。又找来了尚书府的属员，拿着刀威胁他们，让他们写诏令，派王甫做黄门令，然后派王甫拿着任官的符节到北寺狱去逮捕尹勋和山冰。山冰怀疑命令是假的，因此抗命拒捕，于是王甫当场就把他杀了，接着又杀死了尹勋；随后就放出了郑飒，随即带兵回营去胁迫太后，夺取玉玺。并命令中谒者（宫内的守门官）坚守南宫，紧闭宫门阻断通往北宫各道的交通。又命令郑飒等人持节率侍御史谒者去逮捕窦武等人。窦武没有接受诏令，飞马驰入步兵营，和他哥哥的儿子步兵校尉窦绍联合射杀了来人。随后召集了北军五路校士数千人镇守于都亭，向士兵们发布号令说：“黄门、常侍叛乱，极力除暴的人都论功封侯重赏。”陈蕃听说发生变乱后，就带领着属下的官员及八十多个太学生，每个人都手持大刀冲入了承明门，到了尚书门的前面，就举臂高呼道：“大将军窦武一直忠心卫国，造反的是黄门的阉宦，怎么能说是窦氏大逆不道呢？”这时王甫刚好走了出来，和陈蕃碰了个对面，又正好听到这几句话，就责问陈蕃说：“先帝才去世没多长时间，陵墓还没有修好，窦武有什么功劳呢？让他们兄弟父子三人都封为侯王？而他自己在国丧期间，依旧奏乐饮宴，还带走了后宫的一些宫女，大概十天，就发了大财，像这样的大臣，能说不是大逆不道吗？您身为宰辅大臣，却胡乱地阿谀奉承他，还说什么清肃奸贼？”于是就命令武士逮捕陈蕃，但是陈蕃拔出宝剑，大声斥责王甫，声色俱厉。武士最终还是将陈蕃拿了下来，并把他送进了北寺狱。黄门侍从骑士对陈蕃连踢带骂：“该死的老鬼，看你还怎么裁减我们的员额，削减我们的薪俸？”他们当天就把陈蕃给杀了。当时护匈奴中郎将张奂接受诏令初抵京师，曹节等人认为张奂刚来，并不知他们已定的阴谋，就假传诏令派少府周靖兼车骑将军，授给他符节，命令他与张奂一同率领五营校尉府的士卒去讨伐窦武。第二天天刚亮的时候，王甫就率领虎贲、羽林军等共一千多人，从南宫到北宫去镇守在朱雀掖门，跟张奂等人会合，后来又把所有的兵士全部转移到宫阙下，跟窦武的列阵对立。王甫的兵势逐渐增强，士气逐渐兴盛，于是命令军士们向窦武的士兵大声喊话说：“窦武造反，你们原本是禁兵，就应该守卫宫廷，为什么要追随造反的国贼呢？率先投降的人有赏！”营帐中的士兵，向来畏服宫中宦官，于是窦武手下的士兵就都先后归附了王甫，从清早到正午，差不多所有的士兵都投降了，窦武与窦绍都逃走了，各路的军士包围追捕，窦武、窦绍迫不得已自杀了，并被枭首在洛阳都亭；随后又逮捕了窦家的宗亲、宾客和姻亲，并把他们全都杀了，另外侍中刘瑜和屯骑校尉冯述，也都被满门抄斩了。宦官又诬陷虎贲中郎将刘淑（河间人）、前尚书魏朗（会稽人），说他们是跟窦武勾结的同谋，二人也被迫自杀了。又把皇太后迁入南宫，把窦武的家属迁徙在日南；从公卿以下，凡是陈蕃、窦武以前所推荐的，以及他们的门生和旧属，一律给予革职永不录用的惩处。议郎巴肃（渤海人），原本是窦武等人的同谋，但是曹节他们并不知道，只受到永不录用的处分，后来曹节他们才发现，因此就下令拘捕他们。巴肃就坐车到县府中自首，县令看到巴肃来了，入小

门，解下绶印，想要和巴肃一起逃匿。巴肃说："作为臣子，有所计谋不敢隐而不言，犯了罪也不能逃避刑罚，我既然不否认原先与窦武他们所商定的策谋，又怎么敢逃避刑罚呢？"于是就被杀了。

【申涵煜评】蕃、武忠而疏，谋之不密，反为身害。难既作，蕃率官属诸生八十人拔刃赴之，以群书生与虎狼搏，其能不反噬哉！当时纷攘情状，可为捧腹。

【译文】陈蕃和窦武忠心但是才疏，谋划不够周密，反而害了自己。变乱发生后，陈蕃率领属官和学生八十多人拔刀冲入皇宫中，让一群文弱书生与虎狼搏斗，怎么能不被反咬一口呢！当时人群杂乱的场面，实在是令人想笑。

曹节迁长乐卫尉，封育阳侯。王甫迁中常侍，黄门令如故。朱瑀、共普、张亮等六人皆为列侯，十一人为关内侯。于是群小得志，士大夫皆丧气。

蕃友人陈留朱震收葬蕃尸，匿其子逸，事觉，系狱，合门桎梏。震受考掠，誓死不言，逸由是得免。武府掾桂阳胡腾殡敛武尸，行丧，坐以禁锢。武孙辅，年二岁，腾诈以为己子，与令史南阳张敞共匿之于零陵界中，亦得免。

张奂迁大司农，以功封侯。奂深病为曹节等所卖，固辞不受。

【译文】曹节被提升为长乐卫尉，封为育阳侯。王甫被任命为中常侍，仍然担任黄门令的职务。朱瑀、共普、张亮等六人被封为列侯，除此之外又封了十一位关内侯。于是小人得志，士大夫都因此而心灰意冷。

陈蕃的朋友陈留人朱震替他收尸安葬，并把他的儿子陈逸藏匿了起来，被发觉后，不仅朱震因此被捕下狱，而且他全家人也都被拘囚入狱。虽然朱震受到了严刑拷打，但是他誓死不说，陈逸因此得免一死。窦武大将军府中的一员属吏胡腾（桂阳人），因为替窦武收尸入棺，并替他出殡发丧，就受到了永不录用的处分。窦武的孙子窦辅，那时才两岁，胡腾就谎称是他的儿子，与大将军府中的令史张敞（南阳人），一起设法将窦辅藏匿在零陵境内，这才让他免于一死。

张奂被提升为大司农，因功封侯。张奂痛恨被曹节等人利用，坚决推托而不肯接受。

【乾隆御批】世皆以蕃、武并称，然武贪授立功，即受侯封，蕃有旧勋，卒辞上赏。所见相去甚远。然蕃因武杂考郑飒，虽有“此曹子，何复考为”之语，终乃以武坐失事机，并婴祸败，不得辞寡断之讥矣。

【译文】世人皆把陈蕃、窦武并称为“蕃武”，然而窦武贪图功劳，立即接受了封侯，陈蕃旧时虽然建有功勋，但最终拒绝了朝廷的厚赏。两个人的处事见解相差很远。然而陈蕃虽然在窦武审讯郑飒的时候，说了“对于这等人，不必再审问”这样的话，但最终因为窦武而错失良机，共同遭到了迫害，因此，仍然避免不了处事优柔寡断的讥讽。

【乾隆御批】节甫罪又暴于天下，武犹豫不速诛，必俟郑飒辞连，方自出。宿侯人纳奏。传云，不密，害成。无甚于此者。

【译文】曹节和王甫的罪行已经暴露很长时间了，窦武仍旧犹豫不决，不能立即诛杀，一定要等郑飒供出他们后才出宫派人呈递奏章。《易经》里说：“君子的言行如果不缜密，就会酿成大祸。”没有比这个更严重的了。

以司徒胡广为太傅，录尚书事，司空刘宠为司徒，大鸿胪许栩为司空。

冬，十月，甲辰晦，日有食之。

十一月，太尉刘矩免，以太仆沛国闻人袭为太尉。

十二月，鲜卑及濊貊寇幽、并二州。

是岁，疏勒王季父和得杀其王自立。

乌桓大人上谷难楼有众九千馀落，辽西丘力居有众五千馀落，自称王。辽东苏仆延有众千馀落，自称峭王。右北平乌延有众八百馀落，自称汗鲁王。

【译文】 灵帝任命司徒胡广为太傅，处理尚书所上奏的事务，并调任司空刘宠为司徒，任命大鸿胪许栩为司空。

冬季，十月，甲辰晦日（三十日），发生日食。

十一月，太尉刘矩被免职，而任命太仆闻人袭（沛国人）为太尉。

十二月，鲜卑和濊貊侵犯幽、并二州。

这一年，疏勒王的叔父和得杀死了疏勒王并自立为王。

乌桓大人上谷难楼有九千多户百姓，辽西丘力居有五千多户百姓，都自立为王。辽东苏仆延拥有一千多户百姓，就自称峭王。右北平乌延有八百余户百姓，就自称为汗鲁王。

二年（己酉，公元一六九年）春，正月，丁丑，赦天下。

帝迎董贵人于河间。三月，乙巳，尊为孝仁皇后，居永乐宫，拜其兄宠为执金吾，兄子重为五官中郎将。

夏，四月，壬辰，有青蛇见于御坐上。癸巳，大风，雨雹，霹雳，拔大木百馀。诏公卿以下各上封事。大司农张奂上疏曰：“昔周公葬不如礼，天乃动威。今窦武、陈蕃忠贞，未被明宥，妖眚之来，皆为此也。宜急为改葬，徙还家属，其从坐禁锢，一切蠲除。又，皇太后虽居南宫，而恩礼不接，朝臣莫言，远近失望。宜思大义顾复之报。”上深嘉奂言，以问诸常侍，左右皆恶之，帝不得自从。奂又与尚书刘猛等共荐王畅、李膺可参三公之选，曹节等弥疾其言，遂下诏切责之。奂等皆自囚廷尉，数日，乃得出，并以三月俸赎罪。

【译文】 二年（己酉，公元169年）春季，正月，丁丑日（正月无此日），大赦天下。

灵帝将董贵人从河间接进宫中。三月，乙巳日（初三），封她为孝仁皇后，居住在永乐宫；并且任命她的哥哥董宠为执金吾，又任命董宠的儿子董重为五官中郎将。

夏季，四月壬辰日（二十一日），有条青蛇出现在灵帝的座椅上。癸巳日（二十二日），狂风四起，冰雹降落，霹雳大动，有一百多棵大树被连根拔起。因此诏令公卿以下，各上秘折陈事，探究这种变异现象的原因。于是大司农张奂上书说：“以前成王想把周公葬在成周，由于不合礼法，所以上天借雷电大风来示威。如今窦武、陈蕃忠心为国，没有被明察，而冤死以后，又没有被宽宥，种种怪异现象的发生，都是因此啊。确实是应该急速下令替他们收尸，妥加安葬，并且把他们的家属迁回，而对其他受到牵连的，被判永不录用处分的人也应一律赦免。另外，虽然皇太后是住在南宫，但并没有受到任何皇恩礼遇，朝中的大臣没有一个敢为这事而进谏的，使得远近吏民大失所望。陛下理应顾全大局，对皇太后有如同身受养育一样的报答。”灵帝在心里对张奂的这番话大为赞许，但是当他问到诸常侍的时候，这些左右近侍都对张奂的说法深感厌恶，因此灵帝一个人也

没办法照他的话去做。张奂又和尚书刘猛等联名推荐王畅、李膺，说这两个人可被列为三公的人选之中，曹节等人对他们的这次荐举，更加痛恨，于是就下诏深加呵责。张奂等人便自己到廷尉请求囚禁降罪，好几天以后，才把他们放出来，并命令每个人用三个月的薪俸为自己赎罪。

郎中东郡谢弼上封事曰："臣闻'惟虺惟蛇，女子之祥'。伏惟皇太后定策宫闼，援立圣明，《书》曰'父子兄弟，罪不相及'，窦氏之诛，岂宜咎延太后！幽隔空宫，愁感天心，如有雾露之疾，陛下当何面目以见天下！孝和皇帝不绝窦氏之恩，前世以为美谈。礼，'为人后者为之子'，今以桓帝为父，岂得不以太后为母哉！愿陛下仰慕有虞蒸蒸之化，俯思《凯风》慰母之念。臣又闻'开国承家，小人勿用'，今功臣久外，未蒙爵秩，阿母宠私，乃享大封，大风雨雹，亦由于兹。又，故太傅陈蕃，勤身王室，而见陷群邪，一旦诛灭，其为酷滥，骇动天下；而门生故吏，并离徙锢。蕃身已往，人百何赎！宜还其家属，解除禁网。夫台宰重器，国命所系，今之四公，唯司空刘宠断断守善，馀皆素餐致寇之人，必有折足覆𫗧之凶，可因灾异，并加罢黜，徵故司空王畅、长乐少府李膺并居政事，庶灾变可消，国祚惟永。"左右恶其言，出为广陵府丞，去官，归家。曹节从子绍为东郡太守，以它罪收弼，掠死于狱。

【译文】郎中谢弼（东郡人）上奏折说："据微臣所知，《诗经》上记载说：'梦到蛇虺，就是生女的瑞兆。'伏念太后当初在宫闼之内制定计策，册封了圣明的陛下继承帝位。《书经》上记载说：'即使亲如父子兄弟，如果有人犯罪，也不应该互相连及。'即使窦武是因罪被杀，又怎么能把他的罪过延及于太后呢？如今陛下隔绝太后，让她独居空宫，悲伤忧愁，感动了上天，如果一旦忧郁成疾，就会一病不起，陛下还有什么脸面面对天下？孝和皇帝不忍割断窦氏恩情的事，前人引为美谈。《礼经》上记载说：‘继人后即位，就好像是人的儿子一样。’如今陛下继位，既然以桓帝为父，又怎么能不视太后为母呢？伏希望陛下能仰慕虞舜恪守孝道的善行，并且常怀《诗经·凯风》篇所咏叹的责己慰母的孝道。微臣又想到《易经》上记载说：‘不管是立国还是承家，都不能重用小人。’今天功臣长久在外，没有蒙赐爵晋级，而乳母赵娆却因为受私宠，竟然享受封爵的荣耀，大雨风雹，也是原因之一啊。再者，前太傅陈蕃，一生勤劳效力于王室，由于被群小构陷，一旦说杀就杀死了，这种滥用酷刑的做法，天下为之震惊；而陈蕃手下的门生和旧属，竟然全都一并连带受到流徙禁锢的处分。陈蕃已经被杀死了，即使再多杀一百个人，也没有办法为他赎罪啊！实在应该把他们的家属都迁回，并收回永不录用的成命。再说宰相大臣，身兼国家命脉，如今在位的四位公相，只有司空刘宠一个人专默精诚地坚守善道，其他都是尸位素餐足以招寇的人，才不能胜任，力也不能胜任，一定会导致覆国大难，现在正好可以趁天降灾异的时候，把这三人一起罢黜，并征召前司空王畅和长乐少府李膺两人补缺，共同治理国政，也许只有这样，才能消除灾难，使国家的福祉永存。”宦官近侍对谢弼的这番话，都深感憎恶，把他调离京城出任广陵郡丞，谢弼因此辞官归家，并回到了东郡故里。曹节的侄子曹绍当时在做东郡太守，就加给谢弼一个莫须有的罪名，把他逮捕下狱，并拷问致死。

帝以蛇妖问光禄勋杨赐，赐上封事曰：“夫善不妄来，灾不

空发。王者心有所想，虽未形颜色，而五星以之推移，阴阳为其变度。夫皇极不建，则有龙蛇之孽，《诗》云：‘惟虺惟蛇，女子之祥。’惟陛下思乾刚之道，别内外之宜，抑皇甫之权，割艳妻之爱，则蛇变可消，祯祥立应。”赐，秉之子也。

五月，太尉闻人袭、司空许栩免；六月，以司徒刘宠为太尉，太常汝南许训为司徒，太仆长沙刘嚣为司空。嚣素附诸常侍，故致位公辅。

【译文】 灵帝用蛇妖出现的事，问光禄勋杨赐，杨赐上奏折说：“福善是不会无故而来的，灾害也不会无由发生。帝王心有所想，即使没有表现在容色之间，但是五星却因此而推移，阴阳也为之变化。由于国政有失中和，不能治国理事，所以就有龙蛇妖孽出现，《诗经》上记载说：‘梦到蛇虺，就是生女的瑞兆。’希望陛下时念乾坤刚柔务须调和适中的道理，来分别内外，使各得其所，抑制嬖幸们的权势，以周幽王私宠皇甫的事为戒；去除对美色的迷恋，用褒氏亡国之祸自惕，那么蛇妖出现的灾害，自然就能消除了，就即将有福祥的事可发生了。”杨赐，是杨秉的儿子。

五月，太尉闻人袭和司空许栩都被免职；六月，任命司徒刘宠为太尉，任命太常许训（汝南人）为司徒，太仆刘嚣（长沙人）为司空。刘嚣向来曲附于诸常侍，所以能获得致公卿宰辅的高位。

诏遣谒者冯禅说降汉阳散羌。段熲以春农，百姓布野，羌虽暂降，而县官无廪，必当复为盗贼，不如乘虚放兵，势必殄灭。熲于是自进营，去羌所屯凡亭山四五十里，遣骑司马田晏、假司马夏育将五千人先进，击破之。羌众溃东奔，复聚射虎谷，分兵守谷上下门，熲规一举灭之，不欲复令散走。秋，七月，熲遣千人于西县结木为栅，广二十步，长四十里遮之。分遣晏、育等将七千人衔枚夜上西山，结营穿堑，去虏一里许，又遣司马张恺等将三千人上东山，虏乃觉之。熲因与恺等夹东、西山，纵兵奋击，破之，追至谷上下门，穷山深谷之中，处处破之，斩其渠帅以下万九千级。冯禅等所招降四千人，分置安定、汉阳、陇西三郡。于是，东羌悉平。熲凡百八十战，斩三万八千馀级，获杂畜四十二万七千馀头，费用四十四亿，军士死者四百馀人；更封新丰县侯，邑万户。

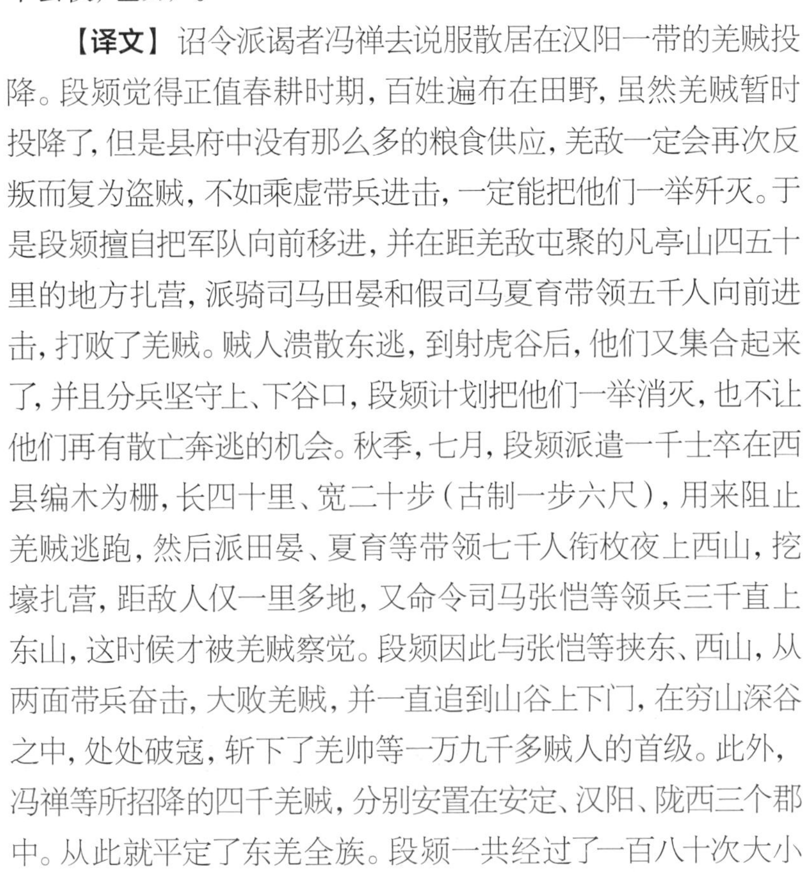

【译文】诏令派谒者冯禅去说服散居在汉阳一带的羌贼投降。段颎觉得正值春耕时期，百姓遍布在田野，虽然羌贼暂时投降了，但是县府中没有那么多的粮食供应，羌敌一定会再次反叛而复为盗贼，不如乘虚带兵进击，一定能把他们一举歼灭。于是段颎擅自把军队向前移进，并在距羌敌屯聚的凡亭山四五十里的地方扎营，派骑司马田晏和假司马夏育带领五千人向前进击，打败了羌贼。贼人溃散东逃，到射虎谷后，他们又集合起来了，并且分兵坚守上、下谷口，段颎计划把他们一举消灭，也不让他们再有散亡奔逃的机会。秋季，七月，段颎派遣一千士卒在西县编木为栅，长四十里、宽二十步（古制一步六尺），用来阻止羌贼逃跑，然后派田晏、夏育等带领七千人衔枚夜上西山，挖壕扎营，距敌人仅一里多地，又命令司马张恺等领兵三千直上东山，这时候才被羌贼察觉。段颎因此与张恺等挟东、西山，从两面带兵奋击，大败羌贼，并一直追到山谷上下门，在穷山深谷之中，处处破寇，斩下了羌帅等一万九千多贼人的首级。此外，冯禅等所招降的四千羌贼，分别安置在安定、汉阳、陇西三个郡中。从此就平定了东羌全族。段颎一共经过了一百八十次大小

战役，斩了敌人三万八千余首级、俘获各种牲畜四十二万七千多头，耗费军资四十四亿，仅四百多军士死亡。并因此改封他为新丰县侯，食邑万户。

◆臣光曰：《书》称："天地，万物父母，惟人万物之灵。亶聪明，作元后，元后作民父母。"夫蛮夷戎狄，气类虽殊，其就利避害，乐生恶死，亦与人同耳。御之得其道则附顺服从，失其道则离叛侵扰，固其宜也。是以先王之政，叛则讨之，服则怀之，处之四裔，不使乱礼义之邦而已。若乃视之如草木禽兽，不分臧否，不辨去来，悉艾杀之，岂作民父母之意哉！且夫羌之所以叛者，为郡县所侵冤故也；叛而不即诛者，将帅非其人故也。苟使良将驱而出之塞外，择良吏而牧之，则疆场之臣也，岂得专以多杀为快邪？夫御之不得其道，虽华夏之民，亦将蜂起而为寇，又可尽诛邪！然则段纪明之为将，虽克捷有功，君子所不与也。◆

【译文】◆司马光说：《周书·泰誓》上说："天地，就是万物的父母。只有人为万物之灵，在万民中，就该选立最聪明睿智的人为帝王，并以帝王为百姓之父母。"如此说起来，蛮夷戎狄，虽然是禀气不同的异类，但是他们避害趋利，乐生厌死的心理，也与常人一样啊。用合乎正道的方式来统制他们，他们就会服从顺服，用不合正道的方式去对待他们，他们自然会叛乱侵扰，这是理所当然的事。所以先王治政，叛变就加以讨伐，归顺就用施恩怀柔，让他们居于四方边远地区，不让他们前来混乱中原礼仪之邦就是了。如果把他们视如草木禽兽，不能区分善恶，不能辨别顺逆，就一律格杀勿论，这难道是上天的旨意，让他成为百姓父母的用意吗？况且羌族之所以叛逆，是因为郡县对他们任意侵侮凌虐，导致衔冤怀恨的原因啊；既然有叛逆的

举动，不应该立即诛杀叛贼，那是由于将帅所用非人的原因啊。如果能选任良将，把他们远驱到塞外，然后选用良臣善加治理，那么驻守边疆的武臣，又怎么能专以大肆杀人为快呢？再说用不合正道的方式治理政务，即使是华夏百姓，也一定会群起为寇，难道也能把中原百姓全都杀光吗？既然这样，那么段纪明（段颎，字纪明）作为大将，虽说是能大战敌人，对国有功，但毕竟是君子所不齿的啊。◆

九月，江夏蛮反，州郡讨平之。

丹阳山越围赤八太守陈夤，夤击破之。

初，李膺等虽废锢，天下士大夫皆高尚其道而污秽朝廷，希之者唯恐不及，更共相标榜，为之称号：以窦武、陈蕃、刘淑为三君，君者，言一世之所宗也；李膺、荀翌、杜密、王畅、刘祐、魏朗、赵典、朱寓为八俊，俊者，言人之英也；郭泰、范滂、尹勋、巴肃及南阳宗慈、陈留夏馥、汝南蔡衍、泰山羊陟为八顾，顾者，言能以德行引人者也；张俭、翟超、岑晊、苑康及山阳刘表、汝南陈翔、鲁国孔昱、山阳檀敷为八及，及者，言其能导人追宗者也；度尚及东平张邈、王孝、东郡刘儒、泰山胡母班、陈留秦周、鲁国蕃向、东莱王章为八厨，厨者，言能以财救人者也。及陈、窦用事，复举拔膺等；陈、窦诛，膺等复废。

【译文】九月，江夏蛮叛变，被当地的州郡讨平。

丹阳山越进攻太守陈夤，被陈夤打败了。

当时，李膺等人虽然被革职并且受到永不录用的处分，但是天下的士大夫都一致推崇他们的德行而批评朝廷的不对，而仰慕他们的人，好像唯恐不及一样，对他们争相加以赞扬，给这些忠贞义士取了些称号：称窦武、陈蕃、刘淑这三个人为“三君”，君就是被当代奉为典型的人物；称李膺、荀翌、杜密、王畅、刘祐、魏朗、赵典、朱寓八人为“八俊”，俊就是说人群中的豪杰；称郭泰、范滂、尹勋、巴肃和南阳人宗慈、陈留人夏馥、汝南人蔡衍、泰山人羊陟为“八顾”，顾就是说能用自己的德行来引导别人；称张俭、翟超、岑晊、苑康和山阳人刘表、汝南人陈翔、鲁国人孔昱、山阳人檀敷为“八及”，及是说能引导别人追求典范的人；又称度尚和东平人张邈、王孝、东郡人刘儒、泰山人胡母班、陈留人秦周、鲁国人蕃向、东莱人王章为“八厨”，厨是说能布施财物救人贫困。后来到陈蕃、窦武执政掌权的时候，才又举荐了李膺等人；陈蕃和窦武被杀之后，李膺等人再次被废革职。

宦官疾恶膺等，每下诏书，辄申党人之禁。侯览怨张俭尤甚，览乡人朱并素佞邪，为俭所弃，承览意指，上书告俭与同乡二十四人别相署号，共为部党，图危社稷，而俭为之魁。诏刊章捕俭等。

冬，十月，大长秋曹节因此讽有司奏“诸钩党者故司空虞放及李膺、杜密、朱寓、荀翌、翟超、刘儒、范滂等，请下州郡考治。”是时上年十四，问节等曰：“何以为钩党？”对曰：“钩党者，即党人也。”上曰：“党人何用为恶而欲诛之邪？”对曰：“皆相举群辈，欲为不轨。”上曰：“不轨欲如何？”对曰：“欲图社稷。”上乃可其奏。

或谓李膺曰：“可去矣！”对曰：“事不辞难，罪不逃刑，臣之节也。吾年已六十，死生有命，去将安之！”乃诣诏狱，考死；门生故吏并被禁锢。侍御史蜀郡景毅子顾为膺门徒，未有录牒，不及于谴，毅慨然曰：“本谓膺贤，遣子师之，岂可以漏脱名籍，苟安而已!”遂自表免归。

【译文】宦官们对李膺等人深恶痛疾，所以每次下诏颁令的时候，都不忘重申逮捕党人的前令。侯览对张俭的怨恨尤其大，侯览同乡朱并，是个一向专攻谗媚的小人，由于曾被张俭斥逐，所以就逢迎侯览的心意，上奏折告发张俭和与其同乡的二十四人互相别署称号，结成党羽，试图危害社稷，并以张俭作为领袖。于是就诏令削减告发人的姓名，并依据这份奏书传令下去，逮捕张俭等人。

冬季，十月，大长秋曹节因此暗中教唆主办官员奏请："所有相互勾结的前司空虞放和李膺、杜密、朱寓、荀翌、翟超、刘儒、范滂等罪犯，请求下诏令让各地州郡审讯治罪。"那时，灵帝才十四岁，就问曹节等人说："勾党是什么意思？"曹节说："勾党的意思，就是互相勾结为党羽啊。"灵帝又说："党人有什么罪，非要把他们都杀掉呢？"曹节说："他们彼此相互标榜举荐，并且阴谋不轨。"灵帝又问："他们究竟是想做什么不轨的事呢？"曹节回答说："他们想要夺权篡位。"灵帝这才批准了这份奏折。

因此就有人对李膺说："现在你可以逃走了。"李膺说："做事不能害怕困难，有罪不能躲避罪刑，这是做臣子应有的情操。我已经六十岁了，生死自有天命，又能逃到哪去呢？"于是就到狱中投案自首，由于被严刑拷打，而死在狱中；他的门生与以前的下属也一并受到永不录用的处罚。侍御史景毅（蜀郡人）的儿子景顾是李膺的学生，由于名单上没列出他的姓名，因此就没被牵连受罚，景毅感怀万千地说："我原本以为李膺是个贤才，所以才让我儿子拜他为师，怎么能因为名单上漏列了他的名字，就苟且偷生了事呢？"于是就上奏表辞职归乡。

【申涵煜评】党中皆名士，虽以疾恶过甚，为小人所陷，亦由自相标榜，先示以可乘之隙。后来党祸，唯牛、李从势位起，见蜀、洛、东林皆君子，有自取之道。

【译文】党锢之祸中都是名人志士，虽然因为过度嫉恶如仇，最终被小人陷害，仍然自相吹捧，先给了别人可乘之机。后来的党争，只有牛僧孺和李德裕有权势和地位，蜀洛和东林党的人都是君子，也有他们的可取之处。

汝南督邮吴导受诏捕范滂，至征羌，抱诏书闭传舍，伏床而泣，一县不知所为。滂闻之曰："必为我也。"即自诣狱。县令郭揖大惊，出，解印绶，引与俱亡，曰："天下大矣，子何为在此！"滂曰："滂死则祸塞，何敢以罪累君。又令老母流离乎！"其母就与之诀，滂白母曰："仲博孝敬，足以供养。滂从龙舒君归黄泉，存亡各得其所。惟大人割不可忍之恩，勿增感戚！"仲博者，滂弟也。龙舒君者，滂父龙舒侯相显也。母曰："汝今得与李、杜齐名，死亦何恨！既有令名，复求寿考，可兼得乎！"滂跪受教，再拜而辞。顾其子曰："吾欲使汝为恶，恶不可为；使汝为善，则我不为恶。"行路闻之，莫不流涕。

【译文】汝南督邮吴导奉诏令拘捕范滂，到范滂的家乡征羌以后，就在驿馆中关着门，带着诏书，趴在床上偷偷流泪，全县的人都不知道他为什么哭。范滂听到这件事后就说："这一定是为了我的事啊。"于是就亲自到县狱去自首。县令郭揖很是惊讶，走出来后，解下绶印，拉着范滂和他一起逃跑，他对范滂说："天下如此大，为什么你一定要留在这里呢？"范滂说："如果我死了，灾祸就没有了，我怎么能把罪名连累到你身上，还要让我的老母亲流离失所呢？”范滂的母亲前来和他的儿子诀别，范滂就对他母亲说：“仲博很孝顺，足以奉养您老的了。我到黄泉路上以后就跟着龙舒君，这样我们一家人无论是死是活就都有了适当的安排。只希望您老人家能阻断母子不忍之情，不要太悲痛！”仲博，就是范滂的弟弟；龙舒君就是范滂的父亲范显，曾任相龙舒侯，所以才这样称呼。范滂的母亲就对范滂说：“你今天能跟李膺、杜密齐名，就算是死了，也没有什么好遗憾的了。既然已经得到了令名美誉，却还想要求长寿，哪里能两全其美呢？”于是范滂跪下来接受了他母亲的教训，拜了两次，就辞别而去了。又转过头来望着他儿子说：“如果我要教你做坏事，那实在是不应该的；如果我要教你依循正道行事，那我就不能做出因为逃避一死而枉顾国法的事来。”路过的人听到这几句话，没有不流下眼泪的。

凡党人死者百馀人，妻子皆徙边，天下豪桀及儒学有行义者，宦官一切指为党人；有怨隙者，因相陷害，睚眦之忿，滥入党中。州郡承旨，或有未尝交关，亦离祸毒，其死、徙、废、禁者又六七百人。

郭泰闻党人已死，私为之恸曰：“《诗》云：‘人之云亡，邦国殄瘁。’汉室灭矣，但未知‘瞻乌爰止，于谁之屋’耳！”泰虽好臧否人伦，而不为危言核论，故能处浊世而怨祸不及焉。

【译文】当时被列为党人的罪犯，一共被逼死了一百多人，妻儿全都被发配到边疆，天下的豪杰和有义行的儒学者，都被宦官诬指为党羽；导致仇家借机诬陷，私人的怨恨，也被卷进党祸之中。州郡奉旨行事，如果没有托人向宦阉们说情的，也不免受到灾害，因此被处死、流徙、革职和被处永不录用的又有

六七百人。

郭泰听说党人被害死的消息后，私下里痛惜地说："《诗经》上记载说：'贤才去世，就是邦国的一大损失。'眼看着汉室就要灭亡了，只是不知道天下将落于何人手中而已。就好像《诗经》上所说的'看那些乌鸦，将栖止在谁家的屋上'啊！" 虽然郭泰喜欢批评别人的善恶，却不愿意正言深论国家大事，所以才生于乱世而不致招怨受害，惹祸上身。

张俭亡命困迫，望门投止，莫不重其名行，破家相容。后流转东莱，止李笃家。外黄令毛钦操兵到门，笃引钦就席曰："张俭负罪亡命，笃岂得藏之！若审在此，此人名士，明廷宁宜执之乎！"钦因起抚笃曰："蘧伯玉耻独为君子，足下如何专取仁义！"笃曰："今欲分之，明廷载半去矣。"钦叹息而去。笃导俭经北海戏子然家，遂入渔阳出塞。其所经历，伏重诛者以十数，连引收考者布遍天下，宗亲并皆殄灭，郡县为之残破。俭与鲁国孔褒有旧，亡抵褒，不遇，褒弟融，年十六，匿之。后事泄，俭得亡走，国相收褒、融送狱，未知所坐。融曰："保纳舍藏者，融也，当坐。"褒曰："彼来求我，非弟之过。"吏问其母，母曰："家事任长，妾当其辜。"一门争死，郡县疑不能决，乃上谳之，诏书竟坐褒。及党禁解，俭乃还乡里，后为卫尉，卒，年八十四。夏馥闻张俭亡命，叹曰："孽自己作，空污良善，一人逃死，祸及万家，何以生为！"乃自翦须变形，入林虑山中，隐姓名，为冶家佣，亲突烟炭，形貌毁瘁，积二三年，人无知者。馥弟静载缣帛追求饷之，馥不受曰："弟奈何载祸相饷乎！"党禁未解而卒。

【译文】张俭四处流亡，情况十分紧急窘迫，看见故旧人的大门，就进去投奔他，因为尊重他的名望与德行，大家甘愿冒破家灭族的危险而收容他。后来辗转流亡到了东莱，就投身到李笃家里。外黄县令毛钦带着利器来到李家，李笃宴请毛钦入室就座后对他说："张俭是因为犯罪而逃亡的，我李笃怎么敢窝藏朝廷钦犯呢？即使他真的在我这，那么这个人也是有名节的人，明府你甘愿逮捕他、应该逮捕他吗？"毛钦听到他的话后，站起来，用手抚着李笃的肩膀说："蘧伯玉因他一人为独行君子而引以为耻，足下为什么偏想一个人独行仁义呢？"李笃说："现在我就想和你均分，请明府你带走一半吧。"于是毛钦就叹息着走了。后来，李笃就指引张俭投奔到北海的戏子然家，并由戏子然掩护，从渔阳逃到了塞外。在张俭逃亡期间，仅是路过的人家，遇到诛杀的有十来人，因受牵扯被逮捕下狱，进行拷打审讯的到处都有，他的宗族亲戚也都被消灭了，郡县也受到了破坏。张俭与鲁国的孔褒是旧友，逃亡的时候曾经去投奔孔褒，刚好孔褒不在家，那时孔褒的弟弟孔融才十六岁，就将他藏起来了。后来事情泄露了之后，张俭幸运逃脱，鲁国国相便抓捕了孔褒、孔融，并将他们关入监狱，但没有办法确定该判谁的罪。孔融说："收留张俭，将他藏在家里的人是我，所以应该判我的罪。"孔褒说："他是来求我收留的，这并不是我弟弟的错。"官吏就问他们的母亲，她说："家里面的事，本来就应该由家长负责，当然应该由我抵罪。"他们一家人都争着担任死罪，郡县里的官员犹犹豫豫不能判定，于是就向朝廷请示，最后朝廷下诏治孔褒入罪。一直等到党禁解除之后，张俭才回到了他的家乡，后来又担任了卫尉，他去世时，是八十四岁。先前夏馥听说张俭到处逃亡，就曾经叹息地说："自己作的孽，让一些善良的人士平白无故地受到连累，一个人躲避死亡，却让万家人替他遭殃，

这样活着又有什么意思呢？”于是夏馥就剪掉了胡子，改变了外貌，躲在林虑山中，隐姓埋名，在一家铁匠铺里干活，经过烟熏炭烤，使得形容憔悴，两三年之后，都没人能认出他是谁。后来他弟弟夏静带了些丝织品，装在车里到处去找他，要把这给他送去，但是他不肯出面接受，还说：“老弟啊！你为什么要装一车灾害来送给我呢？”在党禁还没解除之前他就死了。

【申涵煜评】诸名士惟郭泰、申屠蟠超然是非之外为上，袁闳晦迹自苦次之，而张俭最下，望门投止，遗祸善良，真亡命之徒，死何以见诸君子于地下？宜为夏馥所鄙也。

【译文】诸位名士中只有郭泰和申屠蟠超然于是非之外，袁闳隐居匿迹仅止于他们，而张俭最没有立场，困急窘迫，每当望见人家门户，便投奔请求收容，连累祸及那些无辜的人，真是一个亡命之徒，他死后如何面对地下的诸位君子啊？

初，中常侍张让父死，归葬颍川，虽一郡毕至，而名士无往者，让甚耻之，陈寔独吊焉。及诛党人，让以寔故，多所全宥。南阳何颙，素与陈蕃、李膺善，亦被收捕，乃变名姓匿汝南间，与袁绍为奔走之交，常私入雒阳，从绍计议，为诸名士罹党事者求救援，设权计，使得逃隐，所全免甚众。

【译文】 那时，中常侍张让的父亲去世了，归葬在颍川，虽然全郡的人都前去祭吊，但是没有一位知名的人前去，张让觉得这是种耻辱，当时只有陈寔前去祭吊。等到诛杀党人的时候，张让看在陈寔的分上，就包涵宽容还救了不少人。南阳人何颙，和陈蕃、李膺的交情向来很好，所以在搜捕的名单里，何颙更名改姓隐藏在汝南一带，他往日曾替袁绍奔走效命，由于有这份交情，所以就经常潜入洛阳，和袁绍一起商量，并设法替被卷入灾祸的名士们求救，出主意、想办法，让他们能逃走的逃走，能隐藏的就隐藏，接受他援救而得以免祸活命的人有很多。

初，太尉袁汤三子，成、逢、隗，成生绍，逢生术。逢、隗皆有名称，少历显官。时中常侍袁赦以逢、隗宰相家，与之同姓，推崇以为外援，故袁氏贵宠于世，富奢甚，不与它公族同。绍壮健有威容，爱士养名，宾客辐凑归之，辎軿、柴毂，填接街陌。术亦以侠气闻。逢从兄子闳，少有操行，以耕学为业，逢、隗数馈之，无所受。闳见时方险乱，而家门富盛，常对兄弟叹曰："吾先公福祚，后世不能以德守之，而竞为骄奢，与乱世争权，此即晋之三郤矣。"及党事起，闳欲投迹深林，以母老，不宜远遁，乃筑土室四周于庭，不为户，自牖纳饮食。母思闳时，往就视，母去，便自掩闭，兄弟妻子莫得见也。潜身十八年，卒于土室。

【译文】 那时候，太尉袁汤有三个儿子：袁成、袁逢和袁隗，袁成的儿子名绍，袁逢的儿子名术。袁逢和袁隗都很有名望，受人称赞，年轻的时候就担任高官。当时有个中常侍袁赦觉得袁逢、袁隗出生在相府，又跟他同姓，所以就对他们兄弟极为推崇，想让他们做自己的外援，因此袁氏一门在当时甚为显贵得宠，家产优厚，穷奢极侈，并凌越在其他公族之上。袁绍体貌雄壮并有威仪，爱好贤士矜名，才导致贤才俊秀从四面八方前来归附于他，朱轮和柴毂，塞满街巷，前后相连。袁术也凭借颇具侠义之风而闻名于世。袁逢堂兄的儿子袁闳，年纪虽轻但是有操守，平时以耕读为业，袁逢和袁隗曾经多次馈赠给他财物，他都没有接受。袁闳看见世局危乱，然而家门富资兴盛，就经常叹息着对兄弟们说："我们的先公（指袁安）凭借福德立家，保

佑子孙，然而后代不但不能以德守家，反倒个个极尽骄奢，竟在乱世中以争权夺势为能事，这样的做法，其结果一定会像晋国的三郤一样。”（三郤，指晋大夫郤锜、郤犨、郤至。郤世是晋卿，三郤借着家庭背景，骄奢淫逸，最终被厉公所杀。）等到党祸事发，袁闳想要遁迹到深山丛林中去，但是由于母亲年迈，不适宜远行，于是就在庭中建了一间土室，没有设立门户，就从窗口递送食物。母亲想他的时候，就只能去窗口看看他，母亲离开后，他就把窗子关上，兄弟妻儿他一律不见。隐居十八年，最后死在了土室中。

初，范滂等非讦朝政，自公卿以下皆折节下之，太学生争慕其风，以为文学将兴，处士复用。申屠蟠独叹曰：“昔战国之世，处士横议，列国之王至为拥彗先驱，卒有坑儒烧书之祸，今之谓矣。”乃绝迹于梁、砀之间，因树为屋，自同佣人。居二年，滂等果罹党锢之祸，唯蟠超然免于评论。

◆臣光曰：天下有道，君子扬于王庭以正小人之罪，而莫敢不服。天下无道，君子囊括不言以避小人之祸，而犹或不免。党人生昏乱之世，不在其位，四海横流，而欲以口舌救之，臧否人物，激浊扬清，撩虺蛇之头，践虎狼之属，以至身被淫刑，祸及朋友，士类歼灭而国随以亡，不亦悲乎！夫唯郭泰既明且哲，以保其身，申屠蟠见几而作，不俟终日，卓乎其不可及已！◆

【译文】 当时，范滂等攻击朝政，从公卿以下都受到影响而有所改变，太学生们都仰慕他的风范，并认为学术将因此而振兴，有德的才士一定会再被重用。只有申屠蟠独自叹息着说：“先前在战国时代，有才学的布衣之士开言阔谈，导致列国君王卑躬屈膝地对待他们，却带来焚书坑儒的大祸，按照现在的情况，正是历史重演啊。”因此就隐藏于梁、砀之间，在野外树林中搭建了间房子住，亲自操佣工贱役。两年之后，范滂等人果真遭到了党锢之祸。只有申屠蟠超然于事外，没有受到攻击。

◆司马光说：以前天下有道的时候，君子可以在朝廷中发扬大道，来匡正小人的罪行，没有人敢不顺从；天下无道的时候，君子就应该容忍缄黜以免受到小人的陷害，即便这样，都恐怕还难免遭祸。这群党人生当乱世，又没有高位实权，然而在四海混浊，滔滔者天下都是的时候，想凭借舆论匡救时弊，评论人物的高低，抑恶扬善，这就好比用手挑逗虺蛇的头，用脚踩虎狼的尾巴，致使身受酷刑，殃及朋友，忠义之士即使被歼灭，国家在不久也随之灭亡，不也很可悲吗？只有郭泰能明哲保身，只有申屠蟠能见机行事，立刻隐身避难，这种卓然超群的方法，真不是一般人能赶得上的！◆

【乾隆御批】三君、俊、顾及厨，更相标榜，卒罹构党之祸。可为虚声阿附炯鉴。张俭亡命迹类岑晊，故馥之责俭与贾彪之拒晊，所见颇正。夫平时既以名士自处，罪不逃刑之义尚不能守，其名又何足称？卒致望门投止，连染无辜，不亦鄙哉？

申屠蟠未入仕，本可以囊括自全。独惜陈蕃李膺等号为贤者，既得时居位，足弥小人之变，所处非申屠蟠比。乃亦囿于清流虚声，率以拘牵，坐失事机。难辞责贤之备，不可徒诿之运会使然也。

【译文】三君、八俊、八顾、八及、八厨，相互标榜，最终构成结党之祸。对于那些贪慕虚名阿谀奉承的人来说是最深刻的教训。张俭逃命的做法和岑晊相同，所以夏馥责怪张俭和贾彪拒留岑晊一样。见解非常正确。平时既然以名士自居，却连犯有罪行不能逃避刑罚都不能遵守，他的名声又有什么值得称道的呢？最终看到有人家便去投宿，导

致无辜者被连累，这不也是令人很鄙视的吗？

申屠蟠并没有做官，本来可以保全自身。可惜的是陈蕃和李膺等人，号称贤士，又有机会身居官位，本可以防止小人的叛乱，他们的处境不是申屠蟠所能比的。然而他们也未能摆脱清流和虚名的束缚，结果大都受到牵连，错失良机。这样就不能避免对贤臣的责备，不能只推托说是时运不好才导致使他们如此。

庚子晦，日有食之。

十一月，太尉刘宠免；太仆扶沟郭禧为太尉。

鲜卑寇并州。

长乐太仆曹节病困，诏拜车骑将军。有顷，疾瘳，上印绶，复为中常侍，位特进，秩中二千石。

高句骊王伯固寇辽东，玄菟太守耿临讨降之。

【译文】庚子晦日（十月无此日），发生日食。

十一月，太尉刘宠被免职；任命太仆郭禧（扶沟人）为太尉。

鲜卑侵犯并州。

在长乐太仆曹节病重的时候，下诏令任命他为车骑将军。可是没过多长时间，他的病就好了，于是就缴还绶印，仍然担任中常侍，并赐位特进，年俸两千石。

高句骊王伯固进攻辽东，玄菟太守耿临出兵攻打并降服了他们。

三年（庚戌，公元一七零年）春，三月，丙寅晦，日有食之。

徵段颎还京师，拜侍中。颎在边十馀年，未尝一日蓐寝，与将士同甘苦，故皆乐为死战，所向有功。

夏，四月，太尉郭禧罢；以太中大夫闻人袭为太尉。

秋，七月，司空刘嚣罢；八月，以大鸿胪梁国桥玄为司空。

【译文】 三年（庚戌，公元170年）春季，三月，丙寅晦日（三十日），发生日食。

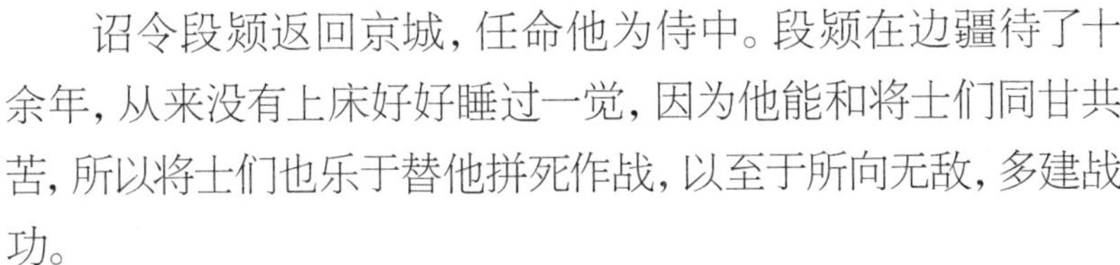

诏令段颎返回京城，任命他为侍中。段颎在边疆待了十余年，从来没有上床好好睡过一觉，因为他能和将士们同甘共苦，所以将士们也乐于替他拼死作战，以至于所向无敌，多建战功。

夏季，四月，太尉郭禧被免职，任命太中大夫闻人袭为太尉。

秋季，七月，司空刘嚣被撤免；八月，封大鸿胪桥玄（梁国人）为司空。

九月，执金吾董宠坐矫永乐太后属请，下狱死。

冬，郁林太守谷永以恩信招降乌浒人十馀万，皆内属，受冠带，开置七县。

凉州刺史扶风孟佗遣从事任涉将燉煌兵五百人，与戊己司马曹宽、西域长史张宴将焉耆、龟兹、车师前、后部，合三万馀人讨疏勒，攻桢中城，四十馀日不能下，引去。其后疏勒王连相杀害，朝廷亦不能复治。

初，中常侍张让有监奴，典任家事，威形喧赫。孟佗资产饶赡，与奴朋结，倾竭馈问，无所遗爱。奴咸德之，问其所欲。佗曰："吾望汝曹为我一拜耳！"时宾客求谒让者，车常数百千两，佗诣让，后至，不得进，监奴乃率诸仓头迎拜于路，遂共轝车入门，宾客咸惊，谓佗善于让，皆争以珍玩赂之。佗分以遗让，让大喜，由是以佗为凉州刺史。

【译文】九月，执金吾董宠因假借永乐太后的名义对人有所请托，事情泄露被降罪，进狱处死。

冬季，郁林太守谷永凭借德威诚信招降了十余万乌浒夷人，并且都归降了中原，迁到境内，接受了冠带教化，并为他们设立了七个县城。

凉州刺史孟佗（扶风人），派从事任涉带领五百敦煌士兵，跟戊己校尉曹宽、西域长史张宴等所带领的焉耆、龟兹、车币前、后部，共计三万多人征讨疏勒，带兵攻打桢中城，接连四十多天，都没能攻破，就带兵退回了。从此以后，疏勒王不断入侵杀人，朝廷对他们没有一点办法。

起初，中常侍张让养了许多监奴，替他治理家事，这群监奴倚权挟势，声势显赫。孟佗财物富饶，遍交监奴，倾尽所有馈赠贿赂他们，一个也没有遗漏。监奴们都对他感激不尽，就问他有没有什么事要他们效劳的，孟佗说："我只想请你们帮助我拜见中常侍一面！"当时求见张让的宾客，每天都有数百上千辆车，孟佗去见张让，由于去晚了，所以根本轮不到他进门，监奴便带领着一些仓头恭恭敬敬地在路旁迎接他，他的车就在前呼后拥的情况下被送进了大门，宾客们看到后，都大为吃惊，并认为孟佗比张让更得人望，于是大家都争着把珍玩送给他。孟佗每次得到后，都会分给张让，张让很高兴，因次任命孟佗做凉州刺史。

【申涵煜评】佗以财贿，邀苍头一拜，遂得珍宝遗张让，因为刺史。当时求富贵利达者，止知以拜买人，不知买人之拜，反经行权，亦小人中最黠者。

【译文】孟佗用财物贿赂（张让的管家），只为让管家对自己行拜礼，借此得到了很多礼物献给张让，最终当上了凉州刺史。当时那些寻求富贵名利的人，只知道对别人行拜来巴结人，却不知道花钱来买别人的一拜，反其道而行之，实在是小人中最狡猾的啊！

四年（辛亥，公元一七一年）春，正月，甲子，帝加元服，赦天下，唯党人不赦。

二月，癸卯，地震。

三月，辛酉朔，日有食之。

太尉闻人袭免；以太仆汝南李咸为太尉。

大疫。司徒许训免；以司空桥玄为司徒；夏，四月，以太常南阳来艳为司空。

秋，七月，司空来艳免。

癸丑，立贵人宋氏为皇后，后，执金吾酆之女也。

司徒桥玄免；以太常南阳宗俱为司空，前司空许栩为司徒。

帝以窦太后有援立之功，冬，十月，戊子朔，率群臣朝太后于南宫，亲馈上寿。黄门令董萌因此数为太后诉冤，帝深纳之，供养资奉，有加于前。曹节、王甫疾之，诬萌以谤讪永乐宫，下狱死。

鲜卑寇并州。

【译文】 四年（辛亥，公元171年）春季，正月，甲子日（初三），由于灵帝加冠，就大赦天下，只有党人没被赦免。

二月，癸卯日（十三日），发生地震。

三月，辛酉朔日（初一），发生日食。

太尉闻人袭被免职；任命太仆汝南人李咸为太尉。

发生瘟疫。司徒许训被免职；任命司空桥玄为司徒。夏季，四月，又任命太常南阳人来艳为司空。

秋季，七月，司空来艳被免职。

癸丑日（七月无此日），册封贵人宋氏为皇后。她就是执金吾宋酆的女儿。

司徒桥玄被免职；任命太常宗俱（南阳人）为司空，又任命前司空许栩为司徒。

灵帝因想到窦太后有助立之功，冬季，十月戊子朔日（初一），带领群臣在南宫朝拜太后，亲自奉上饮食为太后祝寿。黄门令董萌因此一再替太后申冤，灵帝都听从了，并且对太后的供养资奉比以前也好了很多。曹节和王甫心怀怨恨，于是就诬陷董萌谤讪皇上生母孝仁董太后，结果就把他逮捕下狱处死。

鲜卑人进攻并州。

资治通鉴卷第五十七　汉纪四十九

起玄黓困敦，尽上章涒滩，凡九年。

【译文】 起壬子（公元172年），止庚申（公元180年），共九年。

【题解】 本卷记录了汉灵帝熹平元年至光和三年间的历史。熹平五年，第三次党锢之祸兴起。窦太后死，汉灵帝礼葬，民间流言窦太后被宦官所杀。段颎投靠宦官后大肆抓捕千余所谓流言者。熹平五年，灵帝下诏追究党人，罪及五服，这是第三次党锢之祸。灵帝立《熹平石经》倡导儒学，颁布三互法。灵帝好文学，设鸿都门学与太学相抗。灵帝又设立卖官所，各类官职标价出售。陈球等谋诛宦官事泄，下狱死。

孝灵皇帝上之下

熹平元年（壬子，公元一七二年）春，正月，车驾上原陵。司徒掾陈留蔡邕曰："吾闻古不墓祭。朝廷有上陵之礼，始谓可损；今见威仪，察其本意，乃知孝明皇帝至孝恻隐，不易夺也。礼有烦而不可省者，此之谓也。"

【译文】 熹平元年（壬子，公元172年）春季，正月，灵帝祭奠光武帝的陵墓。司徒掾蔡邕（陈留人）说："我听说古代的天子是不到陵墓上祭奠的。如今，朝廷有天子祭奠陵墓的礼节，刚开始我觉得这个礼节可以去掉；如今我看到祭奠时的威仪节

度，研究这个礼节的本意后，才知道恢复这种祭奠礼节的孝明皇帝是非常孝顺并且有恻隐之心的，这种礼节确实不能随便去掉。礼节中即使有繁缛而不可减省的，大概就是这个吧。”

【乾隆御批】庙寝栖神，园陵藏魄。汉制上陵亦礼，缘义起俗儒，犹有执古不墓祭之说者。邕言自是平允。

【译文】宗庙是神灵栖息的地方，陵园里都保存着先人的魂魄。汉朝祭祀祖先的礼仪，也是根据礼义来制定的，可是浅陋迂腐的儒者中，仍然有人坚持古代不到墓前祭祀的说法。蔡邕的话自然是公平适当的。

三月，壬戌，太傅胡广薨，年八十二。广周流四公，三十馀年，历事六帝，礼任极优，罢免未尝满岁，辄复升进。所辟多天下名士，与故吏陈蕃、李咸并为三司。练达故事，明解朝章，故京师谚曰：“万事不理，问伯始；天下中庸，有胡公。”然温柔谨悫，常逊言恭色以取媚于时，无忠直之风，天下以此薄之。

【译文】 三月，壬戌日（初八），太傅胡广逝世，享年八十二岁。三十多年来胡广先后做过太傅、太尉、司徒、司空四公，侍奉过安、顺、冲、质、桓、灵六位皇帝，朝廷对他的待遇极为优厚，免职从来没有满一年，就又会高升。他所任用的人大多是天下有名的人士。他和旧时的属吏陈蕃、李咸都做三公。他通晓史事，熟知朝廷的章法制度。所以在京城有个谚语说：“万事不治理，问伯始（胡广字）；天下中庸，有胡公。”（“万事不能治理，就只需要问伯始；天下之所以和平永宁，只是因为有胡公”）但是他为人温厚谨慎，一直以言语谦逊、态度恭谨，而获得当时人的赞赏，没有忠贞正直的表现，天下人都因此轻视他。

五月，己巳，赦天下，改元。

长乐太仆侯览坐专权骄奢，策收印绶，自杀。

六月，京师大水。

窦太后母卒于比景，太后忧思感疾，癸巳，崩于云台。宦者积怨窦氏，以衣车载太后尸置城南市舍，数日，曹节、王甫欲用贵人礼殡。帝曰："太后亲立朕躬，统承大业，岂宜以贵人终乎!"于是，发丧成礼。

【译文】五月，己巳日（十六日），灵帝大赦天下，把年号改为熹平。

长乐宫太仆侯览由于专权骄傲奢侈而犯罪，灵帝下令收回他的印信，侯览随后自杀。

六月，京城发生大水。

窦太后的母亲在比景去世，太后因为忧伤思念就得了疾病，癸巳日（初十），在洛阳南宫云台去世。宦官们对窦氏有很深的怨恨，于是就用衣车带着太后的尸体，把尸体放在城南市镇的房屋中。几天以后，曹节和王甫要用殓贵人的礼节来替太后发丧，灵帝说："是太后亲自立的我来继承天下的伟业，而我现在用殓贵人的礼仪为太后送终，这怎么合适呢？"于是就发丧，完成殓太后的礼仪。

节等欲别葬太后，而以冯贵人配祔。诏公卿大会朝堂，令中常侍赵忠监议。太尉李咸时病，扶舆而起，捣椒自随，谓妻子曰："若皇太后不得配食桓帝，吾不生还矣!"既议，坐者数百人，各瞻望良久，莫肯先言。赵忠曰："议当时定!"廷尉陈球曰："皇太后以盛德良家，母临天下，宜配先帝，是无所疑。"忠笑而言曰：

"陈廷尉宜便操笔。"球即下议曰:"皇太后自在椒房,有聪明母仪之德;遭时不造,援立圣明承继宗庙,功烈至重。先帝晏驾,因遇大狱,迁居空宫,不幸早世,家虽获罪,事非太后,今若别葬,诚失天下之望。且冯贵人冢尝被发掘,骸骨暴露,与贼并尸,魂灵污染,且无功于国,何宜上配至尊!"忠省球议,作色俛仰,蚩球曰:"陈廷尉建此议甚健!"球曰:"陈、窦既冤,皇太后无故幽闭,臣常痛心,天下愤叹!今日言之,退而受罪,宿昔之愿也!"李咸曰:"臣本谓宜尔,诚与意合。"于是,公卿以下皆从球议。曹节、王甫犹争,以为:"梁后家犯恶逆,别葬懿陵,武帝黜废卫后,而以李夫人配食,今窦氏罪深,岂得合葬先帝!"李咸复上疏曰:"臣伏惟章德窦后虐害恭怀,安思阎后家犯恶逆,而和帝无异葬之议,顺朝无贬降之文。至于卫后,孝武皇帝身所废弃,不可以为比。今长乐太后尊号在身,亲尝称制,且援立圣明,光隆皇祚。太后以陛下为子,陛下岂得不以太后为母!子无黜母,臣无贬君,宜合葬宣陵,一如旧制。"帝省奏,从之。

【译文】 曹节等人想把太后葬到别处,不跟桓帝合葬,并把冯贵人的牌位放在桓帝的宗庙里配享。灵帝命令公卿们全部在朝堂聚集讨论,并且让中常侍赵忠主持会议。当时太尉李咸正巧生病,收到命令后,就立刻扶着车子站起来,并把椒药捣碎,随身携带,对妻儿说:"如果皇太后不能跟桓帝受祭享,我就吞下椒药自杀,绝对不活着回来!"会议开始以后,朝廷里坐着几百人,大家观望了很久,没有一个人愿意先发言。赵忠说:"现在就该决定了!"廷尉陈球说:"皇太后凭借自己盛大的德行,再加上家世又好,才被立为国母,应该和先帝受祭享,这是毋庸置疑的事。"赵忠笑了一阵后说:"陈廷尉应该马上拿笔把具体的理由写出来。"陈球就说:"从前皇太后做皇后的时候,

就表现出了不凡的智慧和国母的风仪；后来遭到不幸的时代，先帝逝世，于是就扶立当今圣上继承宗庙，功业很大。先帝去世后不久，由于受到大案的牵累，就被迁到空旷的南宫，而现在不幸去世了，虽然窦家曾经获罪，但这和太后没有关系，如果现在不和先帝合葬，而是葬在别处，确实是会让天下人失望的。再者说冯贵人的坟墓曾经被人挖掘，使得尸体暴露在外面，和贼人放在一起，灵魂已经受到玷污，并且对国家也没有功绩，怎么能配得上天子呢？”赵忠仔细看了陈球的议论，脸上立刻就变了颜色，低下了头后又仰起头讥笑着说：“陈廷尉所说的议论很是坚强有力！”陈球说：“陈、窦两家蒙冤受屈，皇太后没有缘故地被幽禁，我一直感到痛心，天下人也都感到愤慨！今天我说了这些话，回去以后即使获罪，也是我平生的心愿！”李咸说：“我原本也认为是这样的，陈球的意见和我的意见相同。”于是公卿们都遵从陈球的意见。曹节和王甫还在继续争论，他们认为：“先前梁皇后家犯了忤逆凶恶的罪，梁皇后逝世后，就埋葬在懿陵，并没有和桓帝葬在一起。武帝曾经废除了卫皇后，后人就以李夫人配武帝受祭享。如今窦氏的罪行深重，怎么能和先帝合葬？”李咸又上奏书说：“我俯首伏地思考从前章德窦皇后虐害恭怀梁皇后，窦皇后逝世后，并没有和帝另葬的说法；安思阎皇后家里犯了凶恶造反的罪，阎皇后去世后，顺帝一天也没有贬降的文字。说到卫皇后，是孝武皇帝亲自废弃的，不能拿来作为对比。现在长乐太后还享有尊号，又曾经代理天子的事务，并且扶立当今的圣上，发扬皇室的禄位。太后把陛下当作儿子，陛下怎么就不能把太后当作母亲？儿子没有呵斥母亲的道理，臣子没有贬谪国君的道理，所以太后应该跟先帝合葬，完全遵从原有的制度。”灵帝细看了奏折，并听从了李咸的建议。

秋，七月，甲寅，葬桓思皇后于宣陵。

有人书朱雀阙，言："天下大乱，曹节、王甫幽杀太后，公卿皆尸禄，无忠言者。"诏司隶校尉刘猛逐捕，十日一会。猛以诽书言直，不肯急捕。月馀，主名不立；猛坐左转谏议大夫，以御史中丞段熲代之。熲乃四出逐捕，及太学游生系者千馀人。节等又使熲以它事奏猛，论输左校。

初，司隶校尉王寓依倚宦官，求荐于太常张奂，奂拒之，寓遂陷奂以党罪禁锢。奂尝与段熲争击羌，不相平，熲为司隶，欲逐奂归燉煌而害之；奂奏记哀请于熲，乃得免。

【译文】 秋季，七月，甲寅日（初二），把桓思皇后葬在桓帝的陵墓。

有人在朱雀阙上写："天下要大乱了，曹节和王甫幽禁、杀害太后，满朝大卿只食俸禄不做事，没有一个敢进言的人。"灵帝命令司隶校尉刘猛逮捕书写的人，十天聚集商讨一次。刘猛觉得诽谤的文字说得很正直，所以不愿意积极追捕。一个多月的时间，连写的人的名字都没有查出来，于是刘猛就被贬为谏议大夫，并任命御史中丞段颎替代他的职务。段颎就命人四面追捕，把太学里的学生都抓来了，一共抓了一千多人。曹节又让段颎用另外一件事情来上奏章弹劾刘猛，刘猛经过论罪后被送往左校服苦役。

起初，司隶校尉王寓依靠宦官的权威，求他们将自己举荐给张奂，但是张奂拒绝了，于是王寓就用党罪来诬陷他，阻断他的仕途。张奂曾经和段颎争着攻打羌人，两人很不和睦，现在段颎担任司隶校尉，想要把张奂赶回敦煌并杀死他，张奂就上了一个奏文给段颎，向他祈求，才免去灾祸。

初，魏郡李暠为司隶校尉，以旧怨杀扶风苏谦；谦子不韦瘞而不葬，变姓名，结客报仇。暠迁大司农，不韦匿于廥中，凿地旁达暠之寝室，杀其妾并小儿。暠大惧，以板藉地，一夕九徙。又掘暠父冢，断取其头，标之于市。暠求捕不获，愤恚，呕血死。不韦遇赦还家，乃葬父行丧。张奂素睦于苏氏，而段颎与暠善，颎辟不韦为司隶从事，不韦惧，称病不诣。颎怒，使从事张贤就家杀之，先以鸩与贤父曰："若贤不得不韦，便可饮此！"贤遂收不韦，并其一门六十馀人，尽诛之。

渤海王悝之贬瘿陶也，因中常侍王甫求复国，许谢钱五千万；既而桓帝遗诏复悝国，悝知非甫功，不肯还谢钱。中常侍郑飒、中黄门董腾数与悝交通，甫密司察以告段颎。冬，十月，收飒送北寺狱，使尚书令廉忠诬奏"飒等谋迎立悝，大逆不道"，遂诏冀州刺史收悝考实，迫责悝，令自杀；妃妾十一人、子女七十人、伎女二十四人皆死狱中，傅、相以下悉伏诛。甫等十二人皆以功封列侯。

【译文】起初，魏郡人李暠做司隶校尉的时候，由于以前的怨恨杀死了扶风人苏谦；苏谦的儿子不韦就把他的尸体简单地埋掉了，没有棺椁，也没有举行葬礼，然后就更名改姓，结交剑客替父亲报仇。李暠被提升为大司农后，苏不韦就藏在他家的柴房里，并从柴房凿一个地洞通往李暠的寝室，杀掉他的妻妾和他的小儿子。李暠非常害怕，就用木板铺在地上，一个晚上换了九次睡觉的地方。苏不韦又挖掘李暠父亲的坟墓，并把他父亲的头割下来，标明身份后摆在市镇上示众。李暠尽力逮捕凶手，但是始终没有捉到，最终因为气愤吐血而死。后来苏不韦

遇到赦免，回到家后，又补行丧礼埋葬父亲。张奂向来和苏家很融洽，段颎和李暠关系很好。李暠死后，段颎就任命苏不韦为司隶的属员，苏不韦很害怕，就假装有病不去。段颎听后很生气，就命令他的下属张贤到苏家杀死了苏不韦，并且把毒酒交给张贤的父亲说："如果张贤没有杀死苏不韦，你就喝掉它！"于是张贤就把苏不韦连同他一家六十多人抓起来，一块杀掉。

渤海王刘悝被贬谪到瘿陶后，就委托中常侍王甫设法恢复封国，并且答应事成后以五千万金钱酬谢；不久后，桓帝就有遗诏，命令恢复刘悝的封国，刘悝知道这不是王甫的功劳，就不肯给他谢钱酬金。中常侍郑飒、中黄门董腾经常和刘悝来往，王甫偷偷地侦察到，就把此事告诉了段颎。冬季，十月，段颎逮捕了郑飒，并把它送到北寺狱，并让尚书令廉忠向天子诬奏说："郑飒等计划迎立刘悝为天子，确实是大逆不道。"于是天子就诏令冀州刺史逮捕刘悝调查实情并逼问他，最后命令他自杀；他的妃妾有十一人，子女有七十人，伎女有二十四人，都一起死在了狱中，傅、相以下的官员，也都受到诛杀。王甫等十二个人都因为有功而被封为列侯。

【申涵煜评】苏不韦为父报雠，孝侠可风。段颎因避不从，害其一家。又诬陷勃海王悝以名将为三公，甘作宦官鹰犬，隳节末路，犬豕不食其余。

【译文】苏不韦为父亲报仇，兼备孝顺和侠义之风。段颎因苏不韦避世不肯做他的司隶从事，最终杀了他全家。又诬陷渤海王悝让名将位列三公。甘心当宦官的走狗爪牙，自毁名节，走向末路，猪和狗都不会理会他。

十一月，会稽妖贼许生起句章，自称阳明皇帝，众以万数；遣扬州刺史臧旻、丹杨太守陈寅讨之。

十二月，司徒许栩罢；以大鸿胪袁隗为司徒。

鲜卑寇并州。

是岁，单于车兒死，子屠特若尸逐就单于立。

【译文】 十一月，会稽的盗贼许生在句章起事，并自称为阳明皇帝，官兵上万人；灵帝派扬州刺史臧旻、丹阳太守陈寅前去征讨。

十二月，罢黜司徒许栩的官职；任命大鸿胪袁隗为司徒。

鲜卑侵入并州。

这一年，单于车儿逝世，他的儿子屠特若尸逐就单于继位。

二年（癸丑，公元一七三年）春，正月，大疫。

丁丑，司空宗俱薨。

二月，壬午，赦天下。

以光禄勋杨赐为司空。

三月，太尉李咸免。

夏，五月，以司隶校尉段熲为太尉。

六月，北海地震。

秋，七月，司空杨赐免；以太常颍川唐珍为司空。珍，衡之弟也。

冬，十二月，太尉段颎罢。

鲜卑寇幽、并二州。

癸酉晦，日有食之。

【译文】二年（癸丑，公元173年）春季，正月，暴发瘟疫。

同月丁丑日（二十七日），司空宗俱去世。

二月壬午日（初三），赦免天下。

任命光禄勋杨赐为司空。

三月，免去太尉李咸的官职。

夏季，五月，任命司隶校尉段颎做太尉。

六月，北海发生地震。

秋季，七月，免去司空杨赐的职务；任命太常颍川人唐珍为司空。唐珍，就是唐衡的弟弟。

冬季，十二月，免去太尉段颎的职务。

鲜卑侵入幽、并两州。

癸酉晦日（二十九日），发生日食。

三年（甲寅，公元一七四年）春，二月，己巳，赦天下。

以太常东海陈耽为太尉。

三月，中山穆王畅薨，无子，国除。

夏，六月，封河间王利子康为济南王，奉孝仁皇祀。

吴郡司马富春孙坚召募精勇，得千馀人，助州郡讨许生。冬，十一月，臧旻、陈寅大破生于会稽，斩之。

任城王博薨，无子，国绝。

十二月，鲜卑入北地，太守夏育率屠各追击，破之。迁育为护乌桓校尉。鲜卑又寇并州。

司空唐珍罢，以永乐少府许训为司空。

【译文】 三年（甲寅，公元174年）春季，二月，己巳日（二十六日），赦免天下。

任命太常东海人陈耽为太尉。

三月，中山穆王刘畅逝世，由于没有儿子，封国就被撤除了。

夏季，六月，任命河间王刘利的儿子刘康为济南王，实行孝仁皇帝的宗庙祭祀。

吴郡司马孙坚（富春人）招募一千多精锐的士兵，帮助各州郡征讨许生。冬季，十一月，臧旻、陈寅在会稽把许生打败了，并斩掉了许生。

任城王刘博逝世，由于没有儿子，就撤除了封国。

十二月，鲜卑侵入北地，北地太守夏育带领屠各追击，大败鲜卑。夏育被提升护乌桓校尉。鲜卑又入侵并州。

免去司空唐珍的官职，任命永乐少府许训为司空。

四年（乙卯，公元一七五年）春，三月，诏诸儒正《五经》文字，命议郎蔡邕为古文、篆、隶三体书之，刻石，立于太学门外，使后儒晚学咸取正焉。碑始立，其观视及摹写者车乘日千馀两，填塞街陌。

【译文】四年（乙卯，公元175年）春季，三月，天子命令所有的儒者校正《五经》，命令议郎蔡邕把《五经》用古文、篆体、隶体三种文字书写，并刻在石头上，竖立在太学门外，让后儒晚学都有取法的准则。石碑刚立起来的时候，每天都有成百上千的人来观看和摹写经文，把大街小巷都堵塞了。

初，朝议以州郡相党，人情比周，乃制昏姻之家及两州人士不得对相监临，至是复有三互法，禁忌转密，选用艰难，幽、冀二州久缺不补。蔡邕上疏曰："伏见幽、冀旧壤，铠、马所出，比年兵饥，渐至空耗。今者阙职经时，吏民延属，而三府选举，逾

月不定。臣怪问其故，云避三互。十一(月)〔州〕有禁，当取二州而已。又，二州之士或复限以岁月狐疑迟淹两州悬空，万里萧条，无所管系。愚以为三互之禁，禁之薄者。今但申以威灵，明其宪令，对相部主，尚畏惧不敢营私；况乃三互，何足为嫌！昔韩安国起自徒中，朱买臣出于幽贱，并以才宜，还守本邦，岂复顾循三互，系以末制乎！臣愿陛下上则先帝，蠲除近禁，其诸州刺史器用可换者，无拘日月、三互，以差厥中。”朝廷不从。

【译文】从前，朝廷认为各州郡之间经常互相勾结，讲究私人感情，相互结党营私，于是就规定有婚姻关系的家族和幽、冀两州的人士不得相互做官，从此就有了所谓的“三互法”。严禁趋向严密，选人也就困难了。幽、冀两州的刺史长期空着，不能补充。蔡邕看到这种现象，就上奏书说：“幽、冀两州，原来是出产铠甲和良马的地方，近几年来因为兵荒马乱，已经渐渐地减少了。现在刺史一职已经空缺很久，官吏和人民都翘首盼望，但是三公府对于人选，一个多月也没有决定。我很奇怪就问这是什么原因，他们回答说是要避免和‘三互法’相冲突。其中十一个州有禁令，只能用在这两州而已。又因为，两个州的人士，有的又加上了时间的限制，犹犹豫豫，因此错失良机，导致两州刺史的职位长期空缺，万里边疆一片萧条，没有人去治理。我觉得‘三互法’，是禁令中比较苛刻的。现在只要能伸张正义，严整法令，两州的人交换为官，还有所畏惧不敢营私，更何况是‘三互’的关系，哪里有嫌疑呢？先前韩安国从囚徒起身，朱买臣出身卑微，但是两个人都是因为有才能才回到本土做主官，哪里还能顾及‘三互’，受到这种毫不重要的制度的牵连呢？我希望陛下能效仿先帝，去除近时的一些禁令，各州有才能的刺史就可以互换，没有必要局限在时间和‘三互’，希望能选用到适当的人才。”朝廷并没有采用。

◆臣光曰：叔向有言：“国将亡，必多制。”明王之政，谨择忠贤而任之，凡中外之臣，有功则赏，有罪则诛，无所阿私，法制不烦而天下大治。所以然者何哉？执其本故也。及其衰也，百官之任不能择人，而禁令益多，防闲益密，有功者以阂文不赏，为奸者以巧法免诛，上下劳扰而天下大乱。所以然者何哉？逐其末故也。孝灵之时，刺史、二千石贪如豺虎，暴殄烝民，而朝廷方守三互之禁。以今视之，岂不适足为笑而深可为戒哉！◆

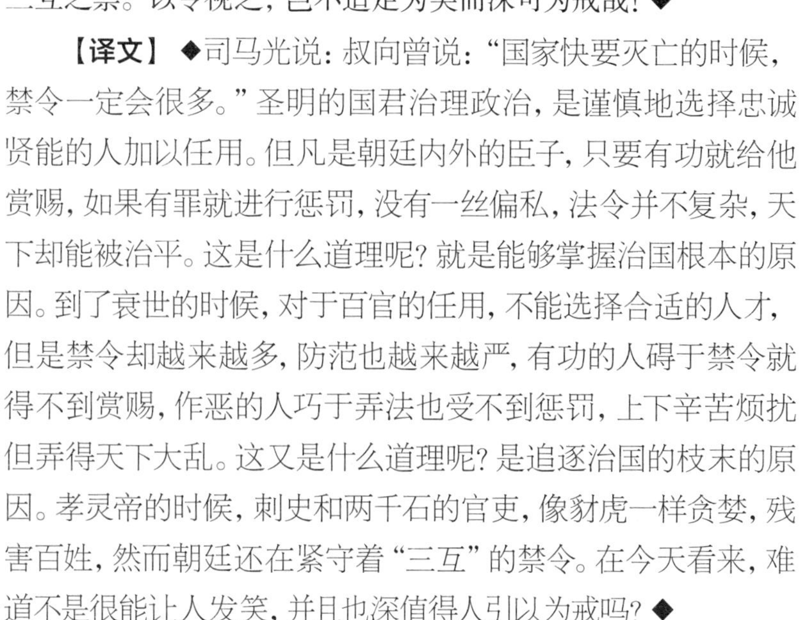

【译文】 ◆司马光说：叔向曾说：“国家快要灭亡的时候，禁令一定会很多。”圣明的国君治理政治，是谨慎地选择忠诚贤能的人加以任用。但凡是朝廷内外的臣子，只要有功就给他赏赐，如果有罪就进行惩罚，没有一丝偏私，法令并不复杂，天下却能被治平。这是什么道理呢？就是能够掌握治国根本的原因。到了衰世的时候，对于百官的任用，不能选择合适的人才，但是禁令却越来越多，防范也越来越严，有功的人碍于禁令就得不到赏赐，作恶的人巧于弄法也受不到惩罚，上下辛苦烦扰但弄得天下大乱。这又是什么道理呢？是追逐治国的枝末的原因。孝灵帝的时候，刺史和两千石的官吏，像豺虎一样贪婪，残害百姓，然而朝廷还在紧守着“三互”的禁令。在今天看来，难道不是很能让人发笑，并且也深值得人引以为戒吗？◆

封河间王建孙佗为任城王。

夏，四月，郡、国七大水。

五月，丁卯，赦天下。

延陵园灾。

鲜卑寇幽州。

六月，弘农、三辅螟。

于窴王安国攻拘弥，大破之，杀其王。戊己校尉、西域长史各发兵辅立拘弥侍子定兴为王，人众裁千口。

【译文】任命河间王刘建的孙子刘佗为任城王。

夏季，四月，有七个郡国发生大水。

五月，丁卯日（初一），赦免了天下。

成帝的陵园发生火灾。

鲜卑侵入幽州。

六月，弘农、三辅发生螟灾。

于窴王安国攻击拘弥，把拘弥打得大败，并且杀掉了拘弥王。戊己校尉、西域长史都派兵来帮助拘弥王入侍天子的儿子定兴，并立他为王，只有一千人民。

五年（丙辰，公元一七六年）夏，四月，癸亥，赦天下。

益州郡夷反，太守李颙讨平之。

大雩。

五月，太尉陈耽罢；以司空许训为太尉。

闰月，永昌太守曹鸾上书曰："夫党人者，或耆年渊德，或衣冠英贤，皆宜股肱王室，左右大猷者也；而久被禁锢，辱在涂泥。谋反大逆尚蒙赦宥，党人何罪，独不开恕乎！所以灾异屡见，水旱荐臻，皆由于斯。宜加沛然，以副天心。"帝省奏，大怒，即诏司隶、益州槛车收鸾，送槐里狱，掠杀之。于是，诏州郡更考党人门生、故吏、父子、兄弟在位者，悉免官禁锢，爰及五属。

六月，壬戌，以太常南阳刘逸为司空。

秋，七月，太尉许训罢；以光禄勋刘宽为太尉。

冬，十月，司徒袁隗罢；十一月，丙戌，以光禄大夫杨赐为司徒。

是岁，鲜卑寇幽州。

【译文】 五年（丙辰，公元176年）夏季，四月，癸亥日（四月无此日），赦免天下。

益州郡夷人叛变，太守李颙平定了。

朝廷举行祭祀祈雨大典。

五月，免去太尉陈耽的官职；任命司空许训为太尉。

闰月，永昌太守曹鸾上奏折说："在党人中，有些是德高的，有些是士大夫中的佼佼者，都是应该辅佐王室、参与大计的人，却长时间地被禁绝仕途，屈辱地居住在草野。即使是谋划造反这种大逆不道的事，还能够受到原谅，那么党人犯了罪，竟然得不到宽恕？所以灾害的频频出现、水灾旱灾频频产生，都是这个原因造成的。因此应该施以大恩来赦免他们，来迎合天意。"灵帝看到奏书后，非常气愤，于是就诏令司隶校尉、益州刺史用囚车逮捕曹鸾，并把他送到槐里的监狱，打死了他。又命令各外郡更考查党人的学生以及以前的属吏、父子、兄弟，只要是在朝做官的，一律被免除官职，断绝仕途，一直推到五等亲。

六月壬戌日（初三），任命太常南阳人刘逸为司空。

秋季，七月，免去太尉许训的官职；任命光禄勋刘宽做太尉。

冬季，十月，免去司徒袁隗的官职；十一月，丙戌日（十一月无此日），任命光禄大夫杨赐为司徒。

这一年，鲜卑侵入幽州。

六年（丁巳，公元一七七年）春，正月，辛丑，赦天下。

夏，四月，大旱，七州蝗。

令三公条奏长吏苛酷贪污者，罢免之。平原相渔阳阳球坐严酷，徵诣廷尉。帝以球前为九江太守讨贼有功，特赦之，拜议郎。

鲜卑寇三边。

市贾小民有相聚为宣陵孝子者数十人，诏皆除太子舍人。

秋，七月，司空刘逸免；以卫尉陈球为司空。

【译文】 六年（丁巳，公元177年）春季，正月，辛丑日（十五日），赦免天下。

夏季，四月，发生大旱灾，有七个州发生蝗灾。

天子命令三公逐条上奏各地方首长中暴戾贪污的人，然后免去他的官职。平原相阳球（渔阳人）由于严苛而犯罪，被召到廷尉受审。灵帝认为以前阳球做九江太守的时候讨伐山贼有功，于是就特别给予赦免，并任命为议郎。

鲜卑入侵东西北三面的边境。

有几十个商人和老百姓聚集一起做桓帝的孝子，灵帝下令都拜为太子舍人。

秋季，七月，免去司空刘逸的官职；任命卫尉陈球为司空。

初，帝好文学，自造《皇羲篇》五十章，因引诸生能为文赋者并待制鸿都门下；后诸为尺牍及工书鸟篆者，皆加引召，遂至数十人。侍中祭酒乐松、贾护多引无行趣势之徒置其间，憙陈闾里小事；帝甚悦之，待以不次之位；又久不亲行郊庙之礼。会诏群臣各陈政要，蔡邕上封事曰："夫迎气五郊，清庙祭祀，养老辟雍，皆帝者之大业，祖宗所祗奉也。而有司数以蕃国疏丧、宫内产生及吏卒小污，废阙不行，忘礼敬之大，任禁忌之书，拘信小

故，以亏大典。自今斋制宜如故典，庶答风霆、灾妖之异。又，古者取士必使诸侯岁贡，孝武之世，郡举孝廉，又有贤良、文学之选，于是名臣辈出，文武并兴。汉之得人，数路而已。夫书画辞赋，才之小者；匡国治政，未有其能。陛下即位之初，先涉经术，听政馀日，观省篇章，聊以游意当代博奕，非以为教化取士之本。而诸生竞利，作者鼎沸，其高者颇引经训风喻之言，下则连偶俗语，有类徘优，或窃成文，虚冒名氏。臣每受诏于盛化门，差次录第，其未及者，亦复随辈皆见拜擢。既加之恩，难复收改，但守奉禄，于义已弘，不可复使治民及在州郡。昔孝宣会诸儒于石渠，章帝集学士于白虎，通经释义，其事优大，文武之道，所宜从之。若乃不能小善，虽有可观，孔子以为致远则泥，君子固当志其大者。又，前一切以宣陵孝子为太子舍人，臣闻孝文皇帝制丧服三十六日，虽继体之君，父子至亲，公卿列臣受恩之重，皆屈情从制，不敢逾越。今虚伪小人，本非骨肉，既无幸私之恩，又无禄仕之实，恻隐之心，义无所依，至有奸轨之人通容其中。桓思皇后祖载之时，东郡有盗人妻者，亡在孝中，本县追捕，乃伏其辜。虚伪杂秽，难得胜言。太子官属，宜搜选令德，岂有但取丘墓凶丑之人！其为不祥，莫与大焉，宜遣归田里，以明诈伪。”书奏，帝乃亲迎气北郊及行辟雍之礼。又诏宣陵孝子为舍人者悉改为丞、尉焉。

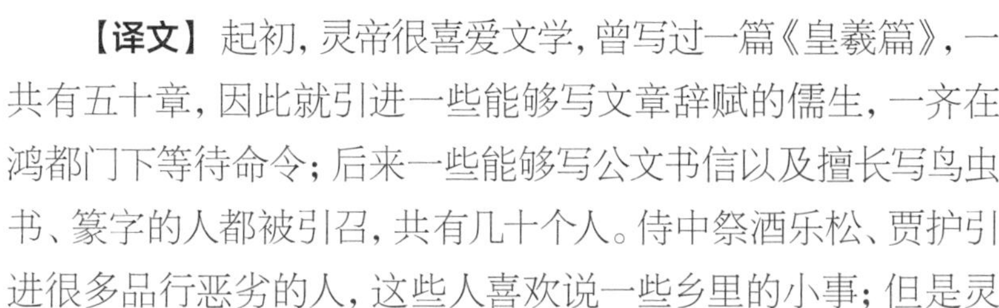

【译文】起初，灵帝很喜爱文学，曾写过一篇《皇羲篇》，一共有五十章，因此就引进一些能够写文章辞赋的儒生，一齐在鸿都门下等待命令；后来一些能够写公文书信以及擅长写鸟虫书、篆字的人都被引召，共有几十个人。侍中祭酒乐松、贾护引进很多品行恶劣的人，这些人喜欢说一些乡里的小事；但是灵

帝很喜欢听，不按照常序给予他们提拔的职位；灵帝又长时间没有亲自举行郊祭庙祭的礼节，正巧遇到诏令群臣各个陈述治政的要点，于是蔡邕就呈上秘密奏折说："在东南西北中五个郊野中，迎接春夏秋冬的气息，在清静严肃的宗庙祭祀，在天子所设的太学里侍奉老人，这都是皇上的大事，是祖宗所恭敬奉行的。然而官吏们常常因为蕃国远亲的丧事，宫里妇女的生产，小吏皂隶的生老病死，废阙但并不举行，忘记了尊敬的大事，信任禁止的书籍，拘泥于小节，就损害了大的制度。从今往后斋祀的仪节应该依照原有制度，这样也许能应对频频发生的风雷灾害的异状。再者，古代的天子选取的人才，一定要让诸侯每年贡献一次。孝武帝的时候，每个郡县都选拔孝廉，还有贤良和文学的选举，因此名臣不断产生，文武都很兴盛。汉代获取人才，就只有这几条路而已。士人会诗词书赋，但只是小才，不一定有匡正国家治理政事的能力。陛下刚上位的时候，首先涉猎经书，每天听政之外，观看一些文章作品，只不过是为了散心寄意来代替赌博、下棋，不能作为教化人民选取人才的根本。然而一些儒生竞逐利益，人多势众，德行稍微高一点的还能够引用经书训诂讽刺比喻的文字，德行卑下的则满篇的俗语，就像是戏子，有的更是抄袭别人的文章，加上自己的姓名。我每次在盛化门接受诏书的时候，看到他们考校士人，都按次序分类并加以登录，考试不及格的，也都跟在后面被授予官职。朝廷既然已经施与恩德，就很难再收回更改了，只要他们谨守职务，那么朝廷对他们的德义已经很大了，不能再让他们治理人民，不能再做州郡的主官。先前孝宣帝在石渠阁聚集所有的儒者，章帝在白虎观聚集学士，解释经书、讲明道理，这种事情是多么美好伟大的啊。经书所记载的都是文王武王的大道，确实应该遵循。至于小技能和小长处，虽然也有值得观赏的地方，但是孔子觉得这种小道要想推用广远就行不通，所以君子就应该专注于大道。又把以前那些愿意做桓帝的孝子的人任命为太子舍人，我听说孝文帝制定丧礼，是为天子服丧以三十六天为度，即使是继位的君主，父子之间的至亲骨肉，受过恩宠的公卿臣子，都忍耐哀情、遵从制度，不敢超越。现在这些虚伪的小人，根本就不是至亲骨肉，既没有受过桓帝的恩宠，又没有担任过朝廷的官职，他们所表现出的这种爱心，丝毫没有道理可说。甚至竟然有一些犯法作乱的人混在里面；桓思皇后下葬，灵柩上车辞别祖先时，东郡有一个偷人家妻子的人，竟逃亡到孝子的行列中，经过追捕，才认罪服法。像这种虚伪的事情，讲也讲不完。君主的下属，应该选择有美德的人来担任，怎么能取用一些墓陵旁边假名孝子的凶恶之人呢？这种不吉祥，没有比这个更大的了。应该把他们都遣归乡里，让大家知道他们的诡计。”奏书呈上以后，灵帝就亲自到北方的郊野迎接冬气，并在太学里举行侍奉老人的礼节。又命令做桓帝孝子封为舍人的，都改成了丞、尉。

【乾隆御批】“宣陵孝子”拜官，亘古异闻，彼走马应，不求闻达。科举孝廉，父别居，较此不为奇矣。

【译文】给“宣陵孝子”授予官职，是自古以来的奇闻。他们只能为官府驱使，不配做官。既然宣陵孝子可以做官，那么出现了孝廉，和父母分居的事，就不感到奇怪了。

护乌桓校尉夏育上言：“鲜卑寇边，自春以来三十馀发，请徵幽州诸郡兵出塞击之，一冬、二春，必能禽灭。”先是护羌校尉田晏坐事论刑，被原，欲立功自效，乃请中常侍王甫求得为将。甫

因此议遣兵与育并力讨贼，帝乃拜晏为破鲜卑中郎将；大臣多有不同，乃召百官议于朝堂。蔡邕议曰："征讨殊类，所由尚矣。然而时有同异，势有可否，故谋有得失，事有成败，不可齐也。夫以世宗神武，将帅良猛，财赋充实，所括广远，数十年间，官民俱匮，犹有悔焉。况今人财并乏，事劣昔时乎！自匈奴遁逃，鲜卑强盛，据其故地，称兵十万，才力劲健，意智益生；加以关塞不严，禁网多漏，精金良铁，皆为贼有，汉人逋逃为之谋主，兵利马疾，过于匈奴。昔段颎良将，习兵善战，有事西羌，犹十馀年。今育、晏才策未必过颎，鲜卑种众不弱曩时，而虚计二载，自许有成，若祸结兵连，岂得中休，当复徵发众人，转运无已，是为耗竭诸夏，并力蛮夷。夫边垂之患，手足之疥搔，中国之困，胸背之瘭疽，方今郡县盗贼尚不能禁，况此丑虏而可伏乎！昔高祖忍平城之耻，吕后弃慢书之诟，方之于今，何者为甚？天设山河，秦筑长城，汉起塞垣，所以别内外，异殊俗也。苟无蹙国内侮之患则可矣，岂与虫蚁之虏，校往来之数哉！虽或破之，岂可殄尽，而方令本朝为之旰食乎！昔淮南王安谏伐越曰：'如使越人蒙死以逆执事，厮舆之卒有一不备而归者，虽得越王之首，犹为大汉羞之。'而欲以齐民易丑虏，皇威辱外夷，就如其言，犹已危矣，况乎得失不可量邪！"帝不从。八月，遣夏育出高柳，田晏出云中，匈奴中郎将臧旻率南单于出雁门，各将万骑，三道出塞二千馀里。檀石槐命三部大人各帅众逆战，育等大败，丧其节传辎重，各将数十骑奔还，死者什七八。三将槛车徵下狱，赎为庶人。

【译文】护乌桓校尉夏育上奏折说："鲜卑入侵边界，从春季以来已经有三十多起了，祈求陛下征用幽州各郡的兵出塞攻击，经过一个冬天、两个春天，一定能够被消灭。"在这以前，护羌校尉田晏因为犯罪而被判刑，受到原谅，想要为国家立功，就委托中常侍王甫向朝廷要求做讨伐鲜卑的将领。王甫就因此建议朝廷出兵，派田晏和夏育一起讨伐贼人，于是灵帝就任命田晏为破鲜卑中郎将；大臣中有很多人不赞同，于是就诏令百官在朝堂商讨。蔡邕辩论说："讨伐异族，是一件很重要的事。时期有同也有不同，形势可以有也可以没有，所以谋略有利有不利，战事就会有成功有失败，都是不能一概而论的。凭借武帝那样的聪明英武，将帅的优良勇敢，财物的充实，边疆的扩大，经过几十年，对匈奴用兵，官方和民间全都缺乏，武帝还有后悔的意思。更何况今天人力和财力都缺乏，并且战势也不如从前呢？匈奴逃走之后，鲜卑日渐强盛，占领匈奴以前的土地，军队有十万人，武力也非常强大，计谋也日渐增多；再加上关塞不是很严紧，法令有很多漏洞，国家优良的铜铁，都被贼人拥有，汉人中犯罪逃亡的人，都成了他们主要的谋划者，他们兵器的锋利，战马的速度，都超过了匈奴。先前段颎是一位优秀的将领，熟悉军事擅长作战，但是对西羌用兵，也经过十几年才得以胜利，现在夏育、田晏才能智谋不一定超过段颎，鲜卑人也不比先前柔弱，然而按照夏育、田晏不确定的估算，认为两年就能成功，如果兵连祸结，战事没有办法停止，难道中途能停下不管？那不然是要征用人民，辗转运输不止，这种做法显然是耗尽中国的国力，来和蛮夷拼杀。边境的灾祸，就像是手脚上的疥疮；而中国的困境，就像是腹背上的毒瘤，现在连各郡县的盗贼都无法禁绝，更何况是这么强大的鲜卑，又怎么能够平服呢？以前高祖忍受被困平城的耻辱，吕后不计较单于辱骂书信的羞耻，和现在的情况比起来，哪个比较严重呢？上天创造了高山大河，秦朝筑成长城，汉代建立关塞，都是为了区别内外，分开和中国风

俗不同的蛮夷。只要没有倾危国家的内患就行了，为什么还要和虫蚁一样的胡虏计较胜败的次数呢？即使打败了他们，难道就能灭尽他们，然后才能让汉朝人安心吃饭吗？先前淮南王刘安劝阻攻伐越地时说：'如果越人拼死前来迎战，那么服贱役的士兵只要损失一个，即使得到越王的头，也是大汉的耻辱。'现在想要用大汉的平民来交换胡虏，用皇帝的威严来屈辱外夷，如果真是这样，也够危险了，何况胜败还无法预测呢？"灵帝没有听从。八月，派夏育出高柳，命令田晏出云中，匈奴中郎将臧旻带领南单于出雁门，每人各率领一万骑兵，分三路出塞两千多里。鲜卑领袖檀石槐命令东、西、中三部的首领各自带领军队迎战，夏育等被打败，丢失了节符、信物和辎重，每人各率领几十个骑兵逃奔回来，十分之七八都死了。三个将领都被送进了监狱，本来应该被判死罪，但最后用金钱赎罪，于是被废为平民。

冬，十月，癸丑朔，日有食之。

太尉刘宽免。

辛丑，京师地震。

十一月，司空陈球免。

十二月，甲寅，以太常河南孟戫为太尉。

庚辰，司徒杨赐免。

以太常陈耽为司空。

辽西太守甘陵赵苞到官，遣使迎母及妻子，垂当到郡；道经柳城，值鲜卑万馀人入塞寇钞，苞母及妻子遂为所劫质，载以击郡。苞率骑二万与贼对陈，贼出母以示苞，苞悲号，谓母曰："为子无状，欲以微禄奉养朝夕，不图为母作祸，昔为母子，今为王臣，义不得顾私恩，毁忠节，唯当万死，无以塞罪。"母遥谓曰：

"威豪，人各有命，何得相顾以亏忠义，尔其勉之！"苞即时进战，贼悉摧破，其母妻皆为所害。苞自上归葬，帝遣使吊慰，封鄃侯。苞葬讫，谓乡人曰："食禄而避难，非忠也；杀母以全义，非孝也。如是，有何面目立于天下！"遂欧血而死。

【译文】冬季，十月，癸丑朔日（初一），发生日食。

免去太尉刘宽的官职。

辛丑日（十月无此日），京城发生地震。

十一月，免去司空陈球的官职。

十二月，甲寅日（初三），任命太常河南人孟戫为太尉。

庚辰日（二十九日），免去司徒杨赐的官职。

任命太常陈耽做司空。

辽西太守赵苞（甘陵人）到任时，派使者迎接他的母亲和妻儿，快要到郡城，经过柳城的时候，正好遇上一万多鲜卑人进入边塞侵扰掠夺。赵苞的母亲和妻儿就一齐被劫去作为人质，鲜卑人用车带着他们攻打辽西。赵苞带领两万骑兵和贼人对阵，贼人就推出赵苞的母亲给他看，赵苞号啕大哭，对母亲说："儿子不孝，本来想要用很少的俸禄奉养母亲，不料却给母亲带来了灾祸。先前我是母亲的儿子，现在我是朝廷的臣子，从道义来说，不能只顾私情，放弃对国家的忠义贞节，我实在是应该万死，除此以外没法弥补罪过。"母亲遥遥地对他说："威豪（赵苞字），每个人都有自己的命运，何必为了顾私情而损害忠义，你要多多激励自己啊！"于是赵苞立刻进兵，把贼人全部打败，但是他的母亲妻儿也都被贼人害死。赵苞亲自上奏折请求回到故乡埋葬母亲，皇帝派使者吊祭慰问，任命赵苞为鄃侯。赵苞完成母亲的葬礼后，对乡人说："拿了国家的俸禄却逃避灾难，这是不忠；牺牲了母亲来保全节义，这是不孝。这样的话，

还有什么脸面活在这个世上呢？”于是吐血而死。

【乾隆御批】程子论赵苞而及徐庶，不知庶在当阳。与昭烈君臣之分未定。尚可言去。使庶处苞位。亦将舍郡全母乎？至方孝孺所云。更非正论。彼既挟其母以要之，欲求两全，势必两失。首鼠两端者。率用籍口。为苞计者，设计全城可也，进战则太远矣。然终以死报母，则其节有可怜悯。而不可竟以不知义罪之矣。

【译文】程颐评论赵苞而谈到徐庶，却不知道徐庶在当阳为刘备做事时，与刘备的君臣名分还没有确定，还可以离开刘备。假如徐庶处在赵苞的位置，也会选择舍弃郡城而保全母亲吗？至于方孝孺所说的，更加不对。盗贼既然挟持赵苞的母亲做要挟，要想求得两全。那就必然会导致两失。进退畏缩的人，都善于找借口。站在赵苞的立场上考虑，想办法保全郡城就可以了。出城迎战未免有些操之过急。然而他最终选择以死回报母亲，这种气节是值得怜悯的，不能用不明大义来怪罪他。

【申涵煜评】苞为国而害母，是人伦中最惨事，孝子所不忍言。圣贤处此，不知何道可以两全。贼平，一死自谢，不如当时陷敌而死，为不见不闻也。后有引弓以射妻子者，与母则大相悬矣。

【译文】赵苞为了保卫国家牺牲了自己的母亲，是人伦中最惨的事情，任何一个孝顺的孩子都不忍心提起此事。圣贤遇到这样的事，也不知道有什么办法可以忠孝两全。平定了叛贼后，一死谢罪，还不如当初就深陷敌军而毙命，也看不见、听不到此等惨事了。后来有拉弓射死自己妻子的人，但性质与害死自己母亲的性质悬殊很大。

光和元年（戊午，公元一七八年）春，正月，合浦、交趾乌浒蛮反，招引九真、日南民攻没郡县。

太尉孟戫罢。

二月，辛亥朔，日有食之。

癸丑，以光禄勋陈国袁滂为司徒。

己未，地震。

置鸿都门学，其诸生皆敕州郡、三公举用辟召，或出为刺史、太守，入为尚书、侍中，有封侯、赐爵者；士君子皆耻与为列焉。

三月，辛丑，赦天下，改元。

以太常常山张颢为太尉。颢，中常侍奉之弟也。

夏，四月，丙辰，地震。

侍中寺雌鸡化为雄。

司空陈耽免；以太常来艳为司空。

【译文】 光和元年（戊午，公元178年）春季，正月，合浦和交趾郡乌浒的蛮人造反，引诱九真、日南的人民攻占了很多郡县。

免去太尉孟戫的职务。

二月，辛亥朔日（初一），发生日食。

癸丑日（初三）的时候，任命光禄勋陈国人袁滂做司徒。

己未日（初九），发生地震。

设立鸿都门学，学生毕业后都由朝廷命令各州郡、三公举荐征辟，有的到各个州郡做刺史、太守，有的在朝廷里担任尚书、侍中，甚至还有获得封侯、赐爵的；因此士君子都觉得与他们为伍是可耻的。

三月，辛丑日（二十一日），赦免天下，把年号改为光和。

任命太常常山人张颢为太尉。张颢就是中常侍张奉的弟弟。

夏季，四月丙辰日（初七），发生了地震。

侍中官府中的母鸡变为公鸡。

免去司空陈耽的职务；任命太常来艳为司空。

六月，丁丑，有黑气堕帝所御温德殿东庭中，长十馀丈，似龙。

秋，七月，壬子，青虹见玉堂后殿庭中。诏召光禄大夫杨赐等诣金商门，问以灾异及消复之术。赐对曰："《春秋谶》曰：'天投蜺，天下怨，海内乱。'加四百之期，亦复垂及。今妾媵、阉尹之徒共专国朝，欺罔日月；又，鸿都门下招会群小，造作赋说，见宠于时，更相荐说，旬月之间，并各拔擢。乐松处常伯，任芝居纳言，郤俭、梁鹄各受丰爵不次之宠，而令搢绅之徒委伏畎畮，口诵尧、舜之言，身蹈绝俗之行，弃捐沟壑，不见逮及。冠履倒易，陵谷代处，幸赖皇天垂象谴告。《周书》曰：'天子见怪则修德，诸侯见怪则修政，卿大夫见怪则修职，士庶人见怪则修身。'唯陛下斥远佞巧之臣，速徵鹤鸣之士，断绝尺一，抑止槃游，冀上天还威，众变可弭。"

【译文】六月，丁丑日（二十九日），有一股黑气笼罩在灵帝所住的温德殿东面的院子里，有十几丈长，像龙一样。

秋季，七月，壬子日（七月无此日），有一条青虹出现在了玉堂后殿的院子里。天子下令召集光禄大夫杨赐等到金商门，询问他们灾害的原因以及消除灾变恢复常态的方法。杨赐回答说："《春秋谶》记载说：'天上落下霓虹，天下人都很怨恨，使得海内一片混乱。'加上汉朝四百岁的期限，就要到了。现在妾妇、宦官的首长共一千人一同整治国政，欺骗圣上；再者，鸿都门下召集的一群小人，擅长写作辞赋文章，并一时得宠，相互推荐援引，在很短的时间里，就受到举用。乐松担任常伯，任芝官处纳言，郤俭、梁鹄每个人都受到了丰官厚爵和不按照次序提拔的恩赐，就使得一些官宦委屈地隐藏在草野，虽然他们嘴里说的尧、舜的言论，做的却是超越世俗的行为，但是被抛弃于沟壑之中，并没到一点恩宠。这就好像帽子和鞋子颠倒来用，高陵和深谷易位而居，承蒙皇天垂示形象责告我们的过错。《周书》记载说：‘天子见到怪异现象就要修明德行，诸侯见到奇怪的现象就修明政治，卿大夫看到怪异的现象就要修明职守，士人见到怪异的现象就要修明言行。’希望陛下能远离谗佞巧言的臣子，赶紧征用有高尚德行而为人所称赞的人物，禁用不经天子阅览的诏书，制止游乐，以请求上天收回威怒，一切灾害就可以消除了！”

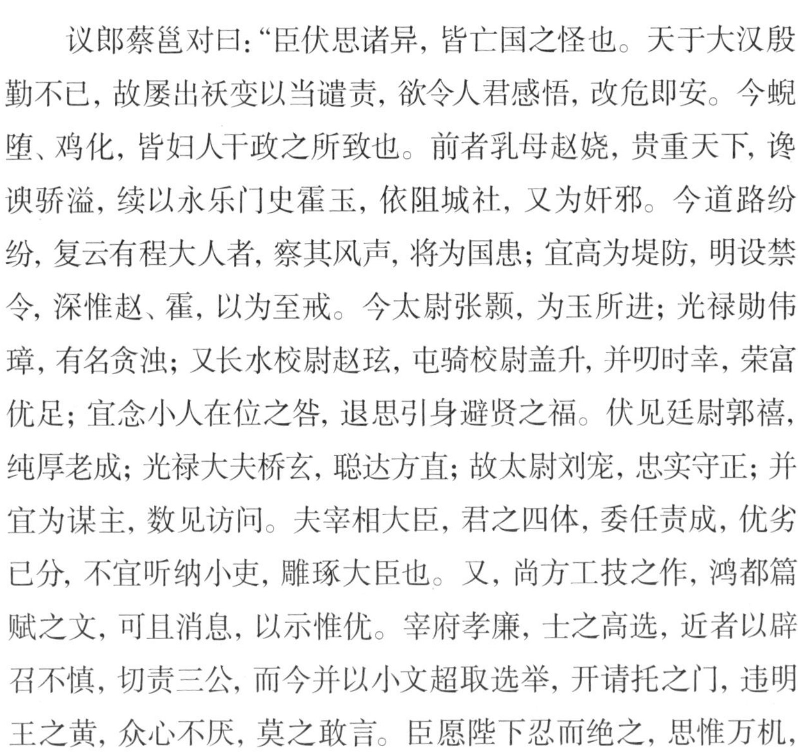

议郎蔡邕对曰：“臣伏思诸异，皆亡国之怪也。天于大汉殷勤不已，故屡出祆变以当谴责，欲令人君感悟，改危即安。今蜺堕、鸡化，皆妇人干政之所致也。前者乳母赵娆，贵重天下，谗谀骄溢，续以永乐门史霍玉，依阻城社，又为奸邪。今道路纷纷，复云有程大人者，察其风声，将为国患；宜高为堤防，明设禁令，深惟赵、霍，以为至戒。今太尉张颢，为玉所进；光禄勋伟璋，有名贪浊；又长水校尉赵玹，屯骑校尉盖升，并叨时幸，荣富优足；宜念小人在位之咎，退思引身避贤之福。伏见廷尉郭禧，纯厚老成；光禄大夫桥玄，聪达方直；故太尉刘宠，忠实守正；并宜为谋主，数见访问。夫宰相大臣，君之四体，委任责成，优劣已分，不宜听纳小吏，雕琢大臣也。又，尚方工技之作，鸿都篇赋之文，可且消息，以示惟优。宰府孝廉，士之高选，近者以辟召不慎，切责三公，而今并以小文超取选举，开请托之门，违明王之黄，众心不厌，莫之敢言。臣愿陛下忍而绝之，思惟万机，

以答天望。圣朝既自约厉，左右近臣亦宜从化，人自抑损，以塞咎戒，则天道亏满，鬼神福谦矣。夫君臣不密，上有漏言之戒，下有失身之祸，愿寝臣表，无使尽忠之吏受怨奸仇。"章奏，帝览而叹息。因起更衣，曹节于后窃视之，悉宣语左右，事遂漏露。其为邕所裁黜者，侧目思报。

【译文】议郎蔡邕回答："我低下头思考所有的灾异，都是亡国的怪象。上天对于大汉委曲求全，所以频频出现奇怪现象来作为惩罚，想要让君王感动省悟，转变危险，趋向平定。现在霓虹从天上落下，母鸡变成公鸡，这都是女人干预政治造成的。先前的乳母赵娆，高贵得不得了，但是喜欢进谗言，表现极为谄媚骄傲并且自满，后来又出现了永乐门史霍玉，依赖一切城狐社鼠的小人，为非作歹。现在道路上到处议论，都说又有一位程大人，观看她的风望和声名，将成为国家的祸害，应该特别提防一下，清楚地设立法令，思考赵娆、霍玉的事情，并以此作为警戒。现在的太尉张颢，就是霍玉所举荐的；光禄勋伟璋，出了名的贪婪；另外长水校尉赵玹，屯骑校尉盖升，都很走运，变得非常富足；应该记得小人在位时的灾害，而且想到退身让贤的幸福。廷尉郭禧，纯洁忠诚老成持重；光禄大夫桥玄，聪明正直；以前的太尉刘宠，忠厚老实；这些人都应该作为朝廷策谋的主体，常常受到天子的询问。朝廷的宰相和大臣，就好像是国君的手足，任命官职，督导成功，他们才能的优劣已经很清楚，不应该听信小人的话，削减大臣而形成其罪过。再者，尚方工匠的作品，鸿都门学生写的文章，可以暂时停止，来表示思念忧患。宰府里所任用的孝廉，都是士人中的精英，最近因为任用不严谨，三公都受到严厉责备。如今都让小文章登用，越级选举，开启了请辞的门路，违背了天子圣明的制度，大家心里都很不服，

却没有人敢说。我希望陛下能狠下心来摒绝，注重万事，来应答天意。圣明的天子约束并激励自己，左右亲近的大臣也应该被感化，人人贬低自己，以弥补罪过，这样天道就会亏损骄满，然而鬼神就降福谦虚了。君臣不慎密，君主就有失言的危险，臣子就有失去性命的灾祸。希望陛下能搁起我的奏折，不要让尽忠的官员受到奸恶仇家的怨恨。”奏折呈上，灵帝看后叹息了一阵，就起来更换衣服，曹节在后面偷偷看到，把这些都告诉了左右亲近，事情就这样被泄露出去了。那些被蔡邕删裁罢免的人，都恨得牙痒痒的。

初，邕与大鸿胪刘郃素不相平，叔父卫尉质又与将作大匠阳球有隙。球即中常侍程璜女夫也。璜遂使人飞章言“邕、质数以私事请托于郃，郃不听。邕含隐切，志欲相中。”于中诏下尚书召邕诘状。邕上书曰：“臣实愚戆，不顾后害，陛下不念忠臣直言，宜加掩蔽，诽谤卒至，便用疑怪。臣年四十有六，孤特一身，得托名忠臣，死有馀荣，恐陛下于此不复闻至言矣！”于是下邕、质于雒阳狱，劾以“仇怨奉公，议害大臣，大不敬，弃市。”事奏，中常侍河南吕强愍邕无罪，力为伸请，帝亦更思其章，有诏：“减死一等，与家属髡钳徙朔方，不得以赦令除。”阳球使客追路刺邕，客感其义，皆莫为用。球又赂其部主，使加毒害，所赂者反以其情戒邕，由是得免。

【译文】起初，蔡邕和大鸿胪刘郃一直不和，叔父卫尉蔡质又和将作大匠阳球有冤仇。由于阳球是中常侍程璜的女婿，于是程璜就叫人紧急上奏章说：“蔡邕、蔡质经常让刘郃帮忙办私事，刘郃没有接受。蔡邕怀恨在心，就想要中伤刘郃。”于是灵帝诏令尚书召蔡邕询问详情。蔡邕上奏折说：“我实在是

太愚蠢了，没有考虑到以后的灾祸，陛下不顾及忠臣直言，也应该加以严守隐藏，现在突然诽谤来临，而陛下就因此猜疑责怪。我已经四十六岁了，孤单的一个人，能够得到忠臣的声名，即使因此而死了，也觉得很荣耀，只是害怕陛下从此再也听不到至善的言论了！”于是就把蔡邕和蔡质下放到洛阳监狱，判他们“带着仇怨从事公职，设计诬陷大臣，犯了大不敬的罪过，应该在街市上斩头”。案子呈上去后，中常侍吕强（河南人）怜悯蔡邕无罪，就尽力地为他申冤、请求。灵帝也想到他的那篇奏折，于是就下诏书说：“减免死刑一等，和家属剃去头发戴上刑具放逐到朔方，不能因为大赦而除刑。”阳球派了几个刺客去追赶，要在路上刺杀蔡邕。刺客有感于蔡邕的气节，都不肯替阳球做这件事。阳球又贿赂了一路的州牧郡守，让他们害死蔡邕，这些受到贿赂的人反倒把这个情形告诉了蔡邕，让他警戒，蔡邕因此才免于死亡。

八月，有星孛于天市。

九月，太尉张颢罢；以太常陈球为太尉。

司空来艳薨。冬，十月，以屯骑校尉袁逢为司空。

宋皇后无宠，后宫幸姬众共谮毁。渤海王悝妃宋氏，即后之姑也，中常侍王甫恐后怨之，因谮后挟左道祝诅；帝信之，遂策收玺绶。后自致暴室，以忧死。父不其乡侯酆及兄弟并被诛。

丙子晦，日有食之。

尚书卢植上言：“凡诸党锢多非其罪，可加赦恕，申宥回枉。又，宋后家属并以无辜委骸横尸，不得敛葬，宜敕收拾，以安游魂。又，郡守、刺史一月数迁，宜依黜陟以章能否，纵不九载，可满三岁。又，请谒希求，一宜禁塞，选举之事，责成主者。又，天子之体，理无私积，宜弘大务，蠲略细微。”帝不省。

【译文】八月，有彗星出现在了天市星宿。

九月，免去太尉张颢的官职；任命太常陈球为太尉。

司空来艳逝世。冬季，十月，任命屯骑校尉袁逢做司空。

宋皇后失去宠幸，后宫的宠姬们一同进谗言毁谤她。渤海王刘悝的妃子宋氏，是宋皇后的姑妈。中常侍王甫害怕皇后怨恨他，因此就诬说皇后用邪术诅咒灵帝；灵帝相信了他的话，就命令他收回皇后的印玺。皇后就把自己关进暴室监狱，忧郁而死，父亲不其乡侯宋酆和他的兄弟全部都被杀。

丙子晦日（三十日），发生日食。

尚书卢植上奏折说：“第一那些因党祸而受禁锢的人大多没有罪过，可以给予宽恕，以洗雪他们的冤枉。第二，宋皇后的家属都因为无罪被杀，尸体暴露在外边，没有办法收尸埋葬，应该命令家属收拾尸体，以使灵魂能够安宁。第三，郡守、刺史在一个月中几次迁调，应该按照规章来升降，以表明他们有没有才能。这样，即使不能做到九年，也能做满三年再迁调。第四，朝臣请求私下里拜见天子，对天子有所企图，应该一律被禁止，关于选举人才的事情，就应责成主其事的官吏去办。第五，天子的制度，在道理上没有私人的积攒，应该发扬大政务，而摒弃一些小事情。”灵帝没有理会。

十一月，太尉陈球免；十二月，丁巳，以光禄大夫桥玄为太尉。

鲜卑寇酒泉；种众日多，缘边莫不被毒。

诏中尚方为鸿都文学乐松、江览等三十二人图象立赞，以劝学者。尚书令阳球谏曰：“臣案松、览等皆出于微蔑，斗筲小人，

依凭世戚，附托权豪，俛眉承睫，徼进明时。或献赋一篇，或鸟篆盈简，而位升郎中，形图丹青。亦有笔不点牍，辞不辨心，假手请字，妖伪百品，莫不被蒙殊恩，蝉蜕滓浊。是以有识掩口，天下嗟叹。臣闻图象之设，以昭劝戒，欲令人君动鉴得失，未闻竖子小人诈作文颂，而可妄窃天官，垂象图素者也。今太学、东观足以宣明圣化，愿罢鸿都之选，以销天下之谤。”书奏，不省。

【译文】 十一月，免去太尉陈球的官职。十二月，丁巳日（十二日），任命光禄大夫桥玄为太尉。

鲜卑侵入酒泉，种族和人众一天天增多，边郡没有不受到灾祸的。

天子命令中尚方替鸿都门文学乐松、江览等三十二人画像立赞，以此来鼓励求学的人。尚书令阳球劝告说：“经我考查，乐松、江览等出身卑微，是才能低下、器量狭窄的小人，凭借着亲戚的关系，依靠于权贵的势力，阿谀奉承，在这个清正的时代，侥幸求见。有的献了一篇辞赋，有的写了几张鸟篆，而官位却升到郎中，容貌竟然上了图画；也有的笔也没有碰过纸，字都不认得几个，文章是让人代做的，字也是请人代写的，很奇怪，但是没有一个人不受到天子特殊的恩宠，因此就从微贱一跃而成显贵，所以有志之士都掩口而笑，天下人都哀叹不已。我听说设置图像的目的在劝勉警告后人，要让人君以此为鉴而注意自己一行一动的得失，从来没有听说过竖子小人假作一两篇颂扬文字就可以骗到高官获得画像的。现在太学和东观，足以发扬圣明的教化，我希望能停止选用鸿都门的学生，来消除天下人的非议。”奏书呈上后，天子没有理会。

是岁，初开西邸卖官，入钱各有差；二千石二千万；四百石四百万；其以德次应选者半之，或三分之一；于西园立库以贮之。或诣阙上书占令长，随县好丑，丰约有贾。富者则先入钱，贫者到官然后倍输。又私令左右卖公卿，公千万，卿五百万。初，帝为侯时常苦贫，及即位，每叹桓帝不能作家居，曾无私钱，故卖官聚钱以为私藏。

帝尝问侍中杨奇曰："朕何如桓帝？"对曰："陛下之于桓帝，亦犹虞舜比德唐尧。"帝不悦曰："卿强项，真杨震子孙，死后必复致大鸟矣。"奇，震之曾孙也。

南匈奴屠特若尸逐就单于死，子呼徵立。

【译文】这一年，发生了西邸卖官的事情，官位的价格各有不同：二千石的官位是二千万，四百石的官位是四百万。那些按照品德高低选择的官职，只需要出一半或者三分之一的钱；并在西园建立仓库来贮存这些钱。如果亲自到天子的宫殿上奏书要想做县令县长，就要看县的好坏来决定价钱的高低。富有的就要先交钱，然而贫穷的就先做官，然后交双倍的钱。天子又私底下命令左右的人卖公卿职位，公值一千万，卿值五百万。起初，灵帝还是侯的时候，经常因为没有钱而感到痛苦，等到上位以后，经常慨叹桓帝没有私家积蓄，竟然一点私房钱也没有，所以才卖官集钱以作为私人的积蓄。

灵帝曾经问侍中杨奇："我跟桓帝比起来怎么样？"杨奇回答说："陛下和桓帝相比，就好像是拿虞舜和唐尧比一样。"灵帝不开心地说："你简直是硬骨头，不愧是杨震的后辈，死掉以后，一定又会招来大鸟。"杨奇，就是杨震的曾孙。

南匈奴屠特若尸逐就单于逝世，他的儿子呼徵继位。

【申涵煜评】贪痴之主至灵帝而极矣！卖官西邸，积金西园，寄

私藏，起宅第，将欲舍天子之尊，为一富家翁。邪蜣螂逐九乐而甘之，性使然也。

【译文】贪婪愚痴的皇帝中汉灵帝可以排名第一了！在西邸卖官鬻爵，在西园积攒金子，寄放私藏的宝物，盖宅门府第，几乎是要丢掉天子的尊严，去做一个富翁。蜣螂把追求粪土当作乐趣，是天性使然。

二年（己未，公元一七九年）春，大疫。

三月，司徒袁滂免，以大鸿胪刘郃为司徒。

乙丑，太尉桥玄罢，拜太中大夫；以太中大夫段颎为太尉。玄幼子游门次，为人所劫，登楼求货；玄不与。司隶校尉、河南尹围守玄家，不敢迫。玄瞋目呼曰："奸人无状，玄岂以一子之命而纵国贼乎！"促令攻之，玄子亦死。玄因上言："天下凡有劫质，皆并杀之，不得赎以财宝，开张奸路。"由是劫质遂绝。

【译文】二年（己未，公元179年）春季，瘟疫肆意流行。

三月，免去司徒袁滂的官职，任命大鸿胪刘郃为司徒。

乙丑日（二十二日），免去太尉桥玄的官职，任命为太中大夫；任命太中大夫段颎做太尉。桥玄的小儿子在大门外边玩，但是被贼人所劫持，盗贼上楼向桥玄要赎金，但是桥玄不给。司隶校尉、河南尹率兵围守在桥玄的家，不敢靠近。于是桥玄张大眼睛大声地说："盗贼罪大恶极，我桥玄难道要因为一个孩子就放走国贼吗？"催他们向贼人进攻，贼人死了，桥玄的儿子也死了。桥玄因而上奏折说："凡是天下有劫持人质的事件，劫人和被劫的人宁愿都一齐杀掉，也不能用财物赎回，打开作恶的途径。"从此劫持人质的事就消失了。

京兆地震。

司空袁逢罢；以太常张济为司空。

夏，四月，甲戌朔，日有食之。

王甫、曹节等奸虐弄权，扇动内外，太尉段熲阿附之。节、甫父兄子弟为卿、校、牧、守、令、长者布满天下，所在贪暴。甫养子吉为沛相，尤残酷，凡杀人，皆磔尸车上，随其罪目，宣示属县，夏月腐烂，则以绳连其骨，周遍一郡乃止，见者骇惧。视事五年，凡杀万馀人。尚书令阳球常拊髀发愤曰："若阳球作司隶，此曹子安得容乎！"即而球果迁司隶。

【译文】京兆发生地震。

罢去司空袁逢的官职；任命太常张济做司空。

夏季，四月甲戌朔日（初一），发生了日食。

王甫、曹节等凶狠暴虐，滥用职权，舞动朝廷内外，太尉段熲附和他们。曹节、王甫的父子兄弟担任九卿、校官、外牧、郡守、县令、县长的人，布满了天下，没有一个不贪污残暴的。王甫的养子王吉担任沛相，极其残酷，但凡杀掉人，就撕裂尸体放在车上，连同罪名，一起送到各属县让大家观看，夏天如果尸体腐烂了，就用绳子把尸骨系起来，走遍全郡所有的县后才停止，看到的人没有不害怕的。他任官治事五年，一共杀掉了一万多人。尚书令阳球常常用手拍打股骨愤慨地说："如果我阳球担任司隶校尉，怎么能放过这一干小子呢？"不久之后阳球就迁升司隶校尉。

甫使门生于京兆界辜榷官财物七千馀万，京兆尹杨彪发其奸，言之司隶。彪，赐之子也。时甫休沐里舍，熲方以日食自劾。球诣阙谢恩，因奏甫、熲及中常侍淳于登、袁赦、封昱等罪恶，辛巳，悉收甫、熲等送洛阳狱，及甫子永乐少府萌、沛相吉。

球自临考甫等，五毒备极；萌先尝为司隶，乃谓球曰："父子既当伏诛，亦以先后之义，少以楚毒假借老父。"球曰："尔罪恶无状，死不灭责，乃欲论先后求假借邪！"萌乃骂曰："尔前奉事吾父子如奴，奴敢反汝主乎！今日临坑相挤，行自及也！"球使以土窒萌口，箠扑交至，父子悉死于杖下；熲亦自杀。乃僵磔甫尸于夏城门，大署榜曰："贼臣王甫。"尽没入其财产，妻子皆徙比景。

【译文】王甫教门生在京兆界内总括获得官方的财物七千多万，京兆尹杨彪发现他的恶行，就报告给了司隶校尉。杨彪，就是杨赐的儿子。这个时候王甫刚刚到私人的住宅中度假，段颎也因为日食的事自己请求处分。阳球亲自到宫阙向天子谢恩，因此就向天子报告王甫、段颎以及中常侍淳于登、袁赦、封昻的罪行。辛巳日（初八），王甫和段颎等全被逮捕并送进洛阳监狱，王甫的儿子永乐少府王萌和沛相王吉也在其中。阳球亲自审问王甫等人，他的四肢和身体受遍了五种罪刑；王萌曾经担任司隶校尉，就对阳球说："我们父子既然都应该被杀，但是也应该按照先进后进的道理，对我老父宽容一点，少用毒刑。"阳球说："你的罪恶重大到无法用语言表达，死都不能抵挡你的罪过，竟然想要论先进后进求宽容啊！"王萌骂道："你以前就像奴仆一样侍奉我们父子，奴仆竟然敢反叛主人吗？今天我们遇到困厄，你竟然排挤我们，马上就要轮到你了。"阳球让人用泥土堵塞王萌的嘴，竹鞭、木棍就纷纷地落下来，王甫父子就死在了杖下；段颎也因此自杀了。于是就在夏城门分解了王甫的尸体，并竖立一块大木板，上面写着"贼臣王甫"几个大字，还没收了他的全部财产，他的妻儿也都流放到比景。

球既诛甫，欲以次表曹节等，乃敕中都官从事曰："且先去权贵大猾，乃议其馀耳。公卿豪右若袁氏儿辈，从事自办之，何须校尉邪!”权门闻之，莫不屏气。曹节等皆不敢出沐。会顺帝虞贵人葬，百官会丧还，曹节见磔甫尸道次，慨然抆泪曰：“我曹可自相食，何宜使犬舐其汁乎!”语诸常侍：“今且俱入，勿过里舍也。”节直入省，白帝曰：“阳球故酷暴吏，前三府奏当免官，以九江微功，复见擢用。愆过之人，好为妄作，不宜使在司隶，以骋毒虐。”帝乃徙球为卫尉。时球出谒陵，节敕尚书令召拜，不得稽留尺一。球被召急，因求见帝，叩头曰：“臣无清高之行，横蒙鹰犬之任，前虽诛王甫、段颎，盖狐狸小丑，未足宣示天下。愿假臣一月，必令豺狼鸱枭各服其辜。”叩头流血。殿上叮叱曰：“卫尉扞诏邪!”至于再三，乃受拜。

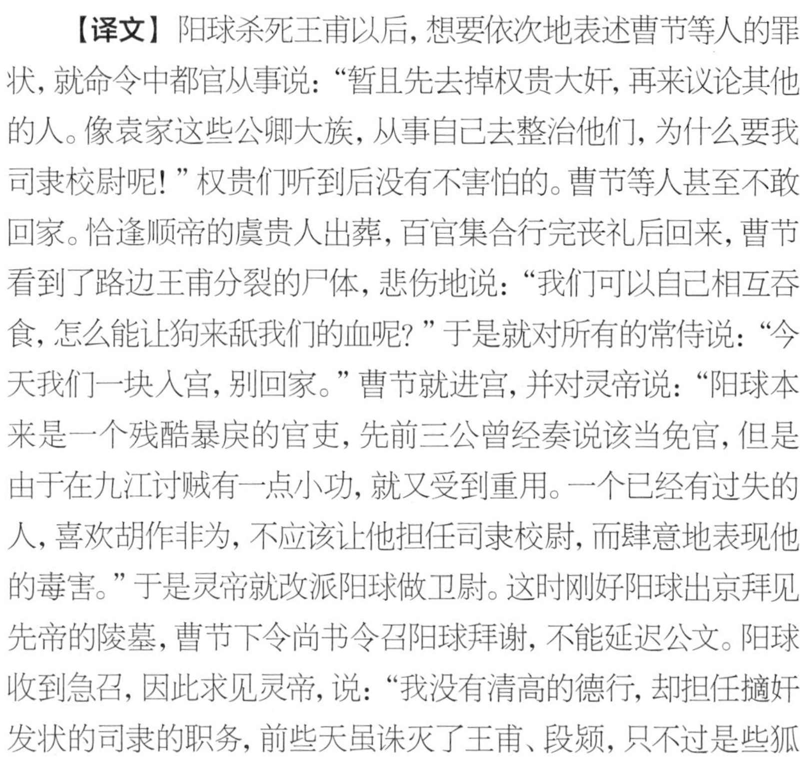

【译文】阳球杀死王甫以后，想要依次地表述曹节等人的罪状，就命令中都官从事说：“暂且先去掉权贵大奸，再来议论其他的人。像袁家这些公卿大族，从事自己去整治他们，为什么要我司隶校尉呢！”权贵们听到后没有不害怕的。曹节等人甚至不敢回家。恰逢顺帝的虞贵人出葬，百官集合行完丧礼后回来，曹节看到了路边王甫分裂的尸体，悲伤地说：“我们可以自己相互吞食，怎么能让狗来舐我们的血呢？”于是就对所有的常侍说：“今天我们一块入宫，别回家。”曹节就进宫，并对灵帝说：“阳球本来是一个残酷暴戾的官吏，先前三公曾经奏说该当免官，但是由于在九江讨贼有一点小功，就又受到重用。一个已经有过失的人，喜欢胡作非为，不应该让他担任司隶校尉，而肆意地表现他的毒害。”于是灵帝就改派阳球做卫尉。这时刚好阳球出京拜见先帝的陵墓，曹节下令尚书令召阳球拜谢，不能延迟公文。阳球收到急召，因此求见灵帝，说：“我没有清高的德行，却担任擿奸发状的司隶的职务，前些天虽诛灭了王甫、段颎，只不过是些狐

狸小恶，不足够来宣告天下。希望能给我一个月的时间，一定让那些豺狼鸱枭都得到他们应得的罪。”叩头到了流血的地步。殿上传出斥责的声音说：“卫尉是不能违抗诏命的啊！”这样一次又一次，阳球这才受诏拜谢。

【乾隆御批】段颎平定两羌，汉末将材所谓铮铮佼佼者。乃亦阿附阉竖，晚节不终。虽时势所为，然究失卓志矣。

【译文】段颎曾经两次平定羌人的叛乱，在汉朝末年的将才中可以算是铮铮铁骨的佼佼者。但是，他最终攀附了宦官，导致晚节不保。虽然当时也是形势所迫，但最终还是丧失了卓越的志向。

【乾隆御批】球甫为司隶，即诛元恶，以鹰鹯击鸱枭，岂得谓之刑滥？史臣列之酷吏，竟与王吉同传，可谓无识。

【译文】阳球在刚刚担任司隶是，就诛杀了当时的罪恶的头目，用勇猛的鹰鹯消灭了邪恶的鸱枭，这怎么能说是滥用刑罚呢？写史书的人将他列为残酷的官吏，竟然和王吉一同列传，可以说是毫无见识。

于是曹节、朱瑀等权势复盛。节领尚书令。郎中梁人审忠上书曰：“陛下即位之初，未能万机，皇太后念在抚育，权时摄政，故中常侍苏康、管霸应时诛殄。太傅陈蕃、大将军窦武考其党与，志清朝政。华容侯朱瑀知事觉露，祸及其身，遂兴造逆谋，作乱王室，撞蹋省闼，执夺玺绶，迫胁陛下，聚会群臣，离间骨肉母子之恩，遂诛蕃、武及尹勋等。因共割裂城社，自相封赏，父子兄弟，被蒙尊荣，素所亲厚，布在州郡，或登九列，或据三司。不惟禄重位尊之责，而苟营私门，多蓄财货，缮修第舍，连里竟巷，盗取御水，以作渔钓，车马服玩，拟于天家。群公卿士，杜口吞声，莫敢有言；州牧郡守，承顺风旨，辟召选举，释贤取愚。故虫蝗为之生，夷寇为之起，天意愤盈，积十馀年，故频岁日食于上，地震于下，所以谴戒人主，欲令觉悟，诛鉏无状。昔高宗以雉雊之变，故获中兴之功；近者神祇启悟陛下，发赫斯之怒，故王甫父子应时馘截，路人士女莫不称善，若除父母之仇。诚恐陛下复忍孽臣之类，不悉殄灭。昔秦信赵高，以危其国；吴使刑人，身遘其祸。今以不忍之恩，赦夷族之罪，奸谋一成，悔亦何及！臣为郎十五年，皆耳目闻见，瑀之所为，诚皇天所不复赦。愿陛下留漏刻之听，裁省臣表，扫灭丑类，以答天怒。与瑀考验，有不如言，愿受汤镬之诛，妻子并徙，以绝妄言之路。”章寝不报。

【译文】于是曹节、朱瑀等的权势又兴盛起来了。曹节兼任了尚书令。郎中审忠（梁人）上奏书说：“陛下刚登基的时候，不能整治朝政，皇太后顾念抚慰的感情，暂且代理政务，所以中常侍苏康、管霸马上遭受诛杀。太傅陈蕃、大将军窦武追问他们的余党，立志要澄清朝廷的政治。华容侯朱瑀知道事情要败露了，灾祸就要降临自己身上，因此就产生了造反的计划，扰乱王宫，蹂躏宫禁，夺下了太后的印玺，并胁迫陛下，聚合群臣，挑拨陛下骨肉母子的恩情，于是就诛杀陈蕃、窦武和尹勋等。因而一同割裂土地，这些城狐社鼠就相互封赏，父子兄弟，都得到显赫，平常所宠幸的人物，都分布在各州各郡，有的登上了九卿，有的做了三公。他们没有想一下自己俸禄厚重职位崇高的责任，而苟且地管理私人的事情，尽力地积攒钱财货物，建造的住宅，整个乡里整条巷子都是，偷官苑里的水做鱼池，来享受渔钓的乐趣，车马服装古玩，可以跟王家相比。所有的公卿，都闭口不出声，没有人敢说话；州牧郡守，奉承他们的旨意，征用选拔人才，不用贤士而用愚昧的人。所以螟灾蝗灾就因此而产生，蛮夷盗贼也因之而起事。上天的愤恨已经积攒了十几年，所以年年上有

日食，下有地震，目的就是为了谴责警戒人君，要让他觉悟，去除这些恶行昭彰的奸人，从前殷高宗因为野鸡停在鼎上啼叫，就警告而修明道德，所以才能完成中兴的事业。最近神灵提示陛下，陛下突然发怒，因此王甫父子立刻被诛，不管路人是男是女，都没有不叫好的，就好像是报了杀害父母的大仇一样高兴。大家对陛下竟然能容忍奸臣的同类，不把他们一齐诛杀，感到很惊奇。先前秦二世信任赵高，因此就危害了国家；吴王馀祭用了宦官，就遇到了杀身之祸。如今陛下重感情不忍心杀害他们，就赦免了他们应该夷宗灭族的大罪，将来等到他们奸恶的谋略一成功，又哪里来得及后悔呢！我做了十五年郎官，这都是亲耳听到亲眼看到的，朱瑀的所作所为，实在是连皇天都不能赦免他的。希望陛下能空出片刻的时间听我陈述，裁夺采纳我的奏章，去除妖类，来应答上天的威怒。应该就把朱瑀抓来审问，如果我说得不对，甘愿接受死刑，妻儿也都一块放逐异乡，来断绝胡乱上言的道路。”奏章呈上以后就被搁置下来，并没有呈报灵帝。

中常侍吕强清忠奉公，帝以众例封为都乡侯，强固辞不受，因上疏陈事曰：“臣闻高祖重约，非功臣不侯，所以重天爵、明劝戒也。中常侍曹节等，宦官祐薄，品卑人贱，谗谄媚主，佞邪徼宠，有赵高之祸，未被轘裂之诛。陛下不悟，妄授茅土，开国承家，小人是用，又并及家人，重金兼紫，交结邪党，下比群佞。阴阳乖剌，稼穑荒芜，人用不康，罔不由兹。臣诚知封事已行，言之无逮，所以冒死干触陈愚忠者，实愿陛下损改既谬，从此一止。臣又闻后宫采女数千馀人，衣食之费日数百金，比谷虽贱而户有饥色，案法当贵而今更贱者，由赋发繁数，以解县官，寒不敢衣，饥不敢食，民有斯厄而莫之恤。宫女无用，填积后庭，天下虽复尽力耕桑，犹不能供。又，前召议郎蔡邕对问于金商门，邕不敢怀道迷国，而切言极对，毁刺贵臣，讥呵宦官。陛下不密其言，至令宣露，群邪项领，膏唇拭舌，竞欲咀嚼，造作飞条。陛下回受诽谤，致邕刑罪，室家徙放，老幼流离，岂不负忠臣哉！今群臣皆以邕为戒，上畏不测之难，下惧剑客之害，臣知朝廷不复得闻忠言矣！故太尉段熲，武勇冠世，习于边事，垂发服戎，功成皓首，历事二主，勋烈独昭。陛下既已式序，位登台司，而为司隶校尉阳球所见诬胁，一身既毙，而妻子远播，天下惆怅，功臣失望。宜徵邕更加授任，反熲家属，则忠贞路开，众怨以弭矣。”帝知其忠而不能用。

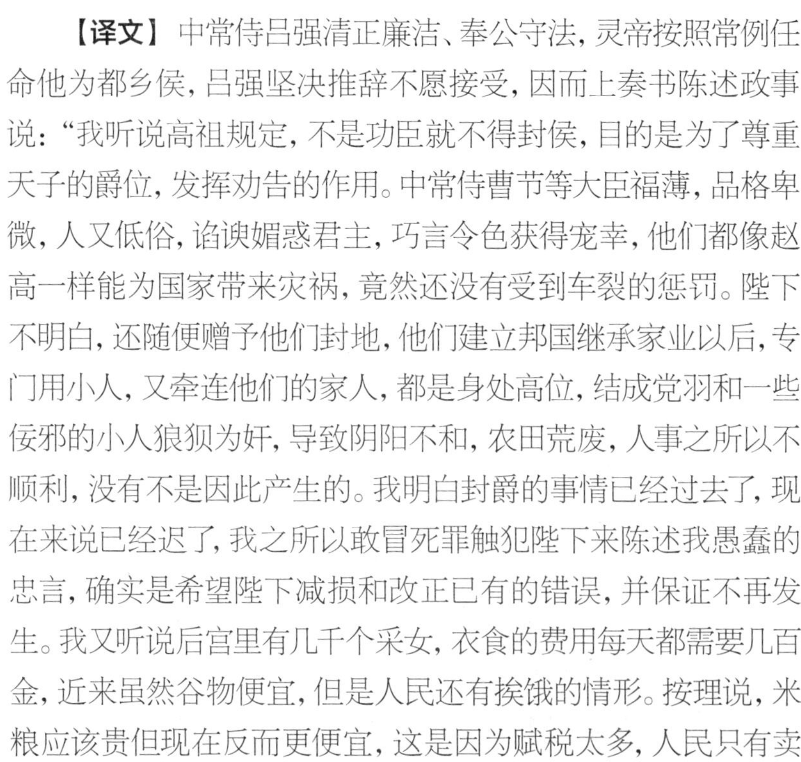

【译文】 中常侍吕强清正廉洁、奉公守法，灵帝按照常例任命他为都乡侯，吕强坚决推辞不愿接受，因而上奏书陈述政事说：“我听说高祖规定，不是功臣就不得封侯，目的是为了尊重天子的爵位，发挥劝告的作用。中常侍曹节等大臣福薄，品格卑微，人又低俗，谄谀媚惑君主，巧言令色获得宠幸，他们都像赵高一样能为国家带来灾祸，竟然还没有受到车裂的惩罚。陛下不明白，还随便赠予他们封地，他们建立邦国继承家业以后，专门用小人，又牵连他们的家人，都是身处高位，结成党羽和一些佞邪的小人狼狈为奸，导致阴阳不和，农田荒废，人事之所以不顺利，没有不是因此产生的。我明白封爵的事情已经过去了，现在来说已经迟了，我之所以敢冒死罪触犯陛下来陈述我愚蠢的忠言，确实是希望陛下减损和改正已有的错误，并保证不再发生。我又听说后宫里有几千个采女，衣食的费用每天都需要几百金，近来虽然谷物便宜，但是人民还有挨饿的情形。按理说，米粮应该贵但现在反而更便宜，这是因为赋税太多，人民只有卖

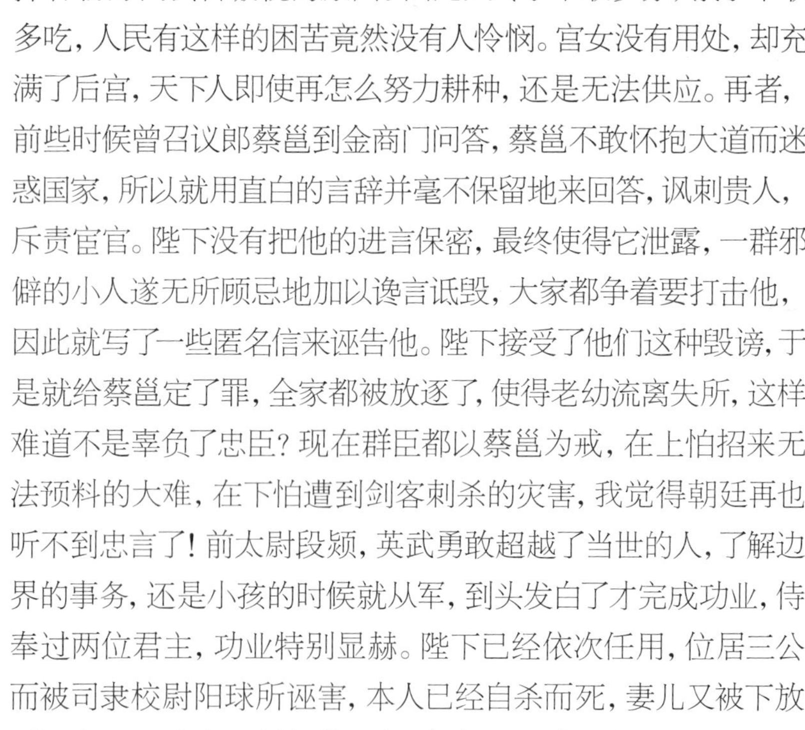

掉谷物好向县官缴税的原因。因此天冷了不敢多穿，饿了不敢多吃，人民有这样的困苦竟然没有人怜悯。宫女没有用处，却充满了后宫，天下人即使再怎么努力耕种，还是无法供应。再者，前些时候曾召议郎蔡邕到金商门问答，蔡邕不敢怀抱大道而迷惑国家，所以就用直白的言辞并毫不保留地来回答，讽刺贵人，斥责宦官。陛下没有把他的进言保密，最终使得它泄露，一群邪僻的小人遂无所顾忌地加以谗言诋毁，大家都争着要打击他，因此就写了一些匿名信来诬告他。陛下接受了他们这种毁谤，于是就给蔡邕定了罪，全家都被放逐了，使得老幼流离失所，这样难道不是辜负了忠臣？现在群臣都以蔡邕为戒，在上怕招来无法预料的大难，在下怕遭到剑客刺杀的灾害，我觉得朝廷再也听不到忠言了！前太尉段颎，英武勇敢超越了当世的人，了解边界的事务，还是小孩的时候就从军，到头发白了才完成功业，侍奉过两位君主，功业特别显赫。陛下已经依次任用，位居三公而被司隶校尉阳球所诬害，本人已经自杀而死，妻儿又被下放到远方，天下人都为他惆怅，功臣们都因此感到失望。因此应该征召蔡邕对他授官任用，找回段颎失散的家属，这样一来，忠贞的道路打开了，大家的怨恨也就因此消除了。”灵帝知道他的忠贞，但是不能采用他的忠言。

丁酉，赦天下。

上禄长和海上言：“礼，从祖兄弟别居异财，恩义已轻，服属疏末。而今党人锢及五族，既乖典训之文，有谬经常之法。”帝览之而悟，于是党锢自从祖以下皆得解释。

五月，以卫尉刘宽为太尉。

护匈奴中郎将张修与南单于呼徵不相能，修擅斩之，更立右贤王羌渠为单于。秋，七月，修坐不先请而擅诛杀，槛车徵诣廷尉，死。

【译文】丁酉日（二十四日），赦免天下。

上禄县长和海上奏折说：“依照礼仪，同一曾祖父的兄弟，可以分开居住，并且分割财产，由于恩义已轻，亲属关系已经疏远。如今同党的人受禁锢牵连到五族，既违背经典的文字，又违背了平常的法令。”灵帝看到奏折而了悟，因此党人的禁锢从同曾祖父兄弟以下被解禁。

五月，任命卫尉刘宽为太尉。

护匈奴中郎将张修和南单于呼徵关系不好，张修擅自斩杀了呼徵，另外立右贤王羌渠做单于。秋季，七月，张修因不先请示而擅自诛杀的罪名，被用囚车送到朝廷，被廷尉判处死刑。

初，司徒刘郃兄侍中儵与窦武同谋，俱死。永乐少府陈球说郃曰：“公出自宗室，位登台鼎，天下瞻望，社稷镇卫，岂得雷同，容容无违而已。今曹节等放纵为害，而久在左右，又公兄侍中受害节等，今可表徙卫尉阳球为司隶校尉，以次收节等诛之，政出圣主，天下太平，可翘足而待也！”郃曰：“凶竖多耳目，恐事未会，先受其祸。”尚书刘纳曰：“为国栋梁，倾危不持，焉用延彼相邪！”郃许诺，亦与阳球结谋。球小妻，程璜之女，由是节等颇得闻知，乃重赂璜，且胁之。璜惧迫，以球谋告节，节因共白帝曰：“郃与刘纳、陈球、阳球交通书疏，谋议不轨。”帝大怒。冬，十月，甲申，刘郃、陈球、刘纳、阳球皆下狱死。

巴郡板楯蛮反，遣御史中丞萧瑗督益州刺史讨之，不克。

十二月，以光禄勋杨赐为司徒。

鲜卑寇幽、并二州。

【译文】十二月，任命光禄勋杨赐为司徒。

鲜卑侵入幽、并二州。

起初，司徒刘郃的哥哥侍中刘儵和窦武共同谋事，一块被判处死刑。永乐少府陈球劝说刘郃说："你和天子同族，位居三公，被天下人所仰望，是坚守国家的人物，怎么能和其他人一样，跟同别人的意见而不稍违拗呢？现在曹节等肆意作恶，却长久地在天子的身边，再者，你的哥哥侍中被曹节等所害，现在你可以上表请求把卫尉阳球迁为司隶校尉，按次序地把曹节等收捕起来杀掉，这样一来，政令出自圣君，那么天下的太平在不久就可以实现了！"刘郃说："这些凶恶的小人耳目众多，恐怕事情还没成功，就先受到灾害了。"尚书刘纳说："作为国家的栋梁，就像是做瞎子的助手一样，如果瞎子跌倒了或是遇到危险，却不去扶持一下，为什么要用那个助手呢？"于是刘郃就答应了，和阳球联手谋划。阳球的小妾是程璜的女儿，因此曹节等能够稍微得到一点消息，就重重地贿赂程璜，并且施以胁迫。程璜害怕受到他们的胁迫，于是就把阳球的计划告诉了曹节。曹节等就一块向灵帝报告说："刘郃和刘纳、陈球、阳球等书信往来，图谋造反。"灵帝非常生气。冬季，十月甲申日（十四日），刘郃、陈球、刘纳、阳球都被送进监狱并被判处死刑。

巴郡板楯蛮造反，天子派遣御史中丞萧瑗带领益州刺史讨伐，但是没有成功。

【申涵煜评】球以程璜女夫谋陷蔡邕，及为司隶诛王甫，便欲扫清宦竖，踔厉风发，不顾其后，卒死人手。夫以正攻邪，尚恐不胜，况以邪攻邪耶？其败宜也。

【译文】阳球以程璜女婿的身份谋害诬陷蔡邕，为司隶奏杀王甫，想要扫除宦官，精神振奋，意气风发，不顾后果。以正义之身去对抗邪恶，还恐怕不能取得胜利，更何况是以邪恶之身去对抗邪恶？最终当然失败了。

三年（庚申，公元一八零年）春，正月，癸酉，赦天下。

夏，四月，江夏蛮反。

秋，酒泉地震。

冬，有星孛于狼、弧。

鲜卑寇幽、并二州。

十二月，己巳，立贵人何氏为皇后。徵后兄（颖）〔颍〕川太守进为侍中。后本南阳屠家，以选入掖庭，生皇子辩，故立之。

是岁作罼圭、灵昆苑。司徒杨赐谏曰："先帝之制，左开鸿池，右作上林，不奢不约，以合礼中。今猥规郊城之地以为苑囿，坏沃衍，废田园，驱居民，畜禽兽，殆非所谓若保赤子之义。今城外之苑已有五六，可以逞情意，顺四节也。宜惟夏禹卑宫、太宗露台之意，以尉下民之劳。"书奏，帝欲止，以问侍中任芝、乐松；对曰："昔文王之囿百里，人以为小；齐宣五里，人以为大。今与百姓共之，无害于政也。"帝悦，遂为之。

【译文】 三年（庚申，公元180年）春季，正月癸酉日（正月无此日），赦免天下。

夏季，四月，江夏蛮造反。

秋季，酒泉发生地震。

冬季，有彗星出现在了狼、弧二星之间。

鲜卑侵入幽、并二州。

十二月，己巳日（初五），册封贵人何氏为皇后。召集皇后的哥哥颍川太守何进做侍中。皇后原本是南阳屠户人家的女儿，由于被选入宫廷，生了皇子刘辩，所以就被立为皇后。

这一年，建立了罼圭苑、灵昆苑。司徒杨赐劝谏说："按照先帝的制度，在左面开凿鸿池，在右面建造上林苑，既不奢侈，也不节俭，来合于礼的中道。现在随便规划城郊来建造苑囿，破坏了肥沃平广的土地，废弃了农田园圃，赶走了居民，并来畜养禽兽，这恐怕就不是所谓的'如保赤子'的道理。现在城外的苑囿已经有五六处了，可以称心如意，来顺应四时的狩猎了。应该想念夏禹宫室的简陋，以及文帝不建露台的用意，来安慰人民的劳苦。"奏书呈上以后，灵帝想停止建造，就询问侍中任芝和乐松。两个人都回答说："从前文王的苑囿有百里之大，人民觉得很小；齐宣王的苑囿只有五里，但是人民却觉得很大。所以不管苑囿的大小，只看能不能和人民共享。如果现在和百姓共享，对政治是不会有害的。"灵帝非常高兴，就决心建造了。

巴郡板楯蛮反。

苍梧、桂阳贼攻郡县，零陵太守杨琁制马车数十乘，以排囊盛石灰于车上，系布索于马尾；又为兵车，专彀弓弩。及战，令马车居前，顺风鼓灰，贼不得视，因以火烧布然，马惊，奔突贼阵，因使后车弓弩乱发，钲鼓鸣震，群盗波骇破散，追逐伤斩无数，枭其渠帅，郡境以清。荆州刺史赵凯诬奏琁实非身破贼，而妄有其功；琁与相章奏。凯有党助，遂槛车徵琁，防禁严密，无由自讼；乃噬臂出血，书衣为章，具陈破贼形势，及言凯所诬状，潜令亲属诣厥通之。诏书原琁，拜议郎；凯受诬人之罪。琁，乔之弟也。

【译文】巴郡板楯蛮叛变。

苍梧、桂阳的贼人攻击郡县，零陵太守杨琁准备了几十辆马车，并用袋子装满石灰放在车上，在马尾上系了布条子；又准备好兵车，上面放着张满的弓弩。到作战的时候，命令让马车在前面，顺着风向撒播石灰，使得贼人张不开眼睛，趁这个时候，点起火来燃烧布条，使得马吃了惊，就往贼人阵营中奔驰而去，并命令后面的车子弓弩齐发，战鼓响声震地，贼人四散而逃，被官兵追逐砍杀死伤的不计其数，并把他们的首领斩首示众，于是全郡清平了。荆州刺史赵凯诬告说杨琁实际上并没亲自打败贼人，企图占有破贼的功劳，杨琁也因此上书自辩。由于赵凯在朝廷中有同党的帮助，杨琁就被抓进囚车送进监狱，由于防范得很严密，没有办法亲自争辩；于是就咬破膀臂，用血写字在衣服上当作奏折，详细地表述击破敌人的情形，并说到赵凯所诬告的情状，暗自叫亲属到宫阙呈上去。诏书颁下来后，杨琁得到了宽恕，并被拜为议郎；赵凯则被判了诬告罪。杨琁就是杨乔的弟弟。

资治通鉴卷第五十八　汉纪五十

起重光作噩，尽强圉单阏，凡七年。

【译文】起辛酉（公元181年），止丁卯（公元187年），共七年。

【题解】本卷记录了汉灵帝刘宏光和四年至中平四年间的历史。张角领导的黄巾大起义爆发，汉灵帝解除党锢，在皇甫嵩、朱儁、卢植等人的努力下，扑灭黄巾起义。反贼边章、韩遂、张纯等乘机勾结羌族、乌桓，祸乱西北雍凉和北疆幽并，官军征讨不能取胜。汉灵帝依旧昏暴贪残，十常侍封侯拜爵，斥逐有功将士，蒙冤诛杀正直大臣，甚至公然卖官鬻爵，等等。

孝灵皇帝中

光和四年（辛酉，公元一八一年）春，正月，初置騄骥厩丞，领受郡国调马。豪右辜榷，马一匹至二百万。

夏，四月，庚子，赦天下。

交趾乌浒蛮久为乱，牧守不能禁。交趾人梁龙等复反，攻破郡县。诏拜兰陵令会稽朱俊为交趾刺史，击斩梁龙，降者数万人，旬月尽定；以功封都亭侯，徵为谏议大夫。

六月，庚辰，雨雹如鸡子。

秋，九月，庚寅朔，日有食之。

太尉刘宽免；卫尉许馘为太尉。

闰月，辛酉，北宫东掖庭永巷署灾。

司徒杨赐罢；冬，十月，太常陈耽为司徒。

【译文】 光和四年（辛酉，公元181年）春季，正月，开始设置管理马房的官吏，并接受各个郡国所征发的马。但是由于权贵的操控，一匹马卖到了两百万钱。

夏季，四月，庚子日（四月无此日），赦免天下。

交趾乌浒蛮长期作乱，州牧郡守都不能制止。交趾人梁龙等又造反，攻陷了郡县。任命兰陵县县令会稽人朱俊做交趾刺史，击败了梁龙，并把他斩掉了，有几万贼人投降，不久之后就完全平定了；因为朱俊有功，被封为都亭侯，并征他为谏议大夫。

六月，庚辰日（十九日），天上落下的冰雹就像鸡蛋一样大。

秋季，九月，庚寅朔日（初一），发生日食。

免去太尉刘宽的官职；任命卫尉许馘为太尉。

闰月，辛酉日（初二），北宫东面，也就是嫔妃所居的地方永巷署发生火灾。

免除司徒杨赐官职。冬季，十月，任命太常陈耽为司徒。

鲜卑寇幽、并二州。檀石槐死，子和连代立。和连才力不及父而贪淫，后出攻北地，北地人射杀之。其子骞曼尚幼，兄子魁头立。后骞曼长大，与魁头争国，众遂离散。魁头死，弟步度根立。

是岁，帝作列肆于后宫，使诸采女贩卖，更相盗窃争斗；帝著商贾服，从之饮宴为乐。又于西园弄狗，著进贤冠，带绶。又驾四驴，帝躬自操辔，驱驰周旋；京师转相仿效，驴价遂与马齐。

【译文】鲜卑侵入幽、并二州。鲜卑的首领檀石槐死后，他的儿子和连替代为首领，和连的才能赶不上父亲，并且贪财好色。后来攻打北地，北地人打死了他。由于他的儿子骞曼还小，就让他的侄子魁头立位。骞曼长大后，就和魁头争国，人民都离散。魁头死后，他的弟弟步度根立位。

这一年，灵帝在后宫建造了成列的店铺，让所有的宫女贩卖货物，宫女们相互偷窃争斗；灵帝穿着商人的衣服，与她们一起饮酒作乐。又在西园遛狗，头上戴着进贤的帽子，身上戴着印绶。又驾着四只驴的车，灵帝自己拿着缰绳，赶着车来回跑。京城人辗转效仿，因此驴的价钱就贵得和马一样。

帝好为私稸，收天下之珍货，每郡国贡献，先输中署，名为"导行费"。中常侍吕强上疏谏曰："天下之财，莫不生之阴阳，归之陛下，岂有公私！而今中尚方敛诸郡之宝，中御府积天下之缯，西园引司农之藏，中厩聚太仆之马；而所输之府，辄有导行之财，调广民困，费多献少，奸吏因其利，百姓受其敝。又，阿媚之臣，好献其私，容谄姑息，自此而进。旧典：选举委任三府，尚书受奏御而已；受试任用，责以成功，功无可察，然后付之尚书举劾，请下廷尉覆案虚实，行其罪罚。于是，三公每有所选，参议掾属，咨其行状，度其器能；然犹有旷职废官，荒秽不治。今但任尚书，或有诏用，如是，三公得免选举之负，尚书亦复不坐，责赏无归，岂肯空自劳苦乎！"书奏，不省。

何皇后性强忌，后宫王美人生皇子协，后鸩杀美人。帝大怒，欲废后；诸中官固请，得止。

大长秋华容侯曹节卒；中常侍赵忠代领大长秋。

【译文】 何皇后生性倔强猜忌，由于后宫王美人生了皇子协，所以就毒杀了王美人。于是灵帝大怒，几乎要废除皇后，由于所有的宦官苦苦地请求，这才放弃废后。

大长秋华容侯曹节去世，中常侍赵忠代任大长秋。

灵帝喜欢摆弄私人的积蓄，收藏天下的珍奇宝物，每个郡国进献东西，都要先疏通宫中的官员，也叫“导行费”。中常侍吕强上奏折劝谏说：“天下的财物，没有不生于阴、阳二气，归向陛下，哪里还有公私之分？现在中尚方收集各郡国的珍宝，在中御府聚积天下的丝帛，在西园收取司农的收藏，在中厩收聚太仆的马匹，然而郡府有所贡献，经常有导行费，征调广泛，但是人民穷困，费用多然而贡献得少，奸诈的官吏因此得取利益，老百姓却受到灾害。再者，阿谀奉承的臣子，喜欢献出他们的私人积蓄，谄媚姑且偷安的小人，从此就有了晋升的阶梯。旧制规定：选举人才的事委托给三公之府，尚书只能接受奏书并加以征用；人才都要经过考试才能任用，并要求他们有所表现，没有表现的，就交给尚书纠举弹劾，请求付给廷尉，询问虚实，并给予惩罚。因此三公每次征选人才，参议属官们，都要考察他们的德行，权衡他们的才能。即便如此还有旷职废官的，荒废也不能治理。现在只有尚书能征用，或者直接凭借诏书任用，这样一来，三公才得以免除选举的职责，尚书也不会受到牵连，刑责赏赐没有归属，谁还愿意白白地劳苦呢？”奏书呈上后，灵帝没有理会。

五年（壬戌，公元一八二年）春，正月，辛未，赦天下。

诏公卿以谣言举刺史、二千石为民蠹害者。太尉许馘、司空张济承望内官，受取货赂，其宦者子弟、宾客，虽贪污秽浊，皆不敢问，而虚纠边远小郡清修有惠化者二十六人，吏民诣阙陈诉。司徒陈耽上言："公卿所举，率党其私，所谓放鸱枭而囚鸾凤。"帝以让馘、济，由是诸坐谣言徵者，悉拜议郎。

二月，大疫。

三月，司徒陈耽免。

夏，四月，旱。

以太常袁隗为司徒。

五月，庚申，永乐宫署灾。

秋，七月，有星孛于太微。

【译文】 五年（壬戌，公元182年）春季，正月辛未日（十四日），赦免天下。

诏公卿借着谣言，纠举陷害人民的刺史、二千石的官吏。太尉许馘和司空张济奉承内官，收受贿赂。那些宦官的子弟和宾客虽然都贪污，但没有人敢过问，虚妄地纠举边远小郡清廉而有德政的共二十六人，官吏、人民都到宫阙请求。司徒陈耽上奏折说："公卿所纠举的，都是有偏私的，而所谓放掉恶鸟鸱枭，囚固灵鸟鸾凤。"灵帝因此责备许馘、张济，所有那些因谣言而被纠举的人，都被拜为议郎。

二月，爆发大瘟疫。

三月，罢免司徒陈耽的职务。

夏季，四月，天下大旱。

任命太常袁隗做司徒。

五月，庚申日（初五），永乐宫的宫署发生大火。

秋季，七月，有彗星出现在了太微星宿。

板楯蛮寇乱巴郡，连年讨之，不能克。帝欲大发兵，以问益州计吏汉中程包，对曰："板楯七姓，自秦世立功，复其租赋。其人勇猛善战。昔永初中，羌入汉川，郡县破坏，得板楯救之，羌死败殆尽，羌人号为神兵，传语种辈，勿复南行。至建和二年，羌复大入，实赖板楯连摧破之。前车骑将军冯绲南征武陵，亦倚板楯以成其功。近益州郡乱，太守李颙亦以板楯讨而平之。忠功如此，本无恶心。长吏乡亭更赋至重，仆役箠楚，过于奴虏。亦有嫁妻卖子，或乃至自刭割，虽陈冤州郡，而牧守不为通理，阙庭悠远，不能自闻，含怨呼天，无所叩诉。故邑落相聚以致叛戾，非有谋主僭号以图不轨。今但选明能牧守，自然安集，不烦征伐也！"帝从其言，选用太守曹谦，遣宣诏赦之，即时皆降。

八月，起四百尺观于阿亭道。

冬，十月，太尉许馘罢；以太常杨赐为太尉。

帝校猎上林苑，历函谷关，遂狩于广成苑。十二月，还，幸太学。

桓典为侍御史，宦官畏之。典常乘骢马，京师为之语曰："行行且止，避骢马御史！"典，焉之孙也。

【译文】板楯蛮人入侵攻占巴郡，经过多年讨伐，没有得胜。灵帝想要大举进兵，就询问益州上计的官吏汉中人程包，程包回答说："板楯有七个姓，从秦代建立功劳以来，就免除了他们的赋税。他们英猛善战。永初年中，羌人侵占汉中，各个郡县受到破坏，得到板楯的援助，羌人死伤无数，羌人都称他们为神兵，捎话给他们的同类，不能再南行。到建和二年的时候，羌人又大举侵入，也靠着板楯连连击破他们。前车骑将军冯绲向南征占武陵，也是依靠板楯才完成了任务。最近益州霍乱，太守李颙也凭借板楯而讨平。他们这样忠心，本来就没有恶心。只是长

吏乡长、亭长的赋税太重，把他们当作仆役并加以鞭打，超过了奴隶和俘虏，他们中有的嫁妻卖子，有的自杀，虽然向州郡陈情了，但是州牧郡守不替他们通报，朝廷又离得远，由于自己没有办法上奏报，心含怨恨，没有地方诉说，因此部落相继叛乱，但并不是有谋主僭号谋图不轨。现在只要能选举贤明有才的州牧郡守，他们自然就安宁和集，不用派兵征伐！”灵帝听从了他的建议，任用太守曹谦，下诏书赦免了他们，因此他们很快就全部投降。

八月，在阿亭道建造了四百尺高的大楼。

冬季，十月，罢免太尉许馘的官职；任命太常杨赐做太尉。

灵帝到上林苑狩猎，经过了函谷关，于是就在广成苑狩猎，十二月回来，并巡视太学。

桓典担任侍御史，宦官们都害怕他。桓典经常乘坐青白色相间的马，京师因此流传着一个谚语：“行行且止，避骢马御史！（走走停停，就是为了躲避骑着青白色马的御史）”桓典，就是桓焉的孙子。

【乾隆御批】史称宦官畏典，然典实无所弹劾见于史策。“骢马”之谣，盖亦虚声相尚而已。

【译文】史学家们都说宦官畏惧桓典，但是史书上确实没有桓典弹劾人的记载。“聪马御史”的谣言，只不过是互相吹捧罢了。

六年（癸亥，公元一八三年）春，三月，辛未，赦天下。

夏，大旱。

爵号皇后母为舞阳君。

秋，金城河水溢出二十馀里。

五原山岸崩。

初，巨鹿张角奉事黄、老，以妖术教授，号“太平道。”咒符水以疗病，令病者跪拜首过，或时病愈，众共神而信之。角分遣弟子周行四方，转相诳诱，十馀年间，徒众数十万，自青、徐、幽、冀、荆、扬、兖、豫八州之人，莫不毕应。或弃卖财产、流移奔赴，填塞道路，未至病死者亦以万数。郡县不解其意，反言角以善道教化，为民所归。

【译文】 六年（癸亥，公元183年）春季，三月辛未日（二十一日），赦免了天下。

夏季，天下大旱。

册封皇后的母亲为舞阳君。

秋季，金城的河水溢出了堤防，流了二十多里远。

五原发生山崩。

起初，巨鹿人张角研究黄帝、老子之学，传授给人的妖术，被称为“太平道”。用咒符给人治病，让有病的人跪拜，自己述说罪过，有时候也能治好病，因此人民都把他当神一样来信仰。张角命令弟子，到四方去相互欺诳引诱。十几年间，有几十万徒众，青、徐、幽、冀、荆、扬、兖、豫八州的人，没有不响应的。有的人甚至变卖财产，流离失所来投奔，道路都堵塞了，没有赶到地方在路上病死的就有上万人。州牧郡守都不知道真相，却说张角用善道教化人民，是人民归心所向。

太尉杨赐时为司徒，上书言：“角诳耀百姓，遭赦不悔，稍益滋蔓。今若下州郡捕讨，恐更骚扰，速成其患。宜切敕刺史、二千石，简别流民，各护归本郡，以孤弱其党，然后诛其渠帅，可不劳而定。”会赐去位，事遂留中。司徒掾刘陶复上疏申赐前议，言："角等阴谋益甚，四方私言，云角等窃入京师，觇视朝政。鸟声兽心，私共鸣呼。州郡忌讳，不欲闻之，但更相告语，莫肯公文。宜下明诏，重募角等，赏以国土，有敢回避，与之同罪。"帝殊不为意，方诏陶次第《春秋条例》。

角遂置三十六方，方犹将军也。大方万馀人，小方六七千，各立渠帅。讹言："苍天已死，黄天当立，岁在甲子，天下大吉。"以白土书京城寺门及州郡官府，皆作"甲子"字。大方马元义等先收荆、扬数万人，期会发于邺。元义数往来京师，以中常侍封谞、徐奉等为内应，约以三月五日内外俱起。

【译文】当时太尉杨赐做司徒，上奏书说："张角欺骗老百姓，受到赦免后也没悔改，并逐渐扩展声势。如果现在下令各州郡追捕讨伐，恐怕会引起更大的骚乱，会加速灾害的造成。应该命令刺史、二千石等官员，筛选分散流民，保护他们回到自己的郡，来孤立削弱他们的党羽，然后征讨他们的首领，这样可以不费力就平定了。"恰逢杨赐去职，所讨论的事情就留在宫中，司徒掾刘陶又上奏书陈述杨赐以前的议论说："张角等的计谋日渐严重，人们私下传言说张角等偷入京师，窥探朝政。各地党羽私下互相呼应，各个州郡都害怕，因此不想把事实报告给朝廷，只是相互传告，不肯表现在公文上，所以应该下诏书，重新招集张角等一干人，封赏他们土地，如果有回避的，就和张角一同判罪。"灵帝很不在意，反倒诏令刘陶编写《春秋条例》。

张角设置三十六方。方，就如同将军。大方有一万多人，小方有六七千人，每个都有首领。他们传言说："苍天已死，黄天当立，岁在甲子，天下大吉。"用白土在京城的各机关和各州郡官府门上都写上"甲子"两个字。大方马元义等先聚集了荆州、扬州几万人，约好了时间在邺地起事。马元义经常在京师往来，要中常侍封谞、徐奉等作为内应，就约好在三月五日这天内外一起行动。

中平元年（甲子，公元一八四年）春，角弟子济南唐周上书告之。于是收马元义，车裂于雒阳。诏三公、司隶案验宫省直卫及百姓有事角道者，诛杀千馀人；下冀州逐捕角等。角等知事已露，晨夜驰敕诸方，一时俱起，皆著黄巾以为标帜，故时人谓之"黄巾贼"。二月，角自称天公将军，角弟宝称地公将军，宝弟梁称人公将军，所在燔烧官府，劫略聚邑，州郡失据，长吏多逃亡；旬月之间，天下响应，京师震动。安平、甘陵人各执其王应贼。

三月，戊申，以河南尹何进为大将军，封慎侯，率左右羽林、五营营士屯都亭，修理器械，以镇京师；置函谷、太谷、广成、伊阙、轘辕、旋门、孟津、小平津八关都尉。

【译文】中平元年（甲子，公元184年）春季，张角的弟子济南人唐周上奏书告发他，于是就逮捕了马元义，在洛阳处以分裂之刑。命令三公、司隶校尉查明宫廷中的宿卫和老百姓信奉张角邪道的一千多人，诛杀他们；又下令冀州逮捕张角等。张角等知道事情已经败露，就派人日夜奔告各方，同时一起起事，他们的人头上都戴着黄色的头巾，作为标志，所以当时的人称他们为"黄巾贼"。二月，张角自称天公将军，他的弟弟张宝被称为地公将军，张宝的弟弟张梁被称为人公将军。所到的地方，烧毁官府，抢掠城镇，州郡也都失守了，长官大多都逃跑了；很快天下就都响应，京城为之震动。安平和甘陵两地的人都逮捕了他们的王来响应贼人。

三月，戊申日（初三），任命河南尹何进做大将军，封他为慎侯，带领左右羽林、五营的士兵，驻守在都亭，修理器械，驻

守京师。设立函谷、太谷、广成、伊阙、轘辕、旋门、孟津、小平津八关的都尉。

【乾隆御批】张角左道惑众，积十余年，未闻有捕治之者，卒致养痈滋蔓。八州牧庸懦，乃欠时事可知矣。

【译文】张角利用左道蛊惑民众，长达十好几年，没有听说有谁来惩治他的，最终导致恶事蔓延。八州州牧这样平庸怯懦，当时政事的缺失由此可以看出。

帝召群臣会议。北地太守皇甫嵩以为宜解党禁，益出中藏钱、西园厩马以班军士。嵩，规之兄子也。上问计于中常侍吕强，对曰："党锢久积，人情怨愤，若不赦宥，轻与张角合谋，为变滋大，悔之无救。今请先诛左右贪浊者，大赦党人，料简刺史、二千石能否，则盗无不平矣。"帝惧而从之。壬子，赦天下党人，还诸徙者；唯张角不赦。发天下精兵，遣北中郎将卢植讨张角，左中郎将皇甫嵩、右中郎将朱俊讨颍川黄巾。

【译文】 灵帝召集群臣讨论。北地太守皇甫嵩觉得应该解除党禁，就拿出禁中的钱和西园马厩中的马，分发给军士。皇甫嵩就是皇甫规的侄儿。灵帝问中常侍吕强该怎么办，吕强就回答说："党锢的祸太久了，人人心怀怨恨，如果没有赦免，就容易和张角合谋，危害就更大了，到那个时候后悔也来不及了。现在请求先杀死皇帝身边贪污的人，赦免党人，然后再考察刺史、二千石的官吏是否贤能，那么盗贼就没有不平定的。"灵帝很害怕而听从了他。壬子日（初七），赦免了天下的党人，放出了所有被放逐的党人的妻子；只有张角没有被赦免。于是征调天下的精锐军队，派遣北中郎将卢植征讨张角；左中郎将皇甫嵩和右中郎将朱俊征讨颍川的黄巾军。

【申涵煜评】强为貂珰中君子，屡建谠言，因黄巾之乱，请弛党禁，贤矣！至谓人情愤怨，恐与张角合谋，是又为不知党人者。或故为危言以动主欤？

【译文】吕强是宦官中的君子，多次发表正义慷慨的言论，因为黄巾之乱爆发，上书请求将党禁全面弛解。至于说有令人愤怒和怨恨的地方，是他怕党人与张角合作谋逆，而不是真正为了党人。也可能他是故意危言耸听用来打动君主？

是时中常侍赵忠、张让、夏恽、郭胜、段珪、宋典等皆封侯贵宠，上常言："张常侍是我公，赵常侍是我母。"由是宦官无所惮畏，并起第宅，拟则宫室。上尝欲登永安候台，宦官恐望见其居处，乃使中大人尚但谏曰："天子不当登高，登高则百姓虚散。"上自是不敢复升台榭。及封谞、徐奉事发，上诘责诸常侍曰："汝曹常言党人欲为不轨，皆令禁锢，或有伏诛者。今党人更为国用，汝曹反与张角通，为可斩未？"皆叩头曰："此王甫、侯览所为也！"于是，诸常侍人人求退，各自徵还宗亲、子弟在州郡者。

赵忠、夏恽等遂共谮吕强，云与党人共议朝廷，数读霍光传。强兄弟所在并皆贪秽。帝使中黄门持兵召强。强闻帝召，怒曰："吾死，乱起矣！丈夫欲尽忠国家，岂能对狱吏乎！"遂自杀。忠、恽复谮曰："强见召，未知所问而就外自屏，有奸明审。"遂收捕其宗亲，没入财产。

【译文】这时候中常侍赵忠、张让、夏恽、郭胜、段珪、宋典等都被封侯，显赫而得宠，灵帝经常说："张常侍是我的父

亲，而赵常侍是我的母亲。”因此宦员宦们都无所忌惮，建造房屋，模仿宫室的样式。灵帝曾经想登上永安宫的瞭望台远眺，宦官害怕皇上看到他们所住的地方，就叫宫中叫作尚但的人阻止说：“天子不能登高，登高就会使百姓离散。”灵帝从此就不敢登上台阁。后来由于封谞、徐奉的事爆发，灵帝就斥责所有的常侍说：“你们常说党人要图谋不轨，都要禁锢他们，有的还被杀了。现在党人为国家所任用，你们反倒和张角私通，该不该被斩头？”宦官们都跪下说：“这是王甫和侯览做的！”于是所有的常侍都要退身自保，各个郡都召回还在州郡的宗亲和子弟。

赵忠、夏恽等就一同诽谤吕强，说他和党人一同议论朝廷，经常阅读《霍光传》，吕强的兄弟所在的地方都贪污。灵帝命令中黄门带兵召见吕强。吕强听到灵帝要召见他，就愤怒地说：“我死后，灾祸就要起来了！大丈夫只要为国家尽忠就行了，怎么能够面对狱官的审问呢？”说完就自杀了。赵忠和夏恽又诽谤说：“吕强被召见，他还不知道要问什么，就在外面自杀了，很明显这是有奸情。”于是就逮捕了他的宗族亲戚，并没收了他的财产。

侍中河内向栩上便宜，讥刺左右。张让诬栩与张角同心，欲为内应，收送黄门北寺狱，杀之。郎中中山张钧上书曰：“窃惟张角所以能兴兵作乱，万民所以乐附之者，其源皆由十常侍多放父兄、子弟、婚亲、宾客典据州郡，辜榷财利，侵掠百姓，百姓之冤，无所告诉，故谋议不轨，聚为盗贼。宜斩十常侍，县头南郊，以谢百姓，遣使者布告天下，可不须师旅而大寇自消。”帝以钧章示诸常侍，皆免冠徒跣顿首，乞自致雒阳诏狱，并出家财以助军费。有诏，皆冠履视事如故。帝怒钧曰：“此真狂子也！十常侍固

(常)〔当〕有一人善者不!”御史承旨，遂诬奏钧学黄巾道，收掠，死狱中。

庚子，南阳黄巾张曼成攻杀太守褚贡。

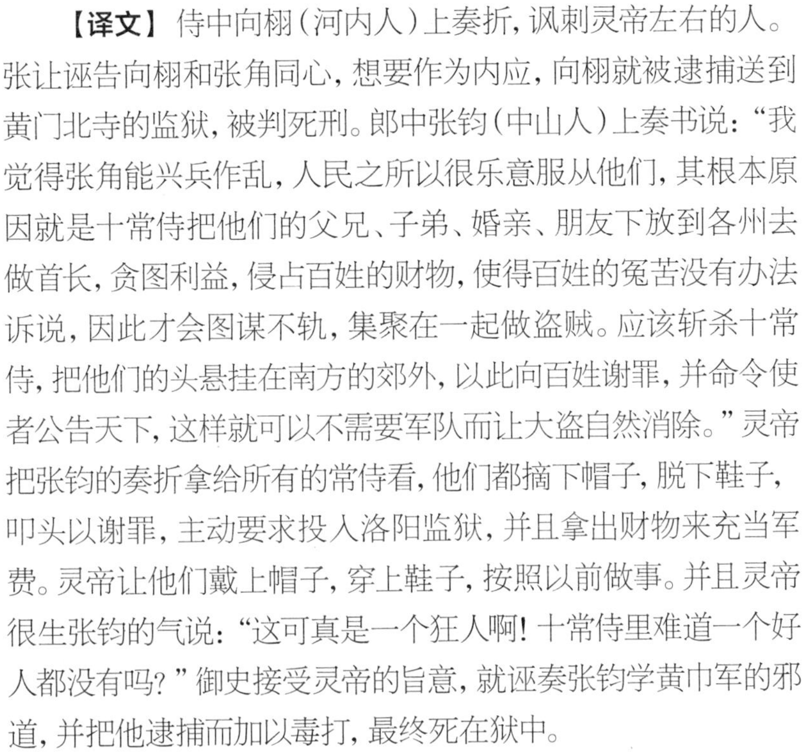

【译文】 侍中向栩(河内人)上奏折，讽刺灵帝左右的人。张让诬告向栩和张角同心，想要作为内应，向栩就被逮捕送到黄门北寺的监狱，被判死刑。郎中张钧(中山人)上奏书说:“我觉得张角能兴兵作乱，人民之所以很乐意服从他们，其根本原因就是十常侍把他们的父兄、子弟、婚亲、朋友下放到各州去做首长，贪图利益，侵占百姓的财物，使得百姓的冤苦没有办法诉说，因此才会图谋不轨，集聚在一起做盗贼。应该斩杀十常侍，把他们的头悬挂在南方的郊外，以此向百姓谢罪，并命令使者公告天下，这样就可以不需要军队而让大盗自然消除。”灵帝把张钧的奏折拿给所有的常侍看，他们都摘下帽子，脱下鞋子，叩头以谢罪，主动要求投入洛阳监狱，并且拿出财物来充当军费。灵帝让他们戴上帽子，穿上鞋子，按照以前做事。并且灵帝很生张钧的气说:“这可真是一个狂人啊!十常侍里难道一个好人都没有吗?”御史接受灵帝的旨意，就诬奏张钧学黄巾军的邪道，并把他逮捕而加以毒打，最终死在狱中。

庚子日(三月无此日)，南阳黄巾军张曼成攻击杀死了太守褚贡。

【乾隆御批】 呼常侍为公母，千古奇事。如此而不亡国者，未之有也。

【译文】 称呼自己的常侍为父母，真是千古奇闻。这样下去而国家不毁灭的，是从来没有过的。

帝问太尉杨赐以黄巾事，赐所对切直，帝不悦。夏，四月，赐坐寇贼免。以太仆弘农邓盛为太尉。已而帝阅录故事，得赐与刘陶所上张角奏，乃封赐为临晋侯，陶为中陵乡侯。

司空张济罢；以大司农张温为司空。

皇甫嵩、朱俊合将四万馀人，共讨颍川，嵩、俊各统一军。俊与贼波才战，败；嵩进保长社。

汝南黄巾败太守赵谦于邵陵。广阳黄巾杀幽州刺史郭勋及太守刘卫。

波才围皇甫嵩于长社。嵩兵少，军中皆恐。贼依草结营，会大风，嵩约敕军士皆束苣乘城，使锐士间出围外，纵火大呼，城上举燎应之，嵩从城中鼓噪而出，奔击贼陈，贼惊乱，奔走。会骑都尉沛国曹操将兵适至，五月，嵩、操与朱俊合军，更与贼战，大破之，斩首数万级。封嵩都乡侯。

【译文】 灵帝向太尉杨赐询问有关黄巾军的事，杨赐照实回答，灵帝很是不高兴。夏季，四月，杨赐因为黄巾叛乱的事就被免除了官职。任命太仆弘农人邓盛为太尉。不久之后，灵帝翻阅以前的奏折，看到杨赐和刘陶有关张角的奏折，就任命杨赐为临晋侯，刘陶为中陵乡侯。

罢免司空张济的官职；任命大司农张温做司空。

皇甫嵩、朱俊联合带领四万多人，共同讨伐颍川，他们各带领一军。朱俊和黄巾军波才作战，打了败仗，皇甫嵩就进兵保护长社。

汝南的黄巾军在邵陵打败了太守赵谦。广阳的黄巾军杀死了幽州刺史郭勋和太守刘卫。

波才在长社围攻了皇甫嵩。皇甫嵩士兵少，军中士兵都很恐惧。黄巾军靠着草丛扎营，刚巧起了大风，皇甫嵩就命令士兵把茅草束成火炬登上城楼，派遣精锐的士兵秘密地跑出围外，并放火大喊，城上的士兵都举着火把响应，皇甫嵩从城里带领士兵敲鼓呐喊而出，攻打黄巾军的阵营，黄巾军很害怕，就在慌乱中四散逃走。恰逢骑都尉沛国人曹操率兵到达。五月，皇甫嵩、曹操和朱俊联合部队跟黄巾军作战，黄巾军被打得大败，并斩了好几万的首级。皇甫嵩因此被封为都乡侯。

操父嵩，为中常侍曹腾养子，不能审其生出本末，或云夏侯氏子也。操少机警，有权数，而任侠放荡，不治行业。世人未之奇也，唯太尉桥玄及南阳何颙异焉。玄谓操曰："天下将乱，非命世之才，不能济也。能安之者，其在君乎！"颙见操，叹曰："汉家将亡，安天下者，必此人也！"玄谓操曰："君未有名，可交许子将。"子将者，训之从子劭也，好人伦，多所赏识，与从兄靖俱有高名，好共覈论乡党人物，每月辄更其品题，故汝南俗有月旦评焉。尝为郡功曹，府中闻之，莫不改操饰行。曹操往造劭而问之曰："我何如人？"劭鄙其为人，不答。操乃劫之，劭曰："子，治世之能臣，乱世之奸雄。"操大喜而去。

【译文】 曹操的父亲曹嵩，是中常侍曹腾的养子，没办法详细地了解他的生平事迹，但是有人说他是夏侯氏的儿子。曹操小时候很机灵，有权义，并且行侠仗义，放荡不羁，没有担任任何职业来维持生活，当时都没有人重视他。只有太尉桥玄和南阳人何颙尤其赏识他。桥玄就对曹操说："天下将要发生战乱，如果不是才高一世的人，是没有办法救济的。我想能够平定祸乱的，就只有你了吧！"何颙看到曹操后，叹息说："汉室就要灭亡，能够平定天下的，一定是这个人。"桥玄对曹操说："你现在还没有名气，可以和许子将往来。"许子将，是许训的侄儿许劭。许劭喜欢讨论伦理道德，擅长识人，他的堂兄许靖也有很高的名气，喜欢一同讨论乡里间的人物，每月都更换评论，所以汝南有每月初一批评的风俗。许劭曾经是汝南郡的功曹，府中的人听到后，没有一个人不重视操行的。曹操就去拜访许劭而问他说："我是怎样的一个人？"由于许劭瞧不起他，就不肯回答。于是曹操就找了一个机会威胁他。许劭说："你是治世的功臣，乱世的奸雄。"于是曹操就非常高兴地离开了。

朱俊之击黄巾也，其护军司马北地傅燮上疏曰："臣闻天下之祸不由于外，皆兴于内。是故虞舜先除四凶，然后用十六相，明恶人不去，则善人无由进也。今张角起于赵、魏，黄巾乱于六州，此皆衅发萧墙而祸延四海者也。臣受戎任，奉辞伐罪，始到颍川，战无不克。黄巾虽盛，不足为庙堂忧也。臣之所惧，在于治水不自其源，末流弥增其广耳。陛下仁德宽容，多所不忍，故阉竖弄权，忠臣不进。诚使张角枭夷，黄巾变服，臣之所忧，甫益深耳。何者？夫邪正之人不宜共国，亦犹冰炭不可同器。彼知正人之功显而危亡之兆见，皆将巧辞饰说，共长虚伪。夫孝子疑于屡至，市虎成于三夫，若不详察真伪，忠臣将复有杜邮之戮矣！陛下宜思虞舜四罪之举，速行谗佞之诛，则善人思进，奸凶自息。"赵忠见其疏而恶之。燮击黄巾，功多当封，忠谮诉之。帝识燮言，得不加罪，竟亦不封。

【译文】朱俊攻击黄巾军的时候，他的护军司马傅燮（北地人）上奏折说："我听说天下的灾祸不是从外面产生的，而是在里面产生的。所以虞舜就先除去四凶，然后再用八元八恺十六个相，来表示如果恶人不离开，善人就没有办法被重用。现在张角在赵、魏惹事，黄巾军在六州发生战乱，这都是在宫廷里发生灾祸而逐渐扩展到四海。我接受军事任务，奉旨征讨罪人，刚到颍川的时候，没有不打胜仗的。黄巾军的势力虽然强大，但是不足够成为朝廷的忧愁。我所害怕的，是治水如果不从水的源头开始，末流将增加它的宽广。陛下仁德宽厚，对人不忍，所以宦官摆弄职权，忠臣得不到任用。即使张角被平定，枭首示众，黄巾军屈服投降，我所担忧的就更多了。这是什么原因呢？因为邪人正人不应该同在一个朝廷，就好像冰炭不能同在一个器皿中。他们知道在正人的功劳显赫的时候，其危亡的征兆就将出现，一定会巧言美词，制造一些虚伪的事来毁谤。一句话重复说了三次，连孝子都会遭到怀疑；三个人说市上有虎，大家就都相信，如果不仔细地考察真伪，恐怕忠臣将会又有白起在杜邮自杀的事情发生了！陛下应该想想虞舜举发四凶的罪状，尽快除去邪佞之人，那么善人就能替朝廷效力，奸人就自然消失了。”赵忠看到了他的奏书后就厌恶他。傅燮攻击黄巾军，有很多功劳，应该受封，而赵忠却诽谤他。灵帝记得傅燮的话，因此没有加罪给他，但是一直也没有给他任何封赏。

张曼成屯宛下百馀日。六月，南阳太守秦颉击曼成，斩之。

交趾土多珍货，前后刺史多无清行，财计盈给，辄求迁代，故吏民怨叛，执刺史及合浦太守来达，自称柱天将军。三府选京令东郡贾琮为交趾刺史。琮到部，讯其反状，咸言“赋敛过重，百姓莫不空单。京师遥远，告冤无所，民不聊生，故聚为盗贼。”琮即移书告示，各使安其资业，招抚荒散，蠲复徭役，诛斩渠帅为大害者，简选良吏试守诸县，岁间荡定，百姓以安。巷路为之歌曰：“贾父来晚，使我先反；今见清平，吏不敢饭！”

皇甫嵩、朱俊乘胜进讨汝南、陈国黄巾，追波才于阳翟，击

彭脱于西华，并破之，馀贼降散，三郡悉平。嵩乃上言其状，以功归俊，于是进封俊西乡侯，迁镇贼中郎将。诏嵩讨东郡，俊讨南阳。

【译文】张曼成在宛县城下驻守了一百多天。六月，南阳太守秦颉发起攻击，斩掉了张曼成。

交趾有很多珍贵的财物，前后刺史都没有清正的操行，财物贪足了以后就请求调职，因此官吏、人民因积怨而造反，逮捕了刺史和合浦太守来达，他们的首领自称柱天将军。三府选了京县县令贾琮（东郡人）担任交趾刺史。贾琮到部之后，询问人民造反的情形，大家都说："由于赋税太重，老百姓没有不空闲的。京城又很遥远，想要告冤也没有办法，人民的生活没有依靠，因此就聚集在一起做盗贼。"于是贾琮就出文书告示，命令人民做他们原来的职业，召集安慰流散的人民，免去人民的徭役，斩除了大害的首领，挑选良好的官员，驻守各县，一年之内就平定了乱事，老百姓因此得以安宁。大家都歌唱他说："贾父来晚，让我先反；今见清平，吏不敢饭！（贾父来晚了，使得我们先造反了；现在太平了，官员都不敢到人民家吃饭！）"

皇甫嵩和朱俊乘胜追击汝南、陈国的黄巾军，在阳翟追打波才，在西华讨伐彭脱，把他们都打败了，剩下的贼人有的投降，有的逃离，因此三郡完全平定。皇甫嵩就上奏折陈述战争的情形，把功劳归向朱俊，于是灵帝就封朱俊为西乡侯，又移镇贼中郎将。命令皇甫嵩征讨东郡，朱俊攻占南阳。

北中郎将卢植连战破张角，斩获万馀人，角等走保广宗。植筑围凿堑，造作云梯，垂当拔之。帝遣小黄门左丰视军，或劝植以赂送丰，植不肯。丰还，言于帝曰："广宗贼易破耳，卢中郎固垒息军，以待天诛。”帝怒，槛车徵植，减死一等；遣东中郎将陇西董卓代之。

巴郡张脩以妖术为人疗病，其法略与张角同，令病家出五斗米，号“五斗米师”。秋，七月，脩聚众反，寇郡县；时人谓之“米贼”。

八月，皇甫嵩与黄巾战于苍亭，获其帅卜已。董卓攻张角无功，抵罪。己巳，诏嵩讨角。

【译文】 北中郎将卢植接连打败张角，并斩掉了一万多人，张角等人保卫广宗县。卢植建造围墙凿穿沟道，铸造云梯，就在要攻下城的时候，灵帝命令小黄门左丰视察军情，有人劝卢植送给左丰财物，但是卢植不愿意。回去之后左丰对灵帝说：“广宗的乱贼很容易被击破，卢中郎驻守堡垒，让兵士休息，来等待贼人自然消减。”灵帝听后发怒了，就用囚车逮捕卢植，并判减除死刑一等，让东中郎将董卓（陇西人）代替他。

巴郡人张脩用妖术替人治病，方法大概和张角相同，命令病家拿出五斗米，号称“五斗米”。秋季，七月，张脩召集群众造反，侵占郡中各县，当时的人们称他为“米贼”。

八月，皇甫嵩和黄巾军在苍亭作战，并俘虏了首领卜已。董卓进攻张角没有效果，应该受罚。同月乙巳日（初三），命令皇甫嵩讨伐张角。

【乾隆御批】 皇甫嵩初以火攻破贼，继而斩馘歼渠，功绩最著同时。卢植王允并以垂成罹祸，嵩独得免。则其明哲，尤不可及。

【译文】 皇甫嵩最初用火攻的办法来大破贼寇，继而又斩杀了黄巾军的首领，功绩最为卓著。当时的卢植和王允都是在大功将要告成之时遭遇灾祸，只有皇甫嵩得以幸免。由此可以看出，皇甫嵩的明智，别人是比不了的。

九月，安平王续坐不道，诛，国除。

初，续为黄巾所虏，国人赎之得还，朝廷议复其国。议郎李燮曰："续守藩不称，损辱圣朝，不宜复国。"朝廷不从。燮坐谤毁宗室，输作左校，未满岁，王坐诛，乃复拜议郎。京师为之语曰："父不肯立帝，子不肯立王。"

冬，十月，皇甫嵩与张角弟梁战于广宗，梁众精勇，嵩不能克。明日，乃闭营休士以观其变，知贼意稍懈，乃潜夜勒兵，鸡鸣，驰赴其陈，战至晡时，大破之，斩梁，获首三万级，赴河死者五万许人。角先已病死，剖棺戮尸，传首京师。十一月，嵩复攻角弟宝于下曲阳，斩之，斩获十馀万人。即拜嵩为左车骑将军，领冀州牧，封槐里侯。嵩能温恤士卒，每军行顿止，须营幔修立，然后就舍，军士皆食，尔乃尝饭，故所向有功。

【译文】九月，安平王刘续犯了大逆不道的罪，被杀害，国土也被收回了。

起初，刘续被黄巾军俘虏，国人就用金钱把他赎回，朝廷议论后恢复了他的国土。议郎李燮说："刘续驻守藩国不称职，侮辱了朝廷，不能恢复国土。"朝廷没有听从。李燮犯了诽谤宗室罪，被送到左校服苦役。还没有服满一年，刘续就因犯罪被杀了，于是李燮又被拜为议郎。京城人为他编了一个谚语说："父亲（李固）不愿意拥立皇帝，儿子不愿意拥立国王。"

冬季，十月，皇甫嵩和张角的弟弟张梁在广宗作战，张梁的军队英勇善战，皇甫嵩没有得胜。第二天，皇甫嵩关闭了营门，命令士兵休息，以此来观望敌人的变化。知道黄巾军稍微放松了，就暗中在夜里整顿军队。鸡叫的时候，就奔赴到敌人的营地，一直战到了晡时，大胜了敌人，斩杀张梁，获得了三万首级，黄巾军有五万多人跳河死了。在此之前张角已经病死了，于是就打开棺木对尸体用刑，把首级送到了京城。十一月，皇甫嵩又在下曲阳攻打张角的弟弟张宝，将他斩杀，并杀掉了十多万人。因此就任命皇甫嵩为左车骑将军，带领冀州州牧，封为槐里侯。皇甫嵩爱惜士兵，每次军队出行休息的时候，一定要等营帐建好了，才回到自己的住处，士兵们都吃完饭后，他才吃饭，因此所到之处，都有功绩。

北地先零羌及枹罕、河关群盗反，共立湟中义从胡北宫伯玉、李文侯为将军，杀护羌校尉泠徵。金城人边章、韩遂素著名西州，群盗诱而劫之，使专任军政，杀金城太守陈懿，攻烧州郡。

初，武威太守倚恃权贵，恣行贪暴，凉州从事武都苏正和案致其罪。刺史梁鹄惧，欲杀正和以免其负，访于汉阳长史燉煌盖勋。勋素与正和有仇，或劝勋因此报之，勋曰："谋事杀良，非忠也；乘人之危，非仁也。"乃谏鹄曰："夫绁食鹰隼，欲其鸷也。鸷而亨之，将何用哉！"鹄乃止。正和诣勋求谢，勋不见，曰："吾为梁使君谋，不为苏正和也。"怨之如初。

【译文】北地的先零羌和枹罕、河关的一群盗贼造反，大家一同拥立湟中自愿跟随的胡人北宫伯玉、李文侯做将军，杀掉了护羌校尉泠徵。金城人边章、韩遂在西州一直有很显著的声名，这群盗贼就诱惑他们并劫持，让他们负责军政，杀掉了金城太守陈懿，攻击烧坏了各州郡。

起初，武威太守依靠权贵，肆意地贪污暴虐，凉州从事苏正和（武都人）考察并追究他的罪行。刺史梁鹄很惊恐，想要杀掉苏正和来免除他的责任，就询问汉阳长史盖勋（敦煌人）。

盖勋一直和苏正和有仇恨，于是就有人劝盖勋趁机报仇，盖勋说："替人家谋事而杀掉忠良，这是不忠贞；乘人之危，这是不义。"就劝梁鹄说："养鹰和隼，是需要它们凶猛。已经凶猛了再把它们烹杀掉，那还有什么用呢？"梁鹄就停止了这个想法。苏正和知道后，就去拜见盖勋，盖勋不愿意见他说："我是替梁使君策划，不是替苏正和策划。"因此还是像以前一样怨恨苏正和。

后刺史左昌盗军谷数万，勋谏之。昌怒，使勋与从事辛曾、孔常别屯阿阳以拒贼，欲因军事罪之；而勋数有战功。及北宫伯玉之攻金城也，勋劝昌救之，昌不从。陈懿既死，边章等进围昌于冀。昌召勋等自救，辛曾等疑不肯赴，勋怒曰："昔庄贾后期，穰苴奋剑。今之从事岂重于古之监军乎！"曾等惧而从之。勋至冀，诮让章等以背叛之罪。皆曰："左使君若早从君言，以兵临我，庶可自改；今罪已重，不得降也。"乃解围去。

叛羌围校尉夏育于畜官，勋与州郡合兵救育，至狐槃，为羌所败。勋馀众不及百人，身被三创，坚坐不动，指木表曰："尸我于此！"句就种羌滇吾以兵扞众曰："盖长史贤人，汝曹杀之者为负天。"勋仰骂曰："死反虏，汝何如，促来杀我！"众相视而惊。滇吾下马与勋，勋不肯上，遂为羌所执。羌服其义勇，不敢加害，送还汉阳。后刺史杨雍表勋领汉阳太守。

【译文】 后来刺史左昌偷盗了好几万军粮，盖勋劝告他。左昌愤怒，命令盖勋和从事辛曾、孔常在阿阳屯守来抵挡贼人，想要借助军事来治他的罪；而盖勋多次有战功。北宫伯玉攻陷金城的时候，盖勋劝左昌来救援，但是左昌没有听。陈懿死后，边章等进兵到冀城包围左昌，左昌就召盖勋来救助，辛曾等怀疑他不肯救助，盖勋愤怒地说："先前监军庄贾延误军期，司马穰苴就把他杀掉了，现在的从事，难道比古代的监军还重要吗？"辛曾等因为害怕就听从了他。盖勋到冀州后，就斥责边章等背叛的罪行。边章等说："如果左使君早听了你的话，派兵来攻打我们，我们还能改正，现在罪恶已经深厚，想投降也没有办法了。"因此就解围而去。

反叛的羌人在畜官攻打校尉夏育，盖勋和州郡集合军队救援夏育，到狐槃后，被羌人打败了。盖勋的军队只剩下不到一百人，虽然身上受了三处伤，但是还坚持坐在地上不逃走，指着木头做的标志说："杀了我后，就把我的尸首放在这里。"句就种羌滇吾就用兵器阻止大家说："盖长史是位贤士，你们谁杀掉他，就相当于背叛上天。"盖勋抬头就骂他说："死反贼，你懂什么啊！快来杀了我。"大家就你看我，我看你，感到很奇怪。滇吾就下马并将马让给了盖勋，盖勋不愿意上马逃走，于是就被羌人俘虏。羌人佩服他的情操、勇敢，不愿意加害他，就把他送回汉阳。后来刺史杨雍任命盖勋做汉阳太守。

张曼成馀党更以赵弘为帅，众复盛，至十馀万，据宛城。朱俊与荆州刺史徐璆等合兵围之，自六月至八月不拔。有司奏徵俊，司空张温上疏曰："昔秦用白起，燕任乐毅，皆旷年历载，乃能克敌。俊讨颍川已有功效，引师南指，方略已设；临军易将，兵家所忌，宜假日月，责其成功。"帝乃止。俊击弘，斩之。

贼帅韩忠复据宛拒俊，俊鸣鼓攻其西南，贼悉众赴之；俊自将精卒掩其东北，乘城而入。忠乃退保小城，惶惧乞降。诸将皆欲听之，俊曰："兵固有形同而势异者。昔秦、项之际，民无定主，故赏附以劝来耳。今海内一统，唯黄巾造逆。纳降无以劝

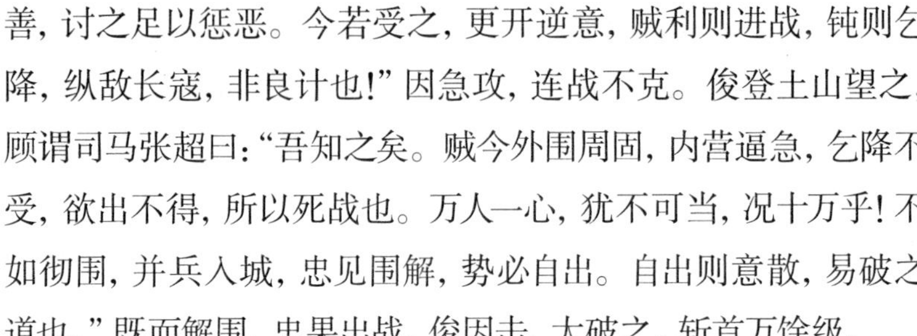

善，讨之足以惩恶。今若受之，更开逆意，贼利则进战，钝则乞降，纵敌长寇，非良计也！”因急攻，连战不克。俊登土山望之，顾谓司马张超曰：“吾知之矣。贼今外围周固，内营逼急，乞降不受，欲出不得，所以死战也。万人一心，犹不可当，况十万乎！不如彻围，并兵入城，忠见围解，势必自出。自出则意散，易破之道也。”既而解围，忠果出战，俊因击，大破之，斩首万馀级。

【译文】张曼成的余党再次拥立赵弘为首领，势力又强盛起来了，徒众达到了十几万，占领了宛城。朱俊和荆州刺史徐璆等集合军队围攻，一直从六月攻到八月，也没有办法攻下，官吏就上奏书请求召集朱俊并惩罚。司空张温上奏折说：“先前秦国用白起，燕国重用乐毅，都是经过很多年才克敌制胜的。从前朱俊在颍川讨贼，已经有了功绩，现在率领军队到南方，战争的策略早已设计好，如今临到作战改换将领，这是兵家的大忌，所以假以时日，他定成功。”灵帝才停止征召。朱俊带兵攻击，并斩掉了赵弘。

贼人的首领韩忠又占领宛城抗拒朱俊，朱俊敲起战鼓攻击他们的西南方，贼人全部都奔赴西南方；朱俊带领精锐士兵，来掩袭他们的东北方，登上城墙而进入城中。于是韩忠退兵保护小城，害怕得请求投降，将士们都接受，朱俊说：“本来战事就有形式相同而态势不同的情况。秦朝末年楚汉相争的时候，百姓没有固定的君主，所以赏赐归附的人，以此劝人来投奔。现在天下统一，只有黄巾贼造反，接受投降就不能鼓励善人，征讨它，才能惩罚恶人。如果现在接受，就更加开启叛逆的思想，对贼人有利就进攻作战，不利就祈求投降，放纵敌人，来增长他们的势力，这实在不是一个好的计谋。”因此紧急攻打，接连作战，也没有获胜。朱俊登上土山远眺，转头对司马张超说：

“我明白了，现在贼人外面受到坚强的围困，里面遭逢紧急的威胁，请求投降，但是没有被接纳，想要突围又没有办法，所以才奋力作战。万人齐心，还没办法抵挡，更何况是十万人？不如撤除围困，带领所有的军队入城，韩忠看到围困被解除，一定会主动出战，战斗意志就会松散，这就注定要吃败仗。”不久之后就解除了围困，韩忠果真出战，朱俊因此加以攻击，斩杀了一万多首级。

南阳太守秦颉杀忠，馀众复奉孙夏为帅，还屯宛。俊急攻之，司马孙坚率众先登；癸巳，拔宛城。孙夏走，俊追至西鄂精山，复破之，斩万馀级。于是，黄巾破散，其馀州郡所诛，一郡数千人。

十二月，己巳，赦天下，改元。

豫州刺史太原王允破黄巾，得张让宾客书，与黄巾交通，上之。上责怒让；让叩头陈谢，竟亦不能罪也。让由是以事中允，遂传下狱，会赦，还为刺史；旬日间，复以它罪被(诛)〔捕〕。杨赐不欲使更楚辱，遣客谢之曰：“君以张让之事，故一月再徵，凶慝难量，幸为深计！”诸从事好气决者，共流涕奉药而进之。允厉声曰：“吾为人臣，获罪于君，当伏大辟以谢天下，岂有乳药求死乎！”投杯而起，出就槛车。既至廷尉，大将军进与杨赐、袁隗共上疏请之，得减死论。

【译文】南阳太守秦颉杀死了韩忠。黄巾军的剩余力量又奉孙夏为首领，还驻守宛城。朱俊紧急攻打，司马孙坚带领士兵首先登城。于癸巳日（十一月无此日），攻下了宛城，孙夏也逃走了，朱俊就追到西鄂县的精山，把他打败了，并斩掉了一万多首级，于是黄巾军就分散了。其余州郡被杀死的，平均一郡就有几

千人。

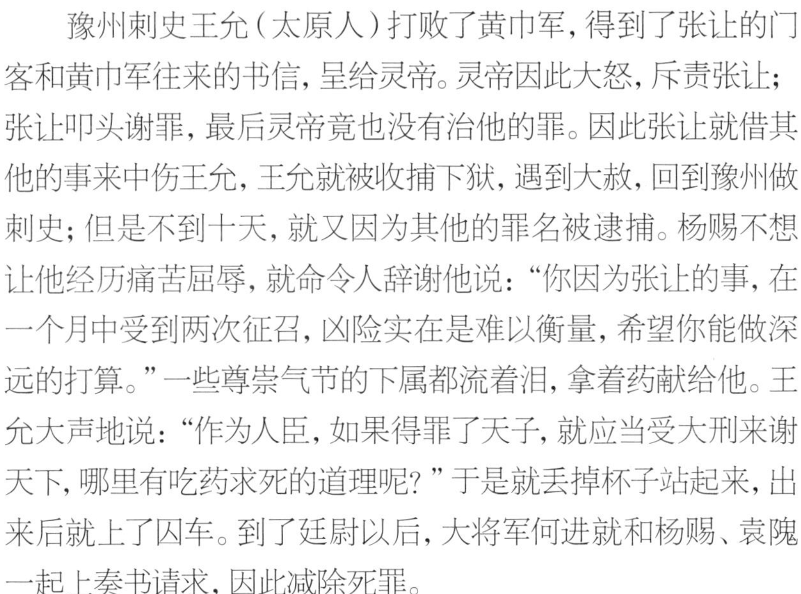

十二月，己巳日（二十九日），赦免天下，更改年号为中平。

豫州刺史王允（太原人）打败了黄巾军，得到了张让的门客和黄巾军往来的书信，呈给灵帝。灵帝因此大怒，斥责张让；张让叩头谢罪，最后灵帝竟也没有治他的罪。因此张让就借其他的事来中伤王允，王允就被收捕下狱，遇到大赦，回到豫州做刺史；但是不到十天，就又因为其他的罪名被逮捕。杨赐不想让他经历痛苦屈辱，就命令人辞谢他说：“你因为张让的事，在一个月中受到两次征召，凶险实在是难以衡量，希望你能做深远的打算。”一些尊崇气节的下属都流着泪，拿着药献给他。王允大声地说：“作为人臣，如果得罪了天子，就应当受大刑来谢天下，哪里有吃药求死的道理呢？”于是就丢掉杯子站起来，出来后就上了囚车。到了廷尉以后，大将军何进就和杨赐、袁隗一起上奏书请求，因此减除死罪。

【乾隆御批】黄巾约封谞等为内应，其言犹出于张角弟子。至王允奏上张让与黄巾交通之书，虽中主，亦当立置于法。乃反信谗罪允，是真亡国之君。胡寅以中人以下目之，犹为失宽。

【译文】黄巾军邀封谞等人做内应，这些话仍是张角弟子所说的。至于王允奏上张让与黄巾军来往的书信，即使是中等明智的君主，也应当立刻将其绳之以法。但灵帝反倒听信谗言，将王允定罪，这真是亡国之君啊。胡寅以中等才能以下来看他，也还是太宽容了。

二年（乙丑，公元一八五年）春，正月，大疫。

二月，己酉，南宫云台灾。庚戌，乐城门灾。

中常侍张让、赵忠说帝敛天下田，亩十钱，以修宫室、铸铜人。乐安太守陆康上疏谏曰："昔鲁宣税晦而蝝灾自生。哀公增赋而孔子非之，岂有聚夺民物以营无用之铜人，捐舍圣戒，自蹈亡王之法哉！"内幸谮康援引亡国以譬圣明，大不敬，槛车徵诣廷尉。侍御史刘岱表陈解释，得免归田里。康，续之孙也。

【译文】 二年（乙丑，公元185年）春季，正月，流行了大瘟疫。

二月，己酉日（初十），南宫的云台发生火灾。庚戌日（十一日），乐城门起火。

中常侍张让、赵忠劝告灵帝收天下田地的赋税，每亩十个钱，用来修筑宫室，制造铜人。乐安太守陆康上奏书劝告说："先前鲁宣公抽取田亩的赋税，因此发生蝗灾，鲁哀公增加田地的赋税，但是孔子加以批评，哪里有收敛人民的财物来制造没有用的铜人，放弃圣人的告诫，使用亡国之君的法令呢？"内侍们诽谤陆康，说他用亡国之君来比喻圣明的天子，犯了大不敬之罪，因此就用囚车把他逮捕送到廷尉。侍御史刘岱上表替陆康解释，因此遭到免官回归故乡。陆康就是陆续的孙子。

又诏发州郡材木文石，部送京师。黄门常侍辄令谴呵不中者，因强折贱买，仅得本贾十分之一，因复货之，宦官复不为即受，材木遂至腐积，宫室连年不成。刺史、太守复增私调，百姓呼嗟。又令西园驺分道督趣，恐动州郡，多受赇赂。刺史、二千石及茂才、孝廉迁除皆责助军、修宫钱，大郡至二三千万，馀各有差。当之官者，皆先至西园谐价，然后得去，其守清者乞不之官，皆迫遣之。时巨鹿太守河内司马直新除，以有清名，减责三百万。直被诏，怅然曰："为民父母而反割剥百姓以称时求，吾不忍也。"辞疾，不听。行至孟津，上书极陈当世之失，即吞药自

杀。书奏，帝为暂绝修宫钱。

以朱俊为右车骑将军。

【译文】 又命令征发各州郡可用的木材和有纹理的石头，分别送到京城。黄门常侍动不动就责怪不合规格的东西，因此强令他们折价，用低廉的价格买进，仅仅是原价的十分之一，然后再将它卖出去。等到木材送到的时候，宦官们又马上不接受了，木材就到了堆积腐烂的地步，宫室好多年都建不了。刺史太守又私自增加税收，老百姓穷苦不已。又命令西园的骑士分开督促，惊动了各个州郡，还接受了很多贿赂。刺史、二千石和茂才、孝廉免除了官职，就要收取助军、修宫廷的钱，大的郡要两三千万，其他的也各有等级。本该赴官上任的，都要先到西园讲好价格，才能上任。一些操守清正的，要求不到官上任的，都逼着他们去。当时巨鹿太守司马直（河内人）被除了官职，因为有清明的声名，就减收三百万。司马直接到诏书后，很惆怅地说："身为人民的父母，反倒剥削老百姓，来应适时的需求，我实在是不忍心。"就因生病推辞了，但是并没有得到准许。来到孟津的时候，就极力上奏书陈述当时的缺失，最后吞药自杀了。奏书呈上后，灵帝就因此暂时终止收取建宫室的钱。

任命朱俊为右车骑将军。

自张角之乱，所在盗贼并起，博陵张牛角、常山褚飞燕及黄龙、左校、于氐根、张白骑、刘石、左髭文八、平汉大计、司隶缘城、雷公、浮云、白雀、杨凤、于毒、五鹿、李大目、白绕、眭固、苦蝤之徒，不可胜数，大者二三万，小者六七千人。

张牛角、褚飞燕合军攻廮陶，牛角中流矢且死，令其众奉飞燕为帅，改姓张。飞燕名燕，轻勇趫捷，故军中号曰"飞燕"。山谷寇贼多附之，部众寖广，殆至百万，号“黑山贼”，河北诸郡县并被其害，朝廷不能讨。燕乃遣使至京师，奏书乞降；遂拜燕平难中郎将，使领河北诸山谷事，岁得举孝廉、计吏。

【译文】从张角作乱后，各地盗贼纷纷兴起，博陵张牛角、常山褚飞燕和黄龙、左校、于氐根、张白骑、刘石、左髭文八、平汉大计、司隶缘城、雷公、浮云、白雀、杨凤、于毒、五鹿、李大目、白绕、眭固、苦蝤等，数不胜数，势力大的有两三万人，势力小的也有六七千人。

张牛角、褚飞燕集合军队，攻打瘿陶，张牛角被流箭射中，快死的时候，就任命他的徒众奉褚飞燕做领袖，并改姓张。褚飞燕名燕，因为勇敢矫捷，所以军中都称他为“飞燕”。山谷中的盗贼都归附他，部下的人渐渐地多了起来，差不多接近一百万，被称为“黑山贼”，河北各个郡县都受到了灾害，朝廷也没有能力征讨。于是燕就派人到京城送上奏书，祈求投降；就任命燕为平难中郎将，命令他治理河北各山谷的事，每年都可以推举孝廉、计吏。

司徒袁隗免。三月，以廷尉崔烈为司徒。烈，寔之从兄也。

是时，三公往往因常侍、阿保入钱西园而得之，段颎、张温等虽有功勤名誉，然皆行输货财，乃登公位。烈因傅母入钱五百万，故得为司徒。及拜日，天子临轩，百僚毕会，帝顾谓亲幸者曰：“悔不小靳，可至千万！”程夫人于傍应曰：“崔公，冀州名士，岂肯买官！赖我得是，反不知姝邪！”烈由是声誉顿衰。

北宫伯玉等寇三辅，诏左车骑将军皇甫嵩镇长安以讨之。

时凉州兵乱不解，徵发天下役赋无已，崔烈以为宜弃凉州。诏会公卿百官议之，议郎傅燮厉言曰：“斩司徒，天下乃安！”尚

书奏燮廷辱大臣。帝以问燮，对曰："樊哙以冒顿悖逆，愤激思奋，未失人臣之节，季布犹曰'哙可斩也'。今凉州天下要冲，国家藩卫。高祖初兴，使郦商别定陇石；世宗拓境，列置四郡，议者以为断匈奴右臂。今牧御失和，使一州叛逆；烈为宰相，不念为国思所以弭之之策，乃欲割弃一方万里之土，臣窃惑之！若使左衽之虏得居此地，士劲甲坚，因以为乱，此天下之至虑，社稷之深忧也。若烈不知，是极蔽也；知而故言，是不忠也。"帝善而从之。

【译文】 免除司徒袁隗的官职。三月，任命廷尉崔烈为司徒。崔烈就是崔寔的堂兄。

这个时候，三公的职位往往靠着常侍、阿保送钱到西园才能得到。虽然段颎、张温等有功劳名誉，可是都是先赠送财物，然后才登上三公之位的。崔烈让灵帝的乳母送五百万钱进去，所以才能做司徒。到任官的那天，灵帝驾临到平室，百官集合，灵帝转头对亲信们说："很后悔没有稍微吝惜一下，否则就可以达到千万！"程夫人在旁边附和说："崔先生是冀州的名人，怎么能用钱买官？他是靠着我才得到这个官职的，你不满意吗？"崔烈声誉立刻衰落。

北宫伯玉等侵入三辅，命令左车骑将军皇甫嵩镇守长安，并讨伐。

这时，凉州不停地闹兵荒，朝廷也不停地征收徭役和赋税，崔烈觉得应该放弃凉州。命令聚集公卿百官来议论，议郎傅燮大声地说："只有斩掉司徒，天下才能安定！"尚书上奏傅燮在朝廷侮辱大臣。灵帝因此就问傅燮，傅燮回答说："樊哙由于冒顿叛乱，愤恨而想振奋，也没有失去大臣的节度，季布还说'樊哙应该斩掉'。凉州现在是天下的要道和国家的藩篱。高祖刚兴盛的时候，派遣郦商平定陇右；武帝开拓边疆，设置了四个郡，议论的人觉得这是砍断匈奴的右臂。现在州牧刺史们不合，才使得一州造反。崔烈作为宰相，不去替国家想出消弭祸乱的计策，竟然要舍弃一方万里的土地，我感到很疑惑！匈奴的士兵强劲，铠甲坚硬，若借这个地方来作乱，就是天下最大的灾祸，是国家最深的忧虑。崔烈如果不知道这种情况，他就是极端的愚蠢；如果知道这种情形，还故意这样说，他是不忠城。”灵帝觉得傅燮的话很对，就听从了他的建议。

夏，四月，庚戌，大雨雹。

五月，太慰邓盛罢；以太仆河南张延为太尉。

六月，以讨张角功，封中常侍张让等十二人为列侯。

【译文】夏季，四月，庚戌日（十二日），下了一场大冰雹。

五月，免除太尉邓盛的官职；任命太仆河南人张延做太尉。

六月，因为讨伐张角有功，封中常侍张让等十二人为列侯。

【乾隆御批】让与贼通，而受平贼之爵赏。倒置至此，虽有忠直如扬赐辈，其奈之何？

【译文】张让与黄巾军串通，反而得到了平息盗贼的官位赏赐。事实如此黑白颠倒，即使有像杨赐这样忠直的臣子，那又能怎么样呢？

秋，七月，三辅螟。

皇甫嵩之讨张角也，过邺，见中常侍赵忠舍宅逾制，奏没入之。又中常侍张让私求钱五千万，嵩不与。二人由是奏嵩连战无

功，功费者多，徵嵩还，收左军骑将车印绶，削户六千。八月，以司空张温为车骑将军，执金吾袁滂为副，以讨北宫伯玉；拜中郎将董卓为破虏将军，与荡寇将军周慎并统于温。

【译文】 秋季，七月，三辅发生螟灾。

皇甫嵩征讨张角的时候，经过了邺城，看见中常侍赵忠的住房超过制度，就上奏书请求没收。再者，中常侍张让私底下向皇甫嵩调五千万钱，皇甫嵩不愿意给。赵忠、张让就因此奏告皇甫嵩年年作战，但是没有战功，耗费过多，于是就征召皇甫嵩返回京城，收回他的左车骑将军绶印，削掉了六千户。八月，任命司空张温做车骑将军，任命执金吾袁滂为辅佐，来征讨北宫伯玉；任命中郎将董卓为破虏将军，和荡寇将军周慎一起接受张温的统领。

九月，以特进杨赐为司空。冬，十月，庚寅，临晋文烈侯杨赐薨。以光禄大夫许相为司空。相，训之子也。

谏议大夫刘陶上言："天下前遇张角之乱，后遭边章之寇，今西羌逆类已攻河东，恐遂转盛，豕突上京。民有百走退死之心，而无一前斗生之计，西寇浸前，车骑孤危，假令失利，其败不救。臣自知言数见厌，而言不自裁者，以为国安则臣蒙其庆，国危则臣亦先亡也。谨复陈当今要急八事。"大较言天下大乱，皆由宦官。宦官共谗陶曰："前张角事发，诏书示以威恩，自此以来，各各改悔。今者四方安静，而陶疾害圣政，专言妖孽。州郡不上，陶何缘知？疑陶与贼通情。"于是收陶下黄门北寺狱，掠按日急。陶谓使者曰："臣恨不与伊、吕同畴，而以三仁为辈。今上杀忠謇之臣，下有憔悴之民，亦在不久，后悔何及！"遂闭气而死。前司徒陈耽为人忠正，宦官怨之，亦诬陷，死狱中。

【译文】九月，任命特进杨赐为司空。冬季，十月庚寅日（十月无此日），临晋人文烈侯杨赐逝世。派遣光禄大夫许相做司空。许相就是许训的儿子。

谏议大夫刘陶上奏折说：“先前天下遇到张角的叛乱，后来遭到边章的侵扰，现在西羌已进入河东，恐怕势力要逐渐转盛，骚扰京城。人民有逃走退死的想法，却没有挺身作战求生的念头，西方的敌人逐渐前行，车骑将军张温势单力薄，如果失利，就没有办法救助。我知道话多就要遭到厌烦，但是还不减少言语的原因，是为了国家的安宁，如果臣下蒙受幸福，国家遇到危险，那么臣下也先要死亡。现在仔细陈述当今重要紧急的事情八件。”大概是说天下大乱，都是因为宦官。宦官们一同诽谤刘陶说：“以前张角发生乱事，命令恩威并施，从此之后，各各悔过。现在天下安宁，然而刘陶疾害圣明的政治，专谈论妖孽的事情。各个州郡并没有上奏折，刘陶怎么会知道这件事？我们怀疑刘陶和贼人互通情报。”于是就逮捕刘陶，下放到黄门北寺的监狱，并拷打审问，一天接着一天。刘陶对使者说：“我只恨和伊尹、吕尚不同类，而就以殷朝三位仁人为模范。现在杀掉了忠贞直言的臣子，人民受苦受难也将是不久以后的事情了，如果到那个时候，后悔又怎么来得及呢？”于是就闭住呼吸死了。前司徒陈耽为人忠厚老实，宦官都怨恨他，也陷害他，于是陈耽就死在了狱中。

张温将诸郡兵步骑十馀万屯美阳，边章、韩遂亦进兵美阳，温与战，辄不利。十一月，董卓与右扶风鲍鸿等并兵攻章、遂，大破之，章、遂走榆中。

温遣周慎将三万人追之。参军事孙坚说慎曰：“贼城中无

谷，当外转粮食，坚愿得万人断其运道，将军以大兵继后，贼必困乏而不敢战，走入羌中，并力讨之，则凉州可定也！”慎不从，引军围榆中城，而章、遂分屯葵园峡，反断慎运道，慎惧，弃车重而退。

温又使董卓将兵三万讨先零羌，羌、胡围卓于望垣北，粮食乏绝，乃于所度水中伪立隝以捕鱼，而潜从隝下过军。比贼追之，决水已深，不得度，遂还屯扶风。

【译文】张温带领各郡的军队，十多万步兵、骑兵，驻守在美阳，边章、韩遂也向美阳进兵。张温和他们作战，经常打败仗。十一月，董卓和右扶风人鲍鸿等合军攻打边章、韩遂，将他们打得大败，于是边章、韩遂就向榆中逃走。

张温派周慎率领三万人追赶。参军事孙坚对周慎说：“贼人在城中没有粮食，就一定要到城外运送粮食，我愿意带领一万人切断他们运粮的道路，将军带领大军随后赶来，贼人一定因困乏而不敢作战，进入羌中，然后再合力征讨他，凉州就可以平定了。”周慎没有听从，带领军队围攻榆中城，而边章、韩遂分别驻守在葵园峡，反倒切断了周慎的粮道。周慎害怕了，于是就抛弃车辆辎重逃走了。

张温又派董卓带领三万人，征讨先零羌，羌人、胡人在望垣的北面围攻董卓，董卓的粮食吃光了，就在所渡的水里建造石堰来捕鱼，而暗自从石堰下边通过军队，等到贼人追到的时候，水已经很深了，不能过去，于是就守扶风。

张温以诏书召卓，卓良久乃诣温；温责让卓，卓应对不顺。孙坚前耳语谓温曰：“卓不怖罪而鸱张大语，宜以召不时至，陈军法斩之。”温曰：“卓素著威名于河、陇之间，今日杀之，西行无依。”坚曰：“明公亲率王师，威震天下，何赖于卓！观卓所言，不假明公，轻上无礼，一罪也；章、遂跋扈经年，当以时进讨，而卓云未可，沮军疑众，二罪也；卓受任无功，应召稽留，而轩昂自高，三罪也。古之名将仗钺临众，未有不断斩以成功者也。今明公垂意于卓，不即加诛，亏损威刑，于是在矣。”温不忍发，乃曰：“君且还，卓将疑人。”坚遂出。

是岁，帝造万金堂于西园，引司农金钱、缯帛牣积堂中，复藏寄小黄门、常侍家钱各数千万，又于河间买田宅，起第观。

【译文】 张温下诏书召见董卓，董卓等了很久之后才去拜见；张温就斥责董卓，董卓应对的时候态度很不恭敬。孙坚就向前对着张温的耳朵说：“董卓态度嚣张，高谈阔论，接受了诏令不按时到达，按照军法就应该斩掉他。”张温说：“董卓在河、陇之间，向来有威名，今天杀掉他，将来我们西行就会没有依靠。”孙坚说：“您亲自带领王师，震慑天下，有什么好依靠董卓的呢？听今天董卓所说的话，并没有借你一点辞色，蔑视上位没有礼节，这是第一大罪状；边章、韩遂在外跋扈多年，应该按时进兵讨伐，但是董卓说不可以，使军心士气沮丧，迷惑了部众心理，这是第二大罪状；董卓受命以来，一直没有功劳，接受诏命又拖延时间，并且意气亢奋而自傲，这是第三大罪状。古代的名将都用斧钺领导士兵，从来没有不用刑就能成功的。现在您对董卓表示谦虚，如果不马上杀掉他，损害军威军法的情况，恐怕就要因此而产生了。”张温不忍心发命令，就说：“你先回去，董卓会怀疑我们的。”孙坚这才出去了。

这一年，灵帝在西园筑造了万金堂，把司农的金钱、缯帛堆在堂里，又在小黄门、常侍的家里各藏了几千万钱，还在河间买了土地房产，筑造了住宅楼阁。

【申涵煜评】董卓与温抗，孙坚劝温斩之，如用其言，何至祸及社稷而丧其元！盖天生奸雄，原自不死，温不过颠倒于气数耳。试观诛一卓，生一操，人谋亦何益哉！

【译文】董卓与张温对抗，孙坚劝张温杀了董卓，如果张温听了他的话，何苦至于殃及江山社稷，自己也丢了性命！大概是上天降下奸雄，原本是不会让他们消失的，张温不过是颠倒了时运气数而已。试看杀了一个董卓，又来一个曹操，岂是人们能谋算得了的。

三年(丙寅，公元一八六年)春，二月，江夏兵赵慈反，杀南阳太守秦颉。

庚戌，赦天下。

太尉张延罢。遣使者持节就长安拜张温为太尉。三公在外始于温。

以中常侍赵忠为车骑将军。帝使忠论讨黄巾之功，执金吾甄举谓忠曰："傅南容前在东军，有功不侯，天下失望。今将军亲当重任，宜进贤理屈，以副众心。"忠纳其言，遣弟城门校尉延致殷勤于傅燮。延谓燮曰："南容少答我常侍，万户侯不足得也！"燮正色拒之曰："有功不论，命也。傅燮岂求私赏哉！"忠愈怀恨，然惮其名，不敢害，出为汉阳太守。

【译文】 三年(丙寅，公元186年)春季，二月，江夏的士兵赵慈叛变，杀掉了南阳太守秦颉。

庚戌日(十六日)，赦免天下。

罢免太尉张延的官职。派使者带着符节，在长安任命张温为太尉。作为三公而在朝廷之外，是从张温开始的。

任命中常侍赵忠为车骑将军。灵帝派赵忠评定讨伐黄巾军的功劳大小，执金吾甄举对赵忠说："以前傅南容在东军时有功劳，没有被封侯，天下百姓都感到失望。现在将军亲自承担重大的责任，应该推荐贤士，伸张冤屈，以符合大家的心愿。"赵忠采用了他的话，就让他的弟弟城门校尉赵延，向傅燮表达殷勤的心情，赵延就对傅燮说："南容对我们常侍稍稍好一点，万户侯是不值得提起的。"傅燮义正严辞地说："有功但得不到评定，这是注定的，傅燮怎能够请求私下的赏赐呢？"于是赵忠更加怨恨他，但是害怕他的高名不敢加害他，就把他下放做汉阳太守。

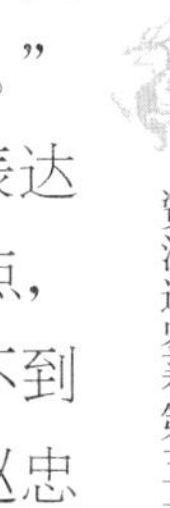

帝使钩盾令宋典缮修南宫玉堂，又使掖庭令毕岚铸四铜人，又铸四钟，皆受二千斛。又铸天禄、虾蟆吐水于平门外桥东，转水入宫。又作翻车、渴乌，施于桥西，用洒南北郊路，以为可省百姓洒道之费。

五月，壬辰晦，日有食之。

六月，荆州刺史王敏讨赵慈，斩之。

车骑将军赵忠罢。

冬，十月，武陵蛮反，郡兵讨破之。

前太尉张延为宦官所谮，下狱死。

十二月，鲜卑寇幽、并二州。

徵张温还京师。

【译文】 灵帝派遣钩盾令宋典修建南宫的玉堂殿，又命令掖庭令毕岚铸造四个铜人，又造了四口钟，都能承受两千斛。在平门外的桥东边，又建造了能够吐水的天禄兽和蛤蟆，然后把水引到宫里。又在桥的西边筑造了水车和名叫渴乌的汲水器，用来洒南北的郊路，觉得可以节省老百姓洒道的费用。

五月，壬辰晦日（三十日），发生日食。

六月，荆州刺史王敏征讨赵慈，并斩掉了他。

罢免车骑将军赵忠的官职。

冬季，十月，武陵蛮叛变，郡中的军队把他打败了。

前太尉张延被宦官诽谤，就下狱而死了。

十二月，鲜卑侵犯幽、并二州。

征召张温回京城。

四年（丁卯，公元一八七年）春，正月，己卯，赦天下。

二月，荥阳贼杀中矣令。三月，河南尹何苗讨荥阳贼，破之；拜苗为车骑将军。

韩遂杀边章及北宫伯玉、李文侯，拥兵十馀万，进围陇西，太守李相如叛，与遂连和。

凉州刺史耿鄙率六郡兵讨遂。鄙任治中程球，球通奸利，士民怨之。汉阳太守傅燮谓鄙曰："使君统政日浅，民未知教。贼闻大军将至，必万人一心，边兵多勇，其锋难当；而新合之众，上下未和，万一内变，虽悔无及。不若息军养德，明赏必罚，贼得宽挺，必谓我怯，群恶争势，其离可必。然后率已教之民，讨成离之贼，其功可坐而待也！"鄙不从。夏，四月，鄙行至狄道，州别驾反应贼，先杀程球，次害鄙，贼遂进围汉阳。城中兵少粮尽，燮犹固守。

【译文】 四年（丁卯，公元187年）春季，正月，己卯日（二十一日），赦免天下。

二月，荥阳的贼人杀死了中矣县县令。三月，河南尹何苗攻打荥阳的贼人，并打败了他们，任命何苗做车骑将军。

韩遂杀死了边章和北宫伯玉、李文侯，有十多万人的军队，进兵围攻陇西，太守李相如造反，和韩遂联合起来。

凉州刺史耿鄙，带领六郡的军队讨伐韩遂。耿鄙重用治中程球，程球作奸犯科因而得利，军民都怨恨他。汉阳太守傅燮对耿鄙说："你主持政治时间太短，人民还未得到教化。贼人听到大军要来，一定会万人一心。边疆的士兵大多勇敢善战，他们的锋芒难以抵挡；而你刚刚集合了军队，上下并没有一致，万一发生了变化，到了那时，即使懊悔也来不及。不如停止进军，修养德行，赏罚分明，贼人得到宽赦一定认为我们害怕，一群恶人相互争权夺势，就能肯定他们一定会分离。然后再带领已经受到教化的人民，征讨分离的贼人，这样功绩就唾手可得了。"耿鄙没有听从。夏季，四月，耿鄙带领军队走到狄道，州别驾叛反来响应贼人，于是先杀死了程球，又害死了耿鄙。贼人进兵围攻汉阳，汉阳城里士兵很少，粮食又吃光了。傅燮还是坚持防守。

【乾隆御批】傅燮秉节始终，真有疾风劲草之概。视尔时矫饰、名高者，实过之。

【译文】傅燮始终坚守高尚的节操，确实有疾风知劲草的气概。比起那些矫情造作、名声很大的人，实在是强太多。

时北地胡骑数千随贼攻郡，皆夙怀燮恩，共于城外叩头，求送燮归乡里。燮子幹，年十三，言于燮曰："国家昏乱，遂令大人不容于朝。今后不足以自守，宜听羌、胡之请，还乡里，徐俟有道而辅之。"言未终，燮慨然叹曰："汝知吾必死邪！圣达节，次守节。殷纣暴虐，伯夷不食周粟而死。再遭世乱，不能养浩然之志，食禄，又欲避其难乎！吾行何之，必死于此！汝有才智，勉之勉之！主簿(扬)〔杨〕会，吾之程婴也。”

狄道人王国使故酒泉太守黄衍说燮曰：“天下已非复汉有，府君宁有意为吾属帅乎？”燮按剑叱衍曰：“若剖符之臣，反为贼说邪！”遂麾左右进兵，临陈战殁。耿鄙司马扶风马腾亦拥兵反，与韩遂合，共推王国为主，寇掠三辅。

【译文】 当时北地有几千胡人的骑兵跟着贼人攻打汉阳郡，这些胡人的骑兵很早就受到了傅燮的恩德，他们都在城外磕头，并要求护送傅燮回到他的故乡。傅燮的儿子傅幹，那时只有十三岁，就对傅燮说：“国家战乱，就使得父亲在朝廷里不能容身。现在军队不足够固守，应该听从羌人和胡人的请求，返回到故乡，慢慢地等待有道的国君来帮助他。”话还没说完，傅燮就感叹地说：“你知道我一定会因为守城而死，圣人能够显现节操，低一等人能够谨守节操。殷朝纣王残暴，伯夷不愿意吃周朝的米粮而饿死。我遇到乱世，不能培养宏大的志向，既然拿了国君的俸禄，又怎能想逃避灾难呢？我能到哪里去呢？我一定会死在这里的！你有才能，多多自勉！主簿杨会就是我的程婴，他一定会保护你。”

狄道人王国任命前酒泉太守黄衍游说傅燮：“天下已经不归汉室所有，你愿意做我们的首领吗？”傅燮用手拿着剑大声地叱责黄衍说：“你是剖符的功臣，反倒替贼人来游说啊！”于是就指挥左右进兵讨伐，在阵地上战死了。耿鄙的司马马腾（扶风人）也领军造反，和韩遂联合，一同推王国做首领，侵占三辅。

太尉张温以寇贼未平，免；以司徒崔烈为太尉。五月，以司空许相为司徒；光禄勋沛国丁宫为司空。

初，张温发幽州乌桓突骑三千以讨凉州，故中山相渔阳张纯请将之，温不听，而使涿令辽西公孙瓒将之。军到蓟中，乌桓以牢禀逋县，多叛还本国。张纯忿不得将，乃与同郡故泰山太守张举及乌桓大人丘力居等连盟，劫略蓟中，杀护乌桓校尉公綦稠、右北平太守刘政、辽东太守阳终等，众至十馀万，屯肥如。举称天子，纯称弥天将军、安定王，移收州郡，云举当代汉，告天子避位，敕公卿奉迎。

【译文】 因为太尉张温没有平定贼人，就被免除官职。任命司徒崔烈为太尉。五月，任命司空许相为司徒；派遣光禄勋沛国人丁宫做司空。

起初，张温发动幽州能够冲锋陷阵的三千骑兵，征讨凉州，前中山相张纯（渔阳人）请求带领他们，张温没有听从，而是派涿县县令公孙瓒（辽西人）率领他们。军队到了蓟城后，乌桓的骑兵因为得不到粮食，很多都叛变回到本国。张纯愤恨做不了首领，就和同郡人前泰山太守张举以及乌桓的官吏丘力居等联盟，在蓟城掳掠抢劫，并杀死了护乌桓校尉公綦稠、右北平太守刘政、辽东太守阳终等人，军队达到十几万，驻守在肥如。张举被称为天子，张纯被称为弥天将军、安定王。移书各个州郡，说张举应该代替汉室，掌控天下，让天子避位，命令公卿立即迎接。

冬，十月，长沙贼区星自称将军，众万馀人；诏以议郎孙坚为长沙太守，讨击平之，封坚乌程侯。

十一月，太尉崔烈罢；以大司农曹嵩为太尉。

十二月，屠各胡反。

是岁，卖关内侯，直五百万钱。

前大丘长陈寔卒，海内赴吊者三万余人。寔在乡闾，平心率物，其有争讼，辄求判正，晓譬曲直，退无怨者，至乃叹曰："宁为刑罚所加，不为陈君所短！"杨赐、陈耽，每拜公卿，群僚毕贺，辄叹寔大位未登，愧于先之。

【译文】冬季，十月，长沙的贼人区星自称将军，有一万多徒众；派遣议郎孙坚做长沙太守，孙坚就平定了他。任命孙坚为乌程侯。

十一月，罢免太尉崔烈的官职；任命大司农曹嵩做太尉。

十二月，屠各胡造反。

这一年，出卖了关内侯，值五百万。

前太丘县长陈寔逝世，国内去吊丧的就有三万多人。陈寔平时在乡里，管理事情非常公平，乡里中有争执诉讼，也经常请他分辨是非，判定曲直，没有一个人心存怨恨，甚至惊叹道："宁可受到刑罚，也不愿被陈先生批评！"杨赐、陈耽每次拜见公卿，所有同事们都前来祝贺；杨赐、陈耽就感慨陈寔没有登上大位，为自己先登上大位而感到惭愧。

资治通鉴卷第五十九　汉纪五十一

起著雍执徐，尽上章敦牂，凡三年。

【译文】 起戊辰（公元188年），止庚午（公元190年），共三年。

【题解】 本卷记录了汉灵帝刘宏中平五年到汉献帝刘协初平元年间的历史。灵帝突然病逝，皇子刘辩即位，无法掌控政局，何太后临朝，外戚何进掌权，优柔少断，宦官先下手诛杀何进，袁绍带兵诛尽宦官；何进引狼入室，董卓入京，废少帝刘辩，杀何太后，立陈留王刘协；董卓倒行逆施引天下诸侯不满，关东诸侯起兵讨伐董卓；董卓挟献帝刘协西迁长安，火烧洛阳，诸侯罢战，割据征伐，东汉由治世转入乱世，东汉王朝名存实亡。

孝灵皇帝下

中平五年（戊辰，公元一八八年）春，正月，丁酉，赦天下。

二月，有星孛于紫宫。

黄巾馀贼郭大等起于河西白波谷，寇太原、河东。

三月，屠各胡攻杀并州刺史张懿。

太常江夏刘焉见王室多故，建议以为："四方兵寇，由刺史威轻，既不能禁，且用非其人，以致离叛。宜改置牧伯，选清名重臣以居其任。"焉内欲求交趾牧。侍中广汉董扶私谓焉曰："京

师将乱，益州分野有天子气。”焉乃更求益州。会益州刺史郤俭赋敛烦扰，谣言远闻，而耿鄙、张懿皆为盗所杀，朝廷遂从焉议，选列卿、尚书为州牧，各以本秩居任。以焉为益州牧，太仆黄琬为豫州牧，宗正东海刘虞为幽州牧。州任之重，自此而始。焉，鲁恭王之后；虞，东海恭王之五世孙也。虞尝为幽州刺史，民夷怀其恩信，故用之。董扶及太仓令赵韪皆弃官，随焉入蜀。

【译文】中平五年（戊辰，公元188年）春季，正月，丁酉日（十五日），赦免天下。

二月，有彗星出现在了紫宫星座。

黄巾军残余部队郭大等在河西白波谷起兵作乱，侵犯太原、河东。

三月，屠各胡攻占并州，并杀死刺史张懿。

太常刘焉（江夏人），看到王室事多，就向灵帝进谏说：“四方兵乱的形成，是因为刺史威望太轻，既不能禁止他，又所用非人，导致这些人往往背叛。应该改立州牧州伯，选择有德行的重臣来担任这个职务。”刘焉想做交趾牧。侍中董扶（广汉人）私下里对刘焉说：“京城将要发生乱事，在益州区域有天子的气象。”于是刘焉改求益州。刚巧益州刺史郤俭，由于税收烦多，谣言又传得很远。而耿鄙、张懿都被盗贼所杀死了，朝廷就听从刘焉的建议，挑选列卿、尚书做州牧，每个人都以本身的官俸赴任。任命刘焉做益州牧，派遣太仆黄琬做豫州牧，任命宗正东海人刘虞为幽州牧。州官地位的加重，就是从这时开始的。刘焉，是鲁恭王的后代；刘虞，是东海恭王的五世孙。刘虞曾担任过幽州刺史，人民和夷狄都怀念他的恩德，所以就任用他做幽州牧。董扶和太仓令赵韪，都舍弃官职，跟着刘焉进入蜀地。

诏发南匈奴兵配刘虞讨张纯，单于羌渠遣左贤王将骑诣幽州。国人恐发兵无已，于是右部醢落反，与屠各胡合，凡十馀万人，攻杀羌渠。国人立其子右贤王於扶罗为持至尸逐侯单于。

夏，四月，太尉曹嵩罢。

五月，以永乐少府南阳樊陵为太尉；六月，罢。

益州贼马相、赵祗等起兵绵竹，自号黄巾，杀刺史郤俭，进击巴郡、犍为，旬月之间，破坏三郡，有众数万，相自称天子。州从事贾龙率吏民攻相等，数日破走，州界清静。龙乃选吏卒迎刘焉。

焉徙治绵竹，抚纳离叛，务行宽惠，以收人心。

郡国七大水。

【译文】诏令把南匈奴的士兵配给刘虞，征讨张纯，单于羌渠派左贤王带领骑兵到幽州。匈奴人害怕无止境地调发军队，因此右部醢落造反，就和屠各胡联合起来，一共有十多万人，攻打羌渠，并把他杀死了。国人都拥立他的儿子右贤王於扶罗担任持至尸逐侯单于。

夏季，四月，罢除太尉曹嵩的官职。

五月，任命永乐少府樊陵（南阳人）做太尉；六月，罢除他的官职。

益州的贼人马相和赵祗等，在绵竹发兵，自称黄巾，杀死了刺史郤俭，举兵攻击巴郡、犍为郡，在不到一个月，破坏了三个郡，有几万徒众，并自称天子。益州从事贾龙带领官吏人民进攻马相等，几天后马相兵败逃跑了，益州境内也恢复了平静。于是贾龙就选择官吏士兵来迎接刘焉。

刘焉把郡政府迁往绵竹，来安抚并接纳叛变的人，致力推行宽容而有爱心的政治来收聚人心。

有七个郡国发生了大水灾。

故太傅陈蕃子逸与术士襄楷会于冀州刺史王芬坐，楷曰："天文不利宦者，黄门、常侍真族灭矣。"逸喜。芬曰："若然者，芬愿驱除！"因与豪杰转相招合，上书言黑山贼攻劫郡县，欲因以起兵。会帝欲北巡河间旧宅，芬等谋以兵徼劫，诛诸常侍、黄门，因废帝，立合肥侯，以其谋告议郎曹操。操曰："夫废立之事，天下之至不祥也。古人有权成败、计轻重而行之者，伊、霍是也。伊、霍皆怀至忠之诚，据宰辅之势，因秉政之重，同众人之欲，故能计从事立。今诸君徒见曩者之易，未睹当今之难，而造作非常，欲望必克，不亦危乎！"芬又呼平原华歆、陶丘洪共定计。洪欲行，歆止之曰："夫废立大事，伊、霍之所难。芬性疏而不武，此必无成。"洪乃止。会北方夜半有赤气，东西竟天，太史上言："北方有阴谋，不宜北行。"帝乃止。敕芬罢兵，俄而徵之。芬惧，解印绶亡走，至平原，自杀。

【译文】前太傅陈蕃的儿子陈逸和术士襄楷在冀州刺史王芬的座上见面，襄楷说："天文对宦官没有好处，黄门、常侍就要灭族了。"陈逸听后很高兴。王芬说："如果是这样，我愿意驱赶他们！"因此就和豪杰们辗转互相招集，上奏书说黑山贼侵略郡县，想要借此起兵。正好灵帝想到北方巡视河间的旧居，王芬等人就计划用兵来劫持灵帝，杀掉所有的常侍、黄门，并废除灵帝，册封合肥侯，并把这个计谋告诉议郎曹操。曹操说："废除皇帝，是天下最不好的事。古人有权衡得失、考虑利害之后才这么去做的，那就是伊尹、霍光。伊尹、霍光都是用最忠贞的心，依靠着宰相的势力，凭借着主持政务的重位，来顺应大家的心愿，所以才能实施计划，完成事情。现在各位只是看到了以前的容易，但是没有看到现在的困难，想要做非常的事情，如果欲望不能完成，不会很危险吗？”王芬又叫平原人华歆、陶丘洪一同商定计划。陶丘洪想去，但是华歆阻止他说：“废除天子是件大事，伊尹和霍光都觉得困难。王芬本性粗心大意也不懂军事，这件事情一定不会成功。”因此陶丘洪就不去了。正巧北方半夜里有红气冲天，一直延伸到了东西方的天际，太史就上告说：“由于北方有阴谋，因此不适合到北方去。”灵帝就不去了。就命令王芬停止用兵，不久之后又征召他。王芬害怕，就解除了印绶逃走了，到了平原，就自杀了。

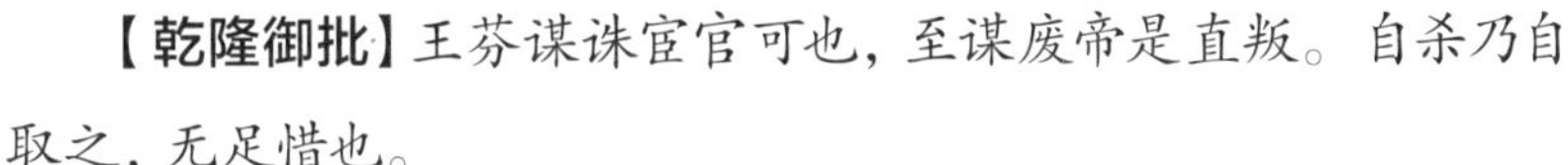

【乾隆御批】王芬谋诛宦官可也，至谋废帝是直叛。自杀乃自取之，无足惜也。

【译文】王芬谋划诛杀宦官是可以的，但阴谋废除皇帝就是叛逆。最后自杀也是咎由自取，不值得惋惜。

秋，七月，以射声校尉马日磾为太尉。日磾，融之族孙也。

八月，初置西园八校尉，以小黄门蹇硕为上军校尉，虎贲中郎将袁绍为中军校尉，屯骑校尉鲍鸿为下军校尉，议郎曹操为典军校尉，赵融为助军左校尉，冯芳为助军右校尉，谏议大夫夏牟为左校尉，淳于琼为右校尉；皆统于蹇硕。帝自黄巾之起，留心戎事；硕壮健有武略，帝亲任之，虽大将军亦领属焉。

九月，司徒许相罢；以司空丁宫为司徒，光禄勋南阳刘弘为司空。

以卫尉条侯董重为票骑将军。重，永乐太后兄子也。

【译文】秋季，七月，让射声校尉马日磾做太尉，马日磾是马融的族孙。

八月，设置西园八个校尉。让小黄门蹇硕做上军校尉；任命虎贲中郎将袁绍为中军校尉；派屯骑校尉鲍鸿做下军校尉；让议郎曹操做典军校尉；任命赵融为助军左校尉；冯芳做助军右校尉；命令谏议大夫夏牟做左校尉；让淳于琼做右校尉，都受蹇硕的管辖。灵帝从黄巾军起事的时候，就开始留心兵事；蹇硕健壮还有兵略，灵帝宠幸他，即使是大将军也要服从他。

九月，罢除司徒许相的官职，让司空丁宫做司徒，光禄勋南阳人刘弘为司空。

任命卫尉条侯董重为骠骑将军。董重，是永乐太后的侄儿。

冬，十月，青、徐黄巾复起，寇郡县。

望气者以为京师当有大兵，两宫流血。帝欲厌之，乃大发四方兵，讲武于平乐观下，起大坛，上建十二重华盖，高十丈；坛东北为小坛，复建九重华盖，高九丈。列步骑数万人，结营为陈。甲子，帝亲出临军，驻大华盖下，大将军进驻小华盖下。帝躬擐甲、介马，称“无上将军”，行陈三匝而还，以兵授进。帝问讨虏校尉盖勋曰：“吾讲武如是，何如？”对曰：“臣闻先王曜德不观兵。今寇在远而设近陈，不足以昭果毅，只黩武耳！”帝曰：“善！恨见君晚，群臣初无是言也。”勋谓袁绍曰：“上甚聪明，但蔽于左右耳。”与绍谋共诛嬖倖，蹇硕惧，出勋为京兆尹。

【译文】冬季，十月，青州、徐州的黄巾军再次起事，侵占各郡县。

望气的人觉得京师当有大的兵乱，两宫会有流血的灾害。灵帝想破除这个现象，于是就大举征集四方的兵力，在平乐观下习武，筑造了大的高坛，在上面建了十二层五彩色的坛盖，有十丈高。在大坛的东北边的小坛，也建造了九层的五彩色的坛盖，有九丈高。陈列几万步兵、骑兵，结成营阵。甲子日（十六日），灵帝亲自检阅军队，驻守在大坛盖下面，大将军何进驻守在小坛盖下面。灵帝亲自披上甲胄，马也披上了铠甲，被称为“无上将军”，在巡行行阵三圈后才回来，并把兵权交给了何进。灵帝询问讨虏校尉盖勋说：“我这样习武，怎么样？”盖勋回答说：“我听说先王只发扬德政，从不检阅军队。现在贼寇在远方，却在近地设置兵阵，这不足够显示战胜敌人的决心，只是黩武而已！”灵帝说：“很好！真是相见恨晚啊，大臣以前没有说过这种话的。”盖勋就对袁绍说：“皇上很聪明，只是被左右蒙蔽了而已。”就和袁绍一同策划诛除灵帝左右受宠幸的人，由于蹇硕害怕，就把盖勋下放为京兆尹。

十一月，王国围陈仓。诏复拜皇甫嵩为左将军，督前将军董卓，合兵四万人以拒之。

张纯与丘力居钞略青、徐、幽、冀四州；诏骑都尉公孙瓒讨之。瓒与战于属国石门，纯等大败，弃妻子，逾塞走；悉得所略男女。瓒深入无继，反为丘力居等所围于辽西管子城，二百馀日，粮尽众溃，士卒死者什五六。

董卓谓皇甫嵩曰：“陈仓危急，请速救之。”嵩曰：“不然，百战百胜，不如不战而屈人兵。陈仓虽小，城守固备，未易可拔。王国虽强，攻陈仓不下，其众必疲，疲而击之，全胜之道也，将何救焉！”国攻陈仓八十馀日，不拔。

【译文】 十一月，王国围攻陈仓。诏令又任命皇甫嵩为左将军，带领督前将军董卓，共四万人来抵抗。

张纯和丘力居抄掠青、徐、幽、冀四州，诏令骑都尉公孙瓒

去讨伐。公孙瓒和他们在属国的石门山作战，张纯等人大败，于是抛弃了妻儿，逃过边塞走了，所掠夺的男女全部被找到。公孙瓒深入没有后援，反倒被丘力居等围困在辽西的管子城，过了两百多天，粮食没了，徒众逃散，十分之五六的士卒都死了。

董卓对皇甫嵩说："陈仓的围攻很紧急，请赶快来救助。"皇甫嵩说："不可以，百战百胜，还不如不战而屈人之兵。虽然陈仓很小，但是城池守备都很坚固，不容易被攻下。虽然王国强盛，但是攻不下陈仓，他的士兵一定会疲乏，疲乏后再攻击他们，这才是全胜的策略，为什么要救援？"王国攻打了陈仓八十多天，始终攻不下。

六年（己巳，公元一八九年）春，二月，国众疲敝，解围去，皇甫嵩进兵击之。董卓曰："不可！兵法，穷寇勿迫，归众勿追。"嵩曰："不然。前吾不击，避其锐也；今而击之，待其衰也；所击疲师，非归众也；国众且走，莫有斗志，以整击乱，非穷寇也。"遂独进击之，使卓为后拒，连战，大破之，斩首万馀级。卓大惭恨，由是与嵩有隙。

韩遂等共废王国，而劫故信都令汉阳阎忠使督统诸部。忠病死，遂等稍争权利，更相杀害，由是寖衰。

幽州牧刘虞到部，遣使至鲜卑中，告以利害，责使送张举、张纯首，厚加购赏。丘力居等闻虞至，喜，各遣译自归。举、纯走出塞，馀皆降散。虞上罢诸屯兵，但留降虏校尉公孙瓒，将步骑万人屯右北平。三月，张纯客王政杀纯，送首诣虞。公孙瓒志欲扫灭乌桓，而虞欲以恩信招降，由是与瓒有隙。

【译文】 六年（己巳，公元189年）春季，二月，在王国的士兵们疲惫不堪，解围后离开，皇甫嵩进兵攻打他们。董卓说："不可以！兵法上说，穷寇不能追，归兵不能追。”皇甫嵩说：“不是这样的，以前我没有攻击，是要躲避他的锋锐；现在我攻击，是乘他衰弱的时候，现在我所攻打的是一支疲惫的军队，不是归兵。王国的军队多并且正要逃走，没有士气，用我们的整齐攻他们的混乱，他也不能算是穷寇。”因此就单独进兵攻击，要董卓做后援，和王国作战，打败了王国，斩掉了一万多首级。董卓非常惭愧，因此就和皇甫嵩有了间隙。

韩遂等一同废除王国，并劫持了前信都县令阎忠（汉阳人），要他统领各部。阎忠病死之后，韩遂等就逐渐地争权夺利，相互杀害，因此势力就日渐衰弱。

幽州牧刘虞到任以后，派使者到鲜卑地区，告诉他们其中的利害关系，让他们把张举和张纯的头送来，并对他们进行赏赐。丘力居等听说刘虞到任后，很是高兴，每个人留下了译员后，就各自带兵回去了。张举和张纯逃出边塞，剩下的人都投降或者溃散。刘虞上奏折请求停止所有的驻守军队，只剩下降虏校尉公孙瓒，带领一万多步兵骑兵驻守右北平。三月，张纯的门客王政杀死了张纯，并把首级送给了刘虞。公孙瓒立志要消灭乌桓，而刘虞想用恩信招降他们，因此刘虞跟公孙瓒就有了嫌隙。

夏，四月，丙子朔，日有食之。

太尉马日磾免；遣使即拜幽州牧刘虞为太尉，封容丘侯。

蹇硕忌大将军进，与诸常侍共说帝遣进西击韩遂；帝从之。进阴知其谋，奏遣袁绍收徐、兖二州兵，须绍还而西，以稽行期。

初，帝数失皇子，何皇后生子辩，养于道人史子眇家，号曰“史侯”。王美人生子协，董太后自养之，号曰“董侯”。群臣请立

太子。帝以辩轻佻无威仪，欲立协，犹豫未决。会疾笃，属协于蹇硕。丙辰，帝崩于嘉德殿。硕时在内，欲先诛何进而立协，使人迎进，欲与计事；进即驾往。硕司马潘隐与进早旧，迎而目之。进惊，驰从儳道归营，引兵入屯百郡邸，因称疾不入。

【译文】夏季，四月，丙子朔日（四月无此日），发生日食。

免除太尉马日磾的官职，派使者拜幽州牧刘虞为太尉，并封他为容丘侯。

蹇硕嫉恨大将军何进，和所有的常侍一同游说灵帝，派何进带兵向西攻打韩遂，灵帝听从了他们的建议。何进知道他们的阴谋以后，就奏请袁绍集合徐、兖二州的军队，等袁绍回来以后再向西行，用这种方式拖延行期。

起初，灵帝多次失去皇子，何皇后生了个儿子叫刘辩，把他放在道人史子眇家里养着，称为“史侯”。王美人生了个儿子叫刘协，董太后亲自抚养，称为“董侯”。群臣请求册封皇太子。灵帝觉得刘辩轻浮没有威仪，想要立刘协为皇太子，就在犹豫不决的时候，正巧病重，就把刘协托付给蹇硕。丙辰日（十一日），灵帝在嘉德殿驾崩。当时蹇硕在宫内，想先杀了何进，再去立刘协，就命令人迎接何进，说要和他商量大事，何进驱车前往。蹇硕的司马潘隐和何进从前就认识，迎接时，就用眼睛向何进示意。何进害怕，就从小道奔驰回到了营中，引兵驻守百郡邸，称有病而不入宫。

戊午，皇子辩即皇帝位，年十四。尊皇后曰皇太后。太后临朝。赦天下，改元为光熹。封皇弟协为渤海王。协年九岁。以后将军袁隗为太傅，与大将军何进参录尚书事。

进既秉朝政，忿蹇硕图己，阴规诛之。袁绍因进亲客张津，劝进悉诛诸宦官。进以袁氏累世贵宠，而绍与从弟虎贲中郎将术皆为豪桀所归，信而用之。复博徵智谋之士何颙、荀攸及河南郑泰等二十馀人，以颙为北军中候，攸为黄门侍郎，泰为尚书，与同腹心。攸，爽之从孙也。

蹇硕疑不自安，与中常侍赵忠、宋典等书曰："大将军兄弟秉国专朝，今与天下党人谋诛先帝左右，扫灭我曹，但以硕典禁兵，故且沉吟。今宜共闭上閤，急捕诛之。"中常侍郭胜，进同郡人也，太后及进之贵幸，胜有力焉，故亲信何氏；与赵忠等议，不从硕计，而以其书示进。庚午，进使黄门令收硕，诛之，因悉领其屯兵。

【译文】 戊午日（十三日），皇子刘辩继承皇位（即汉少帝），当时十四岁，尊崇皇后为皇太后。太后垂帘听政，赦免天下，改元为光熹。册封皇弟刘协为渤海王，刘协当时九岁。任命后将军袁隗为太傅，和大将军何进一起处置尚书的事务。

何进既主持了朝廷的政权，又愤恨蹇硕图谋自己，于是就暗自计划杀死他。袁绍通过何进亲近的门客张津，劝何进消灭所有的宦官。何进觉得袁家世世代代都显贵受宠幸，因此袁绍和他的堂弟虎贲中郎将袁术，都是豪杰所归属的对象，就信任并且重用了他。又广泛地举荐智谋之士何颙、荀攸和河南人郑泰等二十多人，任命何颙做北军中候，派荀攸做黄门侍郎，任命郑泰做尚书，和他们同心同德。荀攸，就是荀爽的堂孙。

蹇硕怀疑也不安宁，就和中常侍赵忠、宋典等上奏折说："大将军何进兄弟主持了国政，现在和天下的党羽计划诛杀先帝身边的人，消除我辈，只是因为蹇硕管理宫中的军队，因此迟疑不决。现在应该关闭省阁所有的门，赶紧捕捉并杀掉他。"中常侍郭胜与何进是同郡人，太后和何进的显赫宠幸，郭胜都有

功劳，所以他亲近何氏，和赵忠等商量，没有听从蹇硕的计划，而是用书信告诉了何进。庚午日（二十五日），何进命令黄门令收捕了蹇硕，并杀死了他，且统领他所有的军队。

票骑将军董重，与何进权势相害，中官挟重以为党助。董太后每欲参干政事，何太后辄相禁塞，董后忿恚，詈曰："汝今辀张，怙汝兄耶！吾敕票骑断何进头，如反手耳！"何太后闻之，以告进。五月，进与三公共奏："孝仁皇后使故中常侍夏恽等交通州郡，辜较财利，悉入西省。故事，蕃后不得留京师；请迁宫本国。"奏可。辛巳，进举兵围票骑府，收董重，免官，自杀。六月，辛亥，董后忧怖，暴崩。民间由是不附何氏。

辛酉，葬孝灵皇帝于文陵。何进惩蹇硕之谋，称疾，不入陪丧，又不送山陵。

大水。

【译文】骠骑将军董重和何进的权势相互冲突，宫中的宦官依靠董重作为援助。董太后每次要参与政事的时候，何太后就阻止她，董太后很愤怒，骂道："今天你能这么跋扈，全是凭借你哥哥！我要骠骑将军斩断何进的头，就好像翻手那么容易！"何太后听后，就告诉了何进。五月，何进和三公一同上奏折说："孝仁皇后派以前的中常侍夏恽等和各州郡交往，操控包揽财物，把全部财物都收入了皇后所在的西省。依照传统，蕃属的皇后是不能留在京师的，请求让皇后回到本国。"奏折获得许可。辛巳日（初六），何进举兵围攻骠骑将军的府池，逮捕了董重，并免除了他的官职，董重自杀而死。六月，辛亥日（初七），董太后由于忧愁害怕，突然去世了。民间因此就不亲附何氏。

辛酉日（十七日），埋葬孝灵皇帝于文陵。何进想到蹇硕以前的阴谋，就假称有病，不进宫行丧礼，也不送葬。

发生水灾。

秋，七月，徙渤海王协为陈留王。

司徒丁宫罢。

袁绍复说何进曰："前窦武欲诛内宠而反为所害者，但坐言语漏泄；五营兵士皆畏服中人，而窦氏反用之，自取祸灭。今将军兄弟并领劲兵，部曲将吏皆英俊名士，乐尽力命，事在掌握，此天赞之时也。将军宜一为天下除患，以垂名后世，不可失也！"进乃白太后，请尽罢中常侍以下，以三署郎补其处。太后不听，曰："中官统领禁省，自古及今，汉家故事，不可废也。且先帝新弃天下，我奈何楚楚与士人共对事乎！"进难违太后意，且欲诛其放纵者。绍以为中官亲近至尊，出纳号令，今不悉废，后必为患。而太后母舞阳君及何苗数受诸宦官赂遗，知进欲诛之，数白太后为其障蔽；又言："大将军专杀左右，擅权以弱社稷。"太后疑以为然。进新贵，素敬惮中官，虽外慕大名而内不能断，故事久不决。

【译文】秋季，七月，任命渤海王刘协为陈留王。

罢免司徒丁宫的官职。

袁绍又劝说何进道："以前窦武想要杀掉宫里的宠员，结果反倒被宦官所害，只是因为语言被泄露。五营的兵士都害怕宦官，而窦氏反倒利用他们，这就是自取灭亡。现在将军的兄弟，都带领着精锐的军队，部队里的将校官员都是英俊名士，很乐意为你效命，事情都在掌握之中，这是上天帮助你的时候。将军应该替天下除掉所有的灾害，以留名后世，不能失去这个机会！"于是何进向太后报告，请求免除所有中常侍以下的人

物，派遣三署中的郎官弥补职务。太后没有听从，说："宫中的宦官带领禁省，从古至今，都是这样的，这是汉家的旧事，不能废除。再说先帝刚逝世，我怎么能抛头露面和士人共同讨论国事呢？"何进难以抵抗太后的意思，想只消除其中跋扈的宦官。袁绍觉得宫中的宦官亲近天子，发号施令，现在如果不把他们全部废除，将来一定会成为祸患。而太后的母亲舞阳君和何苗经常接受宦官们的礼物，知道何进要消除他们，多次要太后保护他们。又说："大将军专门杀害太后身边的人，专权来削弱朝廷的权势。"太后心中疑惑，觉得这话很对。何进刚刚显赫，平常就害怕宫中的宦官，虽然在外面声名大振，但是内心却没有决断力，因此这件事长时间也没决断。

绍等又为画策，多召四方猛将及诸豪杰，使并引兵向京城，以胁太后；进然之。主簿广陵陈琳谏曰："谚称'掩目捕雀'，夫微物尚不可欺以得志，况国之大事，其要以诈立乎！今将军总皇威，握兵要，龙骧虎步，高下在心，此犹鼓洪炉燎毛发耳。但当速发雷霆，行权立断，则天人顺之。而反委释利器，更徵外助，大兵聚会，强者为雄，所谓倒持干戈，授人以柄，功必不成，只为乱阶耳！"进不听。典军校尉曹操闻而笑曰："宦者之官，古今宜有，但世主不当假之权宠，使至于此。既治其罪，当诛元恶，一狱吏足矣，何至纷纷召外兵乎！欲尽诛之，事必宣露，吾见其败也。"

【译文】袁绍等又替何进计划，召集了四方的猛将和所有的豪杰，要他们带领军队到京城来威胁太后。何进觉得很对。主簿陈琳（广陵人）劝谏说："谚语说道：'蒙眼睛捕鸟雀'，一个小东西还不能够因为得意而欺骗它，更何况是国家大事，怎么能用欺诈的方式完成呢？现在将军总领皇帝的威势，掌控军事

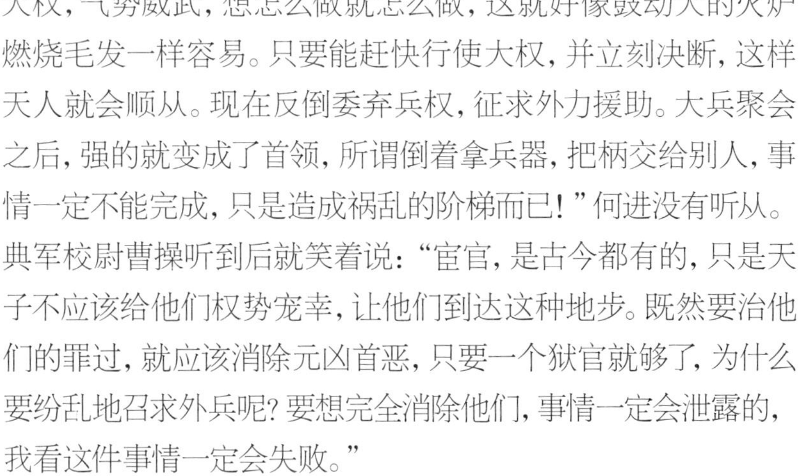

大权，气势威武，想怎么做就怎么做，这就好像鼓动大的火炉燃烧毛发一样容易。只要能赶快行使大权，并立刻决断，这样天人就会顺从。现在反倒委弃兵权，征求外力援助。大兵聚会之后，强的就变成了首领，所谓倒着拿兵器，把柄交给别人，事情一定不能完成，只是造成祸乱的阶梯而已！”何进没有听从。典军校尉曹操听到后就笑着说：“宦官，是古今都有的，只是天子不应该给他们权势宠幸，让他们到达这种地步。既然要治他们的罪过，就应该消除元凶首恶，只要一个狱官就够了，为什么要纷乱地召求外兵呢？要想完全消除他们，事情一定会泄露的，我看这件事情一定会失败。”

初，灵帝徵董卓为少府，卓上书言：“所将湟中义从及秦、胡兵皆诣臣言：‘牢直不毕，禀赐断绝，妻子饥冻。’牵挽臣车，使不得行。羌、胡憋肠狗态，臣不能禁止，辄将顺安慰。增异复上。”朝廷不能制。及帝寝疾，玺书拜卓并州牧，令以兵属皇甫嵩。卓复上书言：“臣误蒙天恩，掌戎十年，士卒大小，相狎弥久，恋臣畜养之恩，为臣奋一旦之命，乞将之北州，效力边垂。”嵩从子郦说嵩曰：“天下兵柄，在大人与董卓耳。今怨隙已结，势不俱存，卓被诏委兵而上书自请，此逆命也。彼率京师政乱，故敢踌躇不进，此怀奸也。二者，刑所不赦。且其凶戾无亲，将士不附。大人今为元帅，杖国威以讨之，上显忠义，下除凶害，无不济也。”嵩曰：“违命虽罪，专诛亦有责也。不如显奏其事，使朝廷裁之。”乃上书以闻。帝以让卓。卓亦不奉诏，驻兵河东以观时变。

【译文】 起初，灵帝派遣董卓做少府，董卓上奏折说：“我带领湟中自愿跟随的人以及秦、胡的官兵都对我说：‘国家的薪饷不发，粮食用尽，使得妻儿都挨饿受冻。’于是就拉着我的

车子，让我不能前行。羌人、胡人性情着急，宁愿像狗一样，我却没有办法阻止，只能好言安慰他们，如果事情变化严重，再呈上奏折。”朝廷没有办法制裁。等到灵帝生病的时候，下诏书派董卓做并州牧，命令他带领士兵隶属于皇甫嵩。董卓又上奏折说：“我蒙受天子的恩德，掌控十年军事，大大小小的士兵，由于长时间的相亲，都依赖我养育的恩德，愿意替臣牺牲生命，我请求带领这些士兵到北方的边郡，到边远地区为国家效命。”皇甫嵩的侄儿皇甫郦对他说：“天下的兵权，都掌控在大人和董卓手里。现在你和董卓已经结下了仇恨，是没有办法并存的。董卓接受了诏书但是按兵不动，上书有所要求，这是违抗命令。他衡度京城政治混乱，因此敢不出兵讨伐胡人，这是有奸心的。这两者，都是不能被刑法赦免的。并且他为人凶狠残暴也不亲爱，将士们都不附和他。大人现在是元帅，可以凭借国家的威严来声讨他，上可以显示出忠义，下可以消除灾害，没有不成功的。”皇甫嵩说：“董卓违抗命令，纵然有罪，如果我出兵征讨他，专门诛杀，我也有责任。不如将这种情形奏报朝廷，让朝廷来裁决。”于是就上报给灵帝。灵帝因此斥责董卓。董卓也没有接受诏书，驻守在河东，来观察时事的变化。

何进召卓使将兵诣京师。侍御史郑泰谏曰：“董卓强忍寡义，志欲无厌，若借之朝政，授以大事，将恣凶欲，必危朝廷。明公以亲德之重，据阿衡之权，秉意独断，诛除有罪，诚不宜假卓以为资援也！且事留变生，殷鉴不远，宜在速决。”尚书卢植亦言不宜召卓，进皆不从。泰乃弃官去，谓荀攸曰：“何公未易辅也。”

进府掾王匡，骑都尉鲍信，皆泰山人，进使还乡里募兵；并召东郡太守桥瑁屯成皋，使武猛都尉丁原将数千人寇河内，烧孟津，火照城中，皆以诛宦官为言。

【译文】 何进召集董卓，命令他带兵到京师。侍御史郑泰劝告说："董卓强横残暴，缺乏道义，欲望没有穷尽，如果让他参与朝政，把国家的大事交给他，将会放纵他的凶恶和欲望，一定会危害到朝廷。你凭借亲属的重位，掌控伊尹的权势，可以按照自己的意思独断专行，消灭有罪的人，真的不应该凭借董卓为援助！再说事情拖延下去就会发生变化，窦武的事情，就是一个例子，应该赶紧决定。"尚书卢植也说不应该召董卓，何进都没有听从。于是郑泰抛弃官职离开了，并对荀攸说："何先生不容易辅助成功。"

何进府里的属官王匡和骑都尉鲍信，都是泰山人，何进命令他们回到故乡招募军队，又召令东郡太守桥瑁驻守成皋，派武猛都尉丁原带领几千人入侵河内，烧坏孟津，火光照耀了全城，都把诛除宦官作为借口。

董卓闻召，即时就道，并上书曰："中常侍张让等，窃幸承宠，浊乱海内。臣闻扬汤止沸，莫若支薪；溃𤻱虽痛，胜于内食。昔赵鞅兴晋阳之甲以逐君侧之恶，今臣辄鸣钟鼓如雒阳，请收让等以清奸秽！"太后犹不从。何苗谓进曰："始共从南阳来，俱以贫贱依省内以致富贵，国家之事，亦何容易。覆水不收，宜深思之，且与省内和也。"卓至渑池，而进更狐疑，使谏议大夫种(邵)〔劭〕宣诏止之。卓不受诏，遂前至河南；(邵)〔劭〕迎劳之，因譬令还军。卓疑有变，使其军士以兵胁(邵)〔劭〕。(邵)〔劭〕怒，称诏叱之，军士皆披，遂前质责卓；卓辞屈，乃还军夕阳亭。(邵)〔劭〕，暠之孙也。

【译文】 董卓听说要征召他，就马上出发，并上奏折说：

"中常侍张让等人，蒙受天子的宠幸，但是扰乱国家。我听说如果要开水停止滚沸，与其激荡它，不如把柴火抽掉；痈疽破了虽然疼痛，但总胜过向内侵蚀肌肉并渐渐扩大。先前赵鞅发动晋阳的甲士来驱逐国君身边的恶人，我现在就敲响了钟鼓到洛阳，请求逮捕张让等，来清除奸恶！"太后还是没有听从。何苗对何进说："我们当初一块从南阳来，都很贫贱，都是依靠宫里的人才得到富贵，至于国家的事情，谈何容易啊。水洒到地面上就不能再收回了，你应该好好地考虑，先和宫里的人和好吧！"董卓到渑池后，何进更加怀疑他了，就命令谏议大夫种邵公布诏书让他停止。董卓没有接受诏命，于是就前进到了河南；种邵迎接慰问他，并命令他回军。董卓怀疑有了变化，就让他的军士用兵器胁迫种邵。种邵生气了，陈述诏书斥责他们，军士们都四散离开了，种邵就上前质问董卓，董卓没有办法回答他，于是就回到夕阳亭。种邵就是种暠的孙子。

袁绍惧进变计，因胁之曰："交构已成，形势已露，将军复欲何待而不早决之乎？事久变生，复为窦氏矣！"进于是以绍为司隶校尉，假节，专命击断；从事中郎王允为河南尹。绍使雒阳方略武吏司察宦者，而促董卓等使驰驿上奏，欲进兵平乐观。太后乃恐，悉罢中常侍、小(董)〔黄〕门使还里舍，唯留进素所私人以守省中。诸常侍、小(董)〔黄〕门皆诣进谢罪，唯所措置。进谓曰："天下匈匈，正患诸君耳。今董卓垂至，诸君何不早各就国！"袁绍劝进便于此决之，至于再三；进不许。绍又为书告诸州郡，诈宣进意，使捕案中官亲属。

【译文】 袁绍害怕何进改变计划，就威胁他说："现在怨恨已经形成，形势已经显现出来，将军还在等什么呢？为什么不早一点决定呢？时间长了事情就会发生变化，就又会变成窦氏了！”于是何进就派袁绍担任司隶校尉，拥有旄节，专门负责隔断内外的事情。从事中郎王允担任河南尹。袁绍派遣洛阳方略武吏负责观察宦官们，就促使董卓等人赶快上奏章，要进军平乐观。太后这才害怕，罢免了所有的中常侍、小黄门，让他们回到自己的住处，只留下何进信任的人守护宫禁。这些常侍和小黄门都到何进那里谢罪去了，听由何进处置。何进对他们说："现在天下议论汹汹，正在担忧诸位。董卓快到了，你们为什么不早一点各自回到故乡？”袁绍就劝说何进在这个时候消除他们，并且一次次地劝告，何进都没有答应。袁绍又写信给各州郡，假称是何进的意思，让他们逮捕宦官们的亲属，并拷问他们。

进谋积日，颇泄，中官惧而思变。张让子妇，太后之妹也，让向子妇叩头曰："老臣得罪，当与新妇俱归私门。唯受恩累世，今当远离宫殿，情怀恋恋，愿复一入直，得暂奉望太后陛下颜色，然后退就沟壑，死不恨矣！”子妇言于舞阳君，入白太后；乃诏诸常侍皆复入直。

八月，戊辰，进入长乐宫，白太后，请尽诛诸常侍。中常侍张让、段珪相谓曰："大将军称疾，不临丧，不送葬，今欻入省，此意何为？窦氏事竟复起邪？”使潜听，具闻其语。乃率其党数十人持兵窃自侧闼入，伏省户下，进出，因诈以太后诏召进，入坐省阁。让等诘进曰："天下愦愦，亦非独我曹罪也。先帝尝与太后不快，几至成败，我曹涕泣救解，各出家财千万为礼，和悦上意，但欲托卿门户耳。今乃欲灭我曹种族，不亦太甚乎！”于是，尚方监渠穆拔剑斩进于嘉德殿前。让、珪等为诏，以故太尉樊陵为司隶校尉，少府许相为河南尹。尚书得诏板，疑之，曰："请大将军

出共议。”中黄门以进头掷与尚书曰：“何进谋反，已伏诛矣！”

【译文】 何进策划了很多天，消息泄露出去了一点，宦官们都害怕并想闹政变。张让的儿媳妇就是太后的妹妹，于是张让就向他的儿媳妇叩头说：“我现在犯了错，应该和儿媳妇一起回故乡。只是想到受了皇帝几代的恩德，现在要远离皇宫，心里依依不舍，希望能再一次进宫值班，短暂地侍奉太后，趋承颜色，之后回去，即使死掉也没有遗憾了！”他的儿媳妇就把这些话告诉了舞阳君，于是舞阳君就进宫报告给了太后。太后就命令所有的常侍，全部进入宫中值宿。

八月，戊辰日（二十五日），何进进入了长乐宫，报告给了太后，希望能杀掉所有的常侍。中常侍张让、段珪相互说：“先帝逝世的时候，大将军谎称有病，既没有参加丧礼，也没有送葬，现在突然进宫，他是要做什么呢？窦氏的事情难道又要发生了吗？”于是就派人去偷听，等完全听到何进的话之后，就带领他们几十个同党，带着兵器，小心地从侧门进入，埋伏在宫门旁边，如果何进出来，他们就谎称太后的诏令召何进，进宫坐定后，张让等就责问何进说：“如今天下混乱，也不全是我们的罪过。先帝曾和太后很不愉快，几乎到了决裂的地步，我们都哭着求解救，每个人拿出千万家财作为礼物，取悦皇上，只是想托身在你的门下而已。现在你竟然要消除我们的种族，不是太过了吗？”因此尚方监渠穆拔剑在嘉德殿前把何进斩掉。张让和段珪等假造诏书，任命以前的太尉樊陵为司隶校尉，派少府许相做河南尹。尚书得到诏令后，就起了疑心，说：“请大将军出来，一同议事。”中黄门把何进的头丢给尚书说：“何进图谋造反，已经被杀死了。”

【康熙御批】宦官张让等恣行不法，何进若止，奏诛首恶，则可矣。乃必欲尽杀而后快，斯为已甚，太后所以不许也。复召外兵以速乱，则又至愚极谬，宜其祸不旋踵。皆因上之御下，不得其道，所以小人乘机而动，自然之理尔。

【译文】宦官张让等人肆意违法，何进假如要制止他们，奏请诛杀首恶，就可以了。何进却一定要杀尽他们而后快，这有点太过了，这也是太后所不许可的。何进又召集外兵作乱，可以说是愚笨荒谬到了极点，实在应该祸端连连。这都是因为在上位的不懂得御下，所用让小人乘机而动，这是自然而然的。

【申涵煜评】进本奴侪，不足与谋。然进不死，计不决诸将，不怒宦官，不得尽诛此辈。积恶已久，应遭此劫，与朱温之举同一快心。

【译文】何进本来就是一个奴才，不值得和他共谋事业。然而何进不死，就不能和诸位将领商量计谋，不能怒惩宦官，不能杀光像他这样的人。何进作恶多端已久，应该得到这个恶果，最终落得和朱温一样的下场，实在是大快人心。

进部曲将吴匡、张璋在外，闻进被害，欲引兵入宫，宫门闭。虎贲中郎将袁术与匡共斫攻之，中黄门持兵守閤。会日暮，术因烧南宫青琐门，欲以胁出让等。让等入白太后，言大将军兵反，烧宫，攻尚书闼，因将太后、少帝及陈留王，劫省内官属，从复道走北宫。尚书卢植执戈于閤道窗下，仰数段珪；珪惧，乃释太后，太后投閤，得免。袁绍与叔父隗矫诏召樊陵、许相，斩之。绍及何苗引兵屯朱雀阙下，捕得赵忠等，斩之。吴匡等素怨苗不与进同心，而又疑其与宦官通谋，乃令军中曰："杀大将军者即车骑也，吏士能为报仇乎？"皆流涕曰："愿致死！"匡遂引兵与董卓弟奉车都尉旻攻杀苗，弃其尸于苑中。绍遂闭北宫门，勒兵捕诸宦者，无少长皆杀之，凡二千馀人，或有无须而误死者。绍因进兵排宫，或上端门屋，以攻省内。

【译文】 何进的将士吴匡、张璋在宫外，听到何进被害的消息，想要带领军队入宫，但宫门已经关闭。虎贲中郎将袁术和吴匡一起进攻，宫中的黄门拿着兵器驻守在阁。碰巧天黑了，袁术因此烧毁了南宫的青锁门，想要用这个方式逼迫张让等出来。张让等进宫报告太后，说大将军的军队要造反，并烧毁了宫门，攻打尚书门，因此挟持太后、少帝和陈留王，并劫持了宫里的官员，从复道向北宫逃走。尚书卢植在阁道窗下，手上举着兵器，仰脸陈述段珪的罪状；段珪害怕，于是就释放了太后，太后走向阁里这才免于灾害。袁绍和他的叔父袁隗，假造诏书征召樊陵、许相，把他们一块斩掉。袁绍和何苗带领军队，驻守在朱雀阙的下面，逮捕到赵忠等，杀了他们。吴匡等向来就怨恨何苗不和何进同心同意，还怀疑他和宦官同谋，就下令军中说："杀死大将军的就是车骑将军何苗，官兵们能替大将军报仇吗？"大家都流着泪说："我们愿意效死命！"于是吴匡就带领军队和董卓的弟弟奉车都尉董旻，一起进攻何苗，并把他杀掉了，把他的尸体抛弃在宫苑里。袁绍就关闭北宫的门，强迫军队收捕所有的宦官，不管是年少的还是年长的，都一并杀掉，总共杀了两千多人，还有一些人由于没有胡须而被误杀死。因此袁绍进兵宫禁，甚至爬上端门的屋顶，来攻占宫中。

庚午，张让、段珪等困迫，遂将帝与陈留王数十人步出穀门，夜，至小平津，六玺不自随，公卿无得从者，唯尚书卢植、河南中部掾闵贡夜至河上。贡厉声质责让等，且曰："今不速死，吾将杀汝!”因手剑斩数人。让等惶怖，叉手再拜，叩头向帝辞曰：“臣等死，陛下自爱!”遂投河而死。

贡扶帝与陈留王夜步逐萤光南行，欲还宫，行数里，得民家露车，共乘之，至雒舍止，辛未，帝独乘一马，陈留王与贡共乘一马，从雒舍南行，公卿稍有至者。董卓至显阳苑，远见火起，知有变，引兵急进；未明，到城西，闻帝在北，因与公卿往奉迎于北芒阪下。帝见卓将兵卒至，恐怖涕泣。群公谓卓曰：“有诏却兵。”卓曰：“公诸人为国大臣，不能匡正王室，至使国家播荡，何却兵之有!”卓与帝语，语不可了；乃更与陈留王语，问祸乱由起，王答，自初至终，无所遗失。卓大喜，以王为贤，且为董太后所养，卓自以与太后同族，遂有废立之意。

【译文】庚午日（二十七日），张让、段珪等看到情况紧急，就挟持了少帝和陈留王，几十个人步行走出了谷门，夜里就到了小平津，但是六个玉玺都忘了带，公卿中没有一个能够跟随，只有尚书卢植、河南中部掾闵贡在夜里赶到了黄河边。闵贡大声地训斥张让等，说：“如果现在不快点自杀，那么我就要杀死你们！”因此拿剑斩死几个人。张让等害怕，就一再拱手作揖，向少帝叩头告辞说：“微臣死后，希望陛下自己保重！”然后就投河死了。

闵贡搀着少帝和陈留王，夜里前行，跟着萤火虫的光向南方走，想走到宫里，走了几里后，得到了老百姓家里一辆没有盖子的车子，就一起坐在上面，到了宫里才停止。辛未日（二十八日），少帝独自乘坐一匹马，陈留王和闵贡一同乘坐一匹马，从雒舍向南方走，几个公卿逐渐到了。董卓到了显阳苑以后，远远地看到火燃烧起来，知道有了变化，就带领军队急急前进。天还没有亮，就到了城西，听说少帝在北边，就和公卿到北芒阪的

下面去迎接。少帝看见董卓带着军队来了，害怕得哭了。公卿们就对董卓说："皇帝下诏令要你退兵。"董卓说："各位都是国家的大臣，不能辅佐王室，导致国家动荡不安，我为什么还要退兵呢？"董卓和少帝说话，他的话少帝都听不懂；于是就和陈留王说话，问陈留王灾祸的起因，陈留王回答，从开始到结束，没有一点过错。董卓很高兴，觉得陈留王很贤能，并且是由董太后养育的，董卓自以为与太后是同族，就有了废除少帝的想法。

是日，帝还宫，赦天下，改光熹为昭宁。失传国玺，馀玺皆得之。以丁原为执金吾。骑都尉鲍信自泰山募兵适至，说袁绍曰："董卓拥强兵，将有异志，今不早图，必为所制；乃其新至疲劳，袭之，可禽也!"绍畏卓，不敢发。信乃引兵还泰山。

董卓之入也，步骑不过三千，自嫌兵少，恐不为远近所服，率四五日辄夜潜出军近营，明旦，乃大陈旌鼓而还，以为西兵复至，雒中无知者。俄而进及递苗部曲皆归于卓，卓又阴使丁原部曲司马五原吕布杀原而并其众，卓兵于是大盛。乃讽朝廷，以久雨，策免司空刘弘而代之。

【译文】这一天，少帝回到宫里以后，就赦免天下，把光熹年号改为昭宁。大乱中丢失了传国玉玺，但是其他的玉玺都找到了。任命丁原做执金吾。刚好骑都尉鲍信从泰山招募士兵回来，就劝袁绍说："董卓有强盛的兵力，就会有异心，如果不早一点图谋，将来一定被他所控制；趁他现在还疲劳偷袭他，这样就能擒住他！"由于袁绍害怕董卓，因此不敢发令。于是鲍信带领军队回到泰山。

董卓进入京师的时候，步兵骑兵也不过三千人，嫌自己兵力太少，害怕不被远近的人所服从，四五天就在半夜里偷偷地率领差不多一营人出城，到第二天早上，就陈列很多旗鼓回来，让人误以为西方的军队又来了，洛阳城里并没有人知道这件事。不久之后何进和他弟弟何苗的部队都归顺于董卓，董卓又暗地里命令丁原的部曲司马五原人吕布杀掉丁原，并合并他的部队，于是董卓的兵力开始大盛。就暗自讥讽朝廷，以长时间下雨为由，下诏书免除了司空刘弘的职务并由自己代替。

【乾隆御批】召兵之失所不待言，其时诸常侍既罢。且来谢罪，则权其罪之重轻，或诛，或放，真一狱吏可了之事，而董卓亦兵出无名矣。临事迁延自贻伊戚。庸臣误国可胜诛哉。

【译文】召兵的过失不用再说。当时的常侍已经被罢免。而且他们也都前来谢罪，这时，应该权衡他们罪过的轻重大小，或者诛杀，或者流放，这确实是一个狱史就可以解决的事情，这样董卓也就师出无名。遇事拖延犹豫，自己给自己留下灾祸，昏庸的臣子耽误国家，杀都杀不尽啊。

初，蔡邕徙朔方，会赦得还。五原太守王智，甫之弟也，奏蔡邕谤讪朝廷；邕遂亡命江海，积十二年，董卓闻其名而辟之，称疾不就。卓怒，詈曰："我能族人！"邕惧而应命，到，署祭酒，甚见敬重，举高第，三日之间，周历三台，迁为侍中。

董卓谓袁绍曰："天下之主，宜得贤明，每念灵帝，令人愤毒！董侯似可，今欲立之，为能胜史侯否？人有小智大痴，亦知复何如？为当且尔。刘氏种不足复遗！"绍曰："汉家君天下四百许年，恩泽深渥，兆民戴之。今上富于春秋，未有不善宣于天下。公欲废嫡立庶，恐众不从公议也！"卓按剑叱绍曰："竖子敢然！天下之事，岂不在我！我欲为之，谁敢不从！尔谓董卓刀为不利乎!”绍勃然曰:“天下健者岂惟董公!”引佩刀,横揖,径出。卓以新至,见绍大家,故不敢害。绍县节于上东门,逃奔冀州。

【译文】蔡邕被流放到朔方的时候,刚巧遇到大赦才得以回来。五原太守王智,是王甫的弟弟,奏报蔡邕诽谤朝廷,蔡邕就亡命江海,漂泊了十二年。董卓听到蔡邕的大名后就召辟他,蔡邕假称有病不去。董卓发怒地骂道:“我能消灭人的全族!”蔡邕由于害怕就应命前往,到了之后,就被封为祭酒,很受敬重,三天之内,经历了三台的官位,最后升为侍中。

董卓对袁绍说:“天下的君主,应该让贤明的人来做,只要一想到灵帝,就让人愤恨!董侯感觉还可以,现在我想拥护他,不知道能不能胜过史侯?当然人都会有小时候聪明,长大后痴呆的情形,谁知道他以后会怎么样?如果现在他也不可以,刘氏的后代也就不值得我们再扶助了!”袁绍说:“汉家君临天下已经有四百多年,恩宠深厚,百姓拥戴。现在君主年龄很小,并且没有不善的行为暴露在天下。如果你要废嫡立庶,恐怕大家不会听你的意见!”董卓手拿着宝剑,大声地呵斥袁绍说:“你小子竟敢这样!天下的事情难道不是由我决定吗?如果我这样做,看谁不听?你觉得董卓的刀不利吗?”袁绍勃然大怒说:“全天下雄健的人,难道就只有董先生一个人?”于是拔出刀剑,作了一个横揖,就出去了。因为董卓刚好到都城,看到袁绍有大家风范,因此不敢加害他。袁绍把旄节挂在上东门,就逃到了冀州。

九月,癸酉,卓大会百寮,奋首而言曰:“皇帝暗弱,不可以奉宗庙,为天下主。今欲依伊尹、霍光故事,更立陈留王,何如?”公卿以下皆惶恐,莫敢对。卓又抗言曰:“昔霍光定策,延年按

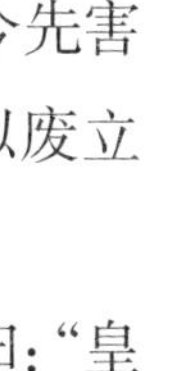

剑。有敢沮大议，皆以军法从事！”坐者震动，尚书卢植独曰：“昔太甲既立不明，昌邑罪过千馀，故有废立之事。今上富于春秋，行无失德，非前事之比也。”卓大怒，罢坐。将杀植，蔡邕为之请，议郎彭伯亦谏卓曰：“卢尚书海内大儒，人之望也；今先害之，天下震怖。”卓乃止，但免植官，植遂逃隐于上谷。卓以废立议示太傅袁隗，隗报如议。

甲戌，卓复会群僚于崇德前殿，遂胁太后策废少帝，曰：“皇帝在丧，无人子之心，威仪不类人君，今废为弘农王，立陈留王协为帝。”袁隗解帝玺绶，以奉陈留王，扶弘农王下殿，北面称臣。太后鲠涕，群臣含悲，莫敢言者。

【译文】九月，癸酉日（九月无此日），董卓召见百官，抬头说：“皇帝昏庸柔弱，不能奉承宗庙，担任天下的君主。现在我要效法伊尹、霍光，改封陈留王为君主，怎么样啊？”公卿以下都很害怕，没有人敢回答。董卓高声说：“先前霍光决定废除昌邑王的计略，田延年按剑商议。如果有人敢阻止我的大计，都用军法来处置！”全座的人为之震惊。尚书卢植独说：“先前太甲既立位，表现昏庸；昌邑王有一千多个罪名，所以才出现了废立事件。现在君主年纪很轻，行为上也没有失德的地方，不是以前的事情能比的。”董卓愤怒，并停止了会议。快要杀卢植的时候，蔡邕替他求情，议郎彭伯也劝告董卓说：“卢尚书是国内的大臣，人人都仰望的人物。如果现在先害了他，天下都要害怕了。”董卓这才停止，仅仅是免去了卢植的官职，卢植就逃到上谷隐居。董卓把废除天子的议论给太傅袁隗看，袁隗同意了。

甲戌日（初一），董卓又在崇德殿前集合百官，要挟太后策令废除少帝，说：“皇帝在丧期时，没有人子之心，威严又不像人君，现在废为弘农王，立陈留王刘协为皇帝。”袁隗解下少帝的玉玺和印绶，献给陈留王，扶持弘农王下殿，在北面称臣。于是太后哽咽流泪，群臣都心怀悲伤，没有人敢说话。

卓又议："太后踧迫永乐宫，至令忧死，逆妇姑之礼。"乃迁太后于永安宫。赦天下，改昭宁为永汉。丙子，卓鸩杀何太后，公卿以下不布服，会葬，素衣而已。卓又发何苗棺，出其尸，支解节断，弃于道边，杀苗母舞阳君，弃尸于苑枳落中。

诏除公卿以下子弟为郎，以补宦官之职，侍于殿上。

乙酉，以太尉刘虞为大司马，封襄贲侯。董卓自为太尉，领前将军事，加节传、斧钺、虎贲，更封郿侯。

丙戌，以太中大夫杨彪为司空。

甲午，以豫州牧黄琬为司徒。

董卓率诸公上书，追理陈蕃、窦武及诸党人，悉复其爵位，遣使吊祠，擢用其子孙。

【译文】董卓建议说："太后迫使永乐宫，导致董太后忧郁而死，违反了媳妇侍奉婆婆的礼节。"于是就把太后迁往永安宫。赦免天下，把年号昭宁更改为永汉。丙子日（初三），董卓毒死了何太后，公卿以下都没有穿布衣服丧，举行葬礼的时候，也仅仅穿了白色的衣服。董卓又挖出了何苗的棺木，并翻出他的尸体，把他肢解成了一截一截地，丢弃在路旁，还杀死了何苗的母亲舞阳君，并把她的尸首丢弃在苑里枳木的篱笆中。

诏令任命公卿以下的子弟为郎，以此来补充宦官的职务，在宫殿上服侍。

乙酉日（十二日），派遣太尉刘虞做大司马，封为襄贲侯。董卓自任太尉，代领前将军的事务，加赐节传、斧钺、虎贲，改封为郿侯。

丙戌日（十三日），任命太中大夫杨彪为司空。

同月甲午日（二十一日），任命豫州牧黄琬为司徒。

董卓带领所有的公卿上奏书，请求追问审理陈蕃、窦武以及所有党人的事，并恢复他们的官位，派遣使者来吊祭，重用他们的子孙。

自六月雨至于是月。

冬，十月，乙巳，葬灵思皇后。

白波贼寇河东，董卓遣其将牛辅击之。

初，南单于於扶罗既立，国人杀其父者遂叛，共立须卜骨都侯为单于。於扶罗指阙自讼。会灵帝崩，天下大乱，於扶罗将数千骑与白波贼合兵寇郡县。时民皆保聚，钞掠无利，而兵遂挫伤。复欲归国，国人不受，乃止河东平阳。须卜骨都侯为单于一年而死，南庭遂虚其位，以老王行国事。

十一月，以董卓为相国，赞拜不名，入朝不趋，剑履上殿。

【译文】从六月开始就一直下雨，直到现在（九月）。

冬季，十月，乙巳日（初三），安葬灵思皇后。

白波的贼人侵入河东，董卓命令他的将领牛辅去讨伐。

起初，南单于於扶罗登位以后，国人杀死了叛变他父亲的人，共同拥立须卜骨都侯担任单于。於扶罗就到宫里来请求审理。刚巧灵帝去世，天下大乱，於扶罗带领几千骑兵，和白波的贼人联合起来侵入各郡县。当时人民都很团结，他们没有抢掠到什么财物，士兵反倒受到挫伤。他们想回国，但是国人不接受他们，于是就停在了河东的平阳。须卜骨都侯担任单于，一年就逝世了，南单于的朝廷因此空虚王位，就由老王治理国事。

十一月，任命董卓为相国，朝拜不需要说出姓名，入朝的时候，不用快走，可以带着宝剑穿着鞋子上殿。

十二月，戊戌，以司徒黄琬为太尉，司空杨彪为司徒，光禄勋荀爽为司空。

初，尚书武威周毖、城门校尉汝南伍琼，说董卓矫桓、灵之政，擢用天下名士以收众望，卓从之，命毖、琼与尚书郑泰、长史何颙等沙汰秽恶，显拔幽滞。于是，徵处士荀爽、陈纪、韩融、申屠蟠。复就拜爽平原相，行至宛陵，迁光禄勋，视事三日，进拜司空。自被徵命及登台司，凡九十三日。又以纪为五官中郎将，融为大鸿胪。纪，寔之子；融，韶之子也。爽等皆畏卓之暴，无敢不至。独申屠蟠得徵书，人劝之行，蟠笑而不答，卓终不能屈，年七十馀，以寿终。卓又以尚书韩馥为冀州牧，侍中刘岱为兖州刺史，陈留孔伷为豫州刺史，东平张邈为陈留太守，颍川张咨为南阳太守。卓所亲爱，并不处显职，但将校而已。

【译文】 十二月，戊戌日（十二月无此日），任命司徒黄琬为太尉，派遣司空杨彪做司徒，任命光禄勋荀爽为司空。

起初，尚书周毖（武威人），城门校尉汝南人伍琼游说董卓矫正桓帝和灵帝的政治，选用天下的名士来收揽民心，董卓听从了他的建议。就命令周毖、伍琼和尚书郑泰、长史何颙等消除邪恶的小人，任用幽滞的君子。于是就任用隐士荀爽、陈纪、韩融、申屠蟠。又任命荀爽为平原相，到宛陵的时候，就升为光禄勋，才治理事务三天，就被拜为司空。从收到征命到登上三台，一共用了九十三天。又任命陈纪为五官中郎将，派遣韩融做大鸿胪。陈纪，就是陈寔的儿子；韩融，就是韩韶的儿子。荀爽等都害怕董卓的暴虐，没有敢不应招的，申屠蟠得到征召的书信时，别人都劝他，然而申屠蟠只微笑却不回答，董卓最终也没有屈服他，申屠蟠活到七十几岁，因长寿而终。董卓又任命尚书韩馥为冀州牧；派遣侍中刘岱做兖州刺史；派陈留人孔伷做豫州刺史；任命东平人张邈为陈留太守；颍川人张咨担任南阳太守。董卓所亲信的人，并没有在显著的地位，只是做了中郎将、校尉而已。

诏除光熹、昭宁、永汉三号。

董卓性残忍，一旦专政，据有国家甲兵、珍宝，威震天下，所愿无极，语宾客曰："我相，贵无上也！"侍御史扰龙宗诣卓白事，不解剑，立挝杀之。是时，洛中贵戚，室第相望，金帛财产，家家充积，卓纵放兵士，突其庐舍，剽虏资物，妻略妇女，不避贵贱。人情崩恐，不保朝夕。

卓购求袁绍急，周毖、伍琼说卓曰："夫废立大事，非常人所及。袁绍不达大体，恐惧出奔，非有它志。今急购之，势必为变。袁氏树恩四世，门生故吏遍于天下，若收豪杰以聚徒众，英雄因之而起，则山东非公之有也。不如赦之，拜一郡守，绍喜于免罪，必无患矣。"卓以为然，乃即拜绍勃海太守，封邟乡侯。又以袁术为后将军，曹操为骁骑校尉。

【译文】下令废除光熹、昭宁和永汉三个年号。

董卓性情残暴，在朝中专主政权，掌控国家的军队、珍宝，威慑天下，欲望更是无穷尽。他曾经对宾客说："没有哪个宰相能比我显贵！"侍御史扰龙宗去见董卓报告事情，没有去除配剑，董卓就立刻命令将他打死。

这时，洛阳城里的贵戚，住宅都相连，至于金帛财物，家家都很充足，董卓对他的士兵很放纵，进到他们家里，就掠夺财物，玷污妇女，不论他是不是皇亲国戚，一概不放过。因此人心惶惶，大家都感到朝不保夕。

董卓悬赏逮捕袁绍，周毖、伍琼对董卓说："废除天子是件大事，不是一般人能理解的。袁绍不明大体，由于害怕而奔出，也没有其他的志向。现在悬赏捉拿他，一定会逼得他叛变。袁家四代都有恩德，他的学生、原来的属吏遍布天下，如果聚集豪杰，聚合徒众，英雄依靠他起事，那么崤山以东地区就不是你所能掌控的了。还不如赦免他，封他做一个郡守，袁绍高兴你免除了他的罪过，就一定没有祸患了。"董卓觉得很对，于是就任命袁绍为渤海太守，封为邟乡侯。又任命袁术为后将军，派曹操做骁骑校尉。

术畏卓，出奔南阳。操变易姓名，间行东归，过中牟，为亭长所疑，执诣县。时县已被卓书，唯功曹心知是操，以世方乱，不宜拘天下雄俊，因白令释之。操至陈留，散家财，合兵得五千人。

是时，豪杰多欲起兵讨卓者，袁绍在勃海，冀州牧韩馥遣数部从事守之，不得动摇。东郡太守桥瑁，诈作京师三公移书与州郡，陈卓罪恶，云："见逼迫，无以自救，企望义兵，解国患难。"馥得移，请诸从事问曰："今当助袁氏邪，助董氏邪？"治中从事刘子惠曰："今兴兵为国，何谓袁、董！"馥有惭色。子惠复言："兵者凶事，不可为首。今宜往视他州，有发动者，然后和之。冀州于他州不为弱也，他人功未有在冀州之右者也。"馥然之。馥乃作书与绍，道卓之恶，听其举兵。

【译文】袁术害怕董卓，就奔到南阳。曹操改变他的姓名，从小路偷偷回到东方。经过中牟县的时候，遭到亭长怀疑，于是就抓住他，把他送到县里。那时县里已经接到董卓追捕曹操的文书，只有功曹知道他是曹操，但他觉得时局正混乱，不应该逮捕天下的豪俊，因此就向县令报告并释放了他。曹操到陈留后，就分散家产，得到了五千士兵。

这时，天下的豪杰都想起兵征讨董卓，而袁绍在渤海起兵，冀州牧韩馥派几个郡国从事来防守，冀州因此而稳固，不能动摇。东郡太守桥瑁假造了京师三公的文书送给各州郡，陈述董卓的罪过，书信中说："受到逼迫时，却没有办法自救，希望能够举兵起义，解除国家的灾难。"韩馥看到文书后，就请所有的从事来商讨，问他们说："现在我们应该帮助袁氏，还是董氏呢？"治中从事刘子惠说："我们兴兵是为了国家，还分什么袁氏、董氏！"韩馥听后脸上很惭愧。刘子惠又说："战争是危险的事情，不能够带头来做。现在应该关注其他的州，如果有人发动，我们才响应。冀州比起其他州的势力不算差，功劳也没有超过冀州的。"韩馥觉得很对，就写了一封信给袁绍，陈述董卓的罪过，并且听他举兵起义。

孝献皇帝甲

初平元年（庚午，公元一九零年）春，正月，关东州郡皆起兵以讨董卓，推渤海太守袁绍为盟主。绍自号车骑将军，诸将皆板授官号。绍与河内太守王匡屯河内，冀州牧韩馥留邺，给其军粮，豫州刺史孔伷屯颍川，兖州刺史刘岱、陈留太守张邈、邈弟广陵太守超、东郡太守桥瑁、山阳太守袁遗、济北相鲍信与曹操俱屯酸枣，后将军袁术屯鲁阳，众名数万。豪杰多归心袁绍者，鲍信独谓曹操曰："夫略不世出，能拨乱反正者，君也。苟非其人，虽强必毙。君殆天之所启乎！"

辛亥，赦天下。

癸酉，董卓使郎中令李儒鸩杀弘农王辩。

【译文】 初平元年（庚午，公元190年）春季，正月，关东各个州郡都起兵来征讨董卓，推渤海太守袁绍做盟主；袁绍自称车骑将军，由于无法奏报天子，所有的将领都接受了官号。袁绍和河内太守王匡驻守河内，冀州牧韩馥留守在邺城，提供军粮。豫州刺史孔伷驻守颍川，兖州刺史刘岱、陈留太守张邈、张邈的弟弟广陵太守张超、东郡太守桥瑁、山阳太守袁遗、济北相鲍信和曹操都驻守酸枣，后将军袁术驻守鲁阳，都有几万人的军队。英雄豪杰都归顺袁绍；鲍信单独对曹操说："才略超过当世并能够拨乱反正的只有你。如果不是像你这样的人来统领，即使势力再强大也一定会失败。恐怕你是上天所生吧！"

辛亥日（初十），赦免天下。

癸酉日（正月无此日），董卓命令郎中令李儒毒死了弘农王刘辩。

卓议大发兵以讨山东。尚书郑泰曰："夫政在德，不在众也。"卓不悦曰："如卿此言，兵为无用邪！"泰曰："非谓其然也，以为山东不足加大兵耳。明公出自西州，少为将帅，闲习军事。袁本初公卿子弟，生处京师，张孟卓东平长者，坐不窥堂，孔公绪清谈高论，嘘枯吹生。并无军旅之才，临锋决敌，非公之俦也。况王爵不加，尊卑无序，若恃众怙力，将各棋峙以观成败，不肯同心共胆，与齐进退也。且山东承平日久，民不习战；关西顷遭羌寇，妇女皆能挟弓而斗，天下所畏者，无若并、凉之人与羌、胡义从；而明公拥之以为爪牙，譬犹驱虎兕以赴犬羊，鼓烈风以扫枯叶，谁敢御之！无事徵兵以惊天下，使患役之民相聚为非，弃德恃众，自亏威重也。"卓乃悦。

【译文】 董卓商讨大举发兵来讨伐山东。尚书郑泰说："治理政治在于道德，而不在武力。"董卓不高兴地说："依照你的说法，兵力没有用处吗？"郑泰说："我不是这个意思，我觉得山东不值得用大兵来讨伐。您从西州来，年轻时就做将帅，熟悉军事。袁绍（字本初）是公卿的子弟，生在京师；张邈（字孟卓）是东平的长老，坐不斜视；孔伷（字公绪）高谈阔论，能够把死的说活，活的说死。这些人没有军事才能，临阵决定胜负，也不是您的对手。何况也没有受到王者的封赏，没有尊卑的秩序，如果凭借兵力，就会独立观望成败，不愿意同心协力，同进同退。况且山东承平的时间太长，百姓不懂作战；关西刚遭到了羌人的入侵，妇女都能拿着弓箭战斗，天下所害怕的，没有能超过并州、凉州的人和羌、胡自愿跟着的人了。而您让他们做爪牙，这种情形就好像驱使老虎、犀牛去追赶犬羊，鼓起强风来清扫枯叶，谁还敢来抵挡您呢？如果没有战事，而征用军队惊扰天下，让害怕服役的人相聚在一起为非作歹，丢弃道德，按照武力，这是自己亏减威严。"董卓听了之后才高兴起来。

董卓以山东兵盛，欲迁都以避之，公卿皆不欲而莫敢言。卓表河南尹朱俊为太仆以为己副，使者召拜，俊辞，不肯受，因曰："国家西迁，必孤天下之望，以成山东之衅，臣不知其可也。"使者曰："召君受拜而君拒之，不问徙事而君陈之，何也？"俊曰："副相国，非臣所堪也；迁都非计，事所急也。辞所不堪，言其所急，臣之宜也。"由是止不为副。

【译文】 董卓觉得山东兵力强盛，想迁都来躲避，公卿们都不愿意迁都，但是没有人敢说话。董卓表奏河南尹朱俊为太仆作为自己的辅佐。使者召见，朱俊就推辞，不愿意接受，并说：

“国都向西迁，一定会辜负天下人的希望，而形成山东的祸根，我不知道这怎么能行！”使者说：“召见你但你拒绝了；没有问你迁都的事但你陈述这些，为什么呢？”朱俊说：“副相国，不是我能担任的官职；迁都，并不是好的计划，这是紧迫的事情。推托我所不能的，讲述紧急的事情，这才是臣子该做的。”因此不愿意做副相国。

卓大会公卿议，曰：“高祖都关中，十有一世，光武宫雒阳，于今亦十一世矣。案《石包谶》，宜徙都长安，以应天人之意。”百官皆默然。司徒杨彪曰：“移都改制，天下大事，故盘庚迁亳，殷民胥怨。昔关中遭王莽残破，故光武更都雒邑，历年已久，百姓安乐。今无故捐宗庙，弃园陵，恐百姓惊动，必有糜沸之乱。《石包谶》，妖邪之书，岂可信用！”卓曰：“关中肥饶，故秦得并吞六国。且陇石材木自出，杜陵有武帝陶灶，并功营之，可使一朝而办。百姓何足与议！若有前却，我以大兵驱之，可令诣沧海。”彪曰：“天下动之至易，安之甚难，惟明公虑焉！”卓作色曰：“公欲沮国计邪！”太尉黄琬曰：“此国之大事，杨公之言得无可思？”卓不答。司空荀爽见卓意壮，恐害彪等，因从容言曰：“相国岂乐此邪！山东兵起，非一日可禁，故当迁以图之，此秦、汉之势也。”卓意小解。琬退，又为驳议。二月，乙亥，卓以灾异奏免琬、彪等，以光禄勋赵谦为太尉，太仆王允为司徒。城门校尉伍琼、督军校尉周毖固谏迁都，卓大怒曰：“卓初入朝，二君劝用善士，故卓相从。而诸君到官，举兵相图，此二君卖卓，卓何用相负！”庚辰，收琼、毖，斩之。杨彪、黄琬恐惧，诣卓谢，卓亦悔杀琼、毖，乃复表彪、琬为光禄大夫。

【译文】董卓召集公卿议论，说："高祖选择在关中建都，一共有十一世；光武选择在洛阳建都，到如今也有十一世。依照《石包谶》所说，应该迁都至长安，来顺应天人的意思。"官员都默不作声。司徒杨彪说："迁都改制，是天下的大事，因此盘庚迁都到亳，殷朝人民都怨恨。先前关中遭到王莽的摧残，因此光武把洛邑作为都城，经历的时间已经很长了，百姓都很安定。现在却无缘无故地离开宗庙，离开陵园，百姓受到惊吓，一定会有很大的骚乱。《石包谶》是邪恶的书，哪里能采用呢？"董卓说："关中土地肥沃，所以秦国能吞并六国。况且陇右盛产木材，武帝时杜陵有烧陶器的炉灶，一起来经营，很快就能成功。老百姓哪里会计较呢？如果有障碍的话，我用大兵来驱赶，即使让他们赴汤蹈火，他们也不敢推托。"杨彪说："天下动乱是很容易的，但是要安定却很困难，希望您能好好考虑！"董卓脸上变色地说："你要阻断国家的大计吗？"太尉黄琬说："这是国家大事，因此杨先生的话，是很值得思考的！"董卓没有回答。司空荀爽看到董卓很坚定，害怕要加害杨彪等，就从容地说："相国哪里是愿意迁都呢？只是由于山东起兵，不是一天能消除的，所以应该借助迁都来图谋，这是秦、汉时候的情形。"董卓的怒意这才稍稍平息。黄琬回去之后，又写了驳斥迁都的文章。二月，乙亥日（初五），董卓用灾害为借口奏免了黄琬、杨彪等的官职，任命光禄勋赵谦为太尉，派太仆王允做司徒。城门校尉伍琼和督军校尉周毖坚决地劝告迁都的事，董卓愤怒地说："我董卓当初进朝的时候，两位劝我起用善士，我董卓听从了，然而各位到官后，竟然举兵算计我。两位出卖我董卓，我哪里对不起你们了？"同月庚辰日（初十），逮捕了伍琼、周毖，斩了他们。杨彪、黄琬害怕了，就来拜见董卓谢罪，董卓也后悔杀

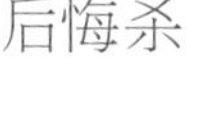

死了伍琼、周毖，因此又表奏杨彪、黄琬担任光禄大夫。

【乾隆御批】皇甫嵩既不能听子言，诛卓于违命之时，复不从梁衍迎驾西迁之议，乃至迎拜车下，甘受揶揄。进退无据，莫甚此者。

【译文】皇甫嵩既不听从侄子的劝说，在董卓违抗诏命的时候就杀掉他，也不接受梁衍迎接皇帝西迁的建议，却甘愿跪拜在董卓的车下忍受讥讽。现在进退两难，没有比这个更难办的了。

【申涵煜评】卓迁长安，名是避山东诸侯，其实渐引而西，近其巢窟，以便篡夺耳。观其焚宫阙、发陵墓，全是盗贼举动，是岂可以口舌争哉？予谓董卓、尔朱荣、朱温皆称不得权臣，乃草寇也。

【译文】董卓将都城迁到长安，名义上是为了躲避山东的诸侯，实际上是为了逐渐西移，靠近黄巢的阵地，以便能够篡夺他的地盘。看他焚烧宫殿、挖掘陵墓这些事，都是盗贼的手段，还有什么值得进行口舌之争的呢？我认为董卓、尔朱荣、朱温都算不上权臣，不过是草寇罢了。

卓徵京兆尹盖勋为议郎，时左将军皇甫嵩将兵三万屯扶风。勋密与嵩谋讨卓。会卓亦徵嵩为城门校尉，嵩长史梁衍说嵩曰："董卓寇掠京邑，废立从意，今征将军，大则危祸，小则困辱。今及卓在雒阳，天子来西，以将军之众迎接至尊，奉令讨逆，徵兵群帅，袁氏逼其东，将军迫其西，此成禽也！"嵩不从，遂就徵。勋以众弱不能独立，亦还京师。卓以勋为直骑校尉。河南尹朱俊为卓陈军事，卓折俊曰："我百战百胜，决之于心，卿勿妄说，且污我刀！"盖勋曰："昔武丁之明，犹求箴谏，况如卿者，而欲杜人之口乎！"卓乃谢之。

卓遣军至阳城，值民会于社下，悉就斩之，驾其车重，载其妇女，以头系车辕，歌呼还雒，云攻贼大获。卓焚烧其头，以妇女与甲兵为婢妾。

【译文】 董卓征用京兆尹盖勋做议郎。这时候左将军皇甫嵩带领三万军队，驻守扶风，盖勋偷偷地和皇甫嵩计划征讨董卓。恰巧董卓也征召皇甫嵩做城门校尉，皇甫嵩的长史梁衍对皇甫嵩说："董卓掠夺京城，任意地废立天子，现在召集将军，将军去后，大则有灾祸，小则受侮辱。趁董卓现在在洛阳，天子也要来到西边，凭借将军的兵力来迎接天子，奉天子的命令征讨叛逆，向所有的州牧郡守征集军队，袁氏威逼董卓的东面，将军威逼他的西面，这样他就一定会被捕了！"皇甫嵩没有听从，于是接受征召。因为盖勋兵力太弱，不能独立作战，也回到京城。董卓任命盖勋为越骑校尉。河南尹朱俊替董卓陈述军事，董卓侮辱他说："我百战百胜，心里自有判断，你别再乱说，再乱说你就要弄脏我的刀了！"盖勋说："先前武丁那么圣明，还求箴言谏诤，更何况像你这样的人，还想要堵人的嘴吗？"董卓就向他道歉。

董卓派兵到阳城，碰到人民在社下聚会，士兵们就把他们都杀掉了，驾着他们的车，载着他们的妇女，并把他们的头系在车轮上，一路上歌唱欢呼，回到洛阳后，就说是攻打贼人而得到的战利品。于是董卓就烧掉了这些头颅，并把妇女许配给穿铠甲的士兵做婢妾。

丁亥，车驾西迁，董卓收诸富室，以罪恶诛之，没入其财物，死者不可胜计。悉驱徙其馀民数百万口于长安。步骑驱蹙，更相蹈藉，饥饿寇掠，积尸盈路。卓自留屯毕圭苑中，悉烧宫庙，官

府、居家，二百里内，室屋荡尽，无复鸡犬。又使吕布发诸帝陵及公卿以下冢墓，收其珍宝。卓获山东兵，以猪膏涂布十馀匹，用缠其身，然后烧之，先从足起。

三月，乙巳，车驾入长安，居京兆府舍，后乃稍葺宫室而居之。时董卓未至，朝政大小皆委之王允。允外相弥缝，内谋王室，甚有大臣之度，自天子及朝中皆倚允。允屈意承卓，卓亦雅信焉。

董卓以袁绍之故，戊午，杀太傅袁隗、太仆袁基，及其家尺口以上五十馀人。

【译文】 丁亥日（十七日），汉献帝的车驾向西转移，董卓逮捕了所有的富户，凭借各种罪名杀死他们，并没收了他们的财产，死掉的人数不胜数；把剩余的几百万人迁到了长安，步兵骑兵相互逼迫，相互践踏，饿了就抢劫，路上堆满了尸体。董卓驻守在毕圭苑，烧了所有的宫庙、官府、住家，二百里以内的范围，房屋荡然无存，连鸡犬都没了。又命令吕布挖掘所有皇帝的陵墓以及公卿以下的坟墓，收取其中的宝物。董卓俘获了山东的士兵，把猪油涂在十几匹布上，并把布缠在士兵身上，然后就用火烧他们，先从脚开始烧。

三月，乙巳日（初五），汉献帝的车进入了长安，住在京兆府的房屋里，后来才修建宫室来居住。当时董卓还没有到任，大小的朝政都由王允来主持。在外面王允要融和不同的意见，在里面要维护王室的安宁，很有大家风度，从汉献帝到朝中的百官都依赖他。王允委屈地奉承董卓，董卓也很信任他。

董卓由于袁绍的关系，在戊午日（十八日），杀死了太傅袁隗、太仆袁基和他家里婴儿以上的五十多人。

初，荆州刺史王叡，与长沙太守孙坚共击零、桂贼，以坚武官，言颇轻之。及州郡举兵讨董卓，叡与坚亦皆起兵。叡素与武陵太守曹寅不相能，扬言当先杀寅。寅惧，诈作按行使者檄移坚，说叡罪过，令收，行刑讫，以状上。坚承檄，即勒兵袭叡。叡闻兵至，登楼望之，遣问："欲何为？"坚前部答曰："兵久战劳苦，欲诣使君求资直耳。"叡见坚惊曰："兵自求赏，孙府君何以在其中？"坚曰："被使者檄诛君！"叡曰："我何罪？"坚曰："坐无所知！"叡穷迫，刮金饮之而死。坚前至南阳，众已数万人。南阳太守张咨不肯给军粮，坚诱而斩之；郡中震慄，无求不获。前到鲁阳，与袁术合兵。术由是得据南阳。表坚行破虏将军，领预州刺史。

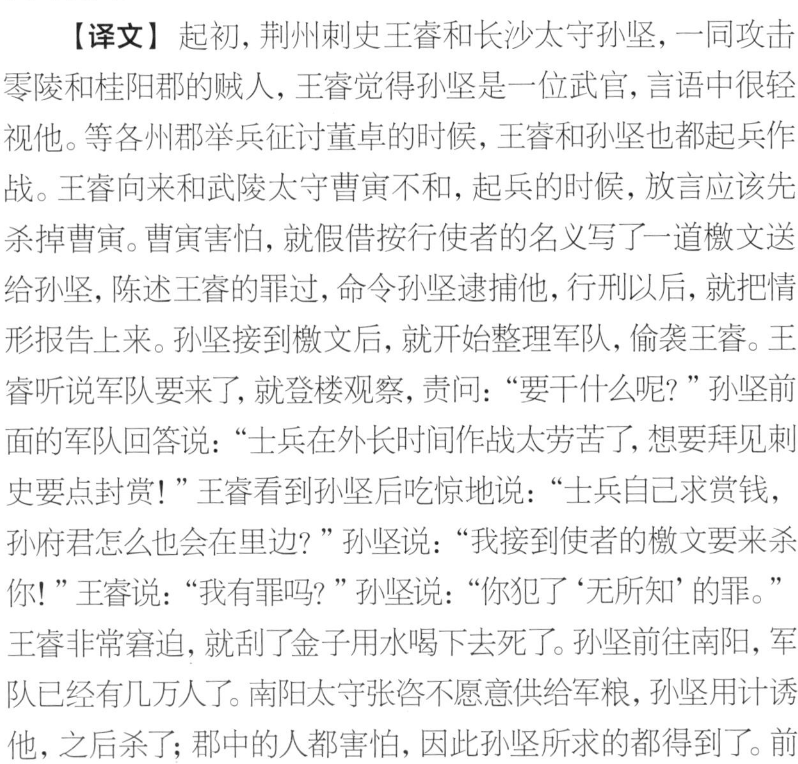

【译文】 起初，荆州刺史王睿和长沙太守孙坚，一同攻击零陵和桂阳郡的贼人，王睿觉得孙坚是一位武官，言语中很轻视他。等各州郡举兵征讨董卓的时候，王睿和孙坚也都起兵作战。王睿向来和武陵太守曹寅不和，起兵的时候，放言应该先杀掉曹寅。曹寅害怕，就假借按行使者的名义写了一道檄文送给孙坚，陈述王睿的罪过，命令孙坚逮捕他，行刑以后，就把情形报告上来。孙坚接到檄文后，就开始整理军队，偷袭王睿。王睿听说军队要来了，就登楼观察，责问："要干什么呢？"孙坚前面的军队回答说："士兵在外长时间作战太劳苦了，想要拜见刺史要点封赏！"王睿看到孙坚后吃惊地说："士兵自己求赏钱，孙府君怎么也会在里边？"孙坚说："我接到使者的檄文要来杀你！"王睿说："我有罪吗？"孙坚说："你犯了'无所知'的罪。"王睿非常窘迫，就刮了金子用水喝下去死了。孙坚前往南阳，军队已经有几万人了。南阳太守张咨不愿意供给军粮，孙坚用计诱他，之后杀了；郡中的人都害怕，因此孙坚所求的都得到了。前

行到鲁阳的时候，就和袁术合兵。因此袁术能够占据南阳，就表奏孙坚担任破虏将军，另外做豫州刺史。

诏以北军中候刘表为荆州刺史。时寇贼纵横，道路梗塞，表单马入宜城，请南郡名士蒯良、蒯越与之谋曰："今江南宗贼甚盛，各拥众不附，若袁术因之，祸必至矣。吾欲徵兵，恐不能集，其策焉出？"蒯良曰："众不附者，仁不足也；附而不治者，义不足也。苟仁义之道行，百姓归之如水之趣下，何患徵兵之不集乎！"蒯越曰："袁术骄而无谋，宗贼帅多贪暴，为下所患，若使人示之以利，必以众来。使君诛其无道，抚而用之，一州之人有乐存之心，闻君威德，必襁负而至矣。兵集众附，南据江陵，北守襄阳，荆州八郡可传檄而定。公路虽至，无能为也。"表曰："善！"乃使越诱宗贼帅，至者五十五人，皆斩之而取其众。遂徙治襄阳，镇抚郡县，江南悉平。

【译文】 诏令北军中候刘表担任荆州刺史。这时盗贼肆意妄为，道路都阻塞了，刘表一个人骑着马进入宜城，请南郡的名士蒯良、蒯越，和他们商讨说："现在江南宗部宗伍的贼人势力强盛，各自拥有徒众但不附服，如果袁术要利用他们，那么灾祸就产生了。我想要召集军队，害怕不能集齐，该怎么办呢？"蒯良说："群众之所以不归顺，是由于行仁不够；亲附但不能治理，是由于行义不够。如果仁义之道能够推进，老百姓归顺，就好像水向下流，还害怕征不到兵吗？"蒯越说："袁术骄傲但没有计谋，宗党贼人的首领大多贪财残暴，被他们的下面人所担忧，如果派人用财来诱惑他们，他们一定会来归附。你替他们诛除无道之人，安慰并拔用，一州中的人有求生的心，听到你的威望品德，一定会抱着子女来投奔。军队聚集了，群众归顺了，南边占据江陵，北边占据襄阳，荆州的八个郡很快就能传送檄文来平定了。即使袁术来了，也没有什么作为。”刘表说：“好！”就派蒯越引诱宗贼的首领，有五十五个人来了，把他们都斩掉并取得他们的徒众。于是就把州府迁移到襄阳，安抚各郡县，江南就被完全平定了。

【乾隆御批】蒯良兄弟数语。当时所仅闻。昭烈偏安之业，有与此相合者。表特不能善用之耳。然表在荆州。虽无弭乱之心，而抚辑凋儆，藉以稍安，或此说有以启之。

【译文】蒯良兄弟的一番话，说明当时只有他们有这种高见。后来刘备占据蜀地，和他们的说法有不谋而合的地方。只是刘表不能很好地采纳罢了。但刘表在荆州，即使没有消除祸乱的志向，但也能够安抚百姓，拯救民生，使地方能够稍稍安定，这或许是受到他们说的这番话的启示。

董卓在雒阳，袁绍等诸军皆畏其强，莫敢先进。曹操曰：“举义兵以诛暴乱，大众已合，诸君何疑！向使董卓倚王室，据旧京，东向以临天下，虽以无道行之，犹足为患。今焚烧宫室，劫迁天子，海内震动，不知所归，此天亡之时也，一战而天下定矣。”遂引兵西，将据成皋，张邈遣将卫兹分兵随之。进至荥阳汴水，遇卓将玄菟徐荣，与战，操兵败，为流矢所中，所乘马被创。从弟洪以马与操，操不受。洪曰：“天下可无洪，不可无君！”遂步从操，夜遁去。荣见操所将兵少，力战尽日，谓酸枣未易攻也，亦引兵还。

操到酸枣，诸军十馀万，日置酒高会，不图进取，操责让之，因为谋曰：“诸君听吾计，使渤海引河内之众临孟津，酸枣诸将守

成皋，据敖仓，塞轘辕、太谷，全制其险，使袁将军率南阳之军军丹、析，入武关，以震三辅，皆高垒深壁，勿与战，益为疑兵，示天下形势，以顺诛逆，可立定也。今兵以义动，持疑不进，失天下望，窃为诸君耻之!”邈等不能用。操乃与司马沛国夏侯惇等诣扬州募兵，得千馀人，还屯河内。

【译文】董卓在洛阳时，袁绍等各军都害怕他的强大，没有一个敢先进兵的。曹操说：“我们举兵来消除暴乱，大兵已经聚集了，各位还有什么疑虑？以前如果董卓依靠王室，占领原来的京城，注意东方来掌控天下，即使用无道来行政，还值得担忧。现在焚烧了宫室，威胁天子迁都，全国都震动了，人民不知所措，这是天要亡他，只要一战天下就能平定了。”于是就带兵西行，占领成皋，张邈派将领卫兹带兵跟随。进兵到荥阳汴水的时候，遇到董卓的将领徐荣（玄菟人），就跟他作战，曹操的军队打了败仗，曹操被流箭射中，他所乘坐的马也受伤了。因此他的堂弟曹洪就把自己的马给他，曹操没有接受。曹洪说：“天下可以没有我，但不能没有你啊！”于是就步行跟随曹操，在夜里逃离。徐荣看见曹操带领的军队很少，力战了一整天，觉得酸枣不容易攻下，也带领军队回去了。

曹操到酸枣后，各路十几万人的军队，每天都安排酒席宴会，不思进取。曹操就斥责他们，并替他们谋划说：“各位能够听从我的计划，促使袁绍带领河内的军队到孟津去，在酸枣所有的将领驻守成皋，占领敖仓，堵塞轘辕、太谷，完全控制了险要地带，让袁术率领南阳的军队驻扎在丹水、析县，进入武关，来震惊三辅，都筑造高垒深壁，不和敌人交战，作为疑兵，展示天下的形势，都被我们掌控了，这样用顺诛逆，就可以立刻平定天下。现在我们的军队因为道义而发动，反倒犹疑不决，让天下人失望，我为诸位感到惭愧！”张邈等没采用他的计划。曹操就和司马夏侯惇（沛国人）等到扬州，招集七千多人的军队，回兵驻守河内。

顷之，酸枣诸军食尽，众散。刘岱与桥瑁相恶，岱杀瑁，以王肱领东郡太守。青州刺史焦和亦起兵讨董卓，务及诸将西行，不为民人保障，兵始济河，黄巾已入其境。青州素殷实，甲兵甚盛，和每望寇奔北，未尝接风尘、交旗鼓也。性好卜筮，信鬼神。入见其人，清谈干云，出观其政，赏罚淆乱，州遂萧条，悉为丘墟。顷之，和病卒，袁绍使广陵臧洪领青州以抚之。

夏，四月，以幽州牧刘虞为太傅，道路壅塞，信命竟不得通。先是，幽部应接荒外，资费甚广，岁常割青、冀赋调二亿有馀以足之。时处处断绝，委输不至，而虞敝衣绳屦，食无兼肉，务存宽政，劝督农桑，开上谷胡市之利，通渔阳盐铁之饶，民悦年登，谷石三十，青、徐士庶避难归虞者百馀万口，虞皆收视温恤，为安立生业，流民皆忘其迁徙焉。

【译文】不久以后，酸枣各路军队的粮食都用完了，大家就分离了。刘岱和桥瑁相互妒忌，于是刘岱就杀死了桥瑁，派王肱兼任东郡太守。青州刺史焦和也起兵征讨董卓，拼命地进兵要追赶酸枣的所有将领一起西行，没有保护青州的人民，大兵刚好渡过黄河，黄巾军就已经进入青州境内。青州向来富庶，军队也强大，每次焦和看到贼人就逃跑，从来没有交锋作战。他喜欢占卜，相信鬼神，长于清谈，但对政事赏罚混乱，于是青州逐渐开始萧条，最终完全成为废墟。不久之后，焦和就病死了，袁绍就派遣臧洪（广陵人）兼治青州，来抚慰人民。

夏季，四月，派遣幽州牧刘虞做太傅，由于道路堵塞，命令

没有到达。在这之前，幽州要救济荒外的人民，所需的耗费很多，每年都要分青州、冀州二亿多赋税来补充。这个时候处处都断绝了，一切东西都运送不到，然而刘虞穿着破衣草鞋，吃饭没有肉味，却致力于推行宽松的政治，劝说人民耕种，开放上谷的关市和胡人贸易，开辟渔阳的盐铁来谋利益，人民心悦口服，年年丰收，每一石粮食，就只有三十钱，青州、徐州的人为了逃难选择归附刘虞的有一百多万人，刘虞都收容并安抚他们，替他们安家立业，让这些流民忘记自己是由外地迁徙来的。

五月，司空荀爽薨。六月，辛丑，以光禄大夫种拂为司空。拂，(邵)〔劭〕之父也。

董卓遣大鸿胪韩融、少府阴修、执金吾胡母班、将作大匠吴修、越骑校尉王瑰安集关东，解譬袁绍等。胡母班、吴修、王瑰至河内，袁绍使王匡悉收系杀之。袁术亦杀阴修；惟韩融以名德免。

董卓坏五铢钱，更铸小钱，悉取雒阳及长安铜人、钟虡、飞廉、铜马之属以铸之，由是货贱物贵，谷石至数万钱。

冬，孙坚与官属会饮于鲁阳城东，董卓步骑数万猝至，坚方行酒，谈笑，整顿部曲，无得妄动。后骑渐益，坚徐罢坐，导引入城，乃曰："向坚所以不即起走，恐兵相蹈藉，诸君不得入耳。"卓兵见其整，不敢攻而还。

【译文】 五月，司空荀爽去世了。六月，辛丑日（六月无此日），任命光禄大夫种拂做司空。种拂，就是种邵的父亲。

董卓派大鸿胪韩融、少府阴修、执金吾胡母班、将作大匠吴修、越骑校尉王瑰安定集合关东，晓谕袁绍等。胡母班、吴修、王瑰到了河内后，袁绍就派王匡把他们全部逮捕并杀了。袁术也杀死了阴修，只有韩融由于有道德的声名而免于灾害。

董卓废除了五铢钱，又铸造小钱，收集了所有洛阳和长安的铜人、钟虡、飞廉、铜马之类的东西来铸造，因此钱就不值钱，但是物价很贵，一石谷子就卖到了几万钱。

冬季，孙坚和官员们在鲁阳城的东面聚会饮酒，董卓带领几万步兵、骑兵突然来临，孙坚正在敬酒、说笑，看到这种情形后，一方面谈笑风生，另一方面整理部队，不允许一个人乱动。后来骑兵逐渐地多起来，孙坚慢慢地停止聚会，带领大家入城，就对大家说："刚才我之所以不马上起身，就是害怕士兵们互相践踏，各位就不能进城了！"董卓看见孙坚的军队很整齐，就不敢进攻而带兵回去。

王匡屯河阳津，董卓袭击，大破之。

左中郎将蔡邕议："孝和以下庙号称宗者，皆宜省去，以遵先典。"从之。

【译文】 王匡驻守河阳津，董卓偷袭他，将王匡打得大败。

左中郎将蔡邕议论说："自孝和帝以下庙号称宗的，都应该除去，来遵从旧有的典章制度。"献帝听从了他的建议。

【乾隆御批】子孙议祖父，臣议君，此何政耶？且，当时所当急者不在此也。邕汲汲请去已上庙号，将媚董卓之为耳。所谓逸才，多识，适足济其邪。故孔子训于子夏曰："毋为小人儒。"

【译文】子孙评论祖父，臣子褒贬君上，这是什么道理！况且，当时的急迫之事也不是这件事。蔡邕急切地请求要去掉四位皇帝的庙号，只不过是为了向董卓献媚罢了。蔡邕所谓的才华出众，广学多识，是刚好可以帮助董卓实现其阴谋的。所以孔子曾教导子夏说："不要去做像小人一样的儒者。”

中郎将徐荣荐同郡故冀州刺史公孙度于董卓，卓以为辽东太守。度到官，以法诛灭郡中名豪大姓百馀家，郡中震栗，乃东伐高句骊，西击乌桓，语所亲吏柳毅、阳仪等曰：“汉祚将绝，当与诸卿图王耳。”于是分辽东为辽西、中辽郡，各置太守，越海收东莱诸县，置营州刺史。自立为辽东侯、平州牧，立汉二祖庙，承制，郊祀天地，藉田，乘鸾路，设旄头、羽骑。

【译文】中郎将徐荣把同郡人前冀州刺史公孙度举荐给董卓，董卓任命他为辽东太守。公孙度到任以后，就用严法杀死了郡中一百多家的名门大姓，全郡害怕，又向东讨伐高句丽，向西攻打乌桓，对他所亲信的官吏柳毅、阳仪等说：“汉朝的禄位就要断绝，我应该和诸位图谋正事。”于是就把辽东分为辽西、中辽郡，各郡都设立了太守，渡过海并收取了东莱各县，设立了营州刺史。自从立为辽东侯、平州牧后，就建立了汉高祖、世祖的宗庙，秉承先前的制度，祭祀天地，并且亲自耕田来劝说天下，坐着鸾车，设立了旄头、羽骑卫侍。

资治通鉴卷第六十　汉纪五十二

起重光协洽，尽昭阳作噩，凡三年。

【译文】 起辛未（公元191年），止癸酉（公元193年），共三年。

【题解】 本卷记录了汉献帝刘协初平二年到初平四年间的历史。董卓被关东军逐出洛阳，西走长安，被王允用计诛灭。董卓残部李傕、郭汜兵入长安，杀王允，劫掠长安，长安、洛阳成为废墟。天子西迁，朝纲崩坏，关东诸侯残兼并杀，不断混战，烽烟四起，军阀割据，格局初显。

孝献皇帝乙

初平二年（辛未，公元一九一年）春，正月，辛丑，赦天下。

关东诸将议：以朝廷幼冲，逼于董卓，远隔关塞，不知存否，幽州牧刘虞，宗室贤俊，欲共立为主。曹操曰："吾等所以举兵而远近莫不响应者，以义动故也。今幼主微弱，制于奸臣，非有昌邑亡国之衅，而一旦改易，天下其孰安之！诸君北面，我自西向。"韩馥、袁绍以书与袁术曰："帝非孝灵子，欲依绛、灌诛废少主、迎立代王故事，奉大司马虞为帝。"术阴有不臣之心，不利国家有长君，乃外托公义以拒之。绍复与术书曰："今西名有幼君，无血脉之属，公卿以下皆媚事卓，安可复信！但当使兵往屯

关要，皆自蹙死。东立圣君，太平可冀，如何有疑？又室家见戮，不念子胥可复北面乎？”术答曰：“圣主聪睿，有周成之质。贼卓因危乱之际，威服百寮，此乃汉家小厄之会，乃云今上‘无血脉之属’，岂不诬乎！又曰‘室家见戮，可复北面’，此卓所为，岂国家哉！慺慺赤心，志在灭卓，不识其他！”馥、绍竟遣故乐浪太守张岐等赍议上虞尊号。虞见岐等，厉色叱之曰：“今天下崩乱，主上蒙尘，吾被重恩，未能清雪国耻。诸君各据州郡，宜共戮力尽心王室，而反造逆谋以相垢污邪！”固拒之。馥等又请虞领尚书事，承制封拜，复不听，欲奔匈奴以自绝，绍等乃止。

【译文】初平二年（辛未，公元191年）春季，正月，辛丑日（初六），赦免天下。

所有关东的将领聚在一起商讨，他们认为献帝年龄尚幼，又遭受到董卓胁迫，而且远隔关塞，是生是死都无从知晓，而幽州牧刘虞堪称宗室中的贤才俊士，因此想要拥戴他做天子。曹操说：“我们之所以起兵反叛而四方一呼百应，正是因为我们的举动是出于道义。而如今君主年幼微弱，惨遭奸臣的控制，而且并没有昌邑王亡国之类的事情发生，假如在一夕之间就改立新君，那么天下还有谁能够安下心来呢？各位要想向北依附于刘虞，那我便独自一人向西拥护天子。”韩馥、袁绍给袁术写信说：“皇帝并非孝灵帝的子嗣，我们想要师法先代绛侯周勃和灌婴废掉少主，拥立代王的事迹，咱们就一道推举大司马刘虞做皇帝吧。”因为袁术私底下有做皇帝的心思，如果国家出现一位年长的君主，这将对他十分不利，所以他在表面上假托公义拒绝了他们。袁绍在给袁术的信中说道：“如今西方名义上有一位幼主，他并没有宗室的血脉，公卿以下的臣僚也都只是一味地献媚于董卓，怎么可以仍然信赖他呢？我们现在唯一应该做的是派兵去驻守那些险要之地，让那些人都自困而死；之后我们就在东边推举一位英明的天子，这样才能有太平的希望，如此还有什么可怀疑的呢？此外，我们家人惨遭杀戮，我们不仿效伍子胥报这血海深仇也就算了，还怎么能够再向北称臣去侍奉他呢？”袁术回答说：“现在的天子就很聪明，大有先代周成王的才干，董卓老贼只是凭借危乱迫使百官臣服，这只是汉家遇到的小困难，你竟然说‘现今的天子没有宗室血亲’，难道不是错了吗？你还说‘家里的人已经被他杀害了，你们怎么还可以再恭敬地侍奉他’，其实杀害你家里人的事情是董卓做的，哪里是天子的本意呢？这就是我很忠诚的赤子之心，我的志向在于消灭董卓，我不了解其他的事情！”在袁术回答之后，韩馥、袁绍竟然派出以前的乐浪太守张岐等人，携带着大家议论的结果，前往觐见刘虞，并且奉上了刘虞天子的尊号。刘虞看到张岐等人，脸色很严厉地叱责他们说：“现在正是天下混乱之时，主上正蒙受着屈辱，我接受了国家的重恩，却没有能够洗刷国家的耻辱；诸位官员各自占据了州郡之地，应该共同努力，为王室尽心尽力，怎么反而设计出叛逆的计谋来污辱我呢？”刘虞就坚决地对此事加以拒绝。韩馥等人又力荐刘虞兼管尚书的事务，使他承天子的命令来主持封拜的事务，刘虞还是不听从他们的建议，想要逃奔到匈奴以求自己与这件事情绝无关联，这样袁绍等才停止。

【乾隆御批】虞拊循幽州，远近归向者甚众。观其不受帝号持义侃侃，实有过人之量。

【译文】刘虞为政仁厚，尽心抚恤百姓，所以远近各个地方归附他的人非常多。从他坚决不接受皇帝的称号，坚持大义，侃侃而谈，可以

看出，他确实有过人的气量。

二月，丁丑，以董卓为太师，位在诸侯王上。

孙坚移屯梁东，为卓将徐荣所败，复收散卒进屯阳人。卓遣东郡太守胡轸督步骑五千击之，以吕布为骑督。轸与布不相得，坚出击，大破之，枭其都督华雄。

或谓袁术曰："坚若得雒，不可复制，此为除狼而得虎也。"术疑之，不运军粮。坚夜驰见术，画地计校曰："所以出身不顾者，上为国家讨贼，下慰将军家门之私雠。坚与卓非有骨肉之怨也，而将军受浸润之言，还相嫌疑，何也？"术踧踖，即调发军粮。

坚还屯，卓遣将军李傕说坚，欲与和亲，令坚疏子弟任刺史、郡守者，许表用之。坚曰："卓逆天无道，今不夷汝三族，县示四海，则吾死不瞑目，岂将与乃和亲邪！"复进军大谷，距雒九十里。卓自出，与坚战于诸陵间。卓败走，却屯渑池，聚兵于陕。坚进至雒阳，击吕布，复破走。坚乃扫除宗庙，祠以太牢，得传国玺于城南甄宫井中；分兵出新安、渑池间以邀卓。

【译文】 二月，丁丑日（十二日），献帝封董卓做太师，让他的地位在所有的侯王之上。

孙坚派士兵屯守梁县的东面，却被董卓的将领徐荣击败了，孙坚又集合了分散的士兵，前往驻扎阳人。董卓派遣出时任东郡太守的胡轸攻打孙坚，让他率领步兵、骑兵一共五千人来攻打，却派吕布做了骑兵的首领。由于胡轸和吕布不和，作战也不能一心，因而当孙坚出兵迎战之时，把胡轸与吕布他们打得大败，并且杀掉了他们的首领华雄，把他的头颅示之众人。

有人对袁术说："孙坚如果得到了洛阳，就没有办法对他的势力再加以控制了，这种行为无异于除掉狼而得到虎。"袁术于是对孙坚产生了怀疑，就不再运送军粮给孙坚。孙坚因军粮之急夜里骑马奔驰而来，觐见袁术，当面和袁术分析利害说：“我之所以挺身而出，不顾生命奋战的原因，上是为了替国家讨伐贼人，下是为了安慰将军家门的私下恩怨。孙坚和董卓并没有很深切的仇怨，而将军因他人的谗言，竟然怀疑我，这是什么原因呢？”袁术因而感到局促不安，于是就调发军粮给孙坚。

孙坚回到军营之中屯守阵地，董卓委派将军李傕游说孙坚，表示自己想要和孙坚和亲，指示孙坚上表奏请自己的子弟做刺史、郡守，董卓将会答应录用他们。孙坚说：“董卓违背天意行事，实属大逆不道之人，现在不灭你三族，而且把你杀掉，悬首给天下人看，我死也不瞑目，我又怎么会肯和你和亲呢？”孙坚又进军大谷，距离洛阳九十里。董卓亲自出兵，和孙坚在几个陵寝间交战，董卓打了败仗被迫逃走，退兵驻扎在渑池，并在陕县集合军队。此后孙坚进兵洛阳，攻击吕布，又把吕布击败赶出洛阳。此后，孙坚开始了扫除宗庙，用太牢来祭祀等行动。孙坚的军队在城南甄宫井中得到了传国玉玺，又分兵前往新安、渑池之间拦击董卓。

卓谓长史刘艾曰：“关东军败数矣，皆畏孤，无能为也。惟孙坚小戆，颇能用人，当语诸将，使知忌之。孤昔与周慎西征边、韩于金城，孤语张温，求引所将兵为慎作后驻，温不听。温又使孤讨先零叛羌，孤知其不克而不得止，遂行，留别部司马刘靖将步骑四千屯安定以为声势。叛羌欲截归道，孤小击辄开，畏安定有兵故也。虏谓安定当数万人，不知但靖也。而孙坚随周慎行，谓慎求先将万兵造金城，使慎以二万作后驻。边、韩畏慎大兵，不敢轻与坚战，而坚兵足以断其运道。儿曹用其言，凉州或能定

也。温既不能用孤，慎又不能用坚，卒用败走。坚以佐军司马，所见略与人同，固自为可；但无故从诸袁儿，终亦死耳！”乃使东中郎将董越屯渑池，中郎将段煨屯华阴，中郎将牛辅屯安邑，其馀诸将布在诸县，以御山东。辅，卓之婿也。卓引还长安。孙坚修塞诸陵，引军还鲁阳。

【译文】董卓对长史刘艾说："关东的军队常常和我交战时打败仗，他们都害怕我，因而不能有什么作为。唯有孙坚稍微有点才能，他很能够任用人才，应该把这些告诉所有的将领，使他们知道对他有所警戒。我曾经在金城和周慎西征边让、韩遂之时，告诉过张温，要求让我自己引领我所率领的军队，给周慎做后援，张温不听从我的建议。张温又把我派去讨伐先零反叛的羌人。我知道我们没办法打胜羌人，但无法停止这场战争，于是就出发了，留下了别部司马刘靖率领步兵、骑兵共四千人，屯驻在安定来作为支援的声势。反叛的羌人想要截断我的退路，我对他们施以小小的攻击，他们就逃走了，因为他们害怕安定有我方的军队。胡人认为安定有几万人的军队，却不知道其实只有刘靖罢了。而孙坚跟随周慎出行时，他对周慎说先率领一万军队前往金城，让周慎带领两万人作为后援，边让、韩遂怕周慎的大量军队，于是不敢随便地和孙坚进行战争，而孙坚的军队人数足以截断敌方军队运粮的道路。如果周慎、张温这些小子重用了他，凉州也许能被他们平定，张温既不能重用我，周慎又不能重用孙坚，凉州之战终于因此被打败。孙坚仅仅是一个佐军司马，他的见解却大致能够和我相同，固然他的才能很值得重用，但是他无缘无故地跟随姓袁的那些无能之人，最后也只有死路一条罢了。”于是就派遣东中郎将董越驻扎在渑池，中郎将段煨驻营于华阴，中郎将牛辅驻扎在安邑，其余所有的将领都布置在其他的县，以抵御来自山东的兵力。这些人中，牛辅是董卓的女婿。董卓率领军队回到长安，与此同时，孙坚修整了所有的陵寝后，带领军队回到鲁阳。

【乾隆御批】竖之拒卓，词严义正。至操责诸将进荥阳，未见言大意夸，其实别有所图也，故操败，而坚胜。

【译文】孙坚拒绝和董卓结亲，而且义正词严。当曹操责备各位将领败于荥阳，确实有些言过其实，有意夸大，而其实是另有所图，所以，最后曹操失败，孙坚获胜。

【乾隆御批】世以传国玺为受命之符。不知此特嬴秦所造，何足为贵！在德不在鼎。玺更可知。孙坚得玺，袁术夺之，直与新莽同一，自速败亡而已。

【译文】历代都把传国御玺作为接受天命的护身符。却不知它只不过是秦朝嬴政制造的一件器物，哪里有什么值得珍贵的！治理国家在于德政，而不在于那几个大鼎，更何况是御玺，可想而知。孙坚得到御玺，袁术又把它夺走了，与王莽篡汉自立一样，不过是自己加速灭亡罢了。

夏，四月，董卓至长安，公卿皆迎拜车下。卓抵手谓御史中丞皇甫嵩曰："义真，怖未乎？"嵩曰："明公以德辅朝廷，大庆方至，何怖之有！若淫刑以逞，将天下皆惧，岂独嵩乎！"卓党欲尊卓比太公，称尚父。卓以问蔡邕，邕曰："明公威德，诚为巍巍，然比之太公，愚意以为未可。宜须关东平定，车驾还反旧京，然后议之。"卓乃止。

卓使司隶校尉刘嚣籍吏民有为子不孝、为臣不忠、为吏不清、为弟不顺者，皆身诛，财物没官。于是，更相诬引，冤死者以千数。百姓嚣嚣，道路以目。

【译文】 夏季，四月，董卓到了长安，公卿大臣都在董卓的车下迎接他。董卓拍拍手对御史中丞皇甫嵩说："义真，你害怕不害怕我？"皇甫嵩说："明公您用道德辅佐朝廷，重大的喜庆才刚刚到来，有什么好怕的呢？你如果滥用刑法来逞一时之心，快一时之意，天下的人都将会害怕您，那又岂止我皇甫嵩呢？"董卓的党羽们想要尊奉董卓，把他和太公相比，称他为尚父时，董卓就问蔡邕此事是否可行，蔡邕说："你既有威严的仪表，又有高尚的道德，实在是很伟大，但是要想和太公相比，我认为还不可以，至少应该等到关东平定了，天子回到了原来的京城，我们再来讨论此事。"董卓于是就停止了此封号之事。

董卓委派司隶校尉刘嚣登记吏民里如果有做儿子不孝顺父母，做臣子不忠贞于君主，做官不清廉奉公，做弟弟而不顺从哥哥的人，把他们都杀掉，财物都没收到官府里。很多人互相诬告牵引，因此而冤死的人达上千之多，老百姓深感忧虑和恐惧，在路上大家见了面，也都不敢讲话，只用眼睛来示意。

六月，丙戌，地震。

秋，七月，司空种拂免；以光禄大夫济南淳于嘉为司空，太尉赵谦罢；以太常马日磾为太尉。

初，何进遣云中张杨还并州募兵，会进败，杨留上党，有众数千人。袁绍在河内，杨往归之，与南单于於扶罗屯漳水。韩馥以豪杰多归心袁绍，忌之；阴贬节其军粮，欲使其众离散。会馥将麴义叛，馥与战而败，绍因与义相结。

【译文】 六月，丙戌日（二十三日），发生地震。

秋季，七月，献帝免除了司空种拂的职务；派遣身为济南人的光禄大夫淳于嘉担任司空。罢除了时任太尉的赵谦的职务，派遣太常马日磾担任太尉一职。

起初，何进曾经派遣云中人张杨回到并州召集军队，刚好碰到了何进失败，张杨就留在了上党，他的手下有徒众几千人之多。由于袁绍在河内，张杨就赶过去投奔他，和南单于於扶罗屯守漳水。韩馥认为天下的豪杰都臣服于袁绍，心里对他忌恨，私底下减少上交给他的军粮，想要使得他的手下分散。那时刚好韩馥的将领麴义进行兵变，韩馥就和他之间发生战争，但是被他打败了，袁绍因此就和麴义相结合。

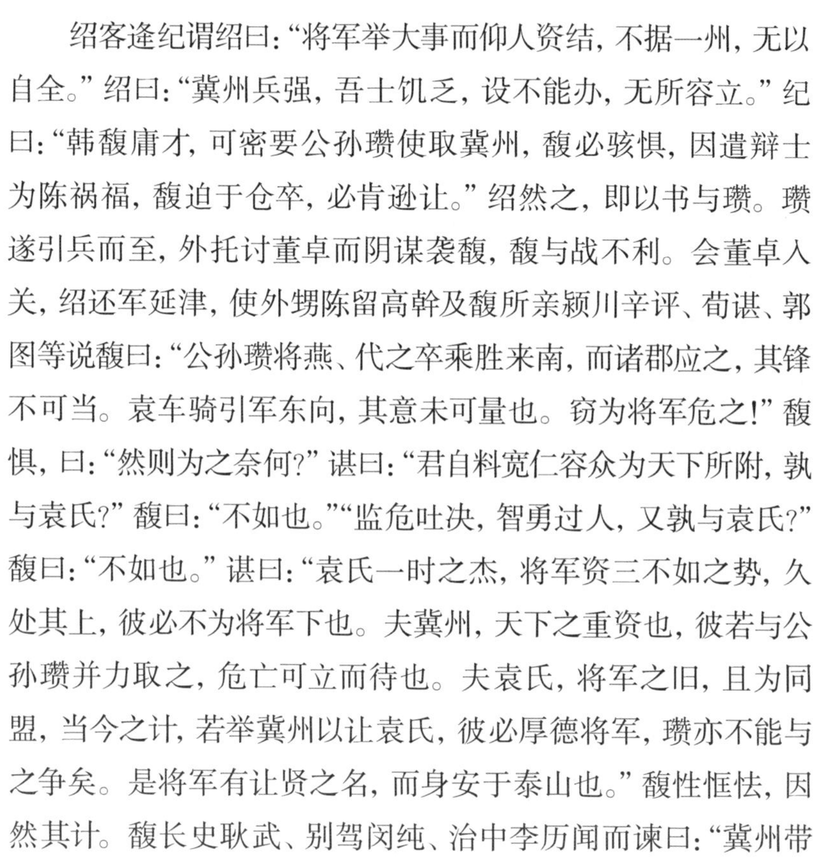

绍客逄纪谓绍曰：“将军举大事而仰人资结，不据一州，无以自全。”绍曰：“冀州兵强，吾士饥乏，设不能办，无所容立。”纪曰：“韩馥庸才，可密要公孙瓒使取冀州，馥必骇惧，因遣辩士为陈祸福，馥迫于仓卒，必肯逊让。”绍然之，即以书与瓒。瓒遂引兵而至，外托讨董卓而阴谋袭馥，馥与战不利。会董卓入关，绍还军延津，使外甥陈留高幹及馥所亲颍川辛评、荀谌、郭图等说馥曰：“公孙瓒将燕、代之卒乘胜来南，而诸郡应之，其锋不可当。袁车骑引军东向，其意未可量也。窃为将军危之！”馥惧，曰：“然则为之奈何？”谌曰：“君自料宽仁容众为天下所附，孰与袁氏？”馥曰：“不如也。”“监危吐决，智勇过人，又孰与袁氏？”馥曰：“不如也。”谌曰：“袁氏一时之杰，将军资三不如之势，久处其上，彼必不为将军下也。夫冀州，天下之重资也，彼若与公孙瓒并力取之，危亡可立而待也。夫袁氏，将军之旧，且为同盟，当今之计，若举冀州以让袁氏，彼必厚德将军，瓒亦不能与之争矣。是将军有让贤之名，而身安于泰山也。”馥性恇怯，因然其计。馥长史耿武、别驾闵纯、治中李历闻而谏曰：“冀州带

甲百万，谷支十年。袁绍孤客穷军，仰我鼻息，譬如婴儿在股掌之上，绝其哺乳，立可饿杀，奈何欲以州与之！”馥曰：“吾袁氏故吏，且才不如本初，度德而让，古人所贵，诸君独何病焉！”先是，馥从事赵浮、程涣将强弩万张屯孟津，闻之，率兵驰还。时绍在朝歌清水，浮等从后来，船数百艘，众万馀人，整兵鼓，夜过绍营，绍甚恶之。浮等到，谓馥曰：“袁本初军无头粮，各已离散，虽有张杨、於扶罗新附，未肯为用，不足敌也。小从事等请以见兵拒之，旬日之间，必土崩瓦解。明将军但当开閤高枕，何忧何惧！”馥又不听，乃避位，出居中常侍赵忠故舍，遣子送印绶以让绍。绍将至，从事十人争弃馥去，独耿武、闵纯杖刀拒之，不能禁，乃止；绍皆杀之。绍遂领冀州牧，承制以馥为奋威将军，而无所将御，亦无官属。绍以广平沮授为奋武将军，使监护诸将，宠遇甚厚。魏郡审配、巨鹿田丰并以正直不得志于韩馥，绍以丰为别驾，配为治中，及南阳许攸、(逄)〔逢〕纪、颍川荀谌皆为谋主。

【译文】袁绍的门客逢纪对袁绍说：“将军你要举大事，却仰望着别人的供给，如果你不自己占据一个州，那是没有办法保全自己的。”袁绍说：“冀州的兵力很强，我的士兵疲惫饥饿而又困乏，我大概不能得到这个地方，如果不仰望别人的供给就没有办法容身立足。”逢纪说：“韩馥不过是一个庸才，我们可以秘密地邀请公孙瓒，要他去攻打冀州，韩馥必定会心生恐惧，此后我们派遣一个善辩之士，前去为韩馥陈述祸福，韩馥因为受到窘困的逼迫，必定会把冀州让给你。”袁绍觉得此话很对，于是就写了封信给公孙瓒。公孙瓒于是率领军队来到冀州，表面上托词要讨伐董卓，实际上是想要攻击韩馥，韩馥在和他作战时，战况不利于自己。刚好这个时候董卓进入关中，袁绍就率领军队返回延津，派遣外甥陈留人高幹和韩馥所亲信的颍川人辛评、荀谌、郭图等人游说韩馥说：“公孙瓒率领燕、代两地的军队，乘胜来到南方，而各郡都响应他的号召，他的锋芒实在没有办法遮蔽了。袁绍率领军队向东来到冀州，他的用意我们不容易衡量，在此种情景之下我们认为将军的处境很危险！”韩馥很恐惧，说：“那么我们应该怎么办呢？”荀谌说：“你自己衡量一下，若是论及宽厚仁爱，容纳群众为天下人所归附，自己比起袁绍来怎么样？”韩馥说：“我不如他。”荀谌说：“那么若论及临到危险，能够谈吐不凡，有奇谋良计、有策略，以及智勇过人这些方面，你和袁绍比起来又怎么样？”韩馥说：“我也赶不上他。”荀谌说：“那倘若论及世世代代施布恩德，使得全天下每一家都受到他的恩惠，你和袁绍比起来又怎么样？”韩馥说：“我还是不如他！”荀谌说：“袁绍是雄霸一时的豪杰，将军如果想凭借这样三个不如他的形势，长久占他的上位，他一定不会心甘情愿地做你的部下。冀州原本就是夺取天下的重要凭借，他如果此时预谋和公孙瓒并力来攻打冀州的话，将军马上就会陷入危险的境地。然而袁绍曾经是你的旧交，并且也是当初我军讨伐董卓的同盟，依照目前形势，现在的计划是，如果将军把冀州让给袁绍，他一定会十分感激你，因而厚厚地报答你，公孙瓒也就不能和你争夺冀州了。如果依此计行事，大家提及，只会让将军你有退让贤人的声名，而自己也能够处于像泰山那样的安宁之中。”韩馥原本就是生性恐惧、畏缩之人，因而认为他的策略很正确。韩馥的长史耿武、别驾闵纯、治中李历听到此番话就劝阻韩馥说：“冀州有优秀的士兵百万余人，城内的粮食可以支持十年之久。而袁绍原本只是一个孤单的人，他的军队又疲困于此，完全是仰承我们的鼻息，这就好像是一个婴儿在我们的手上，只要断绝他的哺乳，他立刻就会饿

死，我们怎么可以想要把冀州让给他呢？”韩馥却说：“我原来就只是袁氏的旧官，并且才能也不如袁绍，我衡度才德而让位于他，这是古人所尊敬的行为，诸位为什么这般不赞成呢？”在此之前，韩馥的从事赵浮、程涣率领精兵一万人屯守在孟津，听说了这件事情后，就率领军队，迅速赶回来了。当时袁绍在朝歌清水一带，赵浮等从他军队的后面过来，所驾驶的船有一百艘，士兵有一万多人，整顿了军队插上帅旗打响军鼓，夜里经过袁绍的帐营，袁绍因此很讨厌他。赵浮等到了冀州后，就对韩馥说：“袁本初军中已经连一斗的粮食都没有了，士兵们都已离散他地，军中虽然有张杨、於扶罗刚刚归附于他，可是都不肯为他所用，袁绍他们实在不是我们的对手。我做从事的请求就拿我现在所拥有的兵力来对抗他，几天之内一定会让他的军队土崩瓦解！将军只要开着边门，枕着高高的枕头休息就好了，有什么好忧虑、有什么好惧怕的呢？”韩馥还是不听从他的建议，于是就让位给袁绍，自己搬出去，住在中常侍赵忠以前的房子里，派遣他的儿子把冀州的印信送给袁绍。袁绍将要到冀州之时，韩馥的从事中十几个人争着抛弃韩馥而去，只有耿武、闵纯拿着刀对抗袁绍，可是没办法阻止他入城，只好停止；最后袁绍把他们都杀死了。袁绍于是领了冀州牧成为冀州之主，仰承君主的命令，委任韩馥为奋威将军，可是没有分配军队给他统领，也没有分配给他官吏下属。此后袁绍还派出广平人沮授做奋武将军，派他监督管理所有的将军，对他的待遇很丰厚。魏郡人审配、巨鹿人田丰，都因为为人正直，在韩馥处于冀州牧时很不得志，袁绍就派遣田丰做别驾，审配做治中，同时还使得南阳人许攸、逢纪、颍川人荀谌，都成为谋划的骨干。

绍以河内朱汉为都官从事。汉先为韩馥所不礼，且欲徼迎绍意，擅发兵围守馥第，拔刃登屋，馥走上楼，收得馥大儿，槌折两脚。绍立收汉，杀之。馥犹忧怖，从绍索去，往依张邈。后绍遣使诣邈，有所计议，与邈耳语；馥在坐上，谓为见图，无何，起至溷，以书刀自杀。

鲍信谓曹操曰："袁绍为盟主，因权夺利，将自生乱，是复有一卓也。若抑之，则力不能制，只以遘难。且可规大河之南以待其变。"操善之。会黑山、于毒、白绕、眭固等十馀万众略东郡，王肱不能御。曹操引兵入东郡，击白绕于濮阳，破之。袁绍因表操为东郡太守，治东武阳。

【译文】 袁绍派河内人朱汉担任都官从事。朱汉最开始得不到韩馥的欣赏，现在又想暗自逢迎袁绍的心意，于是就擅自率兵围守韩馥的住处，并且亲自拔刀登上屋顶，韩馥逃到楼上躲避了，朱汉捉到了韩馥的大儿子，打断了他的两只脚；袁绍立刻逮捕了朱汉，把他处死。然而韩馥还是忧愁恐惧，于是就向袁绍请求离开冀州，前去投靠张邈。后来袁绍派遣使者到张邈那里，因有事商谈，便和张邈附耳密语，韩馥当时也在场，认为这是要谋害他，一会儿就起身到厕所里，用削书简的刀自杀了。

鲍信对曹操说："袁绍做盟主，凭借着他的权势，如果独享利益，将会产生祸乱之灾，如此等于是天下又出了一个董卓。如果我们压制他，力量又不足以制裁他，那就会招来灾祸。现在我们可以暂且规划大河的南方，来等待他的变化。"曹操认为此策略很好。此时刚好黑山、于毒、白绕、眭固等十几万徒众侵略东郡，王肱招架不住。曹操于是引兵进入东郡，在濮阳攻打白绕，击败了王肱。袁绍因而上表请示让曹操做东郡太守，以东武阳作为郡政府所在地。

南单于劫张杨以叛袁绍，屯于黎阳。董卓以杨为建义将军、河内太守。

太史望气，言当有大臣戮死者。董卓使人诬卫尉张温与袁术交通，冬，十月，壬戌，笞杀温于市以应之。

青州黄巾寇勃海，众三十万，欲与黑山合。公孙瓒率步骑二万人逆击于东光南，大破之，斩首三万馀级。贼弃其辎重，奔走度河。瓒因其半济薄之，贼复大破，死者数万，流血丹水，收得生口七万馀人，车甲财物不可胜算，威名大震。

刘虞子和为侍中，帝思东归，使和伪逃董卓，潜出武关诣虞，令将兵来迎。和至南阳，袁术利虞为援，留和不遣，许兵至俱西，令和为书与虞。虞得书，遣数千骑诣和。公孙瓒知术有异志，止之，虞不听。瓒恐术闻而怨之，亦遣其从弟越将千骑诣术，而阴教术执和，夺其兵，由是虞、瓒有隙。和逃术来北，复为袁绍所留。

【译文】 南单于劫持张杨，反叛袁绍，驻守黎阳。董卓封张杨做建义将军、河内太守。

太史观望气象，说当有大臣被杀死。是年，董卓派人诬陷卫尉张温和袁术有所往来。冬季，十月，壬戌日（初一），董卓派人在市镇上将张温打死，来应和这个预言。

青州的黄巾军进犯渤海，有部众三十多万人，想要和黑山的势力会合。公孙瓒率领步兵、骑兵共两万人，于东光的南面迎上去攻击他们，将他们打得惨败，砍掉了三万多人的头颅。黄巾军抛弃了他们的辎重细软，争着渡河；公孙瓒趁他们渡河渡到一半之时攻击他们，黄巾军又大败，死了几万人，就连河水都被染成了红色，捉到活口七万多人，所得的车辆、铠甲、财物，多到无法计算，公孙瓒因此而声名大振。

刘虞的儿子刘和做侍中之时，献帝想要向东搬到洛阳，于是就让刘和假装逃避董卓，偷偷地离开武关去朝见刘虞，命令他率领军队来迎接献帝。刘和到了南阳，袁术想利用刘虞作为后援，就扣留了刘和不让他走，并且答应他等军队到了，和他一起带兵向西，然后命令刘和写封信交给刘虞。刘虞得到刘和的信件以后，就派出几千名骑兵到刘和那里。公孙瓒知道袁术有异心，试图阻止刘虞，无奈刘虞不听从他的建议。公孙瓒害怕袁术知道了此事而埋怨自己，也委派自己的堂弟公孙越带领一千名骑兵去见袁术，私下让袁术逮捕刘和，霸占他的军队，从此刘虞和公孙瓒就有了仇隙。刘和从袁术那里逃走，到了北方又被袁绍所收留。

是时关东州、郡务相兼并以自强大，袁绍、袁术亦自相离贰。术遣孙坚击董卓未返，绍以会稽周昂为豫州刺史，袭夺坚阳城。坚叹曰："同举义兵，将救社稷，逆贼垂破而各若此，吾当谁与戮力乎!"引兵击昂，走之。袁术遣公孙越助坚攻昂，越为流矢所中死。公孙瓒怒曰："余弟死，祸起于绍。"遂出军屯磐河，上疏数绍罪恶，进兵攻绍。冀州诸城多畔绍从瓒。绍惧，以所佩勃海太守印绶授瓒从弟范，遣之郡，而范遂背绍，领勃海兵以助瓒。瓒乃自署其将帅严纲为冀州刺史，田楷为青州刺史，单经为兖州刺史。又悉改置郡、县守、令。

【译文】 这个时候关东各州郡的君主都致力于互相兼并来壮大自己的势力，袁绍和袁术也彼此分开了。袁术派出前去攻击董卓的孙坚尚未回来，袁绍派会稽人周昂担任豫州刺史，偷偷袭击孙坚所统率的阳城。孙坚慨叹说："我们当初一起发动义

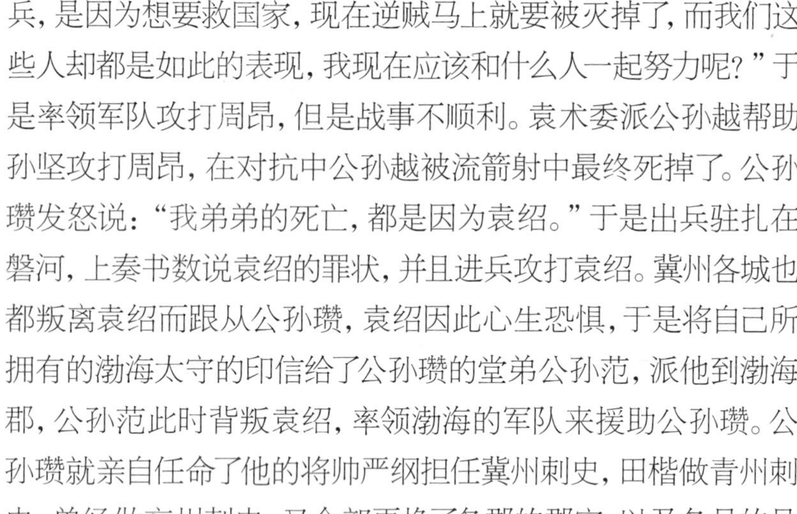
兵，是因为想要救国家，现在逆贼马上就要被灭掉了，而我们这些人却都是如此的表现，我现在应该和什么人一起努力呢？”于是率领军队攻打周昂，但是战事不顺利。袁术委派公孙越帮助孙坚攻打周昂，在对抗中公孙越被流箭射中最终死掉了。公孙瓒发怒说：“我弟弟的死亡，都是因为袁绍。”于是出兵驻扎在磐河，上奏书数说袁绍的罪状，并且进兵攻打袁绍。冀州各城也都叛离袁绍而跟从公孙瓒，袁绍因此心生恐惧，于是将自己所拥有的渤海太守的印信给了公孙瓒的堂弟公孙范，派他到渤海郡，公孙范此时背叛袁绍，率领渤海的军队来援助公孙瓒。公孙瓒就亲自任命了他的将帅严纲担任冀州刺史，田楷做青州刺史，单经做兖州刺史，又全部更换了各郡的郡守，以及各县的县令。

初，涿郡刘备，中山靖王之后也。少孤贫，与母以贩履为业，长七尺五寸，垂手下膝，顾自见其耳；有大志，少语言，喜怒不形于色。尝与公孙瓒同师事卢植，由是往依瓒。瓒使备与田楷徇青州有功，因以为平原相。备少与河东关羽、涿郡张飞相友善；以羽、飞为别部司马，分统部曲。备与二人寝则同床，恩若兄弟，而稠人广坐，侍立终日，随备周旋，不避艰险。常山赵云为本郡将吏兵诣公孙瓒，瓒曰：“闻贵州人皆愿袁氏，君何独迷而能反乎？”云曰：“天下讻讻，未知孰是，民有倒县之厄，鄙州论议，从仁政所在，不为忽袁公，私明将军也。”刘备见而奇之，深加接纳，云遂从备至平原，为备主骑兵。

【译文】起初，祖籍为涿郡的刘备，是中山靖王的后人，小时候父亲就辞世而去了，家里生活十分贫苦，刘备和母亲以卖鞋子为生。刘备身高为七尺五寸，手垂下来可以越过膝盖，并且自己可以看到自己的耳朵；刘备自小就心怀大志，很少说话，喜怒不形于色。刘备曾经和公孙瓒共同拜卢植为师，因此在这个时候前去投奔了公孙瓒。公孙瓒于是派刘备和田楷去攻打青州，此后刘备因有功而担任了平原相。刘备小时候和河东人关羽、涿郡人张飞彼此亲近和善，于是就派出关羽、张飞做别部司马，各自统领军队。刘备与他二人同床而眠，对他们的恩爱犹如兄弟，而且在众人广座的地方，关羽和张飞整天都在刘备的身边站立着，随着刘备多方周旋，从来都不逃避艰难危险。常山人赵云是他所在之郡率领士兵的官吏，就去拜见公孙瓒，公孙瓒说："听闻你所在州中的人都愿意追随袁氏，你为什么却独独能够迷途知返呢？"赵云说："天下议论不断，不知道追随什么人才对，百姓像是有倒悬着的危难，而我们州中人都议论着，应该跟随仁政所在的地方，这并不是因为轻视袁氏而有爱于你，而是因为在乎仁政。"刘备见到赵云，十分珍惜他的才能，于是和他结交，赵云跟随着刘备到了平原，为刘备领导骑兵。

初，袁术之得南阳，户口数百万，而术奢淫肆欲，徵敛无度，百姓苦之，稍稍离散。既与袁绍有隙，各立党援以相图谋。术结公孙瓒而绍连刘表，豪桀多附于绍。术怒曰："群竖不吾从而从吾家奴乎！"又与公孙瓒书曰："绍非袁氏子。"绍闻大怒。

术使孙坚击刘表，表遣其将黄祖逆战于樊、邓之间，坚击破之，遂围襄阳。表夜遣黄祖潜出发兵，祖将兵欲还，坚逆与战，祖败走，窜岘山中。坚乘胜夜追祖，祖部兵从竹木间暗射坚，杀之。坚所举孝廉长沙桓阶诣表请坚丧，表义而许之。坚兄子贲率其士众就袁术，术复表贲为豫州刺史。术由是不能胜表。

【译文】起初，袁术夺取了南阳之时，南阳城内有户口几

百万，但是袁术奢侈淫乐、放纵欲望，征收赋税没有限制，老百姓颇受其害，于是渐渐地离开南阳而去了。后来袁术又和袁绍有了仇隙，各人都建立起自己的党羽来谋害对方。袁术结交了公孙瓒，而袁绍结交了刘表，豪杰多亲附于袁绍。袁术发怒说："这些小子不跟随我而跟随我的家奴吗？"又在给公孙瓒的信中说："袁绍不是袁家的儿子。"袁绍听了以后大为愤怒！

袁术派孙坚攻打刘表，刘表委派他的将领黄祖在樊、邓之间迎战孙坚，孙坚打败了黄祖，于是围困襄阳。刘表命令黄祖夜里偷偷出城发动军队，黄祖率领军队准备回城之时，恰好与孙坚碰上了，于是黄祖就跟孙坚作战，最后黄祖大败，逃跑到岘山。孙坚乘胜，夜里追赶黄祖，黄祖部下的士兵从竹林里偷偷射击孙坚，杀死了他。孙坚所推举的孝廉长沙人桓阶拜见刘表，请求他让自己为孙坚发丧，刘表认为他很有义气，于是就答应了他。与此同时，孙坚的侄儿孙贲率领他的手下，投奔了袁术。袁术又上表奏请让孙贲担任豫州刺史。袁术从此在道义上无法胜过刘表。

初，董卓入关，留朱俊守雒阳，而俊潜与山东诸将通谋，惧为卓所袭，出奔荆州。卓以弘农杨懿为河南尹；俊复引兵还雒，击懿，走之。俊以河南残破无所资，乃东屯中牟，移书州郡，请师讨卓。徐州刺史陶谦上俊行车骑将军，遣精兵三千助之，馀州郡亦有所给。谦，丹杨人。朝廷以黄巾寇乱徐州，用谦为刺史。谦至，击黄巾，大破走之，州境晏然。

刘焉在益州阴图异计。沛人张鲁，自祖父陵以来世为五斗米道，客居于蜀。鲁母以鬼道常往来焉家，焉乃以鲁为督义司马，以张脩为别部司马，与合兵掩杀汉中太守苏固，断绝斜谷阁，杀害汉使。焉上书言:“米贼断道,不得复通。”又托他事杀州中豪强王咸、李权等十馀人,以立威刑。犍为太守任岐及校尉贾龙由此起兵攻焉,焉击杀岐、龙。焉意渐盛,作乘舆车具千馀乘,刘表上“焉有似子夏在西河疑圣人”之论。时焉子范为左中郎将,诞为治书御史,璋为奉车都尉,皆从帝在长安,惟小子别部车马瑁素随焉;帝使璋晓喻焉,焉留璋不遣。

【译文】起初,董卓入关,留下朱俊把守洛阳,而朱俊私底下和山东的将领们互通计谋,他害怕被董卓攻击于是出逃到荆州。董卓派弘农人杨懿做河南尹,朱俊又带领军队回到洛阳,攻打杨懿,将他赶出洛阳城。朱俊认为河南残旧破烂,没有什么可依靠的,于是向东驻兵于中牟,向各州郡发出书信,请求他们派兵来征讨董卓。徐州刺史陶谦上表推荐朱俊做车骑将军,并且派出三千精锐军队来援助他,其他的各州郡也都派了一些军队。陶谦是丹阳人。朝廷因为黄巾军侵入徐州,就任用陶谦担任徐州刺史。陶谦到了徐州以后,将黄巾军打得惨败,并将他们赶出徐州城,徐州境内从此宁静了。

刘焉在益州私下图谋特殊的计划。沛人张鲁,自祖父张陵以来,世世代代从事于五斗米道教,居住在蜀地。由于张鲁的母亲通邪术,并且经常往来于刘焉的家里,刘焉就派张鲁担任督义司马,张脩担任别部司马,和他们集中兵力掩杀了汉中太守苏固,断绝了斜谷阁之路,谋害了汉室的使臣。刘焉上书献帝说:“米贼断绝了道路,不能够再交通。”又假托其他的事情,谋害了州里的豪强王咸、李权等十几个人,来树立自己的威望,立下新的法令。犍为太守任岐和校尉贾龙因为此事而起兵攻打刘焉,刘焉还击任岐、贾龙,并把他们都杀害了。刘焉想要做皇帝的意图渐渐明显,他新建了车乘一千多辆,刘表上奏章,里边有

“刘焉犹如子夏当初在西河所做的比拟圣人之举”的言论。当时刘焉的长子刘范担任左中郎将，刘诞担任治书御史，刘璋担任奉车都尉，都追随献帝在长安，只有小儿子别部司马刘瑁跟随刘焉。献帝就委派刘璋告知刘焉此事，刘焉扣留了刘璋不让他回献帝身边。

公孙度威行海外，中国人士避乱者多归之，北海管宁、邴原、王烈皆往依焉。宁少时与华歆为友，尝与歆共锄菜，见地有金，宁挥锄不顾，与瓦石无异，歆捉而掷之，人以是知其优劣。邴原远行游学，八九年而归，师友以原不饮酒，会米肉送之，原曰：“本能饮酒，但以荒思废业，故断之耳。今当远别，可一饮燕。”于是，共坐饮酒，终日不醉。宁、原俱以操尚称，度虚馆以候之。宁既见度，乃庐于山谷。时避难者多居郡南，而宁独居北，示无还志，后渐来从之，旬月而成邑。宁每见度，语唯经典，不及世事；还山，专讲《诗》、《书》，习俎豆，非学者无见也。由是度安其贤，民化其德。邴原性刚直，清议以格物，度已下心不安之。宁谓原曰：“潜龙以不见成德。言非其时，皆招祸之道也。”密遣原逃归，度闻之，亦不复追也。王烈器业过人，少时名闻在原、宁之右。善于教诱，乡里有盗牛者，主得之，盗请罪，曰：“刑戮是甘，乞不使王彦方知也！”烈闻而使人谢之，遗布一端。或问其故，烈曰：“盗惧吾闻其过，是有耻恶之心，既知耻恶，则善心将生，故与布以劝为善也。”后有老父遗剑于路，行道一人见而守之，至暮，老父还，寻得剑，怪之，以事告烈，烈使推求，乃先盗牛者也。诸有争讼曲直将质之于烈，或至涂而反，或望庐而还，皆相推以直，不敢使烈闻之。度欲以为长史，烈辞之，为商贾以自秽，乃免。

【译文】公孙度在海外威名很大，中国人士逃避灾难都前去投奔他，北海人管宁、邴原、王烈都去归附于他。管宁小时候和华歆是朋友，并且曾经和华歆一起种菜，在一次锄地之时管宁看到一块金子，但是他继续挥动锄头看也不看，就和看到砖瓦石块没有什么区别，但是华歆就过去把它拿了起来，看了看才又将它丢掉，人们因此知道他们品格的高低之别。邴原到很远的地方去游学，在那里待了八九年以后要回家乡去，师友们以为邴原不喝酒，于是大家就收集了米和肉送给他，邴原说："其实我本来能够喝酒，只是害怕因此而荒废了学业，所以断绝了喝酒的行为。现在我即将远离了，我们可以喝一次。"于是他和大家坐下来一起喝酒，喝一整天都没有醉。管宁、邴原二人都因为道德高尚而有名气，因此公孙度空着房舍来等候他们的到来。管宁拜见公孙度以后，就在山洞里建了一个房子自己住。当时逃避灾难的难民都居住在郡的南边，而管宁独自居住在郡的北面，来表示自己没有回去的心愿，后来前来逃难的人都跟随着他，不到一个月，管宁所住的地区就成了一个邑镇。管宁每一次见到公孙度，和他所谈论的都只是经典，不谈世事。管宁回到山里，专门讲说诗书，教人学习礼节，不是前来学习的人他一律不接见。因此公孙度对于他的贤能感到很安心，同时也受到他的道德感化。邴原性情很刚直，经常议论人物并且指正他人的错误。公孙度手下的人，心里都感到不太安宁。管宁因此对邴原说："潜在水下面的龙，因为隐藏自己而不现，所以才修养成自己的道义，讲话不符合时宜，是招来灾祸的原因。"秘密地告诉邴原逃回去，公孙度知道了，也不追赶邴原。王烈的器量与德业都很优秀，年轻之时，他的声名就在邴原、管宁之上。王烈善于

教导他人，乡里有偷牛的人，牛的主人抓住了他，强盗就请求牛的主人治自己的罪说："我心甘情愿接受你的惩罚，但是请求你不要让王烈（字彦方）知道！"王烈听到以后，就派人去答谢他，送给他一块布。有人问王烈这其中的原因，王烈说："强盗害怕我知道他的过错，这是有羞于为恶心理的表现，既然他已经知道羞于为恶，那么善心必然将会萌生出来，所以我赠送他一块布，以此来劝勉他行善。"后来有一位老人家在路上丢了一把剑，有一个人看到了老人家丢的剑，于是守在剑的旁边，一直等到晚上，老人家回来找到了剑，他才离去。老人家感到很奇怪，于是就将这件事情告诉了王烈，王烈叫人去寻找守在剑旁的这个人，后来得知，他原来就是以前偷牛被抓到的那个人。很多人互相争执彼此的是非曲直，想要请王烈来裁决，有的人在前去的半路上就离开了，有的则是看到王烈的住处就离开了，都互相推让说对方是正确的，因为他们不敢让王烈知道。公孙度想要派王烈担任长史，王烈推辞了，他选择从商来玷污自己，因而能够免于灾祸。

【乾隆御批】宁在魏屡证，不至，节操可观，烈能化导乡人改恶从善，尚非虚声标榜者，流然遗盗，以布谓坚其为善之心，则未免矫枉、沽名。或亦告者过欤。

【译文】管宁在曹魏时被多次被召唤，但都没有去，可以看得出是很有节操的。王烈能够教化乡人弃恶从善，也并不是虚张声势，自己标榜自己。然而把布送给盗贼，说是为了坚定自己从善的决心，这就未免有些矫枉过正、沽名钓誉。这也许是述说这件事的人的过错吧。

三年（壬申，公元一九二年）春，正月，丁丑，赦天下。

董卓遣牛辅将兵屯陕，辅分遣校尉北地李傕、张掖郭汜、武威张济将步骑数万击破朱俊于中牟，因掠陈留、颍川诸县，所过杀虏无遗。

初，荀淑有孙曰彧，少有才名，何颙见而异之，曰："王佐才也！"及天下乱，彧谓父老曰："颍川四战之地，宜亟避之。"乡人多怀土不能去，彧独率宗族去依韩馥。会袁绍已夺馥位，待彧以上宾之礼。彧度绍终不能定大业，闻曹操有雄略，乃去绍从操。操与语，大悦，曰："吾子房也！"以为奋武司马。其乡人留者，多为傕、汜等所杀。

【译文】 三年（壬申，公元192年）春季，正月，丁丑日（正月份无此日），大赦天下。

董卓委派牛辅带领军队驻扎在陕县，牛辅分别派出校尉北地人李傕、张掖人郭汜、武威人张济带着步兵、骑兵几万人在中牟大胜朱俊。接着又派他们掠夺陈留、颍川各个县城，在其所经过的地区杀人抢掠，没有一丁点遗漏。

起初，荀淑有个孙子叫荀彧，荀彧从小就很有才气和声名，何颙见到他之后十分珍惜他，说："这是辅佐君王的才干啊！"在天下大乱时，荀彧对他家乡的父老乡亲说："颍川现在是一个各方敌人都要进攻的地方，大家应该赶快逃离这里。"乡里的人民都安于故土，不肯离开，荀彧独自率领他宗族中的人去依靠韩馥。袁绍抢夺到了韩馥的地位以后，就拿用来接待上宾的礼节接待荀彧。荀彧私下得觉袁绍最后不能做成大事，他听闻曹操有雄才大略，于是就离开了袁绍，前往投靠曹操。曹操和他谈话后，非常开心，于是说："这是我的张良啊！"于是曹操派他做奋武司马。他那些留在乡里不走的人，最后都被李傕、郭汜等杀死了。

【乾隆御批】操一见荀彧，即曰吾子房。是俨然以汉高自居。篡谋之祸，岂待议加九锡时耶？或乃矫语“君子爱人以德”，其谁欺乎？

【译文】曹操一看到荀彧，就称他是自己的谋士张良。完全是以汉高祖自居。阴谋篡位的祸患，哪里还用等到帝王赏赐九锡时才显露呢？荀彧反而狡辩说“君子用仁德之心爱人“，这又能欺骗得了谁呢？

袁绍自出拒公孙瓒，与瓒战于界桥南二十里。瓒兵三万，其锋甚锐。绍令麹义领精兵八百先登，强弩千张夹承之。瓒轻其兵少，纵骑腾之。义兵伏楯下不动，未至十数步，一时同发，讙呼动地，瓒军大败。斩其所置冀州刺史严纲，获甲首千馀级。追至界桥，瓒敛兵还战，义复破之，遂到瓒营，拔其牙门，馀众皆走。

【译文】袁绍亲自带兵对抗公孙瓒，双方在界桥南边二十里的地方展开了战斗。公孙瓒率领的军队有三万余人，军队的战斗力非常强。袁绍命令麹义带领精锐的士兵共八百人率先冲上去，他们后面紧跟着拿着强劲弓弩的一千名士兵。公孙瓒看麹义带领的军队人数很少，于是就很轻视他，只放出了骑兵向他冲过去。麹义带领的军队潜伏在盾牌下面不动，等到公孙瓒的军队冲到与他们相距十几步的距离时，他们就同时从地上爬起来，大声喊叫，其呼声之大震动天地，公孙瓒的军队大败而去。麹义斩掉公孙瓒所设置的冀州刺史严纲，获得带有铠甲的士兵的首级一千多个。麹义追到界桥附近，公孙瓒集结军队予以还击，麹义又把他打败，进而攻到公孙瓒的军营，拔掉了他衙门中的军旗，剩下的士兵都逃走了。

初，兖州刺史刘岱与绍、瓒连和，绍令妻子居岱所，瓒亦遣从事范方将骑助岱。及瓒击破绍军，语岱令遣绍妻子，别敕范方："若岱不遣绍家，将骑还！吾定绍，将加兵于岱。"岱与官属议，连日不决，闻东郡程昱有智谋，召而问之，昱曰："若弃绍近援而求瓒远助，此假人于越以救溺子之说也。夫公孙瓒非袁绍之敌也，今虽坏绍军，然终为绍所禽。"岱从之。范方将其骑归，未至而瓒败。

曹操军顿丘，于毒等攻东武阳。操引兵西入山，攻毒等本屯。诸将皆请救武阳。操曰："使贼闻我西而还，武阳自解也，不过，我能败其本屯；虏不能拔武阳必矣。"遂行。毒闻之，弃武阳还。操遂击眭固及匈奴於(夫)〔扶〕罗于内黄，皆大破之。

【译文】 起初，兖州刺史刘岱和袁绍、公孙瓒同时相交，袁绍因而命令自己的妻子儿女居住在刘岱管理的地方，公孙瓒也派出从事范方带领骑兵前去帮助刘岱。等到公孙瓒打败了袁绍的军队，就要求刘岱把袁绍的妻子儿女送来，又单独命令范方说："如果刘岱不把袁绍的家人送过来，你就带领骑兵返回，等我平定袁绍以后，就会掉转军队去打刘岱。"刘岱和下属们议论此事，接连几天都没有办法决定如何是好，最后刘岱听闻东郡人程昱很有智谋，就把他召来询问。程昱说："如果放弃了距我们较近的袁绍的援助，而寻求离我们遥远的公孙瓒的帮助，这就好像在我们此地的人要求越地的人来救助自己沉在水里的儿子一样。公孙瓒并不是袁绍的对手，虽然现在他打败了袁绍的军队，但是最后他终究会被袁绍所擒服。"刘岱听从了他的建议。于是范方带领着他的骑兵返回了，他们尚未到达目的地，公孙瓒就已经兵败了。

曹操的军队屯守顿丘，于毒等围困东武阳。曹操就带领着自己的军队向西入山前去攻打于毒等人的大本营。所有的将领都请求曹操应该先解救武阳，曹操说："假如贼人听说我带兵向西进攻他们的大本营因而返回军队加以救援，武阳的围困自然就解除；如果他们不还军救援，我也能攻克他的大本营，于是敌人也一定不能攻克武阳。"于是曹操就继续前进。于毒听到这番军报以后，就放弃了东武阳返回大本营。曹操于是带兵向内黄进攻眭固和匈奴的於扶罗，并且将他们打得惨败。

董卓以其弟旻为左将军，兄子璜为中军校尉，皆典兵事，宗族内外并列朝廷。卓侍妾怀抱中子皆封侯，弄以金紫。卓车服僭拟天子，召呼三台，尚书以下皆自诣卓府启事。又筑坞于郿，高厚皆七丈，积谷为三十年储，自云："事成，雄据天下；不成，守此足以毕老。"

卓忍于诛杀，诸将言语有蹉跌者，便戮于前，人不聊生。司徒王允与司隶校尉黄琬、仆射士孙瑞、尚书杨瓒密谋诛卓。中郎将吕布，便弓马，膂力过人，卓自以遇人无礼，行止常以布自卫，甚爱信之，誓为父子。然卓性刚褊，尝小失卓意，卓拔手戟掷布，布拳捷避之，而改容顾谢，卓意亦解。布由是阴怨于卓。卓又使布守中閤，而私于傅婢，益不自安。王允素善待布，布见允，自陈卓几见杀之状，允因以诛卓之谋告布，使为内应。布曰："如父子何？"曰："君自姓吕，本非骨肉。今忧死不暇，何谓父子？掷戟之时，岂有父子情邪！"布遂许之。

【译文】 董卓任命他的弟弟董旻做左将军，侄儿董璜做中军校尉，共同管理军事，宗族内外的人员都在朝廷里担任官职。甚至于董卓的侍妾所生之子还在怀抱里就被封侯了，把授予他的金印紫绶拿给他玩耍。董卓的车服与天子相似，呼叫三台、尚书以下的官员都要亲自到董卓的相府报告政事。董卓又在郿县修建了一座城堡，城墙的高和厚都是七丈，城堡内堆积了可以吃三十年的粮食，董卓自己说：“事情成功可以拥有天下；如若不成功，我就守着这个地方也足以颐养天年。”

董卓杀人残忍凶暴，将领们言辞之中稍微有所失误，董卓就在自己面前将他杀死，军中人人都没有办法保全性命。司徒王允和司隶校尉黄琬、仆射士孙瑞、尚书杨瓒秘密地图谋除掉董卓。中郎将吕布擅长骑射，力量过人，董卓自以为待人没有礼节，害怕被人谋害，于是办事时常常派吕布护驾，并且很宠爱信任他，互相立誓成为父子。可是董卓的性情刚强猛烈而又做事急躁，吕布做过一件不如董卓之意的小事情，董卓拔出佩戴的小戟向吕布投掷过去，吕布敏捷地躲开了，而且端正容颜，向董卓谢罪，董卓的怒意才消除。吕布因此事心里暗暗怨恨起董卓。董卓又派遣吕布守护自己的内室，然而吕布因此和董卓的亲近婢女私通，于是吕布更感到不安。王允平常待吕布很好，吕布见到王允，就主动诉说董卓曾经几乎杀掉他的情形，王允于是把他们要除掉董卓的计划告诉了吕布，让吕布作为他们的内应。吕布说：“可我们是父子，这种除掉他的事怎么能办呢？”王允说：“你自己姓吕，本来跟他也不是骨肉之亲，现在你担忧自己的性命都来不及，还谈什么父子之情呢？他拿小戟投向你之时，哪里还有什么父子之情呢？”吕布于是答应了他。

夏，四月，丁巳，帝有疾新愈，大会未央殿。卓朝服乘车而入，陈兵夹道，自营至宫，左步右骑，屯卫周匝，令吕布等扞卫前后。王允使士孙瑞自书诏以授布，布令同郡骑都尉李肃与勇士秦谊、陈卫等十馀人伪著卫士服，守北掖门内以待卓。卓入门，肃

以戟刺之；卓衷甲，不入，伤臂，堕车，顾大呼曰："吕布何在？"布曰："有诏讨贼臣！"卓大骂曰："庸狗，敢如是邪！"布应声持矛刺卓，趣兵斩之。主簿田仪及卓仓头前赴其尸，布又杀之，凡所杀三人。布即出怀中诏版以令吏士曰："诏讨卓耳，馀皆不问。"吏士皆正立不动，大称万岁。百姓歌舞于道，长安中士女卖其珠玉衣装市酒肉相庆者，填满街肆。弟旻、璜等及宗族老弱在郿，皆为其群下所斫射死。暴卓尸于市。天时始热，卓素充肥，脂流于地，守尸吏为大炷，置卓脐中然之，光明达曙，如是积日。诸袁门生聚董氏之尸，焚灰扬之于路。坞中有金二三万斤，银八九万斤，锦绮奇玩积如丘山。以王允录尚书事，吕布为奋威将军、假节、仪比三司，封温侯，共秉朝政。

【译文】 夏季，四月，丁巳日（四月无此日），献帝生病刚刚痊愈，在未央殿大会群臣。董卓穿了朝服、乘着车子进入宫内，路的两边排列着军队，一直从他的营地到宫中都是，其中路的左边是步兵，右边是骑兵，周围也有侍卫保护，并且命令吕布等人在前后保卫自己。王允命仆射士孙瑞亲自写诏书送给吕布，吕布命令与他同郡的骑都尉李肃和勇士秦谊、陈卫等十几个人，穿着侍卫的衣服，守在北掖门里面等候董卓。董卓进门以后，李肃用戟来刺杀他，但是董卓里边穿着铠甲，戟刺不进去，只是伤到了膀臂，董卓从车上跌落下来，回头大声叫喊道："吕布在哪里？"吕布说："有诏书命令我们讨伐叛逆的臣子！"董卓大骂吕布说："笨狗！你敢这样做吗？"吕布应声拿着矛刺向董卓，然后催促士兵上前斩掉他的头颅。主簿田仪和董卓的仆人前去抢夺董卓的尸体，吕布又除掉了他们，一共杀掉了三个人。吕布拿出怀里的诏书命令官吏、士兵说道："诏令讨伐董卓罢了，其余的人都不必过问。"官吏、士兵都端端正正地站着不动，高声呼叫吾皇万岁。百姓们听说董卓被刺死后都在路上唱歌跳舞，长安城里的女士中，卖掉自己的珠玉衣服来购买酒肉互相庆祝的人，充满了街道。董卓的弟弟董旻、侄儿董璜等以及在郿县的宗族老弱一千人等，都被他们下面的人所杀死。董卓的尸首被暴晒在市镇上，这时候天气开始变得炎热，董卓又是肥胖的人，身上的油脂都被晒得流到地上，守尸的官吏做了一个大大的灯芯，把他放在董卓的肚脐眼里，点燃之后，灯芯散发的光亮一直亮到第二天早上，而且这种情形持续了很多天。袁氏的门生把所有被杀掉的董氏尸体聚集在一起，焚烧了之后，把所烧的灰扬在路上。郿地的城池里面所拥有的金子有两三万斤；银子有八九万斤；锦绣绮罗、珍奇古玩堆起来像山那样高。献帝诏命王允担任录尚书事，吕布担任奋威将军，对于他们所秉持的旄节、仪节等同于三司，封他们为温侯，共同治理朝政。

【乾隆御批】邕始节尚有可观。后附董卓，隐忍，依违，坐上之叹，遂至噬脐。古称：不息恶木阴，何未之闻也？马日殚不罪邕党逆，反以灭纪，废典，责允谬矣。

【译文】蔡邕在最初的时候节操还可以称道。后来攀附董卓。克制忍耐，犹豫不决，在王允家居然为董卓被杀而叹息，这就好比是自己吞噬自己的腹脐。古人说：不在坏树底下休息，为什么就他没有听过呢？马日碑不治蔡邕是董卓的同党之罪，反而毁灭法度，废除典籍责备王允，这真是太荒谬了。

卓之死也，左中郎将高阳侯蔡邕在王允坐，闻之惊叹。允勃然叱之曰："董卓国之大贼，几亡汉室，君为王臣，所宜同疾，而怀其私遇，反相伤痛，岂不共为逆哉！"即收付廷尉。邕谢曰：

“身虽不忠，古今大义，耳所厌闻，口所常玩，岂当背国而向卓也！愿黥首刖足，继成汉史。”士大夫多矜救之，不能得。太尉马日磾谓允曰：“伯喈旷世逸才，多识汉事，当续成后史，为一代大典；而所坐至微，诛之，无乃失人望乎！”允曰：“昔武帝不杀司马迁，使作谤书流于后世。方今国祚中衰，戎马在郊，不可令佞臣执笔在幼主左右，既无益圣德，复使吾党蒙其讪议。”日磾退而告人曰：“王公其无后乎！善人，国之纪也；制作，国之典也；灭纪废典，其能久乎！”邕遂死狱中。

【译文】董卓被刺死时，左中郎将高阳侯蔡邕正在王允家中做客，听到了此消息之后就吃惊感慨。王允愠怒地改变了脸色，责备他说：“董卓是国家的一大贼人，曾经几乎灭亡了汉室王权，你身为天子的臣下，本来应该同天下人一起憎恨他，现在竟然因为怀念他私下里对你的礼遇，而表现出如此的伤痛，岂不是等同于和他共同做叛逆之事吗？”于是扣留了他，把他交给廷尉。蔡邕谢罪说：“我虽然这样做对皇帝不忠，但是从古至今的大义，耳朵里还是经常能够听到的，自己的嘴里还是经常讲的，哪里会背叛国家而去拥戴董卓呢？我希望你仅仅刺我的脸、砍我的脚，留着我的性命让我能够继续完成汉史。”士大夫都努力营救他，可是没有办法。太尉马日磾向王允说：“蔡伯喈才华俊逸，天下少有，而且他知道很多汉代的史事，应该留着他，让其继续完成《汉史》，使其所著之作成为一代典籍；而且他所犯的罪很小，杀掉他，恐怕会失去人心吧！”王允说：“从前武帝不杀司马迁，才让他有机会写出毁谤武帝的文字，并且流传于后代。现在国祚衰微，战争频繁，军队都在郊野，不能让佞幸之臣拿着笔在年幼的君主身边，这样既对天子的恩德没有好处，又会使我们这些臣子蒙受他的侮辱。”马日磾回去后就告诉别人说："王先生恐怕以后是没有后代了吧！善待有才之人是国家的纲纪，制作史书是国家的法则，消灭纲纪，废除法则，如此一来哪里还能够维持长久呢？"蔡邕于是死在狱中。

【申涵煜评】邕闻诛卓，在坐惊叹，知己之感耶？存亡之慨耶？及被收下狱，无一言自解，但请继成汉史，名实两丧，是古今最可惜人。

【译文】蔡邕听说董卓被诛杀，在（王允）座上发出感叹，是为了知己发出感叹，还是对生死存亡发出感慨？等到他因此获罪下狱，却不为自己辩驳一句，只是请求续写后汉的历史，最终丧失了名声，也丢了性命，实在是古今最令人可惜的人物了。

初，黄门侍郎荀攸与尚书郑泰、侍中种辑等谋曰："董卓骄忍无亲，虽资强兵，实一匹夫耳，可直刺杀也。"事垂就而觉，收攸系狱，泰逃奔袁术。攸言语饮食自若，会卓死，得免。

青州黄巾寇兖州，刘岱欲击之，济北相鲍信谏曰："今贼众百万，百姓皆震恐，士卒无斗志，不可敌也。然贼军无辎重，唯以钞略为资。今不若畜士众之力，先为固守。彼欲战不得，攻又不能，其势必离散。然后选精锐，据要害，击之可破也。"岱不从，遂与战，果为所杀。

【译文】起初，黄门侍郎荀攸和尚书郑泰、侍中种辑等人谋划说："董卓为人十分孤傲、寡断，行事残忍而没有爱心，虽然现在依靠着强大的兵力，然而他实在只不过是一介匹夫罢了，我们可以直接刺死他，不用有所顾虑。"谋划之事快要完成之时被人发觉了，于是荀攸就被逮捕进监狱，郑泰投奔到袁术那里。荀攸在监狱里说话、饮食跟平时一样，刚好此后不久董卓就遇刺而死，荀攸因此才得以免除灾祸。

青州的黄巾军进犯兖州，刘岱想要对其施以攻击，济北相鲍信劝告刘岱说：“现在黄巾军有数百万人之多，百姓们都感到恐惧，士兵们没有斗志，我们现在还不能与之交战。但是黄巾军的军队没有军费，他们只是依靠掠夺的资源作为军资。现在我们不如蓄养士兵的战斗力，先做好防守，让他们想作战没有办法，想进攻又没有能力取胜，这样黄巾军形势上必定会开始分散，我们再选拔些精锐的军队，把守险要的地方对他们加以攻击，采用这样的策略就可以轻易地打败他们了。”刘岱不听从他的建议，当即便和黄巾军作战，最后果然被黄巾军杀死了。

曹操部将东郡陈宫谓操曰：“州今无主，而王命断绝，宫请说州中纲纪，明府寻往牧之，资之以收天下，此霸王之业也。”宫因往说别驾、治中曰：“今天下分裂而州无主；曹东郡，命世之才也，若迎以牧州，必宁生民。”鲍信等亦以为然，乃与州吏万潜等至东郡，迎操领兖州刺史。操遂进兵击黄巾于寿张东，不利。贼众精悍，操兵寡弱，操抚循激励，明设赏罚，承间设奇，昼夜会战，战辄禽获，贼遂退走。鲍信战死，操购求其丧不得，乃刻木如信状，祭而哭焉。诏以京兆金尚为兖州刺史，将之部，操逆击之，尚奔袁术。

五月，以征西将军皇甫嵩为车骑将军。

【译文】 曹操的部将、东郡人陈宫对曹操说：“现在的兖州没有领导者，而皇帝的命令又无法下达，不如我去游说州里那些重要的官吏，使他们让你来担任兖州的州牧，如此一来，你可以凭借兖州，收取天下，这是成为霸王的事业。”陈宫此后就去游说兖州的别驾、治中说：“现在天下处于分裂之中，而本州没有领导者，曹操有经世治国之才，如果你们迎他来做州牧，一定能够使人民安宁。”鲍信等也认为陈宫说得很对，就偕同州里的属吏万潜等前往东郡，迎接曹操做兖州刺史。曹操于是进攻寿张东面，攻击黄巾军，但是战事结果不利。黄巾军十分强悍，而曹操所带领的军队又少又弱。曹操对将士们加以安抚并激励他们，因而设置了赏罚分明的办法，于闲暇时设置奇兵，日夜和黄巾军对抗，每次进行战争都有所虏获，黄巾军于是败退。鲍信在战斗中牺牲了，曹操找不到他的尸身，于是命人拿一块木头刻成鲍信的容貌，祭祀他并且哭泣不已。献帝下诏任命京兆人金尚担任兖州刺史，在他将要到达兖州之时，曹操迎上去对其施以攻击，金尚因而逃奔投靠袁术。

五月，献帝诏命征西将军皇甫嵩担任车骑将军。

初，吕布劝王允尽杀董卓部曲，允曰：“此辈无罪，不可。”布欲以卓财物班赐公卿、将校，允又不从。允素以剑客遇布，布负其功劳，多自夸伐，既失意望，渐不相平。允性刚棱疾恶，初惧董卓，故折节下之。卓既歼灭，自谓无复患难，颇自骄傲，以是群下不甚附之。

允始与士孙瑞议，特下诏赦卓部曲，既而疑曰：“部曲从其主耳。今若名之恶逆而赦之，恐适使深自疑，非所以安之也。”乃止。又议悉罢其军，或说允曰：“凉州人素惮袁氏而畏关东，今若一旦解兵开关，必人人自危。可以皇甫义真为将军，就领其众，因使留陕以安抚之。”允曰：“不然。关东举义兵者，皆吾徒也。今若距险屯陕，虽安凉州，而疑关东之心，不可也。”

【译文】 起初，吕布劝王允除掉董卓的所有部下，王允说：“他们没有罪，我们不要这样赶尽杀绝。”吕布想把董卓的财物

赏赐给公卿、将校，王允又不听从他的意见。王允向来以对待剑客之礼节对待吕布，吕布自负除掉董卓有功劳，经常向众人夸耀自己，现在王允所做之事不能如他所愿，渐渐地，吕布心里对王允感到不服。王允原本就是生性刚猛方正的人，他痛恨恶人，以前十分害怕董卓，所以委屈自己的志气和礼节对他谦卑低下。董卓既然已经遭到歼灭，王允认为自己不会再有其他的灾难，为人颇为骄傲自满，因此他的下属们都不是很亲附于他。

王允最开始和士孙瑞商议后，特别下达诏令准备赦免董卓的部下，不久又对此决定产生怀疑说："部下向来是跟随他们主人的。现在已经称他们为恶逆反而又赦免了他们，恐怕会使他们深深地怀疑和忧虑，这并不是使他们安宁的方法。"于是就停止了赦免诏令。然后又商议要解散董卓原来所掌握的所有军队，有人此时对王允说："凉州人向来忌惮袁氏，并且害怕关东的将军，现在如果我们这么早就解散了董卓的军队，等我方打开了关门，城内一定会人人自危。您可以任命皇甫义真担任将军，率领这批军队，让将士们留在陕地以安抚他们。"王允思考后说："这样不行。那些在关东举义兵的人，都是和我们这一类人相似的，现在如果让他们驻扎在我军险要的陕地，虽然可以使得凉州人安宁，但是如此却会令关东的民众产生疑心，这一定是不可以的。"

【申涵煜评】凡居成功者，骄则必败。允既诛董卓，刚愎自用，不班赏、不肆赦，使逆党无所归，卒致李、郭之乱。虽以死卫君，碎首宣平门，识者犹有遗恨也。

【译文】一般以成功自居的人，最终都会因为骄傲而失败。王允诛杀董卓后，就完全听不进别人的意见，不进行赏赐，实施赦免，让那些叛党没有了活路，最终导致李傕、郭汜叛乱。虽然最终以一死保护了汉主，在宣平门上跳了下去，有见识的人对此仍然抱有遗憾悔恨。

时百姓讹言当悉诛凉州人，卓故将校遂转相恐动，皆拥兵自守，更相谓曰："蔡伯喈但以董公亲厚尚从坐；今既不赦我曹而欲使解兵，今日解兵，明日当复为鱼肉矣。"吕布使李肃至陕，以诏命诛牛辅，辅等逆与肃战，肃败，走弘农，布诛杀之。辅恇怯失守，会营中无故自惊，辅欲走，为左右所杀。李傕等还，辅已死，傕等无所依，遣使诣长安求赦。王允曰："一岁不可再赦。"不许。

傕等益惧，不知所为，欲各解散，间行归乡里，讨虏校尉武威贾诩曰："诸君若弃军单行，则一亭长能束君矣。不如相率而西，以攻长安，为董公报仇。事济，奉国家以正天下；若其不合，走未后也。"傕等然之，乃相与结盟，率军数千，晨夜西行。王允以胡文才、杨整修皆凉州大人，召使东，解释之，不假借以温颜，谓曰："关东鼠子，欲何为邪？卿往呼之！"于是二人往，实召兵而还。

【译文】当时老百姓中传布谣言说朝廷要除掉所有的凉州人，于是曾经效忠于董卓的将士们互相转告，都为此事产生恐惧并大为震动，将士们都牢牢地掌握着自己的军队保卫自己，并且互相之间都说："蔡伯喈只是因为董公曾经对他亲密厚爱就被定下罪，现在他们竟然不赦免我们却又要求我们解除自己的兵力，如果今天我们解除自己兵力的话，那么明天我们就要变成他们的鱼肉了。"吕布委派李肃前往陕地，打算利用诏书除掉牛辅，牛辅等人和李肃对抗，李肃大败，于是逃到弘农，吕布就乘机除掉了他。牛辅因此而恐惧离开职守，刚好那时军营里无缘无故地惊恐喧闹起来，牛辅想要乘机逃走，被身边的侍从谋害了。李傕等人回来时，牛辅已经死了。李傕等失去了依靠，

派人前往长安请求赦免。王允说："在同一年里不能赦免你们两次。"不答应赦免他们。李傕等人因而更为恐惧，不知道该如何是好，他们想要全体解散，从小路返回乡里，讨虏校尉武威人贾诩说："如果各位放弃了自己的军队单独行走，那么随便一个亭长就可以把你捆绑逮捕起来，不如大家一起带领军队向西行，先攻打长安，为董公报仇，如果此事成功了，我们就侍奉天子来匡正天下，如果不成功，我们再逃走也不算晚。"李傕等认为贾诩说得很对，于是就互相联盟起来，带领着几千军队，日夜向西行走。王允思忖着胡文才、杨整修都是凉州内颇具声望的人，于是想让他们到东方去解释，并且一点也不假以辞色，对他们说："关东的这些鼠辈之人，这是准备做什么？你们两个过去把他们叫回来！"于是两个人到东方去了，但是实际上他们是召集了军队来长安。

傕随道收兵，比至长安，已十馀万，与卓故部曲樊稠、李蒙等合围长安城，城峻不可攻，守之八日。吕布军有叟兵内反，六月，戊午，引傕众入城，放兵虏掠。布与战城中，不胜，将数百骑以卓头系马鞍出走，驻马青琐门外，招王允同去。允曰："若蒙社稷之灵，上安国家，吾之愿也；如其不获，则奉身以死之。朝廷幼少，恃我而已，临难苟免，吾不忍也。努力谢关东诸公，勤以国家为念！"太常种拂曰："为国大臣，不能禁暴御侮，使白刃向宫，去将安之！"遂战而死。

傕、汜屯南宫掖门，杀太仆鲁馗、大鸿胪周奂、城门校尉崔烈、越骑校尉王颀。吏民死者万馀人，狼藉满道。王允扶帝上宣平门避兵，傕等于城门下伏地叩头，帝谓傕等曰："卿等放兵纵横，欲何为乎？"傕等曰："董卓忠于陛下，而无故为吕布所杀，臣等为卓报仇，非敢为逆也。请事毕诣廷尉受罪。”傕等围门楼，共表请司徒王允出，问：“太师何罪？”允穷蹙，乃下见之。己未，赦天下，以李傕为扬武将军，郭汜为扬烈将军，樊稠等皆为中〔郎〕将。傕等收司隶校尉黄琬，下狱。杀之。

【译文】李傕一路上集结各方人士整编军队，等到了长安，已经有十多万人，李傕联合董卓曾经的部下樊稠、李蒙等人，合力进攻长安城，由于长安城城墙很高久攻不下，围攻了八天左右。此时吕布的军中有蜀地的军队叛逆。六月，戊午日（初一），李傕率领军队进入城内，纵容军队抢劫掳掠。吕布在城里和他们对抗，不能得胜，于是吕布便率领着几百骑兵将董卓的头拴在马鞍上，逃出城去了。吕布在青琐门外停下来，要王允和他一起出逃。王允说：“如果托江山社稷的保佑，能够使国家安宁，那是我的夙愿；如果不能达到我的愿望，那么我愿意奉献自己的身体为国家而死。天子现在还年幼不能理事，保佑江山社稷就要靠我了，若是临到灾难却苟且地请求避免，这是我不忍心做的。你代我向关东的诸位先生表达我诚挚的谢意，希望他们以国家为念！”太常种拂说：“我身为国家的臣子，既然对内不能够阻止暴戾之臣民，对外又无法抵抗外来侮辱，竟然让战争进入了皇宫之内，纵使现在我们逃走了，又能逃到哪里去呢？”于是和董卓的部下所带领的军队交战而死。

李傕、郭汜把守着南边的宫门，除掉了太仆鲁馗、大鸿胪周奂、城门校尉崔烈、越骑校尉王颀等人，官吏以及百姓死掉的有一万人之多，城内道路上到处都是尸体。王允搀扶着皇帝登上宣平门躲避叛乱的士兵，李傕等人在城门之下，身体伏着地向献帝叩头，献帝对李傕等人说：“你们放任手下的军队为非作歹，你们想干什么？”李傕等人说：“董卓忠心于陛下却无缘无

故地被吕布谋害了，我们将士要为董卓报仇雪恨，不是我们胆敢做，我们请求皇帝准许我们在把此事做完以后，由我们自己前往廷尉接受属于我们的刑罚。”李傕等人围住了献帝所在的门楼，共同请求献帝把司徒王允交出来，献帝问楼下的臣子：“太师究竟犯有何罪？”王允看到当时献帝与群将军对峙的情势十分窘迫，于是就自己下楼来会见他们。己未日（初二），献帝大赦天下，派李傕担任扬武将军，郭汜担任扬烈将军，樊稠等都担任中郎将。李傕等逮捕了司隶校尉黄琬，除掉了他。

初，王允以同郡宋翼为左冯翊，王宏为右扶风，傕等欲杀允，恐二郡为患，乃先徵翼、宏。宏遣使谓翼曰：“郭汜、李傕以我二人在外，故未危王公。今日就徵，明日俱族，计将安出？”翼曰：“虽祸福难量，然王命，所不得避也！”宏曰：“关东义兵鼎沸，欲诛董卓，今卓已死，其党与易制耳。若举兵共讨傕等，与山东相应，此转祸为福之计也。”翼不从，宏不能独立，遂俱就徵。甲子，傕收允及翼、宏，并杀之；允妻子皆死。宏临命诟曰：“宋翼竖儒，不足议大计！”傕尸王允于市，莫敢收者，故吏平陵令京兆赵戬弃官收而葬之。始，允自专讨卓之劳，士孙瑞归功不侯，故得免于难。

◆臣光曰：《易》称“劳谦君子有终吉”，士孙瑞有功不伐，以保其身，可不谓之智乎！◆

【译文】 起初，王允派出同郡人宋翼担任左冯翊，王宏担任右扶风。李傕等想要除掉王允，但是又害怕这两个郡的人报仇，于是首先召集宋翼、王宏。王宏派人对宋翼讲：“郭汜、李傕因为我们两个人在城楼外面，所以这才没有谋害王公，如果今天我们接受了李傕的征召，明天我们就将会一起被人灭族，那又该怎么办呢？”宋翼说：“虽然将来的祸福很难预测，可是前来征召我们的是皇帝的诏令，我们怎么可以逃避？”王宏说：“关东义兵的愤怒不断汹涌，他们一直想要想杀死董卓，现在董卓已经死了，曾经效忠于他的党羽如今变得很容易制伏。如果我们一起发兵讨伐李傕等人，并且和山东反叛的兵力相互照应，这将成为我们转祸为福的机会。”宋翼不听从他的建议，王宏自己不能成为大的势力，于是王宏就和宋翼一起接受了李傕的征召。甲子日（初七），李傕逮捕了王允、宋翼、王宏，将他们一起杀死了，王允的妻子和儿女也都被谋害了。王宏在行刑之时骂宋翼说：“宋翼你这个愚蠢的儒生，不能和你一起商量大计谋。”李傕将王允的尸体暴露在集市上，没有谁敢去为其收殓；王允以前的下属官吏平陵县县令京兆人赵戬，放弃了自己的官职，收殓了他的尸体并将他埋葬。起初，王允独自霸占讨伐董卓的功劳，士孙瑞让功因而没有被册封为侯，所以在此才能够幸免于灾难。

◆司马光说：《易经》称：“有功劳并且还谦让的君子，会得到吉祥。”士孙瑞就因为有功而又不夸耀，因而保住了性命，我们能够不称其为智者吗？◆

【乾隆御批】诛首恶，赦胁从，非特自安，亦所以安朝廷也。允不审权变，自后骄傲，且议赦议、罢，毫无断制，以致酿成乱，阶无足深惜。傕汜之变，始于贾诩报仇一言。诩虽自为救命计，而其祸至于不可复收，则罪傕浮于傕汜。

【译文】诛杀罪魁祸首，赦免从犯，不仅可以保全自己，也能使朝廷安定。王允不知道审时度势，权衡变通。反而盲目骄傲，而且讨论赦免与罢黜的时候，一点都不能果断决定，以致最后酿成祸乱，实在不

值得深切的叹息。李傕和郭汜举兵造反，起因是贾诩提出要为董卓报仇。贾诩虽然自己觉得是救命的计策，但最终酿成的祸事却无法收拾。事实上，他的罪恶已经超过了李傕和郭汜。

傕等以贾诩为左冯翊，欲侯之，诩曰："此救命之计，何功之有！"固辞不受。又以为尚书仆射，诩曰："尚书仆射，官之师长，天下所望，诩名不素重，非所以服人也。"乃以为尚书。

吕布自武关奔南阳，袁术待之甚厚。布自恃有功于袁氏，恣兵钞掠。术患之，布不自安，去从张杨于河内。李傕等购求布急，布又逃归袁绍。

丙子，以前将军赵谦为司徒。

秋，七月，庚子，以太尉马日磾为太傅，录尚书事；八月，以车骑将军皇甫嵩为太尉。

诏太傅马日磾、太仆赵岐杖节镇抚关东。

九月，以李傕为车骑将军、领司隶校尉、假节；郭汜为后将军，樊稠为右将军，张济为骠骑将军，皆封侯。傕、汜、稠筦朝政，济出屯弘农。

【译文】 李傕等派贾诩担任左冯翊，而且想要封他为侯，贾诩说："这不过是为了救自己性命才出的计谋，我哪里有什么功劳呢？"坚决推辞而不接受册封自己为侯。李傕等又想要派他做尚书仆射，贾诩说："尚书仆射，是朝廷之下的官吏们的师长，享受着天下人的景仰，但是我的声名向来不大，不能服人。"于是就派他担任了尚书一职。

吕布从武关逃到南阳，袁术待他厚爱有加。吕布倚仗着曾经对袁术有很大的功劳，就放纵手中的军队抢夺百姓，袁术因此感到十分忧虑，吕布也觉得不得安宁，于是就离开袁术，前往河内追随张杨。李傕等人悬赏捉拿搜求吕布的事态十分严重，吕布于是又逃走，投奔了袁绍。

丙子日（十九日），派前将军赵谦担任司徒。

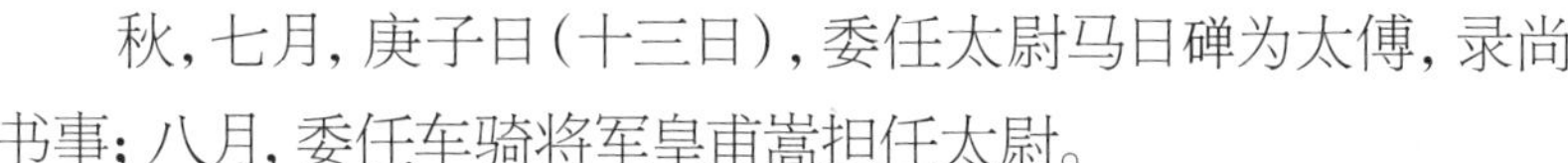

秋，七月，庚子日（十三日），委任太尉马日磾为太傅，录尚书事；八月，委任车骑将军皇甫嵩担任太尉。

献帝下诏任命太傅马日磾、太仆赵岐持节前往安抚关东百姓。

九月，委任李傕担任车骑将军，领司隶校尉之衔，秉持旄节；郭汜担任后将军，樊稠担任右将军，张济担任骠骑将军，都册封为侯。李傕、郭汜、樊稠等人共同管理国家的朝政事务，张济出守弘农。

司徒赵谦罢。

甲申，以司空淳于嘉为司徒，光禄大夫杨彪为司空，录尚书事。

初，董卓入关，说韩遂、马腾与共图山东，遂、腾率众诣长安。会卓死，李傕等以遂为镇西将军，遣还金城；腾为征西将军，遣屯郿。

冬，十月，荆州刺史刘表遣使贡献。以表为镇南将军、荆州牧，封成武侯。

十二月，太尉皇甫嵩免，以光禄大夫周忠为太尉，参录尚书事。

曹操追黄巾至济北，悉降之，得戎卒三十馀万，男女百馀万口，收其精锐者，号青州兵。

【译文】罢除司徒赵谦的官职。

甲申日（二十九日），派遣司空淳于嘉担任司徒，光禄大夫杨彪担任司空，录尚书事。

起初，董卓进入关内之时，就游说韩遂、马腾和他们一起谋划在山东称霸一方，韩遂、马腾带领着手中的军队抵达长安之时，刚好碰上董卓被谋害，李傕等委派韩遂担任镇西将军，命令他回到金城管事；派马腾担任征西将军，命令他把守郿地。

冬季，十月，荆州刺史刘表派出使臣向献帝进贡。献帝派刘表担任镇南将军荆州牧，册封为武侯。

十二月，献帝免除了太尉皇甫嵩的官职，派光禄大夫周忠担任太尉，参录尚书事。

曹操追赶黄巾军，到达了济北，全部收服了他们，缉获了可以作战的士兵三十几万，男、女一百多万人，筛选其中最为精锐的士兵，组成军队号称青州兵。

操辟陈留毛玠为治中从事，玠言于操曰："今天下分崩，乘舆播荡，生民废业，饥馑流亡，公家无经岁之储，百姓无安固之志，难以持久。夫兵义者胜，守位以财，宜奉天子以令不臣，修耕植以畜军资，如此，则霸王之业可成也。"操纳其言，遣使诣河内太守张杨，欲假涂西至长安；杨不听。

定陶董昭说杨曰："袁、曹虽为一家，势不久群。曹今虽弱，然实天下之英雄也，当故结之。况今有缘，宜通其上事，并表荐之，若事有成，永为深分。"杨于是通操上事，仍表荐操。昭为操作书与李傕、郭汜等，各随轻重致殷勤。

【译文】曹操征召陈留人毛玠担任治中从事，毛玠对曹操进言："现在天下的局势分崩离析，天子常常流离失所，人民都抛弃了自己祖上传下来的事业，忍受着饥饿，而公家所储藏的粮食都不足以维持一年，百姓们处于如此乱世没有安全感，更没有坚定的心志，这种纷乱的情形之下皇帝的王权是难以持久的。军队之中要讲求道义，才能获得胜利，地位要依靠钱财才能守得住，将军您应该侍奉天子来号令那些不遵守臣子节操的割据群雄，您应该重视耕种来积蓄培养军队所需要的物资，这样霸王的事业就可以如此完成了。”曹操采纳了他的话，就派出使者前去见河内的太守张杨，想要向他谋取机会前往长安，张杨不肯。

定陶人董昭向张杨说：“袁、曹虽然现在是在一起了，但在形势上他们是不可能长久相合的。虽然曹操现在势力薄弱，但他实在是可以号令天下的英雄，所以我们应该找个机会和他结交。既然现在已经有了如此的机缘，那我们应该通融他想要前去进献上奏章的道路，并且上表举荐他，如果此事能够成功，那你就因此可以和他成为挚友。”张杨于是让曹操的使臣通过了，并且亲自写上奏表推荐曹操。董昭为曹操写信给李傕、郭汜等，以他们地位的轻重表达了委婉的意思。

傕、汜见操使，以为关东欲自立天子，今曹操虽有使命，非其诚实，议留操使。黄门侍郎钟繇说傕、汜曰：“方今英雄并起，各矫命专制，唯曹兖州乃心王室，而逆其忠款，非所以副将来之望也！”傕、汜乃厚加报答。繇，皓之曾孙也。

徐州刺史陶谦与诸守相共奏记，推朱俊为太师，因移檄牧伯，欲以同讨李傕等，奉迎天子。会李傕用太尉周忠、尚书贾诩策，徵俊入朝，俊乃辞谦议而就徵，复为太仆。

公孙瓒复遣兵击袁绍，至龙凑，绍击破之。瓒遂还幽州，不敢复出。

扬州刺史汝南陈温卒，袁绍使袁遗领扬州；袁术击破之。

遗走至沛，为兵所杀。术以下邳陈瑀为扬州刺史。

【译文】李傕、郭汜召见了曹操的使臣，认为关东的人想要自己设立天子，虽然现在曹操派遣使臣前来觐见，但这并不是他的真心，他们计划扣留曹操的使臣。黄门侍郎钟繇对李傕、郭汜说："现在各地英雄纷纷涌现，大家都假借天子的命令，独自管理一方天下，只有曹操还忧心着王室，如果现在我们违拂了他的忠心，恐怕不符合我们未来的愿望！"李傕、郭汜于是对曹操施以丰厚的报答。钟繇是钟皓的曾孙。

徐州刺史陶谦和各郡的首长一起上奏章，推崇朱俊担任太师，因而传递文书给州郡的首长，想要商讨共同讨伐李傕等人，奉迎天子。刚好李傕选用了太尉周忠、尚书贾诩的计谋，召朱俊入朝觐见，朱俊因此就推辞了陶谦的建议而接受了李傕的征召，又出任太仆。

公孙瓒又派兵攻打袁绍，到达龙凑后，被袁绍打败了，于是就返回幽州，不敢再贸然出兵了。

扬州刺史汝南人陈温离世了，袁绍委派袁遗管理扬州；袁术将他击败了，袁遗于是逃到了沛地，最终还是被士兵杀死了。袁术就派下邳人陈瑀担任扬州刺史。

【乾隆御批】俊与皇甫嵩同著威名，乃俱就逢贼之证。而备较嵩尤陋。睹其对诸将方谓庸儿、小竖，变难可乘，乃反为劫质，大言不惭莫甚于此。

【译文】朱俊与皇甫嵩同样享有威名，然而又都接受了逆贼的征召。但朱俊比皇甫嵩更加鄙陋。看他认为那些将军是小儿、庸儿，认为发生变故是自己的可乘之机，结果反而被别人控制，找不到比他更大言不惭的了。

四年（癸酉，公元一九三年）春，正月，甲寅朔，日有食之。

丁卯，赦天下。

曹操军鄄城。袁术为刘表所逼，引军屯封丘，黑山别部及匈奴於扶罗皆附之。曹操击破术军，遂围封丘。术走襄邑，又走宁陵。操追击。连破之，术走九江，扬州刺史陈瑀拒术不纳。术退保阴陵，集兵于淮北，复进向寿春。瑀惧，走归下邳，术遂领其州，兼称徐州伯。李傕欲结术为援，以术为左将军，封阳翟侯，假节。

袁绍与公孙瓒所置青州刺史田楷连战二年，士卒疲困，粮食并尽，互掠百姓，野无青草。绍以其子谭为青州刺史，楷与战，不胜。会赵岐来和解关东，瓒乃与绍和亲，各引兵去。

三月，袁绍在薄落津。魏郡兵反，与黑山贼于毒等数万人共覆邺城，杀其太守。绍还屯斥丘。

【译文】四年（癸酉，公元193年）春季，正月，甲寅朔日（初一），发生了日食。

丁卯日（十四日），大赦天下。

曹操的军队屯守在鄄城。袁术因为刘表的逼迫，带兵前去驻扎封丘，在商丘地区黑山的一支军队偕同匈奴的於扶罗都归附于他。最终的结果是，曹操打败了袁术的军队，于是就围困封丘；袁术首先逃到襄邑，后又逃亡到宁陵。曹操在他们的后面穷追不舍，连连击败了他的军队。袁术逃亡到九江时，担任扬州刺史的陈瑀拒绝接纳袁术。于是袁术就撤退至保阴陵，在淮北地区聚集军队，后又进攻到寿春；陈瑀见局势危急，十分害怕，就逃到了下邳，袁术于是坐拥扬州城，并且兼任徐州伯。由于李傕想要和袁术结为盟友，于是委任袁术担任左将军，册封为阳翟侯，秉持旄节。

袁绍和公孙瓒所任命的青州刺史田楷接连作战了两年，他手下的士兵们都困乏了，囤积的粮食也被吃光了，于是开始竞相掠夺百姓的财物，田野里就连禾苗都被拔光了。袁绍于是派自己的儿子袁谭担任青州刺史，田楷因此和他作战，但是没有胜利。刚好赵岐前来和解关东的战事，公孙瓒于是就和袁绍彼此协商缓和了关系，各自带领军队离开了。

三月，袁绍停留在薄落津。魏郡的士兵们开始谋逆，并且偕同黑山的贼人于毒等几万人，一起攻克了邺城，杀死了邺城太守。袁绍于是带领士兵返回并屯守在斥丘。

夏，曹操还军定陶。

徐州治中东海王朗及别驾琅邪赵昱说刺史陶谦曰："求诸侯莫如勤王，今天子越在西京，宜遣使奉贡。"谦乃遣昱奉章至长安。诏拜谦徐州牧，加安东将军，封溧阳侯。以昱为广陵太守，朗为会稽太守。

是时，徐方百姓殷盛，谷实差丰，流民多归之。而谦信用谗邪，疏远忠直，刑政不治，由是徐州渐乱。许劭避地广陵，谦礼之甚厚，劭告其徒曰："陶恭祖外慕声名，内非真正，待吾虽厚，其势必薄。"遂去之。后谦果捕诸寓士，人乃服其先识。

【译文】夏季，曹操领军返回定陶。

徐州治中东海人王朗和别驾琅邪人赵昱对刺史陶谦说："想要获得各位王侯的拥戴，最好致力于侍奉皇帝，现在天子远在西京，我们这些为臣子的应该委派使臣向皇帝纳贡。"陶谦于是派出赵昱奉奏章前往长安。献帝于是下诏命令陶谦担任徐州牧，另外升迁为安东将军，并且册封为溧阳侯。委任赵昱担任广陵太守，王朗担任会稽太守。

此时，徐州的百姓很多，粮食也颇有富余，于是各地流散逃亡的灾民都来归附，可是陶谦把小人作为亲信却疏远忠诚正直的人，因此徐州城内的政治很不安宁，徐州也就在这样的情形中渐渐地混乱了。许劭逃到广陵时，当时在广陵的陶谦对他十分亲近厚爱，许劭于是对他的学生说："其实陶恭祖在表面看来享有美好的声名，但是他的内心却不是真正地正直，虽然现在他待我厚爱有加，但是以后的恩情肯定会很小。"于是就离开了陶谦前往别处。后来陶谦逮捕了所有避居在徐州的人士，人们这才领悟到许劭之前的先见之明。

六月，扶风大雨雹。

华山崩裂。

太尉周忠免，以太仆朱俊为太尉，录尚书事。

下邳(阙)〔关〕宣聚众数千人，自称天子；陶谦击杀之。

大雨，昼夜二十馀日，漂没民居。

袁绍出军入朝哥鹿肠山，讨于毒，围攻五日，破之，斩毒及其众万馀级。绍遂寻山北行，进击诸贼左髭丈八等，皆斩之。又击刘石、青牛角、黄龙、左校、郭大贤、李大目、于氐根等，复斩数万级，皆屠其屯壁。遂与黑山贼张燕及四营屠各、雁门乌桓战于常山。燕精兵数万，骑数千匹。绍与吕布共击燕，连战十馀日，燕兵死伤虽多，绍军亦疲，遂俱退。

【译文】六月，扶风下了大冰雹。

华山崩塌破裂了。

罢免太尉周忠的职位，派遣太仆朱俊担任太尉，录尚书事。

下邳人士阙宣聚集了民众达几千人，自称为天子，陶谦因此与他交战并且最终把他杀掉。

大雨连绵不绝地下了二十几天，百姓的房屋都被大水冲走或者淹没了。

袁绍出兵挺进朝歌的鹿肠山，征讨于毒，持续围困了那里五天，最终击败了他，杀死了于毒和他的手下共几万人。此后袁绍就沿着山向北前进，率兵进攻贼人左髭丈八等，最后把他们都除掉了。后又进攻刘石、青牛角、黄龙、左校、郭大贤、李大目、于氐根等人，又灭了几万人，并且把他们手下军营之中的人都杀掉了。于是袁绍和团聚在黑山的贼人张燕以及四营匈奴种族屠各、雁门人乌桓等在常山交战。张燕掌握着精锐部队几万人，战马几千匹。袁绍和吕布合力进攻张燕，持续攻打了十几天后，张燕的士兵虽然有很多死伤的，但是袁绍的军队也疲乏了，于是他们各自退兵而归。

吕布将士多暴横，绍患之，布因求还雒阳。绍承制以布领司隶校尉，遣壮士送布，而阴图之。布使人鼓筝于帐中，密亡去，送者夜起，斫帐被皆坏。明旦，绍闻布尚在，惧，闭城自守。布引军复归张杨。

前太尉曹嵩避难在琅邪，其子操令泰山太守应(邵)〔劭〕迎之。嵩辎重百馀两，陶谦别将守阴平，士卒利嵩财宝，掩袭嵩于华、费间，杀之，并少子德。秋，操引兵击谦，攻拔十馀城，至彭城，大战，谦兵败，走保郯。

初，京、雒遭董卓之乱，民流移东出，多依徐土，遇操至，坑杀男女数十万口于泗水，水为不流。

操攻郯不能克，乃去，攻取应、睢陵、夏丘，皆屠之，鸡犬亦尽，墟邑无复行人。

【译文】吕布的将士大都性情暴力乖张而且十分强横，袁绍为此十分忧心，吕布因而请求允许返回洛阳。袁绍依照天子规定的制度委任吕布为司隶校尉，派出壮士为吕布送行，但是暗中却想要谋害他。吕布派人冒充自己在帐子内弹筝，自己私下里秘密地逃走，送他的人半夜起来前去查看，发现帐中人并非吕布，于是把帐内弹琴之人砍碎了。第二天早上，袁绍听说吕布并没有被谋害掉，就十分害怕，关闭起城门来防守。此时吕布带领军队又前往归附张杨。

前太尉曹嵩前往琅邪躲避战乱，他的儿子曹操命令泰山的太守应劭前往迎接。曹嵩所带的财物足足有一百多车，当时陶谦手下的一个将领把守着阴平，那位将领的士兵们贪图曹嵩的财宝，于是就在华、费之间袭击了曹嵩的人马，抢劫了财物，杀死了曹嵩和他的小儿子曹德。是年秋季，曹操带领军队进攻陶谦所在领地，攻克了十几座城池，在彭城地区和陶谦大战，最终陶谦败了，带领军队撤退逃往郯县。

起初，京、洛正在遭受董卓的兵乱，当地人民纷纷逃亡，向东前行，逃到了徐州，曹操到了此地后，就在泗水大肆屠杀男女百姓共几十万人，最后泗水都为尸体所堵塞了。

曹操攻不下郯县，于是带领军队离去，最后攻取了应县、睢陵、夏丘，并且将三县内的百姓全部杀光，连鸡犬之类的生物都不留下，直到城邑里面再没有任何人的踪迹。

冬，十月，辛丑，京师地震。

有星孛于天市。

司空杨彪免。丙午，以太常赵温为司空，录尚书事。

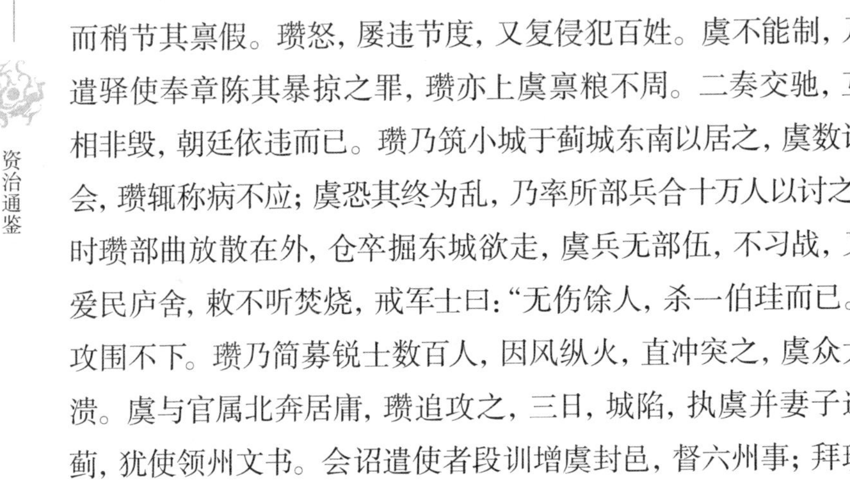

刘虞与公孙瓒积不相能，瓒数与袁绍相攻，虞禁之，不可，而稍节其禀假。瓒怒，屡违节度，又复侵犯百姓。虞不能制，乃遣驿使奉章陈其暴掠之罪，瓒亦上虞禀粮不周。二奏交驰，互相非毁，朝廷依违而已。瓒乃筑小城于蓟城东南以居之，虞数请会，瓒辄称病不应；虞恐其终为乱，乃率所部兵合十万人以讨之。时瓒部曲放散在外，仓卒掘东城欲走，虞兵无部伍，不习战，又爱民庐舍，敕不听焚烧，戒军士曰："无伤馀人，杀一伯珪而已。"攻围不下。瓒乃简募锐士数百人，因风纵火，直冲突之，虞众大溃。虞与官属北奔居庸，瓒追攻之，三日，城陷，执虞并妻子还蓟，犹使领州文书。会诏遣使者段训增虞封邑，督六州事；拜瓒前将军，封易侯。瓒乃诬虞前与袁绍等谋称尊号，胁训斩虞及妻子于蓟市。故常山相孙瑾、掾张逸、张瓒等相与就虞，骂瓒极口，然后同死，瓒传虞首于京师，故吏尾敦于路劫虞首，归葬之。虞以恩厚得众心，北州百姓流旧莫不痛惜。

【译文】冬季，十月，辛丑日（二十二日），京师发生地震。

有彗星出现在天市星座。

罢免司空杨彪的官职。丙午日（二十七日），任命太常赵温担任司空，录尚书事。

刘虞和公孙瓒之间的关系一直不太友好，公孙瓒多次和袁绍互相攻击。刘虞对其加以阻止，但是没有办法制止他，因此就稍稍地减少了发给他的粮食货物。公孙瓒大怒，多次违背刘虞下达的命令，时常侵犯百姓。刘虞无法控制他的反抗行为，就派出专门送公文的人向献帝呈送奏章陈述他暴戾掠夺的罪状，公孙瓒也向献帝呈上奏章陈述刘虞输送粮食不够齐备的行为。两个人的奏章此起彼伏地呈上，彼此互相批评毁谤，朝廷之内也只是对他们两方面都表示认同，无法做出彻底的决定。公孙瓒于是在蓟城的东南方修建了一座自己的城池，居住在里面，刘虞多次请他出城会商事情，但是公孙瓒屡屡推托有病而不能答应他的邀请。刘虞唯恐他最后预谋叛逆，于是就带领军队十万人之多，一起征讨他。当时公孙瓒的士兵都在城外散乱地驻扎着，无法及时营救他，仓促之间，公孙瓒企图挖掘东城以逃脱围攻。刘虞所带领的军队军纪不严，而且还不熟悉战争情况，刘虞又爱护人民的房屋财物，下令士兵不可以随便地焚烧房屋，刘虞告诫军士说："不要伤害其他无辜的百姓，只要杀掉一个公孙伯珪就可以了。"因此刘虞的军队围攻了东南城很久，却始终没有攻下。公孙瓒于是召集了精锐的士兵几百人，顺风放起一把火，一直朝着刘虞的军队冲过去，刘虞的军队被打得惨败。刘虞和他手下的官僚们向北逃到居庸关城内，公孙瓒又追赶着攻击居庸关，围攻三天后，居庸关城池陷落，公孙瓒逮捕了刘虞和他的妻儿返回蓟城，但是仍旧让刘虞统领着全州的文书。刚好献帝下达诏书派出使者段训来晋升刘虞的封邑，命令他监督领导六州的军事；拜公孙瓒担任前将军，册封为易侯。公孙瓒于是趁机诬陷刘虞曾经和袁绍等共同图谋做天子的叛逆之事，威胁段训下达命令，在蓟城集市上斩掉刘虞和他的妻子儿女。前常山相孙瑾、常山掾张逸、张瓒等围聚在刘虞左右，大家都不停地骂公孙瓒，最终都被公孙瓒谋害了。公孙瓒下令将刘虞的头送到京师，刘虞曾经的吏属尾敦在半路上劫持了刘虞的头，回去之后将它葬掉。由于刘虞对待百姓恩厚有加因而得到群众的敬服，听说了刘虞被谋害一事，北州城内不管是原本就在当地的还是后来流亡过来的百姓，没有一个不为之哀痛的。

【乾隆御批】虞号为宽厚，而军无部伍；其惜民庐舍。戒无伤余

人，皆适足自贻。伊戚宋襄、建文胥用是，致乱者。然史称瓒居蓟南小城。与虞相去不远，又何至兴十万之师乎？记几失实，比比然矣。

【译文】刘虞一向号称为人宽厚，却不组织训练军队；他爱惜百姓的房屋，告诫士兵不要伤害他人，这些都足以给自己留下祸患。春秋时的宋襄公和明朝的建文皇帝都是这样做的，最终导致叛乱。史书上说，公孙瓒居住在蓟南小城，和刘虞相距不远，刘虞又何必动用十万军队来围攻呢？史书记载的与事实不相符的，比比皆是。

初，虞欲遣使奉章诣长安，而难其人，众咸曰："右北平田畴，年二十二，年虽少，然有奇材。"虞乃备礼，请以为掾。具车骑将行，畴曰："今道路阻绝，寇虏纵横，称官奉使，为众所指。愿以私行，期于得达而已。"虞从之。畴乃自选家客二十骑，俱上西关，出塞，傍北山，直趣朔方，循间道至长安致命。

诏拜畴为骑都尉。畴以天子方蒙尘未安，不可以荷佩荣宠，固辞不受。得报，驰还，比至，虞已死，畴谒祭虞墓，陈发章表，哭泣而去。公孙瓒怒，购求获畴，谓曰："汝不送章报我，何也？"畴曰："汉室衰颓，人怀异心，唯刘公不失忠节。章报所言，于将军未美，恐非所乐闻，故不进也。且将军既灭无罪之君，又雠守义之臣，畴恐燕、赵之士皆将蹈东海而死，莫有从将军者也。"瓒乃释之。

【译文】 起初，刘虞想要派出使臣前往长安城呈送奏章，却难以找到恰当的人选，大家都说："右北平人田畴，今年二十二岁，虽然他年龄小，却有特殊的才能。"于是，刘虞准备了礼物，前去会见他，想要请求他做自己的属吏。给他备下了车马，马上就准备启程之时，田畴说："现在天下的道路不通畅，到处都是强盗，如果我自称官家的使臣，反会成为强盗们的目

标。因此我希望自己以私人的身份赶路到长安，我们的目的不过是在于能够到达长安罢了，希望您允许。”刘虞听从了他的建议，于是田畴挑选了家客二十个人，骑着马一起前往西关，出了边塞，顺着北山，直奔朔方，顺着小路抵达长安，最终完成了使命。

献帝下诏，拜田畴为骑都尉。田畴认为天子现在正流亡在外，圣上都没有安宁，自己不可以承受这种荣耀，于是就坚决地推辞没有接受任命。得到天子的回复之后，就奔驰着返回。等到他回来，才得知刘虞已经死了，田畴于是就拜祭刘虞的坟墓，并向他呈上了天子的章报，哭泣着离去了。公孙瓒因此发怒，四处悬赏寻找田畴，最后终于逮捕了田畴，于是对他说：“你为何不把章报送给我，这是什么原因呢？”田畴说：“现在汉室衰颓，天下人人都是各怀异心，只有刘先生始终坚守着他忠贞的节操。章报里所讲诉的内容，对将军没有什么好处，而且恐怕那些并不是将军你所想要听到的，所以我就没有把它送给你。再说将军你既已经杀死了我没有罪的主公，又杀死了为主公守节义的属下，我恐怕如此下去的话，天下的有才之士都会自己跳东海而死，而没有人想要跟随将军了。”公孙瓒于是就放了他。

畴北归无终，率宗族及他附从者数百人，扫地而盟曰：“君仇不报，吾不可以立于世！”遂入徐无山中，营深险平敞地而居，躬耕以养父母，百姓归之，数年间至五千馀家。畴谓其父老曰：“今众成都邑，而莫相统一，又无法制以治之，恐非久安之道。畴有愚计，愿与诸君共施之，可乎？”皆曰：“可！”畴乃为约束，相杀伤、犯盗、诤讼者，随轻重抵罪，重者至死，凡一十馀条。又制为婚姻嫁娶之礼，与学校讲授之业，班行于众，众皆便之，至道不拾遗。北边翕然服其威信，乌桓、鲜卑各遣使致馈，畴悉抚纳，令不为寇。

十二月，辛丑，地震。

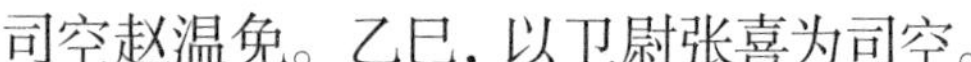

司空赵温免。乙巳，以卫尉张喜为司空。

【译文】 田畴向北返回无终县，带领着宗族以及归附于他的几百人，扫地盟誓说："如果不能报主人的仇，我就不会苟活于世！"于是带领着大家进入徐无山，寻找幽深险要但是平敞的土地来居住，亲自耕种来奉养父母，于是附近的老百姓都前来归附他，几年之内前来归附的人家已经累积到五千多。田畴对父老们说："我们现在的人已经多到可以形成一个邑镇，但是我们还没有统一起来，而且也没有法令来管理，恐怕这不是可以维持长久安宁的方法。我有一个计划，想要和诸位一起施行，不知道可以吗？"大家都说："可以！"田畴于是自己制定了法令，从此凡是杀伤、偷盗、诉讼的人，都依据其所犯事情的轻重来判其刑罚，罪过较重的可以判为死刑，凡此条文总共十几条。此后又规定了婚姻嫁娶的礼节，以及学校讲授的课业，全部颁布推行，大家都觉得实施如此法令很便利，城内最终达到了路不拾遗的程度。北方边境的人都敬仰于他的威信，乌桓、鲜卑都派使臣前来致送馈赠，田畴一一收纳并且对他们都加以安抚，命令他们不可以侵夺。

十二月，辛丑日（二十三日），地震。

罢免司空赵温的官职。乙巳日（二十七日），让卫尉张喜担任司空。

【申涵煜评】 畴结客为刘虞报仇，不特义烈过人。观其约束父老，大有抱负，三国一才一技之士，皆能依附成名。畴独未竟厥施，惜哉！至于辞操封爵，则鲁仲连不是过也。

【译文】田畴结交宾客为刘虞报仇，不愧是忠义节烈之人。看他约束管理父辈老者的事情来看，就知道他是一个有抱负的人，三国时期有才或者有计谋的人，都能据此成名。只有田畴没有施展出他的才能抱负，太可惜了！到了他后来辞谢曹操对他的封爵，这是鲁仲连的过错啊！

资治通鉴卷第六十一　汉纪五十三

起阏逢阉茂，尽旃蒙大渊献，凡二年。

【译文】 起甲戌（公元194年），止乙亥（公元195年），共二年。

【题解】 本卷记录了汉献帝刘协兴平元年至兴平二年间的历史。此时军阀乱战，烽烟遍及全国。袁绍、曹操联手，互为后盾。曹操战河南，兵分两路，一路屠徐州，败陶谦，陶谦让位刘备。一路与吕布争兖州，吕布不敌，败投刘备。袁绍与公孙瓒交战河北，袁绍逼反臧洪，公孙瓒趁机占领幽州。袁术经营淮南，孙策兴起江东。李傕、郭汜内讧关中，又屠长安，献帝趁机东归，驻跸河东。

孝献皇帝丙

兴平元年（甲戌，公元一九四年）春，正月，辛酉，赦天下。

甲子，帝加元服。

二月，戊寅，有司奏立长秋宫。诏曰："皇妣宅兆未卜，何忍言后宫之选乎！"壬午，三公奏改葬皇妣王夫人，追上尊号曰灵怀皇后。

陶谦告急于田楷，楷与平原相刘备救之。备自有兵数千人，谦益以丹杨兵四千，备遂去楷归谦，谦表为豫州刺史，屯小沛。曹操军食亦尽，引兵还。

【译文】兴平元年（甲戌，公元194年）春季，正月辛酉日（十三日），大赦天下。

甲子日（十六日），献帝加冠。

二月，戊寅日（初一），相关官员上呈奏章请求为妃子修建长秋宫。献帝下诏书说："现在我母亲的坟墓还尚未建好，我又哪里忍心去谈这些选择后宫妃子的事情呢！"壬午日（初五），三公上呈奏章请求改葬皇母王夫人，并且追加她的尊号为灵怀皇后。

陶谦向田楷告急求助，于是田楷和平原相刘备前来救援。刘备掌握着士兵几千人，陶谦又将自己在丹阳的四千军队赠予了刘备，于是刘备就离开了田楷转而归附于陶谦，陶谦上表推荐刘备担任豫州刺史，驻扎在小沛。曹操军队中的粮食也消耗光了，于是就带领军队返回了。

马腾私有求于李傕，不获而怒，欲举兵相攻；帝遣使者和解之，不从。韩遂率众来和腾、傕，既而复与腾合。谏议大夫种（邵）〔劭〕、侍中马宇、左中郎将刘范谋使腾袭长安，己为内应，以诛傕等。壬申，腾、遂勒兵屯长平观。（邵）〔劭〕等谋泄，出奔槐里。傕使樊稠、郭汜及兄子利击之，腾、遂败走，还凉州。又攻槐里，（邵）〔劭〕等皆死。庚申，诏赦腾等。夏，四月，以腾为安狄将军，遂为安降将军。

曹操使司马荀彧、寿张令程昱守鄄城，复往攻陶谦，遂略地至琅邪、东海，所过残灭。还，击破刘备于郯东。谦恐，欲走归丹阳。会陈留太守张邈叛操迎吕布，操乃引军还。

【译文】马腾私下里向李榷有所请求，但是李榷没有让他达到目的，因而马腾就愤怒了，想要举兵进攻李榷；献帝派来使者调解他们之间的关系，马腾不听从其调解。韩遂带领着军队来和马腾会合，不久之后李傕就和马腾和好了。谏议大夫种邵、侍中马宇、左中郎将刘范谋划着想要联合马腾一起偷袭长安，让马腾担任内应，一起来除掉李傕等人。壬申日（二月无此日），马腾带领着军队驻扎在长平观。种邵等人的阴谋不幸泄露了，最后他潜逃到了槐里。李傕派出樊稠、郭汜还有自己的侄儿李利来还击，最终马腾失败，返回凉州；樊稠等人又进攻槐里，其余参加此次谋反的种邵等人都死去了。庚申日（二月无此日），献帝下令赦免了马腾等人。夏季，四月，委任马腾担任安狄将军，韩遂担任安降将军。

曹操委任司马荀彧、寿张令程昱守护鄄城，自己则前去进攻陶谦，于是一路到达琅邪、东海，并且在他所到之处都进行了大肆屠杀，带领军队返回郯东击败刘备。陶谦于是害怕曹操的军队，想要逃回丹阳。刚好担任陈留太守的张邈背叛曹操归附了吕布，曹操于是带领军队返回。

初，张邈少时，好游侠，袁绍、曹操皆与之善。及绍为盟主，有骄色，邈正议责绍；绍怒，使操杀之。操不听，曰："孟卓，亲友也，是非当容之。今天下未定，奈何自相危也！"操之前攻陶谦，志在必死，敕家曰："我若不还，往依孟卓。"后还见邈，垂泣相对。

陈留高柔谓乡人曰："曹操军虽据兖州，本有四方之图，未得安坐守也。而张府君恃陈留之资，将乘间为变，欲与诸君避之，何如？"众人皆以曹、张相亲，柔又年少，不然其言。柔从兄幹自河北呼柔，柔举宗从之。

【译文】起初，张邈年少之时，喜欢行侠仗义，当时袁绍和曹操都和他交好。等到袁绍成了盟主后，就渐渐地对人有了骄傲的态度，张邈于是义正词严地责备袁绍；袁绍顿时发怒了，就命令曹操杀掉他。曹操没有听从，说："张孟卓一直都是我们的好朋友，虽然现在他有了那么点错误，但是我们应该宽恕他。更何况现在我们还未平定天下，怎么可以自相残杀呢？"曹操曾经在攻打陶谦之时就有不死不归的志气，他对家人说："如果我此次没有回来，你们可以去投靠张孟卓。"后来返回见到张邈，两人相对着流下眼泪。

陈留人高柔对乡里的人说："曹将军虽然现在只不过统治着兖州，但是他原本就有着图谋四方的志向，所以他是不会安坐着把守这个小地方的。而张邈由于有陈留做靠山，必定会乘着空隙图谋叛变，我想和诸位躲避开这场灾祸，大家觉得怎么样呢？"大家都认为曹操、张邈一直互相亲善，而高柔只不过是个少年，于是就对他的话不是很在意，高柔的堂兄高幹从河北来叫高柔，高柔于是举家迁去投奔了他。

吕布之舍袁绍从张杨也，过邈，临别，把手共誓；绍闻之，大恨。邈畏操终为绍杀己也，心不自安。前九江太守陈留边让尝讥议操，操闻而杀之，并其妻子。让素有才名，由是兖州士大夫皆恐惧。陈宫性刚直壮烈，内亦自疑，乃与从事中郎许汜、王楷及邈弟超共谋叛操。宫说邈曰："今天下分崩，雄杰并起，君以千里之众，当四战之地，抚剑顾眄，亦足以为人豪，而反受制于人，不亦鄙乎！今州军东征，其处空虚，吕布壮士，善战无前，若权迎之，共牧兖州，观天下形势，俟时事之变，此亦纵横之一时也。"邈从之。

【译文】 吕布离开袁绍归附于张杨之时，曾经拜访张邈，临别之时，两个人共同握手发誓，一定互相结交为盟友之好；

袁绍听说此事之后，非常愤怒。张邈害怕曹操最终会因为袁绍而杀掉自己，心里很不安。曾经担任九江太守的陈留人边让做过讥评曹操之事，曹操听说之后就杀掉他，而且还杀掉了他的妻儿。边让一向很有才华，因此兖州的士大夫们都感到非常恐惧。陈宫虽然是性情刚直壮烈之人，但是内心也有一点疑惧，于是就和从事中郎许汜、王楷及张邈的弟弟张超，一起谋划着想要背叛曹操。陈宫对张邈说："现在天下正是四分五裂之时，英雄豪杰纷纷图谋自立，你手下拥有着千里土地之内的百姓，而且又占据了十分显要的地方，按剑四顾，你也足以算是天下之间的豪杰，却受到别人的控制，这样的境遇，不是太鄙陋了吗？现在兖州的军队正在前去东征徐州，兖州正是地方空虚之时，吕布是位壮士，而且又善于作战，如果我们暂且迎接他来和我们一起掌管兖州，以观察天下之形势，等待着事实之变迁，如此一来，您也可以算作纵横一时的英雄了。"张邈于是听从了他的建议。

时操使宫将兵留屯东郡，遂以其众潜迎布为兖州牧。布至，邈乃使其党刘翊告荀彧曰："吕将军来助曹使君击陶谦，宜亟供其军食。"众疑惑，彧知邈为乱，即勒兵设备，急召东郡太守夏侯惇于濮阳；惇来，布遂据濮阳。时操悉军攻陶谦，留守兵少，而督将、大吏多与邈、宫通谋。惇至，其夜，诛谋叛者数十人，众乃定。

豫州刺史郭贡率众数万来至城下，或言与吕布同谋，众甚惧。贡求见荀彧，彧将往，惇等曰："君一州镇也，往必危，不可。"彧曰："贡与邈等，分非素结也，今来速，计必未定，及其未定说之，纵不为用，可使中立。若先疑之，彼将怒而成计。"贡见彧无惧意，谓鄄城未易攻，遂引兵去。

【译文】 当时曹操委派陈宫带领军队留在了东郡，陈宫于是就以他的军队偷偷迎接吕布做了兖州牧。吕布到了兖州之后，张邈就委派自己的党羽刘翊跟荀彧说：“吕将军是前来帮助曹使君进攻陶谦的，我们应该赶快给他的军队供应粮食。”大家对此事都有所怀疑，荀彧感觉到了张邈将要叛乱，于是命令军队严加防范，并且将东郡太守夏侯惇赶快从濮阳召到了兖州；夏侯惇到了兖州之后，吕布就趁机占领了濮阳。当时曹操将兖州城内所有的军队都带领着前去攻打陶谦，留在城内的士兵很少，而城内的将领、大的官员都和张邈、陈宫互通了计谋。夏侯惇到了兖州之后，当夜，就杀掉图谋叛逆的几十个人，如此一来大家的心里才稍稍安定。

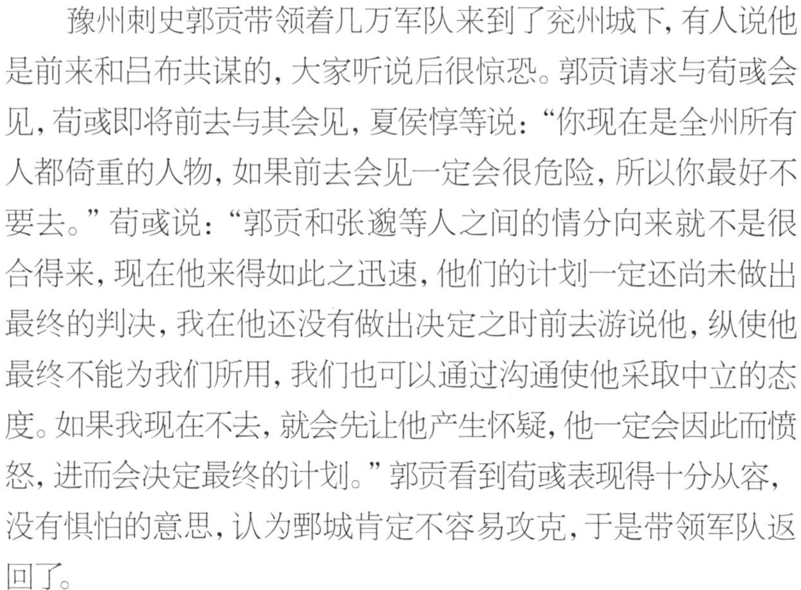

豫州刺史郭贡带领着几万军队来到了兖州城下，有人说他是前来和吕布共谋的，大家听说后很惊恐。郭贡请求与荀彧会见，荀彧即将前去与其会见，夏侯惇等说：“你现在是全州所有人都倚重的人物，如果前去会见一定会很危险，所以你最好不要去。”荀彧说：“郭贡和张邈等人之间的情分向来就不是很合得来，现在他来得如此之迅速，他们的计划一定还尚未做出最终的判决，我在他还没有做出决定之时前去游说他，纵使他最终不能为我们所用，我们也可以通过沟通使他采取中立的态度。如果我现在不去，就会先让他产生怀疑，他一定会因此而愤怒，进而会决定最终的计划。”郭贡看到荀彧表现得十分从容，没有惧怕的意思，认为鄄城肯定不容易攻克，于是带领军队返回了。

是时，兖州郡县皆应布，唯鄄城、范、东阿不动。布军降者言：“陈宫欲自将兵取东阿，又使(泛)〔氾〕嶷取范。”吏民皆恐。

程昱本东阿人，彧谓昱曰："今举州皆叛，唯有此三城，宫等以重兵临之，非有以深结其心，三城必动。君，民之望也，宜往抚之。"昱乃归过范，说其令靳允曰："闻吕布执君母、弟、妻子，孝子诚不可为心。今天下大乱，英雄并起，必有命世能息天下之乱者，此智者所宜详择也。得主者昌，失主者亡。陈宫叛迎吕布而百城皆应，似能有为；然以君观之，布何如人哉？夫布粗中少亲，刚而无礼，匹夫之雄耳。宫等以势假合，不能相君也；兵虽众，终必无成。曹使君智略不世出，殆天所授。君必固范，我守东阿，则田单之功可立也。孰与违忠从恶而母子俱亡乎？唯君详虑之！"允流涕曰："不敢有贰心。"时(泛)〔氾〕嶷已在县，允乃见嶷，伏兵刺杀之，归，勒兵自守。

【译文】 此时，兖州各郡县之百姓都响应吕布的号令，只有鄄城、范、东阿三县不为所动。吕布军中从别的军队投降过来的士兵说："陈宫想要自己带领军队前去攻克东阿，又委派氾嶷去进攻范县了。"吕布手下的官吏、人民都十分恐惧。程昱是东阿人，荀彧于是对程昱说："现在全州的百姓都已叛逆，只有这三个城池坚守着，陈宫等想要动用重兵去攻打他们，如果我们没有办法深深地团结城内的民心，这三座城内的百姓一定会动摇。你是人民所仰望和信服的人，应该前去安慰他们。"程昱于是就返回东阿，途中经过范县，游说范县县令靳允说："我听闻吕布逮捕了你的母亲、弟弟、妻子和儿女，你身为孝子肯定为此事没有办法安心。现在天下正是大乱之际，群雄崛起，这其中肯定有名高一世而且又能平息天下祸乱的人，这是睿智的人所应该详细筛选的。身为臣子的我们，如果能够得到好的君主就能昌盛，如果没有好的君主那就会使天下灭亡。陈宫背叛了自己的主公迎接吕布，而且各城百姓都互为响应，这样的情形好像他是能够有所作为的；可是你觉得，吕布在品德上是怎样的一个人呢？吕布不仅粗心而且对待别人缺少亲爱，刚强有余但是礼节不足，他不过只是一介匹夫之雄罢了；陈宫等人不过是因为目前的形势所逼，表面上和他共同谋事，其实他们之间互相都不心服，因为他们没有办法确定彼此之间的君臣等级；他们带领的军队虽然多，但是最后一定不会成功。曹使君是才智过人之人，这是上天授予他的。你一定要牢牢地守住范县，我则坚决地把守东阿，那么田单的功劳就可以建立了。这哪里算是违背忠贞呢，这与跟随恶人而最终母子都被害死相比哪个是上策呢？希望你详细地考虑之后再行动啊！”靳允流泪说：“我是不敢有贰心的啊！”当时汜嶷已经驻扎在范县，靳允此时去会见汜嶷，并且埋伏了士兵刺杀了汜嶷，靳允回去以后就整顿军队，坚固城内的防守。

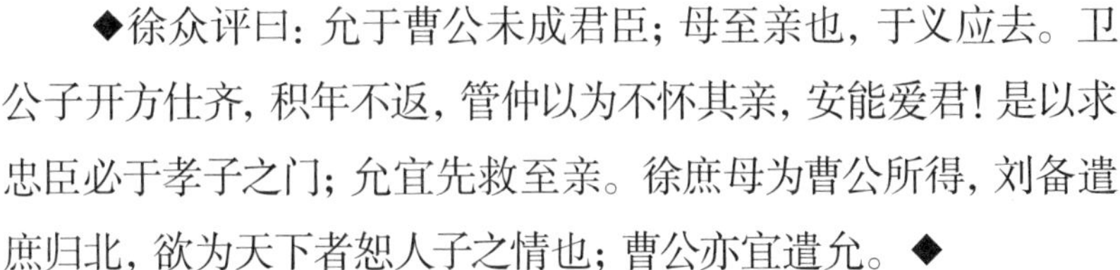

◆徐众评曰：允于曹公未成君臣；母至亲也，于义应去。卫公子开方仕齐，积年不返，管仲以为不怀其亲，安能爱君！是以求忠臣必于孝子之门；允宜先救至亲。徐庶母为曹公所得，刘备遣庶归北，欲为天下者恕人子之情也；曹公亦宜遣允。◆

昱又遣别骑绝仓亭津，陈宫至，不得渡。昱至东阿，东阿令颍川枣祗已率厉吏民拒城坚守，卒完三城以待操。操还，执昱手曰：“微子之力，吾无所归矣。”表昱为东平相，屯范。吕布攻鄄城不能下，西屯濮阳。曹操曰：“布一旦得一州，不能据东平，断亢父、泰山之道，乘险要我，而乃屯濮阳，吾知其无能为也。”乃进攻之。

【译文】◆徐众评论说：靳允和曹公之间，实际上并没有成为君臣的关系；然而母亲是自己最亲爱的人，在道义上说，此时

他应该离开城池以拯救自己的母亲。卫国的公子开方在齐国担任官职，此后很多年都没有回去，管仲认为他竟然连自己的亲人都不敬爱，又怎么会爱戴自己的国君呢！所以大家认定如果想要寻求忠心的臣子，一定要在孝子之中选择；由此推断，靳允应该先救自己最亲爱的母亲。徐庶的母亲被曹公扣留了，刘备于是就委派徐庶回到北方，要想治理天下的人应该能够体谅自己臣子为人子的心情；曹公也应该派靳允先拯救自己的母亲才对。◆

程昱又派出骑兵前去截断仓亭津，因此等陈宫到了之后，就无法渡过。程昱到了东阿之后，东阿县令颍川人枣祗已经带领着官吏并且奖励官吏、人民依靠自己的城池，坚固防守阵地，终于牢牢地控制了三座城等待曹操的归来。曹操回来以后，抓着程昱的手说："如果没有你的力量，我现在就无法安身于此了。"于是上表请求献帝让程昱做东平相，把守范县。吕布无法攻下鄄城，于是向西驻扎在濮阳。曹操说："吕布可以很快地得到一州之地，但是绝不会占据东平的。他原本可以截断亢父、泰山的通道，凭借险要地理优势攻击我，但是他竟然屯守在濮阳，因此我知道他是不会有什么作为的。"于是就领兵进攻吕布。

五月，以扬武将军郭汜为后将军，安集将军樊稠为右将军，并开府如三公，合为六府，皆参选举。李傕等各欲用其所举，若一违之，便忿愤喜怒。主者患之，乃以次第用其所举。先从傕起，汜次之，稠次之，三公所举，终不见用。

河西四郡以去凉州治远，隔以河寇，上书求别置州。六月，丙子，诏以陈留邯郸商为雍州刺史，典治之。

丁丑，京师地震；戊寅，又震。

乙酉晦，日有食之。

秋，七月，壬子，太尉朱俊免。

戊午，以太常杨彪为太尉，录尚书事。

甲子，以镇南将军杨定为安西将军，开府如三公。

自四月不雨至于是月，谷一斛直钱五十万，长安中人相食。帝令侍御史侯汶出太仓米豆为贫人作糜，饿死者如故。帝疑禀赋不实，取米豆各五升于御前作糜，得二盆。乃杖汶五十，于是悉得全济。

【译文】 五月，献帝委派扬武将军郭汜担任后将军，安集将军樊稠担任右将军，都与三公一样建立自己的府署，和三公合称为六府，而且都参与了选拔人才的过程。李傕等人都想要任用自己所推举的人，如果众人有丝毫违背他们意愿的地方，他们就愤怒不止，当时主管此事的人都感到很忧虑，于是按照他们的顺序任用他们所推举的人。先从李傕所推举的人用起，其次是郭汜所推选的人，再次是樊稠，三公所推举的人，反而没有得到选用。

由于河西的四郡都离凉州的州政府很远，再加上中间被黄河一带的强盗所阻隔了，因此四郡上奏书请求献帝另设新州。六月，丙子日（初一），献帝下诏委任陈留人邯郸商担任雍州刺史，来对此地加以治理。

丁丑日（初二），京师发生地震；戊寅日（初三），又有了地震。

乙酉晦日（乙酉为初十，晦日在乙巳，三十日），发生日食。

秋季，七月，壬子日（初七），罢免太尉朱俊的官职。

戊午日（十三日），委派太常杨彪担任太尉，录尚书事。

甲子日（十九日），派镇南将军杨定担任安西将军，跟三公一样建立府署。

从四月到六月，长安城内一直没有下雨，城内的谷子一斛卖到了五万钱之多，长安城里人吃人。献帝命令侍御史侯汶发放太仓之内的米和豆为穷人做粥来救济难民，可是城内还是有人像从前一样挨饿。献帝怀疑所发的救济粮食数目不实在，于是就把米和豆子各自量了五升，命人在自己前面做成粥，各做了两盆，发现的确比侯汶所做多得多。于是命人将侯汶打了五十杖，最终老百姓都得到了救济。

【乾隆御批】饥疲至此，仅恃太仓米豆以糜之，真杯水车薪耳。杖侍御以惩不实，悉得全济，其语可尽信哉？

【译文】平民百姓饥饿到性命不保，仅仅依靠太仓的米豆煮粥来救济他们，这简直是杯水车薪。用棍子鞭打侍史来惩罚虚假作弊，结果百姓全都得到了救济。这样的话难道可以完全相信吗？

八月，冯翊羌寇属县，郭汜、樊稠等率众破之。

吕布有别屯在濮阳西，曹操夜袭破之，未及还。会布至，身自搏战，自旦至日昳，数十合，相持甚急。操募人陷陈，司马陈留典韦将应募者进当之，布弓弩乱发，矢至如雨。韦不视，谓等人曰："虏来十步，乃白之。"等人曰："十步矣。"又曰："五步乃白。"等人惧，疾言"虏至矣！"韦持戟大呼而起，所抵无不应手倒者，布众退。会日暮，操乃得引去。拜韦都尉，令常将亲兵数百人，绕大帐左右。

【译文】八月，冯翊所掌管的羌人入侵了其所属的郡县，郭汜、樊稠等带领军队将他们打败了。

吕布手下的一支军队驻扎在濮阳的西面，曹操在夜里对这支此军队发动偷袭并且获得了胜利，但是在曹操还没有来得及带领军队返回之时，刚好碰到了吕布，于是吕布就亲自上阵和曹操的军队作战，两支军队从早晨一直战斗到太阳偏西，经过几十次的交战，双方依旧是不分胜负，紧紧相跟。曹操于是就招募人准备冲出军队，司马陈留人典韦带领应召的人发起进攻，此时吕布手下的军队四处发射弓箭，射出的箭像雨一般，典韦对此看都不看，告诉大家说："等到敌人前进到十步之内时，再告诉我。"大家说："现在已经十步了！"典韦又说："那就等到和敌人相距五步时再告诉我！"敌人再次前进时，大家都恐惧了，就赶快对典韦大喊："敌人已经到五步了！"典韦手持长戟大叫一声，挺身而起，其所到之处，敌人没有不应手而倒的，吕布的士兵因为典韦的勇猛进攻而被迫后退。刚好此时天色已晚，曹操才得以顺利地引兵离去；归去后就册封典韦为都尉，命令他要经常带领几百亲兵，在大帐的四周巡查。

濮阳大姓田氏为反间，操得入城，烧其东门，示无反意。及战，军败，布骑得操而不识，问曰："曹操何在？"操曰："乘黄马走者是也。"布骑乃释操而追黄马者。操突火而出，至营，自力劳军，令军中促为攻具，进，复攻之，与布相守百馀日。蝗虫起，百姓大饿，布粮食亦尽，各引去。九月，操还鄄城。布到乘氏，为其县人李进所破，东屯山阳。

冬，十月，操至东阿。袁绍使人说操，欲使操遣家居邺。操新失兖州，军食尽，将许之。程昱曰："意者将军殆临事而惧，不然，何虑之不深也！夫袁绍有并天下之心，而智不能济也；将军自度能为之下乎？将军以龙虎之威，可为之韩、彭邪？今兖州虽残，尚有三城，能战之士，不下万人，以将军之神武，与文若、昱等收而用之，霸王之业可成也，愿将军更虑之！"操乃止。

十二月，司徒淳于嘉罢，以卫尉赵温为司徒，录尚书事。

【译文】 吕布占领濮阳后，濮阳城内大姓田氏家族是曹操的间谍，曹操因此得以再次进攻濮阳城，进入城内后，就焚烧了濮阳的东门，表示誓死不归，自绝退路。两军交战后，曹操的军队被吕布打败了，吕布的骑兵抓住了曹操却不认识他，以为他只是个小兵，于是就问他说："曹操在哪里？"曹操回答说："刚刚那个骑着黄马逃跑了的就是曹操。"吕布的骑兵于是就放了曹操，而去追赶那个骑着黄马的人。曹操这才冒着火逃了出来，到了自己军营之中，亲自慰劳军队，命令军中迅速建造攻击的兵器，再次进兵濮阳。再次进攻濮阳时，和吕布僵持了一百多天。这个时候蝗虫大肆泛滥成灾，老百姓因受灾粮食歉收，因此非常饥饿，吕布军队中的粮食也用完了，于是就各自引兵离去，暂时休战。九月，曹操回到了鄄城。吕布回到了乘氏县，被乘氏县人李进所打败，于是向东把守山阳。

冬季，十月，曹操到了东阿。袁绍派遣使者来游说曹操，想劝告曹操举家搬迁到邺地；曹操此时刚刚丢了兖州，军队之中的粮食又耗尽了，于是想要答应袁绍。程昱就说："我想将军是因为遇到此等大事因而产生恐惧了吧？不然，为什么没有深刻地思考而做事呢？袁绍有侵吞天下的野心，但是他的智谋不足以使他达到目的，将军自己衡量您愿意居于袁绍之下吗？将军您是有着龙虎威仪之人，难道可以委屈地做他的韩信、彭越吗？虽然现在的兖州城有些残破，但是我们毕竟还有三座城池，我们手中可以作战的士兵，也有不少于一万人，拥有这些基础再加上将军的神武和荀彧以及我程昱等收集仁人志士加以运用，将军的霸王事业就最终可以完成，希望将军您三思而行啊！"曹操于是就放弃了先前的打算。

十二月，免除司徒淳于嘉的职位，委派卫尉赵温担任司徒，录尚书事。

马腾之攻李傕也，刘焉二子范、诞皆死。议郎河南庞羲，素与焉善，乃募将焉诸孙入蜀。会天火烧城，焉徙治成都，疽发背而卒。州大吏赵韪等贪焉子璋温仁，共上璋为益州刺史，诏拜颍川扈瑁为刺史。璋将沈弥、娄发、甘宁反，击璋，不胜，走入荆州；诏乃以璋为益州牧。璋以韪为征东中郎将，率众击刘表，屯朐䏰。

徐州牧陶谦疾笃，谓别驾东海糜竺曰："非刘备不能安此州也。"谦卒，竺率州人迎备。备未敢当，曰："袁公路近在寿春，君可以州与之。"典农校尉下邳陈登曰："公路骄豪，非治乱之主。今欲为使君合步骑十万，上可以匡主济民，下可以割地守境；若使君不见听许，登亦未敢听使君也。"北海相孔融谓备曰："袁公路岂忧国忘家者邪！冢中枯骨，何足介意！今日之事，百姓与能；天与不取，悔不可追。"备遂领徐州。

【译文】马腾进攻李傕，刘焉的两个儿子刘范、刘诞都因这场战争而死掉了。议郎河南人庞羲，一向与刘焉关系交好，于是就招募人带领着刘焉的几个孙子躲避到蜀地。蜀地此时刚好碰到天火，大火烧毁了绵竹城，刘焉就把州政府迁移到了成都，不久，由于背上长毒疮不治而亡。益州大吏赵韪等人，认为刘焉的儿子刘璋温顺仁厚，对人仁爱有加，于是想对其加以利用，就共同上书主张拥护刘璋担任益州刺史，但献帝的诏书却下令封颍川人扈瑁为刺史。刘璋手下的将领沈弥、娄发、甘宁等企图谋反，进攻刘璋，但并没有取得胜利，于是他们就逃到荆州；献帝下诏委任刘璋为益州牧。刘璋册封赵韪为征东中郎将，带领军队攻打刘表，驻守朐䏰。

徐州牧陶谦病危之时对别驾东海人麋竺说：“现在除了刘备没有人有能力安定这个州。”陶谦去世后，麋竺就代表全州的人邀请刘备前来治理。刘备不敢答应治理之事，就说：“袁术就在附近的寿春，你可以将徐州托给他管理。”典农校尉下邳人陈登说：“袁术为人十分骄傲而且行事跋扈，不是可以治理祸乱的领导者，现在我们想为您招募步兵、骑兵十万，这样，您上可以辅助天子，拯救黎民百姓；下可以拥有土地，守卫州郡。但是如果您不接受我的建议，我也不敢如此毫无成效地接受您的拒绝。”北海相孔融对刘备说：“袁术他哪里是一个忧虑国家之事的人呢？他虽然家族里有过四代五公之士，但那都已经成了坟墓中枯朽的骨头了，哪里还值得一提！如今的情形，老百姓要推选贤能的人来领导，上天赐予的机会如果您不把握，到时候追悔就来不及了。”刘备于是领有了徐州。

初，太傅马日磾与赵岐俱奉使至寿春，岐守志不桡，袁术惮之。日磾颇有求于术，术侵侮之，从日磾借节视之，因夺不还，条军中十馀人，使促辟之。日磾从术求去，术留不遣，又欲逼为军师。日磾病其失节，呕血而死。

初，孙坚娶钱唐吴氏，生四男策、权、翊、匡及一女。坚从军于外，留家寿春。策年十馀岁，已交结知名。舒人周瑜与策同年，亦英达夙成，闻策声问，自舒来造焉，便推结分好，劝策徙居舒；策从之。瑜乃推道南大宅与策，升堂拜母，有无通共。及坚死，策年十七，还葬曲阿；已乃渡江，居江都，结纳豪俊，有复仇之志。

【译文】起初，太傅马日磾和赵岐都奉天子之命出使寿春，

赵岐是一个守志不屈的人，袁术十分害怕他，马日磾如果对袁术有所要求时，袁术就做事污辱他，向马日磾借他的符节来观看，并且趁机夺取了符节不还给他，列举了自己军队之中的十几个人，要马日磾召辟他们。马日磾向袁术要求让自己离开，袁术非要留下他，不放他走，又意图逼他做自己的军师；马日磾因为懊悔自己失去符节之事，最终吐血而死。

起初，孙坚娶了钱塘人吴氏的女儿，婚后生了四个儿子，他们分别是孙策、孙权、孙翊、孙匡，还有一个女儿。孙坚常年在外地从军作战，把家人留在寿春。孙策在十几岁之时，就已经因为结交豪杰而颇有声名。舒城人周瑜和孙策生辰为同一年，也英明俊达而且早有所成，由于听到孙策的声名，就从舒城专程赶到寿春拜访孙策。两人于是推心置腹结为至交，周瑜就劝孙策迁居到舒城，孙策听从了他的建议。周瑜就将自己家在路边的大房子让给孙策住，在大堂之中拜见孙策的母亲，时常和孙策互通有无。等到孙策之父孙坚被黄祖杀死时，孙策已经十七岁了，于是就扶着孙坚的灵柩回葬到曲阿。丧葬之事完成之后就渡过江，定居于江都，结纳当地的豪杰志士，立志要为父亲报仇雪恨。

丹阳太守会稽周昕与袁术相恶，术上策舅吴景领丹阳太守，攻昕，夺其郡，以策从兄贲为丹阳都尉。策以母弟托广陵张纮，径到寿春见袁术，涕泣言曰：“亡父昔从长沙入讨董卓，与明使君会于南阳，同盟结好，不幸遇难，勋业不终。策感惟先人旧恩，欲自凭结，愿明使君垂察其城！”术甚奇之，然未肯还其父兵，谓策曰：“孤用贵舅为丹阳太守，贤从伯阳为都尉，彼精兵之地，可还依召募。”策遂与汝南吕范及族人孙河迎其母诣曲阿，依舅氏。

因缘召募，得数百人，而为泾县大帅祖郎所袭，几至危殆。于是，复往见术。术以坚馀兵千馀人还策，表拜怀义校尉。策骑士有罪，逃入术营，隐于内厩。策指使人就斩之，讫，诣术谢。术曰："兵人好叛，当共疾之，何为谢也!"由是军中益畏惮之。术初许以策为九江太守，已而更用丹阳陈纪。后术欲攻徐州，从庐江太守陆康求米三万斛；康不与。术大怒，遣策攻康，谓曰："前错用陈纪，每恨本意不遂。今若得康，庐江真卿有也。"策攻康，拔之，术复用其故吏刘勋为太守；策益失望。

【译文】 丹阳太守会稽人周昕和袁术互相仇恨，袁术于是就上表奏请使孙策的舅舅吴景做丹阳太守，然后进攻周昕，夺取丹阳郡，委任孙策的堂兄孙贲担任丹阳都尉。孙策于是把弟弟和母亲托付给广陵人张纮照看，自己直奔寿春前去拜见袁术，对袁术哭泣着说："亡父曾经从长沙地区讨伐董卓，和将军您约定于南阳会合，彼此结为盟好，但是由于我父亲不幸遇难，没有完成进军会合的大事。我现在感念您和我父亲之间的旧恩情，想要归附于您，希望您能够体察我的一片诚挚之心！"袁术表示出对他很重视的样子，但是不肯将他父亲曾经带领的军队交还给他，他对孙策说："我任用你的舅舅，让他担任丹阳太守，你的堂兄伯阳担任都尉，他们所在的地方向来都是产生精兵的地方啊，你可以前去依靠他们，然后招募自己的军队。"孙策于是就和汝南人吕范以及族人孙河迎接母亲前往曲阿，依靠舅舅，然后招募军队，最终招募到了几百人，但是不幸被泾县大帅祖郎暗中袭击了，军队几乎陷于溃散的边缘，于是孙策又前去拜见袁术。袁术就把孙坚从前所领导的余下的军队一千多人还给了孙策，上表奏请册封孙策为怀义校尉。孙策的骑兵犯了罪，逃到袁术的营中，躲藏在内厩里，孙策亲自带人去制伏他，派人在原地将他砍杀了，事情完成后，就前去拜见袁术向他谢罪。袁术说："士兵们向来喜欢叛变，我们从军之人原本就应该一起痛恨这种叛变的行为，你又何必向我谢罪呢？"从此军队之中的士兵便更畏惧孙策了。袁术起先答应委任孙策担任九江太守，但是不久之后又另外任用了丹阳人陈纪。后来袁术想要攻打徐州，向庐江太守陆康求借三万斛的米粮作为军需，但是陆康不肯给他，袁术大怒，想要委派孙策进攻陆康，于是就对孙策说："以前是我失误，任用了陈纪，常常自我悔恨没有能顺从自己最初的意愿，现在如果你俘获了陆康，那么我们攻下庐江之后，它一定会归你所有。"孙策攻打陆康，并且又攻下了庐江，但袁术最终还是任用了自己以前的官吏刘勋担任庐江太守，孙策因此更加感到失望了。

侍御史刘繇，岱之弟也，素有盛名，诏书用为扬州刺史。州旧治寿春，术已据之，繇欲南渡江，吴景、孙贲迎置曲阿。及策攻庐江，繇闻之，以景、贲本术所置，惧为袁、孙所并，遂构嫌隙，迫逐景、贲。景、贲退屯历阳。繇遣将樊能、于麋屯横江，张英屯当利口以拒之。术乃自用故吏惠衢为扬州刺史，以景为督军中郎将，与贲共将兵击英等。

【译文】侍御史刘繇，是刘岱的弟弟，向来就享有盛名，诏书任用他为扬州刺史；州政府之前一直是在寿春，自从袁术占有寿春以后，刘繇就想向南渡江，另外设置州政府，吴景、孙贲迎接他之后将他安置到曲阿。等到孙策攻下了庐江，刘繇听说之后，暗中以为吴景、孙贲是袁术在自己身边安置的间谍，于是害怕自己被袁术、孙策所并吞，就和吴景、孙贲有了隙嫌，此后就找了借口逼走了吴景、孙贲。吴景、孙贲退居历阳，刘繇又派

出自己的将领樊能、于糜驻守横江，张英驻守当利口来对抗他们。袁术于是就任用自己以前的官吏惠衢担任扬州刺史，委任吴景担任督军中郎将，和孙贲共同带领军队进攻张英等人。

二年（乙亥，公元一九五年）春，正月，癸丑，赦天下。

曹操败吕布于定陶。

诏即拜袁绍为右将军。

董卓初死，三辅民尚数十万户，李傕等放兵劫略，加以饥馑，二年间，民相食略尽。李傕、郭汜、樊稠各相与矜功争权，欲斗者数矣，贾诩每以大体责之，虽内不能善，外相含容。

【译文】 二年（乙亥，公元195年）春季，正月，癸丑日（十一日），大赦天下。

曹操在定陶打败了吕布。

献帝诏命委任袁绍为右将军。

董卓刚死之时，三辅地区的百姓还剩余几十万户，等到后来李傕等放纵手下的士兵抢夺掳掠，再加上当时常常发生饥荒，两年之后，百姓之间互相残杀吞食，最后几乎都没有人了。李傕、郭汜、樊稠常常互相夸耀自己的军功，争夺军权，多次都想攻击对方，贾诩每次都让他们顾全大局不得如此行事，因此虽然他们的心里并不想和好，但是在外表只能互相容忍。

樊稠之击马腾、韩遂也，李利战不甚力，稠叱之曰："人欲截汝父头，何敢如此！我不能斩卿邪！"及腾、遂败走，稠追至陈仓，遂语稠曰："本所争者非私怨，王家事耳。与足下州里人，欲相与善语而别。"乃俱却骑，前接马，交臂相加，共语良久而别。军还，李利告傕："韩、樊交马语，不知所道，意爱甚密。"傕亦以稠勇而得众，忌之。稠欲将兵东出关，从傕索益兵。二月，傕请稠会议，便于坐杀稠。由是诸将转相疑贰。

傕数设酒请郭汜，或留汜止宿。汜妻恐汜爱傕婢妾，思有以间之。会傕送馈，妻以豉为药，摘以示汜曰："一栖不两雄，我固疑将军信李公也。"他日，傕复请汜，饮大醉，汜疑其有毒，绞粪汁饮之。于是各治兵相攻矣。

【译文】 樊稠进攻马腾、韩遂之时，李利在作战中很不卖力，樊稠于是叱责他说："如果人家要砍你老子的头，你也是如此不卖力，我能不斩你吗？"等到马腾、韩遂被打败之后，樊稠追到陈仓之地，韩遂对樊稠说："本来我们进行战争所争夺的也不是咱们两人私人之间的恩怨，我们不过都是为了王家的事情罢了。而且我和你又是同乡，我想和你好好地谈谈。"于是双方各自命令骑兵们退后，两人向前马头相接，互相把臂而谈，说了很久的话才分别。军队回来之后，李利就告诉他的叔父李傕说："韩遂与樊稠交马谈话，我们也不知道他们两个讲了些什么，但是从谈话看起来两人之间的情谊好像很密切。"李傕原本就因为樊稠勇敢而且得到群众的拥护，心里忌惮于他，听说此话之后就更是如此了。樊稠此时想要带领着军队往东出关，于是向李傕请求派遣军队支援。二月，李傕邀请樊稠来商讨事项，乘机在座中将他杀死了，从此李傕手下的将领们对李傕都产生了猜疑而有了贰心。

李傕常常摆设酒席宴请郭汜，或者是留郭汜住宿，郭汜的妻子因为害怕郭汜常常在李傕处待着会爱上李傕的婢妾，于是就想出计谋来离间他们。此后刚好碰到李傕派人送食物来，于是他的妻子就说李傕送的豆豉是毒药，然后把那毒药拿出来给郭汜看说："一个鸡窝里是不能有两只公鸡的，我就怀疑你是

不是太相信李公了。”此后李傕又邀请郭汜赴宴喝酒，喝得大醉之后，郭汜怀疑李傕在酒食里下了毒，于是就在酒食里搅拌了粪汁让李傕喝下，此后两人结怨，他们就各自治理军队互相攻打。

帝使侍中、尚书和傕、汜，傕、汜不从。汜谋迎帝幸其营，夜有亡者，告傕。三月，丙寅，傕使兄子暹将数千兵围宫，以车三乘迎帝。太尉杨彪曰："自古帝王无在人家者，诸君举事，奈何如是！"暹曰："将军计定矣。"于是君臣步从乘舆以出，兵即入殿中，掠宫人、御物。帝至傕营，傕又徙御府金帛置其营，遂放火烧宫殿、官府、民居悉尽。帝复使公卿和傕、汜，汜留杨彪及司空张喜、尚书王隆、光禄勋刘渊、卫尉士孙瑞、太仆韩融、廷尉宣播、大鸿胪荣郃、大司农朱俊、将作大匠梁(邵)〔劭〕、屯骑校尉姜宣等于其营为质。朱俊愤懑发病死。

夏，四月，甲子，立贵人琅邪伏氏为皇后；以后父侍中完为执金吾。

【译文】 献帝委派侍中、尚书想要为李傕、郭汜二人调解矛盾。李傕、郭汜两人都不听从别人的调解。郭汜计划把献帝迎接到自己的营中，夜里军营之中有人逃亡，便把郭汜的计划报告给了李傕。三月，丙寅日（二十五日），李傕委派侄儿李暹带领几千人的军队围攻禁宫，想要用三辆车子迎接献帝。太尉杨彪说："古往今来就没有帝王居住在臣子家这样的事情，诸位将军怎么可以如此行事呢！"李暹说："将军迎接皇帝的计划已经决定了。"于是朝廷之内的群臣都步行跟随着迎接献帝的车出了皇宫，李暹的军队在献帝离开之后就进入宫殿，劫持宫内女眷以及献帝的宝物等。献帝进入李傕的营中后，李傕又把皇宫之中的金银财物以及衣帛等迁徙到自己所住的军营之中，然后放火焚毁宫殿、官府以及人民的住宅，宫殿等都被大火烧光了。献帝再次派出公卿为李傕、郭汜调和矛盾，郭汜趁机把杨彪和司空张喜、尚书王隆、光禄勋刘渊、卫尉士孙瑞、太仆韩融、廷尉宣璠、大鸿胪荣郃、大司农朱俊、将作大匠梁邵、屯骑校尉姜宣等皇帝派来调解的人，扣留在自己的军营里做人质，当时被扣留的朱俊因为愤懑生病而去世了。

夏季，四月，甲子日（四月无此日），册立贵人琅邪人伏氏为皇后；派皇后的父亲侍中伏完担任执金吾。

郭汜飨公卿，议政李傕。杨彪曰："群臣共斗，一人劫天子，一人质公卿，可行乎！"汜怒，欲手刃之。彪曰："卿尚不奉国家，吾岂求生邪！"中郎将杨密固谏，汜乃止。傕召羌、胡数千人，先以御物缯綵与之，许以宫人、妇女，欲令攻郭汜。汜阴与傕党中郎将张苞等谋攻傕。丙申，汜将兵夜攻傕门，矢及帝帘帷中，又贯傕左耳。苞等烧屋，火不然。杨奉于外拒汜，汜兵退，苞等因将所领兵归汜。

【译文】 郭汜宴飨公卿多次，讨论攻打李傕的计谋。杨彪说："现在天下群臣之间互相争斗，李傕一个人挟持了天子，而你又一个人扣留公卿作为人质，这样的行为可以吗？"郭汜听闻之后勃然大怒，想要除掉杨彪，杨彪说："你是一个连天子都不尊奉的人，我这样的无名小卒哪里还敢乞求留我性命呢！"中郎将杨密十分坚决地制止他，郭汜才不得已停止了除掉他。李傕召集了几千个羌人、胡人，先将天子财物和彩帛赐给他们，然后又答应他们，将来会将抢来的宫女和嫔妃赐予他们，想要借此命令他们进攻郭汜。郭汜私底下和李傕党里的中郎将张苞等

计划里应外合地攻打李傕。丙申日（二十五日），郭汜带领士兵在夜间攻打李傕的营门，所射出的弓箭刺穿了皇帝的门帘，又刺穿了李傕的左耳。张苞等人放火焚烧房屋，但是大火始终没有燃烧起来。杨奉在营外抵抗郭汜，郭汜手下的士兵只好逃走了，张苞等人都带领着自己的军队前去归附郭汜。

是日，傕复移乘舆幸北坞，使校尉监坞门，内外隔绝，侍臣皆有饥色。帝求米五斗、牛骨五具以赐左右。傕曰："朝晡上饴，何用米为？"乃以臭牛骨与之。帝大怒，欲诘责之。侍中杨琦谏曰："傕自知所犯悖逆，欲转车驾幸池阳黄白城，臣愿陛下忍之。"帝乃止。司徒赵温与傕书曰："公前屠陷王城，杀戮大臣，今争睚眥之隙，以成千钧之雠。朝廷欲令和解，诏命不行，而复欲转乘舆于黄白城，此诚老夫所不解也。于《易》，一为过，再为涉，三而弗改，灭其顶，凶。不如早共和解。"傕大怒，欲杀温，其弟应谏之，数日乃止。

【译文】这一天，李傕把献帝的车乘转移到北坞，委派校尉把守坞门，献帝由此内外都被与世隔绝了。献帝身边的侍臣们都面有饥色，于是献帝向李傕讨要五斗米、五具牛骨头想要赐给左右的人。李傕说："你住在这里，早晚都给你送上了饭，现在还跟我要米，你要用米干什么啊？"因此李傕就命人拿臭的牛骨头给献帝。献帝一时之间大怒，要想前去责问李傕，侍中杨琦劝阻献帝说："李傕他原本就知道自己所犯的是大罪，现在正预谋把您的车驾辗转迁移到池阳的黄白城，在这样的关节点，我希望陛下您能够忍耐这件事情。"献帝这才作罢。司徒赵温写信给李傕说："你之前已经让王城陷落，而且还杀戮了很多大臣，现在又因为一些微小的嫌隙，就跟郭汜形成了深仇大恨，现在朝廷命令你与他和解，你又不遵从皇帝的诏命，反而预谋将天子转移到黄白城，这些行为实在是我所不能理解的事情。《易经·大过》里说，一次已经过甚，再次就要交涉灾难，犯了三次而不改，那就要遭到灭顶之灾了。不如你早一天和郭汜和解吧。”李傕听闻之后大怒，想要杀死赵温，他的弟弟李应劝阻他不能如此行事，几天之后李傕才打消这个念头。

傕信巫觋厌胜之术，常以三牲祠董卓于省门外。每对帝或言“明陛下”，或言“明帝”，为帝说郭汜无状，帝亦随其意应答之。傕喜，自谓良得天子欢心也。

闰月，己卯，帝使竭者仆射皇甫郦和傕、汜。郦先诣汜，汜从命；又诣傕，傕不肯，曰：“郭多，盗马虏耳，何敢欲与吾等邪！必诛之！君观吾方略士众，足办郭多否邪？郭多又劫质公卿，所为如是，而君苟欲左右之邪？”郦曰：“近者董公之强，将军所知也；吕布受恩而反图之，斯须之间，身首异处，此有勇而无谋也。今将军身为上将，荷国宠荣，汜质公卿而将军胁主，谁轻重乎！张济与汜有谋，杨奉，白波贼帅耳，犹知将军所为非是，将军虽宠之，犹不为用也。”傕呵之令出。郦出，诣省门，白“傕不肯奉诏，辞语不顺。”帝恐傕闻之，亟令郦去。傕遣虎贲王昌呼，欲杀之，昌知郦忠直，纵令去，还答傕，言“追之不及”。

【译文】 李傕信任巫觋邪曲之法术，常常摆放着猪、牛、羊三牲作为祭品，在宫门之外祭祀董卓；每次面对献帝或者称董卓为“明陛下”，或者称其为“明帝”，并且还向献帝讲述郭汜的罪状，献帝也随着他的意思迎合他的意愿。李傕十分满意，自以为已经得到了献帝的欢心。

闰月，己卯日（初九），献帝委派谒者仆射皇甫郦为李傕、

郭汜调和矛盾。皇甫郦首先到郭汜那边调解，郭汜听从了他的命令准备和解；然后又到李傕这边进行调解，李傕不肯听从调解，李傕说："郭汜他是什么人，只不过是一个盗马的小贼罢了，这样的人怎么敢和我放在一起呢？我一定要带兵灭掉他！你看以我的智谋和战争策略还有我手下的士兵，难道无法将郭汜制伏吗？郭汜还劫持了朝廷的公卿作为人质，其所作所为是如此的不堪，即使如此你还想要这样随便地帮助他吗？"皇甫郦说："不久之前董卓的势力如此之强大，这是将军你所知晓的，当时吕布承受他的恩德却反而转过来图谋除掉他，尽管董卓如此之强大，却在转眼之间，就落得一个被谋害而身首异处的下场，这就是有勇无谋的结果。现在将军身为上将，身上担着国家的荣宠，郭汜他不过是将公卿作为人质，但是将军却胁持了皇帝，两者相比较，哪一个罪状更大呢？张济和郭汜都是有智谋的人。杨奉、白波他们只不过是贼人的一个首脑罢了，但是就连他们都知道将军如此行事是不对的，因此虽然将军对他们恩宠有加，但是他们仍旧不为你所用。"李傕听他此番话后大怒，斥责他出去。皇甫郦出去后，进宫向献帝报告说："李傕不仅不肯遵从您的诏命，而且言辞之间很不恭顺。"献帝害怕李傕听到之后再生是非，于是急急地命令皇甫郦赶快离去。李傕委派虎贲王昌前去把皇甫郦带回来，想要除掉他，王昌知道皇甫郦为人十分忠直，就私下里将他放走了，回来答复李傕，说："没有追赶上他。"

辛巳，以车骑将军李傕为大司马，在三公之右。

吕布将薛兰、李封屯巨野，曹操攻之，布救兰等，不胜而走，操遂斩兰等。操军乘氏，以陶谦已死，欲遂取徐州，还乃定布。荀彧曰："昔高祖保关中，光武据河内，皆深根固本以制天下，进足以胜敌，退足以坚守，故虽有困败而终济大业。将军本以兖州首事，平山东之难，百姓无不归心悦服。且河、济，天下之要地也，今虽残坏，犹易以自保，是亦将军之关中、河内也，不可以不先定。今已破李封、薛兰，若分兵东击陈宫，宫必不敢西顾，以其间勒兵收熟麦，约食畜谷，一举而布可破也。破布，然后南结扬州，共讨袁术，以临淮、泗。若舍布而东，多留兵则不足用，少留兵则民皆保城，不得樵采，布乘虚寇暴，民心益危，唯鄄城、范、卫可全，其馀非己之有，是无兖州也。若徐州不定，将军当安所归乎！且陶谦虽死，徐州未易亡也。彼惩往年之败，将惧而结亲，相为表里。今东方皆已收表，必坚壁清野以待将军，攻之不拔，略之无获，不出十日，则十万之众，未战而先自困耳。前讨徐州，威罚实行，其子弟念父兄之耻，必人自为守，无降心，就能破之，尚不可有也。夫事固有弃此取彼者，以大易小可也，以安易危可也，权一时之势，不患本之不固可也。今三者莫利，惟将军熟虑之。"操乃止。

【译文】 辛巳日（十一日），委任车骑将军李傕担任大司马，其地位在三公之上。

吕布的将领薛兰、李封驻守巨野，曹操进攻巨野，吕布前来援助薛兰等，但是没有取得胜利，只得领兵撤退了，于是曹操就斩掉薛兰等。曹操的军队驻军在乘氏，又由于当时陶谦已经去世，因此想先攻下徐州城，再平定吕布。荀彧说："以前高祖把守关中，光武占据着河内，他们都是先巩固自己的地盘为根本然后控制天下，如果采取进攻足以战胜敌人，退守足以巩固防守，所以虽然遭遇了困顿失败但是最终得以完成大业。将军本来是因为兖州而成事，后来又平定了山东黄巾之灾祸，百姓中无人不归附于您而且心中佩服的。况且黄河、济水之间向来是天

下最为险要之地，虽然现在看来有些残破，但是依靠此地容易自保，这个地方就是将军的关中、河内，将军您不可以不先平定此地。现在将军您已经击败了李封、薛兰，如果继续抽出兵力攻击陈宫的话，陈宫必定不敢再顾及四方了，我军可以在这个空隙，收取城内成熟的麦子，收集食物，积蓄谷类，如此一来获得了军需物资，此后一举就可以击败吕布。等我军击败了吕布，然后向南方与扬州人士联合起来，共同征讨袁术，兵临淮、泗。但是如果我们此时舍弃了吕布而向东攻打徐州，那么军营之中多留些兵的话进攻则不够用，少留兵的话若是依靠人民固守城池那就无法去采樵生活，倘若吕布乘虚来侵略，民心就会变得更为混乱，在那样的情形之下恐怕只有鄄城、范城、卫城还尚可保全，其余的城池恐怕就不是我们所能保有的了，如此一来就等同于失去兖州了。倘若在前方我军又没有攻下徐州，那么将军您那时应当回到哪里呢？再说陶谦虽然已经去世了，但是徐州依旧是一个不容易攻下的地方，他们鉴于过去的失败，必定会产生恐惧然后互相团结，互为表里，团结一致。现在东方地区都已经收割了麦子，必定会坚壁清野来与将军对抗，将军您想要攻打不能克服，即使攻克了也没有什么收获，如此一来，不出十天，则我方十万大军，还没有作战就已经先困顿了。之前我们攻打徐州，实行严重的惩罚，而且杀戮也十分之多，徐州城内的子弟想起自己父兄的耻辱，必定会人人坚持作战而没有投降的心意，所以即使我们最终能够击破徐州，还是不能够控制这个地方。事情原本就是失之东隅，而收之桑榆的，用大的收获来换取小的收获也可以；用安宁来替换危险也可以；但是权衡目前的形势，而不忧虑自己的根基、不巩固自己的势力也可以。现在三样事情之中，没有一件是有利的，希望将军您仔细地考虑考虑再行事。”曹操于是停止了想要攻打徐州的意念。

布复从东缗与陈宫将万馀人来战，操兵皆出收麦，在者不能千人，屯营不固。屯西有大堤，其南树木幽深，操隐兵堤里，出半兵堤外。布益进，乃令轻兵挑战，既合，伏兵乃悉乘堤，步骑并进，大破之，追至其营而还。布夜走，操复攻拔定陶，分兵平诸县。布东奔刘备，张邈从布，使其弟超将家属保雍兵。

布初见备，甚尊敬之，谓备曰：“我与卿同边地人也！布见关东起兵，欲诛董卓。布杀卓东出，关东诸将无安布者，皆欲杀布耳。”请备于帐中，坐妇床上，令妇向拜，酌酒饮食，名备为弟。备见布语言无常，外然之而内不悦。

【译文】 吕布又从东缗县和陈宫带领着一万多人前来与曹操交战，曹操的士兵此时都出去收割麦子了，留在营里的还不到一千人。当时的营寨也不牢固，但是营寨的西边有一个大的堤坝，堤坝的南边树木很茂盛幽深，于是曹操就把军队藏在堤坝里面，命令一半的兵力留在堤坝外面；吕布渐渐地逼近军营之后，曹操便命令士兵挑战，等到开始作战时，埋伏的士兵就全部登上了堤坝，然后步兵和骑兵一起冲上前去，将吕布打得大败，一直追赶到了吕布的军营之中才返回来。吕布乘着夜色逃走了，曹操又攻下了定陶，分散兵力之后平定了各县。吕布向东前去投奔刘备，张邈追随着吕布，并且命令他的弟弟张超带领家属把守雍丘。

吕布最初见到刘备时，很敬重刘备，对刘备说：“我和你同属于边地人，我看到关东起兵之后，便想要诛灭董卓，我杀掉董卓之后带领军队向东方走，无奈关东所有的将领之中没有一个愿意收纳安置我的，他们都想要杀掉我。”于是亲自请刘备到

自己所在的军帐之中，让刘备端坐在妻子的床上，并且命令妻子向刘备下拜，给刘备倒酒准备饮食，称呼刘备为弟。刘备见吕布言语之中有些过度，虽然在外表表示赞同他，但是在内心其实非常不喜欢他。

李傕、郭汜相攻连月，死者以万数。六月，傕将杨奉谋杀傕，事泄，遂将兵叛傕，傕众稍衰。庚午，镇东将军张济自陕至，欲和傕、汜，迁乘舆权幸弘农。帝亦思旧京，遣使宣谕，十反，汜、傕许和，欲质其爱子。傕妻爱其男，和计未定，而羌、胡数来窥省门，曰："天子在此中邪！李将军许我宫人，今皆何在？"帝患之，使侍中刘艾谓宣义将军贾诩曰："卿前奉职公忠，故仍升荣宠；今羌、胡满路，宜思方略。"诩乃召羌、胡大帅饮食之，许以封赏，羌、胡皆引去，傕由此单弱。于是复有言和解之计者，傕乃从之，各以女为质。

【译文】李傕、郭汜经过几个月的互相攻打，双方的军队死掉的人已经上万了。六月，李傕的将领杨奉预谋想要杀掉李傕，事情泄露之后，杨奉带领自己的军队背叛了李傕，李傕的势力因此而稍稍减弱。庚午日（六月无此日），镇东将军张济从陕县赶来，想为李傕、郭汜调解他们之间的矛盾，并且将天子献帝的车乘迁移到弘农。献帝也十分想念原来的京都洛阳，于是就委派使臣宣示告谕，经过十多次的来回往复，郭汜、李傕终于答应和好，但是又意图互相拿爱子做人质。李傕的妻子由于特别疼爱自己的儿子而不肯答应，当时合约还没有决定，而且羌人、胡人多次前来窥视宫门，说："天子已经在里面了啊！李将军曾经答应要赏赐给我们的宫女，现在在哪里呢？"献帝因此而忧虑，就派出侍中刘艾对宣义将军贾诩说："你以前一直都是奉守自己的职务公正而且忠贞的，所以一直受到国家所赐予的恩宠。现在羌人、胡人到处都是，你要想个解决的办法来回报国家啊。”贾诩于是召来羌人、胡人的首领，宴请他们前去喝酒吃饭，并且还答应给予他们封赏，羌人、胡人便都带领着自己的军队离去了，李傕从此势力便更薄弱了。于是当有人再次提到和解之事时，李傕就答应了，于是他和郭汜都拿彼此的女儿作为人质。

秋，七月，甲子，车驾出宣平门，当渡桥，汜兵数百人遮桥曰：“此天子非也!”车不得前。傕兵数百人，皆持大戟在乘舆车前，兵欲交，侍中刘艾大呼曰：“是天子也!”使侍中杨琦高举车帷，帝曰：“诸兵何敢迫近至尊邪?”汜兵乃却。既渡桥，士众皆称万岁。夜到霸陵，从者皆饥，张济赋给各有差。傕出屯池阳。

丙寅，以张济为票骑将军，开府如三公；郭汜为车骑将军，杨定为后将军，杨奉为兴义将军。皆封列侯。又以故牛辅部曲董承为安集将军。

郭汜欲令车驾幸高陵，公卿及济以为宜幸弘农，大会议之，不决。帝遣使谕汜曰：“弘农近郊庙，勿有疑也!”汜不从。帝遂终日不食。汜闻之曰：“可且幸近县。”八月，甲辰，车驾幸新丰。丙子，郭汜复谋胁帝还都郿，侍中种辑知之，密告杨定、董承、杨奉令会新丰。郭汜自知谋泄，乃弃军入南山。

曹操围雍丘，张邈诣袁术求救，未至，为其下所杀。

【译文】 秋季，七月，甲子日（七月无此日），献帝所乘坐的车驾出了宣平门，到达渡桥之时，郭汜手下有几百人拦住桥问：“车驾之中的是不是天子？”车驾因被堵住而无法前行。李傕手下的几百名士兵，拿着大戟站在车驾的前面，想要和郭汜的士

兵交战，此时侍中刘艾大声地喊说："这正是天子啊！"于是命令侍中杨琦高挑起献帝的车帘，献帝说："诸位士兵，你们怎么敢如此近地逼近至尊呢？"郭汜的士兵听到献帝的话之后才退后，等到献帝渡过桥以后，所有的士兵都高呼皇帝万岁。夜里抵达霸陵之时，献帝的随从们都饥饿了，于是张济便按照他们的身份发给他们粮食，其中各有差等。李傕出京驻守池阳。

丙寅日（七月无此日），任命张济担任骠骑将军，并且像三公一样地建立自己的府署；郭汜担任车骑将军，杨定担任后将军，杨奉担任兴义将军，而且都册封为列侯。然后派牛辅曾经的部下董承担任安集将军。

郭汜想要使车驾前往高陵，公卿和张济都认为应该前行到弘农，于是大家开会来讨论这件事，最后也没能决定。献帝委派的使臣告诉郭汜说："弘农接近郊庙，不要犹豫此事了！"郭汜不听从他的话。献帝因此整天不吃饭以表示抗议。郭汜听说之后就对献帝说："可暂且到附近的县城。"八月，甲辰日（初六），车驾到达了新丰。丙子日（八月无此日）郭汜又计划威胁献帝带他回到郿城，然后以郿城为首都，侍中种辑知道之后，私下里告诉杨定、董承、杨奉，让他们在新丰聚会。郭汜知道自己的计划泄露了，于是抛弃了军队，藏入终南山。

曹操围困雍丘，张邈逃到袁术那里请求救援，他还没有到达之时，就被他的下属杀掉了。

冬，十月，以曹操为兖州牧。

戊戌，郭汜党夏育、高硕等谋胁乘舆西行。侍中刘艾见火起不止，请帝出幸一营以避火。杨定、董承将兵迎天子幸杨奉营，夏育等勒兵欲止乘舆，杨定、杨奉力战，破之，乃得出。壬寅，行幸华阴。

宁辑将军段煨具服御及公卿已下资储，欲上幸其营。煨与杨定有隙，定党种辑、左灵言煨欲反，太尉杨彪、司徒赵温、侍中刘艾、尚书梁绍皆曰：“段煨不反，臣等敢以死保。”董承、杨定胁弘农督邮令言郭汜来在煨营，帝疑之，乃露次于道南。

【译文】冬季，十月，派曹操担任兖州牧。

戊戌日（初一），郭汜的党羽夏育、高硕等人预谋胁迫天子的车驾往西行走。侍中刘艾看到当时的大火焚烧不止，就请求献帝到另一军营之中躲避大火。杨定、董承于是带领军队迎接天子转移到杨奉的营中，夏育等带领军队想要阻止献帝的车驾，杨定、杨奉十分努力地与之作战，最终打败了他们，冲出重围。壬寅日（初五），献帝抵达华阴。

宁辑将军段煨准备了衣物、车辆以及公卿以下要食用的粮食，希望献帝到他的营中。段煨和杨定有矛盾，杨定联合种辑、左灵谋说段煨要造反，太尉杨彪、司徒赵温、侍中刘艾、尚书梁绍等人对献帝保证说：“段煨绝不会造反，我们愿意以性命做担保。”董承、杨定威胁弘农的督邮令说郭汜来了，就在段煨的营帐中，献帝很是怀疑，于是就在路的南面露天而宿。

丁未，杨奉、董承、杨定将攻煨，使种辑、左灵请帝为诏，帝曰：“煨罪未著，奉等攻之而欲令朕有诏耶？”辑固请，至夜半，犹弗听。奉等乃辄攻煨营，十馀日不下。煨供给御膳，禀赡百官，无有二意。诏使侍中、尚书告谕定等，令与煨和解，定等奉诏还营。

李傕、郭汜悔令车驾东，闻定攻煨，相诏共救之，因欲劫帝而西。杨定闻傕、汜至，欲还蓝田，为汜所遮，单骑亡走荆州。张济与杨奉、董承不相平，乃复与傕、汜合。十二月，帝幸弘农，

张济、李傕、郭汜共追乘舆，大虞于弘农东涧，陈、奉军败，百官、士卒死者，不可胜数，弃御物、符策、典籍，略无所遗。射声校尉沮俊被创坠马，傕谓左右曰："尚可活否？"俊骂之曰："汝等凶逆，逼劫天子，使公卿被害，宫人流离。乱臣贼子，未有如此也！"傕乃杀之。

【译文】 丁未日（初十），杨奉、董承、杨定将要攻打段煨，于是派遣种辑、左灵请求献帝发放诏令，献帝说："段煨并没有很大的罪责，杨奉等人要围攻他，却要命令我来发放诏令吗！"种辑意志坚决地请求，一直到深夜，还无意停止，献帝也一直没有答应。杨奉等于是擅自率军攻打段煨的军营，结果十几天都没有攻下来。段煨一直供给献帝的膳食，并且供给朝中百官们的粮食，没有异心。献帝下诏命侍中、尚书告谕杨定等与段煨和解；杨定等接受诏命，退回自己的营地。

李傕、郭汜后悔让献帝的车马东行，听闻杨定要攻打段煨，互相招集军队来共同援助，想劫持献帝再回到西边。杨定听闻李傕、郭汜来了，想回到蓝田，被李傕拦截，于是一个人逃向荆州。张济和杨奉、董承有间隙，于是又和李傕、郭汜联合。十二月，献帝一行到达弘农，张济、李傕、郭汜一起在后方追赶，在弘农的东涧发起战事，董承、杨奉的军队被打败，战死的百官士卒无以计算，于是抛弃了御用的物件，符信、书策、典章、图籍，一样都没有留下。射声校尉沮俊受伤落马，李傕问身边的人说："他还能活吗？"此时沮俊就骂他说："你们这群凶恶逆臣，劫持了皇帝，使得公卿受到灾害，宫人流离失所，乱臣贼子，都没有你们这种情形！"李傕一刀就杀死了他。

壬申，帝露次曹阳。承、奉乃谲傕等与连和，而密遣间使至河东，招故白波帅李乐、韩暹、胡才及南匈奴右贤王去卑，并率其众数千骑来，与承、奉共击傕等，大破之，斩首数千级。

于是董承等以新破傕等，可复东引。庚申，车驾发东，董承、李乐卫乘舆，胡才、杨奉、韩暹、匈奴右贤王于后为拒。傕等复来战，奉等大败，死者甚于东涧。光禄勋邓渊、廷尉宣播、少府田芬、大司农张义皆死。司徒赵温、太常王绛、卫尉周忠、司隶校尉管郃为傕所遮，欲杀之，贾诩曰："此皆大臣，卿奈何害之！"乃止。李乐曰："事急矣，陛下宜御马。"上曰："不可舍百官而去，此何境哉！"兵相连缀四十里，方得至陕，乃结营自守。

【译文】壬申日（十二月无此日），献帝在曹阳露天而宿。董承、杨奉就骗李傕等与他们和解，暗地里派遣使者到达河东，招来前白波军的统帅李乐、韩暹、胡才以及南匈奴右贤王去卑，并且率领他们的徒众共几千骑兵和董承、杨奉一同攻打李傕等，将李傕等打得落花流水，斩掉他们几千人的首级。

这时董承认为已经击败了李傕等，可以再向东行进。庚申日（二十四日），献帝的车马向东行进，董承、李乐负责保护献帝的车马，胡才、杨奉、韩暹、匈奴右贤王尾随其后。李傕等又来攻击，杨奉等被打得大败，死去的兵马比在弘农东涧的战役中的还要多。光禄勋邓渊、廷尉宣播、少府田芬、大司农张义等都在战役中死去了。司徒赵温、太常王绛、卫尉周忠、司隶校尉管郃被李傕徒众所阻截，李傕想要杀死他们，贾诩说："他们都是国家的重臣，你怎么能够害死他们呢？"李傕这才停止。李乐说："状况紧急，陛下最好乘坐马匹行进。"献帝说："我不能够抛弃众臣而独自逃跑，他们犯了什么罪呢！"军队一路马不停蹄地前进了四十里才到达陕县，于是就在那里安营防守。

时残破之馀，虎贲、羽林不满百人，傕、汜兵绕营叫呼，吏士失色，各有分散之意。李乐惧，欲令车驾御船过砥柱，出孟津。杨彪以为河道险难，非万乘所宜乘；乃使李乐夜渡，潜具船，举火为应。上与公卿步出营，皇后兄伏德扶后，一手挟绢十匹。董承使符节令孙徽从人间斫之，杀旁侍者，血溅后衣。河岸高十馀丈，不得下，乃以绢为辇，使人居前负帝，馀皆匍匐而下，或从上自投，冠帻皆坏。既至河边，士卒争赴舟，董承、李乐以戈击之，手指于舟中可掬。帝乃御船。同济者，皇后及杨彪以下才数十人，其宫女及吏民不得渡者，皆为兵所掠夺，衣服俱尽，发亦被截，冻死者不可胜计。卫尉士孙瑞为傕所杀。

【译文】经过了惨败，虎贲、羽林部队只剩不到一百人，李傕、郭汜的士兵们围绕着营帐大声呼叫，官吏、士兵脸色都变了，都有分散各自逃跑的意思。李乐害怕了，想让献帝坐船沿黄河经过砥柱山，出孟津，杨彪认为河道太险阻，不是献帝所适于行走的；于是就派遣李乐率兵夜里偷渡过河，悄悄地准备好船只，举火为暗号。献帝和公卿步行走出营帐，皇后的哥哥伏德搀扶着皇后，一个手挟持了十匹绢。董承命符节令孙徽从人群中砍杀他，杀死了旁边的侍从，鲜血溅到了皇后的衣服上。河岸高达十几丈，军队无法下去，于是用绢做成车辇，在前面背负皇帝，其他的人都匍匐而下，有的从上面直接跳下去，帽子和包头发的头巾都被弄破了。到了河边以后，士兵们争先恐后地抢着上船，董承、李乐用戈捣击他们，船中被斩下的手指多得都能用手捧起来。于是献帝坐上船，与其共同渡河的人，只有皇后、杨彪以下才几十个人，其他的宫女、大臣和百姓是没有办法渡河的，他们都遭到士兵们的抢夺，衣服都被剥光了，头发也被剪断了，冻死的人无法计算，卫尉士孙瑞也被李傕杀死。

傕见河北有火，遣骑候之，适见上渡河，呼曰："汝等将天子去邪!"董承惧射之，以被为幔。毁到大阳，幸李乐营。河内太守张杨使数千人负米来贡饷。乙亥，帝御牛车，幸安邑，河东太守王邑奉献绵帛，悉赋公卿以下，封邑为列侯，拜胡才为征东将军，张杨为安国将军，皆假节开府。其垒壁群帅竞求拜职，刻印不给，至乃以锥画之。

乘舆居棘篱中，门户无关闭，天子与群臣会，兵士伏篱上观，互相镇压以为笑。

帝又遣太仆韩融至弘农与傕、汜等连和，傕乃放遣公卿百官，颇归所掠宫人及乘舆器服。已而粮谷尽，宫人皆食菜果。

乙卯，张杨自野王来朝，谋以乘舆还雒阳；诸将不听，杨复还野王。

是时，长安城空四十馀日，强者四散，羸者相食，二三年间，关中无复人迹。

【译文】李傕看见黄河的北面有灯火闪烁，于是派出骑兵探查情况，正好见到献帝渡河，就大声说："你们是不是要陪同皇帝离去啊！"董承害怕他们放箭，于是把被子做成帷幔来保护献帝。到达大阳之后，献帝来到李乐的军营，河内太守张杨派遣几千人背着大米前来进贡。乙亥日（十二月份无此日），献帝坐着牛车来到安邑，河东太守王邑上贡了绵帛布匹，公卿以下的官僚都分得了一点。册封王邑为列侯，命胡才担任征东将军，张杨为安国将军，他们都秉持旄节，建立府邸。其他军中一些主帅都争着前来求拜官职，刻印都没来得及，以至于直接用锥子画印。

献帝居住在用篱笆围着的房屋里，大门没有办法关住，献

帝和重臣聚会商讨之时，兵士们常常趴在篱笆上偷看，互相拥挤着喧笑。

献帝又派太仆韩融到弘农与李傕、郭汜等和解，李傕就把关闭的公卿百官放回，将俘虏来的宫人、车辆以及器皿服饰，一并归还。不久粮食吃完了，宫人们只得以蔬菜果品来果腹。

乙卯日（十九日），张杨从野王县来叩见献帝，想恳请献帝回到洛阳；所有的将领都不听从，张杨只得无功而返回到野王县。

正在这个时候，长安城里空了四十几天，强者四面逃散，弱者互相吞食，两三年间，关中都没有人迹了。

沮授说袁绍曰："将军累叶台辅，世济忠义。今朝廷播越，宗庙残毁，观诸州郡虽外托义兵，内实相图，未有忧存社稷恤民之意。今州域粗定，兵强士附，西迎大驾，即宫邺都，挟天子而令诸侯，畜士马以讨不庭，谁能御之！"颍川郭图、淳于琼曰："汉室陵迟，为日久矣，今欲兴之，不亦难乎！且英雄并起，各据州郡，连徒聚众，动有万计，所谓秦失其鹿，先得者王。今迎天子自近，动辄表闻，从之则权轻，违之则拒命，非计之善者也。"授曰："今迎朝廷，于义为得，于时为宜，若不早定，必有先之者矣。"绍不从。

【译文】沮授对袁绍说："将军您是累世台甫，代代忠义。现在皇帝迁徙在外地，朝堂残破，各州郡虽然表面上托名义兵，心里实际上是在互相图谋，没有忧患国家、体恤百姓的意思。现在冀州大致已经安定，军队强大，士民归顺，我们可以西迎皇帝的圣驾，就在邺城定都，挟持皇帝以此来号令诸侯，畜养士兵马匹来征讨不服从的人，谁还能抗拒我们呢？"颍川人郭图、淳于琼说："汉室衰微，已经很久了，现在要让它重新兴盛，岂不是太难了吗?而且各地英雄雨后春笋般出现,各自占据了州郡,召集了徒众,都有上万人,所谓的秦朝失去天下,先得到的就是王。现在将皇帝迎到身边,动辄就要呈奏书报告,听从了他就权势减弱,违背了他就是违抗圣令,实在不是一个极妙的策略。”沮授说:“现在迎接皇帝,既符合道义,也恰逢时机,如果不早做决定,必定有先于我们而行动的人。”袁绍不听从他的意见。

初,丹阳朱治尝为孙坚校尉,见袁术政德不立,劝孙策归取江东。时吴景攻樊能、张英等,岁馀不克,策说术曰:“家有旧恩在东,愿助舅讨横江。横江拔,因投本土召募,可得三万兵,以佐明使君定天下。”术知其恨,而以刘繇据曲阿,王朗在会稽,谓策未必能定,乃许之。表策为折冲校尉,将兵千馀人、骑数十匹。行收兵,比至历阳,众五六千。时周瑜从父尚为丹阳太守,瑜将兵迎之,仍助以资粮。策大喜,曰:“吾得卿,谐也!”进攻横江、当利,皆拔之,樊能、张英败走。

策渡江转斗,所向皆破,莫敢当其锋者。百姓闻孙郎至,皆失魂魄。长吏委城郭,窜伏山草。及策至,军士奉令,不敢虏略,鸡犬菜茹,一无所犯,民乃大悦,竞以牛酒劳军。策为人,美姿颜,能笑语,性阔达听受,善于用人,是以士民见者莫不尽心,乐为致死。

【译文】 起初,丹阳人朱治曾经做孙坚的校尉,看到袁术没有树立政治德教,就劝诫孙策回去收取江东。正在这个时候吴景率军讨伐樊能、张英等,一年多都没有办法打败他们。孙策就对袁术说:“我们家在江东有旧恩,我愿意帮助我舅舅讨伐横江;攻克横江以后,面向本乡招兵买马,可以招募到三万

军队，来协助你一统天下。”袁术知道他忌恨自己，但由于刘繇占领了曲阿，王朗在会稽，认为孙策未必能够剿灭他们，于是就答应了他，上书命孙策担任折冲校尉。孙策率领一千多人、几十匹马，一路上一边走一边招募将士，到了历阳，已经募至五六千人。当时周瑜的伯父周尚是丹阳太守，周瑜率领军队迎接孙策，并且送来粮食帮助他，孙策非常高兴地说：“我得到了你，事情就等于成功了。”于是出兵攻打横江、当利，都将它们一一攻克，樊能、张英都惨败逃跑了。

孙策渡江以后辗转于各类战斗之中，所到之处都被他一一击破，没有人敢碰触他的锋芒。老百姓听到孙郎来了，都吓得魂飞魄散。官吏们都抛弃了城池，逃窜躲藏在深山草丛里。等孙策到了以后，士兵们严守他的命令，不敢杀伤抢夺，鸡、犬、菜、茹，一点都不侵犯，当地百姓才大为高兴，争着用牛肉、美酒来慰劳孙策军队。孙策英俊潇洒，谈笑风生，心胸宽广，能够接受别人的意见，善于用人，所以士兵、百姓看到他没有不倾心服从，甘愿为他效命的。

策攻刘繇牛渚营，尽得邸阁粮谷、战具。时彭城相薛礼、下邳相丹杨笮融依繇为盟主，礼据秣陵城，融屯县南，策皆击破之。又破繇别将于梅陵，攻湖孰、江乘，皆下之，进击繇于曲阿。

繇同郡太史慈时自东莱来省繇，会策至，或劝繇可以慈为大将。繇曰：“我若用子义，许子将不当笑我邪！”但使慈侦视轻重。时独与一骑卒遇策于神亭，策从骑十三，皆坚旧将辽西韩当、零陵黄盖辈也。慈便前斗，正与策对，策刺慈马，而擥得慈项上手戟，慈亦得策兜鍪。会两家兵骑并各来赴，于是解散。

繇与策战，兵败，走丹徒。策入曲阿，劳赐将士，发恩布令，告谕诸县:“其刘繇、笮融等故乡部曲来降首者,一无所问;乐从军者,一身行,复除门户;不乐者不强。”旬日之间,四面云集,得见兵二万馀人,马千馀匹,威震江东。

【译文】 孙策攻打刘繇屯驻在牛渚的军营,抢到了仓库里全部的粮食、战具。那时彭城相薛礼、下邳相丹阳人笮融仰仗着刘繇为盟主,薛礼占领了秣陵城,笮融屯守在县的南面,孙策都一一击破他们。又在梅陵击败刘繇的别将,旋而掉转军队进攻湖孰、江乘,将他们全部攻下,又进兵到曲阿攻打刘繇。

刘繇的老乡太史慈当时从东莱来探望刘繇。恰巧孙策到了,有人就劝告刘繇任用太史慈做大将。刘繇说:“如果重用子义的话,许子将岂不要嘲笑我吗?”于是仅仅派遣太史慈探查孙策的兵马有多少。当时太史慈只带了一个骑兵在神亭子遇到了孙策,那时孙策带领了十三个骑兵,他们全部都是孙坚的旧将辽西人韩当、零陵人黄盖等。太史慈便冲上前去战斗,正好孙策相对,孙策就不断地刺太史慈的马,从而捉住了太史慈颈子上的兵器,而太史慈也掳到了孙策的头盔。正在这时,双方的步兵、骑兵都气势汹汹地奔跑而来,于是双方就解散了。

刘繇和孙策交战,刘繇军队被打败,向丹徒逃跑。孙策进入曲阿,慰劳犒赏众将士,发布诏令,告示所有的郡县说:“凡是刘繇、笮融等从前的部下前来投降的,一概既往不咎;乐意就此从军的,只要是一个人,就免去全家的赋役;不愿意从军的,也不会勉强。”十多天的时间,众人从四面八方像云一般地聚集而来,共得到士兵两万多人、马一千多匹,威震江东。

丙辰,袁术表策行殄寇将军。策将吕范言于策曰:“今将军事业日大,士众日盛,而纲纪犹有不整者,范愿暂领都督,佐将军部分之。”策曰：“子衡既士大夫，加手下已有大众，立功于外，岂宜复屈小职，知军中细事乎！”范曰：“不然。今舍本土而托将军者，非为妻子也，欲济世务也。譬犹同舟涉海，一事不牢，即俱受其败。此亦范计，非但将军也。”策笑，无以答。范出，便释褠，著袴褶，执鞭诣阁下启事，自称领都督，策乃授传，委以众事。由是军中肃睦，威禁大行。

策以张纮为正议校尉，彭城张昭为长史，常令一人居守，一人从征讨，及广陵秦松、陈端等亦参与谋谟。策待昭以师友之礼，文武之事，一以委昭。昭每得北方士大夫书疏，专归美于昭，策闻之，欢笑曰：“昔管子相齐，一则仲父，二则仲父，而桓公为霸者宗。今子布贤，我能用之，其功名独不在我乎！”

袁术以从弟胤为丹阳太守。周尚、周瑜皆还寿春。

【译文】 丙辰日（二十日），袁术上书命孙策担任殄寇将军。孙策的将领吕范对孙策说：“现在将军的事业如日中天，徒众渐渐多起来，可是纪律还有许多不整齐的地方，我愿意暂时做你的都督，帮助将军整治军纪。”孙策说：“子衡已经是士大夫，再加上手下已经有了重兵，而且在外面又立下了功劳，怎么可以让你再屈居小的职位，打理军中的小事呢？”吕范说：“这样说不对，此刻我离开故土来投靠将军，并非为了妻儿老小，而是要想救济世事，为天下苍生做些实事。我们就如同小船渡海，一件事情不稳固，都会受到灾难，这也是为我自己计划，不单单是为了你。”孙策笑了，没有什么可以回答。吕范出去，便脱掉单衣，换上戎服，拿着马鞭来到孙策的屋前禀告事务，称自己是都督，于是孙策就给他符信，将相关事务委托给他；因此军中整肃而和睦，威令大行。

孙策任命张纮担任正议校尉，命令彭城人张昭做长史，经常命令他们一个人在城内守护，另一个人随从征伐，以及广陵人秦松、陈端等人也参与了这个计划。孙策以对待师友的礼仪对待张昭，文武百官的事情，全部都交付给他打理。张昭每每收到北方士大夫的书信，信中都赞美张昭，孙策听说之后，非常高兴地笑说："以前管仲担任齐国的宰相，齐桓公是有一件事情就说告诉仲父，两件事情还说要告诉仲父，而桓公最终成为春秋首霸。现下子布具有贤能才干，我能够用他，那么他的功名能不归于我吗？"

袁术任命他的堂弟袁胤担任丹阳太守。周尚、周瑜都返回了寿春。

刘繇自丹徒将奔会稽，许(邵)〔劭〕曰："会稽富实，策之所贪，且穷在海隅，不可往也。不如豫章，北达豫壤，西接荆州；若收合吏民，遣使贡献，与曹兖州相闻，虽有袁公路隔在其间，其人豺狼，不能久也。足下受王命，孟德、景升必相救济。"繇从之。

初，陶谦以笮融为下邳相，使督广陵、下邳、彭城粮运。融遂断三郡委输以自入，大起浮屠祠，课人读佛经，招致旁郡好佛者至五千馀户。每浴佛，辄多设饮食，布席于路，经数十里，费以巨亿计。及曹操击破陶谦，徐土不安，融乃将男女万口走广陵，广陵太守赵昱待以宾礼。先是彭城相薛礼为陶谦所逼，屯秣陵，融利广陵资货，遂乘酒酣杀昱，放兵大掠，因过江依礼，既而复杀之。

刘繇使豫章太守朱皓攻袁术所用太守诸葛玄，玄退保西城。及繇溯江西上，驻于彭泽，使融助皓攻玄。许(邵)〔劭〕谓繇曰："笮融出军，不顾名义者也。朱文明喜推诚以信人，宜使密防之。"融到，果诈杀皓，代领郡事。繇进讨融，融败走，入山，为民所杀。诏以前太傅掾华歆为豫章太守。

【译文】刘繇从丹徒即将奔赴会稽，许劭说："会稽这个地方很富裕充实，是孙策所贪图的，而且会稽僻处在海边，我们不可以前去。那里还比不上豫章，豫章北边连接着豫州的土地，西边与荆州接壤；即使聚集他们的官吏、平民，派遣使臣向皇帝纳贡，和曹兖州相通，即便有袁公路在中间阻隔，可是这个人像豺狼一般贪婪，他不会得势很久的。你接受王命，曹孟德、刘景升一定会前来加以救援。"于是刘繇就接受了他的建议。

起初，陶谦任命笮融做下邳相，命令他督查广陵、下邳、彭城的粮运。于是笮融阻截三郡运送的物资归自己所有，广建佛寺，令人诵读佛经，招揽了临近各郡五千多户信佛的人。每当浴佛会之时，往往设置很多的食物，在路上布置筵席，绵延长达几十里，费用无法计算。等到曹操打败了陶谦，徐州变得不再安宁了，笮融就率领着男女一万多人，逃到广陵，广陵太守赵昱用宾客之礼来对待他。在此之前，彭城相薛礼被陶谦逼迫，驻守在秣陵，笮融贪图广陵的钱财，于是趁着酒酣杀掉了赵昱，放任士兵大肆抢掠，之后过江投靠薛礼，不久又将薛礼杀掉。

刘繇派遣豫章太守朱皓攻击袁术所任命的太守诸葛玄，诸葛玄退保西城。等到刘繇溯江西上，屯兵在彭泽以后，就派遣笮融帮助朱皓攻打诸葛玄。许劭对刘繇说："笮融出兵，是不考虑什么名义的。朱文明喜欢推诚来信任别人，我们应该秘密地防范笮融。"笮融到了以后，果然使诈杀死了朱皓，并代理豫章郡的事务。刘繇进兵征讨笮融，笮融大败而逃，躲进山里，被百姓杀死。诏派前太傅掾华歆担任豫章太守。

丹阳都尉朱治逐吴郡太守许贡而据其郡，贡南依山贼严白虎。

张超在雍丘，曹操围之急，超曰："惟臧洪当来救吾。"众曰："袁、曹方睦，洪为袁所表用，必不败好以招祸。"超曰："子源天下义士，终不背本；但恐见制强力，不相及耳。"洪时为东郡太守，徒跣号泣，从绍请兵，将赴其难，绍不与；请自率所领以行，亦不许。雍丘遂溃，张超自杀，操夷其三族。

洪由是怨绍，绝不与通。绍兴兵围之，历年不下。绍令洪邑人陈琳以书喻之，洪复书曰："仆小人也，本乏志用；中因行役，蒙主人倾盖，恩深分厚，遂窃大州，宁乐今日自还接刃乎！当受任之初，自谓究竟大事，共尊王室。岂悟本州被侵，郡将遘厄，请师见拒，辞行被拘，使洪故君遂至沦灭，区区微节，无所获申，岂得复全交友之道，重亏忠孝之名乎！斯所以忍悲挥戈，收泪告绝。行矣孔璋，足下徼利于境外，臧洪投命于君亲；吾子托身于盟主，臧洪策名于长安；子谓余身死而名灭，仆亦笑子生而无闻焉！"

【译文】丹阳都尉朱治赶跑了吴郡太守许贡从而霸占了吴郡，许贡向南投靠山贼严白虎。

张超在雍丘，曹操紧紧地围攻着他，张超说："只有臧洪应该会前来救我。"大家说："袁绍、曹操正在和好之时，臧洪被袁绍所推用，肯定不会败坏袁、曹的和好而招来祸患。"张超说："臧子源是天下的有义之士，绝不会抛却根本；恐怕他是受到强有力的压迫威胁，无法前来营救罢了。"臧洪当时担任东郡太守，听到这个消息，就光脚步行涕泗横流地请求袁绍出兵营救，将要奔赴前往救援，袁绍不分配给他军队；他就恳请带领自己的军队去，袁绍始终没有答应。雍丘因此也被曹操击破，张超自杀，曹操斩杀了他的三族。

臧洪为此非常痛恨袁绍，并和他断绝关系。袁绍派遣军队

围攻臧洪，连年攻打不下，袁绍命令臧洪的老乡陈琳写信告诫他，臧洪回信说："我是一个小人，本来没有什么大志；因为战争的缘故，蒙袁绍将军不嫌弃，与我相交，情深义厚，这才被推举为大州的首领，哪里愿意今天与袁绍兵刃相见呢？接受任命之初，自己认为毕竟是大事，应当共同尊崇王室，哪里想到我州受到敌寇攻击，郡守张超遇难身亡，我请求救兵却遭到拒绝，想要辞行而去又被阻拦，终于使得我以前的主人死亡，我这个小小的志节，无法伸张，哪里还能顾及交友的道理，而有损忠孝的名节呢？这就是我之所以忍住悲伤，不再哭泣，挥动刀戈，以此来向你告别的原因。再见了，孔璋兄，你到境外去追求名利财富，我替国君效命；你依附袁绍，我为皇帝尽忠，你说我身败名裂，我也笑你活着却默默无闻！"

绍见洪书，知无降意，增兵急攻。城中粮谷已尽，外无强救，洪自度必不免，呼将吏士民谓曰："袁氏无道，所图不轨，且不救洪郡将，洪于大义，不得不死。念诸君无事空与此祸，可先城未败，将妻子出。"皆垂泣曰："明府与袁氏本无怨隙，今为本朝郡将之故，自致残困；吏民何忍当舍明府去也！"初尚掘鼠煮筋角，后无可复食者。主簿启内厨米三升，请稍以为饘粥，洪叹曰："何能独甘此邪！"使作薄糜，遍班士众，又杀其爱妾以食将士。将士咸流涕，无能仰视者。男女七八千人，相枕而死，莫有离叛者。城陷，生执洪。绍大会诸将见洪，谓曰："臧洪，何相负若此！今日服未？"洪据地瞋目曰："诸袁事洪，四世五公，可谓受恩。今王室衰弱，无扶翼之意，欲因际会，希冀非望，多杀忠良以立奸威。洪亲见呼张陈留为兄，则洪府君亦宜为弟，同共戮力，为国除害，奈何拥众观人屠灭！惜洪力劣，不能推刃为天下报仇，何谓服乎！”绍本爱洪，意欲令屈服，原之；见洪辞切，知终不为已用，乃杀之。

【译文】 袁绍看到臧洪的书信，了解到他丝毫没有投降的意思，于是增加军队，加紧攻打。城中的粮食已经吃完了，外面又没有强大的救援，臧洪思量一定会葬身于此地，于是就召集将领士民对他们说：“袁氏不讲道义，图谋不轨，而且不救助我们的郡守，我在大义方面，不得不死；想到诸位本来是无辜的，何必白白地卷入这次灾祸，所以大家可以在城还没有被攻破之时，率领妻子儿女逃难出城。”大家都流着泪说：“你和袁氏本来没有什么仇怨，现在为了我朝郡守的原因，而弄到如此难堪的境地，官民们怎么忍心舍弃你而离去呢？”起先还能够挖出老鼠煮筋角来吃，之后便实在是没有什么可吃的了。主簿打开内厨取出余下的三升米，请求能够做一点粥来吃。臧洪感叹说：“我怎么能独自享用这个呢？”于是就下令将其煮成十分稀薄的粥，发放给所有的士兵民众饮用，又杀死自己的爱妾给将士们吃，将士们都流泪，没有哪一个人敢抬头看。男女七八千人，一个个互相枕藉而死，没有一个背叛离去的。城被攻破后，臧洪被活捉，袁绍召集了所有的将领召见臧洪，对他说：“臧洪！你为什么要这样辜负我呢？今天你到底服了没有？”臧洪睁大了眼睛坐在地上说：“袁家侍奉汉室，四代五公，受到的恩惠可以说是很深重，如今汉王室衰微，你非但没有辅助之意，还想因缘际会，贪图非分的希望，杀死众多忠良的人，来树立你自己的威望，我臧洪亲眼看到你与张邈称兄道弟，那么张超也理当是你的弟弟，你应当与他同心协力，为国家除害。怎么竟然手握重兵却眼睁睁地看着人家屠杀了他而无动于衷呢？我只恨自己力量过于薄弱，不能亲自拿刀为天下报仇，还说什么服与不服！”袁

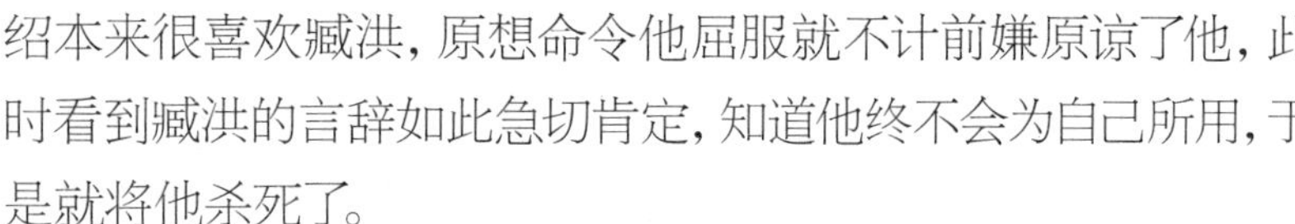

绍本来很喜欢臧洪，原想命令他屈服就不计前嫌原谅了他，此时看到臧洪的言辞如此急切肯定，知道他终不会为自己所用，于是就将他杀死了。

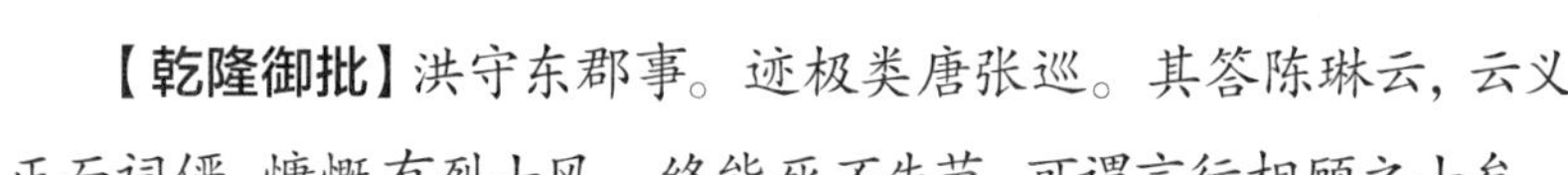

【乾隆御批】洪守东郡事。迹极类唐张巡。其答陈琳云，云义正而词偄，慷慨有烈士风。终能死不失节，可谓言行相顾之士矣。

【译文】臧洪固守东郡这件事，与唐朝张巡的事迹非常相似。他回答陈琳的一番话，义正词严、慷慨激昂，很有烈士的风范。直到死他都能够不失节操，可以说是言行一致的志士。

洪邑人陈容少亲慕洪，时在绍坐，起谓绍曰："将军举大事，欲为天下除暴，而先诛忠义，岂合天意！臧洪发举为郡将，奈何杀之！"绍惭，使人牵出，谓曰："汝非臧洪俦，空复尔为！"容顾曰："仁义岂有常，蹈之则君子，背之则小人。今日宁与臧洪同日而死，不与将军同日而生也！"遂复见杀。在坐无不叹息，窃相谓曰："如何一日杀二烈士！"

公孙瓒既杀刘虞，尽有幽州之地，志气益盛，恃其才力，不恤百姓，记过忘善，睚眦必报。衣冠善士，名在其右者，必以法害之，有材秀者，必抑困使在穷苦之地。或问其故，瓒曰："衣冠皆自以职分当贵，不谢人惠。"故所宠爱，类多商贩、庸儿，与为兄弟，或结婚姻，所在侵暴，百姓怨之。

【译文】 臧洪的老乡陈容，儿时就很敬佩臧洪，当时正在座位上，突然起身对袁绍说："将军正值举兵行大事之际，要为天下除暴安良，而现在如果先诛杀忠义之士，这哪里符合天意呢？臧洪的言行都是为了郡守，怎么能够杀死他呢！"袁绍感到很惭愧，于是就叫人将其拉出去，对陈容说："你不是臧洪的同伙，为什么也这样呢？”陈容回过头来看着袁绍说：“仁义哪里有常道，实行它就是君子，违背它就是小人，今天我宁愿和臧洪同日死去，也不愿意和将军同日而生！”于是陈容被杀死。在座的人没有不为之叹息的，私底下互相讨论说道：“袁绍怎么能够在同一天杀掉两位烈士呢！”

公孙瓒杀死刘虞后，完全掌控着幽州的土地，志气更加旺盛，他凭借着丰厚的财力，丝毫不体恤百姓，记住别人的过错，却忘掉人家的好处，一点点的小仇怨都要加以报复。显贵善士，凡是声名在他之上的，他必定要想方设法用严法去害他们；有优秀的人才，他必定会设法压抑他们使他们生活疾苦。问他这是由于什么原因，公孙瓒说：“显贵的人都认为自己命里应该是富贵的，而不感谢别人的恩惠。”所以他所宠爱的大都是商贩、平庸的人，他和他们结为兄弟，或者与他们结成姻亲，所到之处，必定侵扰老百姓，老百姓没有不怨恨他的。

刘虞从事渔阳鲜于辅等，合率州兵欲共报仇，以燕国阎柔素有恩信，推为乌桓司马。柔招诱胡、汉数万人，与瓒所置渔阳太守邹丹战于潞北，斩丹等四千馀级。乌桓峭王亦率种人及鲜卑七千馀骑，随辅南迎虞子和与袁绍将麴义，合兵十万共攻瓒，破瓒于鲍丘，斩首二万馀级。于是代郡、广阳、上谷、右北平各杀瓒所置长吏，复与鲜于辅、刘和兵合，瓒军屡败。

先是有童谣曰：“燕南垂，赵北际，中央不合大如砺，唯有此中可避世。”瓒自谓易地当之，遂徙镇易，为围堑十重，于堑里筑京，皆高五六丈，为楼其上；中堑为京，特高十丈，自居焉。以铁为门，斥去左右，男人七岁以上不得入门，专与姬妾居。其文簿、书记皆汲而上之。令妇人习为大声，使闻数百步，以传宣教令。

疏远宾客，无所亲信，谋臣猛将，稍稍乖散。自此之后，希复攻战。或问其故，瓒曰："我昔驱畔胡于塞表，扫黄巾于孟津，当此之时，谓天下指麾可定。至于今日，兵革方始，观此，非我所决，不如休兵力耕，以救凶年。兵法，百楼不攻。今吾诸营楼橹数十重，积谷三百万斛，食尽此谷，足以待天下之事矣。"

南单于於扶罗死，弟呼厨泉立，居于平阳。

【译文】刘虞的从事渔阳人鲜于辅等，联合州兵想共同为刘虞报仇，鉴于燕国人阎柔一向有恩信，威望大，大家就推选他担任乌桓司马。阎柔率领了胡人、汉人几万人马，和公孙瓒所任命的渔阳太守邹丹在潞北会战，斩杀邹丹等四千多人。乌桓峭王也带领他的族人，以及鲜卑七千多骑兵，跟随着鲜于辅向南迎接刘虞的儿子刘和，同袁绍的将领麴义联合军队十万人攻打公孙瓒，在鲍丘将公孙瓒击败，斩掉两万多首级，于是代郡、广阳、上谷、右北平都各自杀掉公孙瓒所设立的官吏，又和鲜于辅、刘和等联合军队，公孙瓒的军队多次被打败。

在此之前有童谣说："燕南垂，赵北际，中央不合大如砺，唯有此中可避世。"（燕地的南边，赵地的北边，中间不结合，大得就像磨刀石，只有在这里面才可以躲避乱世纷争。）公孙瓒觉得易县能够应和童谣里的地方，于是就迁徙到易县，在四周挖了十层的深沟，并在沟里构筑高丘，每一个高丘都高达五六丈，又在高丘上建造楼台；中间一个沟，所造的土丘，高达十丈，自己住在里头。用铁做门，斥退了左右的侍从，男人七岁以上的不允许进门，只同他的妻妾住在里面，全部的文书、簿记都要用绳子引上去，就像是汲水一样。命令妇女练习大声说话，要让自己的声音传到百步之外，以此来传达命令。这样公孙瓒逐渐疏远了宾客，身边没有什么能够亲信的人，谋臣猛将逐渐反叛分散而去。自此以后，很少作战。有人问他原因，公孙瓒说：“以前我在塞外驱逐叛逆的胡人，在孟津横扫黄巾军，那时，觉得天下很容易就能够平定。直到今日，战事方兴未艾，看到这个情形，平定天下并不是我的能力可以决定的，还不如休息军队，倾心倾力于耕种，以挽救凶年。兵法上说，百层高的楼是不能够被攻打下来的，现在我的各个军营楼台有几十层，储备的粮食有三百万斛，用完这些粮食，足够等到天下事情平定了。”

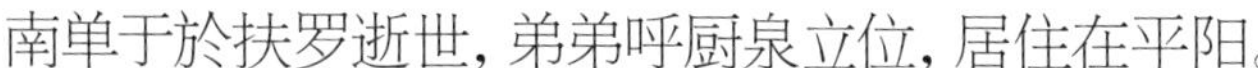

南单于於扶罗逝世，弟弟呼厨泉立位，居住在平阳。

资治通鉴卷第六十二　汉纪五十四

起柔兆困敦，尽著雍摄提格，凡三年。

【译文】 起丙子（公元196年），止戊寅（公元198年），共三年。

【解读】 本卷记录了汉献帝刘协建安元年至建安三年间的历史。袁绍、曹操联盟，幽州公孙瓒未灭，袁绍已大致兼并河北冀、并、青、幽四州。曹操迁汉献帝到许，挟天子以令诸侯，实行屯田，两次南下荆州，败张绣，灭吕布，命钟繇监督关中诸将，招抚马腾、朝遂，安定西北。吕布暗算刘备，刘备丢失徐州，投靠曹操。曹操占有河南兖、豫、司、徐四州。袁绍、曹操两人发展势力，矛盾加深。袁术在淮南称帝，众叛亲离，又被曹操不断攻伐，势力大减，毙亡之日不远。孙策脱离袁术，争战江东，败刘繇，灭严白虎，得周瑜，势力大增，开始独霸江东。

孝献皇帝丁

建安元年（丙子，公元一九六年）春，正月，癸酉，大赦，改元。

董承、张杨欲以天子还雒阳，杨奉、李乐不欲，由是诸将更相疑贰。二月，韩暹攻董承，承奔野王。韩暹屯闻喜，胡才、杨奉之坞乡。胡才欲攻韩暹，上使人谕止之。

汝南、颍川黄巾何仪等拥众附袁术，曹操击破之。

张杨使董承先缮修雒阳宫。太仆赵岐为承说刘表，使遣兵诣雒阳，助修宫室；军资委输，前后不绝。夏，五月，丙寅，帝遣使至杨奉、李乐、韩暹营，求送至雒阳，奉等从诏。六月乙未，车驾幸闻喜。

【译文】 建安元年（丙子，公元196年）春季，正月癸酉日（初七），大赦天下，改年号为建安。

董承、张杨想把汉献帝送回洛阳，杨奉、李乐不愿意，因而各将领间互相猜疑互不信任。二月，韩暹率军进攻董承，董承逃跑到野王。韩暹驻守在闻喜，胡才、杨奉去到坞乡。胡才想要攻打韩暹，献帝派人命令他停止攻打。

汝南、颍川的黄巾军何仪等带领手下徒众归附袁术，曹操击破了他们。

张杨派遣董承先整修洛阳的宫殿。太仆赵岐为董承游说刘表，要刘表派出士兵到洛阳，帮助董承整修宫室；军中的物资粮食，络绎不绝地供输而来。夏季，五月，丙寅日（初二），献帝派遣使者抵达杨奉、李乐、韩暹的军营，要求送自己到洛阳，杨奉等听从诏命。六月，乙未日（初一），献帝车马到达闻喜。

袁术攻刘备以争徐州，备使司马张飞守下邳，自将拒术于盱眙、淮阴，相持经月，更有胜负。下邳相曹豹，陶谦故将也，与张飞相失，飞杀之，城中乖乱。袁术与吕布书，劝令袭下邳，许助以军粮。布大喜，引军水陆东下。备中郎将丹阳许耽开门迎之。张飞败走，布虏备妻子及将吏家口。备闻之，引还，比至下邳，兵溃。备收馀兵东取广陵，与袁术战，又败，屯于海西。饥饿困踧，吏士相食，从事东海麋竺以家财助军。备请降于布，布亦忿袁术运粮不继，乃召备，复以为豫州刺史，与并势击术，使屯小沛。布自称徐州牧。

布将河内郝萌夜攻布，布科头袒衣，走诣都督高顺营。顺即严兵入府讨之，萌败走；比明，萌将曹性击斩萌。

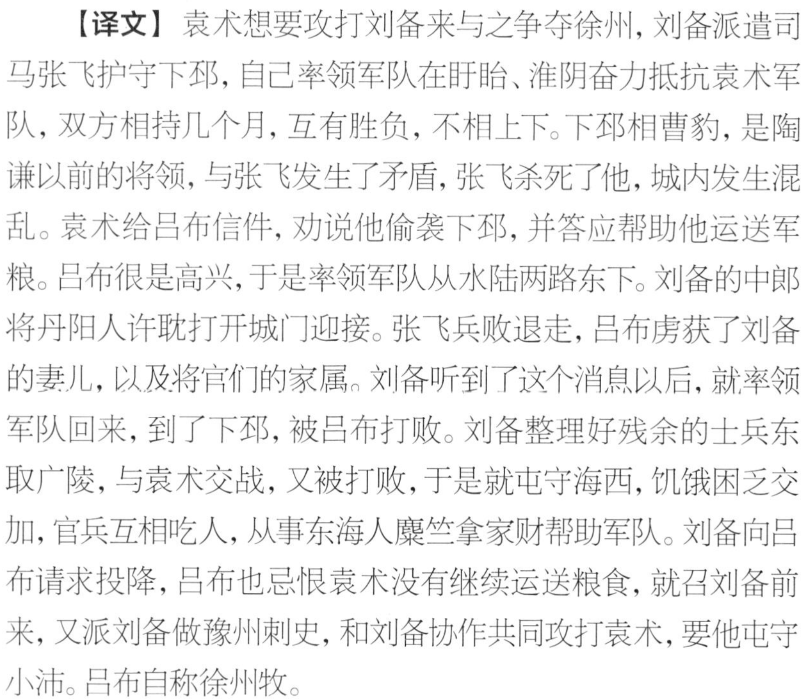

【译文】袁术想要攻打刘备来与之争夺徐州，刘备派遣司马张飞护守下邳，自己率领军队在盱眙、淮阴奋力抵抗袁术军队，双方相持几个月，互有胜负，不相上下。下邳相曹豹，是陶谦以前的将领，与张飞发生了矛盾，张飞杀死了他，城内发生混乱。袁术给吕布信件，劝说他偷袭下邳，并答应帮助他运送军粮。吕布很是高兴，于是率领军队从水陆两路东下。刘备的中郎将丹阳人许耽打开城门迎接。张飞兵败退走，吕布虏获了刘备的妻儿，以及将官们的家属。刘备听到了这个消息以后，就率领军队回来，到了下邳，被吕布打败。刘备整理好残余的士兵东取广陵，与袁术交战，又被打败，于是就屯守海西，饥饿困乏交加，官兵互相吃人，从事东海人麋竺拿家财帮助军队。刘备向吕布请求投降，吕布也忌恨袁术没有继续运送粮食，就召刘备前来，又派刘备做豫州刺史，和刘备协作共同攻打袁术，要他屯守小沛。吕布自称徐州牧。

吕布的将领河内人郝萌夜晚偷袭吕布军队，吕布没有戴帽子，也还没有穿外衣，走进都督高顺的营帐。高顺就整饬军队进入府中征讨郝萌，郝萌失败而逃；到了天亮，郝萌的将领曹性杀掉了郝萌。

庚子，杨奉、韩暹奉帝东还，张杨以粮迎道路。秋，七月，甲子，车驾至雒阳，幸故中常侍赵忠宅。丁丑，大赦。八月，辛丑，幸南宫杨安殿。张杨以为己功，故名其殿曰杨安。杨谓诸将曰："天子当与天下共之，朝廷自有公卿大臣，杨当出扞外难。"

遂还野王。杨奉亦出屯梁，韩暹、董承并留宿卫。癸卯，以安国将军张杨为大司马，杨奉为车骑将军，韩暹为大将军、领司隶校尉，皆假节钺。

是时，宫室烧尽，百官披荆棘，依墙壁间，州郡各拥强兵，委输不至；群僚饥乏，尚书郎以下自出采稆，或饥死墙壁间，或为兵士所杀。

【译文】 庚子日（初六），杨奉、韩暹奉从汉献帝东归，张杨带着粮食在路上迎接圣上车驾。秋季，七月，甲子日（初一），汉献帝的车马到达洛阳，到先前中常侍赵忠的宅邸。丁丑日（十四日），大赦天下。八月，辛丑日（初八），汉献帝到达南宫的杨安殿。张杨认为自己立了大功，所以将这个宫殿改名叫杨安殿。张杨告诉全部的将领说："天子应该与天下人共有，朝廷的事情自有官僚料理照管，我应该领兵抵御外难。"于是返回野王，杨奉也出京驻守在梁县，韩暹、董承都留守在京都值宿警卫。癸卯日（初十），任命安国将军张杨为大司马，杨奉为车骑将军，韩暹为大将军，领司隶校尉，都秉持旄节大斧。

这个时候，宫殿被焚烧光了，百官都依傍着荆棘，靠在墙壁之间居住，各州郡都持有强大的兵力，粮食无法运到首都；百官饥饿困乏交加难耐，尚书郎以下的官吏都需要自己出去采摘野生的禾苗，有的官吏饿死于墙壁之间，有的则被士兵杀死。

袁术以谶言"代汉者当涂高"，自云名字应之。又以袁氏出陈，为舜后，以黄代赤，德运之次，遂有僭逆之谋。闻孙坚得传国玺，拘坚妻而夺之。乃闻天子败于曹阳，乃会群下议称尊号；众莫敢对。主簿阎象进曰："昔周自后稷至于文王，积德累功，参分天下有其二，犹服事殷。明公虽(弈)〔奕〕世克昌，未若有周

之盛；汉室虽微，未若殷纣之暴也！”术默然。

术聘处士张范，范不往，使其弟承谢之。术谓承曰：“孤以土地之广，士民之众，欲徼福齐桓，拟迹高祖，何如？”承曰：“在德不在强。夫用德以同天下之欲，虽由匹夫之资而兴霸王之功，不足为难。若苟欲僭拟，干时而动，众之所弃，谁能兴之！”术不悦。

【译文】 袁术因为谶言说“代汉者当涂高”，便认为自己的名和字都应验。他又觉得袁氏本出于陈国，应属舜的后代，用黄色替代赤色，亦合五德转运的次序，于是就有了僭称皇帝的谋划。后来他听到孙坚得到传国玉玺，就抓捕了孙坚的妻子然后抢走了玉玺。后来他又听闻天子在曹阳兵败，就召集所有的下属谈论称尊号之事，无一人敢去搭腔。主簿阎象说：“从前周朝从后稷一直到文王，是积累下功德，才三分天下有其二，而且还得服侍殷朝。而你虽然几代显荣，毕竟还是比不上周朝的强盛；汉室虽然衰微，但也没有殷纣的暴戾！”袁术默然无语。

袁术聘请隐士张范出山，张范不去，派他的弟弟张承前来辞谢。袁术对张承说：“我凭着广袤的土地，众多的百姓，想向齐桓公求福，同汉高祖媲美，你觉得如何？”张承说：“得天下的关键在于是否有德而不在于兵力是否强大。施行德政以顺从天下人的盼望，即使从一个平民百姓的根基，去成就霸王的功业，也不算困难。如果非要违背礼义，逆天而行，这是遭到大家鄙弃的，试想谁还能使他兴盛呢？”袁术听了很不乐意。

孙策闻之，与术书曰：“成汤讨桀称‘有夏多罪’，武王伐纣曰‘殷有重罚’，此二主者，虽有圣德，假使时无失道之过，无由逼而取也。今主上非有恶于天下，徒以幼小，胁于强臣，异于汤、武之时也。且董卓贪淫骄陵，志无纪极，至于废主自兴，亦犹未也，而天下同心疾之，况效尤而甚焉者乎！又闻幼主明智聪敏，有夙成之德，天下虽未被其恩，咸归心焉。使君五世相承，为汉宰辅，荣宠之盛，莫与为比，宜效忠守节，以报王室，则旦、奭之美，率土所望也。时人多惑图纬之言，妄牵非类之文，苟以悦主为美，不顾成败之计，古今所慎，可不孰虑！忠言逆耳，驳议致憎，苟有益于尊明，无所敢辞！”术始自以为有淮南之众，料策必与己合，及得其书，愁沮发疾。既不纳其言，策遂与之绝。

【译文】 孙策听到此事之后，就写信给袁术说：“成汤讨桀，称夏朝多罪；武王伐纣，说殷有重罪，汤、武这两位君王，虽然有圣明的德政，纵然当时的国君没有失道的过错，也是无法得占天下。现在君主并没有暴露于天下的恶行，只是因为幼小受到强臣的威胁，这不同于汤武之时。而且董卓贪婪淫侈，其骄矜已然凌驾于君王之上，心志大得没影，还尚且不敢废掉君主而自立，天下由此就已经一齐疾恨他了，更何况那些效法他而且比他更甚的人呢？我还听说幼君主聪明机智，很有早慧；天下虽然还没有蒙受到他的恩泽，但是都已心服于他。您家五代相承，为汉朝的宰相，这样的荣宠，无人可比，你更应该奉献忠心，坚守节操，来报效王室，这样就大可以完成周公旦、召公奭一样的功绩，这也是全天下人所期望的。然而现在的人很多被图谶纬书的文字所蛊惑，随意地说些不伦不类的话，随便地奉承主子，讨他的欢心，而不管事情的成败，这是古往今来都警惕的，还能不仔细考虑吗！忠直的言论不容易被采纳，与众人相左的意见也往往招来憎恨，但是如果这些话对您有好处的话，我还是不得不说。”袁术起先自以为拥有淮南的群众，料想孙策必定会与自己联手，等收到他的书信，变得忧愁沮丧而生了病。孙策看袁术不能接受自己的劝告，就和袁术断绝了往来。

曹操在许，谋迎天子。众以为"山东未定，韩暹、杨奉，负功恣睢，未可卒制。"荀彧曰："昔晋文公纳周襄王而诸侯景从，汉高祖为义帝缟素而天下归心。自天子蒙尘，将军首唱义兵，徒以山东扰乱，未遑远赴。今銮驾旋轸，东京榛芜，义士有存本之思，兆民怀感旧之哀。诚因此时，奉主上以从人望，大顺也；秉至公以服天下，大略也；扶弘义以致英俊，大德也。四方虽有逆节，其何能为？韩暹、杨奉，安足恤哉！若不时定，使豪杰生心，后虽为虑，亦无及矣。"操乃遣扬武中郎将曹洪将兵西迎天子，董承等据险拒之，洪不得进。

【译文】曹操在许昌，计划着迎接天子。大家觉得"山东尚未平定，韩暹、杨奉又自认有功，恣行暴虐，短时间内是制伏不了的"。荀彧说："从前晋文公接纳周襄王而诸侯服从，汉高祖为义帝服丧而让天下百姓心悦诚服。如今天子播迁在外地，你首先倡导义兵，仅仅因为山东扰乱，所以无暇奔赴远地。而今天子回转銮驾，东京荒芜，义士都有安定根本的想法，兆民皆有感念故旧的伤悲。如果趁此时机侍奉主上，顺从人民的期望，这是大顺事；秉持大的公义来使天下人服从，这是大的谋略；辅助大义而招揽才俊，这是大道德。四方虽然也有叛乱违逆之举，他们又会有什么大的作为呢？韩暹、杨奉又哪里值得您去忧虑呢？如果不趁此时做出决定，而使得豪杰之士产生异心，纵然将来再计划，恐怕也来不及了。"曹操就派遣扬武中郎将曹洪率领军队向西迎接天子，董承等占据险地以抗拒曹洪，使曹洪无法前进。

议郎董昭以杨奉兵马最强而少党援，作操书与奉曰："吾与将军闻名慕义，便推赤心。今将军拔万乘之艰难，反之旧都，翼佐之功，超世无畴，何其休哉！方今群凶猾夏，四海未宁，神器至重，事在维辅；必须众贤以清王轨，诚非一人所能独建，心腹四支，实相恃赖，一物不备，则有阙焉。将军当为内主，吾为外援。今吾有粮，将军有兵，有无相通，足以相济，死生契阔，相与共之。”奉得书喜悦，语诸将军曰：“兖州诸军近在许耳，有兵有粮，国家所当依仰也。”遂共表操为镇东将军，袭父爵费亭侯。

韩暹矜功专恣，董承患之，因潜召操；操乃将兵诣雒阳。既至，奏韩暹、张杨之罪。暹惧诛，单骑奔杨奉。帝以暹、杨有翼车驾之功，诏一切勿问。辛亥，以曹操领司隶校尉、录尚书事。操于是诛尚书冯硕等三人，讨有罪也；封卫将军董承等十三人为列侯，赏有功也；赠射声校尉沮俊为弘农太守，矜死节也。

【译文】议郎董昭认为杨奉的兵马最强壮但是党羽不丰，就替曹操写信给杨奉说：“我听到你的声名，崇敬你的节义，就推诚相交。如今你解除天子的困境，护送天子返还旧都，这辅佐的功劳，举世无双，是多么了不起啊！而今一群恶人扰乱华夏，使天下不得安宁，天子的地位非常重要，事事都需要辅助，必须要大家同心协力来清明政治，这不是一个人所能完成的事，就好像是心腹和手足四肢一样，其实是互相依赖的，如果有一样不具备，就有了缺陷。将军在朝廷里主持一切事务，我就在外面作为援助，现在我有粮草，你有军队，我们互通有无，足够互相帮衬，我们生死与共、祸福相连。”杨奉收到书信很高兴，就对将领们说：“兖州各军近在许昌，有兵士、有粮草，这是国家所应该倚仗的。”于是一同上书推荐曹操做镇东将军，承袭他父亲费亭侯的爵位。

韩暹自恃有功，专横跋扈，董承很是忧虑，因而暗地召曹

操前来；曹操就率领兵士去洛阳。到那之后，就陈说韩暹、张杨的罪过。韩暹害怕被诛，一个人骑马前去投奔杨奉。汉献帝认为韩暹、张杨有保护车驾的功劳，下令不再追究。辛亥日（十八日），派曹操领司隶校尉一职，录尚书事。曹操于是斩杀了尚书冯硕等三人，这是讨伐有罪之人；封卫将军董承等十三人为列侯，这是赏赐有功之人；并追赠射声校尉沮俊为弘农太守，这是表彰为守节而死之人。

操引董昭并坐，问曰："今孤为此，当施何计？"昭曰："将军兴义兵以诛暴乱，入朝天子，辅翼王室，此五伯之功也。此下诸将，人殊意异，未必服从，今留匡弼，事势不便，惟有移驾幸许耳。然朝廷播越，新还旧京，远近跂望，冀一朝获安，今复徙驾，不厌众心。夫行非常之事，乃有非常之功，愿将军算其多者。"操曰："此孤本志也。杨奉近在梁耳，闻其兵精，得无为孤累乎？"昭曰："奉少党援，心相凭结，镇东、费亭之事，皆奉所定，宜进遣使厚遗答谢，以安其意，说'京都无粮，欲车驾暂幸鲁阳，鲁阳近许，转运稍易，可无县乏之忧。'奉为人勇而寡虑，必不见疑，比使往来，足以定计，奉何能为累！"操曰："善！"即遣使诣奉。庚申，车驾出轘辕而东，遂迁都许。己巳，幸曹操营，以操为大将军，封武平侯。始立宗庙社稷于许。

【译文】 曹操拉董昭坐在一块，问他："现在我来到此地，应该再用点什么计谋呢？"董昭说："你发起义兵来灭除暴乱，入京朝见天子，辅佐王室，这是春秋五霸一样的功绩。这里所有的将领，意见各异，未必服从你，你留在这里辅助天子，情势都不利，唯有迁移车驾到许昌才宜。可是朝廷刚刚历经动乱，回到旧京，远近的人都踮脚企盼，希望获得安宁，如果现在迁徙车驾，不能满足大家的意愿。可是一个人只有做出非同寻常的事情，才有非同寻常的功业，希望你筹划利多害少的事情去做。”曹操说：“这是我的本心，杨奉近在梁县，听闻他的兵士很是精良，他可以不成为我的累赘吗？”董昭说：“杨奉党羽不丰，内心非常想和我们结交，你做镇东将军，承袭费亭侯的事，都是由杨奉决定的，你应该经常派使者送出厚礼答谢他，以安抚他的心。你就说：‘京都粮食不足，想要天子的车驾暂时迁到鲁阳，鲁阳接近许昌，转运粮食比较容易，可以减去粮食不足的忧虑。’杨奉为人勇敢而思虑不足，肯定不会怀疑，等到使臣往来的这段时间，就足以决定大计，杨奉还怎么成为累赘呢？”曹操说：“好！”就派使者去见杨奉。庚申日（二十七日），天子车驾出轘辕关向东，遂将国都迁到许昌。己巳日（八月无此日），天子驾临曹操的军营，并任命曹操做大将军，封武平侯，开始将宗庙社稷建在许昌。

孙策将取会稽，吴人严白虎等众各万馀人，处处屯聚，诸将欲先击白虎等。策曰：“白虎等群盗，非有大志，此成禽耳。”遂引兵渡浙江。会稽功曹虞翻说太守王朗曰：“策善用兵，不如避之。”朗不从。发兵拒策于固陵。

策数渡水战，不能克。策叔父静说策曰：“朗负阻城守，难可卒拔。查渎南去此数十里，宜从彼据其内，所谓攻其无备，出其不意者也。”策从之，夜，多然火为疑兵，分军投查渎道，袭高迁屯。朗大惊，遣故丹阳太守周昕等帅兵逆战，策破昕等，斩之。朗遁去，虞翻追随营护朗，浮海至东冶，策追击，大破之，朗乃诣策降。

【译文】 孙策即将攻取会稽，吴人严白虎等各拥有徒众一万余人，屯守在各地，将领们想要先攻打严白虎等人。孙策说：“严白虎这一干强盗，志向不大，他们很容易被我方擒获。”于是他率兵渡过浙江。会稽功曹虞翻对太守王朗说道：“孙策擅长用兵，咱们不如避开他。”王朗不听他的话，发动军队在固陵抵御孙策。

孙策几次渡水作战都不能攻克。孙策的叔父孙静对孙策说道：“王朗倚仗险固的城池防守，很难快速攻下。查渎在城南几十里，我们应该从那里袭击它的腹地，这就是所谓的攻其不备，出其不意。”孙策听从了他的建议，夜间，点燃许多火把作为疑兵，兵分多路向查渎前去偷袭高迁屯。王朗惊恐万分，派遣原丹阳太守周昕等率军迎战，孙策击破了周昕等人，并斩杀了他们。王朗败走；虞翻跟随在侧保护王朗，渡海到东野，孙策在后面追杀，将王朗打得惨败，王朗于是就向孙策投降了。

策自领会稽太守，复命虞翻为功曹，待以交友之礼。策好游猎，翻谏曰：“明府喜轻出微行，从官不暇严，吏卒常苦之。夫君人者不重则不威，故白龙鱼服，困于豫且，白蛇自放，刘季害之。愿少留意！”策曰：“君言是也。”然不能改。

九月，司徒淳于嘉、太尉杨彪、司空张喜皆罢。

车驾之东迁也，杨奉自梁欲邀之，不及。冬，十月，曹操征奉，奉南奔袁术，遂攻其梁屯，拔之。

诏书下袁绍，责以“地广兵多，而专自树党，不闻勤王之师，但擅相讨伐”。绍上书深自陈诉。戊辰，以绍为太尉，封邺侯，绍耻班在曹操下，怒曰：“曹操当死数矣，我辄救存之，今乃挟天子以令我乎！”表辞不受。操惧，请以大将军让绍。丙戌，以操为司空，行车骑将军事。

【译文】 孙策自己领会稽太守，又任命虞翻做功曹，用朋友之礼待他。孙策爱好打猎，虞翻就劝告他说："你素爱轻骑出营，微服出访，侍从的官吏都没来得及戒备，官吏和士兵常常以之为苦。一个人如果不庄重就不威严，所以白龙着鱼服，被豫且射伤；白蛇轻易出动，被刘邦所杀。希望你稍微注意！"孙策说："你的话很对。"可是没有办法改变。

九月，司徒淳于嘉、太尉杨彪、司空张喜都被免除了官职。

天子的车驾向东迁移的时候，杨奉要从梁县加以拦击，但没来得及。冬季，十月，曹操讨伐杨奉，杨奉向南奔向袁术，曹操于是进攻梁地的军营，并攻占了它。

汉献帝下诏给袁绍，责备他"土地广袤，兵卒众多，却专门树立党羽，而不起兵勤王，只是擅自相互征伐"。袁绍上书为自己辩白。戊辰日（十月无此日），汉献帝派袁绍做了太尉，封他为邺侯。袁绍因觉官位在曹操之下而感到耻辱，就发怒道："曹操好几次都本该死掉，全靠我救活了他，现在他居然挟持天子来命令于我吗？"他上表推辞不受封。曹操害怕，便请求将自己的大将军一职让给袁绍。丙戌日（十月无此日），汉献帝命曹操做司空，行车骑将军的事。

操以荀彧为侍中，守尚书令。操问彧以策谋之士，彧荐其从子蜀郡太守攸及颍川郭嘉。操徵攸为尚书，与语，大悦，曰："公达，非常人也。吾得与之计事，天下当何忧哉！"以为军师。

初，郭嘉往见袁绍，绍甚敬礼之，居数十日，谓绍谋臣辛评、郭图曰："夫智者审于量主，故百全而功名可立。袁公徒欲效周公之下士，而不知用人之机，多端寡要，好谋无决，欲与共济天下大难，定霸王之业，难矣。吾将更举以求主，子盍去乎！"二人

曰:“袁氏有恩德于天下,人多归之,且今最强,去将何之!”嘉知其不寤,不复言,遂去之。操召见,与论天下事,喜曰:“使孤成大业者,必此人也!”嘉出,亦喜曰:“真吾主也!”操表嘉为司空祭酒。

【译文】 曹操任命荀彧做侍中,守尚书令。曹操问荀彧有没有什么谋划的人才,荀彧举荐了他的侄子蜀郡太守荀攸和颍川人郭嘉。曹操征聘荀攸做尚书,他和荀攸交谈,备感高兴,说:“荀公达,不是个寻常之人,我能够跟他一起谋划事情,天下大事还有什么可以忧愁的呢!”就让他做了军师。

刚开始,郭嘉去见袁绍,袁绍很敬重他。过了十来天,郭嘉对袁绍的谋臣辛评、郭图说:“一个聪明的人会审慎细致地衡量主人,所以能够事事周全而建立功名。袁绍只是想效法周公谦虚待人,却不懂得用人的诀窍,事情虽然做得很多却掌握不住要点,爱好谋划却不擅长做决定,想要和他一同匡扶天下,完成霸王的事业是很不容易的。我将再寻主人,你们何不离去呢?”两个人说:“袁家有恩于天下人,人们大多归附于他,况且现在他的势力最为强大,离开他要到哪里去呢?”郭嘉知晓他们不能醒悟,也就不再多说,于是就离开了。曹操召见了他,同他讨论天下事情,然后很高兴地说:“能让我完成大业的,必定是这个人。”郭嘉一出来,也高兴地说:“曹操才真正是我的主子。”曹操上表拜郭嘉做了司空祭酒。

操以山阳满宠为许令,操从弟洪,有宾客在许界数犯法,宠收治之,洪书报宠,宠不听。洪以白操,操寻许主旨,宠知将欲原客,乃速杀之。操喜曰:“当事不当尔邪!”

北海太守孔融,负其高气,志在靖难,而才疏意广,讫无成功。高谈清教,盈溢官曹,辞气温雅,可玩而诵,论事考实,难可

悉行。但能张磔网罗，而目理甚疏。造次能得人心，久久亦不愿附也。其所任用，好奇取异，多剽轻小才。至于奠事名儒郑玄，执子孙礼，易其乡名曰郑公乡，及清俊之士左承祖、刘义逊等，皆备在座席而已，不与论政事，曰："此民望，不可失也！"

【译文】 曹操派山阳人满宠去做许昌的主官，曹操的堂弟曹洪有一位宾客在许昌的边界多次违反律法，满宠将他拘捕并加以审理，曹洪写信给满宠替他说情，满宠不听。曹洪将此事告诉曹操，曹操召见满宠，满宠心知曹操将会宽恕这位宾客，于是马上处死了他。曹操很高兴地说："做事难道不该如此吗？"

北海太守孔融，自负于自己高尚的气节，立志要平定祸乱，可是志向广大却才能疏略，所以一直没有成功。他高雅的谈吐，清明的教化，满载官府；文章清新雅致，可以玩赏而吟诵，但是将其付诸实践却很难逐一推行。他能用人然而标准不够严格，虽一时能得到人心，可时间一长，人家就不愿听命于他。他喜欢任用标奇立异的人，所以他的手下很多都是些肤浅的小才。他崇敬名儒郑玄，对他施以子孙的礼节，改换他乡里的名称"郑公乡"，当时的才俊之士左承祖、刘义逊等，都只是身在他的座席上而已，却从不和他们讨论政事，言说："他们是人民所瞩目的人物，不能失去！"

黄巾来寇，融战败，走保都昌。时袁、曹、公孙首尾相连，融兵弱粮寡，孤立一隅，不与相通。左承祖劝融宜自托强国，融不听而杀之，刘义逊弃去。青州刺史袁谭攻融，自春至夏，战士所馀裁数百人，流矢交集，而融犹隐几读书，谈笑自若。城夜陷，及奔东山，妻子为谭所虏。曹操与融有旧，徵为将作大匠。

袁谭初至青州，其土自河而西，不过平原。谭北排田楷，东破孔融，威惠甚著；其后信任群小；肆志奢淫，声望遂衰。

中平以来，天下乱离，民弃农业，诸军并起，率乏粮谷，无终岁之计，饥则寇略，饱则弃馀，瓦解流离，无敌自破者，不可胜数。袁绍在河北，军人仰食桑椹。袁术在江淮，取给蒲蠃，居多相食，州里萧条。羽林监枣祗请建置屯田，曹操从之，以祗为屯田都尉，以骑都尉任峻为典农中郎将。募民屯田许下，得谷百万斛。于是，州郡倒置田官，所在积谷，仓廪皆满。故操征伐四方，无运粮之劳，遂能兼并群雄。军国之饶，起于祗而成于峻。

【译文】 黄巾军进犯，孔融战败，退守都昌。当时袁绍、曹操、公孙瓒首尾相连，孔融兵弱粮少，孤立于一角，不和他们相通。左承祖劝诫孔融应依附强国，孔融非但不听还杀死了他，刘义逊就弃他而去。青州刺史袁谭进攻孔融，战争从春季一直打到夏季，孔融的兵卒只剩下几百人，即使乱箭四射，孔融还是靠着几案读书，谈笑自如。城在夜里陷落，孔融连夜奔赴东山，他的妻儿被袁谭俘虏。曹操和孔融原有老交情，就召他做将作大匠。

袁谭刚到青州之时，他的领地从黄河向西，不超过平原。袁谭北边破除田楷，东边击败孔融，威望很盛；之后由于他信任一干小人，任意骄奢淫逸，他的声望又逐渐地衰弱下去。

中平以后，天下纷乱，百姓抛下农业，各处的军队纷纷起事，但都缺乏粮食，不够一年的储蓄，饿了就劫掠，饱了就丢掉剩余的，四分五裂、到处流离，所以还没遭受敌人攻击自己就已瓦解的，数都数不清。袁绍在河北，军人依靠桑葚果腹；袁术在江淮，食用蒲草和田螺，人民则大多相互吃人，乡里一片萧条败落。羽林监枣祗请求设置屯田的官吏，曹操听从了他的建议，就派枣祗做了屯田都尉，又任命骑都尉任峻做典农中郎将。招收人民在许昌种田，后来的谷物收成就有百万斛。于是各州郡也按例设置田官，所在的地方积累谷物，把仓廪都装满了。所以曹操征讨四方，不受运粮的劳苦，遂可以吞并群雄。军中、国家都非常富庶，这开始于枣祗而成功于任峻。

袁术畏吕布为己害，乃为子求婚，布复许之。术遣将纪灵等步骑三万攻刘备，备求救于布。诸将谓布曰：“将军常欲杀刘备，今可假手于术。”布曰：“不然。术若破备，则北连泰山诸将，吾为在术围中，不得不救也。”便率步骑千馀驰往赴之。灵等闻布至，皆敛兵而止。布屯沛城西南，遣铃下请灵等，灵等亦请布，布往就之，与备共饮食。布谓灵等曰：“玄德，布弟也，为诸君所困，故来救之。布性不喜合斗，喜解斗耳。”乃令军候植戟于营门，布弯弓顾曰：“诸君观布射戟小支，中者当各解兵，不中可留决斗。”布即一发，正中戟支。灵等皆惊，言：“将军天威也！”明日复欢会，然后各罢。

【译文】 袁术怕吕布成为自己的祸患，于是就为他儿子向吕布的女儿求婚，吕布应允了他。袁术派出将领纪灵等率领步兵、骑兵三万人攻击刘备，刘备求救于吕布。将领们就对吕布说：“将军您常想除掉刘备，现在可以借袁术之手实现。”吕布说：“不行。袁术如果击破了刘备，那么他在北方就可以联合泰山所有的将领，我就会处在袁术的包围之下，所以我不得不解救刘备。”于是吕布率领步兵、骑兵一千多人，前去救援。纪灵等听说吕布到了，就暂且收兵。吕布在沛城的西南屯兵，他派出侍卫去请纪灵等，纪灵等也请吕布过去，吕布就去了，和刘备一同吃饭。吕布对纪灵等人说：“玄德，是我的弟弟，受到各位的围困，所以我赶来救他。我本性不喜战斗，却好调解战斗。”于是就让

军候在营门立一根戟，吕布拉弓回头对大家说：“各位请看我吕布射这戟的小支，如果射中了大家就解散军队，如果不中大可以留下来一决胜负。”吕布就引弓射箭，箭正中戟的小支，纪灵等都吃惊地说：“这是将军天生的神威！”第二天他们又聚在一起欢宴，然后各自罢兵。

备合兵得万馀人，布恶之，自出兵攻备。备败走，归曹操，操厚遇之，以为豫州牧。或谓操曰：“备有英雄之志，今不早图，后必为患。”操以问郭嘉，嘉曰：“有是。然公起义兵，为百姓除暴，推诚杖信以招俊杰，犹惧其未也。今备有英雄名，以穷归己而害之，是以害贤为名也。如此，则智士将自疑，回心择主，公谁与定天下乎！夫除一人之患以沮四海之望，安危之机也，不可不察。”操笑曰：“君得之矣！”遂益其兵，给粮食，使东至沛，收散兵以图吕布。

初，备在豫州，举陈郡袁涣为茂才。涣为吕布所留，布欲使涣作书骂辱备，涣不可，再三强之，不许。布大怒，以兵胁涣曰：“为之则生，不为则死！”涣颜色不变，笑而应之曰：“涣闻唯德可以辱人，不闻以骂！使彼固君子邪，且不耻将军之言；彼诚小人邪，将复将军之意，则辱在此不在于彼。且涣他日之事刘将军，犹今日之事将军也，如一旦去此，复骂将军，可乎！”布惭而止。

【译文】刘备募集军队得到一万多人，吕布憎恶他，就出兵攻击刘备。刘备兵败而走，归附于曹操，曹操厚待于他，派他担任豫州牧一职。有人对曹操说：“刘备胸怀英雄般的志向，如果不早点除掉他，将来必定会成为您的祸患。”曹操就问郭嘉，郭嘉说：“有这种情况。可是您起义兵为百姓除暴，靠推诚心讲信用来招引天下豪俊，就这还怕人家不来；现在刘备身具英雄的声名，因为穷困前来归附而遭杀害，这是以杀害贤达而出名。如此，智士就会怀疑，因而改换心意另谋他主，那么您还和什么人一同平定天下呢？除掉一个人的祸患而丧失天下人的期望，这可是安危的关键，不能不弄清楚。”曹操笑着说道：“你说对了！”于是就给刘备增加士兵，给他供应粮食，让他向东到沛郡，收集散落的士兵以图谋吕布。

最初，刘备在豫州，举荐陈郡人袁涣做茂才。袁涣被吕布所羁留，吕布要袁涣写信辱骂刘备，袁涣不答应，吕布再三勉强他，他也不听从。吕布大怒，持兵器胁迫袁涣说：“写就能活命，不写就死！”袁涣面不改色，笑着回答他说：“我只听说过用德可以污辱人，还不曾听过用辱骂的！如果刘备是一个君子，他将不耻将军的话；如果他是一个小人，他将回信骂将军，那么受辱的是你，却不是他。况且若我将来侍奉刘将军，就如同今天侍奉你一样，一旦有朝一日离开这里，再反过来辱骂将军，可以吗？”吕布感到羞愧而作罢。

张济自关中引兵入荆州界，攻穰城，为流矢所中死。荆州官属皆贺，刘表曰：“济以穷来，主人无礼，至于交锋，此非牧意，牧受吊，不受贺也。”使人纳其众；众闻之喜，皆归心焉。济族子建忠将军绣代领其众，屯宛。

初，帝既出长安，宣威将军贾诩上还印绶，往依段煨于华阴。诩素知名，为煨军所望，煨礼奉甚备。诩潜谋归张乡，或曰：“煨待君厚矣，君去安之？”诩曰：“煨性多疑，有忌诩意，礼虽厚，不可恃久，将为所图。我去必喜，又望吾结大援于外，必厚吾妻子；绣无谋主，亦愿得诩：则家与身必俱全矣。”诩遂往，绣执子孙礼，煨果善视其家。诩说绣附于刘表，绣从之。诩往见表，表

以客礼待之。诩曰:“表,平世三公才也,不见事变,多疑无决,无能为也!”

【译文】 张济率兵从关中进入荆州边界,攻打穰城,被流箭射中而死。荆州的官吏都向刘表道贺,刘表说:“张济因为穷困前来投奔,主人没有按礼相迎,导致双方交战,这并非我的初衷,我只接受吊唁,不接受庆贺。”刘表派人接收他的官兵;官兵们听到都很感动,也都为之心服。张济同族的儿子建忠将军张绣率领他的手下,屯守宛城。

起先,汉献帝离开长安之后,宣威将军贾诩就交还了印绶,去华阴投靠段煨。贾诩一向很出名,为段煨军中的人所仰望,段煨很周到地礼遇他。贾诩暗自谋划投奔张绣,有人对他说:“段煨待你不薄,你离开他要往哪里去呢?”贾诩说:“段煨生性多疑,有妒忌我的心思,待我的礼节虽然优厚,但是不会持久,将来我会为他所害。我一离去他必定欢喜,又希望我在外面结识强大的援手,肯定会厚待我的妻儿;张绣一直没有为他谋划的人,希望得到我,那么我的家庭和个人必定都能得以保全。”贾诩于是投奔张绣,张绣对他施以子孙的礼节,段煨果然厚待贾诩的家人。贾诩游说张绣归附于刘表,张绣听从了他。贾诩去见刘表,刘表用对待客人的礼节待他。贾诩说:“刘表是太平盛世的宰相之才,但是没有见过事变,怀疑多,且没有决断力,不会有什么作为!”

刘表爱民养士,从容自保,境内无事,关西、兖、豫学士归之者以千数。表乃起立学校,讲明经术,命故雅乐郎河南杜夔作雅乐。乐备,表欲庭观之。夔曰:“今将军号不为天子,合乐而庭作之,无乃不可乎!”表乃止。

平原祢衡，少有才辨，而尚气刚傲，孔融荐之于曹操。衡骂辱操，操怒，谓融曰："祢衡竖子，孤杀之，犹雀鼠耳；顾此人素有虚名，远近将谓孤不能容之。"乃送与刘表，表延礼以为上宾。衡称表之美盈口，而好议贬其左右，于是左右因形而谮之曰："衡称将军之仁，西伯不过也，唯以为不能断，终不济者，必由此也。"其言实指表短，而非衡所言也。表由是怒，以江夏太守黄祖性急，送衡与之，祖亦善待焉。后衡众辱祖，祖杀之。

【译文】刘表爱护人民蓄养士人，很能够自我保护，境里没有战争，关西、兖州、豫州的学士投奔他的有上千人。刘表就设立学校，发扬经术，命前雅乐郎河南人杜夔创作雅乐。雅乐完备了，刘表就要在庭中观赏，杜夔说："现在将军还不是天子，集合了雅乐在庭中吹奏，恐怕不可以吧！"刘表就停止了。

平原人祢衡，年少时就有学问辩才，可是任性而行，为人刚直傲慢，孔融将他推荐给曹操。祢衡辱骂曹操，曹操大怒，对孔融说："祢衡这小子，我若杀他，就如同杀麻雀、老鼠罢了！可是这个人还有点虚名，一旦我杀了他，远近的人将觉得我没有容人之量。"于是曹操就将祢衡送给刘表，刘表用礼节延请他，把他奉作上宾，祢衡对刘表赞不绝口，可是喜欢讥评贬抑刘表亲近的人，那些人因此毁谤祢衡说："祢衡称赞将军的仁德，文王也不能超过，还说您只是不善决断，您将来终不能成大业，必定是出于这个原因。"这些话实则是说刘表的缺点，但并不是祢衡的话。刘表因此恼怒，他认为江夏太守黄祖生性急躁，就将祢衡送给黄祖，黄祖也善待祢衡。后来祢衡当众羞辱黄祖，黄祖将他杀死了。

【乾隆御批】所处何时，而以庭观雅乐为事，清流名士之祸人

于斯极矣。

【译文】当时都处于何种形势了，居然还把在大庭广众之下欣赏雅乐当成一回事。清流名士对人的危害在这件事上可谓是达到了极点。

【申涵煜评】衡以傲骨致死，辱曹操、抗黄祖，狂尚可取，独称刘表之美盈口，而讥其左右，则几于妄矣。表以庸才，浪得虚名，衡一见，不识其人，讵为名人巨眼。

【译文】祢衡因一身傲骨被害死，他辱骂曹操，抗击黄祖，这些狂傲还值得称赞，唯独对刘表赞不绝口，却讥笑讽刺他身边的人，实在是太狂妄了。刘表不过是一个庸才，徒有虚名而已，祢衡见了他，却没有看透他，难道是显耀的人物都缺乏锐利的鉴别能力。

二年（丁丑，公元一九七年）春，正月，曹操讨张绣，军于淯水，绣举众降。操纳张济之妻，绣恨之；又以金与绣骁将胡车兒，绣闻而疑惧，袭击操军，杀操长子昂。操中流矢，败走，校尉典韦与绣力战，左右死伤略尽，韦被数十创。绣兵前搏之，韦双挟两人击杀之，瞋目大骂而死。操收散兵，还住舞阴。绣率骑来追，操击破之，绣走还穰，复与刘表合。

是时，诸军大乱，平虏校尉泰山于禁独整众而还，道逢青州兵劫掠人，禁数其罪而击之。青州兵走，诣操。禁既至，先立营垒，不时谒操。或谓禁："青州兵已诉君矣，宜促诣公辨之。"禁曰："今贼在后，追至无时，不先为备，何以待敌！且公聪明，谮诉何缘得行！"徐凿堑安营讫，乃入谒，具陈其状。操悦，谓禁曰："淯水之难，吾犹狼狈，将军在乱能整，讨暴坚垒，有不可动之节，虽古名将，何以加之！于是，录禁前后功，封益寿亭侯。操引军还许。

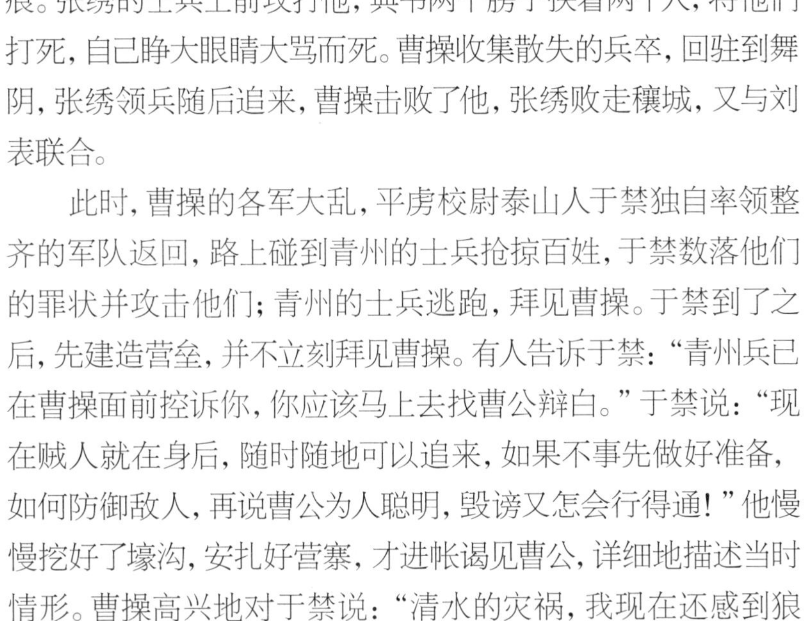

【译文】 二年（丁丑，公元197年）春季，正月，曹操进攻张绣，在清水驻扎军队，张绣率领手下投降曹操。曹操收纳了张济的妻子，张绣对他怀恨于心；曹操又给张绣骁勇的将领胡车儿金钱，张绣听到这个消息之后又疑惑，又恐惧，就偷袭曹操的军队，还杀死曹操的长子曹昂。曹操也中了流箭，兵败逃跑。校尉典韦同张绣死命作战，左右的人都快死光了，典韦身负几十处伤痕。张绣的士兵上前攻打他，典韦两个膀子挟着两个人，将他们打死，自己睁大眼睛大骂而死。曹操收集散失的兵卒，回驻到舞阴，张绣领兵随后追来，曹操击败了他，张绣败走穰城，又与刘表联合。

此时，曹操的各军大乱，平虏校尉泰山人于禁独自率领整齐的军队返回，路上碰到青州的士兵抢掠百姓，于禁数落他们的罪状并攻击他们；青州的士兵逃跑，拜见曹操。于禁到了之后，先建造营垒，并不立刻拜见曹操。有人告诉于禁："青州兵已在曹操面前控诉你，你应该马上去找曹公辩白。"于禁说："现在贼人就在身后，随时随地可以追来，如果不事先做好准备，如何防御敌人，再说曹公为人聪明，毁谤又怎会行得通！"他慢慢挖好了壕沟，安扎好营寨，才进帐谒见曹公，详细地描述当时情形。曹操高兴地对于禁说："清水的灾祸，我现在还感到狼狈，将军能在混乱之中保持完整，讨伐暴戾、坚固营垒，有不可变更的节操，即使是古代的名将，又如何能超越你！"于是记录于禁前前后后的功勋，封他做益寿亭侯。曹操率军回到许昌。

袁绍与操书，辞语骄慢。操谓荀彧、郭嘉曰："今将讨不义而力不敌，何如？"对曰："刘、项之不敌，公所知也。汉祖唯智胜项羽，故羽虽强，终为所禽。今绍有十败，公有十胜，绍虽强，无能为也。绍繁礼多仪，公体任自然，此道胜也；绍以逆动，公奉顺以率天下，此义胜也；桓、灵以来，政失于宽，绍以宽济宽，故不摄，公纠之以猛而上下知制，此治胜也；绍外宽内忌，用人而疑之，所任唯亲戚子弟，公外易简而内机明，用人无疑，唯才所宜，不问远近，此度胜也；绍多谋少决，失在后事，公得策辄行，应变无穷，此谋胜也；绍高议揖让以收名誉，士之好言饰外者多归之，公以至心待人，不为虚美，士之忠正远见而有实者皆愿为用，此德胜也；绍见人饥寒，恤念之，形于颜色，其所不见，虑或不及，公于目前小事，时有所忽，至于大事，与四海接，恩之所加，皆过其望，虽所不见，虑无不周，此仁胜也；绍大臣争权，谗言惑乱，公御下以道，浸润不行，此明胜也；绍是非不可知，公所是进之以礼，所不是正之以法，此文胜也；绍好为虚势，不知兵要，公以少克众，用兵如神，军人恃之，敌人畏之，此武胜也。”操笑曰：“如卿所言，孤何德以堪之！”嘉又曰：“绍方北击公孙瓒，可因其远征，东取吕布。若绍为寇，布为之援，此深害也！”彧曰：“不先取吕布，河北未易图也。”操曰：“然。吾所惑者，又恐绍侵扰关中，西乱羌、胡，南诱蜀、汉，是我独以兖、豫抗天下六分之五也。为将奈何？”彧曰：“关中将帅以十数，莫能相一，唯韩遂、马腾最强。彼见山东之争，必备拥众自保，今若抚以恩德，遣使连和，虽不能久安，比公安定山东，足以不动。侍中、尚书仆射钟繇有智谋，若属以西事，公无忧矣。”操乃表繇以侍中守司隶校尉，持节督关中诸军，特使不拘科制。繇至长安，移书腾、遂等，为陈祸福，腾、遂各遣子入侍。

【译文】袁绍在写给曹操的信中，言辞傲慢。曹操对荀彧、郭嘉说：“现在将要讨伐袁绍的不义，然而力量无法与他匹敌，这该如何是好呢？”荀彧、郭嘉回答说：“刘、项势力不能相敌，这是您知道的。汉高祖只因为智力胜过项羽，所以即使项羽势力强大，最终还是被汉高祖所擒服。如今袁绍有十个可败的因素，你有十个可胜的因素，所以袁绍纵然强大，不能有所作为。袁绍讲究繁文缛节；然而您听任自然，这是道术胜他。袁绍以叛逆而动；而您承奉天子来统领天下，这是节义胜他。自打桓、灵以来，政治失于过宽，袁绍以宽救宽，所以散漫不整；而您用猛厉来纠正，使得上下明晓节制，这是政治胜他。袁绍表面宽大而内心妒忌，用人而又怀疑，他所起用的只是亲戚子弟；而您外在简易却内心机明，用人不疑，只看才能适不适合，而不管关系的亲疏远近，这是度量胜他。袁绍多计谋少决断，不能把握时机；您得到计谋就能施行，应变无穷，这是谋划胜他。袁绍推崇议论，以礼待人来钓取名誉，喜欢浮言却无真才实学的士人多归附他；然而您诚心待人，不做虚浮假事，忠正有远见而有真才实学的士人，都愿意为您驱遣，这是德行胜他。袁绍看到人饥寒交迫，就体恤他，表现在颜色上，他见不到的，就无法考虑到；而您对当前的小事，时有忽略不计较，至于大事，就和四海相连，恩泽广布，远远超过了他们的期望，即使是那些看不到的事情，考虑没有不周到的，这是仁心胜他。袁绍的大臣争权夺利，进献谗言；而您用道控御属下，毁谤也不能行得通，这是清明胜他。袁绍不辨是非；而您对于对的就按礼节加以任用，不对的就按律法加以制裁，这是文才胜他。袁绍好虚张声势，不晓得用兵之道；而您以少胜多，用兵如神，军人仰仗您，敌人惧怕您，这是武略胜他。”曹操笑着说：“如你所说，我如何担待得起！”郭嘉又说：“袁绍正在北方进攻公孙瓒，大可以趁他远征之时，向东攻取吕布；如果袁绍进犯，吕布做他的后援，就

是很大的灾祸了。”荀彧又说：“如果不先取吕布，河北就不易谋得。”曹操说：“是的，我所困惑的，是忧虑袁绍侵扰关中；西边羌人、胡人作乱；南方诱使蜀汉入侵，这样我要单独用兖、豫两州来对抗天下六分之五的势力，这可怎么应付呢？”荀彧说：“关中的将领差不多有十个，却不能互相统属，只有韩遂、马腾最强，他们看到山东正遇争战，必定个个拥兵自保，现在如果用恩德安抚他们，派使者同他们联合，虽然不能得长久安宁，但在您安定山东之前，是不会有什么变动的。侍中、尚书仆射钟繇有谋略，如果将西边的事务交托与他，您就可以高枕无忧了。”曹操就上表拜钟繇为侍中守司隶校尉，秉持旄节督导关中各路兵马。并特别要他行事不必拘于常法。钟繇到了长安，写信给马腾、韩遂等人，向他们陈述祸福。马腾、韩遂各派遣自己的儿子前去侍奉天子。

袁术称帝于寿春，自称仲家，以九江太守为淮南尹，置公卿百官，郊祀天地。沛相陈珪，球弟子也，少与术游。术以书召珪，又劫质其子，期必致珪。珪答书曰：“曹将军兴复典刑，将拨平凶慝，以为足下当戮力同心，匡翼汉室。而阴谋不轨，以身试祸，欲吾营私阿附，有死不能也。”术欲以故兖州刺史金尚为太尉，尚不许而逃去，术杀之。

三月，诏将作大匠孔融持节拜袁绍大将军，兼督冀、青、幽、并四州。

【译文】 袁术在寿春称帝，自立国号为“仲家”，任命九江太守做河南尹。设立公卿百官，对天地行郊祀礼。沛相陈珪，是陈球的侄儿，儿时和袁术交往；袁术就写信召陈珪，并劫持了他的儿子做人质，希望陈珪屈服。陈珪回信说：“曹将军正在兴复典刑，将会惩治凶恶，我原以为你会和曹将军同心协力，匡扶汉室，想不到你现在竟然图谋不轨，自找灾祸上门，还想要我营私服从于你，这是我宁愿死也不能做的。”袁术又想任用前兖州刺史金尚做太尉，金尚不答应而逃走，被袁术捉到将他杀死了。

三月，汉献帝下达诏令将作大匠孔融秉持旄节拜袁绍做大将军，兼督导冀、青、幽、并四州。

夏，五月，蝗。

袁术遣使者韩胤以称帝事告吕布，因求迎妇，布遣女随之。陈珪恐徐、扬合从，为难未已，往说布曰："曹公奉迎天子，辅赞国政，将军宜与协同策谋，共存大计。今与袁术结婚，必受不义之名，将有累卵之危矣!" 布亦怨术初不己受也，女已在涂，乃追还绝昏，械送韩胤，枭首许市。

陈珪欲使子登诣曹操，布固不肯。会诏以布为左将军，操复遗布手书，深加慰纳。布大喜，即遣登奉章谢恩，并答操书。登见操，因陈布勇而无谋，轻于去就，宜早图之。操曰："布狼子野心，诚难久养，非卿莫究其情伪。" 即增珪秩中二千石，拜登广陵太守。临别，操执登手曰："东方之事，便以相付。" 令阴合部众以为内应。

【译文】夏季，五月，有蝗灾。

袁术派出使者韩胤将称帝一事告诉吕布，因而要求迎娶媳妇，吕布就命女儿随韩胤而去。陈珪深恐徐、扬合纵，遗患无穷，就去游说吕布："曹操奉迎天子，辅佐朝政，将军应该和他一起谋划，共商大计。而现在您却和袁术结为姻亲，必定会得到不义之名，将会有极大的危险！"吕布也怨恨袁术当初没能容纳自己，而女儿已经在路上，吕布就将她追回并断绝了姻亲，还将韩胤囚禁起来送往许昌斩首示众。

陈珪要派他的儿子陈登去拜见曹操，吕布坚决不许，正碰上献帝下诏派吕布做左将军，曹操又亲自写信，派人送于吕布，对他深加勉慰接纳。吕布大为高兴，于是就派陈登奉奏章前去谢恩，并答复曹操的书信。陈登拜见曹操，述说吕布为人有勇无谋，和人离合无常，应当及早图谋。曹操说："吕布是狼子野心，当真难长久蓄养，如果没有你的话就无法了解真伪！"曹操就增加陈珪禄位到中二千石，拜陈登做了广陵太守。临别之时，曹操拉着陈登的手说："东面的事情，就交托给你了。"并命令他暗中集合部属作为内应。

始，布因登求徐州牧不得，登还，布怒，拔戟斫几曰："卿父劝吾协同曹操，绝婚公路；今吾所求无获，而卿父子并显重，但为卿所卖耳！"登不为动容，徐对之曰："登见曹公言：'养将军譬如养虎，当饱其肉，不饱则将噬人。'公曰：'不如卿言。譬如养鹰，饥即为用，饱则飏去。'其言如此。"布意乃解。

【译文】起先，吕布凭借陈登向曹操要求徐州牧而没有达到目的，陈登回来以后，吕布发怒，拔戟砍斫几案说："你的父亲劝说我协助曹操，与袁术断绝婚姻；此刻我所要求的都还没有获得，而你们父子皆已富贵显达，我只不过被你们出卖罢了！"陈登丝毫不畏惧，脸色也没变，慢慢地回答吕布说："我拜见曹操之时说：'养将军就如同养虎，理当拿肉来喂饱它，不喂饱它就会咬人。'曹公说：'不像你说的那样。养将军就好比养老鹰，饥饿时就为我们役使，饱了就飞走了。'他是这样说的。"吕布的怒意这才消减。

袁术遣其大将张勋、桥蕤等与韩暹、杨奉连势，步骑数万趣下(祁)〔邳〕，七道攻布。布时有兵三千，马四百匹，惧其不敌，谓陈珪曰："今致术军，卿之由也，为之奈何?"珪曰："暹、奉与术，卒合之师耳，谋无素定，不能相维，子登策之，比于连鸡，势不俱栖，立可离也。"布用珪策，与暹、奉书曰："二将军亲拔大驾，而布手杀董卓，俱立功名，今奈何与袁术同为贼乎！不如相与并力破术，为国除害。"且许悉以术军资与之。暹、奉大喜，即回计从布。布进军，去勋营百步，暹、奉兵同时叫呼，并到勋营，勋等散走，布兵追击，斩其将十人首，所杀伤堕水死者殆尽。布因与暹、奉合军向寿春，水陆并进，到钟离，所过虏略，还渡淮北，留书辱术。术自将步骑五千扬兵淮上，布骑皆于水北大咍笑之而还。

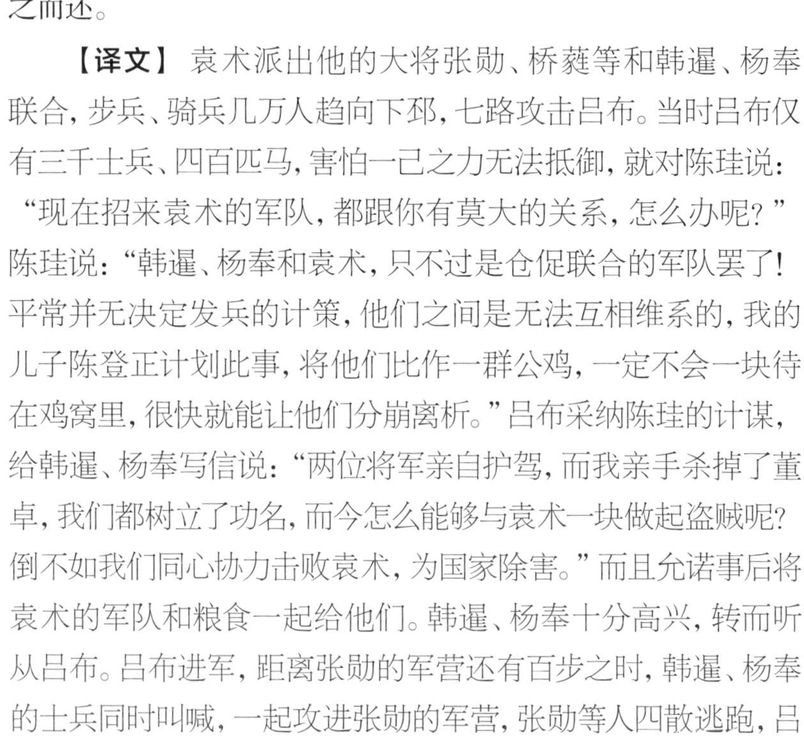

【译文】 袁术派出他的大将张勋、桥蕤等和韩暹、杨奉联合，步兵、骑兵几万人趋向下邳，七路攻击吕布。当时吕布仅有三千士兵、四百匹马，害怕一己之力无法抵御，就对陈珪说："现在招来袁术的军队，都跟你有莫大的关系，怎么办呢？"陈珪说："韩暹、杨奉和袁术，只不过是仓促联合的军队罢了！平常并无决定发兵的计策，他们之间是无法互相维系的，我的儿子陈登正计划此事，将他们比作一群公鸡，一定不会一块待在鸡窝里，很快就能让他们分崩离析。"吕布采纳陈珪的计谋，给韩暹、杨奉写信说："两位将军亲自护驾，而我亲手杀掉了董卓，我们都树立了功名，而今怎么能够与袁术一块做起盗贼呢？倒不如我们同心协力击败袁术，为国家除害。"而且允诺事后将袁术的军队和粮食一起给他们。韩暹、杨奉十分高兴，转而听从吕布。吕布进军，距离张勋的军营还有百步之时，韩暹、杨奉的士兵同时叫喊，一起攻进张勋的军营，张勋等人四散逃跑，吕布的士兵在后面追击，斩杀他的十个将领，其余的人几乎全被杀伤落入水中淹死了。吕布与韩暹、杨奉联合军队向寿春推进，水、陆并进，到达钟离，他们所经之处到处掠夺，回军淮北，留下辱骂袁术的书信。袁术带领步兵、骑兵五千来到淮上，吕布的骑兵全部都在淮水的北面，大声地嘲笑一番才回去。

泰山贼帅臧霸袭琅邪相萧建于莒，破之。霸得建资实，许以赂布而未送，布自往求之。其督将高顺谏曰："将军威名宣播，远近所畏，何求不得，而自行求赂！万一不克，岂不损邪?"布不从。既至莒，霸等不测往意，固守拒之，无获而还。

顺为人清白有威严，少言辞，所将七百馀兵，号令整齐，每战必克，名"陷陈营"。布后疏顺，以魏续有内外之亲，夺其兵以与续，及当攻战，则复令顺将，顺亦终无恨意。布性决易，所以无常，顺每谏曰："将军举动，不肯详思，忽有失得，动辄言'误'，误岂可数乎！"布知其忠而不能从。

曹操遣议郎王誧以诏书拜孙策为骑都尉，袭爵乌程侯，领会稽太守，使与吕布及吴郡太守陈瑀共讨袁术。策欲得将军号以自重，誧便承制假策明汉将军。

【译文】 泰山贼人的首领臧霸在莒县袭击琅邪相萧建，将他打败了。臧霸缴获了萧建的财物，答应送给吕布，可是并没有送，吕布前去索要这些财物。吕布的督将高顺阻止他说："将军的威名显扬，远处和近处的人都害怕您，您要什么没有，而非要亲自去索求财物！如果目的没有达到，难道不会损害到您的威名?"吕布没有听从他的劝阻。到了莒县之后，臧霸等人不知道吕布的用意，坚强地防御，吕布无获而还。

高顺做人清明而有威严，讲话很少，他带领的七百多名士兵，号令整齐，逢战必胜，称为“陷陈营”。后来吕布疏远了高顺，因为与魏续有亲戚的关系，就夺了高顺的军队给魏续，待到作战之时，任命高顺来带领，高顺也始终没有对他怀恨在心。吕布生性多变，他的所作所为没有一定标准，高顺时常劝告他说：“将军的举动，不愿详加思考，得失无常，动不动就会犯错，而错误哪能一犯再犯呢？”吕布虽然知晓他的忠贞但是也没有听从他的建言。

曹操派出议郎王誧拿诏书将孙策封作骑都尉，承袭其父亲乌程侯的爵位，领会稽太守，下令让他和吕布以及吴郡太守陈瑀一起征讨袁术。孙策要想得到将军的名号来抬高自己的声誉，王誧就秉承天子的制命授予孙策明汉将军之职。

策治严，行到钱唐，瑀阴图袭策，潜结祖郎、严白虎等，使为内应。策觉之，遣其将吕范、徐逸攻瑀于海西；瑀败，单骑奔袁绍。

初，陈王宠有勇，善弩射。黄巾贼起，宠治兵自守，国人畏之，不敢离叛。国相会稽骆俊素有威恩，是时王侯无复租禄，而数见虏夺，或并日而食，转死沟壑，而陈独富强，邻郡人多归之，有众十馀万。及州郡兵起，宠率众屯阳夏，自称辅汉大将军。袁术求粮于陈，骆俊拒绝之，术忿恚，遣客诈杀俊及宠，陈由是破败。

【译文】 孙策治理行装，抵达钱塘。陈瑀私底下图谋袭击孙策，悄悄地联合祖郎、严白虎等人，要他们作为内应。孙策发觉了此事，就派出他的将领吕范、徐逸在海西进攻陈瑀；陈瑀被击败，单枪匹马前去投奔袁绍。

起先，陈王刘宠有勇，善于射箭。黄巾军作乱，刘宠管理军务防守自己的土地，国人害怕他，不敢逃离背叛。陈国相会稽人骆俊对人一直都是恩威并施，此时王侯不仅失掉了地租的收入，还时常受到掠夺，有的人两天才能吃到一天的食粮，辗转死在沟壑之中，而陈国独独富强，邻郡的人都来依附，有十多万人民。待到各州郡起兵做事，刘宠带领士兵屯守阳夏，自称辅汉大将军。袁术向陈国要粮食，骆俊拒绝了他，袁术十分恼恨，就派人用计杀死了骆俊和刘宠，陈国自此衰落下去。

秋，九月，司空曹操东征袁术。术闻操来，弃军走，留其将桥蕤等于蕲阳以拒操；操击破蕤等，皆斩之。术走渡淮，时天旱岁荒，士民冻馁，术由是遂衰。

操辟陈国何夔为掾，问以袁术何如，对曰："天之所助者顺，人之所助者信。术无信顺之实而望天人之助，其可得乎！"操曰："为国失贤则亡，君不为术所用，亡，不亦宜乎！"操性严，掾属公事往往加杖；夔常蓄毒药，誓死无辱，是以终不见及。

沛国许褚，勇力绝人，聚少年及宗族数千家，坚壁以御外寇，淮、汝、陈、梁间皆畏惮之，操徇淮、汝，褚以众归操，操曰："此吾樊哙也！即日拜都尉，引入宿卫，诸从褚侠客，皆以为虎士焉。

【译文】 秋季，九月，司空曹操向东讨伐袁术。袁术听闻曹操来了，弃军而逃，留下他的将领桥蕤等在蕲阳抵抗曹操；曹操击败了桥蕤等人，并将他们全部杀掉。袁术渡过淮水，当时天旱年岁饥荒，人民饥寒交迫，从此袁术就衰弱下去了。

曹操征辟了陈国人何夔作为属掾，并问他袁术怎么样，何夔回答说："上天所助之人顺利，人民所助之人信实。袁术毫无信实、顺利的本事，却希冀天人的帮助，这怎么可能呢？"曹操说："治理国家一旦失掉贤人就会灭亡，袁术不能任用你，他遭受到灭亡的下场不是很应该吗？"曹操生性严厉，属官常常因为公事受到责打；何夔时常随身携带一包毒药，发誓宁死也不要受到侮辱，因而侮辱始终没有降临他的身上。

沛国人许褚，勇敢过人，聚集了少年和宗族几千人固守壁垒防御外寇，淮、汝、陈、梁间的人都害怕他。曹操讨伐淮、汝之时，许褚带领他的军队投靠曹操，曹操说："这是我的樊哙！"当天就封他做了都尉，引入军营，值守宿卫，所有跟随许褚的侠客，都被用作了虎贲之士。

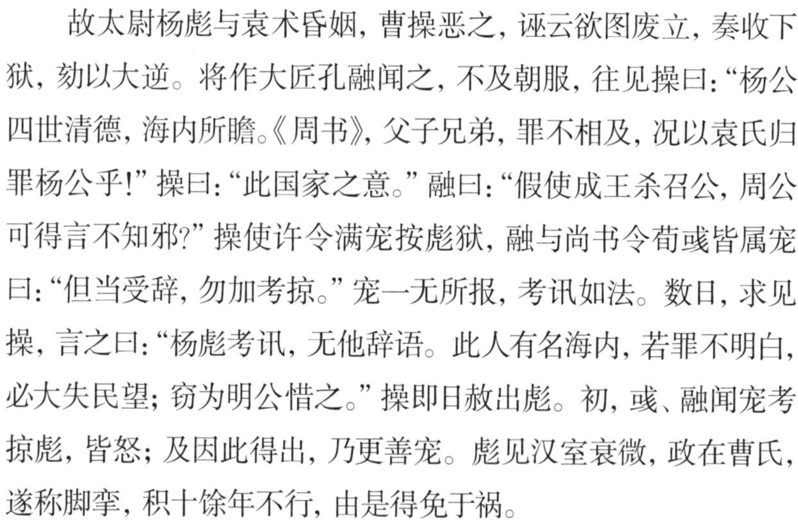

故太尉杨彪与袁术昏姻，曹操恶之，诬云欲图废立，奏收下狱，劾以大逆。将作大匠孔融闻之，不及朝服，往见操曰："杨公四世清德，海内所瞻。《周书》，父子兄弟，罪不相及，况以袁氏归罪杨公乎！"操曰："此国家之意。"融曰："假使成王杀召公，周公可得言不知邪？"操使许令满宠按彪狱，融与尚书令荀彧皆属宠曰："但当受辞，勿加考掠。"宠一无所报，考讯如法。数日，求见操，言之曰："杨彪考讯，无他辞语。此人有名海内，若罪不明白，必大失民望；窃为明公惜之。"操即日赦出彪。初，彧、融闻宠考掠彪，皆怒；及因此得出，乃更善宠。彪见汉室衰微，政在曹氏，遂称脚挛，积十馀年不行，由是得免于祸。

【译文】 先前的太尉杨彪和袁术有婚姻的关系，曹操憎恶他，就诬害他说他想废掉天子，上奏请求将他逮捕入狱，治他大逆不道之罪。将作大匠孔融听说之后，没来得及穿朝服，就去见曹操说："杨公身兼四代的清明大德，是全国人民所仰望的。《周书》说，父子兄弟，有罪都不相连及，更何况现在将袁氏的罪归到杨公身上呢？"曹操说："这是皇帝的意思。"孔融说："假若成王杀召公，周公能说不知道吗？"曹操任命许昌令满宠审理杨彪的案子，孔融和尚书令荀彧都托付满宠说："只要录

口供，不要拷打。”满宠没有问一句话，依照法令对杨彪加以拷打，几天过后满宠求见曹操，对曹操说：“杨彪经过拷打，仍然没有说什么话，这个人在世间很有名气，假如犯了罪不给他弄清楚，必定会违背大夫、人民的愿望，我很替你可惜。”曹操当天就放出了杨彪。起先，荀彧、孔融听到满宠拷打质问杨彪，都非常愤怒；等到知道因此关系杨彪才能出狱，就更加善待满宠了。杨彪见到汉室衰微，政令完全被曹家所掌控，于是假装称自己的脚筋肉萎缩，连续十几年不能行走，因而得以幸免。

马日磾丧至京师，朝廷议欲加礼，孔融曰：“日磾以上公之尊，秉髦节之使，而曲媚奸臣，为所牵率，王室大臣，岂得以见胁为辞！圣上哀矜旧臣，未忍追案，不宜加礼。”朝廷从之。金尚丧至京师，诏百官吊祭，拜其子玮为郎中。

冬，十一月，曹操复攻张绣，拔湖阳，禽刘表将邓济；又攻舞阴，下之。

韩暹、杨奉在下邳，寇掠徐、扬间，军饥饿，辞吕布，欲诣荆州；布不听。奉知刘备与布有宿憾，私与备相闻，欲共击布；备阳许之。奉引军诣沛，备请奉入城，饮食未半，于座上缚奉，斩之。暹失奉，孤特，与十馀骑归并州，为抒秋令张宣所杀。胡才、李乐留河东，才为怨家所杀，乐自病死。郭汜为其将伍习所杀。

【译文】马日磾的灵柩抵达京师，朝廷内外议论纷纷，要想增加礼节来吊祭他，孔融说：“马日磾以上公的尊位，秉持旄节的使臣，居然委屈地谄媚奸臣，为奸臣所牵连，王室的大臣，怎么能够拿受到胁迫当作借口呢？圣上怜悯旧臣，不忍心追查此事，可是也不应该提到再增加礼节。”朝廷采纳了。金尚的灵柩到达京师，诏令百官吊祭，册封他的儿子金玮做郎中。

冬季，十一月，曹操又攻击张绣，攻下了湖阳，俘获了刘表的将领邓济；随后又攻打舞阴，也被他攻下了。

韩暹、杨奉在下邳，常常侵扰抢掠徐、扬一带，军士饥饿，辞离吕布，想到荆州去，吕布不听从。杨奉知晓刘备和吕布有旧仇，私下暗通刘备，想要和他一起攻击吕布，刘备假装答应了他。杨奉就带领军队到达沛县，刘备请杨奉进城，饭还没吃到一半，就在座上将杨奉捆起来，斩杀了他。韩暹丧失了杨奉，势力单薄，于是就带领十几个骑兵归奔并州，结果被杼秋令张宣杀害。胡才、李乐留守在河东，胡才被仇家杀死，李乐因病而死。郭汜被他的将领伍习杀死。

颍川杜袭、赵俨、繁钦避乱荆州，刘表俱待以宾礼。钦数见奇于表，袭喻之曰："吾所以与子俱来者，徒欲全身以待时耳，岂谓刘牧当为拨乱之主而规长者委身哉！子若见能不已，非吾徒也，吾与子绝矣！"钦慨然曰："请敬受命！"及曹操迎天子都许，俨谓钦曰："曹镇东必能匡济华夏，吾知归矣！"遂还诣操，操以俨为朗陵长。

阳安都尉江夏李通妻伯父犯法，俨收治，致之大辟。时杀生之柄，决于牧守，通妻子号泣以请其命。通曰："方与曹公戮力，义不以私废公！"嘉俨执宪不阿，与为亲交。

【译文】 颍川人杜袭、赵俨、繁钦到荆州躲避战乱，刘表都以宾客之礼对待他们。繁钦多次受到刘表的赞赏，杜袭告诉他说："我所以和你一起来到这里，只是想保全性命以等待时机罢了，而不是认为刘表是能够平乱治祸的人物劝你来投奔他的。你如果无穷无尽地展现自己的才能，那么你就不属于我们这一类的人，我就断绝和你的关系。"繁钦慨然地说："敬受你

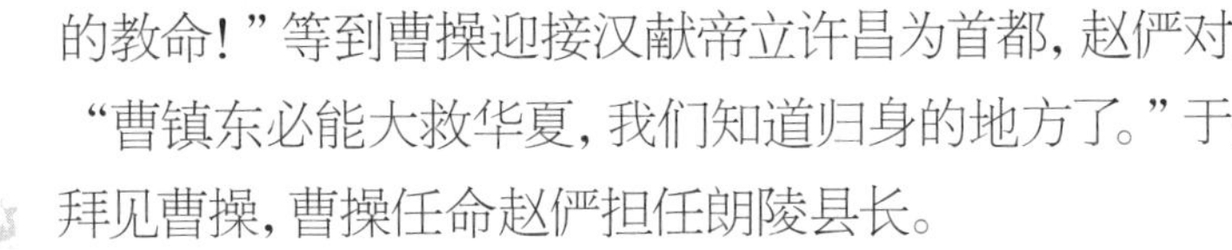

的教命！”等到曹操迎接汉献帝立许昌为首都，赵俨对繁钦说：“曹镇东必能大救华夏，我们知道归身的地方了。”于是就回来拜见曹操，曹操任命赵俨担任朗陵县长。

阳安都尉江夏人李通妻子的伯父犯了法，赵俨将他逮捕审问，判他死刑。当时杀生的大权掌握在州牧郡守手里，李通的妻儿向李通哭诉，李通说：“我正在与曹公一起尽力为国效力，不能够因为私事荒废公事！”夸赞赵俨执法的公正无私，于是和他成了亲密的朋友。

三年(戊寅，公元一九八年)春，正月，曹操还许。三月，将复击张绣。荀攸曰：“绣与刘表相恃为强；然绣以游军仰食于表，表不能供也，势必乖离。不如缓军以待之，可诱而致也；若急之，其势必相救。”操不从，围绣于穰。

夏，四月，使谒者仆射裴茂诏关中诸将段煨等讨李傕，夷其三族。以煨为安南将军，封闅乡侯。

初，袁绍每得诏书，患其有不便于己者，欲移天子自近，使说曹操以许下埤湿，雒阳残破，宜徙都鄄城以就全实；操拒之。田丰说绍曰：“徙都之计，既不克从，宜早图许，奉迎天子，动托诏书，号令海内，此算之上者。不尔，终为人所禽，虽悔无益也。”绍不从。

【译文】三年(戊寅，公元198年)春季，正月，曹操回到了许昌。到了三月，曹操准备再次举兵攻打张绣。荀攸觐见曹操说：“由于张绣和刘表互相依靠，所以他们表面上看起来很强大；但是张绣用游散的军队为刘表提供粮食，而刘表不能供应粮食给张绣，最后他们一定会分离的。不如我军暂且不进攻张绣以静观其变，那么最后我们就可以引诱并俘获他；如果现在迫切地攻打张绣，那么在情势上他们一定会互相救援。”但是曹操没有采纳荀攸的意见，最终曹军在穰城围住了张绣。

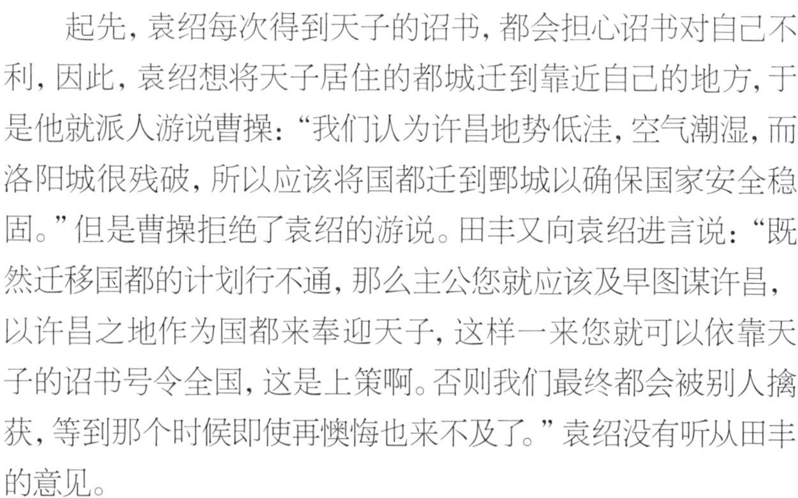

夏季，四月，天子派使者仆射裴茂诏令戍守关中地区的包括段煨在内的所有将领讨伐李傕，并灭杀了他三族。天子又令段煨做安南将军，并封他为闅乡侯。

起先，袁绍每次得到天子的诏书，都会担心诏书对自己不利，因此，袁绍想将天子居住的都城迁到靠近自己的地方，于是他就派人游说曹操：“我们认为许昌地势低洼，空气潮湿，而洛阳城很残破，所以应该将国都迁到鄄城以确保国家安全稳固。”但是曹操拒绝了袁绍的游说。田丰又向袁绍进言说：“既然迁移国都的计划行不通，那么主公您就应该及早图谋许昌，以许昌之地作为国都来奉迎天子，这样一来您就可以依靠天子的诏书号令全国，这是上策啊。否则我们最终都会被别人擒获，等到那个时候即使再懊悔也来不及了。”袁绍没有听从田丰的意见。

会绍亡卒诣操，云田丰劝绍袭许，操解穰围而还，张绣率众追之。五月，刘表遣兵救绣，屯于安众，守险以绝军后。操与荀彧书曰：“吾到安众，破绣必矣。”及到安众，操军前后受敌，操乃夜凿险伪遁。表、绣悉军来追，操纵奇兵步骑夹攻，大破之，它日，或问操：“前策贼必破，何也？”操曰：“虏遏吾归师，而与吾死地，吾是以知胜矣。”

绣之追操也，贾诩止之曰：“不可追也，追必败。”绣不听，进兵交战，大败而还。诩登城谓绣曰：“促更追之，更战必胜。”绣谢曰：“不用公言，以至于此，今已败，奈何复追？”诩曰：“兵势有变，促追之。”绣素信诩言，遂收散卒更追，合战，果以胜还，

乃问诩曰："绣以精兵追退军而公曰，必败，以败卒击胜兵而公曰必克，悉如公言，何也？"诩曰："此易知耳。将军虽善用兵，非曹公敌也。曹公军新退，必自断后，故知必败。曹公攻将军，既无失策，力未尽而一朝引退，必国内有故也。已破将军，必轻军速进，留诸将断后，诸将虽勇，非将军敌，故虽用败兵而战必胜也。"绣乃服。

【译文】 恰好袁绍逃亡的士兵拜见曹操，士兵就对曹操说了田丰劝袁绍偷袭许昌的事，于是曹操撤回了围困穰城的兵力准备返回许昌。这时张绣看到曹操的军队突然撤退，就率领着士兵追赶曹操。到了五月，刘表派军队去救援张绣，并让他们驻守在安众，以守住险要的地区来断绝曹军的归路。曹操写了一封信给荀彧，告诉他说："我到达安众后，就一定要击破张绣。"不久，曹军到达了安众，但是曹操的军队却腹背受敌，于是曹操就在夜里加紧挖掘险道假装逃走以迷惑刘表、张绣，刘表、张绣率领所有的军队来追赶假装逃跑的曹操，于是曹操出动步兵、骑兵来夹攻他们，最后取得了胜利。后来，荀彧问曹操："主公您事前预计贼人一定会被击破，是什么原因？"曹操说："敌人阻止我们的军队回师，想置我于死地，所以我知道一定能够取得胜利。"

张绣准备追赶曹操之时，贾诩阻止他说："您不能追赶曹军，追赶曹军的话我军最后一定会吃败仗的。"但是张绣没有听从贾诩的建议，执意举兵和曹军交战，最后被曹操打得大败而归。贾诩登上城楼对张绣说："请您赶快带兵再去追赶曹操，再与曹军交战，我们一定能够取得胜利。"张绣向贾诩谢罪说："我没有听你的话，以致落到了这种地步，我现在已经被曹操打败了，为什么又要去追赶曹操呢？"贾诩说："兵事无常而多变化，赶快带兵追赶吧！”张绣一向听从贾诩的话，因此他赶紧收集散失的士兵再次追击曹操，再次和曹操交战，最后果然取得了胜利。张绣回来后问贾诩：“我以前率领精兵追赶撤退的曹军，而你说我一定会吃败仗；那么现在我以败兵打击胜兵，而你说我一定会取胜，结果和你说的完全一样，是什么原因呢？”贾诩回答说：“这很容易理解的，将军虽然善于用兵，但还不是曹操的对手。曹操的军队刚刚撤退，他一定会自己断后，所以我知道你一定会被曹操打败。曹操攻打你时，并没有失算的地方，然而曹操的军力没有完全耗尽就突然退兵，一定是国内有了变化的缘故。曹操已经打败了将军，他必定会率领军队快速前进，曹操留下了所有的将领断后，虽然他的将领们很勇敢，但都不是将军你的对手，所以你虽然用败兵去追赶也一定能够胜利。”张绣很佩服贾诩。

吕布复与袁术通，遣其中郎将高顺及北地太守雁门张辽攻刘备。曹操遣将军夏侯惇救之，为顺等所败。秋，九月，顺等破沛城，虏备妻子，备单身走。

曹操欲自击布，诸将皆曰：“刘表、张绣在后，而远袭吕布，其危必也。”荀攸曰：“表、绣新破，势不敢动，布骁猛，又恃袁术，若从横淮、泗间，豪杰必应之。今乘其初叛，众心未一，往可破也。”操曰：“善！”此行，泰山屯帅臧霸、孙观、吴敦、尹礼、昌豨等皆附于布。操与刘备遇于梁。进至彭城。陈宫谓布：“宜逆击之，以逸击劳，无不克也。”布曰：“不如待其来攻，蹙著泗水中。”冬，十月，操屠彭城。广陵太守陈登率郡兵为操先驱，进至下邳。布自将屡与操战，皆大败，还保城，不敢出。

【译文】 吕布又和袁术交好，并派他的中郎将高顺和北地

太守雁门人张辽一起攻打刘备；曹操派将军夏侯惇来救援刘备，最后夏侯惇被高顺等人击败。秋季，九月，高顺等人攻破了沛城，并俘获了刘备的妻子和儿子，最后刘备一个人逃走了。

曹操想亲自领兵攻打吕布，将领们都劝曹操说："刘表、张绣在后面，而您到离我营很远的地方攻击吕布，一定会非常危险的。"然而荀攸对曹操说："刘表、张绣刚刚被打败，他们一定不敢轻举妄动，而吕布很骁勇，他又依靠袁术，如果他在淮、泗之间纵横，豪杰们必定会响应他，现在趁他刚刚反叛，人们对他的心意还没有齐一，我们现在去攻打他的话一定可以打败他。"曹操听了荀攸的话以后笑着说："好！"等到曹军出发去攻打吕布之时，泰山的首领臧霸、孙观、吴敦、尹礼、昌豨等都已经归附了吕布。不久，曹操和刘备的军队在梁地相遇，两军一起进兵到了彭城。此时，面对来势汹汹的曹、刘两军，陈宫对吕布说："我们应该迎击曹操，以逸待劳，一定会取胜的！"吕布说："我们不如等着他来，这样的话就可以在泗水中逼攻他。"冬季，十月，曹操屠杀了彭城内所有的士民。广陵太守陈登率领郡中的士兵为曹操做前驱，他们进兵到了下邳，吕布率领军队多次和曹军交战，都被曹军打得大败，最后吕布只能带着剩下的士兵返回驻地以保护城池，不敢再出战。

操遗布书，为陈祸福。布惧，欲降。陈宫曰："曹操远来，势不能久。将军若以步骑出屯于外，宫将馀众闭守于内。若向将军，宫引兵而攻其背；若但攻城，则将军救于外。不过旬月，操军食尽，击之，可破也。"布然之，欲使宫与高顺守城，自将骑断操粮道。布妻谓布曰："宫、顺素不和，将军一出，宫、顺必不同心共城守也，如有蹉跌，将军当于何自立乎？且曹氏待公台如赤子，独舍而归我。今将军厚公台不过曹氏，而欲委全城，捐妻子，孤军远出，若一旦有变，妾岂得复为将军妻哉!”布乃止，潜遣其官属许汜、王楷求救于袁术。术曰:“布不与我女，理自当败，何为复来?”汜、楷曰:“明上今不救布，为自败耳。布破，明上亦破也。”术乃严兵为布作声援。布恐术为女不至，故不遣救兵，以绵缠女身缚著马上，夜自送女出，与操守兵相触，格射不得过，复还城。

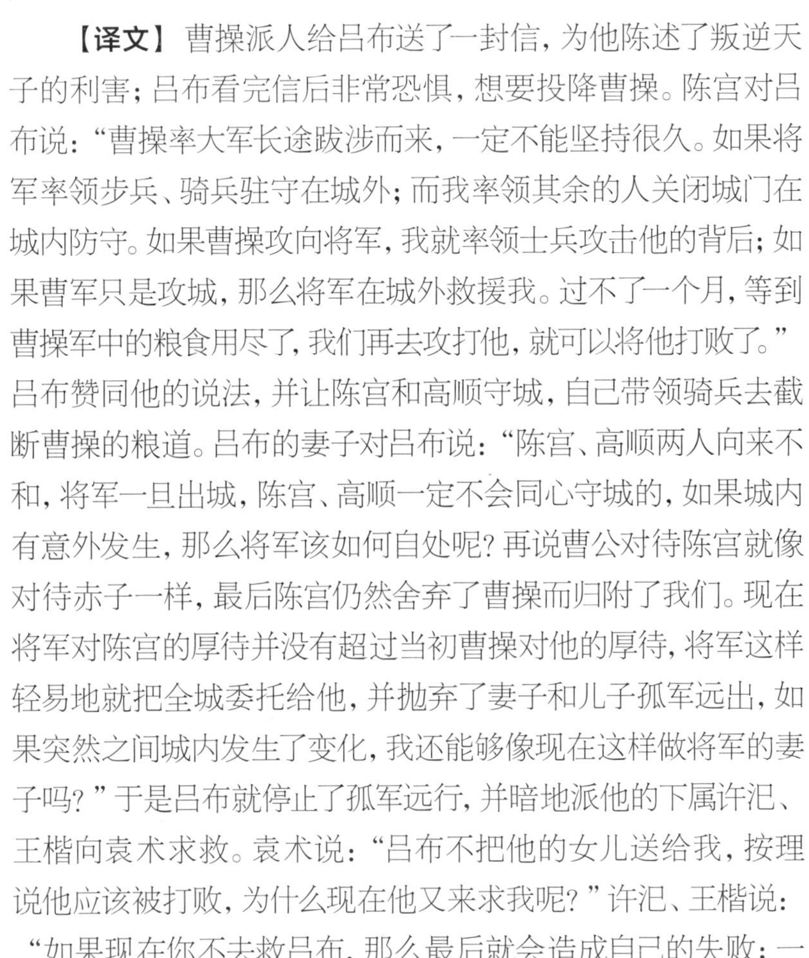

【译文】 曹操派人给吕布送了一封信，为他陈述了叛逆天子的利害；吕布看完信后非常恐惧，想要投降曹操。陈宫对吕布说：“曹操率大军长途跋涉而来，一定不能坚持很久。如果将军率领步兵、骑兵驻守在城外；而我率领其余的人关闭城门在城内防守。如果曹操攻向将军，我就率领士兵攻击他的背后；如果曹军只是攻城，那么将军在城外救援我。过不了一个月，等到曹操军中的粮食用尽了，我们再去攻打他，就可以将他打败了。”吕布赞同他的说法，并让陈宫和高顺守城，自己带领骑兵去截断曹操的粮道。吕布的妻子对吕布说：“陈宫、高顺两人向来不和，将军一旦出城，陈宫、高顺一定不会同心守城的，如果城内有意外发生，那么将军该如何自处呢? 再说曹公对待陈宫就像对待赤子一样，最后陈宫仍然舍弃了曹操而归附了我们。现在将军对陈宫的厚待并没有超过当初曹操对他的厚待，将军这样轻易地就把全城委托给他，并抛弃了妻子和儿子孤军远出，如果突然之间城内发生了变化，我还能够像现在这样做将军的妻子吗? ”于是吕布就停止了孤军远行，并暗地派他的下属许汜、王楷向袁术求救。袁术说：“吕布不把他的女儿送给我，按理说他应该被打败，为什么现在他又来求我呢? ”许汜、王楷说：“如果现在你不去救吕布，那么最后就会造成自己的失败；一

且吕布被曹操击破，唇亡齿寒，你很快也会被击破的。”于是袁术迅速整顿军队，为吕布做声援。吕布害怕袁术会因为自己当初没有送女儿给他不派兵援助自己，现在就用棉被缠在自己女儿身上，并捆在马背上，夜里亲自送女儿出城，路上和曹操的守兵相遇，两军互相攻击，最后因为箭太多没有办法过去，于是吕布又回到了城中。

河内太守张杨素与布善，欲救之，不能，乃出兵东市，遥为之势。十一月，杨将杨丑杀杨以应操，别将眭固复杀丑，将其众北合袁绍。杨性仁和，无威刑，下人谋反发觉，对之涕泣，辄原不问，故及于难。

操掘堑围下邳，积久，士卒疲敝，欲还，荀攸、郭嘉曰：“吕布勇而无谋，今屡战皆北，锐气衰矣。三军以将为主，主衰则军无奋意。陈宫有智而迟。今及布气之未复，宫谋之未定，急攻之，布可拔也。”乃引沂、泗灌城。月馀，布益困迫，临城谓操军士曰：“卿曹无相困，我当自首于明公。”陈宫曰：“逆贼曹操，何等明公！今日降之，若卵投石，岂可得全也！”

【译文】河内太守张杨一向与吕布交好，张杨想率兵营救吕布，但是没有能力，于是张杨只能出兵东市，为吕布做声援。十一月，张杨的将领杨丑杀掉张杨来归附曹操，不久，张杨的别将眭固又杀掉了杨丑，并率领他的部下向北与袁绍会合。张杨是一个性情仁慈并待人宽厚的人，一向没有威严，他的下属谋反被他发觉后，他只是对他们哭泣，并不加责问，所以最后遭到了杀身之祸。

曹操令士兵挖掘深沟以围攻下邳，时间一久，士兵们都感觉很疲惫，于是曹操想撤回军队。荀攸、郭嘉对曹操说：“吕布有勇气而没有谋略，现在他多次与我军交战都了吃败仗，所以他的锐气已经衰弱了。又因为三军以统帅为主，统帅都已经衰弱了，那么军队就没有振奋的意志了，虽然陈宫有智谋，但是他的性情很迟疑，现在我们应该趁着吕布的锐气尚未恢复而陈宫的计谋尚未决定之前，赶紧攻打他们，吕布就可以被打败了。”于是曹军就引沂水、泗水灌城，一个多月之后，吕布更加窘困了，他只能登上城楼对城下的曹军说：“请你们不要围困我了，我要向明公投降。”然而陈宫气愤地对吕布说：“逆贼曹操，他算什么明公！今天你向他投降，就是以卵击石，怎么能够保全自己呢？”

布将侯成亡其名马，已而复得之，诸将合礼以贺成，成分酒肉先入献布。布怒曰：“布禁酒而卿等酝酿，为欲因酒共谋布邪？”成忿惧，十二月，癸酉，成与诸将宋宪、魏续等共执陈宫、高顺，率其众降。布与麾下登白门楼。兵围之急，布令左右取其首诣操，左右不忍，乃下降。

布见操曰：“今日已往，天下定矣。”操曰：“何以言之？”布曰：“明公之所患不过于布，今已服矣。若令布将骑，明公将步，天下不足定也。”顾谓刘备曰：“玄德，卿为坐上客，我为降虏，绳缚我急，独不可一言邪？”操笑曰：“缚虎不得不急。”乃命缓布缚。刘备曰：“不可。明公不见吕布事丁建阳、董太师乎！”操颔之。布目备曰：“大耳儿，最叵信！”

【译文】 吕布的将领侯成丢失了他的名马，不久后又找到了，于是将领们送来礼物向他祝贺，酒宴上，侯成从面前拿出一份酒肉先献给吕布。吕布愤怒地说：“我下令禁止百姓酿酒而你们却违反，你们想要用酒来谋害我吗？”侯成听完后又愤怒又

恐惧。十二月癸酉日（二十四日），侯成和宋宪、魏续等将领们一起捉住了陈宫、高顺两人，并率领他们的部下投降了曹操。吕布和他的部下一起登上白门楼。由于曹操的军队围攻得很紧，所以吕布就命令身边的人取下他的首级去见曹操，他身边的人不忍心杀害他，于是吕布就下楼投降了曹操。

吕布见到曹操后说："从今天以后，天下将会安定了。"曹操问："你这话怎样讲？"吕布说："你所担心的不过是我吕布罢了，而现在我已经归附了你。如果你让我率领骑兵，你率领步兵，那么天下很快就会平定的。"吕布又回头对刘备说："玄德，你是座上的客人，而我只是阶下的俘虏，绳子紧紧地捆着我，难道你就不为我说一句话吗？"曹操笑笑说："用绳子捆绑老虎不得不紧啊。"然后就命令人放松吕布的绳索。刘备对曹操说："不能放松绳子，你不知道以前吕布侍奉丁建阳、董太师的事吗？"曹操微微点头。于是吕布瞪着刘备说："你就是个大耳儿，最不能让人信赖了！"

操谓陈宫曰："公台平生自谓智有馀，今竟何如？"宫指布曰："是子不用宫言，以至于此。若其见从，亦未必为禽也。"操曰："奈卿老母何？"宫曰："宫闻以孝治天下者不害人之亲。老母存否，在明公，不在宫也。"操曰："奈卿妻子何？"宫曰："宫闻施仁政于天下者不绝人之祀，妻子存否，在明公，不在宫也。"操未复言。宫请就刑，遂出，不顾，操为之泣涕，并布、顺皆缢杀之，传首许市。操召陈宫之母，养之终其身，嫁宫女，抚视其家，皆厚于初。

前尚书令陈纪、纪子群在布军中，操皆礼而用之。张辽将其众降，拜中郎将。臧霸自亡匿，操募索得之，使霸招吴敦、尹礼、孔观等，皆诣操降。操乃分琅邪、东海为城阳、利城、昌虑郡，悉以霸等为守、相。

【译文】曹操对陈宫说："公台您平生自认为智谋过人，现在的情况你怎么看呢？"陈宫指着吕布说："是他不听我的话，以至于落到了这种地步。如果当初他听从我的话，现在也未必能被你擒住。"曹操对陈宫说："现在你怎样安顿你的老母亲呢？"陈宫说："我听闻以孝道治理天下的人不会加害别人的双亲，我的老母亲现在能不能活命，完全在于你，而不在于我。"曹操说："那你又怎样安排你的妻子和儿子呢？"陈宫说："我听闻用仁政治理天下的人，是不会断绝别人的后代的，我的妻子和儿子是否能活命，也在于你，而不在于我。"曹操没有再问他。陈宫对曹操说自己甘愿接受刑戮的惩罚，于是他头也不回地走了出去，曹操为他流下了眼泪，最后陈宫和吕布、高顺一起被绞死了，曹操把他们的首级送到了许昌。最后曹操召来陈宫的母亲并赡养她终生，又嫁掉了陈宫的女儿，抚养了他的全家，一切待遇都比当初陈宫跟随曹操之时还优厚。

前尚书令陈纪和他的儿子陈群都在吕布的军中，吕布归附曹操以后，曹操都以礼节来任用他们。张辽率领他的部下投降曹操后，曹操任他为中郎将。臧霸逃走以后躲了起来，曹操通过悬赏的方式找到了他，并让臧霸招来了吴敦、尹礼、孙观等人，最后他们都归降了曹操。曹操就将琅邪、东海分成了城阳、利城、昌虑郡三个地方，并派臧霸等人做这三个地方的郡守、郡相。

初，操在兖州，以徐翕、毛晖为将。及兖州乱，翕、晖皆叛。兖州既定，翕、晖亡命投霸。操语刘备，令霸送二首，霸谓备曰：

“霸所以能自立者，以不为此也。霸受主公生全之恩，不敢违命。然王霸之君，可以义告，愿将军为之辞。”备以霸言白操，操叹息谓霸曰：“此古人之事，而君能行之，孤之愿也。”皆以翕、晖为郡守。陈登以功加伏波将军。

刘表与袁绍深相结约。治中邓羲谏表，表曰：“内不失贡职，外不背盟主，此天下之达义也。治中独何怪乎?”羲乃辞疾而退。

长沙太守张羡，性屈强，表不礼焉。郡人桓阶说羡举长沙、零陵、桂阳三郡以拒表，遣使附于曹操，羡从之。

孙策遣其正议校尉张纮献方物，曹操欲抚纳之，表策为讨逆将军，封吴侯；以弟女配策弟匡，又为子彰取孙贲女；礼辟策弟权、翊；以张纮为侍御史。

【译文】 当初，曹操在兖州之时，令徐翕、毛晖做兖州的将领。后来兖州发生了战乱，徐翕、毛晖都叛变了。兖州平定以后，徐翕、毛晖逃跑并投靠了臧霸。曹操告诉刘备让臧霸将徐翕、毛晖两个人的首级送来，臧霸却对刘备说：“我之所以能够自立，就是因为不做这样的事情。因为我蒙受着主公让我活命的恩德，所以不敢违抗主公的命令；可是能够称王称霸的君主，我们可以和他讲道义，希望将军能为我们说几句话。”刘备把臧霸的话告诉了曹操，曹操叹息着对臧霸说：“这些都是古人的事情，而你却能够身体力行，这是我希望的啊。”于是曹操就派徐翕、毛晖做了郡守。陈登因为立了功，曹操加封他为伏波将军。

刘表和袁绍结交很深，而治中邓羲劝刘表不要和袁绍有太深结交，刘表说：“我在内向天子纳贡，在外不背弃盟主，这是天下的通义，唯有治中你奇怪什么呢?”于是邓羲就称病退下了。

长沙太守张羡，性情倔强，因此刘表并不礼待他。郡中人桓阶游说张羡让他凭借着长沙、零陵、桂阳三郡来抗拒刘表，并让张羡派人拜见曹操，向曹操表示归附，张羡采纳了他的意见。

孙策派他的正议校尉张纮向天子进献地区的土特产，曹操想把孙策收归已用，于是就上表让孙策做讨虏将军的官职，并封他做了吴侯；曹操又把自己的侄女许配给了孙策的弟弟孙匡，又让儿子曹彰娶了孙贲的女儿；他又用礼节召来了孙策的弟弟孙权和孙翊两人，并派张纮做了侍御史。

袁术以周瑜为居巢长，以临淮鲁肃为东城长。瑜、肃知术终无所成，皆弃官渡江从孙策。策以瑜为建威中郎将。肃因家于曲阿。

曹操表徵王朗，策遣朗还。操以朗为谏议大夫，参司空军事。

袁术遣间使赍印绶与丹杨宗帅祖郎等，使激动山越，共图孙策。刘繇之奔豫章也，太史慈遁于芜湖山中，自称丹阳太守。策已定宣城以东，惟泾以西六县未服，慈因进住泾县，大为山越所附。于是策自将讨祖郎于陵阳。禽之。策谓郎曰："尔昔袭孤，斫孤马鞍，今创军立事，除弃宿恨，惟取能用，与天下通耳，非但汝，汝勿恐怖。"郎叩头谢罪，即破械，署门下贼曹。又讨太史慈于勇里，禽之，解缚，捉其手曰："宁识神亭时邪？若卿尔时得我云何？"慈曰："未可量也。"策大笑曰："今日之事，当与卿共之。闻卿有烈义，天下智士也，但所托未得其人耳。孤是卿知己，勿忧不如意也。"即署门下督。军还，祖郎、太史慈俱在前导，军人以为荣。

【译文】袁术派周瑜做居巢的县长，又派临淮人鲁肃做东

城的县长。周瑜、鲁肃知道袁术最后一定不会成功，于是两人都抛弃了官职并归附了孙策，孙策让周瑜做建威中郎将。鲁肃定居在了曲阿。

曹操给天子上表想召王朗归附自己，于是孙策就把王朗送来了。最后曹操派王朗做了谏议大夫，并让他参与司空的军事。

袁术让使者把印绶带给丹阳的首领祖郎等人，并令他们鼓动山越地区的民众，一起攻击孙策。起先，刘繇逃到豫章之时，太史慈正躲藏在芜湖的山中，而太史慈称自己是丹阳太守。孙策平定宣城以东的地方之后，只有泾水以西的六个县没有归附，因此太史慈就驻守在了泾县，山越地区的民众大多依附于他。于是孙策就亲自率领军队到陵阳讨伐祖郎，最后俘获了他。孙策对祖郎说："你曾经偷袭我，并砍掉了我的马鞍；而现在我创建了军队准备兴立大业，我现在抛弃旧恨，只是想寻求能为我所用的人，不仅是对你这样，对天下的人都是如此。请你不要害怕。"听完孙策的话，祖郎赶紧向孙策叩头谢罪，于是孙策就为他除去了身上的械具，并让他做门下管理贼人的官吏。不久，孙策又到勇里讨伐太史慈，也俘虏了他。孙策除去了束缚太史慈的绳索，并抓住他的手说："你还记得我们在神亭时的事情吗？如果当时你捉到我会怎么样呢？"太史慈说："这样的事情是没有办法预测到的。"孙策大笑着说："今天所有的事情，我应当和你共同承担，我听闻你很有节义，是天下人都敬佩的有智谋的人，而现在落到这个地步，只是因为没有依靠适当的人罢了。我是你的知己啊，你不要担心会不称心。"于是就让他做了门下的督军。孙策率军队回去之时，祖郎、太史慈都做了军队的前导，军内的士兵都以他们两人为荣。

会刘繇卒于豫章，士众万馀人，欲奉豫章太守华歆为主。歆以为因时擅命，非人臣所宜，众守之连月，卒谢遣之。其众未有所附，策命太史慈往抚安之，谓慈曰："刘牧往责吾为袁氏攻庐江，吾先君兵数千人，尽在公路许，吾志在立事，安得不屈意于公路以求之乎？其后不遵臣节，谏之不从。丈夫义交，苟有大故，不得不离。吾交求公路及绝之本末如此，恨不及其生时与共论辩也。今儿子在豫章，卿往视之，并宣孤意于其部曲。部曲乐来者与俱来，不乐来者且安慰之。并观华子鱼所以牧御方规何如。卿须几兵，多少随意。"慈曰："慈有不赦之罪，将军量同桓、文，当尽死以报德。今并息兵，兵不宜多，将数十人足矣。"左右皆曰："慈必北去不还。"策曰："子义舍我，当复从谁！"饯送昌门，把腕别曰："何时能还？"答曰："不过六十日。"慈行，议者犹纷纭言遣之非计。策曰："诸君勿复言，孤断之详矣。太史子义虽气勇有胆烈，然非纵横之人，其必秉道义，重然诺，一以意许知己，死亡不相负，诸君勿忧也。"慈果如期而反，谓策曰："华子鱼，良德也，然无他方规，自守而已。又，丹阳僮芝，自擅庐陵，番阳民帅别立宗部，言'我已别立郡海昏上缭，不受发召'，子鱼但睹视之而已。"策拊掌大笑，遂有兼并之志。

【译文】 这时恰逢刘繇在豫章去世，留下部下一万多人，于是这些人想奉豫章太守华歆做他们的领导人；华歆认为"趁时机专擅命令，这不是人臣应该做的"，这一万多人守了他几个月，他最终辞谢了他们并将他们遣走了，因此这一万多人就没有了可依附的人。孙策知道后就令太史慈去安抚他们，孙策对太史慈说："刘繇曾经责备我替袁氏攻打庐江，由于那时我父亲有几

千个士兵全部在袁术那里，而我的目的在于创造一番事业，怎么能不违背心意地依附袁术而向他有所求呢？后来他不遵照作为臣子的节义，僭称帝号，我曾劝谏他，但是他没有听从我的劝谏。大丈夫因为道义而相互结交，如果有了大的变故，那么就不得不分离。我结交袁术以及后来的和他断绝，前后情形就是这样的啊，只可惜我没来得及在刘繇活着之时和他一起论辩。我知道他的儿子现在在豫章，你替我去探望他吧，你到了豫章以后，一定要向刘繇的部下传达我的意思，如果他的部下有愿意来我这里的，你就带他们一起来；对于不愿意来的人你就安抚他们吧。办完这件事以后你再看看华子鱼统领下属的方略怎么样。去豫章你需要带多少士兵，都按你的意思办。”太史慈说：“我犯了不可赦免的罪，而将军您和齐桓、晋文一样宽宏大量，我一定会以死报答您的大德，现在各地没有发生战事，兵不宜多带，只需让我带去几十个人就够了。”孙策身边的人都说：“太史慈到达北方后一定不会回来了。”孙策说：“子义已经抛弃了我，现在我还能依靠什么人呢？”孙策与太史慈在昌门饯别，孙策抓住太史慈的手腕说：“你什么时候能够回来呢？”太史慈回答说：“不超过六十天我就回来了。”太史慈走了以后，纷纷议论的人还在说派太史慈去不是一个恰当的安排。孙策说：“诸位不要再多说了，这件事情是我经过详细考虑之后决定的。太史子义虽然有胆识，但他并不是一个善于言辞诡辩的人，他在心里秉持着道义，严守承诺，一旦他把心意许给知己，即使死了也绝不会背叛我的，诸位不要再担心了！”太史慈果然按照期限回来了，他对孙策说：“华子鱼是一个品德高尚的人，可是他没有特别的方略规划，看来只能够自守啊。丹阳人僮芝在庐陵擅权执事，于是番阳人民的领袖另外建立了宗部，他们对华子鱼说：‘我已经在海昏的上缭另外设立了郡县，不会接受你的召命了。’华子鱼也只是看着他们罢了。”听完后孙策鼓掌大笑，于是有了吞并他的意向。

袁绍连年攻公孙瓒，不能克，以书谕之，欲相与释憾连和；瓒不答，而增修守备，谓长史太原关靖曰：“当今四方虎争，无有能坐吾城下相守经年者明矣，袁本初其若我何！”绍于是大兴兵以攻瓒。先是瓒别将有为敌所围者，瓒不救，曰：“救一人，使后将恃救，不肯力战。”及绍来攻，瓒南界别营，自度守则不能自固，又知必不见救，或降或溃。绍军径至其门，瓒遣子续请救于黑山诸帅，而欲自将突骑出傍西山，拥黑山之众侵掠冀州，横断绍后。关靖谏曰：“今将军将士莫不怀瓦解之心，所以犹能相守者，顾恋其居处老小，而恃将军为主故耳。坚守旷日，或可使绍自退。若舍之而出，后无镇重，易京之危，可立待也。”瓒乃止。绍渐相攻逼，瓒众日蹙。

【译文】 袁绍连年攻打公孙瓒，但是都无法打败他，于是就写信给公孙瓒，想和他摈弃前嫌而相互交好；公孙瓒没有回答，而是更加修缮守备，公孙瓒对长史太原人关靖说：“如今四方都有战争发生，没有人可以在我的城下和我相守多年，这一点我是很清楚的。袁绍又能奈我何！”于是袁绍就发动了很多的兵力来进攻公孙瓒。此前，公孙瓒曾有一个将领被敌人围困，但是公孙瓒没有去救援，他说：“如果我们去救一个人，那么会使后来的人依靠救援，不肯努力作战了。”等到袁绍来攻打了，那个将领没有办法守住公孙瓒南方边界其他的军营，他又知道公孙瓒一定不会来救援，所以有的士兵投降而有的却溃败而逃了。袁绍的军队一直攻打到易京的城门外，公孙瓒派他的儿子公孙

续向黑山的首领们求救，而他自己带领能够突击敌阵的骑兵，和他们一起出城依靠西山，最后公孙续率领黑山的众徒攻下了冀州，截断了袁绍的后路。关靖劝阻公孙瓒说："现在将军您的将士没有一个不是怀着失败的心情，所以还是能够守卫的，只是因为他们眷恋故乡的老少而投靠将军，并甘愿让将军领导罢了。如果能够坚守一段时间的话，或许我们还可以让袁绍退兵；如果袁绍抛弃易京而出去，那么以后就没有重镇可以防守了，想让易京失陷，就很容易了。"公孙瓒于是停止了进兵。袁绍的军队渐渐地逼近，而公孙瓒的士兵却一天天地减少。

资治通鉴卷第六十三　汉纪五十五

起屠维单阏，尽上章执徐，凡二年。

【译文】 起己卯（公元199年），止庚辰（公元200年），共二年。

【题解】 本卷记录了汉献帝刘协建安四年至建安五年间的历史。袁绍、曹操官渡大战，基本结束北方的混乱局面，曹操统一北方。刘备第二次得到徐州，不久无奈丢失，淮南袁术被灭，孙策平定江东。孙策被杀，年幼的孙权临危受命继承父兄之业，选贤用能，果断平叛，掌握大权。刘表趁曹操无暇南顾之机，清除亲曹异端，攻杀长沙太守张羡，巩固统治。西部关中情势稳定，汉中张鲁脱离益州刘璋控制割据一方。

孝献皇帝戊

建安四年（己卯，公元一九九年）春，三月，黑山帅张燕与公孙续率兵十万，三道救之。未至，瓒密使行人赍书告续，使引五千铁骑于北隰之中，起火为应，瓒欲自内出战。绍候得其书，如期举火。瓒以为救至，遂出战。绍设伏击之，瓒大败，复还自守。绍为地道，穿其楼下，施木柱之，度足达半，便烧之，楼辄倾倒，稍至京中。瓒自计必无全，乃悉缢其姊妹、妻子，然后引火自焚。绍趣兵登台，斩之。田楷战死。关靖叹曰："前若不止将军自行，未必不济。吾闻君子陷人危，必同其难，岂可以独生乎！"

策马赴绍军而死。续为屠各所杀。

渔阳田豫说太守鲜于辅曰："曹氏奉天子以令诸侯，终能定天下，宜早从之。"辅乃率其众以奉王命。诏以辅为建忠将军，都督幽州六郡。

【译文】建安四年（己卯，公元199年）春季，黑山军的首领张燕和公孙续统率十万军队，兵分三路来救援公孙瓒。他们还没有到达的时候，公孙瓒秘密地派人带书信给公孙续，让他率领五千精锐的骑兵埋伏在北方地势低下潮湿的地方，并以起火作为暗号，公孙瓒想从城内带着兵出城攻打。袁绍的斥候得到这封书信以后，就严格遵照约定的限期起火了。于是公孙瓒以为救兵到了，马上率领士兵出城作战。袁绍埋下伏兵攻击公孙瓒，结果公孙瓒大败，只能回城防守。袁绍又令人挖掘地道，一直挖到楼下，用木头做支撑，估计已经挖到了城楼的一半，于是袁绍就放火燃烧木柱，楼因而倒塌了，所以袁军渐渐地到达了易京的中心。公孙瓒断定自己一定无法保全，于是他将自己的姐妹、妻子、儿女一起缢死了，最后他引火想焚烧自己。袁绍领着士兵登上楼台，杀死了公孙瓒。田楷也战死了。关靖慨叹地说："如果我以前不阻止将军的计划，未必不能成功啊。我曾听闻君子如果让别人陷入危险的地步，自己就一定要和他同赴灾难，我怎么可以独自生存呢？"于是就骑马奔赴到袁绍的军中，被袁军杀死了。最后公孙续也被屠各人杀死了。

渔阳人田豫劝太守鲜于辅说："曹操挟天子来号令诸侯，到最后定能将天下平定，你应该早些投奔于他。"于是鲜于辅就领着他的下属来接受天子的命令。天子诏派鲜于辅做了建忠将军，并任幽州六郡都督。

【申涵煜评】靖失身公孙瓒，已无择主之明，及事败，自悔止瓒，突出陷阵而死，以身殉主而名不传，死有轻于鸿毛者靖之谓也。

【译文】关靖失节投靠了公孙瓒，已经没有机会选择明主了，等到事情败坏，自己才后悔阻止公孙瓒，冲锋陷阵战死，虽然以身殉主却没有留下好名声，有的人死亡轻于鸿毛，说的就是关靖这类人。

初，乌桓王丘力居死，子楼班年少，从子蹋顿有武略，代立，总摄上谷大人难楼、辽东大人苏仆延、右北平大人乌延等。袁绍攻公孙瓒，蹋顿以乌桓助之。瓒灭，绍承制皆赐蹋顿、难楼、苏仆延、乌延等单于印绶；又以阎柔得乌桓心，因加宠慰以安北边。其后难楼、苏仆延奉楼班为单于，以蹋顿为王，然蹋顿犹秉计策。

【译文】最初乌桓王丘力居逝世，当时他的儿子楼班年龄尚幼，他的侄儿蹋顿很有武艺和谋略，蹋顿代他即位，统治上谷大人难楼、辽东大人苏仆延、右北平大人乌延等人。当时袁绍攻打公孙瓒，蹋顿曾率领乌桓兵去协助袁绍。等公孙瓒灭亡之后，袁绍就秉承制命赐给蹋顿、难楼、苏仆延、乌延等单于印绶；又由于阎柔得到乌桓人的服从，因此让阎柔前去安慰安宁北方的民众。后来难楼、苏仆延尊奉楼班做单于，而派蹋顿做了这几个地方的大王，但蹋顿还是保持着他的计划。

眭固屯射犬。夏，四月，曹操进军临河，使将军史涣、曹仁渡河击之。仁，操从弟也。固自将兵北诣袁绍求救，与涣、仁遇于犬城，涣、仁击斩之。操遂济河，围射犬。射犬降，操还军敖仓。

初，操在兖州举魏种孝廉。兖州叛，操曰："唯魏种且不弃孤。"及闻种走，操怒曰："种不南走越，北走胡，不置汝也！"即下射犬，生禽种，操曰："唯其才也！"释其缚而用之，以为河内太守，属以河北事。

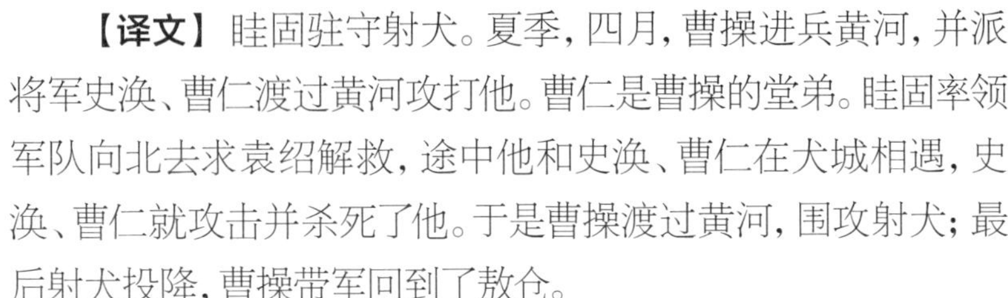

【译文】 眭固驻守射犬。夏季，四月，曹操进兵黄河，并派将军史涣、曹仁渡过黄河攻打他。曹仁是曹操的堂弟。眭固率领军队向北去求袁绍解救，途中他和史涣、曹仁在犬城相遇，史涣、曹仁就攻击并杀死了他。于是曹操渡过黄河，围攻射犬；最后射犬投降，曹操带军回到了敖仓。

先前，曹操在兖州推举魏种做孝廉。兖州叛乱后，曹操感慨地说：“唯有魏种不会背叛我啊！”后来曹操听闻魏种逃走了，就愤怒地说：“如果魏种没有向南逃到越地或者向北逃到胡地，我是绝对不会放过他的！”曹操攻下射犬以后，活捉了魏种，曹操说：“我还是很欣赏他的才能啊！”于是就除掉了魏种身上的绳索并重用了他，派魏种做了河内太守，最后还将河北的事情委托给了他。

以卫将军董承为车骑将军。

袁术既称帝，淫侈滋甚，媵御数百，无不兼罗纨，厌粱肉，自下饥困，莫之收恤。既而资实空尽，不能自立，乃烧宫室，奔其部曲陈简、雷薄于灊山，复为简等所拒，遂大穷，士卒散走，忧懑不知所为。乃遣使归帝号于从兄绍曰：“禄去汉室久矣！袁氏受命当王，符瑞炳然。今君拥有四州，人户百万，谨归大命，君其兴之！”袁谭自青州迎术，欲从下邳北过。曹操遣刘备及将军清河朱灵邀之，术不得过，复走寿春。六月，至江亭，坐箦床而叹曰：“袁术乃至是乎！”因愤慨结病，欧血死。术从弟胤畏曹操，不敢居寿春，率其部曲奉术柩及妻子奔庐江太守刘勋于皖城。故广陵太守徐璆得传国玺，献之。

袁绍既克公孙瓒，心益骄，贡御稀简。主薄耿包密白绍，宜应天人，称尊号。绍以包白事示军府。僚属皆言包妖妄，宜诛。绍不得已，杀包以自解。

【译文】曹操又派卫将军董承做了车骑将军。

袁术称帝后，淫乐奢侈就更加过分了，光是媵妾就有数百人，没有一个媵妾不是天天穿着罗纨，顿顿吃饱粱肉的，而他的下属饥饿难耐，他却不救助他们。不久以后财物就用完了，袁术不能养活自己，于是就烧毁了他的宫室到灊山准备投奔他的部下陈简、雷薄两人，最后被陈简等人拒绝了，于是袁术就更为窘迫了，他的士兵四散逃亡，袁术忧愤得不知道该怎么办。最后他派使者将帝号送给了他的堂兄袁绍，并对袁绍说："汉室失去禄位已经很久了，袁氏应该接受天命做王，而符瑞显现得已经很清楚了。现在你拥有四州的土地，控制的户口就有百万之多了，如今我把大命送予你，就是期望你可以重振帝业。"袁谭从青州来迎接袁术，想要和袁术一起从下邳的北方经过。曹操派刘备和将军清河人朱灵一起拦击，袁术没有办法过去，又回到了寿春。六月，袁术到了江亭，他坐在没有席子的床上慨叹地说："我袁术竟然落到了这种地步！"最后愤恨生了病，吐血而亡。袁术的堂弟袁胤因害怕曹操不敢居住在寿春，就率领他的部下护着袁术的灵柩和他的妻子儿女逃奔到了皖城庐江太守刘勋那里。原广陵太守徐璆得到了传国玉玺，并把它呈献给了天子。

袁绍灭掉公孙瓒以后，内心逐渐骄矜起来，他给天子的进贡也变得越来越少。主簿耿包曾秘密地向袁绍报告说："您应当顺天应人，接帝位称尊号啊。"袁绍把耿包报告的事情传示到了军中，下属都说耿包妖言惑众，应该受到诛戮之刑的惩罚，袁绍不得已杀掉了耿包来使自己解脱。

绍简精兵十万、骑万匹，欲以攻许。沮授谏曰："近讨公孙瓒，师出历年，百姓疲敝，仓库无积，未可动也。宜务农息民，先遣使献捷天子。若不得通，乃表曹操隔我王路，然后进屯黎阳，渐营河南，益作舟舡，缮修器械，分遣精骑抄其边鄙，令彼不得安，我取其逸。如此，可坐定也。"郭图、审配曰："以明公之神武，引河朔之强众，以伐曹操，易如覆手，何必乃尔！"授曰："夫救乱诛暴，谓之义兵；恃众凭强，谓之骄兵。义者无敌，骄者先灭。曹操奉天子以令天下，今举师南向，于义则违。且庙胜之策，不在强弱。曹操法令既行，士卒精练，非公孙瓒坐而受攻者也。今弃万安之术而兴无名之师，窃为公惧之！"图、配曰："武王伐纣，不为不义。况兵加曹操，而云无名？且以公今日之强，将士思奋，不及时以定大业，所谓天与不取，反受其咎，此越之所以霸，吴之所以灭也。监军之计在于持牢，而非见时知幾之变也。"绍纳图言，图等因是谮授曰："授监统内外，威震三军，若其寖盛，何以制之！夫臣与主同者亡，此《黄石》之所忌也。且御众于外，不宜知内。"绍乃分授所统为三都督，使授及郭图、淳于琼各典一军。骑都尉清河崔琰谏曰："天子在许，民望助顺，不可攻也！"绍不从。

【译文】 袁绍选了十多万精兵、一万匹马，想用他们攻打许昌。沮授劝阻他说："最近讨伐公孙瓒，加上我们连年地出兵，百姓已经很疲惫了，仓库没有了粮食，就不能行动啊。您应该致力于农事，使人民得到休息，您先派使者贡献战利品给天子；如果没有送到，再上奏天子说曹操阻拦我们尊奉王室的道路，再进兵驻守黎阳，以后逐渐向黄河南岸发展，并多造舟船，修理兵器，分别派遣精锐的骑兵扰乱他的边邑，使他不能得到安宁，最后我们反而很安逸，这样一来，您就可以坐着平定天下了。”郭图、审配说：“以您的神武，并用河朔强大的兵力来讨伐曹操，就很容易了，您又何必这样做呢？”沮授说：“救济灾难、诛除暴戾的士兵叫作义兵；依恃众多、凭借强大实力的士兵叫作骄兵。义兵是没有敌手的，而骄兵自己最先灭亡。曹操挟天子以号令天下，如果我们现在发兵攻打他，从道义上是行不通的。再说战争稳操胜券的方法，不在于兵力的强弱。曹操既然可以实行法令，士兵又都很精良，不是像公孙瓒一样坐在那里受人攻击的人啊。现在我们抛弃非常安全的策略而发动那出师无名的军队，我很为你担忧啊！”郭图、审配说：“当初武王伐纣，不算是不道义；何况我们讨伐曹操怎么说是无名呢？再说以您今天的强大势力，将士都会振奋起来的，不趁这个时候来谋定大业，所谓‘天给予而不收取，反而会得到灾祸的’。这就是越国之所以称霸而吴国之所以灭亡的原因啊。监护军队在于持重，而不在于了解时事知道事机的变化。”袁绍接受了郭图的意见。郭图等人因此诽谤沮授说：“沮授监护内外，威震三军，假如他渐渐强大起来，我们怎么能够制得住他呢？臣下和君主威权不相上下的必定会灭亡，这是黄石公最忌讳的一点啊。再说他在外面统领着军队，不应该再把持里边的策划。”于是袁绍把沮授所统领的军队分为了三个都督，并派沮授以及郭图、淳于琼各管理一军。骑都尉清河人崔琰劝谏说：“天子还在许昌，百姓都愿您能顺天行事，不能攻打曹操啊！”袁绍没有听从。

许下诸将闻绍将攻许，皆惧，曹操曰：“吾知绍之为人，志大而智小，色厉而胆薄，忌克而少威，兵多而分画不明，将骄而政令不一，土地虽广，粮食虽丰，适足以为吾奉也。”孔融谓荀彧曰：

“绍地广兵强，田丰、许攸智士也为之谋，审配、逢纪忠臣也任其事，颜良、文丑勇将也统其兵，殆难克乎！”彧曰：“绍兵虽多而法不整，田丰刚而犯上，许攸贪而不治，审配专而无谋，逢纪果而自用，此数人者，势不相容，必生内变。颜良、文丑，一夫之勇耳，可一战而禽也。”

秋，八月，操进军黎阳，使臧霸等将精兵入青州以扞东方，留于禁屯河上。九月，操还许，分兵守官渡。

【译文】许昌的将领们听闻袁绍想要进攻许昌后都十分恐惧，曹操说：“我了解袁绍的为人，他志向虽然很大，但是智谋不行，他表面上很强大胆气却很弱小，他又好胜，在军中又缺少威望，军队很多都划分混乱，他的将领骄矜而且政令又不统一，他的土地很广大，粮食也很丰盛，很适合为我们提供给养啊。”孔融对荀彧说：“袁绍有广袤的土地，又有强盛的军队，田丰、许攸是有智谋的人，他们又替袁绍谋划；审配、逢纪是袁绍忠贞的臣子，负责袁绍的事务；颜良、文丑是袁绍勇猛的将领，统领着袁绍的军队，恐怕我们很难攻克他吧！”荀彧说：“袁绍士兵虽然很多，但是他们的法令不统一；田丰虽然刚强但是常常冒犯长官；许攸很贪婪，所以不能处理事务；审配喜欢专权又没有谋略；逢纪虽然很果敢但他暗藏私心，这几个人一定不能互相容纳，他们的内部一定会发生矛盾。至于颜良、文丑只是徒有匹夫之勇罢了，只要打一仗就可以将他们擒获了。”

秋季，八月，曹操进军黎阳，并派臧霸等人率领精锐的军队进入青州来守卫东方地区，曹操又留下于禁戍守在黄河的上面。九月，曹操回到了许昌，他又派兵防守官渡。

袁绍遣人招张绣，并与贾诩书结好。绣欲许之，诩于绣坐上，显谓绍使曰："归谢袁本初，兄弟不能相容，而能容天下国士乎！"绣惊惧曰："何至于此！"窃谓诩曰："若此，当何归？"诩曰："不如从曹公。"绣曰："袁强曹弱，又先与曹为仇，从之如何？"诩曰："此乃所以宜从也。夫曹公奉天子以令天下，其宜从一也；绍强盛，我以少众从之，必不以我为重，曹公众弱，其得我必喜，其宜从二也；夫有霸王之志者，固将释私怨以明德于四海，其宜从三也。愿将军无疑！"冬，十一月，绣率众降曹操，操执绣手，与欢宴，为子均取绣女，拜扬武将军；表诩为执金吾，封都亭侯。

关中诸将以袁、曹方争，皆中立顾望。凉州牧韦端使从事天水杨阜诣许，阜还，关右诸将问："袁、曹胜败孰在？"阜曰："袁公宽而不断，好谋而少决；不断则无威，少决则后事，今虽强，终不能成大业。曹公有雄才远略，决机无疑，法一而兵精，能用度外之人，所任各尽其力，必能济大事者也。"

【译文】袁绍派人招降张绣，并且给贾诩写了封书信希望和他结为盟好。张绣正想答应之时，贾诩恰在张绣的座上，于是贾诩公开地对袁绍的使臣说："你回去替我拜谢袁本初吧，他的兄弟他都不能够相容，这样的人能容纳天下的国士吗？"张绣吃惊地问："你为什么要讲这些话呢？"张绣私底下对贾诩说："如此一来，我们应该归附什么样的人呢？"贾诩回答说："不如归附曹操吧。"张绣说："袁绍很强大，而曹操很弱小，我们曾经和曹操是仇敌，怎么能归附他呢？"贾诩说："这就是应该归附他的原因啊。曹操挟天子以令诸侯，这是应该归附他的第一点；由于袁绍很强大，如果我们凭着很少的士兵去依附他，他一定不会看重我们，正是因为曹操势力很弱小，如果他得到了我们，是一定非常高兴的，这是应该归附他的第二点；一个拥有霸王之志的人，一定会摒弃前嫌而对天下人布施德惠，这是应该归附他的第三点。我希望将军莫再犹疑不决了！”冬季，十一月，张绣带领他的部下投降了曹操以后，曹操激动地抓住张绣的手，并和他快乐地宴饮，又让自己的儿子曹均娶了张绣的女儿为妻，曹操又让张绣做了扬武将军，并上表天子推荐贾诩做了执金吾，封为都亭侯。

关中的将领们都认为袁绍和曹操正处在争战之际，于是保持中立的态度来观望。凉州牧韦端派从事天水人杨阜到达许昌，杨阜回去以后，关西的将领们就问他：“袁绍和曹操胜败的关键在哪里呢？”杨阜对他们说：“袁绍虽然对人宽和，但是做事不果断，他虽然也善于谋略但是缺少决断力；人不果断就不会显示出威严，缺少决断力就会误事，现在袁绍虽然很强盛，但最后他是不能完成大业的。曹操不但有雄才远略，决定事情又毫不犹豫，法令统一，军队又很精良，他能够重用和自己无半点关系的人，并且他所任用的人都能够尽心竭力，他是一个可以成大事的人啊。”

曹操使治书待御史河东卫觊镇抚关中，时四方大有还民，关中诸将多引为部曲。觊书与荀彧曰：“关中膏腴之地，顷遭荒乱，人民流入荆州者十万馀家，闻本土安宁，皆企望思归。而归者无以自业，诸将各竞招怀以为部曲，郡县贫弱，不能与争，兵家遂强，一旦变动，必有后忧。夫盐，国之大宝也，乱来放散，宜如旧置使者监卖，以其直益市犁牛，若有归民，以供给之，勤耕积粟以丰殖关中，远民闻之，必日夜竞还。又使司隶校尉留治关中以为之主，则诸将日削，官民日盛，此强本弱敌之利也。”彧以白操，操从之。始遣谒者仆射监盐官，司隶校尉治弘农。关中由是服从。

【译文】 曹操派治书侍御史河东人卫觊镇抚关中地区，这时候从四面八方避难回来的百姓有很多，于是关中的将领们都招他们做了自己的部下。卫觊写信给荀彧说："关中地区的土地非常肥沃，最近因为那里遭遇荒乱，迁入荆州的就有十万多人家，听说现在本土安宁了，人民都盼望着要回来；而回来的人又没有办法谋得生存，于是将领们都争着招来他们并让他们做了自己的部下，郡县政府贫穷又弱小，自然不能和他们竞争，因此他们的军队日益强盛，一旦那里有了变化，将来一定是个很大的灾难。盐是国家最重要的宝物，现在的买卖都很混乱，我们应该和从前一样设置官吏监督买卖，然后我们就用所赚的钱买犁和牛，如果有人民回来，就将这些分给他们，让他们勤奋耕田，囤积粮食，就可以丰足关中了，这样一来远地方的人听到了一定会赶着回来的。然后再派司隶校尉留在关中进行治理以主宰这个地方，那么将领们的势力就逐渐衰弱了，官民也日渐强盛了，这是强本弱敌的好方法啊。"荀彧将这件事情告知了曹操，曹操就接受了他的意见。曹操开始派谒者仆射作为监盐的官吏，又派司隶校尉治理弘农，关中因此而归顺了曹操。

袁绍使人求助于刘表，表许之而竟不至，亦不援曹操。从事中郎南阳韩嵩、别驾零陵刘先说表曰："今两雄相持，天下之重在于将军。若欲有为。起乘其敝可也；如其不然，固将择所宜从。岂可拥甲十万，坐观成败，求援而不能助，见贤而不肯归！此两怨必集于将军，恐不得中立矣。曹操善用兵，贤俊多归之，其势必举袁绍，然后移兵以向江、汉，恐将军不能御也。今之胜计，莫若举荆州以附曹操，操必重德将军。长享福祚，垂之后嗣，此万全之策也。"蒯越亦劝之。表狐疑不断，乃遣嵩诣许，曰："今天下未知所定，而曹操拥天子都许，君为我观其衅。”嵩曰：“圣达节，次守节。嵩，守节者也。夫君臣名定，以死守之。今策名委质，唯将军所命，虽赴汤蹈火，死无辞也。以嵩观之，曹公必得志于天下。将军能上顺天子，下归曹公，使嵩可也；如其犹豫，嵩至京师，天子假嵩一职，不获辞命，则成天子之臣，将军之故吏耳。在君为君，则嵩守天子之命，义不得复为将军死也。惟加重思，无为负嵩！”表以为惮使，强之。至许，诏拜嵩侍中、零陵太守。及还，盛称朝廷、曹公之德，劝表遣子入侍。表大怒，以为怀贰，大会寮属，陈兵，持节，将斩之，数曰：“韩嵩敢怀贰邪！”众皆恐，欲令嵩谢，嵩不为动容，徐谓表曰：“将军负嵩，嵩不负将军！”且陈前言。表妻蔡氏谏曰：“韩嵩，楚国之望也；且其言直，诛之无辞。”表犹怒，考杀从行者，知无它意，乃弗诛而囚之。

【译文】 袁绍派人向刘表求援，刘表答应了他的求救，但一直不发援兵，也不帮曹操。从事中郎南阳人韩嵩、别驾零陵人刘先都劝刘表说：“现在袁绍、曹操两雄并立，天下的重心都在将军这里。如果您想有一番作为的话，可以趁他们衰败之时振兴自己；假如您不愿这样，就应该选择归附的对象。我们怎么可以徒有十万甲兵而观望别人的成败呢？人家向我们求援，而我们不能给他们提供帮助，这样贤德的人就不肯归附了！而他们两方面的怨恨一定会集中在你的身上，恐怕想要中立也不可能了。曹操善于用兵，才郎俊杰都归附了他，在这种情势下曹操一定能打败袁绍，然后曹操转移军队到达江、汉地区后，恐怕将军不能抵御他。现在最好的办法，就是用荆州来争取让我们归附曹操，曹操一定会感激你的大德，这样你就可以长久地享受福禄了，并可以传给你的后代，这是保你万全的策略啊。”蒯越也劝他。但刘表仍然犹豫不能决定，最后刘表就派韩嵩到许昌去了，走之时对他说："现在天下混乱的局势还不知道由什么样的人来平定，曹操拥护当今天子，建都在许昌，你替我到许昌去观察他有没有雄心。"韩嵩说："圣人通晓节操，次一等的人坚守节操。我是一个坚守节操的人，既然君臣的名分已经定了，我就用生命来保守节操，现在我作为你的臣子，只听从你的命令，纵使赴汤蹈火，我也在所不辞。依我来看，曹操一定能够控制天下。将军能够在上顺从天子，在下归附曹操，派我出使是可以的；如果你还要犹豫，等我到了京都，天子给我一个职务，我是没有办法推辞的，那么我就成了天子的臣子，转而成为将军的旧吏。我在国君前任职，就要为国君效力，那时我只能奉天子的命令，在道义上就不能为你效劳了。希望你详加考虑啊，不要辜负了我的意思！"刘表认为他是怕出使许昌。韩嵩到了许昌后，天子诏他做了侍中，并做了零陵太守。韩嵩回来以后，极口赞叹朝廷和曹操的德行，并劝刘表让刘表的儿子入朝侍奉。刘表听后大为愤怒，以为他怀有贰心，于是就大会群臣，陈列刑具，秉持旄节，想要斩掉韩嵩，刘表责备韩嵩说："韩嵩你怀有贰心吗！"大家都很畏惧，想让韩嵩向刘表谢罪。韩嵩听完后一点儿也不惧怕，他慢慢地对刘表说："是将军辜负了韩嵩，但韩嵩并没有辜负将军！"于是就把先前的话说了一次。刘表的妻子蔡氏劝告刘表说："韩嵩是楚国所尊敬的人，再说他所说十分有理，你杀掉他是没有理由的。"刘表还是很气愤，于是就拷打并诛杀了跟他一起出使的人，后来刘表知道韩嵩没有其他的意思，就没杀他将他囚禁了起来。

扬州贼帅郑宝欲略居民以赴江表，以淮南刘晔，高族名人，欲劫之使唱此谋，晔患之。会曹操遣使诣州，有所案问，晔要与

归家，宝来候使者，晔留与宴饮，手刃杀之，斩其首以令宝军曰："曹公有令，敢有动者，与宝同罪!"其众数千人皆詟服，推晔为主。晔以其众与庐江太守刘勋，勋怪其故，晔曰："宝无法制，其众素以钞略为利。仆宿无资，而整齐之，必怀怨难久，故以相与耳!"勋以袁术部典众多，不能赡，遣从弟偕求米于上缭诸宗帅，不能满数，偕召勋使袭之。

【译文】扬州贼人的首领郑宝要想掠夺当地的百姓后逃奔江南，他觉得淮南人刘晔是出自望族的名人，于是就想劫持他，他提出的这个计划使刘晔很担心。恰逢曹操派使者到扬州来查问事情，于是刘晔就邀请他回了家，郑宝也来慰问使者，刘晔就将郑宝也留了下来和使者一起宴饮，席间刘晔亲手杀死了郑宝，并斩掉了他的头。刘晔又用郑宝的头颅来命令郑宝的部众说："曹公有令，谁敢蠢蠢欲动就和郑宝同罪！"郑宝的几千手下都害怕刘晔并服从了他，于是又推刘晔做他们的领导。刘晔就将这批人给了庐江太守刘勋，刘勋感到很奇怪，于是就问刘晔原因，刘晔说："郑宝没有设立法度，他的属下一向用抢劫掳掠的方式生存，我没有名位做他们的依靠，所以没有办法整顿他们，他们一定会胸怀怨恨的，因此他们很难长久地服从我，所以我带他们来交给你！"刘勋认为袁术的军队数量太多，没有办法满足自己的粮食需求，所以他就派他的堂弟刘偕到上缭向各宗的首领请求供应给他大米，结果各宗首领没有满足刘偕所求的数目，于是刘偕就和刘勋一起偷袭他们了。

孙策恶勋兵强，伪卑辞以事勋曰："上缭宗民数欺鄙郡，欲击之，路不便。上缭甚富实，愿君伐之，请出兵以为外援。"且以珠宝、葛越赂勋。勋大喜，外内尽贺，刘晔独否，勋问其故，对曰："上缭虽小，城坚池深，攻难守易，不可旬日而举也。兵疲于外而国内虚，策乘虚袭我，则后不能独守。是将军进屈于敌，退无所归，若军必出，祸今至矣。"勋不听，遂伐上缭；至海昏，宗帅知之，皆空壁逃迁，勋了无所得。时策引兵西击黄祖，行及石城，闻勋在海昏，策乃分遣从兄贲、辅将八千人屯彭泽，自与领江夏太守周瑜将二万人袭皖城，克之，得术、勋妻子及部曲三万馀人；表汝南李术为庐江太守，给兵三千人以守皖城，皆徙所得民东诣吴，勋还至彭泽，孙贲、孙辅邀击，破之。勋走保流沂，求救于黄祖，祖遣其子射率船军五千人助勋。策复就攻勋，大破之，勋北归曹操，射亦遁走。

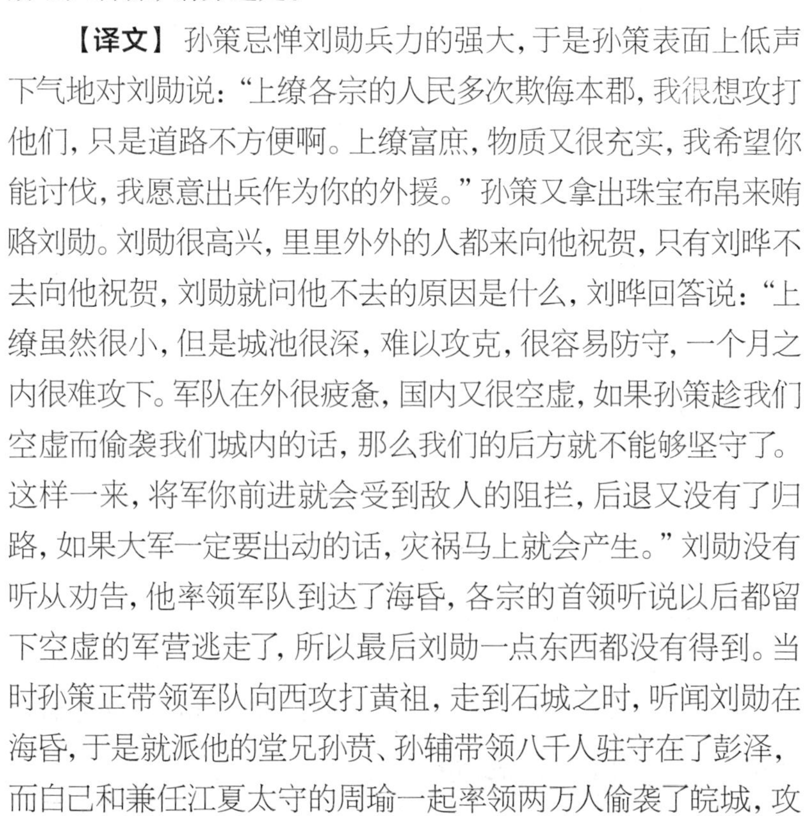

【译文】 孙策忌惮刘勋兵力的强大，于是孙策表面上低声下气地对刘勋说："上缭各宗的人民多次欺侮本郡，我很想攻打他们，只是道路不方便啊。上缭富庶、物质又很充实，我希望你能讨伐，我愿意出兵作为你的外援。"孙策又拿出珠宝布帛来贿赂刘勋。刘勋很高兴，里里外外的人都来向他祝贺，只有刘晔不去向他祝贺，刘勋就问他不去的原因是什么，刘晔回答说："上缭虽然很小，但是城池很深，难以攻克，很容易防守，一个月之内很难攻下。军队在外很疲惫，国内又很空虚，如果孙策趁我们空虚而偷袭我们城内的话，那么我们的后方就不能够坚守了。这样一来，将军你前进就会受到敌人的阻拦，后退又没有了归路，如果大军一定要出动的话，灾祸马上就会产生。"刘勋没有听从劝告，他率领军队到达了海昏，各宗的首领听说以后都留下空虚的军营逃走了，所以最后刘勋一点东西都没有得到。当时孙策正带领军队向西攻打黄祖，走到石城之时，听闻刘勋在海昏，于是就派他的堂兄孙贲、孙辅带领八千人驻守在了彭泽，而自己和兼任江夏太守的周瑜一起率领两万人偷袭了皖城，攻

下后，俘获了袁术、张勋的妻子儿女以及他们的部下三万多人；孙策又上表让汝南人李术做了庐江太守，并给了他一支三千人的军队来戍守皖城，然后又把所获的人民都迁徙到了吴地。刘勋回到彭泽以后，孙贲、孙辅拦截住他，最后把他打败了。刘勋退到流沂向黄祖求救，黄祖派他的儿子黄射带领五千人的船军来帮助刘勋。孙策又攻击刘勋，最后刘勋大败，只能向北归附曹操了，黄射也逃跑了。

策收得勋兵二千馀人，船千艘，遂进击黄祖。十二月，辛亥，策军至沙羡，刘表遣从子虎及南阳韩晞，将长矛五千来救祖。甲寅，策与战，大破之，斩晞。祖脱身走，获其妻子及船六千艘，士卒杀溺死者数万人。

策盛兵将徇豫章，屯于椒丘，谓功曹虞翻曰："华子鱼自有名字，然非吾敌也。若不开门让城，金鼓一震，不得无所伤害。卿便在前，具宣孤意。"翻乃往见华歆曰："窃闻明府与鄙郡故王府君齐名中州，海内所宗，虽在东垂，常怀瞻仰。"歆曰："孤不如王会稽。"翻复曰："不审豫章资粮器仗，士民勇果，孰与鄙郡？"歆曰："大不如也。"翻曰："明府言不如王会稽，谦光之谭耳；精兵不如会稽，实如尊教。孙讨逆智略超世，用兵如神，前走刘扬州，君所亲见；南定鄙郡，亦君所闻也。今欲守孤城，自料资粮，已知不足，不早为计，悔无及也。今大军已次椒丘，仆便还去，明日日中迎檄不到者，与君辞矣。"歆曰："久在江表，常欲北归；孙会稽来，吾便去也。"乃夜作檄，明旦，遣吏赍迎。策便进军，歆葛巾迎策，策谓歆曰："府君年德名望，远近所归；策年幼稚，宜修子弟之礼。"便向歆拜，礼为上宾。

【译文】孙策收编了刘勋留下的两千多人的军队，以及船只一千艘，于是孙策又进军攻打黄祖。十二月，辛亥日（初八），孙策率军到达沙羡以后，刘表派他的侄儿刘虎和南阳人韩晞率领五千人的长矛军队去救黄祖。甲寅日（十一日），孙策和他们作战，并将他们打败了，孙策斩杀了韩晞。最后黄祖脱身逃走了，孙策俘获了黄祖的妻子儿女以及六千艘船只，而士兵被孙策杀死或者被淹死的就有几万人之多。

孙策带领着强大的军队，想要攻打豫章，当时他戍守在椒丘，孙策对功曹虞翻说："华子鱼很有声名，但不是我的敌手。假如他不开门把城让出来，那么攻击的号角一响，就不会没有伤害啊。你可以前去详细地说明我的意思。"于是虞翻就去见华歆说："我听闻你和以前本郡的郡守王朗在中州齐名，都被海内人士所敬仰，虽然我生在东方的边陲，但是一直对你怀有仰慕之心。"华歆说："我比不上王会稽啊。"虞翻又说："不知道豫章的粮食兵器、士民的勇敢果决和鄙郡会稽比起来怎么样呢？"华歆说："远远比不上。"虞翻说："你说他们都比不上王会稽，这是谦虚的话啊；你说军队的精良不如会稽，说得不错。孙策讨逆的智慧和谋略超过当今世上的所有人，他用兵如神，先前刘扬州被击退是你亲眼目睹的；南方平定鄙郡会稽也是你亲眼目睹的。而今你想守卫孤单的城池，你已经知道物资、粮食不够了，如果不早一点做打算的话，将来你一定会追悔莫及的。现在孙策的大军已经驻扎在了椒丘，我就要回去了，明天正午之时我会等候你的檄文，如果等不到的话，我就会和你辞别了。"华歆说："我住在江南地区很久了，很想回到北方，既然孙会稽来了，我就可以回去了。"于是华歆晚上写好檄文，第二天一早，他就派官吏带上檄文前去迎接孙策。于是孙策带兵到了城内，华

歆头戴葛布头巾前来迎接孙策。孙策对华歆说："您年高德厚，远近的人民都愿意归服您；我孙策年纪幼小，理当向您施以子弟的礼节啊。"于是孙策就向华歆下拜，最后孙策礼待了华歆，并将他奉为上宾。

◆孙盛曰：歆既无夷、皓韬邈之风，又失王臣匪躬之操，桡心于邪儒之说，交臂于陵肆之徒，位夺节堕，咎孰大焉！◆

策分豫章为庐陵郡，以孙贲为豫章太守，孙辅为庐陵太守。会僮芝病，辅遂进屯庐陵，留周瑜镇巴丘。

孙策之克皖城也，抚视袁术妻子；及入豫章，收载刘繇丧，善遇其家。士大夫以是称之。

会稽功曹魏腾尝迕策意，策将杀之，众忧恐，计无所出。策母吴夫人倚大井谓策曰："汝新造江南，其事未集，方当优贤礼士，舍过录功。魏功曹在公尽规，汝今日杀之，则明日人皆叛汝。吾不忍见祸之及，当先投此井中耳！"策大惊，遽释腾。

初，吴郡太守会稽盛宪举高岱孝廉，许贡来领郡，岱将宪避难于营帅许昭家。乌程邹佗、钱铜及嘉兴王晟等各聚众万馀或数千人，不附孙策。策引兵扑讨，皆破之，进攻严白虎。白虎兵败，奔馀杭，投许昭。程普请击昭，策曰："许昭有义于旧君，有诚于故友，此丈夫之志也。"乃舍之。

【译文】 ◆孙盛说：华歆既没有伯夷、四皓隐居的德行，又丧失了自身躬行正臣的节操，他听从了邪儒虞翻的劝说，并和骄傲自大的孙策搭臂交欢。最后他的地位下落了，而名节也毁坏了，还有什么罪过比这更大吗？◆

孙策分豫章为庐陵郡，并派孙贲做了豫章太守，孙辅做了庐陵太守。恰逢僮芝生病，于是孙辅就进兵攻打庐陵，并让周瑜镇守巴丘之地。

孙策攻下了皖城，并安抚袁术的妻子儿女；孙策进入豫章以后，又办理了刘繇的丧事，厚待他的家人。因此士大夫们都称赞孙策。

会稽功曹魏腾曾经违背了孙策的意思，孙策想杀了他，大家都很害怕，可是又想不出办法阻止孙策的行为。孙策的母亲吴夫人站在井旁对孙策说：“你刚到江南，事业尚未完成，理当优待贤人，礼遇士人，赦免犯错的人，任用有功的人啊。魏功曹在官府之时为你用心谋划，而你现在居然要杀掉他，那么明天人家就会全都背弃你的，我是不忍心眼看着大祸来临，现在我就先跳入这口井中！”孙策大惊，立刻放了魏腾。

先前，吴郡太守会稽人盛宪推举高岱做孝廉，许贡来接管吴郡之时，高岱曾率领盛宪到营帅许昭家中避祸。乌程人邹佗、钱铜以及嘉兴人王晟各聚集了徒众一万多人或几千人，他们都不服从孙策。于是孙策带兵攻打他们，将他们都击破了。孙策又进攻严白虎，严白虎兵败后向余杭地区逃走了，最后他投奔了许昭。程普恳请攻打许昭，孙策说：“许昭待旧君是有道义的行为，他对朋友很守信用，这是大丈夫的志节啊。”于是孙策没有攻打他。

曹操复屯官渡。操常从士徐他等谋杀操，入操帐，见校尉许褚，色变，褚觉而杀之。

初，车骑将军董承称受帝衣带中密诏，与刘备谋诛曹操。操从容谓备曰：“今天下英雄，惟使君与操耳，本初之徒，不足数也！”备方食，失匕箸，值天雷震，备因曰：“圣人云：‘迅雷风烈必变’，良有以也。”遂与承及长水校尉种辑、将军吴子兰、王服等

同谋。会操遣备与朱灵邀袁术，程昱、郭嘉、董昭皆谏曰："备不可遣也！"操悔，追之，不及。术既南走，朱灵等还。备遂杀徐州刺史车胄，留关羽守下邳，行太守事，身还小沛。东海贼昌豨及郡县多叛操为备。备众数万人，遣使与袁绍连兵。操遣司空长史沛国刘岱、中郎将扶风王忠击之，不克。备谓岱等曰："使汝百人来，无如我何；曹公自来，未可知耳！"

【译文】 曹操又带兵驻守在了官渡。曹操身边的武士徐他等人谋划杀害曹操，他们进入曹操的军帐后遇见了校尉许褚，于是徐他等人吓得脸色都变了，许褚发现了端倪就将他们杀死了。

以前，车骑将军董承说曾经接到汉献帝衣带中的秘密诏书，他想和刘备一起谋划以诛杀曹操。曹操从容地对刘备说："当今天下的英雄，只有使君和我曹操两人罢了，袁本初等人实在不值得一提！"当时刘备正在吃饭，他听完曹操的话后，手上的汤匙和筷子都掉在了地上；恰好天上打了响雷，因此刘备对曹操说："圣人说：'迅急的雷，强烈的风一定会变色的。'实在是很有道理啊。"于是就和董承及长水校尉种辑、将军吴子兰、王服等人一起开始筹划。恰逢曹操派刘备和朱灵拦击袁术，程昱、郭嘉、董昭等人都劝阻说："刘备是不能放走的！"曹操也后悔了，他马上派人追赶，但是已经来不及了。袁术向南逃跑以后，朱灵等人回来了。刘备杀死了徐州刺史车胄，又留下关羽镇守下邳，并掌管太守的事务，刘备回到了小沛。东海贼人昌豨以及各郡县的民众都背叛了曹操而归附了刘备。刘备的手下已经有了几万人，于是刘备就派使者去和袁绍的军队联合。曹操派司空长史沛国人刘岱、中郎将扶风人王忠攻打他们，没有取胜。刘备就对刘岱等人说："即使像你们这样的有上百人到来，也拿我没办法；如果是曹操自己来的话，那就不能预测结果了。”

【乾隆御批】华歆王朗虽同一堕城，亏节，然朗犹力尽而降，歆则葛巾迎谒，名士厚颜孰甚于是？

【译文】华歆和王朗虽然都丢失了城池，有辱节操，但王朗毕竟是在竭尽全力之后才投降，而华歆却是戴着葛巾亲自去迎接拜见。名士厚颜无耻，还有谁能比得过他呢？

五年（庚辰，公元二〇〇年）春，正月，董承谋泄；壬子，曹操杀承及王服、种辑，皆夷三族。

操欲自讨刘备，诸将皆曰："与公争天下者，袁绍也，今绍方来而弃之东，绍乘人后，若何？" 操曰："刘备，人杰也，今不击，必为后患。" 郭嘉曰："绍性迟而多疑，来必不速。备新起，众心未附，急击之，必败。" 操师遂东。冀州别驾田丰说袁绍曰："曹操与刘备连兵，未可卒解。公举军而袭其后，可一往而定。" 绍辞以子疾，未得行。丰举杖击地曰："嗟乎！遭难遇之时，而以婴儿病失其会，惜哉，事去矣！"

曹操击刘备，破之，获其妻子；进拔下邳，禽关羽；又击昌豨，破之。备奔青州，因袁谭以归袁绍。绍闻备至，去邺二百里迎之，驻月馀，所亡士卒稍稍归之。

【译文】五年（庚辰，公元200年）春季，正月，董承攻击曹操的谋划泄露了；壬子日（正月无此日），曹操杀死了董承以及王服、种辑等人，又灭了他们三族。

曹操想领军讨伐刘备，将领们都说："同你争夺天下的人是袁绍。现下袁绍正领兵前来，您竟然想抛弃这里，而去东征刘备，袁绍从后面乘虚攻击我们怎么办？" 曹操说："刘备是人中

豪杰，现在不攻击的话，将来一定会成为忧患的。”郭嘉说：“袁绍生性迟缓而又多疑，要来的话速度也一定不会很快。刘备现在刚刚崛起，人心还没有归附他，我们应该加紧攻打他，他一定会被打败的。”于是曹操的军队向东出发了。冀州别驾田丰对袁绍说：“曹操和刘备交战，他们不会很快停战的。如果你发动军队偷袭他的后方，那么一出兵就可以决定大事了。”袁绍以儿子生病为借口，没有出兵。田丰举起手杖敲打着土地说：“唉！你遇到了一个千载难逢的机会，却因为婴儿生病而失去了这个机会，那么你的大势已经去了啊！”

曹操攻打刘备，将刘备击破后俘获了刘备的妻子和儿子；曹操又进军攻打下邳俘虏了关羽；他又攻打昌豨，并打败了他。刘备逃奔到了青州，凭着袁谭的关系而归附了袁绍。袁绍听闻刘备来了，他就出邺城两百里迎接刘备；过了一个多月，刘备所散失的士兵才渐渐地回来。

【乾隆御批】董承智不及王允，而欲效图卓之举。非独自杀其身，适足以危其主。所谓志可矜而智不逮者也。然操之得入，本由董承，与正名讨贼者不可同日语矣。

【译文】董承的智谋赶不上王允，却想效仿王允企图除掉董卓的举动，这样不仅会给自己带来了杀身之祸，还会因此危害到他的主人。这就是我们常说的，志向值得称赞但智慧却赶不上的人。然而曹操之所以能够进入朝廷，本来就是依靠董承，这跟那些正名要讨贼的人不能相提并论。

曹操还军官渡，绍乃议攻许，田丰曰：“曹操既破刘备，则许下非复空虚。且操善用兵，变化无方，众虽少，未可轻也，今不如以久持之。将军据山河之固，拥四州之众，外结英雄，内修农战，然后简其精锐，分为奇兵，乘虚迭出以扰河南，救右则击其左，救左则击其右，使敌疲于奔命，民不得安业，我未劳而彼已困，不及三年，可坐克也。今释庙胜之策而决成败于一战，若不如志，悔无及也。”绍不从。丰强谏忤绍，绍以为沮众，械系之。于是，移檄州郡，数操罪恶。二月，进军黎阳。

沮授临行，会其宗族，散资财以与之曰：“势存则威无不加，势亡则不保一身，哀哉！”其弟宗曰：“曹操士马不敌，君何惧焉？”授曰：“以曹操之明略，又挟天子以为资，我虽克伯珪，众实疲敝，而主骄将忲，军之破败，在此举矣。扬雄有言：‘六国蚩蚩，为嬴弱姬。’其今之谓乎！”

【译文】 曹操带领军队回到官渡以后，袁绍就按计划准备攻打许昌，田丰说：“曹操已经击破了刘备，许昌不会再像以前一样空虚了，况且曹操善于用兵，他的兵法又变化多端，军队虽然很少，但是我们不可以轻视，现在我们不如和他长久地相持下去。这样，将军在内就可以依靠山河的险固和四州的人民，在外可以联合各地英雄豪杰，并积极整顿农事战具，然后你就可以挑选精锐的军队，趁他空虚之时不断地出兵侵扰河南地区，如果他去救右边那么我们就去攻打他的左边；如果他去救左边那么我们就攻打他的右边，这样就会使敌人疲于奔命，人民不得安乐了，我们还没有劳苦而他们已经疲惫了。不到三年，我们就可以很轻松地打败他们。现在你放弃身在庙堂就可以取胜的策略，而希望在一次战争中就取得胜利，如果失败了，恐怕你后悔也来不及了啊。”袁绍没有听从田丰的意见，田丰坚决地劝阻袁绍，因而忤逆了袁绍，袁绍认为他在使士气丧失，就用刑具捆了他。同时袁绍又送军事文书到各州郡，陈列了曹操的恶行。

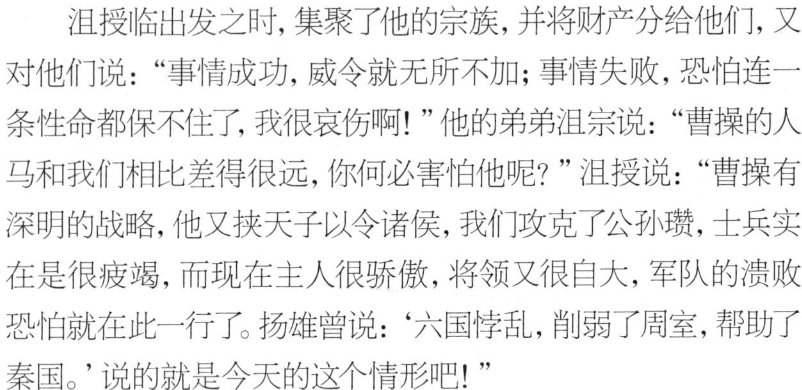

二月，袁绍进军到了黎阳。

沮授临出发之时，集聚了他的宗族，并将财产分给他们，又对他们说：“事情成功，威令就无所不加；事情失败，恐怕连一条性命都保不住了，我很哀伤啊！”他的弟弟沮宗说：“曹操的人马和我们相比差得很远，你何必害怕他呢？”沮授说：“曹操有深明的战略，他又挟天子以令诸侯，我们攻克了公孙瓒，士兵实在是很疲竭，而现在主人很骄傲，将领又很自大，军队的溃败恐怕就在此一行了。扬雄曾说：‘六国悖乱，削弱了周室，帮助了秦国。’说的就是今天的这个情形吧！”

振威将军程昱以七百兵守鄄城。曹操欲益昱兵二千，昱不肯，曰：“袁绍拥十万众，自以所向无前，今见昱少兵，必轻易，不来攻。若益昱兵，过则不可不攻，攻之必克，徒两损其势，愿公无疑。”绍闻昱兵少，果不往，操谓贾诩曰：“程昱之胆，过于贲、育矣！”

袁绍遣其将颜良攻东郡太守刘延于白马，沮授曰：“良性促狭，虽骁勇，不可独任。”绍不听。夏，四月，曹操北救刘延。荀攸曰：“今兵少不敌，必分其势乃可。公到延津，若将渡兵向其后者，绍必西应之，然后轻兵袭白马，掩其不备，颜良可禽也。”操从之，绍闻兵渡，即分兵西邀之。操乃引军兼行趣白马，未至十馀里，良大惊，来逆战。操使张辽、关羽先登击之。羽望见良麾盖，策马刺良于万众之中，斩其首而还，绍军莫能当者。遂解白马之围，徙其民，循河而西。

【译文】 振威将军程昱带领七百名士兵防守在鄄城。曹操要为程昱再增加两千人，程昱不愿意，他对曹操说：“袁绍有十万军队，他自以为所向无敌，现在见我兵少，必定会轻视我，不会来攻打我的。如果现在你增加我的军队，袁绍经过之时就不能不攻打我了，他一攻打就一定能攻下我，白白地损失我和你两方面的势力，我希望你不要顾虑我了。”袁绍听闻程昱的兵力很少，果然没有攻打他。曹操对贾诩说：“程昱的胆气已经超过孟贲、夏育了。”

袁绍派他的将军颜良到白马攻打东郡太守刘延。沮授说：“颜良性情急躁，他虽然骁勇善战，但是不能单独担当此重任啊。”袁绍没有听从他的意见。夏季，四月，曹操带兵向北救援刘延，荀攸说：“现在军队很少，我们必然会敌不过他们的，一定要分散他们的兵势才行啊。你到了延津以后，假装要渡河奔向他的后面，袁绍一定会带领军队向西迎战，然后你就可以率领精锐的骑兵偷袭白马地区，这样就可以攻他个措手不及，颜良就可以俘获了。”曹操听从了他的意见。袁绍听闻曹操的军队将要渡河，就分兵向西来拦击曹军。曹操就带领军队快速地奔向白马地区，距离白马十多里时，颜良大为恐惧，赶紧来迎战。曹操先派张辽、关羽登岸攻击。关羽看见颜良的旌旗伞盖以后，马上就鞭马向前，并在万军之中刺死了颜良，又斩下了他的首级，而袁绍的军队没有一个人能够抵挡。于是就解除了白马的围困，从那里迁走的人民都顺着黄河向西前行。

绍渡河追之，沮授谏曰：“胜负变化，不可不详。今宜留屯延津；分兵官渡，若其克获，还迎不晚，设其有难，众弗可还。”绍弗从。授临济叹曰：“上盈其志，下务其功，悠悠黄河，吾其济乎！”遂以疾辞。绍不许而意恨之，复省其所部并属郭图。

绍军至延津南，操勒兵驻营南阪下，使登垒望之，曰：“可五六百骑。”有顷，复白：“骑稍多，步兵不可胜数。”操曰：“勿复

白。”令骑解鞍放马。是时，白马辎重就道，诸将以为敌骑多，不如还保营。荀攸曰：“此所以饵敌，如何去之！”操顾攸而笑。绍骑将文丑与刘备将五六千骑前后至。诸将复白：“可上马。”操曰：“未也。”有顷，骑至稍多，或分趣辎重。操曰：“可矣。”乃皆上马。时骑不满六百，遂纵兵击，大破之，斩丑。丑与颜良，皆绍名将也，再战，悉禽之，绍军夺气。

【译文】 袁绍想要渡河追击，沮授劝阻他说：“胜败变化，我们不能不详尽地考虑啊。现在您应该留守延津，并分兵攻打官渡，如果您能够取得成功，再回来迎接大军也不迟啊。现在您这样渡河追击，如果出现灾难，军队就没有办法回来了啊。”袁绍没有听从他的意见。沮授在临渡河的时候慨叹地说：“在上位的志得意满，而在下位的贪功急进，长长的黄河，我能够渡得过去吗？”于是他就借生病推辞不去。袁绍没有允许，心里开始怨恨他，最后袁绍就削减了他的军队，并将他们和郭图的部下合在了一起。

袁绍的军队到达延津南方地区以后，曹操命令士兵在白马山南边山坡的下面扎营，并派人登上营垒观望，回答说：“袁绍有五六百骑兵。”不久，又报告说：“骑兵渐渐地增多了，而步兵没有办法数清楚。”曹操说：“不要再说了。”他就命令骑兵解下马鞍，并把马都放走了。这个时候，从白马西迁的辎重也在路上走着了。将领们认为敌人的骑兵太多了，还不如回军以保护军营呢，荀攸说：“他们这是在引诱敌人，您怎么能够离去呢？”曹操回头微笑着看看荀攸。袁绍的骑兵将领文丑和刘备带领五六千骑兵先后来到。将领们对曹操说：“我们可以上马了。”曹操说：“还不能。”不久，袁绍的骑兵到得更多了，已经有一部分去攻取辎重了，曹操说：“可以上马了！”于是曹操和将领们一起上了马。这个时候，曹操的骑兵只有不到六百人，发动攻击以后，曹军将袁绍打败了，并斩杀了文丑。文丑和颜良都是袁绍的名将，只是两次交战就将他们全部杀死了，袁绍的军队士气因而衰弱了。

【乾隆御批】田丰乘虚迭出之谋。与晋荀罃三驾敝楚之术同。罃计行而晋霸。丰不用而绍亡，明人所见略同，成事在乎审势，信矣！

【译文】田丰提出的乘敌人兵力空虚轮番进行攻击的计谋，跟春秋时期晋国荀罃的三驾敝楚的战术相同。荀罃的计谋得以施行，所以晋国在春秋时可以称霸。田丰的计谋没有被采用，所以袁绍就灭亡了。明智的人见解都很相似，事情能否成功就在于能否审度形势，确实是这样啊！

初，操壮关羽之为人，而察其心神无久留之意，使张辽以其情问之，羽叹曰："吾极知曹公待我厚；然吾受刘将军恩，誓以共死，不可背之。吾终不留，要当立效以报曹公乃去耳。"辽以羽言报操，操义之，及羽杀颜良，操知其必去，重加赏赐。羽尽封其所赐，拜书告辞，而奔刘备于袁军。左右欲追之，操曰："彼各为其主，勿追也。"

操还军官渡，阎柔遣使诣操，操以柔为乌桓校尉。鲜于辅身见操于官渡，操以辅为右度辽将军，还镇幽土。

【译文】起先，曹操很佩服关羽的为人，曹操观察后知道他没有长久留下的意思，于是曹操就让张辽拿这种情形来问他，关羽慨叹地说："我知道曹公待我不薄，可是我曾受刘将军的恩德，并发誓和他同生共死，所以我不能背叛他。我不会留下的，

但是我会立功报答曹公以后才离去。”张辽把关羽的话报告给了曹操，因此曹操更佩服关羽的节义了。等到关羽杀死了颜良，曹操知道他一定会离开，就加重赏赐了关羽。关羽把曹操所有的赏赐封在一起，留下书信以后就离开了，向袁绍的军中奔去寻找刘备。曹操身边的人想要追赶关羽，曹操说：“他忠于主人，你们就不要追了。”

曹操领军回到了官渡，阎柔派使臣拜见曹操，曹操让阎柔做了乌桓校尉。鲜于辅亲自到官渡拜见曹操，于是曹操又让鲜于辅做了右度辽将军，回去镇守幽州。

广陵太守陈登治射阳，孙策西击黄祖，登诱严白虎馀党，图为后害，策还击登，军到丹徒，须待运粮。初，策杀吴郡太守许贡，贡奴客潜民间，欲为贡报仇。策性好猎，数出驱驰，所乘马精骏，从骑绝不能及，卒遇贡客三人，射策中颊，后骑寻至，皆刺杀之。策创甚，召张昭等谓曰：“中国方乱，以吴、越之众，三江之固，足以观成败，公等善相吾弟！”呼权，佩以印绶，谓曰：“举江东之众，决机于两陈之间，与天下争衡，卿不如我；举贤任能，各尽其心以保江东，我不如卿。”丙午，策卒，时年二十六。

权悲号，未视事，张昭曰：“孝廉！此宁哭时邪！”乃改易权服，扶令上马，使出巡军。昭率僚属，上表朝廷，下移属城，中外将校，各令奉职，周瑜自巴丘将兵赴丧，遂留吴，以中护军与张昭共掌众事。时策虽有会稽、吴郡、丹杨、豫章、庐江、庐陵，然深险之地，犹未尽从，流寓之士，皆以安危去就为意，未有君臣之固，而张昭、周瑜等谓权可与共成大业，遂委心而服事焉。

【译文】 广陵太守陈登将射阳作为郡政府的根据地，孙策攻打黄祖之时，陈登就开始引诱严白虎的余党，以图谋偷袭孙策的后方。于是孙策就回军攻打陈登，军队到达丹徒之时，孙策正等待着粮食的补给。孙策曾经杀死了吴郡的太守许贡，因此隐居在民间的许贡的门客们要想替许贡报仇。孙策喜欢狩猎，经常出去打猎，他所乘的马非常精良，侍从的马追不上他，仓促之间孙策遇到许贡的三个门客，最后三个门客射中了孙策的脸颊，后面的侍从赶到后才将三名刺客杀死。但是孙策受伤很重，于是他就召集张昭等人并对他们说："中原正在混战，我们以吴、越的军队，凭借三江的坚固，足以观望成败了，你们要好好地协助我的弟弟！"于是他就喊孙权过来，并把印绶佩在他的身上说："带领江东的军队在两阵之间决定时机，并和天下英雄争胜败，这一点你不及我；但是推举贤人、任用有能力的人，并使他们尽心竭力地守护江东，这一点我不如你。"丙午日（初四），孙策逝世，时年二十六岁。

孙权悲痛欲绝，因此没有到职治事，张昭说："孝廉，现在不是哭泣之时呢！"于是他替孙权改换服装，并扶着他上马，让他出去巡视各个军营。张昭带领同僚们上奏章给朝廷，又写书信给各郡县，以及里里外外的将士，令他们坚守各自的职务。周瑜从巴丘率领着军队来奔丧，于是就留在了吴郡，他以中护军的身份与张昭共同处理政事。虽然孙策拥有会稽、吴郡、丹杨、豫章、庐江、庐陵等地方，但是其中幽深险僻的地方没有完全服从他，迁徙寓居吴地的人士也都拿个人的安危为由决定去留，对孙策没有君臣之心，而张昭、周瑜认为孙权可以和他们共同完成大事，于是就用心地服侍孙权。

【乾隆御批】田丰说袁绍，刘备说刘表，同欲乘虚袭许，而绍、表皆庸材，不能用，即令其说行，亦未必能集事也。孙策用兵，足与操埒，使鼓行直入，操将有首尾不相顾者。适会策卒，操遂得从事中原，亦时数为之欤。

【译文】田丰劝说袁绍、刘备劝说刘表，都想乘着曹操兵力空虚偷袭许昌。但袁绍、刘表都是平庸之辈，并没有采用田丰、刘备的计谋，即使采用了他们的计谋，也未必能成事。孙策用兵，可以和曹操相较量，假如孙策带兵直入中原，曹操将有前后都无暇顾及的祸患。刚好在孙策去世时，曹操才得以在中原用兵，也是当时的时势所造成的结果吧。

秋，七月，立皇子冯为南阳王；壬午，冯薨。

汝南黄巾刘辟等叛曹操应袁绍，绍遣刘备将兵助辟，郡县多应之。绍遣使拜阳安都尉李通为征南将军，刘表亦阴招之，通皆拒焉。或劝通从绍，通按剑叱之曰："曹公明哲，必定天下；绍虽强盛，终为之虏耳。吾以死不贰。"即斩绍使，送印绶诣操。

通急录户调，朗陵长赵俨见通曰："方今诸郡并叛，独阳安怀附，复趣收其绵绢，小人乐乱，无乃不可乎？"通曰："公与袁绍相持甚急，左右郡县背叛乃尔，若绵绢不调送，观听者必谓我顾望，有所须待也。"俨曰："诚亦如君虑，然当权其轻重。小缓调，当为君释此患。"乃书与荀彧曰："今阳安郡百姓困穷，邻城并叛，易用倾荡，乃一方安危之机也。且此郡人执守忠节，在险不贰，以为国家宜垂慰抚。而更急敛绵绢，何以劝善！"彧即白操，悉以绵绢还民，上下欢喜，郡内遂安。通击群贼瞿恭等，皆破之。遂定淮、汝之地。

【译文】 秋季，七月，天子立皇子刘冯为南阳王；壬午日（十二日），刘冯逝世。

汝南黄巾军刘辟等人背弃了曹操响应了袁绍，袁绍派刘备带领军队协助刘辟，各郡县都很响应。袁绍派人令阳安都尉李通担任征南将军，刘表也在暗地里招他，但是李通拒绝了。有人劝李通归附袁绍，李通手按着剑大声地斥责："曹公聪明睿智，一定能平定天下；袁绍纵然强盛，最后一定会被他俘虏。我宁肯死掉也绝不会变心。"他就杀掉了袁绍的使臣，又把印绶送给了曹操。

李通加紧收取各户的捐税，朗陵的首长赵俨见到李通说："现在各郡都叛变了，唯有阳安服从，您此刻又加紧地收他们的绵绢，小人会借机制造混乱，恐怕会造成不好的影响吧！"李通说："现在曹公和袁绍相持得很紧，邻边的郡县都叛变了，假如我们不征收绵绢输送给曹公的话，大家一定以为我存心观望，有所图谋。"赵俨说："你考虑得很对，可是您应当权衡轻重。不妨稍微缓慢地征收捐税，我能为你解决这个难题。"于是赵俨就写信给荀彧说："现今阳安郡百姓贫困，邻边的县城都叛变了，阳安很容易动摇，这是一方安危的关键。而且这一郡的人都保持忠贞，他们在身处险境之下毫无贰心，国家应该安慰他们，现在居然更加紧地收取他们的绵绢，这样怎能劝勉善人呢？"荀彧就把信上说的报告给了曹操，于是曹操就把所有的绵绢还给了人民，阳安的人民都十分高兴，郡内因而很安定了。李通攻击瞿恭等一千多贼人将他们一一打败，于是他平定了淮水、汝水一带。

时操制新科，下州郡，颇增严峻，而调绵绢方急。长广太守何夔言于操曰："先王辨九服之赋以殊远近，制三典之刑以平治乱。愚以为此郡宜依远域新邦之典，其民间小事，使长吏临时随宜，上不背正法，下以顺百姓之心。比及三年，民安其业，然后乃可齐之以法也。”操从之。

刘备略汝、颍之间，自许以南，吏民不安，曹操患之。曹仁曰：“南方以大军方有目前急，其势不能相救，刘备以强兵临之，其背叛故宜也。备新将绍兵，未能得其用，击之，可破也。”操乃使仁将骑击备，破走之，尽复收诸叛县而还。

【译文】 当时曹操制定出新的法令颁发给了各州郡，新的法令较为苛刻，所以征收绵绢很紧。长广太守何夔对曹操说：“先王分别以九服的赋税来区分亲疏远近的关系，并制定三典的刑法来平定祸乱，我觉得各郡应该根据地方的远近、归附的先后制定法典，民间的小事可以让长官因时制宜，这样在上可以不违背正常的法令，在下可以顺从百姓的心意。三年后，人民安于他们的事业，则可以用统一的法令来治理。”曹操听从了他的意见。

刘备经过汝水、颍水之间时，许昌以南的官民都不安宁，曹操很担心。曹仁说：“南方因为大军远离的关系才出现眼前的紧急情形，这种形势是无法消除的，刘备带领强大的兵力到这个地方，这个地区背叛我们是情理之中的。刘备刚刚统领袁绍的军队，没有得到士兵的心服，我们此刻去攻打他，能够将他打败。”于是曹操就命令曹仁率领骑兵去攻打刘备，刘备被击溃，因此曹操将所有叛逆的县城都收了回来。

备还至绍军，阴欲离绍，乃说绍南连刘表。绍遣备将本兵复至汝南，与贼龚都等合，众数千人。曹操遣将蔡杨击之，为备所杀。

袁绍军阳武，沮授说绍曰：“北兵虽众而劲果不及南，南军谷少而资储不如北；南幸于急战，北利在缓师。宜徐持久，旷以日月。”绍不从。八月，绍进营稍前，依沙埴为屯，东西数十里。操亦分营与相当。

【译文】刘备回到袁绍军中，私自准备离开袁绍，他就游说袁绍控制的南方地区和刘表联合。袁绍派刘备率领原来的军队回到汝南，刘备就和贼人龚都等人联合，手下竟有了几千人。曹操派将领蔡杨攻打刘备，最后被刘备杀死了。

袁绍的军队到达阳武后，沮授对袁绍说："北方的军队纵然众多，可是没有南方军队强劲；南方军队粮草匮乏，而物资比不上北方军队；南方宜于快速作战，而北方宜于持久作战，我们应当采取持久作战的办法。”袁绍没有采纳他的意见。八月，袁绍把军营稍稍向前移动，凭借着沙堆扎营，东西连续几十里。曹操也把军营分成和袁绍军营相同的数目。

九月，庚午朔，日有食之。

曹操出兵与袁绍战，不胜，复还，坚壁。绍为高橹，起土山，射营中，营中皆蒙楯而行。操乃为霹雳车，发石以击绍楼，皆破，绍复为地道攻操，操辄于内为长堑以拒之。操众少粮尽，士卒疲乏，百姓困于征赋，多叛归绍者，操患之，与荀彧书，议欲还许，以致绍师。彧报曰："绍悉众聚官渡，欲与公决胜败。公以至弱当至强，若不能制，必为所乘，是天下之大机也。且绍，布衣之雄耳，能聚人而不能用。以公之神武明哲而辅以大顺，何向而不济！今谷食虽少，未若楚、汉在荥阳、成皋间也。是时刘、项莫肯先退者，以为先退则势屈也。公以十分居一之众，画地而守之，扼其喉而不得进，已半年矣。情见势竭，必将有变。此用奇之时，不可失也。”操从之，乃坚壁持之。

【译文】九月，庚午朔日（初一），有日食出现。

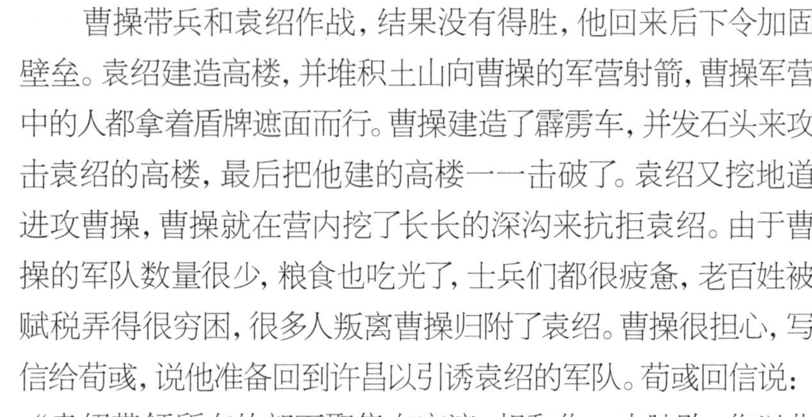

曹操带兵和袁绍作战，结果没有得胜，他回来后下令加固壁垒。袁绍建造高楼，并堆积土山向曹操的军营射箭，曹操军营中的人都拿着盾牌遮面而行。曹操建造了霹雳车，并发石头来攻击袁绍的高楼，最后把他建的高楼一一击破了。袁绍又挖地道进攻曹操，曹操就在营内挖了长长的深沟来抗拒袁绍。由于曹操的军队数量很少，粮食也吃光了，士兵们都很疲惫，老百姓被赋税弄得很穷困，很多人叛离曹操归附了袁绍。曹操很担心，写信给荀彧，说他准备回到许昌以引诱袁绍的军队。荀彧回信说：“袁绍带领所有的部下聚集在官渡，想和你一决胜败。您以非常弱小的势力抵挡他非常刚强的势力，如果您不能够控制他，一定会被他所乘，这是天下变化的关键啊。况且袁绍只是一个普通的领导人罢了，他只能够聚集人而不能任用人。而以您的神武、明智并且处于大顺的情势来看，有什么不能成功的呢？现在您粮食虽然很少，却并不像楚、汉在荥阳、成皋之间的情形。当时刘邦、项羽没有谁肯先退走的，因为先退的一方在形势上就处在下风，您用十分之一的兵力镇守一定的土地，抑制住袁绍的咽喉使他不能前进已有半年。到了势穷力竭之时，一定会有变化发生的。这是用奇兵之时，您不可以丧失这个机会。”曹操采纳了他的意见，开始坚固壁垒，加以防守。

操见运者，抚之曰：“却十五日为汝破绍，不复劳汝矣。”绍运谷车数千乘至官渡。荀攸言于操曰：“绍运车旦暮至，其将韩猛锐而轻敌，击，可破也！”操曰：“谁可使者？”攸曰：“徐晃可。”乃遣偏将军河东徐晃与史涣邀击猛，破走之，烧其辎重。

冬，十月，绍复遣车运谷，使其将淳于琼等将兵万馀人送之，宿绍营北四十里。沮授说绍：“可遣蒋奇别为支军于表，以绝曹操之钞。”绍不从。

许攸曰：“曹操兵少而悉师拒我，许下馀守，势必空弱。若分遣轻军，星行掩袭，许可拔也。许拔，则奉迎天子以讨操，操成禽矣。如其未溃，可令首尾奔命，破之必也。”绍不从，曰：“吾要当先取操。”会攸家犯法，审配收系之，攸怒，遂奔操。

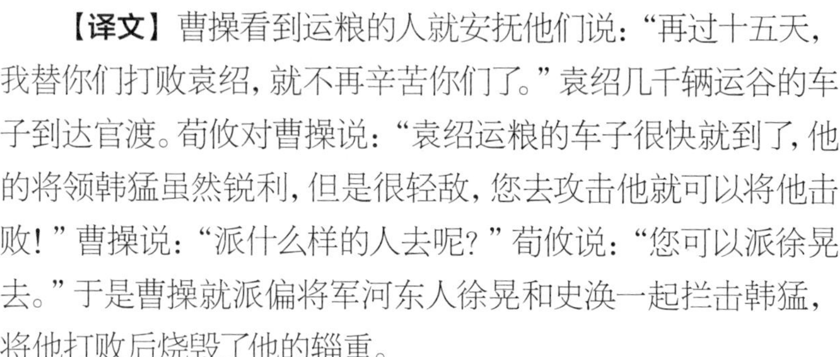

【译文】 曹操看到运粮的人就安抚他们说：“再过十五天，我替你们打败袁绍，就不再辛苦你们了。”袁绍几千辆运谷的车子到达官渡。荀攸对曹操说：“袁绍运粮的车子很快就到了，他的将领韩猛虽然锐利，但是很轻敌，您去攻击他就可以将他击败！”曹操说：“派什么样的人去呢？”荀攸说：“您可以派徐晃去。”于是曹操就派偏将军河东人徐晃和史涣一起拦击韩猛，将他打败后烧毁了他的辎重。

冬季，十月，袁绍又派车辆运输谷物，并派他的将领淳于琼等人带领一万多的士兵护送，他们驻扎在离袁绍军营以北四十里的地方。沮授对袁绍说：“可以派蒋奇组成一支辅佐的军队和淳于琼相为表里，来断绝曹操的抄掠。”袁绍没有听从。

许攸说：“曹操的军队很少，但他全部用来抵抗我们，许昌由他所剩的军队镇守，内部一定空虚柔弱。假如我们分别派精锐的军队连夜赶路去偷袭许昌，许昌就可以攻克了。攻克许昌以后就能够奉迎天子来征讨曹操，曹操就会被我们擒住了。如果没有攻克许昌，也可以使曹操疲于首尾奔命，我们一定能够将他打败。”袁绍没有听从他的意见，袁绍说：“我们应当先攻取曹操。”恰逢许攸家人犯了法，审配就将他收捕拘禁了起来，许攸很愤怒，于是就投奔了曹操。

操闻攸来，跣出迎之，抚掌笑曰：“子卿远来，吾事济矣！”

既入坐，谓操曰："袁氏军盛，何以待之？今有几粮乎？"操曰："尚可支一岁。"攸曰："无是，更言之！"又曰："可支半岁。"攸曰："足下不欲破袁氏邪？何言之不实也！"操曰："向言戏之耳。其实可一月，为之奈何？"攸曰："公孤军独守，外无救援而粮谷已尽，此危急之日也。袁氏辎重万馀乘，在故市、乌巢，屯军无严备，若以轻兵袭之，不意而至，燔其积聚，不过三日，袁氏自败也。"操大喜，乃留曹洪、荀攸守营，自将步骑五千人，皆用袁军旗帜，衔枚缚马口，夜从间道出，人抱束薪，所历道有问者，语之曰："袁公恐曹操钞略后军，遣军以益备。"闻者信以为然，皆自若。既至，围屯，大放火，营中惊乱。会明，琼等望见操兵少，出陈门外，操急击之，琼退保营，操遂攻之。

【译文】 曹操听闻许攸来了，没来得及穿鞋子光着脚就出去迎接他了，曹操鼓掌笑着说："子远，你来了我的事就可以成了。"他们入座以后，许攸对曹操说："袁绍的军力强大，你如何抵抗他？您现在还有多少粮食？"曹操说："还可以维持一年。"许攸说："没有这么多粮食，你再说！"曹操又说："可以维持半年！"许攸说："你不想击破袁绍吗？为什么不说实话？"曹操说："刚才我说的话是开玩笑的，实际上只能支撑一个月，现在我该怎么办呢？"许攸说："你孤军防守，在外没有救援而粮食已经吃光了，这是十分危急的时刻。袁绍有一万多辆辎重，它们就停在故市、乌巢，而守卫的军队没有严格的戒备，假如您派装备轻便的士兵去偷袭的话，在他们想不到之时就到了，然后将他们的辎重都烧了，这样不超过三天袁绍就会失败。"曹操非常高兴，他让曹洪、荀攸戍守军营，自己带领步兵、骑兵五千人，并打着袁绍军队的旗帜，人衔枚、马衔镳，他们夜里从小路出发，而人人抱着一束薪材，所经过的道路上，如果有人询问，就告诉他说："袁公害怕曹操偷袭后面的军队，因此派士兵来增加防备。"听到的人信以为真，一切按计行事。到达目的地以后，他们围困了营寨，一起放火，而袁绍营中的士兵惊恐慌乱。恰好天明了，淳于琼等人见曹操的兵士非常少，便冲到军阵的门外，曹操赶紧攻打他们，淳于琼退守军营，于是曹操又进攻他们的军营。

绍闻操击琼，谓其子谭曰："就操破琼，吾拔其营，彼固无所归矣！"乃使其将高览、张郃等攻操营。郃曰："曹公精兵往，必破琼等，琼等破，则事去矣，请先往救之。"郭图固请攻操营。郃曰："曹公营固，攻之必不拔。若琼等见禽，吾属尽为虏矣。"绍但遣轻骑救琼，而以重兵攻操营，不能下。

绍骑至乌巢，操左右或言："贼骑稍近，请分兵拒之。"操怒曰："贼在背后，乃白！"士卒皆殊死战，遂大破之，斩琼等，尽燔其粮谷，杀士卒千馀人，皆取其鼻，牛马割唇舌，以示绍军，绍军将士皆恟惧。郭图惭其计之失，复谮张郃于绍曰："郃快军败。"郃忿惧，遂与高览焚攻具，诣操营降。曹洪疑，不敢受，荀攸曰："郃计画不用，怒而来奔，君有何疑！"乃受之。

【译文】 袁绍听说曹操攻击淳于琼后，就对他的儿子袁谭说："就算曹操打败了淳于琼，假如我们拔下他的军营，那么他就无路可了退！"于是袁绍派他的将领高览、张郃等人攻击曹操的军营。张郃说："曹操带领精兵前去，一定会击败淳于琼等人，淳于琼等人被击败以后，大事就完了，我请求先去救援淳于琼。"而郭图坚持恳请进攻曹操的军营。张郃说："曹操的军营坚固，攻打它的话一定会攻打不下。如果淳于琼等人被曹操擒获，我们全都要成为俘虏了。"袁绍只派装备轻便的骑兵去救淳于琼，而派重兵攻打曹操的军营，但没有攻下。

袁绍的骑兵到达乌巢后，曹操身边的人说："贼人的骑兵渐渐地接近了，请您分兵来抵抗他们。"曹操愤怒地说："贼人到了背后你们再报告！"曹操的士兵都拼死作战，因而打败了淳于琼的军队，并将淳于琼等人杀死了，又烧掉了他们所有的粮食，俘获了一千多人，曹军将他们的鼻子割了下来，又割下了牛马的唇、舌来给袁绍的军队看。袁绍军中的将士都很害怕。郭图对自己计划的失败感到很惭愧，他又在袁绍面前诽谤张郃说："张郃军队就快被打败了。"张郃既恼怒又害怕，于是他就和高览烧毁了进攻的兵器，并一起到曹操的军营中请求投降。曹洪怀疑他们，不敢接受。荀攸说："张郃因为计划没被采纳，愤怒而来投奔，您还有什么好疑虑的呢？"于是曹洪就接受了他的投降。

于是，绍军惊扰，大溃，绍及谭等幅巾乘马，与八百骑渡河。操追之不及，尽收其辎重、图书、珍宝。馀众降者，操尽坑之，前后所杀七万馀人。

沮授不及绍渡，为操军所执，乃大呼曰："授不降也，为所执耳！"操与之有旧，迎谓曰："分野殊异，遂用圮绝，不图今日乃相禽也！"授曰："冀州失策，自取奔北。授知力俱困，宜其见禽。"操曰："本初无谋，不相用计，今丧乱未定，方当与君图之。"授曰："叔父、母弟，县命袁氏，若蒙公灵，速死为福。"操叹曰："孤早相得，天下不足虑也。"遂赦而厚遇焉。授寻谋归袁氏，操乃杀之。

【译文】 这样一来袁绍的军队很惊慌，最后遭到了完全的溃败。袁绍和袁谭等人头上戴着幅巾，乘着马匹，带着八百骑兵渡过黄河。曹操追赶不上他们，便收取了袁绍所有的辎重、图书、珍宝，并将其余投降的人坑杀掉了，前后杀死的人加起来就有七万之多。

沮授没来得及同袁绍一同渡河，最后遭曹操的军队俘获，沮授就大叫着说："我并没有投降，只是遭你们俘虏罢了！"曹操和他有旧交，于是就迎接他，并对他说："我们所处的环境不同，因而隔绝了，没想到我今天竟俘获了你！"沮授说："袁绍不听我的计策，导致溃败，而今我的智慧、力量都已经困乏了，被你俘虏是情理之中。"曹操说："袁本初没有智谋，他不采用你的计策，到现在死伤祸乱还未真正停止，我应该与你共同谋划。"沮授说："我叔父、弟弟的性命都掌控在袁绍手上，如若蒙你不弃，请尽快杀了我，这才是我的福气。"曹操叹息着说："如果我能早些得到你的辅助，天下就不值得担心了。"曹操赦免了他并厚待他。沮授后来又准备归附袁绍，于是曹操把他杀死了。

【申涵煜评】授首劝迎驾，不止忠于绍，而实忠于汉。绍败，卒不屈于操而死，可谓全始终之节矣。事非其人，殆袁氏之亚父也。

【译文】沮授劝（袁绍）迎汉献帝，不只是对袁绍忠心，实际上也是忠于汉朝。袁绍失败后，沮授因不肯屈服于曹操被杀，可以说是自始至终保全了名节。这样的事情不只他一个人，袁绍的亚父（田丰）也被杀害了。

操收绍书中，得许下及军中人书，皆焚之，曰："当绍之强，孤犹不能自保，况众人乎！"

冀州城邑多降于操。袁绍走至黎阳北岸，入其将军蒋义渠

营，把其手曰："孤以首领相付矣！"义渠避帐而处之，使宣号令。众闻绍在，稍复归之。

或谓田丰曰："君必见重矣。"丰曰："公貌宽而内忌，不亮吾忠，而吾数以至言迕之，若胜而喜，犹能赦我，今战败而恚，内忌将发，吾不望生。"绍军士皆拊膺泣曰："向令田丰在此，必不至于败。"绍谓逢纪曰："冀州诸人闻吾军败，皆当念吾，惟田别驾前谏止吾，与众不同，吾亦惭之。"纪曰："丰闻将军之退，拊手大笑，喜其言之中也。"绍于是谓僚属曰："吾不用田丰言，果为所笑。"遂杀之。初，曹操闻丰不从戎，喜曰："绍必败矣。"及绍奔遁，复曰："向使绍用其别驾计，尚未可知也。"

【译文】曹操查收袁绍的书信，当搜查到许昌以及军营中的人给袁绍写的投降信时，曹操就将它们一起烧掉了，他说："袁绍强盛之时我都不能自保，更何况其他人呢！"

冀州各地的城邑，有很多向曹操投降了。袁绍逃到了黎阳的北岸，并进到他的将军蒋义渠的军营里，袁绍握住他的手说："我将项上人头交给你了！"于是蒋义渠就把军帐让给了袁绍，而自己住到了别处，并让袁绍发号施令。大家听闻袁绍在此，渐渐地都归附了他。

有人对田丰说："你肯定会受到重用的！"田丰说："袁绍外表宽厚而内心却很猜忌身边的人，他不相信我的忠诚，而且我多次对他直言顶撞，如果他获胜的话，一高兴还能赦免我；现在他打了败仗一定很愤怒，他内心的猜忌将会迸发，我毫无活命希望了。"袁绍的军士都捶胸哭泣着说："以前如果田丰在这里的话，我们一定不会吃败仗的。"袁绍对逢纪说："冀外所有的人闻说我的军队被曹操打败了一定会牵挂我的，以前只有田丰劝诫过我，他的表现和别人不同，现在我感到羞愧。"逢纪说："田丰听说将军败了，却拍手大笑，庆幸他说中了。"于是袁绍对下属们说："当初我没有采用田丰的话，现在又被他讥笑。"于是袁绍就杀掉了田丰。起先，曹操听说田丰没有在军队里，就很高兴地说："袁绍肯定会吃败仗的。"等到袁绍逃跑之时，曹操又说："如果袁绍采用了田丰的计谋，结局是很难预料的。"

审配二子为操所禽，绍将孟岱言于绍曰："配在位专政，族大兵强，且二子在南，必怀反计。"郭图、辛评亦以为然。绍遂以岱为监军，代配守邺。护军逄纪素与配不睦，绍以问之，纪曰："配天性烈直，每慕古人之节，必不以二子在南为不义也。愿公勿疑。"绍曰："君不恶之邪?"纪曰："先所争者，私情也；今所陈者，国事也。"绍曰："善!"乃不废配，配由是更与纪亲。冀州城邑叛绍者，绍稍复击定之。

绍为人宽雅，有局度，喜怒不形于色，而性矜愎自高，短于从善，故至于败。

【译文】 审配的两个儿子被曹操擒住，袁绍的将领孟岱对袁绍说："审配在他的职位上专擅政令，他的家族很大，军队又强，而且他的两个儿子在南方，他一定怀有反叛之心。"郭图、辛评也认为是这样。袁绍就令孟岱做监军，代替审配戍守邺城。护军逄纪素来和审配不和，袁绍就拿此事来问逄纪，逄纪说："审配天性刚直，很仰慕古人的操守，他肯定不会因为两个儿子在南方地区而自己做出不合道义的事情。希望您不要怀疑他。"袁绍说："你不是很讨厌他吗？"逄纪说："我们俩之间的争执是因为私事，而今我对您所讲的是国家大事。"袁绍说："好！"袁绍就没有废除审配，因此审配和逄纪越来越亲近。冀州背叛

袁绍的各个城邑，袁绍又逐渐收复并平定了。

袁绍为人虽然心胸宽大，有气量，喜怒不表现脸上，可是他生性高傲、狠戾，自命清高，不喜欢听从他人的劝告，所以导致了他的失败。

【乾隆御批】既知不用人之言而致败，乃以见笑杀之，如此矜忌。其得善终。幸矣！尚冀子能克家哉？

【译文】既然已经知道是因为没有用别人的计谋而导致失败。居然因为被嘲笑而将他杀死，如此骄慢善妒，最后还能得善终。真是庆幸啊！像这样的人还奢望他的孩子能继承家业吗？

冬，十月，辛亥，有星孛于大梁。

庐江太守李术攻杀扬州刺史严象，庐江梅乾、雷绪、陈兰等各聚众数万在江淮间。曹操表沛国刘馥为扬州刺史。时扬州独有九江，馥单马造合肥空城，建立州治，招怀乾、绪等，皆贡献相继。数年中，恩化大行，流民归者以万数。于是广屯田，兴陂堨；官民有畜，乃聚诸生，立学校；又高为城垒，多积木石，以修战守之备。

曹操闻孙策死，欲因丧伐之。侍御史张纮谏曰："乘人之丧，既非古义，若其不克，成仇弃好，不如因而厚之。"操即表权为讨虏将军，领会稽太守。

【译文】冬季，十月，辛亥日（十二日），彗星出现在大梁星座。

庐江太守李术攻下了扬州，并杀掉了扬州刺史严象，庐江人梅乾、雷绪、陈兰等在江淮之间汇聚了几万徒众，曹操上表让沛国人刘馥担任扬州刺史。当时扬州只有九江一个地方，刘馥一个人去了合肥空城，并建立了州政府，他又安抚了梅乾、雷绪等人，这些人都争先为他效力。几年之内恩德教化大为流行，流亡在外的成千上万人民都回来了。于是他们又广泛地垦殖土地，兴修河道，官府和人民都有了存蓄。他们又把年轻人聚集起来，并建立了学校；还加高了城墙，积累了很多木材、石头为战争做准备。

曹操听闻孙策死了之后，就想趁丧事举办之时攻打吴地。侍御史张纮劝阻他说："乘人家的丧事攻击人家，既不符合古代的道义，最后又成了仇敌，何不趁此机会厚待于他呢？"曹操就上表让孙权做了讨虏将军，并做会稽的太守。

操欲令纮辅权内附，及以纮为会稽东部都尉。纮至吴，太夫人以权年少，委纮与张昭共辅之。纮思惟补察，知无不为。太夫人问扬武都尉会稽董袭曰："江东可保不？"袭曰："江东有山川之固，而讨逆明府恩德在民，讨虏承基，大小用命，张昭秉众事，袭等为爪牙，此地利人和之时也，万无所忧。"权遣张纮之部，或以纮本受北任，嫌其志趣不止于此，权不以介意。

鲁肃将北还，周瑜止之，因荐肃于权曰："肃才宜佐时，当广求其比以成功业。"权即见肃，与语，悦之。宾退，独引肃合榻对饮，曰："今汉室倾危，孤思有桓、文之功，君何以佐之？"肃曰："昔高帝欲尊事义帝而不获者，以项羽为害也。今之曹操，犹昔项羽，将军何由得为桓、文乎！肃窃料之，汉室不可复兴，曹操不可卒除，为将军计，惟有保守江东以观天下之衅耳。若因北方多务，剿除黄祖，进伐刘表，竟长江所极，据而有之，此王业也。"权曰："今尽力一方，冀以辅汉耳，此言非所及也。"张昭毁肃年少粗疏，权益贵重之，赏赐储偫，富拟其旧。

【译文】 曹操想令张纮劝说孙权服从自己，于是就派张纮做会稽东部的都尉。张纮到了吴郡后，太夫人觉得孙权年纪还太轻，于是就委托张纮和张昭共同辅助孙权。张纮心思缜密，明察秋毫，知道的事没有不做到的。太夫人问扬武都尉会稽人董袭说："江东能够保住吗？"董袭说："江东有巩固的山川，而讨逆将军孙策又施恩德给人民，讨虏将军孙权继承了基业，百官都能效命于他，张昭管理所有的事务，我董袭等人作为他的辅助，这正是地利人和之时，一定会万无一失的。"孙权派张纮到他的部中，有人觉得张纮本来接受的是曹操的任命，认为他的志趣不在这里，孙权没有介意。

鲁肃准备回到北方，周瑜想阻止他，就把鲁肃举荐给孙权说："鲁肃的才能理应辅佐时君，你应当广泛招揽像他这样的人才来帮助你成就功业。"孙权就接见了鲁肃，并和他谈话，两人相谈甚欢。宾客都退了之后，孙权单独同鲁肃在一个榻上相对而饮，他说："现今汉室处于危险的境地，我想建立齐桓、晋文一样的功业，你准备怎样协助我？"鲁肃说："从前汉高帝要想侍奉义帝而又不能侍奉，就是因为遭受项羽的迫害。如今的曹操，就像那时的项羽，将军如何能够做齐桓、晋文呢？我暗自盘算，汉室再也无法兴盛起来了，也无法尽快除去曹操，我为将军计划，唯有守住江东以等待天下的变化。如果现在趁北方混乱，铲除黄祖，你进军攻打刘表，并完全占有长江一带，这才是王者的大业。"孙权说："现在我尽力占据一方，就是希望能够辅佐汉室，你的话我做不到。"张昭批评鲁肃年纪轻，而且心思疏略又不细腻，孙权则更加尊重鲁肃，赏赐给他很多财物以供他储蓄待用，使其恢复以前的富庶。

权料诸小将兵少而用薄者，并合之。别部司马汝南吕蒙，军容鲜整，士卒练习。权大悦，增其兵，宠任之。

功曹骆统劝权尊贤接士，勤求损益，飨赐之日，人人别进，问其燥湿，加以密意，诱谕使言，察其志趣。权纳用焉。统，俊之子也。

庐陵太守孙辅恐权不能保江东，阴遣人赍书呼曹操。行人以告，权悉斩辅亲近，分其部曲，徙辅置东。

曹操表徵华歆为议郎、参司空军事。庐江太守李术不肯事权，而多纳其亡叛。权以状白曹操曰："严刺史昔为公所用，而李术害之，肆其无道，宜速诛灭。今术必复诡说求救。明公居阿衡之任，海内所瞻，愿敕执事，勿复听受。"因举兵攻术于皖城。术求救于操，操不救。遂屠其城，枭术首。徙其部曲二万馀人。

【译文】 孙权清理一些没有能力的小将军和士兵，把他们的兵力合在一起。而别部司马汝南人吕蒙，他的军容很整齐，士兵又熟悉作战，孙权很高兴，于是就增加他的兵力，重用了他。

功曹骆统劝孙权尊敬贤人、接纳士人，并勤奋地求教政治得失，宴飨赏赐之时，人人都能觐见，要用诚恳的态度关心他们的生活状况，劝他们多讲话，观察他们的志向。孙权采纳了他的意见。骆统是骆俊的儿子。

庐陵太守孙辅害怕孙权不能保住江东，于是暗地里派人带着书信引曹操来攻打江东。出使的人就把这件事报告了孙权，孙权把孙辅亲近的人都杀掉了，并分散了他的部下，将孙辅迁到了吴郡的东边地区。

曹操上表召华歆做议郎，并参与司空的军事。庐江太守李术不肯归附孙权，他接纳了许多叛逆孙权而逃到庐江的人，于是孙权就将这个情况告诉了曹操说："严刺史是您从前所任用的人，然而李术却将他杀害，并且您还放任他惨无人道的行径，您应该尽快把他杀掉啊。现在李术一定会用虚假的话求救于您，而您承担着伊尹的重任，又受到举国人民的敬仰，希望您命令身边的人，不要听信他的话啊。”因此孙权就在皖城发兵攻打李术。李术向曹操求救，曹操不理他。最后孙权灭掉了他的城池，并杀掉了李术，割下了他的头颅示众，将他的两万多部下一起调走了。

刘表攻张羡，连年不下。曹操方与袁绍相拒，未暇救之。羡病死，长沙复立其子怿。表攻怿及零、桂，皆平之。于是，表地方数千里，带甲十馀万，遂不供职贡，郊祀天地，居处服用，僭拟乘舆焉。

张鲁以刘璋暗懦，不复承顺，袭别部司马张修，杀之而并其众。璋怒，杀鲁母及弟，鲁遂据汉中，与璋为敌。璋遣中郎将庞羲击之，不克。璋以羲为巴郡太守，屯阆中以御鲁。羲辄召汉昌賨民为兵，或构羲于璋，璋疑之。赵韪数谏不从，亦恚恨。

初，南阳、三辅民流入益州者数万家，刘焉悉收以为兵，名曰东州兵。璋性宽柔，无威略，东州人侵暴旧民，璋不能禁。赵韪素得人心，因益州士民之怨，遂作乱，引兵数万攻璋；厚赂荆州，与之连和。蜀郡、广汉、犍为皆应之。

【译文】刘表讨伐张羡，但是连年攻打不下。曹操正与袁绍对峙，所以无暇前去救援。张羡病死以后，长沙人拥戴了他的儿子张怿。刘表攻打张怿以及零、桂二地，最后都平定了。于是刘表拥有几千里的地方，穿甲胄的兵士就有十多万人，便不再向天子纳贡，并祭祀天地，他的居室、衣服、食用都和天子所拥有的一样。

张鲁因为刘璋昏暗怯懦，不再服从于他，就攻击刘璋的别部司马张修，杀死并吞并了他的下属。刘璋恼怒，杀了张鲁的母亲和弟弟，自此张鲁凭借占据汉中，同刘璋成了仇敌。刘璋派出中郎将庞羲进攻张鲁，未能取胜。刘璋就派遣庞羲做了巴郡太守，屯守阆中来守卫张鲁。庞羲聚集了汉昌的賨民并将他们编入军队，有人在刘璋面前诬陷庞羲，刘璋就起了疑心。虽然赵韪多次劝谏，但刘璋并不听从，赵韪因此怀恨在心。

起初，有几万家南阳、三辅的人民流亡到益州，刘焉收留了他们，并将他们编入军队，称作东州兵。刘璋生性宽厚柔弱，没有威严、智谋，东州的人侵害益州原有的百姓，刘璋不能阻止。赵韪素来很得民心，他在益州兵民怨恨之时，趁机作乱，带领几万士兵进攻刘璋；同时赠送刘表许多财物和刘表联合起来。蜀郡、广汉、犍为也都响应了赵韪。